奇跡講座

下巻

この翻訳／邦訳について

受講生のためのワークブック

教師のためのマニュアル、用語の解説

付録：精神療法、祈りの歌

CHUO ART PUBLISHING CO.,LTD.
中央アート出版社

『奇跡講座』は
「テキスト」
「受講生のためのワークブック」
「教師のためのマニュアル」から成る
三部作である。

本書は、ケネス・ワプニック博士とウィリアム・ウィットソン博士が委員を務める『奇跡講座』翻訳委員会により承認された『奇跡講座－受講生のためのワークブック』、『奇跡講座－教師のためのマニュアル』（「用語の解説」および付録二編：「精神療法」、「祈りの歌」を含む）（原書第三版）の邦訳である。

当邦訳版は「内なる平安のための財団」と中央アート出版社の合意に基づき出版される。

This is the Japanese translation of the Workbook for Students, Manual for Teachers, Clarification of terms, and Supplements (Psychotherapy, and The Song of Prayer) of *A Course in Miracles (the 3rd edition),*
approved by Translation Committee:
Dr. Kenneth Wapnick, Foundation for *A Course in Miracles*
Dr. William W. Whitson, Foundation for Inner Peace

This translation published by arrangement with Foundation for Inner Peace
Through Chuo-Art Publishing Co., Ltd.

この翻訳について

内なる平安のための財団

「内なる平安のための財団」は従来、「『奇跡講座』（原題A Course In Miracles）の翻訳は英語の原文にできる限り近いものでなければならない」という原則に従ってきた。このため、翻訳者たちは二つの難題に直面することになる。まずはじめに、彼らにとっては外国語である英語で、このコースを修得しなければならない。つぎに、自ら理解したことを母国語で表現することが必要になるが、それは、二つの文化の間に橋を架けるという困難きわまりないプロセスである。翻訳者は、『奇跡講座』の思考体系がもつ深い意味と微妙なニュアンスを失うことなく、この二つの難関を乗り越えていかなければならない。翻訳者たちを訓練し、指導・監督するにあたり、私たちは厳格な基準を設け、それを遵守してきた。実際のところ、適任者により構成される翻訳チームを選定するまでに、何年も要するということもしばしばだった。翻訳チームは、通常、主任翻訳者と、翻訳原稿を読んでコメントしたり、編集を手伝ったりする補佐役から構成される。いくつかの言語への翻訳においては、『奇跡講座』の精髄と意味とを対象言語でしっかりと再現するという意図のもとに、チーム編成が変更されたり、原稿が何度も改訂されたりしながら、十年以上の年月をかけて作業が続けられてきた。

　こうした高度な水準を満たすために、私たちが採用してきたのは、以下のような方針である。

　その第一は、「『奇跡講座』の中の一つ一つの文がもつ意味に忠実に翻訳する」というもので、それは、このコース自体が以下のように述べている通りである。

「．．．ただし、良き翻訳者は翻訳するものの形を変更しなければならないとはいえ、翻訳者は決してその意味を変えることはしない。実のところ、翻訳者の目的のすべては、もとの意味を保持するために形を変えることにある。」（T-7.II.4:3-4）

　したがって、原文の意味を保持するか、それとも文学的もしくは詩的な表現にするか、といった選択肢が生じた場合には、常に前者が優先される。『奇跡講座』の中のかなりの部分（たとえば、「ワークブック」のレッスン99以降のレッスンのすべて、など）は、シェイクスピアが用いた韻律である弱強五歩格の形で書かれている。この詩的な形態を他の言語において維持することは事実上不可能であり、ほとんどすべての場合、文意を保持するためにこの詩的な形態を無視せざるをえない。

第二は、第一の方針の補強とも言えるが、「『奇跡講座』を改良しようとしてはならない」というものである。翻訳者たちはみないくつかの誘惑に直面する。原文の英語がぎこちなく曖昧に思えた場合、彼らは、その文面を改良したり、言葉をつけ加えたりすることで「原文よりも良い訳文に仕上げること」をしたくなることがある。こうした誘惑に対処するために、私たちは、原文が曖昧なら訳文も同じく曖昧なニュアンスで訳すことの重要性を強調してきた。

もう一つの問題は、いくつかのキーワードの一貫した使用に関するものである。多くの翻訳者たちが、このコースをもっと「彩り鮮やかなもの」にするという口実のもとに、そうしたキーワードにもいくつかの同義語を用いようとしたが、私たちは彼らに、そのような誘惑に負けないようにと要請してきた。『奇跡講座』の受講生たちは、その思考体系の土台をなしているいくつかのキーワードを自分のものにしなければならないからである。彼らは、時間が経つにつれ、このコースの語彙が自分自身のものになっているのを感じることになる。したがって、翻訳者たちは、たとえそうした言葉が、最初は読者たちにとって奇異なものに響きそうであっても、このコースが選択したその言葉を尊重するように求められる。そして、これらのキーワードについては、英語の原文の場合と同様に、翻訳においても最初から最後まで同じ訳語が一貫して使用されなければならない。

第三は、第二の方針と矛盾するかに見えるが、「文意を保持するために必要な場合は、読みやすい翻訳となるように原文の語順／構造を変更する」というものである。たとえば原文には、必ずしも、正しい文法上の決まりに厳密にしたがっていない箇所もある。そのような箇所では、原文の本来の意味を訳文において保持するために、原文の文法上の不完全さを訂正することは、翻訳者に許可されている。

翻訳者による修正が必要とされるもう一つの実例は、文法上の男性名詞と女性名詞の区別に関するものである。たとえば、少なくとも一つの言語において、「聖霊」は女性名詞である。その場合は、英語では男性形が使用されていても、女性形の代名詞を使うようにと、その言語の翻訳者に要請した。

第四は、『奇跡講座』の中に八百箇所以上もある聖書からの引用に関するものである。これらのほとんどは引用符号の中に入れられてはいないので、聖書に馴染んでいない人には簡単に見落とされてしまう。そして、このすべてがジェームス王欽定訳聖書からの引用である。これらを翻訳するにあたっては、各言語文化において、英語圏のジェームズ王欽定訳に相当するような翻訳と見なされている聖書を用いて、そこから引用するようにと、翻訳者には指示してきた。

また、『奇跡講座』の中で、聖書からの文言が言い換えられた形で引用されている場合がある。これらについては、翻訳者たちが対象言語の聖書に出てくるままの完全な形で引用することにより、このコースを訂正しようとする傾向が見られたが、私たちはそうした変更は禁じてきた。原書が聖書の文言を変化させた形で用いているなら、翻訳においてもその通りにすべきだからである。

第五は、「訳注はほとんどつけない」というものである。訳注をつける場合は以下の三種類のみとした。

a．翻訳することで「言葉遊び」のニュアンスが失われる場合。

b．米国文化における慣用句について。

c．聖書からの引用句で、ジェームズ王欽定訳聖書においては明確に表現されている意味が、翻訳では厳密に伝わらない場合。

このいずれの場合においても、できるだけ原文に沿った訳にし、変更は最小限にとどめるという原則に従っている。

第六にして最後の方針は、「贖罪（Atonement）」という重要な言葉の訳語に関するものである。ほとんど例外なく、この言葉は、翻訳者たちに大きな難題を突きつけてきたし、英語を母国語とする『奇跡講座』の受講生たちの多くにとっても問題となってきた。この聖書用語は、伝統的ユダヤ教／キリスト教における中心的な概念の一つであり、「罪深く、罪悪感を背負った、**神**の子どもたちを、彼ら自身の受難や犠牲を通して、そしてまたイエスが十字架上の死によりそれを贖《あがな》うことを通して救済する」という**神**の計画を表わすものとされてきた。

『奇跡講座』が伝統的な聖書用語から借りてきているその他の多くの言葉と同様、「贖罪」にも、伝統的ユダヤ教／キリスト教が与えてきた意味とはまったく違った意味が付与されている。このコースにおいては、「贖罪」とは、罪と罪悪感の実在性を信じる信念を訂正することを意味している。このように、人々に馴染みのある言葉を使ってその意味を変更するというのが、『奇跡講座』の教育プロセスの一例である。すなわち、罪悪感や恐れを浮上させる「引き金」となるそうした言葉の使用によって、自我の思考体系の中の抑圧されてきた側面を受講生たちの心の中で表面化させる。このやり方で、抑圧されてきたものが直視され、最後には赦されることが可能になる。こうした効果をあげるために、この訂正プロセスは、私たちの間違った信念や概念が抑圧されずに、認識されることを要求するのである。

したがって、「贖罪」のかわりに、たとえば「和解」や「償い／救い」といった温和な言葉を使用することは、私たちの間違った想念が私たちの心の中に浮上することを最初から不可能にしてしまい、それにより、そうした想念を訂正するというこのプロセスを損なってしまうことになる。すべての翻訳においても、犠牲により罪を贖《あがな》うという意味をもった伝統的な用語である「贖罪」という言葉を用いることにより、このコースの受講生たちは、自分たちの中にある自我の思考体系を真に赦せるようになるのである。

私たちの願いは、この翻訳を、その意味においても精髄においても、できる限り原書に忠実なものとし、それによって、全世界がこの重要な霊的学びの書から恩恵を受けられるようになるのを助けることである。そのようにして、世界中で『奇跡講座』の受講生となる人々が、私たちの故郷である天国に帰る旅路を私たちとともに歩めるようになることに、私たちは感謝している。

この邦訳について

日本語版翻訳チーム

翻訳とは、どれもみな「近似値」にすぎない。原文と訳文との間に必ず生じる「誤差」を完全に取り除くことは、もとより不可能なことだからである。

したがって、良い翻訳は誤差を縮める作業にかかっている。この作業が充分でなければ、訳文は、糸の切れた凧のように原文から離れてどのようにでも解釈できるものとなり、原書とは似ても似つかない内容を伝えてしまう可能性がある。とりわけ、本書のような厖大な著作においては、その可能性は大であると言えよう。

そこで、この邦訳をできる限り原書に近づけるために心がけたことは、主として二つある。一つは、原文の雰囲気をできる限り忠実に再現することであり、もう一つは、原文の意味を正確に伝えるための工夫をすることである。

前者に関しては、その方法は、多分に直感的、感覚的なものであるため、説明は省く。後者に関しては、本書の内容を理解していく上で助けになることもあると思われるので、以下にその一部を説明しておく。

◆この邦訳において使用した特殊な表現

＊**智識** ― 原語はknowledgeであり、普通は「知識」と訳される言葉であるが、『奇跡講座』で使われるknowledgeは、普通の意味の「知識」とはまったく異なる概念であるため、あえて普通とは違う「智識」という表記を用いている。（ただし、「智識」という言葉自体は造語ではなく、国語辞典に含まれているれっきとした日本語である。）

『奇跡講座』においては、「智識」とは、「天国」の状態すなわち「**神の心**」のレベルを表す言葉であり、「知覚」と「智識」は相互に反対概念である。自我のレベルでは「知覚する」ことしかできないが、天国のレベルでは知覚を介さずに直接に「知る」ことしかできない、という対比を軸にして理論が展開されている。したがって、knowledgeとは、「知覚する」ことによって獲得できる学習の成果や情報といった意味での「知識」のことではなく、「何の介在もなく、ただ真理を知っている」という動詞としてのknowの名詞形がknowledgeであると理解することもできる。「知覚」の世界は自我の世界であり、「天国」のレベルは「智識」である。これは、「知覚」対「直感」というような区別ではなく、「知覚」や「直感」が体験されるこの世界を完全に超越した状態が、「智識」であると言える。

＊実相 ――「真に実在する現実」という意味。原語は reality であるが、この単語が私たちの普通の三次元的な世界の「現実」という意味で使われていないことは、原文を読めば明らかであり、それを一般的な訳語である「現実」という言葉で訳すなら、原文から伝わってくるものとは違った意味に限定してしまうことになるため、「実相」という言葉を使っている。「実相」という言葉は、国語辞典には「実際の有様」、「真の姿」などと定義されており、それに即して、「真に実在する現実」と解釈して読んでいただければ、原文のニュアンスが自然に理解されるはずである。

また、「実相世界」という言葉は、the real world の訳であり、これも、本書に独特の概念を表す言葉であるため、一般的な訳語を用いて「現実の世界」、「現実的世界」などと訳すことはできず、「実相世界」と訳している。なお、「実相世界」とは、「実相」に目覚める一歩手前の心の状態を指す。

＊親交《コミュニケーション》／コミュニケーション ――『奇跡講座』では、異なったレベルのコミュニケーションの概念が語られており、そこには、いわゆるこの世レベルのコミュニケーションから、天国レベルのコミュニケーションまでが含まれている（第一章の「奇跡の原理46」や、第二章のⅣ、5などを参照）。そのうち、最上位のコミュニケーションのみを、「親交《コミュニケーション》」と表記してあるが、それは、**神と神の子**の間の、言葉を介さない愛の流れの状態を意味しており、日本語の「コミュニケーション」という言葉では充分に表現できないからである。その他のレベルのコミュニケーションについて語るときや、「コミュニケーションの媒体」、「コミュニケーション手段」、「コミュニケーション形態」などといった、すべてのレベルの「コミュニケーション」について一括して言及するときなどは、「親交《コミュニケーション》」が含まれていても、便宜上、「コミュニケーション」としている。

＊意志する ―― 普通の日本語では、英語のように、「意志」（will）という言葉を動詞として使用することはないが、本書における will には、単なる「意図する」とは異なった意味があり、他の言葉では表現できないため、原文にならって、この訳文でも「意志する」という形で、動詞として用いている。

＊実存 ―― 原語は、being（名詞形）であり、一般的な意味で「存在」を意味する existence という単語と対比される形で用いられているため、「実相のレベルに実在する存在」という意味で、「実存」とした。あまり頻繁に使われてはいないが、この言葉が出てくる箇所で以上のことを覚えておくと、文意が理解しやすくなると思われる。

◆キリスト教用語、および、聖書からの引用

『奇跡講座』の外見的特徴として最も顕著なのが、キリスト教的言葉遣いであり、聖書からの引用も八百箇所以上にのぼる。キリスト教用語は、この邦訳においてもほぼすべて、日本語で最も一般的に通用しているキリスト教用語を用いて訳した。たとえば、「**神**」、「**神の子**」、「**キリスト**」、「**聖霊**」、「**三位一体**」、「創造」、「被造物」、「罪」、「贖罪」、「聖餐」、「最後の審判」、「**神の国**」などといった言葉である。ただし、「内なる平安のための財団」による「この翻訳について」の中の「方針六」で、「贖罪」という言葉に関して述べられていることは、多かれ少なかれ他のキリスト教用語にもあてはまり、『奇跡講座』には、多くの人々にすでに馴染みの深いキリスト教的言葉を敢えて使いつつ、それらに新たな解釈を付与しているという特徴がある。

　本書原文における聖書からの引用には二種類ある。一つは括弧に入れて引用されている直接的引用文、もう一つは、本文の中に組み込まれていて一見それとわからない間接的な引用である。直接的引用が為されている場合は、訳文においては、主に「日本聖書協会」発行の『文語訳聖書』に基づいている。ただし、この文語訳ではすべて旧仮名遣いと旧漢字が使用されているため、そのままの引用はせず、現代仮名遣いと新字体に変更した。さらに、『奇跡講座』の原文中の引用文自体が聖書の文言と厳密に同じでないところがあり、それも原書にならって調整してある。

　間接引用の場合には、訳文の文体にうまく溶け込むように、「日本聖書協会」発行の『口語訳聖書』を基にし、必要に応じて変形している。訳文においても、原文通り、聖書の文言を本文に組み込んだ形をとっているため、聖書に馴染みのない読者の方々は、気づかずに読み進んでしまうと思われるが、聖書に親しんでいる方々には、大部分はそれとわかるような訳し方にしてある。

　例えば、次のような箇所がその例である。

　＊(T-4.I.13:10-11)「あなた方は、この世で艱難《なやみ》をもつ必要はない。わたしはすでに世に勝っている。だからこそ、あなたは勇気を出すべきなのである。」

　これは、以下の聖書の文を連想できるように訳してある。

「あなた方はこの世ではなやみがある。しかし勇気を出しなさい。わたしはすでに世に勝っている。」（ヨハネの福音書 16:33）

　＊(T-4.IV.16)「自我が自らの顔を見ようとして覗《のぞ》き込む鏡は、確かに朧《おぼろ》げである。」

(T-4.IV.2:3)「どの場合も、あなたは**神**が創造した兄弟の誰かについて誤って考えたのであり、あなたの自我が朧《おぼろ》げ

な鏡の中に作り出す映像を知覚しているのである。」

これらは、どちらも、以下の聖書からの文に基づいて訳してある。「わたしたちは、今は鏡に映して見るようにおぼろげに見ている。しかしその時には、顔と顔とを合わせて見るであろう。」（コリント人への第1の手紙、13:12）

◆心理学用語

『奇跡講座』の理論は、キリスト教的言葉で説明されているとはいえ、その核心となる部分は心理学であり、本書の中では以下のような心理学用語が使われている。防衛［defense］、防衛機制［defense mechanism］、投影［projection］、否認／否定／拒否［denial］、解離［dissociation］、転移［transfer］、転位［displacement］（この「転位」は「投影」とほぼ同義）、空想［fantasy］、力動［dynamics］などである。これらの用語は、心理学で使われている通りの意味で理解されなければならない。

＊「転移」（transfer）――「受講生のためのワークブック」序文や、「教師のためのマニュアル」の中の「信頼の深化」のセクションなどで使われている「転移」という心理学用語は、「先に学習されたことが、その後に学習されることに影響を及ぼす」という効果を意味する。たとえば、一つの楽器を弾ける人は、新しい楽器を習うときに、以前の学習を新しい楽器の習得の際に活用することができるといった場合が、「学習の転移」と呼ばれる。この「転移」という概念は、このコース中でしばしば述べられる「普遍化」という重要な概念につながるものである。

なお、「テキスト」の中でほんの少しだけ出てくる「転位」（displacement）は、この「転移」（transfer）と混同されてはならない。心理学用語としての「転位」の定義は「ある対象に向けられている感情または態度が、別の対象に向けられること」（広辞苑）であるが、このコースの中では、「転位」は、事実上「投影」とほぼ同じ意味で使われている（一般の心理学では displacement は「置き換え」と訳されることもあり、「転位行動」などとしても使われる）。

◆キーワードの訳し方と、それ以外の言葉の訳し方

「この翻訳について」の「方針二」で述べられている「一貫した形で使用すべきキーワードの訳語」とは、「智識」、「知覚」、「防衛」、「投影」、「贖罪」、「奇跡」、「魔術」、「延長」、「特別な関係」などといった言葉である。

一方、こうしたキーワード以外の言葉においては、原文では同じ単語であっても、原語のもつ意味の幅が、日本語の同義語のそれと完全に一致しないために、一つの日本語の言葉では訳せないという場合がある。そうした単語の場

合は、原文の文脈によって、さまざまに異なるニュアンスが前面に出てくるため、いくつかの異なる訳語を使って訳さざるを得なかった。たとえば、judgment という単語の訳として、訳文では文脈によって、「裁き」、「判断」、「審判」などを使い分けている。他にもこのような扱いをした単語があるが、それぞれの文脈に即した訳し方をしているので、概して、文中で日本語の単語のもつ意味から受ける印象そのままに感じていただけば、原文の意味が理解されるはずである。

◆その他、特筆すべきいくつかの用語について

＊ mind と heart の区別 —— 日本語では、英語にあるような mind と heart の間の明確な区別はなく、普通に訳せばどちらも「心」となってしまうので、両者を区別するには、何らかの工夫が必要である。本書では、mind という概念が非常に明確な定義をもち、重要な位置を占めている一方で、heart にはあまり重要な意味はなく、厳密に意味を定義する必要のない詩的な雰囲気の文脈などで時折使われるだけである。したがって、mind と heart の訳し分けは、重要な mind のほうを一貫して「心」と訳し、heart は、主として「胸《こころ》」とし、その他、それぞれの文脈の意図を汲みながら、時には「こころ」などの別の訳し方も用いている。

「教師のためのマニュアル」の中に出てくる「衷心《こころ》の祈り」と訳した prayer of the heart という言葉は、キリスト教的観想の伝統では「心の祈り」と呼ばれる祈り方の名称でもあるが、「心」は heart の訳には使わないという方針に従って、この訳語には「真心」に近い意味をもつ「衷心」という言葉を使って「こころ」というルビを振った。ただし、この文脈で論じられている内容における意味で言えば、単なる「真心からの祈り」という意味だけでなく、『奇跡講座』で言う「心」(mind) のレベルで真に願われていることから生じる祈りという意味も含まれている。

＊ idea と thought —— これらの単語はそれぞれに異なる意味やニュアンスをもつとはいえ、重複する部分もあり、文脈や用途により意味が変わることもあり、日本語として訳し分けるのが非常に難しい言葉である。特に本書の翻訳では、idea と thought のそれぞれの訳語を決めて、それを一貫してどの文脈にでも使用した場合、日本語がぎこちなくなったり、意味が不明瞭になったりするという状況が頻発した。そして、『奇跡講座』の理論においては、これらの単語の間に、はっきりと区別されるべき本質的で厳密な違いはない。このため、訳文では、かなりの試行錯誤と熟考の末、これら二つの単語のそれぞれに、「考え」と「想念」の両方を使うことにし、どちらを使うかは、それ

ぞれの文脈に必要なニュアンスを基準とすることにした。すなわち、ideaが「考え」と訳される場合も「想念」と訳される場合もあり、thoughtについても同様である。そして、いずれの場合も、それぞれの文脈の中の日本語として読んだときに「しっくりくる」訳し方にしてある。ただし、ideaはconceptと同じ意味でも使用されており、その場合は「概念」と訳している。さらには、以上のルールを当てはめずに、文脈にかかわらず常に一貫して同じ言葉で訳したケースが二つある。一つは、頭文字が大文字ではじまっているThoughtで、これは常に「**神の想念**」を意味するため、太字の「**想念**」を用いることで一貫させた。もう一つは、『奇跡講座』の中で最も重要なテーマの一つ「想念はその源を離れない」という言葉の中のideasで、これも一貫して「想念」を使って訳している。

＊vision —— 日本語で「ヴィジョン」という音訳が使用される場合、英語と同様に主として二つの意味で使われている。すなわち、「目に見える映像」（さらに転じて、「展望」や「見通し」なども含まれる）という意味と、「見る能力」や「視覚」という意味の二つである。したがって、訳語を「ヴィジョン」とした場合、そのどちらを意味しているのか不明となる。本書で使われるvisionは、主に後者の意味に該当し、さらに普通の「視力」とは異なる「霊的な視力」、「正しい心による視力」とでも言うべきものを表しているため、そのニュアンスを正確に伝えるべく「心眼」という漢字を用いて、それに「ヴィジョン」というルビを振るという表記を選択した。

また原文には、ごく稀ではあるがこの単語が「目に見えている映像」という意味や、単なる視覚という意味で使われている文脈もあるため、そうしたところでは、「霊視映像《ヴィジョン》」や「視覚」などと訳した。

＊sin と guilt —— この二つの単語は、ニュアンスの違いがあるとはいえ、一般的にはどちらも同じく「罪」と訳すことのできる言葉である。しかし、guilt のほうには、sin とほぼ同じ「罪」という意味に加えて、「罪の体験としての罪悪感」という意味も含まれており、文脈によってそのどちらかのニュアンスが前面に出てくる形になっている。このため、sin と guilt の区別のみならず、二種類の guilt の間の違いと共通性の両方を示すことのできる訳語が必要とされた。そうして、さまざまな言葉を検討した結果、sin は「罪」と訳す一方で、guilt の二つの意味は「罪悪」と「罪悪感」と訳し分けることにした。したがって、文脈ごとに前面に出ているほうの意味を考慮してそのいずれかを用いているのだが、実際には常に、罪悪の背後には罪悪感があり、罪悪感の背後には罪悪があるという形で、これ

らは表裏一体の概念であることをご承知いただきたい。

さらに、この二つの単語の派生語として sinless と guiltless、および sinlessness と guiltlessness が出てくる。これらも sin と guilt の場合のような二様の訳し分けができれば理想的だが、自然な日本語ではそれができない。なんとか区別しようとして、普段あまり使われない言葉や造語の使用などの可能性も検討したが、そのような訳し方は日本語として不自然になるだけである。そのため、やむなく、sinless（ness）と guiltless（ness）の一部に、同一の訳語（「無罪」、「無罪性」）を使うことにした。ただし、「罪悪感」の反対概念としての guiltlessness だけは、「無罪感」という言葉を使って区別したところがある。

＊ innocent ／ innocence ―― 本書の中では、「罪のない」という意味を表す言葉として、sinless, guiltless, innocent の三つが使われているが、innocent を、sinless や guiltless から区別するのは、「清らかさ」であるため、「無垢」という言葉で訳し、innocence という名詞形には「無垢性」を用いた。innocent にも、いわゆる「有罪」の反対語としての「無罪」という意味もあり、文脈によっては「無罪潔白」を使っているところもあるが、sinless や guiltless とは違って、innocent は、罪という概念が存在するようになる以前の、もともと罪を知らない**神の子**のけがれなき状態というニュアンスが強い。ただし、「テキスト」の終り近くでは、そうした「無垢性」を装う自我の側面について論じられており、三十一章に出てくる「無垢なる顔」という表現は、そのような「無垢性」の偽装を意味している。

◆代名詞の扱い方

原文には it や they という代名詞が頻繁に出てくるが、これらの単語が何を指しているかということは、原文で読んでいる限り、単語同士の位置関係や、単数複数の区別などから、たいていはすぐに判別がつく。仮に一見して明白とは言えない場合でも、文法に従って構文を分析してみれば、可能性が限定されてくるので、何を意味しているのかが理解できるようになるし、さらにどうしてもわかりにくいものでも、『奇跡講座』全体の理論の理解が深まるにつれて、次第に、不明瞭な箇所が消えていくという体験ができる。ところが、邦訳の訳文の場合にはそれが通用しない。和文になると、文法も文の構造もまったく異なっているため、英文には存在しているいくつかの手がかりがまったく消えてしまい、it や they を文字通り「それ」や「それら」（ときには「彼ら」）と訳しただけでは、それらが具体的に何を示しているのかが、どこまでも不明瞭になる。そうした事態に陥るのを防ぐために、訳文では、そのような代名詞については、多くの場合、それらの内容を示す普通名詞に置き換えるようにした。ただし、判別のための手がかりが多少でも訳文の中に残されている場合は、意味が多少不明瞭になってもできるだけ原文通りの代名詞を使って訳すようにした。

◆大文字を頭文字とする単語の扱い方

原文で、頭文字が大文字となっている単語の多くは、**神**または**神**に由来する存在や概念であることを表すためのものであり、普通の日本語ではまったく使われないとはいえ本書では重要な区別であるため、訳文では太字で表記した。たとえば、Self と self を区別しなければならないというような場合がその一例であり、訳文では、それぞれ、「**自己**」と「自己」と表記している。ただし、日本語では、太字の単語を使いすぎると読みづらくなり、不自然にも感じられるので、**神**、**神の子**（**キリスト**）、**聖霊**、およびそれらに直接関連する言葉のみを太字にした。原文では大文字だが訳文では太字にしなかった単語は、たとえば、「贖罪」、「天国」、「聖書」、「最後の審判」、「再臨」、「クリスマス」、「復活祭」、「使徒」などである。

また、「教師のためのマニュアル」の中では、特に「**神の教師**」と「**神の教師**」という表記の違いが重要である。「**神**の教師」というふうに、「**神**」だけが太字になっている場合は、a teacher of God、teachers of God、God's teachers などの訳であり、「**神**に遣わされた教師」というような意味合いで使われている。これは、「**神**」だけが太字で「教師」は太字ではないことから、この「教師」は、**神**や、**神**に近い存在のことではなく、このコースを学ぶ普通の人々のことを指していることがわかる。一方、「**神の教師**」という表記は、God's Teacher の訳であり、「**教師**」のほうも太字であることから、これは**神**を代弁する**教師**である**聖霊**を指していることがわかる。

◆敬語の使用と He の訳し方

「**神**」に関する表現における敬語の使用は、動詞の受動態との区別がむずかしくなることから、普通の文では、「**神ご自身**」、「**ご自身**」を使うのみにとどめた。ただし、直接**神**に語りかける祈りの文のような文脈では、例外的に敬語表現を使うことにより、原文にある敬虔な雰囲気を表現するようにした。

なお、「方針三」が触れている「**聖霊**」を意味する三人称単数代名詞については、日本語の場合、**神**や聖霊といった存在をまるで人間のように「彼」と呼ぶこと自体が、不遜で不自然な印象を与えるため、こうした存在を示す代名詞Heは、この翻訳では「彼」を使わない形で訳している。ただし、**聖霊**が「**教師**」などと呼ばれて半ば擬人化されている文脈では、時に聖霊を意味するHeを「**彼**」と訳したところもある。また「**キリスト**」は「**神**」や「**聖霊**」よりも人格的存在に近いという観点から、「**キリスト**」を示すHeも、文脈によっては、「**彼**」と訳している。

◆原文における斜体の扱い

原文で斜体が使われている箇所には、強調の意図が込められている。訳文では、これらの箇所を示す方法として主に傍点を用い、傍点がつけにくい場合は何らかの強調の意味が表現できる言葉（「確かに」、「まさしく」など）を加えることによって傍点の代わりとした。

◆言葉遊びについて

『奇跡講座』には数多くの言葉遊び（掛け言葉や洒落）が見られ、全体的には古風で難しい文章の中に時折ユーモラスな味わいが加わっているが、残念ながら、邦訳においては、そのほとんどが失われてしまう。けれども、例外的にその痕跡が残るように訳せた箇所もあり、T-5.VIIの最初の段落などがその一例である。この段落では、「気をつける」、「気をつけない」、「気にかける」、「気がかり」、「気遣い」という「気」が含まれる言葉で訳した箇所はすべて、原文ではcareという単語かその派生語であり、言葉遊びの意図が明白である。

◆文体、詩的側面などについて

時として、『奇跡講座』の原文について、「シェークスピアの作品にも似た美しい文体である」と言われることがあり、それだけが一人歩きしてしまって、『奇跡講座』が美しい抒情詩のようなものであると勘違いされることもあるようだが、実際には、詩的側面は、原書を普通に読む限り、最も顕著な特徴とは言えない。

「無韻詩」と呼ばれる弱強五歩格の詩形（これが、俗に「シェークスピアの文体」と言われるもの）は部分的に使われているのみであり、その詩形を目立たせるような改行は行われていないため、普通の読者はほとんど気づかずに読み進んでしまう。

この詩形がときどき現れ始めるのは「テキスト」の半ばごろからであり、その後、徐々に増えていく。そのリズムを意識して読むなら、たしかに「美しい」と言える面はあるのだが、今度は逆に、詩形を優先するがゆえの英文としての不自然さが目立つ箇所がところどころに現れてくる。抽象的で難解な概念について語りながら歩格を合わせようとするので、普通の英文法が半ば無視されたり、英語表現としては奇妙な言い回しになっていたりするところがあるのである。

翻訳にあたっては、そうした箇所の訳出がとりわけ困難であった。訳文の中で、読みにくいところやわかりにくいところというのは、たいてい、こういった箇所であることが多い。しかし、これは、原文がわかりにくいので、訳文だけを原文よりわかりやすくするということは、「内なる平安のための財団」による方針（本書ivページ参照）により奨励されていない。したがって、日本語としてできる限り「なんとかわかる訳」となるところまで形をととのえて、あとは、多少の「わかりにくさ」はそのままにしなければならないところもあった。

つまり、「無韻詩」で書かれている箇所のすべてが、そのまま、「美しい名文」だということにはならないのである。けれども、それとは別に、文型は「詩」の形をとっていてもいなくても、詩的なイメージがふんだんに使われている箇所は多数ある。そういった箇所は、非常に美しく感動的である。このように、『奇跡講座』の原書の中には、さまざまな種類の文章が混在している。散文的で平易なところもあれば、抽象的で難解なところもあり、また、理屈っぽいとさえ感じられる論理展開が繰り広げられるかと思えば、うっとりさせられるような美しい詩的なイメージがちりばめられている箇所もある。そして、そうした読書体験そのものが、学びを助けるものとなっている。

その意味では、『奇跡講座』は、首尾一貫した理論を提示するものだとは言っても、読者側での体験という観点から見れば、科学的論述というよりも、むしろ文学作品や芸術作品に近いものと言える。それは、このコースが言葉や知的理解のレベルをはるかに超えたところまで導くものだからである。それゆえに、翻訳においても、文やフレーズが醸し出す雰囲気やニュアンスも、その意味と同じくらい（または時にはそれ以上に）重要となる。したがって、訳文でも、そうしたさまざまな種類の文章の雰囲気の違いを、できる限り忠実に訳し分けている。

◆『奇跡講座』という邦題について

『奇跡講座』という邦題も、「原書に忠実に」という「内なる平安のための財団」の方針に従って決定された。このコースは、一貫した学習カリキュラムとして提示されており、真剣な取り組み方が求められていることと、題名が「奇跡的なコース」というニュアンスになってはいけないということが、主な理由である。

◆付録二編について

二冊の小冊子『精神療法』と『祈りの歌』は、『奇跡講座』完成後に口述筆記された補助教材である。それぞれについて、以下に簡単に述べておく。

＊『精神療法』（一九七五年）――Psychotherapy という言葉は、「心理療法」と訳される場合と、「精神療法」と訳される場合があり、前者は心理学系の文脈で、後者は医学形の文脈で使われる傾向があるようである。そのため、『奇跡講座』が心理学的背景をもった書物であることを考えれば、「心理療法」と訳すべきと考えることもできるかもしれない。実際そのように訳す可能性も検討はしたが、最終的には「精神療法」とすることにした。その理由は、以下の通りである。

『奇跡講座』が心理学的であるというのは、フロイト心理学の防衛機制の理論が、このコースの形而上的理論と統合されているからであるが、フロイトの扱っていた「心」も、一般の心理学が扱っている領域も、『奇跡講座』の言葉で言えば、「頭脳」に相当する。このコースの言う「心」は、それとはまったく違う次元のものである。したがって、普通の心理療法よりも広い領域を扱うものという意味で少し幅の広い意味をもたせるために、「心理」よりも「精神」を使うほうが適切と考えた。実際、この小冊子『精神療法』で述べられている内容は、サイコセラピストと患者との間の心の癒しのプロセスになぞらえていても、本質的には、『奇跡講座』で述べられている通りの、すべての人々に当てはまる赦しのプロセスの概説である。

また、psychotherapy、therapist、healer という言葉が「テキスト編」の中にでてきた際には、それぞれ、「精神療法士《サイコセラピスト》」、「治療師《セラピスト》」、「治癒者《ヒーラー》」という表記をしていたが、この小冊子では、これらの言葉が頻繁に使われるため、ルビ付きの単語が多くなりすぎると煩わしいことを考えて、「サイコセラピスト」、「セラピスト」、「ヒーラー」というカタカナ書きを採用した。

＊『祈りの歌』（一九七七年）――この作品も、すでに『奇跡講座』本体の中で述べられたことを超える新しい内容を含むものではないが、「祈り」というテーマを軸として、このコースの美しい要約となっている。特筆すべきことは、この小冊子が、『奇跡講座』の出版直後からすぐに広まり出した誤解を正す目的で書かれたという点である。「聖霊に祈れば何でも叶えてもらえる」といった「魔術的な」祈りの理解が広まりつつあったことに対する警鐘として、「祈り」を『奇跡講座』の教えの中で正しく位置づけているという点で、重要な小冊子である。

奇跡講座

受講生のためのワークブック

受講生のためのワークブック　もくじ

〈復習Ⅱ〉

〈復習IV〉——296

3. 世界とは何か　461

4. 罪とは何か　467

5. 肉体とは何か　473

ワークブック　序文

1．「テキスト」が提示しているような理論的基盤は、この「ワークブック」の演習に意義をもたせる枠組みとして必要なものである。[2]しかしこのコースの目標の達成は、演習を行うことで可能となる。[3]訓練されていない心には、何も達成できない。[4]「テキスト」が教えている通りの考え方ができるように心を訓練することが、この「ワークブック」の目的である。

2．演習は至って単純である。[2]多くの時間もかからないし、どこで行《おこな》ってもかまわない。[3]準備も必要ない。[4]訓練の期間は一年である。[5]演習はレッスン１から始まり３６５で終わる。[6]一日に一レッスン以上を行おうとしてはならない。

3．「ワークブック」は大きく分けて二部で構成され、第一部は、今のあなたの見方からの脱却を、第二部は、真の知覚の習得を、それぞれ主眼としている。[2]復習の期間を除いて、毎日の演習は一つの主題概念を基軸として計画されており、それが最初に提示される。[3]続いて、その日の主題概念を適用するための具体的な手順が説明される。

4．この「ワークブック」の目的は、あなたの心を体系だった方法で訓練し、世界の人やものごとのすべてについて、これまでとは異なった知覚に導くことである。[2]これらの演習は、レッスンの学びを普遍化する助けとなるよう計画されているので、あなたはいずれ、どのレッスンも、自分の目にする人やものごとのすべてに等しく適用できるということを理解するようになる。

5．訓練で習得された真の知覚が転移される過程は、この世界の訓練による技能が転移される場合とは異なっている。[2]真の知覚が、どの人や状況や出来事についてであれ達成されたなら、それがあらゆる人やものごとに全面的に転移されることは確実である。[3]一方、真の知覚から離しておきたい例外が一つでもあれば、その達成はどこにおいても不可能となる。

6．したがって、一貫して守るべき全般的ルールは次の二点のみである。第一に、演習は、指示される通り、具体的なものごとを対象にして行うこと。[2]これが、いずれ、あなたが置かれた状況とその中のあらゆる人やものごとに対して、レッスンの概念を普遍的に適用するのを助けることになる。[3]第二に、レッスンの概念を適用できないような人々や状況やものごとがあると、自分で決めてしまわないこと。[4]そのような決めつけは訓練結果の転移を妨げる。[5]真の知覚の本質は、限界がないということにある。[6]それは、今のあなたの見方とは正反対のものである。

7. 演習の全般的な狙いは、練習する概念をどんなことにでも適用できるようになるまで、あなたの適用能力を高めていくことである。[2]これにはあなたからの努力は必要ない。[3]演習自体が、この種の転移に必要な条件を備えている。

8. この「ワークブック」が提示する概念の中には、信じがたいものや、驚愕させられるようなものがあるかもしれない。[2]そうしたことは問題ではない。[3]あなたはただ、指示される通りに、その概念を適用するだけでよい。[4]それらの是非を判断することはまったく求められていない。[5]ただそれらを使うよう求められている。[6]使うことにより、それらがあなたにとって意味あるものとなり、真実であることが示されるだろう。

9. ただ次のことだけを覚えていなさい。あなたはこれらの概念を信じる必要もなければ、受け入れる必要もなく、歓迎する必要さえもない。[2]あなたが断固として抵抗するような概念もあるかもしれない。[3]こうしたことは一切、何の問題にもならないし、その効力を減じることもない。[4]しかし、「ワークブック」に含まれている概念を適用する際に、例外を設けてかまわないと思ってはならない。そうした概念にあなたがどう反応しようとも、とにかくそれらを使用することである。[5]それ以上のことは何も要求されていない。

【第Ⅰ部】

レッスン1

この部屋の中に［この路上に、この窓の外に、この場所に］**見えているものには、何の意味もない。**

1. 周囲をゆっくりと見回し、目に入るものなら何にでも、この主題概念を具体的にあてはめる練習をする。

[2]このテーブルには何の意味もない。
[3]この椅子には何の意味もない。
[4]この手には何の意味もない。
[5]この足には何の意味もない。
[6]このペンには何の意味もない。

2. 次に、目の前から、もっと離れたところへ視線を移し、広い範囲にこの概念を適用する。

[2]あのドアには何の意味もない。
[3]あの体には何の意味もない。
[4]あのランプには何の意味もない。
[5]あの標識には何の意味もない。
[6]あの影には何の意味もない。

3. これらの文が特定の順序に並べられていないことや、対象の種類も区別されていないことに、留意する。[2]それがこの演習の目的である。[3]この表現を、目に入るものなら何にでも、ただあてはめていけばよい。[4]練習においては、今日の概念をまったく無差別に使用する。[5]演習が儀式的になってはいけないので、目に入るものを一つ残らず、練習の対象にしようとしてはならない。[6]ただし、目に入ったものの中で特別に除外されるものがないように注意する。[7]この概念の適用に関する限り、どれもみな同じである。

4. 最初の三つのレッスンはいずれも、一日に二回、できれば朝と夜に行い、それ以上行《おこな》ってはならない。[2]また、一分以上続けようとすべきではないが、急いで一分以内におさめる必要はない。[3]ゆったりとくつろいだ感覚が大切である。

レッスン2

この部屋の中に［この路上に、この窓の外に、この場所に］**見えているあらゆるものに、私にとっての意味のすべてを与えたのは、私自身である。**

1．この概念の演習も、最初の演習と同じように行う。[2]目の前のものから始めて、何でも目にとまるものにこの概念をあてはめていく。[3]それから適用範囲を拡大する。[4]首を動かし、左右どちらの側にあるものも含める。[5]できれば後ろも振り向いて、背後にあるものにも、この概念をあてはめる。[6]対象を選び出すときには、できる限り無差別に行い、特別の何かに集中したり、一定の視野にあるもの全部を含めようとしたりしないようにする。さもなければ、負担感が入り込んでしまう。

2．気楽に、さっと自分の周囲を見回し、対象の選択が、大きさ、明度、色、材質、自分にとっての重要性などに左右されないようにする。[2]ただ目に入ってくるものを、そのまま対象とする。[3]体、ボタン、ハエ、床、腕、リンゴなど、何にでも等しく気楽に演習を適用する。[4]ただ自分がそれを見たということを、唯一の基準とすればよい。

[5]特定の何かを含めようとしてはいけないが、何かが特別に除外されることもないように気をつける。

レッスン３――――

この部屋の中に［この路上に、この窓の外に、この場所に］**見えているどんなものも、私は理解していない。**

１．この概念もこれまでと同様に、どんな区別もせずに適用する。[2]目に入ってくるものなら何でも、この概念をあてはめる対象としてかまわない。[3]この概念を適用するのにふさわしいものかどうかを疑ってはならない。[4]これは、判断を下す練習ではない。[5]あなたの目に見えていれば、何でも適している。[6]なかには、あなたを感情的にさせるような意味をもつものもあるかもしれない。[7]そうした感情も退けて、単純にほかのものとまったく同じように取り扱う。

２．演習の要点は、あなたが心の中から過去の連想を一掃し、ものごとを今見えているままに見て、自分が本当はそれらをほとんど理解していないと気づくように助けることである。[2]したがって、今日の概念を適用する対象を選ぶときには、価値判断に左右されずに、心を完全に開いておくことが肝心である。[3]この目的のためには、どんなものもみな同じであり、等しく適しており、等しく役に立つ。

レッスン4――

これらの考えには何の意味もない。それらは、この部屋に「この路上に、この窓の外に、この場所に」見えているものと同様である。

1．これまでの演習とは違って、ここで行う演習は、今日の主題概念とともに始めることはしない。[2]今日の練習時間は、まずはじめに約一分間、あなたの心の中をよぎるさまざまな考えを注視することから始める。[3]その後、今日の概念をそれらの考えに適用する。[4]もしすでに不愉快な考えを意識しているなら、それらを今日の概念の対象とする。[5]しかし、あなたが「悪い」と思っている考えだけを選んではならない。[6]自分の考えを見つめる訓練をしていくなら、それらは実に渾然としていて、ある意味では、どれも「よい」とも「悪い」とも呼ぶことはできないとわかってくる。[7]だからこそ、それらには何の意味もないのである。

2．今日の概念をあてはめる対象を選ぶにあたっては、これまで通り具体性が必要である。[2]「悪い」考えと同様に、「よい」考えも躊躇せず使うようにする。[3]そうした考えはどれもあなたの真の想念を表してはいない。真の想念はそれらにより覆い隠されている。[4]「よい」考えは、それを越えたところにあるものの影にすぎず、影があれば見ることが難しくなる。[5]「悪い」考えは視覚を妨げるものであり、見ることを不可能にする。[6]そのどちらも、あなたの望むものではない。

3．これは主要な演習の一つであり、今後もときどき形を変えて繰り返される。[2]その目的は、意味のあるものから意味のないものを切り離すというゴールに向かって、あなたが最初の数歩を踏み出せるよう訓練することである。[3]これは、無意味なものを自分の外に見て、意味あるものを自分の内側に見ることを学ぶという長期目標における、最初の試みである。[4]またこれは、何が同じもので何が異なったものかを認識できるように、あなたの心を訓練する始まりでもある。

4．今日の概念を適用する対象としてあなたの考えを使うときには、そこに含まれる中心的人物や出来事によってそれぞれの考えを確認し、たとえば、次のように言う。

[2]――についてのこの考えには何の意味もない。[3]それは、私がこの部屋の中に「この路上に、この窓の外に、この場所に」見ているものと同様である。

5. また、あなたが有害だと認識している特定の考えに、この主題概念を使用することもできる。[2]そうした練習は有益だが、演習として行うもっと無作為なやり方の代用とすべきではない。[3]ただし、心の中を点検するには、一分以上かけてはならない。[4]あなたはまだ未熟であるため、どうしても雑念に気をとられてしまいがちだからである。

6. さらに、これはこの種の演習の最初のものなので、いろいろな考えに関して判断を下さないようにすることが特に難しいと、感じられるかもしれない。[2]一日に三〜四回以上この演習を行ってはならない。[3]私たちはいずれまたこの演習に戻ることになる。

レッスン5――

私は自分で考えているような理由で、動揺しているのではない。

1．この主題概念は、前回のものと同じように、自分に苦痛を引き起こしていると思われる人や状況や出来事のどれにでも使用できる。[2]あなたが自分の動揺の原因だと信じているものに対して、自分の気持ちを正確に表すと思える言葉を使って、具体的にこの概念を適用しなさい。[3]その動揺は、恐れ、心配、憂鬱感、不安、怒り、憎しみ、嫉妬、そのほかのいくつもの形であるように見え、そのすべてが異なったものとして知覚されるだろう。[4]これは真実ではない。[5]しかし、形は問題ではないということをあなたが学ぶまでは、それぞれの形が、今日の演習にふさわしい対象となる。[6]それぞれに同じ概念を個別に適用することが、それらすべてが同じものだと最後には認識できるようになるための第一歩である。

2．今日の概念を、さまざまな形の動揺の原因として具体的に知覚されたものに使用するときには、あなたが見ている動揺の形の名称と、その原因だと思える事柄の名称を用いるようにする。たとえば、次のように言う。

[3]私は自分で考えているような理由で、――に腹を立てているのではない。

[4]私は自分で考えているような理由で、――を恐れているのではない。

3．ただし、以上のやり方を、通常の練習時間のかわりとしてしまってはならない。練習時間には、まず最初に、動揺の「源」だとあなたが信じるものと、その結果生じると思える動揺の形を、心の中に探していく。

4．この演習では、特定の対象だけを重視せずにどれも無差別に扱うことが、これまでよりずっと難しく思えるかもしれない。[2]演習を始める前には、次のように言うと役に立つ。

[3]小さな動揺というものはない。[4]動揺はみな、等しく、私の心の平安を乱すものである。

5．その後、心の中を調べて、悩みの大小にかかわらず、自分を悩ませているものを何でも探し出す。

6. また、動揺の源だと知覚されるものの中には、とりわけ今日の概念をあてはめたくないと思われるものもあるかもしれない。[2]そういう場合は、まず次のように考える。

[3]この形の動揺を保ったまま、ほかの動揺を手放すことはできない。[4]だから、この演習のために、すべての動揺を同じものと見なそう。

7. その後一分ほど心の中を探索し、自分にとってどれほど重要であるかは考慮せずに、自分の心を乱すさまざまな形をいくつか見つけ出す。[2]その動揺の源であると知覚されるものの名称と、あなたが体験しているままのその感情の名称の両方を用いて、それらの各々に今日の概念をあてはめる。[3]以下に、もう少し例をあげておく。

[4]私は自分で考えているような理由で、＿＿＿＿について心配しているのではない。

[5]私は自分で考えているような理由で、＿＿＿＿について落ち込んでいるのではない。

[6]一日に三～四回で充分である。

レッスン6——私が動揺しているのは、存在しない何かを見ているからである。

1. この主題概念の演習は、これまでの演習と非常によく似ている。[2]ここでも、概念の適用の際には、動揺の形（怒り、恐れ、心配、憂鬱感など）にも、その源だと知覚されるものにも、はっきりと名前をつけることが必要である。[3]たとえば、次のように言う。

[4]私が——について腹を立てているのは、存在しない何かを見ているからである。

[5]私が——について心配しているのは、存在しない何かを見ているからである。

2. 今日の概念は、あなたを動揺させるように思えるものなら何にでも適用できるし、そうした目的のために一日中いつでも使えば有益である。[2]しかし、一日三～四回の必修の練習時間には、これまでと同様に、一分ほど心の中を探索することから始め、その間に見つかった動揺をもたらす考えの一つひとつに、今日の概念をあてはめなければならない。

3. ここでもまた、動揺をもたらす考えの中でも特に、この概念を適用したくないと感じられるものがあれば、前回のレッスンで述べた二つの注意事項を思い出すとよい。

[2]小さな動揺というものはない。[3]動揺はみな、等しく、私の平安を乱すものである。

[4]それから

[5]この形の動揺を持ち続けながら、ほかの動揺を手放すことはできない。[6]だから、この演習のために、すべての動揺を同じものと見なそう。

レッスン7
私は過去だけを見ている。

1. この主題概念を信じるのは、最初のうちはとりわけ難しい。[2]それでも、これが、これまでのすべての主題概念の根拠となっている。

[3]これが、あなたが見ているものに何の意味もないことの理由である。

[4]これが、あなたが見ているすべてのものに、あなたにとっての意味のすべてを与えたのがあなた自身であることの理由である。

[5]これが、あなたが自分が見ているどんなものも理解していない理由である。

[6]これが、あなたの考えには何の意味もなく、あなたが見ているものも同様に意味がない理由である。

[7]これが、あなたが自分で考えているような理由で、動揺しているのではない理由である。

[8]これが、存在しない何かを見ているから、あなたが動揺している、ということの理由である。

2. 時間についての昔からの概念を変えることは、きわめて難しい。なぜなら、あなたが信じているすべてのことが時間に根ざしており、時間についてのこうした新しい概念を学ばないことで成立しているからである。[2]しかし、だからこそ、あなたには時間についての新しい概念が必要である。[3]時間の概念としては耳新しいこの概念は、実際には、最初の印象ほど奇妙なものではない。

3. たとえば、一つのコップを見るとする。[2]あなたはコップを見ているのだろうか。それとも、単にコップにまつわる過去の経験を反芻しているのだろうか。たとえば、喉が渇いてコップを手にとり、コップから飲み、朝食をとりながらコップの縁に唇が触れるのを感じるなどの経験である。[3]そのコップが美しいと思うかどうかも、過去の経験に基づいているのではないだろうか。[4]過去の経験がなければ、どのようにして、この種のコップは落とせば割れるとわかるのだろうか。

過去に学んだこと以外に、このコップについて、あなたは何を知っているだろうか。[6]過去の学びによらなければ、このコップが何であるか、あなたには見当もつかない。[7]こんなことで、あなたは本当にそれを見ていることになるだろうか。

4. 周りを見てみなさい。[2]以上のことは、あなたが見るどんなものについても等しく真実である。[3]それを確認するために、あなたの視線を捉えるものなら何にでも、今日の主題概念を無差別に適用する。[4]たとえば次のように行う。

[5]この鉛筆の中に、私は過去だけを見ている。
[6]この靴の中に、私は過去だけを見ている。
[7]この手の中に、私は過去だけを見ている。
[8]あの体の中に、私は過去だけを見ている。
[9]あの顔の中に、私は過去だけを見ている。

5. 何か特定のものに長くとどまらないようにする一方で、特に何かを除外することもしないように心がける。[2]それぞれの対象をさっと見て、次のものに移る。[3]約一分の練習を三、四回行えば充分である。

レッスン8———

私の心は過去の考えにとらわれている。

1. 言うまでもなく、この概念が、あなたが過去だけを見ている理由である。[2]誰も、本当は何も見ていない。[3]人は自分の想念が外に投影されたものを見ているだけである。[4]心が過去にとらわれていることにより、時間についての思い違いが生じ、そのせいで、あなたの見方が損《そこ》なわれている。[5]あなたの心は、存在する唯一の時間である現在を把握することができない。[6]したがって、あなたの心は時間を理解できず、実は、何も理解できていない。

2. 人が過去について抱くことのできる唯一の完全に真実な考えは、過去はここには存在しないということだけである。[2]したがって、そもそも過去について考えること自体が、幻想について考えることである。[3]過去を思い描いたり、将来に期待したりすることが、実際に何をもたらしているかをはっきり理解している者はごく少数である。[4]心がそうしているときは、何も真に思考していないので、心は実際には空白になっている。

3. 今日の演習の目的は、あなたの心がまったく真に考えていないときに、その時点でそれを認識できるように、心の訓練を始めることである。[2]真の想念が欠如した考えがあなたの心を捉えている間は、真理は妨げられている。[3]自分の心が真の考えで満たされていると信じるのをやめて、それが単に空白だったと認識することが、心眼《ヴィジョン》への道を開く第一歩である。

4. 今日の演習は、目を閉じて行う。[2]その理由は、実際、あなたは何も真に見ることができていないため、目を閉じて練習するほうが、自分がどんなに鮮明に考えを映像化していてもやはり真の意味では何も見ていないということが認識されやすいからである。[3]できる限りどんなこだわりももたずに、いつも通り一分ほど、心の中を探索し、見つけた考えを単に意識する。[4]その考えの各々に含まれている中心的人物やテーマでそれに名前をつけてから、次に進む。[5]まずは次のように言いながら練習を始める。

[6]私は――――について考えているようだ。

5. それから、一つひとつの考えに具体的に名前をつける。たとえば、次のように言う。

[2]私は［人の名前］について考えているようだ。［物体

の名前」について考えているようだ。「感情の名前」について考えているようだ。

それから、心の探索の時間を次のように言って締めくくる。

[3]しかし、私の心は過去の考えにとらわれている。

6. 苛立ちを感じない限り、これを一日四、五回行うとよい。[2]苦痛に思えるなら、三、四回で充分である。[3]しかし、苛立ちや、今日の主題概念が引き起こすほかの感情を、心の探索の対象に含めると助けになるかもしれない。

レッスン9——

私は、何も今あるままに見ていない。

1. この主題概念は、明らかに前の二つのレッスンから導き出される帰結である。[2]だが、知的にはこのことを受け入れられるとしても、まだそれはあなたにとって何の意味もなさないはずである。[3]しかし、現時点では理解は必要ない。[4]実は、自分が理解していないと認識することこそが、あなたの誤った考えを取り消すために必要な前提条件である。[5]これらの演習は、理解ではなく練習を主眼としている。[6]すでに理解していることなら練習する必要はない。[7]理解することを目指しても、すでに自分がそれを理解していると見なしているなら、それはまさに循環論法の堂々巡りと同じで、理解は不可能となる。

2. 訓練されていない心には、自らが描き出しているように見えるものが、そこに存在していないとは信じがたい。[2]この主題概念は、かなりの不安やさまざまな形の強い抵抗を引き起こすこともあるかもしれない。[3]だからといって、この概念の適用が不可能になるわけではない。[4]どの演習においても、概念を適用する以上のことは求められていない。[5]一つひとつの小さな歩みが暗闇を徐々に取り除いてゆき、心を暗くしていた雑多なものが一掃され最後には理解が訪れて、その光が心の隅々まで明るくするだろう。

3. この演習は三、四回行えば充分であり、周囲を見回して、何でも目に入るものに主題概念を適用する。そのとき、無差別に適用する必要と、何も除外しないという大切なルールを思い出す。[2]たとえば次の通りである。

[3]私はこのタイプライターを、今あるままに見ていない。
[4]私はこの電話を、今あるままに見ていない。
[5]私はこの腕を、今あるままに見ていない。

4. すぐ目の前のものから始めて、範囲を広げていく。

[2]私はあのコート掛けを、今あるままに見ていない。
[3]私はあのドアを、今あるままに見ていない。
[4]私はあの顔を、今あるままに見ていない。

5. 繰り返すが、全部を対象にしようとはしない一方で、特定の何かを除外することも避けなければならない。[2]この区別をするにあたり、自分に正直でありなさい。[3]あなたはそれを曖昧にしたくなることがあるかもしれない。

レッスン10

私の考えには何の意味もない。

1. この主題概念は、あなたが意識している考えや、演習中に意識する考えのすべてにあてはまる。[2]この概念がそれらすべてにあてはまる理由は、それらがあなたの真の想念ではないからである。[3]私たちは以前にもあなたの真の考えと真の想念との区別をしたし、いずれまたこの区別をすることもある。[4]あなたにはまだ、比較のための基準がない。[5]それが得られたときには、あなたもかつて自分の考えだと思っていたものに何の意味もなかったと、確信することだろう。

2. この種の概念を用いるのは、これで二度目である。[2]その形がほんの少しだけ違っている。[3]今回の概念は、「これらの考え」ではなく、「私の考え」という言葉で始まっており、あなたの周囲のものとはっきりと関連づけられてはいない。[4]ここでは、あなたが自分では考えていると思っているものに実在性が欠けていることが強調されている。

3. 訂正プロセスのこの側面は、あなたが自覚している考えは無意味であり、内側ではなく外側にあるという主題概念で始まり、次に、それらの考えは現在ではなく過去のものであるという点が強調された。[2]今回は、これらの「考え」の存在は、あなたが真に思考していないことを意味する、ということに重点が置かれる。[3]これは、以前に述べた、あなたの心は本当は空白であるということを、別の言い方で繰り返しているにすぎない。[4]この認識は、自分が何かを見ていると思うときにそれが無であると認識することと同じである。[5]したがって、それが心眼《ヴィジョン》のために必要な前提条件である。

4. この演習を行うときには、目を閉じて、今日の概念を自分にゆっくりと繰り返すことから始める。[2]それから、次のようにつけ加える。

[3]この概念が、私が今信じているすべてのことから、私を解放してくれる。

[4]この演習においても、これまでと同じく、選別も価値判断もせずに、あなたが意識できるすべての考えを心の中に探す。[5]どんな種類の分類もしないようにする。[6]実際、もし役に立つようなら、あなた個人にはほとんど意味のない奇妙な考えの寄せ集めが、行列をなして通り過ぎていくのを眺めていると想像してもよい。[7]それぞれの考えがあ

なたの心をよぎるたびに、次のように言う。

8 ――――について の私の考えには何の意味もない。

9 ――――について の私の考えには何の意味もない。

5．今日の主題概念は、あなたを悩ませるどんな考えにでも、いつでも使えることは明らかである。[2]加えて、今日は、約一分間の心の探索を伴う練習を五回行うことが望ましい。[3]練習時間を延長することは勧められず、もし不快感を覚えるようなら、練習は三〇秒以内にすべきである。[4]しかし、具体的な対象にあてはめる前に、この概念をゆっくりと繰り返して言うことと、次のようにつけ加えることを、忘れないようにする。

[5]この概念が、私が今信じているすべてのことから、私を解放してくれる。

レッスン11

私の無意味な考えが、意味のない世界を私に見せている。

1．これは、世界の思考を逆転させるという訂正プロセスの重要な局面に関連した主題概念としては、最初のものである。[2]あなたには、自分が何を知覚するかは、まるでこの世界が決定しているかのように思えている。[3]今日の主題概念は、自分の考えが自分に見える世界を決定する、という考え方を導入する。[4]この考え方の初出《しょしゅつ》の形である今日の概念を練習できることを、喜ぼう。この主題概念を通して、あなたの解放が確実となるからである。[5]赦《ゆる》しへの鍵がこの中にある。

2．今日の概念の練習は、これまでとはいくらか異なったやり方で行う。[2]まず目を閉じて、この概念をゆっくりと自分自身に繰り返すことから始める。[3]その後、目を開けて、遠近、上下を限らず、周りのすべてに視線を向ける。[4]約一分ほどそのようにしながら、決して急ぐことなく、慌てることも力むこともなく、この概念をゆっくりと自分に向かって繰り返す。

3．この演習で最大の効果をあげるには、視線が何か特定のものに長くとどまらないように、一つのものから次のものへとさっさと目を移すことである。[2]しかし言葉のほうは、急ぐことなく、ゆったりとした調子で語るようにする。[3]特に、新しい考え方の導入部にあたる今日の演習は、できるだけ気軽に練習する必要がある。[4]そこには、平安、くつろぎ、不安からの解放といった、私たちが達成しようとしているものの土台が含まれている。[5]演習の締めくくりには、目を閉じて、主題概念をもう一度、ゆっくりと繰り返す。

4．今日の練習はおそらく三回で充分である。[2]しかし、不安感がほとんどなく、もっとやりたいという気持ちがあれば、五回までは行《おこな》ってもかまわない。[3]それ以上は勧められない。

レッスン12——私が動揺しているのは、意味のない世界を見ているからである。

1. この主題概念の重要な点は、この概念には重大な知覚の歪みを訂正するものが含まれているという事実である。[2]あなたは自分が動揺しているのは、恐ろしい世界、悲しい世界、暴力的な世界、狂った世界などのせいだと考えている。[3]しかし、こうした属性はすべて、あなた自身がこの世界に与えたものである。[4]世界そのものには意味はない。

2. 今日の演習は、目を開けたままで行う。[2]今回はかなりゆっくりと、周囲を見回す。[3]一つのものから次のものへと一定の間《ま》をおいて、ゆっくりと視線を移すようにする。[4]視線を移す速度が目立って速くなったり遅くなったりしないように、練習の間一貫して一定の速度を保つようにする。[5]何を見るかは問題ではない。[6]自分が視線を向ける対象のどれにでも等しく注目し、等しく時間をかけることで、何を見ても同じだということを、あなたは自分自身に教えることになる。[7]これが、それらのすべてに対して等しい価値を与えることを学ぶ最初のステップである。

3. 周囲を見回しながら、自分に次のように言う。

[2]私は自分が、恐ろしい世界、危険な世界、敵意ある世界、悲しい世界、邪悪な世界、狂った世界を見ていると思っている。

このように、何でも思い浮かんでくる形容詞を用いて表現する。[3]否定的な表現ではなく肯定的な表現が思い浮かぶようなら、それも含める。[4]たとえば、「よい世界」とか、「満足できる世界」などを思いつくかもしれない。[5]そういった形容詞が浮かんできたら、それもほかの言葉と一緒に使うようにする。[6]なぜこういった「快《こころよ》い」形容詞がこの演習に含まれるのか、あなたはまだ理解しないかもしれないが、「よい世界」は「悪い世界」を暗示し、「満足できる世界」は「満足できない世界」を暗示することを覚えておきなさい。[7]あなたの心をよぎる言葉はすべて、今日の演習の題材として適している。[8]それらの表面的な性質は問題ではない。

4. 今日の概念を、あなたが快いと考えるものに適用するときと、不快だと考えるものに適用するときとで、時間のかけ方を変えないように気をつける。[2]この演習の目的にとっては、両者の間に何の違いもない。[3]練習時間の最後には、次のようにつけ加える。

[4]けれども、私が動揺しているのは、意味のない世界を見ているからである。

5．意味のないものは、よくも悪くもない。[2]それなら、なぜ、意味のない世界があなたを動揺させるのだろうか。[3]もしあなたがこの世界を意味のないものとして受け入れることができ、そこにあなたのために真理が書き込まれるままにすることができたなら、それは言葉に尽くせないほどあなたを幸せにすることだろう。[4]しかし、それが意味のないものであるからこそ、あなたは自分が望む世界像をそこに書き込まずにはいられない。[5]あなたがこの世界の中に見ているのは、これである。[6]真に意味のないものというのは、これである。[7]あなたの言葉の下には、**神の言葉**が書かれている。[8]今は、真理はあなたを動揺させる。しかし、あなたが書き込んだ言葉が消し去られたときには、あなたは**神の言葉**を見るだろう。[9]それが、これらの演習の究極の目的である。

6．今日の概念の練習は、三〜四回で充分である。[2]また、一回の練習時間は一分を越えないようにする。[3]それでも長すぎると感じるかもしれない。[4]負担になるようであれば、いつでも演習を終了してよい。

レッスン13

意味のない世界は恐れを生み出す。

1. 今日の主題概念は、実は前回の主題を別な形で表したものだが、喚起される感情がもっと具体的になっている。[2]実際には意味のない世界などというものはありえない。[3]意味のないものは存在していない。[4]だからといって、意味のないものであれば、あなたがそれを自分が知覚していると思うことがない、ということにはならない。[5]それどころか、あなたは、意味のないものを確かに知覚していると、特に思いやすいのである。

2. 無意味さの認識は、分離している者たちすべてに、強烈な不安を引き起こす。[2]それはまるで、無意味さが差し出す空白に、**神**と自我のどちらの意味が書き込まれることになるかについて、両者が「対決」しているかのような状況を呈している。[3]自我は、その空白が自分の無能さと非実在性を実証するために使われるかもしれないと恐れて、大急ぎで自らの考えをそこに確立しようと躍起になる。[4]そして自我が正しいのは、自らの無能さと非実在性という点においてのみである。

3. したがって、きわめて重要なことは、あなたが意味のないものを認識して、それを恐れずに受け入れられるようになることである。[2]もし恐れているなら、あなたは必ず、世界に備わっていない属性を世界に授け、本来は存在していない姿や形の数々でそこをいっぱいにするだろう。[3]自我にとっては、幻想が安全の仕組みなので、自分自身を自我と同一視しているあなたにとっても、それが安全の仕組みとならざるをえない。

4. 今日は、それぞれ長くても約一分の演習を三、四回行えばよいが、これまでのものとはいくらか異なったやり方で行う。[2]目を閉じたまま、今日の概念を自分自身に繰り返す。[3]その後、目を開けて、ゆっくりと周りを見ながら、次のように言う。

[4]私は意味のない世界を見ている。

[5]この言葉を、周囲を見回しながら、自分に向かって繰り返す。[6]その後、再び目を閉じて、次のように締めくくる。

[7]意味のない世界が恐れを生み出す。それは、私は自分が**神**と競争していると考えているからである。

5．この締めくくりの言葉には、何らかの形で抵抗を感じずにはいられないかもしれない。[2]どのような形でそうした抵抗が現れるにしても、あなたは実際に「敵」からの「復讐」を理由に、こうした考えを恐れているのだということを、思い出しなさい。[3]この時点では、あなたがこの言葉を信じることはないだろうし、おそらく、あなたはこれをとんでもないこととして退けてしまうだろう。[4]けれども、それが引き起こすかもしれない恐れについては、それが顕著に現れても、目立たなくても、どれにでもよく注意して、意識しておかなければならない。

6．これは、明白な原因と結果の関係について述べる最初の試みであるが、この種の因果律を認識することにおいては、あなたはまだ非常に未熟である。[2]この締めくくりの言葉にはこだわらないようにし、練習時間以外には、それについて考えることさえしなくてよい。[3]今のところはそれで充分である。

レッスン14

神は意味のない世界を創造しなかった。

1．言うまでもなく、今日の主題概念が、意味のない世界などありえない理由である。[2]**神**が創造しなかったものは存在しない。[3]そして、存在しているものはすべて、**神**が創造したままに存在している。[4]あなたの見ている世界は、実相とは何の関係もない。[5]それはあなたが自分で作り出したものであり、存在してはいない。

2．今日の演習は、ずっと目を閉じたままで行う。[2]心を探索する時間は短くし、せいぜい一分までとする。[3]今日の概念の練習は、心地よく感じられるのでない限り、三回以内にする。[4]もし心地よく感じられるなら、それはあなたがこの練習が何のためのものであるかを真に理解しているからである。

3．今日の概念は、あなたが世界に書き込んだ考えを消し去り、そこに**神の言葉**を見ることを学ぶための、次のステップである。[2]この置き換えは真に救済と呼べるものであるが、その初期の段階のいくつかはかなり難しく、苦痛とさえなりえる。[3]あなたをまっすぐ恐れの中に引き込むこともあるだろう。[4]しかしあなたがそこに取り残されることはない。[5]あなたはそこをはるかに越えて進んでいく。[6]私たちが進んでいる方向には、完璧な安全と完璧な平安がある。

4．目を閉じて、思いつくままに世界のあらゆる恐怖を思い浮かべる。[2]心に浮かんできたら、それぞれに名前をつけてから、その実在性を否定する。[3]**神**はそれを創造しなかったので、それは実在のものではない。[4]たとえば、次のように言う。

[5]**神**はあの戦争を創造しなかった。だから、それは実在のものではない。

[6]**神**はあの飛行機の墜落を創造しなかった。だから、それは実在のものではない。

[7]**神**はあの惨事［具体的に述べる］を創造しなかった。だから、それは実在のものではない。

5．今日の概念の適用にふさわしい対象としては、さらに、自分自身や自分が気にかけている人の身に起こってほしくないと思っている事柄も含めてかまわない。[2]いずれの場合も、「惨事」に具体的に名前をつける。[3]一般的名称は使わない。[4]たとえば、「**神**は病気を創造しなかった」と言わずに、「**神**は癌を創造しなかった」、「**神**は心臓発作を創造しなかった」など、自分の中に恐れを呼び起こす具体的な言い方をする。

6. これが、あなたが見ている、あなた個人の恐怖の目録である。[2]これらのものごとが、あなたに見えている世界に含まれている。[3]その中には、共有されている幻想もあれば、あなた個人の地獄に属するものもある。[4]どちらでも同じことである。[5]**神**が創造しなかったものは、**神の心**から離れたあなたの心の中でしか存在できない。[6]したがって、それには何の意味もない。[7]この事実を認識しつつ、今日の概念を繰り返し、今日の練習を締めくくる。

[8]**神**は意味のない世界を創造しなかった。

7. 今日の概念は、もちろん、練習時間以外にも、一日の間にあなたの平静を乱すどんなことにでも適用できる。[2]そのときは、きわめて具体的に適用する。[3]たとえば、次のような言い方をする。

[4]**神**は意味のない世界を創造しなかった。[5]**神**は「あなたの平静を乱している状況を具体的に述べる」を創造しなかった。だから、これは実在のものではない。

レッスン15

私の考えは、私が作り出した形象である。

1．あなたが自分の考えは無であると認識していない理由は、自分で考えていると思っている考えが形象となって現れるからである。[2]あなたは自分がそれらのことを考えていると思っており、だから自分がそれらを見ていると思っている。[3]このようにして、あなたは「見る」ようになった。[4]これが、あなたが自分の肉体の目に与えた機能である。[5]それは真に見るということではない。[6]それは形象を作ることである。[7]それは見ることのかわりとなり、心眼《ヴィジョン》のかわりに幻想をもたらす。

2．あなたが「見ること」と呼んでいる形象作りの過程を初めて紹介する今日の主題概念は、あなたにとってあまり意味をなさないだろう。[2]今あなたが目にしている見慣れた物体の周りが光で縁取られているように見えてきたときに、あなたはそれを理解し始めるだろう。[3]それが真の心眼《ヴィジョン》のはじまりである。[4]これが起こったなら、真の心眼《ヴィジョン》が速やかにもたらされると確信してよい。

3．こうして進んでいくにつれて、あなたは多くの「光の体験」をするかもしれない。[2]それらは多くの異なった形をとり、その中にはまったく思いがけないものもあるかもしれない。[3]それを恐れることはない。[4]それは、あなたがついに目を開きつつあることの兆候である。[5]それらは単に真の知覚を象徴しているだけであり、智識に関連してはいないので、持続することはない。[6]これらの演習は、あなたに智識を開示することはない。[7]しかし、そこに至る道を整える。

4．今日の概念を練習するときは、まずそれを自分に繰り返し、その後、周囲に見えるものなら何にでも適用する。それに視線をとめたまま、その名称を用いて、次のように言う。

[2]この＿＿＿は、私が作り出した形象である。
[3]あの＿＿＿は、私が作り出した形象である。

[4]今日の概念を数多くの具体的なものに適用する必要はない。[5]けれども、主題概念を自分に繰り返す間、対象をじっと見続けることは必要である。[6]主題概念は、毎回、かなりゆっくりと繰り返すようにする。

5．推奨されている約一分間の練習で、この概念をそれほど多くのものに適用できないのは明らかだが、対象はできるだけ無作為に選択するように努める。[2]落ち着かない気分を感じるようなら、練習時間は一分に満たなくてもよい。[3]今日の概念をまったく心地よく感じるのでない限り、練習の回数は三回までとし、四回以上は行わない。[4]それとは別に、必要があれば一日中いつでも、この概念を適用してかまわない。

レッスン16

私に中庸《ニュートラル》な考えはない。

1. 今日の主題概念は、自分の考えが何の結果も生まないという信念を一掃するための、最初のステップである。[2]あなたの見ているすべては、あなたの考えがもたらす結果である。[3]この事実に例外はない。[4]考えには大小も強弱もない。[5]ただ真か偽かのどちらかである。[6]真実の考えは真実のものを創造する。[7]偽りの考えは、偽りのものを作り出す。

2. 「無為な考え」という概念ほど、自己矛盾した概念はない。[2]世界全体についての知覚を生起させるほどのものを、無為などと呼べるはずはない。[3]あなたが抱く考えの一つひとつが、真理か幻想かのどちらかを助長する。それは真理を延長させていくか、幻想を増幅させるかのいずれかである。[4]無を増幅させることは確かにできるが、そうすることで、無を延長させることにはならない。

3. 考えは決して無為なものではないと認識することに加えて、救済のためには、自分が抱く考えはどれも平安か争いか、愛か恐れかのどちらかをもたらすと認識することが必要である。[2]中庸《ニュートラル》な考えはありえないので、中庸《ニュートラル》な結果もありえない。[3]恐れの想念については、重要でないもの、取るに足らないもの、思い悩む価値のないものとして退けたくなる誘惑があるため、まずは、それらすべてが等しく破壊的であると同時に等しく実在性がないということを認識することが肝心である。[4]あなたがこのことを真に理解できるようになるまで、私たちはこの主題概念を多くの形で練習することになる。

4. 今日の概念を適用するにあたっては、目を閉じたまま、一分ほど心の中を探索するが、見逃されがちなどんな「小さな」考えも見落とさないように、しっかりと探すようにする。[2]これは、慣れてくるまではかなり難しいことである。[3]人為的に区別をしないようにすることが、あなたには依然として難しいと感じられるだろう。[4]浮かんでくる考えはどれも、あなたがそれにどんな性質を付与しているかに関わりなく、今日の概念を適用する対象として適している。

5. 練習時間には、最初に、この概念を自分に繰り返し、その後、一つひとつの考えが心をよぎるたびに、それを自覚しながら、次のように自分に言う。

[2] ―――― についてのこの考えは中庸《ニュートラル》なものではない。

[3]――についてのこの考えは中庸《ニュートラル》なものではない。

[4]今日の概念も、落ち着きを失わせるような特定の考えを自覚したときには、いつでも使用する。[5]この目的のためには次の形を使うとよい。

[6]――についてのこの考えは、中庸《ニュートラル》なものではない。私には中庸《ニュートラル》な考えはないからである。

6．無理なく練習できると感じるなら、四～五回練習することが望ましい。[2]負担に感じられるなら、三回で充分である。[3]不快感があれば、練習時間も短縮する。

レッスン17

私は中庸《ニュートラル》なものを見ていない。

1. この主題概念は、この世界の中で真に作用しているままに原因と結果を確認するもう一つのステップである。[2]あなたは中庸《ニュートラル》な考えをもっていないので、中庸《ニュートラル》なものを見ていない。[3]その逆であると信じたいかもしれないが、常に考えのほうが先行する。[4]この世界はそのように考えることはしないが、あなたは自分の思考がそのようなものであることを学ばなければならない。[5]もしもそうでなかったなら、知覚を生じさせる原因はなく、知覚自体が実相を作る原因だということになる。[6]知覚の非常に変わりやすい性質から考えて、それはまずありえそうもない。

2. 今日の概念を適用するときは、目を開けたまま、自分に次のように言う。

[2]私は中庸《ニュートラル》なものを見ていない。それは、私には中庸《ニュートラル》な考えがないからである。

[3]その後、周囲を見回して、あなたの目にとまるそれぞれのものをじっと見つめたままで、次のように言う。

[4]私は中庸《ニュートラル》な——を見てはいない。それは、——についての私の考えが中庸《ニュートラル》ではないからである。

[5]たとえば、次のようになる。

[6]私は中庸《ニュートラル》な壁を見てはいない。それは、壁についての私の考えが中庸《ニュートラル》ではないからである。
[7]私は中庸《ニュートラル》な体を見てはいない。それは、体についての私の考えが中庸《ニュートラル》ではないからである。

3. いつもと同じく、対象が生物か無生物か、快いか不快かなど、あなたがそれをどういうものだと信じているかによって区別しないことが肝心である。[2]何を信じているにせよ、あなたは真に生きているもの、真に喜ばしいものは何も見ていない。[3]あなたはまだ、本当に真実な考えを、つまり、真に幸福な考えを自覚していないからである。

4. 今日は、三～四回練習することが望ましい。もし抵抗を感じたとしても、最大の成果をあげるには少なくとも三回は必要である。[2]ただし、その場合は、推奨される約一分の練習時間を、それ以下に短縮してもかまわない。

レッスン18――

私の見方がもたらす結果を体験するのは、私ひとりではない。

1. 今日の主題概念は、あなたの見ているものを生起させている考えは、決して中庸《ニュートラル》なものでも、些細なものでもないということを学ぶための、もう一つのステップである。[2]それはまた、心と心はつながっているという概念を強調するものでもあり、これは先に進むにつれて重要性を増していく。

2. 今日の概念は、あなたが何を見ているかよりも、どのようにそれを見ているかに関するものである。[2]したがって、今日の演習は、あなたの知覚のこの側面に重点を置く。[3]三、四回練習することを勧めるが、それは次のように行う。

3. 周囲を見回して、できるだけ無作為に今日の概念を適用する対象を選び出し、その各々に視線をとめたままで次のように言う。

　[2]私が――――を見ている見方がもたらす結果を体験するのは、私ひとりではない。

[3]どの練習時間も、次のように、主題概念の元の形を繰り返すことで締めくくる。

　[4]私の見方がもたらす結果を体験するのは、私ひとりではない。

[5]練習時間は毎回、一分かそれ以下で充分である。

レッスン19

私の考えがもたらす結果を体験するのは、私ひとりではない。

1. 今日の主題概念が、あなたの見方に影響されるのはあなただけではないということの、明らかな理由である。[2]あなたもいずれ気づく通り、ある時は思考に関する主題概念が知覚に関する主題概念よりも先に紹介され、またある時はその逆になっている。[3]この理由は、順序は問題ではないからである。[4]原因と結果は決して分離しないので、思考とその結果は実は同時に起こっている。

2. 今日は再び、心はみなつながっているという事実を強調する。[2]この主題概念が最初から全面的に歓迎されることはまずないだろう。膨大な責任の感覚がつきまとうように思えるし、「プライバシーの侵害」とさえ見なされるかもしれない。[3]しかし、私的な考えというものがないというのは事実である。[4]この概念に対して最初は抵抗を感じるとしても、いずれあなたも、もし救済が可能であるのならこれが真実に違いないと理解するだろう。[5]そして、救済は**神の意志**なのだから、必ず可能なはずである。

3. 今日の演習に必要な約一分間の心の探索は、目を閉じたままで行う。[2]今日の概念を最初に何回か繰り返した後、心の中を丁寧に検索し、その時点でそこにある考えを見つけ出す。[3]それぞれの考えを検討するとき、中心となっている人物やテーマによってその考えに名前をつけ、それを心に抱いたまま次のように言う。

[4] ――についてのこの考えがもたらす結果を体験するのは、私ひとりではない。

4. 練習時間に取り上げる対象をできるだけ無差別に選び出すという条件については、今ではあなたもよくわかっているはずなので、今後は、時折、念のためにつけ加えるだけにして、毎日繰り返すことはしない。[2]しかし、どの練習時間においても、常に無作為に対象を選択することが肝要であることを忘れてはならない。[3]この練習で順序を設けないことによって、いずれは、奇跡に序列がないという認識が、あなたにとって意味あるものとなるはずである。

5. 今日の主題概念を「必要に応じて」適用することとは別に、少なくとも三回は練習しなければならない。必要なら、それぞれの練習時間は短くしてもよい。[2]四回以上行おうとしてはならない。

レッスン20

私はぜひとも真に見たい。

1. これまで私たちは練習時間をかなり気軽に扱ってきた。[2]練習をいつ行うかが指示されることはまったくなく、最低限の努力しか要求されず、積極的に協力し興味をもつよう求められることもなかった。[3]こうしたやり方は意図的で、きわめて注意深く計画されたものだった。[4]あなたの思考を逆転させることの決定的な重要性を見失ったわけではない。[5]世界の救済はそれにかかっている。[6]しかしあなたは、自分が強要されていると思ったり、憤りや反感に屈してしまったりすれば、真に見ようとはしないだろう。

2. 今回、私たちは練習に初めて枠組みを導入する。[2]これを、力づくで押しつけたり抑えつけたりする試みだと誤解してはならない。[3]あなたは救済を望んでいる。[4]幸せになりたいと思っている。[5]そして平安を望んでいる。[6]しかし今は、それらはあなたのものではない。なぜなら、あなたの心はまったく訓練されていないため、喜びと悲しみ、快感と苦痛、愛と恐れの区別ができないからである。[7]あなたは今、それらをどうやって区別するかを学んでいる。[8]そこから得られる報奨は、実に大きなものとなることだろう。

3. 心眼《ヴィジョン》に必要なのは、見ようという決断だけである。[2]あなたが望むものは、あなたのものである。[3]あなたに少しの努力しか求められていないことが、私たちのゴールにわずかな価値しかないことのしるしだと誤解してはならない。[4]世界の救済が、取るに足らない目的だということがありえるだろうか。[5]そして、あなたが救われずに世界が救われるということがありえるだろうか。[6]**神**にはひとりの**子**がいるだけであり、その子が復活《よみがえり》であり、生命《いのち》である。[7]**神の子**には天においても地においてもすべての力が授けられているので、**神の子**の意志は行われる。[8]真に見ようとするあなたの決意によって、心眼《ヴィジョン》があなたに与えられる。

4. 今日の演習では、自分は真に見たいのだということを、一日を通して自分に思い出させる。[2]今日の概念はまた、自分は今は真に見ていないという認識を、暗に示している。[3]したがって、この主題概念を繰り返すたびに、あなたは自分の現在の状態をもっとよいものにし、自分が真に望んでいるものに変えようと決意していると述べているのである。

5．今日は少なくとも一時間に二回、ほぼ三〇分間隔で、ゆっくりと、自信をもって、今日の概念を繰り返す。[2]やり忘れたからといって悩むことはないが、覚えていられるように、真剣に努力する。[3]そのほかに、あなたを動揺させる状況、人物、出来事にも、この概念を繰り返すようにする。[4]あなたはそれらを別な見方で見ることができるし、見るようになるだろう。[5]あなたは、自分が欲するものを見ることになる。[6]これが、この世界で作用している原因と結果の真の法則である。

レッスン21

私はぜひとも別な見方でものごとを見たい。

1. 今日の主題概念は明らかに、昨日の主題の継続であり延長である。[2]けれども、今回は、この概念を特定の状況が発生するたびに適用することに加えて、具体的に心の中を探索する時間をもつことが必要である。[3]毎回一分間の練習を、五回行う。

2. 練習するときは、はじめに今日の概念を自分に向かって繰り返す。[2]それから、目を閉じて心の中を注意深く探し、自分の中に怒りを生み出すような過去や現在の状況、予想される状況を見つけ出す。[3]怒りがとる反応の形には、軽い苛立ちから激怒に至るまで、どんなものでもありえる。[4]あなたが感じる感情の度合いは問題ではない。[5]かすかな煩わしさも、激しい怒りを覆い隠すベールにほかならないことを、あなたも次第にはっきりと自覚するようになるだろう。

3. したがって、練習時間には、「小さな」怒りの考えを見逃さないようにする。[2]覚えておくべきことは、あなたは何が自分の中に怒りを引き起こすのかを真に認識していないということ、そして、これに関してあなたが信じているどんなことにも何の意味もないということである。[3]おそらく、あなたはいくつかの状況や人物については、それらがほかのものより「顕著だ」という誤った理由を口実に、もう少し時間をかけたいという誘惑にかられることだろう。[4]しかしそれらだけが顕著だということはない。[5]それは、ある形の攻撃はそのほかの形の攻撃よりも正当化できる、という信念を示す一例にすぎない。

4. 攻撃的な考えがとる形を心の中に探し、それぞれの形を心にとどめながら、次のように言う。

[2]私はぜひとも、別の見方で［人の名前］を見たい。
[3]私はぜひとも、別の見方で［具体的な状況］を見たい。

5. できる限り具体的に表現するようにする。[2]たとえば、あなたは、特定の人の特定の性質に自分の怒りの焦点を合わせていて、その怒りがその側面だけに限定されていると信じているかもしれない。[3]あなたの知覚がこのような形で歪曲されているようなら、次のように言う。

[4]私はぜひとも、別の見方で［人の名前］の［具体的な性質］を見るつもりだ。

レッスン22

私が見ているのは、復讐の一形態である。

1. 今日の主題概念は、自分の心の中に攻撃的な考えを抱く者がどのように世界を見ることになるかを、正確に描写している。[2]自分の怒りを世界に投影したことで、今にも自分に襲いかかろうとしている復讐を目にする。[3]そうして自分の攻撃が正当防衛として知覚される。[4]これは、自分の見方を進んで変えようという気持ちになるまで、さらなる悪循環として続いていく。[5]見方を変えない限り、攻撃と反撃の考えにとらわれたままとなり、それらの考えを体現する者たちで世界全体が埋めつくされることになる。[6]そうしたときに、いったい、どんな心の平安が可能だろうか。

2. あなたが脱出したいと思っているのは、こうした残酷な空想からである。[2]それが実在しないというのは、喜ばしい知らせではないだろうか。[3]そこから脱出できるというのは、嬉しい発見ではないだろうか。[4]あなたは、自分で破壊したくなるようなものを作り出した。忌み嫌い、攻撃して殺したくなるようなあらゆるものを作り出した。[5]あなたが恐れているすべてのものは、存在していない。

3. 今日は少なくとも五回、毎回、最低一分間、周りの世界を見回してみる。[2]視線を一つのものから別のものへ、一つの肉体から別の肉体へとゆっくり移しながら、次のように言う。

[3]私は朽ちてゆくものしか見ていない。
[4]私は永続するものは何一つ見ていない。
[5]私が見ているものは実在しない。
[6]私が見ているのは、復讐の一形態である。

[7]そして練習時間の最後には、自分自身に次のように問いかける。

[8]これが、私が本当に見たい世界だろうか?

[9]答えは明らかなはずである。

レッスン23

攻撃的な考えを放棄することで、私は自分の見ている世界から脱出できる。

1. 今日の主題概念の中に、恐れからうまく脱出できる唯一の方法が含まれている。[2]これ以外の方法はうまくいかず、ほかのすべては無意味である。[3]しかし、この方法は決して失敗しない。[4]あなたが抱いている考えの一つひとつが、あなたが見ている世界の何らかの部分を構成している。[5]だから、世界についてのあなたの知覚を変えようとするのなら、私たちはあなたの考えに働きかけなければならない。

2. あなたが見ている世界の原因が攻撃的な考えだというのなら、自分が望まないのはこうした考えであることを、あなたは学ばなければならない。[2]世界を嘆いても無駄である。[3]世界を変えようとしても無駄である。[4]それは結果にすぎないのだから、変わりようがない。[5]しかし世界についてのあなたの考えを変えることならば、確かに意義がある。[6]そうすれば、原因を変えることになるからである。[7]その結果は自《おの》ずと変わっていく。

3. あなたの見ている世界は復讐心に燃えた世界であり、その中にあるものはみな、復讐の象徴である。[2]「外にある現実」についてのあなたの知覚はいずれも、あなた自身の攻撃的な考えが映像として表現されたものである。[3]いったい、これが「見ること」と呼べるだろうか。[4]このような見方は「空想」と名づけ、その結果は「幻覚」と呼ぶほうがふさわしくはないだろうか。

4. あなたは自分で作り出した世界を見ているが、自分をそうした形象の作者として見てはいない。[2]あなたは世界自体から救われることはできないが、世界の原因から逃れることはできる。[3]これが救済が意味していることである。あなたが見ている世界の原因が消え去ったとき、その世界がどこに存在するというのだろう。[4]今あなたが見ていると思っているすべてのものと入れ替わるものを、心眼《ヴィジョン》がすでに保持している。[5]麗しい光があなたの形象を照らすことができ、憎悪から作られた形象であっても、あなたが愛せるものに変容させてくれる。[6]その時には、あなたは自分ひとりでそれらを作り出すのではないからである。

5. 今日の概念は、あなたが見ている世界の原因は変えられるので、あなたはその世界に閉じ込められているのではないという考えを導入する。[2]この変化のために必要なのは、まず、原因が識別され、その後、手放されて、入れ替えられるようにすることである。[3]このプロセスの最初の二つのステップは、あなたからの協力を必要とする。[4]最後のステップにはそれは必要とされない。[5]すでにそれまでに、あなたの作り出した形象は取り替えられている。[6]最初の二つのステップを踏むことによって、そうであることがあなたにわかるようになる。

6. 一日を通し、必要に応じてこの主題概念を用いるほかに、今日の概念を適用する練習を五回行う。[2]周囲を見回しながら、まず、ゆっくりと今日の概念を自分に繰り返し、その後、目を閉じて、約一分間、心の中を探して、思い浮かぶ限りの攻撃的な考えを見つけ出す。[3]それぞれが心をよぎるたびに、次のように言う。

[4]＿＿＿についての攻撃的な考えを放棄することで、
私は自分の見ている世界から脱出できる。

[5]こう言いながら、攻撃的な考えを一つずつ心にとどめ、その後、その考えを去らせて次の考えへと進む。

7. 練習時間には、必ず、攻撃することについての考えと、攻撃されることについての考えの両方を対象とするようにする。[2]それらはまったく同じものなので、それらの結果もまったく同じである。[3]あなたはまだこのことを認識してはいない。だから、この時点では、今日の練習の中で、それらを同じものとして取り扱うことだけが求められている。[4]私たちはまだ、あなたの見ている世界の原因を識別する段階にいる。[5]攻撃するという考えと攻撃されるという考えは異なるものではないということをついに学んだとき、あなたにはその原因を手放す用意ができているだろう。

レッスン24

私は自分の最善の利益を知覚していない。

1. 生じてくるすべての状況において、自分に幸せをもたらす結果は何かということを、あなたは自覚していない。[2]したがって、あなたは適切な行動のための指針も、成果を判断する方法も持ち合わせていない。[3]あなたが何を行うかは、その状況をあなたがどう知覚するかで決まる。そして、その知覚は誤っている。[4]だから必然的に、あなたは自分自身にとって最善の利益となるようには行動しない。[5]しかし、正しく知覚されている状況においては、自分の最善の利益となるもののみがあなたのゴールとなる。[6]正しく知覚されていなければ、あなたは何が自分にとって最善の利益なのかを認識しない。

2. 自分自身の最善の利益を知覚していないと気づいたなら、あなたはそれが何なのかを教わることができるようになる。[2]しかし、自分はそれを知っているという確信が存在する間は、あなたは学ぶことができない。[3]今日の主題概念は、学びが始められるようにあなたの心を開くための一歩である。

3. 今日の演習には、あなたが日頃から慣れている以上の正直さが求められる。[2]今日の演習は五回行い、それぞれの練習時には、たくさんの事柄を大まかに点検するよりも、少数の題材について正直に丁寧によく考えるほうが役に立つ。[3]この演習に含まれる心の探索の時間には、約二分間かけることが望ましい。

4. 練習は今日の概念を繰り返すことから始め、次に目を閉じて心の中を探り、あなたが現在憂慮している未解決の状況を見つけ出す。[2]ここでは、自分が望んでいる結果を明らかにすることが重点となる。[3]あなたもすぐに気づく通り、あなたの心の中には、望ましい結果の一部をなすものとして複数のゴールが存在し、それらは異なったレベルのもので、しばしば互いに矛盾している。

5. 今日の概念を適用するとき、心に浮かんでくるそれぞれの状況に名前をつけ、その解決時に実現を望む目標をできる限りたくさん、注意深く列挙する。[2]適用するときの形は、だいたい次のようになる。

[3]――に関する状況において、私は――となってほしいし、――となってほしいし、

という具合である。[4]正直に心に浮かんでくるままに、できる限り多くの異なる種類の結果を含めるようにする。その状況に直接関連していないように見えることや、まったくその状況の本質的要素ではないように見えることでもかまわない。

6．これらの演習が正しく行われるなら、あなたは自分がその状況には何の関係もない数多くの要求をしていることを、すぐに認識することだろう。[2]あなたはまた、自分のゴールの多くは互いに矛盾するものであること、統一された結果を想定していないこと、また、その状況がどう展開しても自分のゴールのどれかに関しては落胆を経験せざるをえないことを、認識するだろう。

7．あなたの心をよぎる未解決の状況について、できるだけ多くの望ましいゴールを列挙してから、次のように自分に言う。

[2]この状況において、私は自分の最善の利益を知覚していない。

それから、次の状況へと進む。

レッスン25

私は何が何のためにあるのかを知らない。

1．目的とは、すなわち意味である。[2]今日の主題概念は、なぜあなたに見えているものに何の意味もないのかを説明している。[3]あなたはそれが何のためにあるのかを知らない。[4]したがって、それはあなたにとって無意味である。[5]一切はあなた自身の最善の利益のためにある。[6]そのためにこそ、それは存在し、それがその目的であり、その意味である。[7]このことを認識することで、あなたのいくつものゴールが統一される。[8]このことを認識することで、あなたの見ているものに意味が与えられる。

2．あなたは世界とその中にある一切を、自我のゴールの見地から有意義だと知覚している。[2]これらのゴールはあなたの最善の利益とは無関係である。自我はあなたではないからである。[3]自分が自我だという誤った自己認識によって、あなたは何が何のためにあるのかを理解できなくなっている。[4]その結果、あなたは何でも誤用してしまうことになる。[5]このことがわかったとき、あなたは自分が世界に与えたゴールを補強するのをやめて、撤回しようとするだろう。

3．今あなたが知覚しているゴールについて別の表現をするなら、それらはみな、「個人的な」利益に関するものであると言える。[2]あなたには個人的な利益などないので、あなたのゴールは本当は何にも関与していない。[3]したがって、それらを大切にしているとき、あなたには一つも真のゴールがない。[4]だから、あなたは何が何のためにあるかを知らないのである。

4．あなたが今日の演習の意味を少しでも理解できるようになるためには、もう一つの考察が必要である。[2]最も表層的なレベルでは、あなたは確かに目的を認識している。[3]しかし、そのレベルでは、目的は理解不可能である。[4]たとえば、あなたは、電話とは、物理的に近くにいない人と話をするという目的のためのものであると、確かに理解している。[5]あなたが理解していないのは、自分が何のためにその人に連絡をとりたいのかという点である。[6]そして、その人との接触を意味のあるものにするか否かを決めるのは、この点である。

5．すべてについてあなたが自分で設定したゴールを、自ら進んで放棄しようという気持ちになることが、あなたの学びにとって決定的に重要なことである。[2]それらのゴールが「よい」か「悪い」かではなく、意味がないと認識することが、それを達成する唯一の道である。[3]今日の概念はそこへ向かう一歩である。

6．二分間の練習を六回行うことが必要である。[2]それぞれの練習は今日の概念をゆっくり繰り返すことから始め、次に周囲を見回して、あなたの視線を捕らえたものなら何でも、じっと見る。目の前のものでも遠くのものでも、「重要な」ものでも「重要でない」ものでも、「人間」であっても「人間でない」ものでも、どんなものでもかまわない。[3]そのようにして選んだそれぞれの対象に視線をとめたまま、たとえば、次のように言う。

[4]私はこの椅子が何のためにあるのかを知らない。
[5]私はこの鉛筆が何のためにあるのかを知らない。
[6]私はこの手が何のためにあるのかを知らない。

[7]ゆっくりとこのように言い、それを言い終わるまで、その対象から目をそらさないようにする。[8]そのあと、次の対象に移り、同じように今日の概念をあてはめる。

レッスン26

私の攻撃的な考えが、決して傷つくことのない私の強さを攻撃している。

1．あなたが攻撃されることがありえるとすれば、あなたは絶対に傷つくことのない存在でないことは明らかである。[2]あなたは攻撃を真の脅威と見ている。[3]それは、あなたが自分は実際に攻撃できると信じているからである。[4]そして、あなたを通して結果をもたらすものは、あなたに対しても結果をもたらすはずである。[5]この法則が最後にはあなたを救うことになるが、今のあなたはそれを誤用している。[6]したがって、あなたは、その法則が自分の利益に反するように使用されるのではなく、自分の最善の利益のために使用される方法を学ばなければならない。

2．あなたの攻撃的な考えは投影されるので、あなたは攻撃を恐れることになる。[2]そして攻撃を恐れているなら、あなたは自分が傷つきえない存在だとは信じていないに違いない。[3]それゆえ、攻撃的な考えは、その考えが存在しているあなたの心の中で、あなたをか弱く傷つきやすい存在にしてしまう。[4]攻撃的な考えと傷つきえない強さの両方を一緒に受け入れることはできない。[5]それらは相矛盾するものである。

3．今日の主題概念は、あなたは必ず最初に自分自身を攻撃するという考えを導入する。[2]攻撃的な考えには、自分が傷つくことがありえるという信念が必ず伴うとすれば、そうした考えは、あなたの目に映る自分自身を弱めるという結果をもたらす。[3]そのようにして、攻撃的な考えは自分自身についてのあなたの知覚を攻撃したのである。[4]そして、あなたはそうした考えを信じるので、もはや自分を信じることができない。[5]あなた自身についての誤ったイメージが本来のあなたに取ってかわったのである。

4．今日の概念による練習は、傷つきやすさも、傷つきえない強さも、あなた自身の考えの結果であるということを、あなたが理解できるように助ける。[2]あなた自身の考え以外の何ものも、あなたを攻撃することはできない。[3]あなた自身の考え以外の何ものも、あなたがか弱く傷つきやすい存在だと、あなたに思わせることはできない。[4]そして、このことが事実ではないとあなたに証明できるのも、あなた自身の考えだけである。

5．今日の概念を適用する練習は六回行う。[2]それぞれにゆっくり二分かけるようにするが、不快感が強ければ一分まで短縮してもよい。[3]それ以下にしてはならない。

6．練習は、今日の概念を繰り返すことから始め、次に目を閉じて、結果が気になっている未解決の問題を思い起こす。[2]それは憂鬱感、心配、怒り、強要感、恐れ、いやな予感、気がかりなどの形をとるかもしれない。[3]一日を通して何度も浮かんでくる未解決の問題ならばどんなものでも、練習の題材として適切である。[4]一つの事柄にいつもよりゆっくり時間をかけるので、一度の練習にそれほど多くの題材を用いることはできないだろう。[5]今日の概念は、次のように適用する。

7．まず、状況に名前をつける。

[2]私は――――について気にしている。

[3]その後、そのことに関連して起こり得る結果として思い浮かぶものすべてを取り上げ、それぞれについて、次のように具体的に言う。

[4]私は――――となることを恐れている。

8．この演習を正しく行《おこな》っていれば、使用した各状況につき五つか六つ、あるいはそれ以上、苦痛となりそうな状況が思い浮かんだはずである。[2]ここでは多数の状況に軽く触れるよりも、少数の状況を詳しく吟味するほうがずっと役に立つ。[3]それぞれの状況に予測される結果を列挙していくと、おそらく、そのうちのいくつか、特に最後のほうで思い浮かんでくる結果は、受け入れがたいと感じられるものもあるだろう。[4]けれども、それらすべてを、可能な限り同じように扱うようにする。

9．あなたが恐れている結果の一つひとつに名前をつけたなら、その後、自分に次のように言う。

[2]こうした考えは私自身に対する攻撃である。

[3]それから今日の概念をもう一度繰り返し、練習を終える。

レッスン27
何にもまして、私は真に見たい。

1. 今日の主題概念は単なる決意よりも強いものを表現している。[2]それは、あなたの欲求の中で心眼《ヴィジョン》を最優先させるということである。[3]自分が本気でそう思っているかどうか確信がないという理由で、あなたはこの主題概念を使うことにためらいを感じるかもしれない。[4]それでもかまわない。[5]今日の演習の目的は、この概念が完全に真実となる時を少しでも早めることにある。

2. 何にもまして真に見たいと言うと、どうしても何らかの犠牲が求められていると信じたくなるかもしれない。[2]もしも何の付帯条件もないことで不安になるようなら、次のようにつけ加える。

[3]心眼《ヴィジョン》は誰にも代価を求めない。

[4]それでも損失に対する恐れがまだあるようなら、さらに次のようにつけ加える。

[5]それは祝福を与えるだけである。

3. 今日の概念は、最大の効果をあげるために、何度も繰り返す必要がある。[2]少なくとも三〇分に一回、できればもっと頻繁にこの概念を使うようにする。[3]一五分から二〇分間隔でやってみるとよいかもしれない。[4]朝目覚めたとき、またはその直後に、主題概念を適用する間隔をはっきりと決めて、一日を通してそれを守ることが推奨される。[5]誰かと話していたり、ほかのことで忙しくしているときでも、これを行うのは難しいことではない。[6]何も妨げることなく、一つの短い文を自分に繰り返すことは可能である。

4. 真に問うべきことは、あなたがどれくらい頻繁に思い出すか、ということである。[2]また、あなたはどれほど今日の概念が真実であることを望むのか、ということでもある。[3]この二つの問いのうちのどちらかに答えれば、他方にも答えたことになる。[4]おそらく主題概念の適用を忘れることが、数回もしくはそれ以上あるだろう。[5]そのことで心を乱さず、思い出したらまた、その後は予定通り続けるように努力すればよい。[6]一日のうちに一度でも今日の概念を繰り返しながら完璧に真摯になれたと感じたら、何年分もの努力を省くことができたと確信してよい。

レッスン28

何にもまして、私はものごとをこれまでとは違った見方で見たい。

1. 今日の主題概念において、私たちは、昨日の概念を真に具体的に適用しようとしている。[2]これらの練習時間には、あなたは一連の明確な誓約をすることになる。[3]それをあなたが将来も守り続けるかどうかは、ここでは問題にしない。[4]少なくとも今その誓約をしてもいいという意欲があるなら、あなたはそれを守る道を歩み始めたのである。[5]そして、私たちの歩みはまだ始まったばかりである。

2. あなたはおそらく、「何にもまして、私はこのテーブルをこれまでとは違った見方で見たい」と言うことがなぜ重要なのかと、首をかしげるかもしれない。[2]それ自体は、少しも重要なことではない。[3]しかし、それ自体で存在しているものなどあるだろうか。[4]そして、「それ自体」とは何を意味するのだろうか。[5]あなたはたくさんの分離したものごとを自分の周囲に見ているが、そのことが真に意味しているのは、あなたはまったく真の見方で見ていないということである。[6]あなたは真に見ているか、まったく見ていないかのどちらかでしかない。[7]もし一つのものごとをこれまでとは違った見方で見たなら、あなたはすべてのものごとをこれまでとは違った見方で見るようになるだろう。[8]あなたがどれか一つの中に見る光は、それらすべての中にあなたが見る光と同じである。

3. 「何にもまして、私はこのテーブルをこれまでとは違った見方で見たい」と言うとき、あなたはそのテーブルについての自分の先入観を撤回して、それが何であり、何のためのものか、ということに対し心を開くという誓約をしている。[2]あなたはそれを過去の見地から定義しているのではない。[3]それが何であるかをそれに対して告げるのではなく、それが何であるのかを尋ねている。[4]あなたはその意味を、テーブルについての自分のわずかな経験に縛りつけず、その目的を自分の小さな個人的な考えに限定することもない。

4. あなたは自分がすでに定義したものについて質問することはしない。[2]そしてこれらの演習の目的は、質問をして、答えを受け取ることにある。[3]「何にもまして、私はこのテーブルをこれまでとは違った見方で見たい」と言うとき、あなたは真の見方で見ることに献身すると誓っているのである。[4]それは対象を限定した誓約ではない。[5]それはテーブルに対してだけでなく、ほかの何に対してでもあてはまり、テーブルに対するとき以上でも以下でもなく同じようにあてはまる誓約である。

5．実際、もしテーブルに関する自分の観念のすべてを取り払い、完全に偏見なくそれを見るなら、あなたはそのテーブルだけからでも心眼《ヴィジョン》を得ることができる。[2]それはあなたに何かを見せてくれる。美しく、穢れなく、永遠の価値のある何か、幸せと希望に満ちた何かである。[3]それについてのあなたの一切の考えの下に隠されているものが、その真の目的であり、それが全宇宙と共有する目的である。

6．したがって、今日の概念を適用する対象としてテーブルを用いながら、あなたは実際には宇宙の目的を見たいと求めているのである。[2]練習時に題材として用いるもののどれにでも、あなたは同じ要請をしていることになる。[3]そしてあなたは、それぞれのものに対し、自分の価値判断を押しつけるかわりに、その目的が自分に開示されるようにする、と誓約しているのである。

7．今日は二分間の練習を六回行うが、どの練習時間にも、最初に今日の概念を読み上げてから、次に、周囲に見えるものにそれをあてはめていく。[2]対象を無作為に選ぶだけでなく、真の見方で見るという目的に役立つものとして同等に価値があることを認めて、どれに対しても同じく真摯に、今日の概念を適用することが必要である。

8．いつもの通り、主題概念の適用は、あなたの目にとまったものを対象とし、その名称を用いて次のように言うが、その間それをじっと見ているようにする。

[2]何にもまして、私はこの――をこれまでとは違った見方で見たい。

[3]毎回、ゆっくりと、できるだけ心を込めて適用する。[4]急ぐ必要はない。

レッスン29

私が見ているあらゆるものの中に、神がいる。

1．今日の主題概念は、なぜ、あらゆるものの中に一切の目的を見ることができるのかを説明している。[2]なぜ、分離しているものは何もなく、孤立していたり、それだけで完結しているものは何もないのかを説明している。[3]そして、なぜ、あなたに見えているものには何の意味もないのかも説明している。[4]実際、この主題概念は、これまでに私たちが使ってきた概念のすべてと、この後に続く概念のすべてをも説明するものである。[5]今日の主題概念が、心眼《ヴィジョン》のための土台のすべてである。

2．おそらくあなたは、この時点では、この概念の意味を把握することは非常に難しいと思うことだろう。[2]ばかばかしいとか、不遜だとか、非常識だとか、滑稽だとか、さらには、けしからぬことだとさえ思うかもしれない。[3]確かに、たとえば、あなたの見ている通りのテーブルの中に、**神**は存在しない。[4]しかし、私たちは昨日、テーブルは宇宙の目的を共有していると強調した。[5]そして、宇宙の目的を共有しているものは、その**創造主**の目的を共有している。

3．だから、今日は、どうすればすべてのものを愛と感謝と開かれた心で見ることができるかを学び始めようと努めなさい。[2]あなたは今それらを見てはいない。[3]あなたはそれらの中に何があるのか、知りたいと思わないだろうか。[4]すべては、あなたの目に映っているようなものではない。[5]その聖なる目的は、あなたの狭い視界を超えたところにある。[6]心眼《ヴィジョン》が、世界を明るくする聖性を見せてくれたときに、あなたは今日の概念を完璧に理解することだろう。[7]そして、どうしてそれが難しく思えたのか理解できない、と思うことだろう。

4．今日も、二分間の練習を六回、いつも通りの形で行う。つまり、今日の概念を自分に繰り返すことから始めて、周囲のものを無作為に選んで一つひとつ具体的に名前をつけ、それぞれに主題概念をあてはめる。[2]今日の概念はこれまでとはまったく異質なものであるため、この概念に関しては、特に自分なりのやり方で対象を選択したいという誘惑にかられるかもしれないが、それはしないように努める。[3]あなたが対象を選ぶときに使うどんな順序も、実相にとっては等しく異質なものであることを覚えておかなければならない。

5．したがって、対象とするもののリストは、できる限り、自分で選別したものとならないようにする。[2]たとえば、適切なリストは、以下のようになるかもしれない。

[3]このコートハンガーの中に、**神**がいる。
[4]この雑誌の中に、**神**がいる。
[5]この指の中に、**神**がいる。
[6]このランプの中に、**神**がいる。
[7]あの体の中に、**神**がいる。
[8]あのドアの中に、**神**がいる。
[9]あのくずかごの中に、**神**がいる。

[10]指定された練習に加えて、少なくとも一時間に一回は今日の概念を繰り返すが、そのときにはゆっくりと周囲を見回しながら、急がずにその言葉を自分に言い聞かせるようにする。[11]こうしているとき、少なくとも一～二回は安らいだ感覚を体験するはずである。

レッスン30

私が見ているあらゆるものの中に神がいる理由は、神が私の心の中にいるからである。

1．今日の主題概念は、心眼《ヴィジョン》への跳躍台である。[2]この概念をはじまりとして、あなたの目の前に世界が開かれていき、あなたはそれを眺め、その中に、これまで見たことのないものを見るだろう。[3]そしてまた、それ以前に見ていたものは、かすかに見えることさえなくなるだろう。

2．今日、私たちは、新しい種類の「投影」を使おうとしている。[2]自分の嫌いなものを外に見ることによってそれを除去しようとはしない。[3]そうではなく、私たちは自分の心の中にあるものを世界の中に見ようとする。そして、そこには私たちが見つけたいものがある。[4]そうして、見ているものを自分から離しておくことをやめ、それとつながることを試みる。[5]これが、あなたの見方と心眼《ヴィジョン》の根本的な違いである。

3．今日の概念は、一日を通して、できる限り頻繁に使う必要がある。[2]少しでも時間があるときは、周囲を見回し、ゆっくりとこの主題概念を繰り返し、自分が見ているあらゆるもの、または、視野に入っていれば見えるはずの一切に、この概念があてはまることを理解するよう努める。

4．真の心眼《ヴィジョン》は、「近い」とか「遠い」とかいった概念に限定されない。[2]あなたがこの考え方に慣れていくよう助けるために、今日の主題を適用する際には、あなたに実際に見えているものだけでなく、現在の視野を超えたものについても考えるようにする。

5．真の心眼《ヴィジョン》は、空間と距離によって制限されていないばかりか、肉眼にもまったく依存していない。[2]心がその唯一の源である。[3]また、この概念にもっと慣れるための一助として、今日の練習のうち何回かは、目を閉じて、自分の外ではなく内を見ながら、心に浮かんでくるものなら何にでも、今日の概念を適用するようにする。[4]今日の概念は内側にも外側にも等しくあてはまる。

レッスン31

私は自分が見ている世界の被害者ではない。

1．今日の主題概念は、あなたの解放宣言の序文である。[2]この概念もあなたが外側に見ている世界と内側に見ている世界の両方に適用されなければならない。[3]今日の概念を適用するときの練習形態は、今後も、少しずつやり方を変えて、たびたび使用される。[4]大まかに言って、この練習形態は二つの部分からなり、その一つは、長めの時間をかけて主題概念を適用すること、もう一つは、一日を通して、頻繁にその概念を適用することである。

2．今日の概念を用いた長めの練習は二回必要だが、その一回は午前中、もう一回は夜に行うようにする。[2]それぞれに、三分から五分かけることが望ましい。[3]その時間には、主題概念を二、三度繰り返しながら、ゆっくりと周囲を見回す。[4]その後、目を閉じて、同じ概念をあなたの内なる世界にもあてはめる。[5]内界は外界の原因であるため、あなたはその両方から同時に脱出することになる。

3．あなたの内なる世界を観察するときには、心をよぎるどんな考えでも意識して、少しの間それについて考え、それから次の考えに入れ替える。[2]そうした考えに、どんな序列も設けないようにする。[3]できる限り冷静に、それらが浮かんでは消えていくのを眺める。[4]どれか特定の一つに長くとどまることはせず、自分のほうから特別な思い入れをもつことなく、どの考えも同じように穏やかに滞りなく流れていくようにする。[5]座って、自分の考えを静かに眺めながら、好きなだけ何度でも、ただし決して急ぐことなく、今日の概念を自分に向かって繰り返す。

4．それに加えて、一日を通して、できるだけ何度も今日の概念を繰り返す。[2]自分の自由の名のもとに独立を宣言しているということを、思い起こしなさい。[3]そしてあなたの自由の中に、世界の自由がある。

5．今日の概念は、生じてくるあらゆる形の誘惑に対する応答として用いれば、特に役に立つ。[2]それは、自分はその誘惑に負けて、とらわれの身にはならない、という宣言である。

レッスン32

私が、自分の見ている世界を作り上げた。

1. 今日は、引き続き、原因と結果というテーマを発展させていく。[2]あなたが自分が見ている世界の被害者でない理由は、あなた自身がその世界を作り上げたからである。[3]あなたはそれを作り出したときと同じように容易に、それを手放すことができる。[4]それを見るも見ないも、あなたの望むままである。[5]あなたがそれを望んでいる間は、それを見るだろうし、もはやそれを望まなくなれば、それがあなたに見えるものとしてそこに存在することはなくなるだろう。

2. 今日の主題概念は、これまでのものと同様に、あなたの内側の世界と外側の世界の両方にあてはまる。両者は実際には同じものである。[2]けれども、あなたはそれらを異なるものとして見ているので、今日の練習も、再びあなたが外側に見ている世界と、心の中に見ている世界を扱うという二つの側面を含んでいる。[3]今日の演習では、どちらの世界も自分の想像の中に存在しているという考えを導入するよう努める。

3. ここでも、朝と夜の練習は、あなたが自分の外側のものとして見ている世界を眺めながら、今日の概念を二、三度繰り返すことから始める。[2]その後、目を閉じて、あなたの内なる世界を見渡す。[3]それらの両方を、できる限り同じように扱う。[4]自分の想像が意識にもたらす形象を見つめながら、今日の概念を、ゆったりと、何度でも好きなだけ繰り返す。

4. 二回の長い練習には、三分から五分かけることが望ましく、必ず三分以上が必要である。[2]この演習に安らぎを感じられるなら、五分以上かけてもよい。[3]これをやりやすくするために、あまり邪魔が入りそうもなく、自分もそのつもりになれそうな時間を選ぶようにする。

5. さらに、一日を通して、できる限り頻繁に演習を続けることが必要である。[2]短いほうの適用練習では、自分の内界または外界のどちらかをざっと見渡しながら、ゆっくりと今日の概念を繰り返す。[3]どちらの世界を選ぶかは、重要ではない。

6. 今日の概念はまた、自分を悩ますどんな状況にも、すぐに適用すべきものである。[2]次のように言いながら、主題概念を適用する。

[3]私が、自分の見ているとおりのこの状況を作り上げた。

レッスン33

世界について別の見方がある。

1．今日の主題概念は、世界についてのあなたの知覚を、その外側と内側の両方において変えられるということを、認識しようとする試みである。[2]朝晩の練習には、たっぷり五分間を捧げる。[3]これらの練習時には、快く感じられる範囲で何度も今日の概念を繰り返すが、急がずに行うことが大切である。[4]外界と内界に知覚するものを交互に眺めるが、その切り替えが唐突にならないようにする。

2．自分の外側のものとして知覚している世界を、気軽にさっと見回し、その後、目を閉じて自分の内側の想念を同じように気軽に眺める。[2]どちらに対しても拘泥《こうでい》せず、淡々としていられるようにし、一日を通してこの概念を繰り返す際にもその感覚を維持するように努める。

3．短い練習は、できる限り頻繁に行う。[2]心をかき乱されそうになる状況が生じたときにも、すぐに今日の概念をその状況に具体的に適用する。[3]そのようなときには、次のように言う。

[4]このことには別の見方がある。

4．苦痛を自覚したらただちに今日の概念をそれにあてはめるのを忘れないようにする。[2]静かに座って、主題概念を自分に向かって繰り返すのに、およそ一分ほど必要かもしれない。[3]こうした形の適用をするときには、目を閉じるほうがやりやすいだろう。

レッスン34

私はこれを見るかわりに、平安を見ることもできる。

1．今日の主題概念から、別の見方をするなら生じてくる状態についての説明を始める。[2]心の平安とは、明らかに内面的な事柄である。[3]それは必ずあなた自身の考えから始まり、そこから外へと広がっていくものである。[4]世界についての平安な知覚は、あなたの心の平安から生じるのである。

2．今日の演習には、長いほうの練習が三回必要である。[2]朝と夜に一度ずつ、加えて、その間にもう一度、最もやりやすいと思える時間に行うことを勧める。[3]どの場合も、目を閉じて行う。[4]今日の概念を適用すべき対象はあなたの内なる世界である。

3．長い練習には、約五分間の心の探索が必要である。[2]心の中を探して、恐れの想念、不安を刺激する状況、「腹が立つ」人物や出来事、そのほか何でも、自分が愛のない考えを抱いている事柄を見つけ出す。[3]そうしたすべてを気軽に意識するが、それらが心に浮かんでくるのを見つめながら、ゆっくりと今日の概念を繰り返す。一つを去らせてから、次のものに移るようにする。

4．具体的な対象について考えることが難しくなってきたら、何か特定のものを対象とせずに、主題概念をそのままゆっくりと自分に繰り返すようにする。[2]しかし特に何かを除外することのないように気をつける。

5．短いほうの練習は頻繁に行い、どんな形でもあなたの心の平安が脅かされていると感じたときにはいつでも主題概念を適用する。[2]その目的は、一日を通して誘惑から自分自身を守ることにある。[3]もしも特定の形の誘惑が生じるのを自覚したなら、次のような形で演習を行うとよい。

[4]私は今この状況の中に見ているもののかわりに、平安を見ることもできる。

6．あなたの心の平安を侵害するものが、憂鬱感、不安、心配など、もっと漠然とした形の否定的な感情であるならば、今日の概念の原形を使う。[2]もし、何らかの状況について自分の心を変えるには今日の概念を一回適用したくらいでは足りないと感じたなら、何分間かかけて気持ちが安らぐまで主題概念を繰り返すようにする。[3]具体的には次のように言うと役に立つだろう。

[4]私は、この憂鬱感、不安、心配などの気持ち［または、この状況、この人物、この事柄についての私の考え］を、平安と取り替えることができる。

レッスン35

私の心は神の心の一部である。私はとても神聖だ。

1. 今日の主題概念は、今のあなたが自分自身をどのように見ているかを描写しているのではない。[2]それは、心眼《ヴィジョン》があなたに見せてくれることになるものについて描写している。[3]自分がこの世界に存在していると思っている者にとっては、自分についてこのことを信じるのは難しい。[4]しかし、これを信じていないからこそ、自分がこの世界に存在していると考えているのである。

2. あなたは自分が存在していると思っている場所で、自分がその一部であると信じる。[2]なぜなら、あなたは、自分が望む環境で自分自身を取り囲むからである。[3]そして、あなたは自分で作り出したあなた自身のイメージを、その環境に保護してもらいたいと思っている。[4]その自分像《イメージ》もこの環境の一部である。[5]自分がその環境の中にいると信じている間は、あなたが見るものは、その自分像《イメージ》の目を通して見られる。[6]これは心眼《ヴィジョン》ではない。[7]形象《イメージ》には見るということはできない。

3. 今日の概念は、あなた自身についてのまったく違った見解を提示する。[2]あなたの**源**を確立することによって、あなたの**アイデンティティー**を確立し、真理においてあなたがそうであるはずの存在として、あなたを描写する。[3]今日は、知覚される対象よりも、知覚する主体のほうに重点が置かれるので、適用練習はいつもとはいくらか違ったやり方をする。

4. 今日は五分間の練習を三回行うが、毎回、今日の概念を自分に向かって繰り返すことから始める。その後、目を閉じて、心の中を探し、あなたが自分を見るときに用いるさまざまな表現を見つける。[2]肯定的なものも否定的なものも、望ましいものも望ましくないものも、遠大なものも低俗なものも、あなたが自分のものとしている自我に基づいた属性のすべてを対象とする。[3]それらのすべてが等しく実在性のないものである。なぜなら、あなたは聖性の目を通して自分を見ていないからである。

5. 心の探索の初めのほうでは、おそらく、自分についての知覚の中でも否定的と自分で見なしている側面のほうばかりが意識されるだろう。[2]それでも、演習の後半には、自己賞讃的な表現も浮かんでくるかもしれない。[3]自分についての空想がどちらの方向のものかは問題ではないと認識しなさい。[4]実際、幻想に方向性はない。[5]それらは、単に真実ではないというだけである。

6．今日の概念を適用するのに適切な無作為のリストの一例をあげれば、次のようになる。

[2]私は自分が他人につけ込まれていると見ている。
[3]私は自分が落ち込んでいると見ている。
[4]私は自分が失敗しつつあると見ている。
[5]私は自分が危険にさらされていると見ている。
[6]私は自分が無力だと見ている。
[7]私は自分が勝利を手に入れたと見ている。
[8]私は自分を落伍者と見ている。
[9]私は自分が慈しみ深いと見ている。
[10]私は自分を徳の高い者と見ている。

7．こういった言葉を抽象的に思うだけではいけない。[2]それらは、自分自身が関わっているさまざまな状況や、人格、出来事などが心をよぎるときに、思い浮かんでくる事柄である。[3]思いついたさまざまな具体的状況を取り上げ、その状況に対し自分の示す反応にあてはまると感じられる言葉や表現を見つけ出し、それらを今日の概念を適用するときに使う。[4]それぞれそれを具体的に表現した後、次のようにつけ加える。

[5]しかし、私の心は**神の心**の一部である。[6]私はとても神聖だ。

8．長い練習の間には、具体的な状況が何も浮かんでこないときもあるだろう。[2]その時間を埋めるために無理をして具体的な事柄を考え出すことはない。ただくつろいで、何かを思いつくまで、今日の概念をゆっくり繰り返せばよい。[3]思い浮かんだことはどれも演習から除外してはならないが、努力して「掘り起こす」こともしてはならない。[4]無理をしたり、差別したりしないようにする。

9．一日を通してできるだけ頻繁に、その時点で自分をどう思っているのか、自分のものとしている具体的特性の一つ、もしくはいくつかを選んで、今日の概念をあてはめ、それぞれに上記の形で今日の概念をつけ加える。[2]特に何も思い浮かばない場合は、ただ目を閉じて、主題概念を自分に繰り返す。

レッスン36

私の聖性は、私が見るもののすべてを包み込んでいる。

1．今日の主題概念は、昨日の概念を、知覚する主体から知覚される対象へと広げていく。[2]あなたが神聖であるのは、あなたの心が**神の心**の一部だからである。[3]そして、あなたは神聖なのだから、あなたの視覚も神聖なはずである。[4]「無罪」とは罪が無いことである。[5]あなたが少しだけ無罪であるということはありえない。[6]あなたはまったく無罪であるか、そうでないかのどちらかでしかない。[7]あなたの心が**神の心**の一部であるならば、あなたには罪が無いはずである。そうでなければ、**神の心**の一部が罪深いものということになってしまう。[8]あなたの真の視覚は**神の聖性**と関連があるのであり、あなたの自我にも、あなたの肉体にも関連はない。

2．今日は、三～五分ほどの練習を四回行う。[2]この練習は一日のうちに均等に割り振るようにし、さらに、あなたを保護しているものを保護するために、短い練習を、一日を通して頻繁に行う。[3]長いほうの練習は次のような形で行う。

3．まず、目を閉じ今日の概念をゆっくりと数回繰り返す。[2]その後、目を開けてゆっくりと周囲を見回し、気軽に眺めて目にとまるものなら何にでも、今日の概念を具体的にあてはめる。[3]たとえば、次のように言う。

[4]私の聖性は、あの絨毯を包み込んでいる。
[5]私の聖性は、あの壁を包み込んでいる。
[6]私の聖性は、これらの指を包み込んでいる。
[7]私の聖性は、あの椅子を包み込んでいる。
[8]私の聖性は、あの体を包み込んでいる。
[9]私の聖性は、このペンを包み込んでいる。

[10]練習中、何度か目を閉じて、主題概念を繰り返す。[11]それから目を開けて、それまでと同じように続ける。

4．短時間の演習は、目を閉じて主題概念を繰り返し、次に目を開けて周囲を見回しながら、もう一度繰り返す。それからまた目を閉じてもう一度繰り返して練習を終える。[2]もちろん、主題概念を適用するときはいつも、できるだけ急がず力まず、ゆっくりと行うようにする。

レッスン37

私の聖性が世界を祝福する。

1．この主題概念は、世界におけるあなたの真の機能《はたらき》、いわば、あなたがここにいる理由について、初めてほのめかしている。[2]あなたの目的は、世界を自らの聖性を通して見ることである。[3]そのようにして、あなたも世界もともに祝福される。[4]誰も何も失わない。誰からも何も奪われることはない。誰もが皆、あなたの神聖なる心眼《ヴィジョン》を通して恩恵を受ける。[5]それは誰にでも当然与えられるべきものを完全に与えるので、犠牲の終わりを意味する。[6]そして誰もがすべてのものを得る資格を与えられる。それが**神の子**としての彼の生得権だからである。

2．これよりほかに、世界の思考から犠牲という概念が取り除かれる道はない。[2]それ以外の見方は、どうしても、人またはものごとから代価を要求することになる。[3]その結果、そのように知覚する者は損失を被ることになる。[4]しかも、彼にはなぜ自分が失っているのか、見当もつかない。[5]それでも、あなたの心眼《ヴィジョン》を通して、彼の全一性は彼の自覚の中に取り戻される。[6]あなたの聖性は、彼から何も求めないことによって彼を祝福する。[7]自らを全一と見ている者は、何も要求しない。

3．あなたの聖性が世界の救済である。[2]あなたは自らの聖性によって、世界があなたとひとつであることを世界に教えることになる。そして、それは、世界に向かって説教をしたり、何かを告げたりすることによってではなく、自らの聖性の中ではすべてが自分とともに祝福されているという、あなたの静かな認識を通してなされる。

4．今日の長いほうの演習としては、三分から五分間の練習を四回行うが、まず今日の概念を繰り返すことから始めて、次に、約一分間、周囲を見回し、何でも目に入ってくるものに主題概念をあてはめる。

[2]私の聖性がこの椅子を祝福する。
[3]私の聖性がこの窓を祝福する。
[4]私の聖性がこの体を祝福する。

[5]それから、目を閉じて、誰でも思い浮かぶ人に、その人の名前を用いて次のように言いながら、主題概念を適用する。

[6]［名前］さん、私の聖性があなたを祝福します。

5. 練習は目を閉じたまま続けてもよいし、望むなら、その後また目を開けてこの概念を周囲の世界にあてはめてもよい。あるいは、周囲に見えるものとあなたの考えの中に現れてくる人々に交互に適用してもよいし、あるいは、これら二つのやり方を好きなように組み合わせてもよい。[2]最後には、目を閉じて主題概念を繰り返し、すぐに目を開けてもう一度繰り返して、練習を終える。

6. 短い演習としては、この主題概念をできるだけ頻繁に繰り返す。[2]あなたが出会う誰にでも、声に出さずにその人の名前を使ってこの概念を適用すれば、特に役に立つ。[3]誰かがあなたの中に反発を引き起こすように思えるときは、必ずこの主題を適用する。[4]その人に、あなたの聖性の祝福をただちに差し出しなさい。それによって、あなたは自分の聖性を自覚の中に保つことを習得できる。

レッスン38 ——

私の聖性にできないことは何もない。

1. あなたの聖性は世界の法則のすべてを逆転させる。[2]それは、時間、空間、距離、そのほかどのような種類の限界による制約もすべて超越している。[3]あなたの聖性は、あなたを**創造主の心**とひとつである**神の子**として確立するので、その力は完全に無限である。

2. あなたの聖性を通して、**神**の力が顕現される。[2]あなたの聖性を通して、**神**の力が手に届くものとなる。[3]そして、**神**の力にできないことは何もない。[4]だから、あなたの聖性は、一切の苦痛を取り除き、すべての悲しみを終わらせ、あらゆる問題を解決することができる。[5]あなた自身についても、ほかの誰かについても、これが可能である。[6]それは誰をも等しく救う力があるので、誰をも等しく助ける力がある。

3. あなたが神聖であるのなら、**神**が創造したものすべても神聖である。[2]あなたが神聖である理由は、**神**が創造したすべてのものが神聖だからである。[3]そして、あなたが神聖だからこそ、**神**が創造したものすべてが神聖なのである。[4]今日の演習では、あなたが自分自身やほかの誰かについて思いつくさまざまな問題、困難、苦しみのすべてに、あなたの聖性の力を適用する。[5]そこにはどんな区別も存在しないので、私たちはいかなる区別もしない。

4. 長い練習は四回とし、毎回、充分に五分間かけることが望ましい。今日の主題概念を繰り返し、目を閉じ、あなたの心の中を探して、さまざまな損失の感覚や、自分が種々の不幸と捉えているものを見つけ出す。[2]あなた自身にとって困難な状況と、誰かほかの人にとって困難な状況との間に、できるだけ区別をつけないようにする。[3]状況を具体的に確認し、関係する人の名前も明確にする。[4]今日の概念をあてはめるにあたっては、次の形を使用する。

[5]——に関連するこの状況の中に私は自分を見ているが、この状況において、私の聖性にできないことは何もない。

[6]——に関連するこの状況の中に「人の名前」は彼自身を見ているが、この状況において、私の聖性にできないことは何もない。

5. ときどき、言い方を変えて、何かこれに関連した自分の考えをつけ加えたくなれば、そのようにしてもよい。

[2]たとえば、次のような考えを加えたくなるかもしれない。

[3]私の聖性にできないことは何もない。その中には、**神**の力が宿っているのだから。

[4]好みに合わせて変更を加えてかまわないが、演習の焦点は、「私の聖性にできないことは何もない」というテーマから外れないようにする。[5]今日の演習の目的は、自らの本性のゆえに、自分にはすべてのものごとに対する統治力があるという感覚を、あなたの中に植えつけていくための一歩を踏み出すことである。

6. 頻繁に行う短い練習では、あなたやほかの誰かに関わる特定の問題が生じたり、心に浮かんだりしない限りは、主題概念を元の形のまま用いる。[2]何かあったときには、より具体的な形で主題概念を適用する。

レッスン39——

私の聖性が私の救済である。

1. 罪悪感が地獄であるなら、その反対は何だろうか。[2]この「ワークブック」は「テキスト」を習得するために書かれているが、「テキスト」と同じように、演習に使われている主題概念はきわめて単純明快であり、少しも曖昧ではない。[3]私たちは、知的な技巧にも論理の遊戯にも関心はない。[4]私たちはきわめて明白なものごとのみを扱っている。あなたは複雑さの中で自分が考えていると思っているが、その複雑さの雲に隠れて、その明白なことが見落とされている。

2. 罪悪感が地獄であるなら、その反対は何だろうか。[2]これは少しも難しいことではない。[3]あなたがそれに答えることをためらうのは、その質問が曖昧だからではない。[4]そもそもあなたは、罪悪感が地獄であると信じているだろうか。[5]もしそう信じていたなら、「テキスト」がいかに単刀直入で簡明なものか、すぐにわかっていただろうし、「ワークブック」もまったく必要なかったことだろう。[6]誰も、すでに自分のものであるものを習得するための練習など、必要としていない。

3. あなたの聖性が世界の救済であると、すでに述べた。[2]あなた自身の救済についてはどうだろうか。[3]あなたは自分に無いものを与えることはできない。[4]救い主は救われていなければならない。[5]それ以外にどのようにして彼が救済を教えることができるだろう。[6]今日の概念はあなたに該当するものであり、あなたの救済は世界の救済にとって欠かせないものであることを認識する。[7]あなたが自分の世界に演習を適用するとき、世界全体がその恩恵に浴する。

4. あなたの聖性こそが、これまでに問われたことのある質問や、現在や未来に問われる質問のすべてに対する答えである。[2]あなたの聖性が罪悪感の終わりを意味し、したがって、地獄の終わりを意味する。[3]あなたの聖性が世界の救済であり、あなた自身の救済である。[4]あなたの聖性はあなたに属するというのに、どうしてあなたが聖性から除外されたりすることがあるだろう。[5]**神**は神聖ならざるものを知らない。[6]**神**が**神の子**を知らないなどということがあるだろうか。

5. 今日の長い練習は四回、それぞれに五分間かけて行うとよいが、もっと時間をかけて、もっと頻繁に練習すればなおよい。[2]最低必要とされる以上に練習したい場合は、時間も回数も増やしてよいが、どちらかといえば、時間を延ばすよりも回数を増やすほうがよい。

6. いつものように、まず今日の概念を自分に繰り返すことから練習を始める。[2]その後、目を閉じて、心の中を探し、不安、憂鬱感、怒り、恐れ、心配、攻撃、不安定感など、さまざまな形で現れる愛のない考えを見つけ出す。[3]どんな形をとろうとも、そうした考えは愛のないものであり、したがって、恐れに満ちている。[4]だから、あなたは、そうした考えから救われなければならない。

7. あなたがあらゆる種類の愛のない考えに結びつけて考える具体的な状況、出来事、人物などが、今日の演習にふさわしい題材である。[2]あなたの救済のためには、それらをこれまでとは違った見方で見ることがぜひとも必要である。[3]そして、あなたがそれらを祝福することが、いずれあなたを救い、あなたに心眼《ヴィジョン》を与えることになる。

8. 意識的に選択することなく、誰か特定の人だけに過度に重点を置くことなく、ゆっくりと心の中を探して、あなたとあなたの救済の間に立ちはだかるあらゆる考えを見つけ出す。[2]そうした考えの一つひとつに、今日の概念を次のように適用する。

[3]――――についての私の愛のない考えが、私を地獄に閉じ込めている。
[4]私の聖性が私の救済である。

9. こうした長い練習をするときは、途中で、今日の概念を数回ゆっくり繰り返すだけの短い時間を何度か挿入すると、やりやすいかもしれない。[2]また、途中で、くつろいで何も考えない短い時間を二、三度含めることも役に立つかもしれない。[3]集中を持続することは、最初は非常に難しい。[4]あなたの心がもっと訓練されて、散漫でなくなるにつれて、ずっと容易になるだろう。

10. それまでの間は、好ましく思える形で、自由に演習に変化を取り入れてかまわない。[2]けれども、適用の仕方を変えるとき、主題概念そのものを変えることのないようにする。[3]どのように用いるにしても、主題概念は、自分の聖性が自分の救済である、という事実を意味するものとして述べられなければならない。[4]各練習は、主題概念を元の形でもう一度繰り返してから、次のようにつけ加えて終わりとする。

[5]罪悪感が地獄であるなら、その反対は何だろうか。

11. 短いほうの練習は一時間に三、四回、あるいは可能ならもっと頻繁に行う。そのときは、この質問を自分に問いかけるか、今日の概念を繰り返すが、理想的には両方ともと行うとよい。[2]誘惑が生じたときには、次のような形が役に立つ。

[3]私の聖性が、このことから私を救う。

レッスン40

私は神の子として祝福されている。

1. 今日から、あなたが自らの本性ゆえに受け取る資格のある幸福なものごとについて、主張することを始める。[2]今日は長い練習は不要だが、短い練習を頻繁に行うことが必要である。[3]一〇分ごとに行うことが望ましく、このスケジュールを試みて、できる限りそれを守るようにする。[4]もし忘れたら、再び試みればよい。[5]長い間中断したときも、再び試みる。[6]いつでも思い出したときに、再び試みる。

2. この練習では目を閉じる必要はないが、おそらく目を閉じたほうがやりやすいと感じるだろう。[2]けれども、一日の間には、目を閉じるわけにはいかない状況が何度かあるかもしれない。[3]そのせいで練習をやりそこなうことがないようにする。[4]本当にそうしたいと思えば、どのような状況下でも、うまく練習をすることはできる。

3. 今日の演習には、時間はほとんどかからないし、努力はまったく必要ない。[2]今日の概念を繰り返し、それからあなたが**神の子**の属性として連想する事柄もいくつかつけ加えながら、あなた自身に適用する。[3]たとえば、ある練習のときは次のように言うことができる。

[4]私は**神の子**として祝福されている。
[5]私は幸せで、安らかで、愛に満ちていて、満足している。

[6]また別の時には次のように言ってみる。

[7]私は**神の子**として祝福されている。
[8]私は冷静で、静かで、確信があり、自信をもっている。

[9]時間がわずかしかないときには、自分が**神の子**として祝福されていることを、自分に告げるだけでよい。

レッスン41

私がどこへ行こうとも、神が私とともに行く。

1. 今日の主題概念が、最終的には、分離している者たちの誰もが味わう孤独感や見捨てられた感覚を完全に克服する。[2]憂鬱感は分離の必然の結果である。[3]不安、心配、深い無力感、惨めさ、苦しみ、損失に対する激しい恐れなども同様である。

2. 分離している者たちは、「この世の悪」だと自分で信じているものに対して多くの「解決策」を発案してきた。[2]けれども、一つだけ彼らがしていないことが、その問題の実在性を問うことである。[3]しかし、問題が実在のものではないのだから、その結果が解決されるということはありえない。[4]今日の概念には、こうした愚かさのすべてを永遠に終わらせる力がある。[5]そして、どれほど深刻で悲劇的な形をとろうとも、それが愚かさであることは間違いない。

3. あなた自身の奥深くには、あなたを通して、今にも世界の中へと輝きを放つことのできる、完璧なものの一切がある。[2]それは、こうしたものが実在すると考え、それらに忠実に従うことで苦しんできた心を癒すので、すべての悲しみや苦痛や恐れや損失を解決するだろう。

4. あなたから完璧な聖性が奪われることはありえない。あなたがどこへ行こうと、聖性の**源**があなたとともにどこへでも行くからである。[2]あなたが苦しむということはありえない。あなたがどこへ行こうと、すべての喜びの**源**があなたとともに行くからである。[3]あなたが孤独になることはありえない。あなたがどこへ行こうと、すべての生命《いのち》の**源**があなたとともに行くからである。[4]何ものもあなたの心の平安を壊すことはできない。あなたがどこへ行こうと、**神**があなたとともに行くからである。

5. あなたがこのすべてを信じていないということは、わかっている。[2]重く垂れ込める暗雲のような狂った想念の奥深くに真理が隠され、光を通さず一切を覆い隠す想念だけがあなたに見えるすべてだというときに、どうしてあなたにそれが信じられるだろう。[3]今日、私たちは、この重く垂れ込めた暗雲を通り抜け、その向こうにある光にまで達することに、初めて真剣に取り組む。

6. 今日は長い練習をするのは、一度だけである。[2]朝、できれば起きてすぐに、三分から五分間、目を閉じて静かに座る。[3]練習のはじめにまず今日の概念をゆっくり繰り返す。[4]その後は、何も考えようとしなくてよい。[5]そのかわりに、世界の無意味な考えをすべてやり過ごし、内へ内へと向かう感じをつかむようにする。[6]あなたの注意を散漫にさせる考えを避けながら、自分の心の非常に奥深くまで入っていくように努める。

7. もし役に立つようなら、ときどき、主題概念を繰り返してもよい。[2]しかし、何よりもまず、世界から、そして世界の愚かな考えのすべてから離れて、内側へ、より深いところへと沈んでいくように試みる。[3]あなたは、そうしたものすべてを通り抜けたところへ至ろうとしている。[4]あなたは、現象を去り、実相へ近づこうとしている。

8. **神**に到達することは可能である。[2]実際、それは非常に容易なことである。なぜなら、それは世界で最も自然なことだからである。[3]世界で唯一の自然なことだとさえ言えるかもしれない。[4]あなたがそれが可能だと信じるなら、道は開かれるだろう。[5]この演習は、初めて試みた場合ですら、驚くような結果をもたらすこともありえるし、遅かれ早かれ、常にうまくいくようになる。[6]この種の練習については、先に進むにつれて、もっと詳しく取り上げることになる。[7]ともかく、それは決して完全に失敗するということはないし、瞬間的な成功も可能である。

9. 一日を通して、今日の概念を何度も用いるが、そのときできれば目を閉じてゆっくりとその概念を繰り返すようにする。[2]自分の言っていることと、その言葉が意味することについて考える。[3]これらの言葉が示唆しているあなたの聖性、あなたを決して見捨てることのない仲間、あなたを取り囲んでいる完全な保護などに、意識を集中させる。

10. あなたがどこへ行こうとも、**神**があなたとともに行くということを思い出すなら、あなたは本当に、恐れの想念を笑い飛ばすこともできるのである。

レッスン42

神が私の強さである。心眼《ヴィジョン》は神からの贈り物である。

1．今日の主題概念は、非常に強力で、きわめて重要な二つの考えを組み合わせている。[2]それはまた、このコースの目標を達成しようとするあなたの努力になぜ失敗がありえないか、その理由の説明となる因果関係を提示している。[3]あなたが真に見ることが神の意志であるから、あなたは見るようになるだろう。[4]あなたに力を与えるのは、あなた自身の強さではなく、神の強さである。[5]そしてあなたに心眼《ヴィジョン》を提供するのは、あなた自身の贈り物ではなく、神からの贈り物である。

2．神こそがあなたの強さであり、神が与えるものは、真に与えられている。[2]これは、あなたがどこにいようと、自分がどのような状況に置かれようと、あなたはそれをいつでも、どこでも、受け取ることができる、という意味である。[3]あなたは時間と空間の中をでたらめに進んでいるのではない。[4]あなたは必ずいるべき時に、いるべき所にいる。[5]それが神の強さである。[6]それが神の贈り物である。

3．今日は、三分から五分の練習を二回行うが、できれば、一回目は朝目が覚めたらすぐに、もう一回は就寝の間近に行うようにする。[2]けれども、こうした時間にこだわるよりも、自分に準備ができていると感じられ、ひとりで静かに座っていられる時間を待つほうがよい。

4．これらの練習は、目を開けたまま周囲を見回しながら、今日の概念をゆっくりと繰り返すことから始める。[2]それから目を閉じて、それまでよりもさらにゆっくりと、再び主題概念を繰り返す。[3]その後、今日の概念に関連して思い浮かぶ事柄だけを考えるようにする。[4]たとえば、あなたは次のように考えるかもしれない。

[5]心眼《ヴィジョン》は可能であるはずだ。[6]神は真に与える。

または

[7]私に対する神からの贈り物は私のものであるはずだ。神はそれらを私に与えたのだから。

5．今日の概念にはっきりと関連していれば、どのような考えでもここに用いるにふさわしい。[2]実際、あなたは、このコースに関連して理解されたことが自分自身の考えの中にかなり含まれていることに、驚くかもしれない。[3]自分の心がとりとめもなくさまよっているだけだと感じるときや、明らかに関連性のない考えを入り込ませてしまったとき以外は、特に検閲することなく、そうした考えが浮かんでくるままにしておく。[4]また、まったく何の考えも浮かんでこないという地点に至ることもあるかもしれない。[5]このような妨げが生じたときには、目を開けて、周囲をゆっくり見回しながら今日の概念をもう一度繰り返し、それから目を閉じて、もう一度この概念を繰り返し、関連した考えを心の中に探すことを続ける。

6. しかし、関連した考えを見つけようとして積極的に心の中を探すことは、今日の演習の正しいやり方ではない。[2]ただ、後ろに退いて、考えが浮かんでくるに任せる。[3]これが難しいと感じられたなら、適切な考えを見つけようとして無理をするよりは、練習の間、目を開けたままゆっくりと今日の概念を繰り返すことと、目を閉じて同様にすることを交互に行うほうがよい。

7. 短いほうの練習は、今日一日、何度行っても有益である。[2]今日の概念は、複数の考えを一つにまとめていく最初のステップであり、必要なものは何一つ欠けておらず、矛盾したものや無関係なものはまったく含まれていない統一された思考体系を学んでいる、ということをあなたに教える最初のステップである。

8. 一日を通して、主題概念を繰り返せば繰り返すほど、それだけ何度も、このコースの目標は自分にとって重要であること、そしてそれを忘れていないことを、あなたは自分に思い出させていることになる。

レッスン43

神が私の源である。私は神から離れて見ることはできない。

1. 知覚は**神**の属性ではない。[2]智識の領域が**神**の属性である。[3]だが、**神**は知覚と智識との間の**調停者**として、**聖霊**を創造した。[4]**神**との間にこの絆がなければ、あなたの心の中では知覚が永遠に智識の座を奪っていたことだろう。[5]しかしこの絆があるので、知覚は智識につながるところまで、変化し、浄化される。[6]それが、**聖霊**が見ている知覚の機能である。[7]したがって、それが真理における知覚の機能である。

2. **神**の中では、あなたは見るということはできない。[2]**神**の中では、知覚には何の機能もなく、したがって、知覚は存在しない。[3]しかし、一度も存在したことのないものを取り消す救済においては、知覚には大いなる目的がある。[4]**神の子**によって神聖ならざる目的のために作り出された知覚は、彼が自らの聖性を再び自覚できるようにするための手段とならなければならない。[5]知覚には何の意味もない。[6]しかし、**聖霊**はそれに**神**の意味に非常に近い意味を与える。[7]癒された知覚は、**神の子**が兄弟を赦し、それによって自分自身を赦すための手段となる。

3. あなたは**神**から離れて存在することはできないのだから、**神**から離れて真に見ることはできない。[2]何を考えるにしてもあなたは**神の心**で考えるので、何をするにしてもあなたはそれを**神**の中で行う。[3]もし心眼《ヴィジョン》が真の見方であり、しかも**聖霊**の目的を共有しているから真の見方と言えるのであれば、あなたは**神**から離れて真に見ることはできないということになる。

4. 今日は五分間の練習を三回行うが、一回は一日のできるだけ早い時間に、もう一回はできるだけ遅い時間に行う。[2]残りの一回は、状況が整い、その気になれる最も都合のよいときに行う。[3]練習時間のはじめには、目を開けたまま、今日の概念を自分自身に繰り返す。[4]それから、少しの間、周囲を見回して、あなたに見えるものに対して具体的に今日の概念をあてはめる。[5]練習のこの段階では、四つか五つを対象とすれば充分である。[6]たとえば、次のように言う。

[7]**神**は私の**源**である。[8]私は**神**から離れてこの机を見ることはできない。

[9]**神**は私の**源**である。[10]私は**神**から離れてあの絵を見る

ことはできない。

5. 演習のこの部分は比較的短くすべきだが、練習のこの段階に用いる対象は無差別に選び、自分の都合で取り入れたり除外したりしないように注意する。[2]少し長めの第二段階では、目を閉じて、もう一度今日の概念を繰り返し、それから、それに関連して心に浮かんでくるどんな考えでも、あなたなりのやり方でつけ加える。[3]たとえば次のようなものである。

[4]私は赦しのまなざしで見る。
[5]私には世界が祝福されたものとして見える。
[6]世界は私に私自身を見せることができる。
[7]私は自分自身の考えを見ており、それは**神の想念**と同質のものである。

[8]大なり小なり今日の概念に関連している考えであれば、どんなものでもここにふさわしい。[9]それらの考えが今日の概念と明らかな関連性をもっている必要はないが、それに対立するようなものであってはならない。

6. もし自分の心がとりとめのないことを考えていると感じたり、今日の概念から明らかに外れた考えを自覚し始めたなら、あるいは、何も考えられなくなっていると思えたなら、目を開け、演習の第一段階を繰り返し、それから再び第二段階に取り組む。[2]無関係な考えに心がとらわれる時間が長引かないようにする。[3]そうしたことを防ぐために、必要なら何度でも演習の第一段階に戻るようにする。

7. 短いほうの練習に今日の概念を適用するときは、一日を通してあなたが自分のまわりに見い出す環境や状況によって、適用の形を変えてかまわない。[2]あなたが誰かと一緒にいるときであれば、たとえば、その人に向かって声を出さずに次のように語りかけるのを忘れないようにする。

[3]**神**が私の**源**である。[4]私は**神**から離れてあなたを見ることはできない。

[5]この形は、よく知らない人にも、あなたが親しく思っている人にも、同じように使うことができる。[6]というよりも、実際、そうした類《たぐい》の区別は一切しないように努めるべきである。

8. 今日の概念はまた、一日を通して起こるさまざまな状況や出来事にも適用するが、特に、どのような形であれ、あなたを悩ますような事柄には、適用すべきである。[2]この目的のためには、次のような形で主題概念を用いる。

[3]**神**が私の**源**である。[4]私は**神**を離れてこれを見ることはできない。

9. 練習中、特定の題材を思いつかないときには、ただ主題概念を元の形で繰り返す。[2]今日は、主題概念を思い出すことのないままに、そしてそれゆえに自分の機能《はたらき》を思い出すことのないままに、長い時間が過ぎてしまうことのないようにする。

レッスン44

神は光であり、その光の中で、私は見る。

1．今日は昨日の主題概念にもう一つ別な次元を加えて、同じ概念を続けていく。[2]あなたは闇の中で見ることはできないし、光を作り出すこともできない。[3]闇を作り出してから、その中で見ていると考えることはできるが、光は生命《いのち》を反映するものなので、被造物の一側面である。[4]被造物と闇は共存できないが、光と生命《いのち》は被造物の別々の側面にすぎないので、必ず一緒に存在する。

2．真に見るためには、光が外ではなく内にあるということを認識しなければならない。[2]あなたは自分の外で見ることはなく、視覚器官があなたの外にあるのでもない。[3]この視覚に不可欠な要素は、真に見ることを可能にする光である。[4]それは常にあなたとともにあり、あらゆる状況で心眼《ヴィジョン》を可能にしている。

3．今日は、その光に到達することを試みる。[2]この目的のために、私たちは、以前にも示され、今後もたびたび活用することになる演習の形態を用いる。[3]この形態は訓練されていない心にとっては、特に難しいものであり、心の訓練の主要なゴールの一つでもある。[4]それは訓練されていない心に欠けているまさにそのものを必要とする。[5]しかし、あなたが真に見ようとするなら、この訓練を達成しなければならない。

4．今日は、三分から五分の練習を、少なくとも三回行う。[2]もっと時間をかけられればそのほうがずっと望ましいが、それはほとんど負担にならずに時間が過ぎていくように感じられる場合に限られる。[3]今日使う練習の形態は、訓練されている心にとっては、最も自然で容易なものである。しかし、訓練されていない心には、最も不自然で難しいものに思える。

5．あなたの心は、もはや、まったく訓練されていないわけではない。[2]あなたには、今日用いる演習の形態を学ぶための用意は充分にできているが、強い抵抗感が生じることがあるかもしれない。[3]その理由は非常に単純である。[4]このやり方で練習するとき、あなたは自分が今信じている一切のものごとと、自分が作り上げたすべての考えを後にすることになるからである。[5]正しく言うなら、これは地獄からの解放である。[6]しかし、自我の目を通して知覚されるならば、それはアイデンティティーを失うことであり、地獄に落ちることにほかならない。

6．もしあなたが、ほんの少しでも自我から離れたところに立つことができたなら、自我による反対や恐れが無意味だと認識することは少しも難しくないだろう。[2]あなたがこれとは逆のどのようなことを信じているとしても、「光に到達することは、闇から脱出することである」ということを、ときどき思い出せば助けになるだろう。[3]あなたは光の中で見るのであり、**神**がその光である。[4]あなたは**神**に到達しようと試みているのである。

7. 練習は、目を開けたまま今日の概念を自分に繰り返すことから始め、ゆっくりと目を閉じて、さらに数回その概念を繰り返す。[2]その後、一切の余念や雑念を静かにやり過ごしながら、心の奥へと沈潜する。[3]これをあなたが自分で止めることを選択しない限り、あなたの心がこの途中で止まることはない。[4]心はそれ自体の自然な道筋に沿って進んでいくだけである。[5]現れては消えていく自分の考えを、深入りせずに観察し、静かにそれらが消え去るままにする。

8. この形態の演習について特別のやり方を推奨することはしないが、自分のしていることが重要なことであり、自分にとって計り知れない価値があるという感覚や、非常に神聖なことを試みているという自覚は、必要である。[2]救済はあなたが達成するものの中で最も喜ばしいものである。[3]また、それはあなたにとって、真に役に立つ唯一のものなので、唯一意味のある達成である。

9. もしどんな形であれ抵抗を感じるようなら、演習を休止して、恐れを自覚していない限りは目を閉じたままで、今日の概念を繰り返す。[2]恐れがあるときは、少しの間、目を開けるほうが安心できるだろう。[3]それでも、できるだけすぐに目を閉じて演習に戻るようにする。

10. 演習を正しく行《おこな》っていれば、何らかのくつろいだ感覚や、実際に光の中へと入らないまでも、光に近づいていく感じさえも体験するはずである。[2]世界の考えを通り過ぎていきながら、形もなく限界もない光のことを考えるようにする。[3]そして、世界の考えに自分で力を与えない限り、それらはあなたをこの世界につなぎ止めてはおけないということを、忘れてはならない。

11. 一日を通して今日の概念を何度も繰り返す。目は開けたままでも閉じていても、そのときの都合でどちらでもよい。[2]けれども、とにかく忘れることのないようにする。[3]何よりもまず、今日は忘れないと決意することである。

レッスン45

神は心であり、その心とともに私は思考する。

1. 今日の概念は、あなたの真の想念とは何かを理解するための鍵となる。[2]あなたが見ていると思っているものは、心眼《ヴィジョン》と少しも関係がないのと同様に、あなたの真の想念は、あなたが考えていると思っているものとは違う。[3]実在するものと、実在するとあなたが思っているものとは、何の関わりもない。[4]あなたが自分の考えだと思っているものは、どこから見ても、あなたの真の想念とは似ても似つかない。[5]あなたが見ていると思っているものと、心眼《ヴィジョン》があなたに見せるものとの間には、どんな類似性もない。

2. あなたは**神の心**とともに考える。[2]したがって、**神**が**自らの想念**をあなたと共有するのと同様に、あなたも自分の想念を**神**と共有する。[3]それらは同じ想念である。なぜなら、同じ心で思考されたものだからである。[4]共有するということは、同じくするということであり、ひとつにするということである。[5]また、あなたが**神の心**とともに考える想念は、あなたの心から離れない。なぜなら、想念がその源から離れることはないからである。[6]したがって、あなたの想念は、あなたと同様、**神の心**の中にある。[7]それらはまた、**神**がいるあなたの心の中にある。[8]あなたが**神の心**の一部であるように、あなたの想念も**神の心**の一部である。

3. それでは、あなたの真の想念はどこにあるのだろうか。[2]今日、私たちはそれに到達することを試みる。[3]それはあなたの心の中にあるのだから、私たちはあなたの心の中にそれを探さなければならない。[4]それがその源を離れてしまったということはありえないので、それはまだそこにあるはずである。[5]**神の心**によって思考されたものは、被造物の一部であり、永遠のものである。

4. 今日も五分間の練習を三回、昨日用いたのとほぼ同じ演習形態を用いて行う。[2]私たちは非実在なるものを去って、実在なるものを求めることを試みる。[3]そして真理を選ぶために世界を否定する。[4]世界の考えに、私たちを引きとめさせはしない。[5]世界の信念が、**神**が私たちにさせようとすることが不可能だと教えようとしても、私たちは耳を貸さない。[6]そうではなく、**神**が私たちにさせようとすることのみが可能であると認識するように努める。

5. 私たちはまた、**神**が私たちにさせようとすることだけが、私たちがしたいことだと理解しようとする。[2]そしてまた、**神**が私たちにさせようとすることをしようとして、私たちが失敗するはずがないと、覚えていられるよう努める。[3]今日の成功に自信をもってよい理由は充分にある。[4]それは**神の意志**だからである。

6. 目を閉じて、今日の概念を自分に繰り返すことから演習を始める。[2]その後、この主題概念を心にとめながら、ほんの少しの間これに関連したことを考えるようにする。[3]四つか五つ、自分が考えたことを今日の概念につけ加えた後、もう一度その概念を繰り返し、次のように優しく自分に言う。

[4]私の真の想念は私の心の中にある。[5]私はそれを見つけたい。

[6]そして、あなたの心の中で真理を覆い隠しているすべての非実在の想念の前を通り過ぎて、永遠なるものに到達しようとする。

7. あなたは心の中に無意味な考えや狂った想念をいっぱいに散乱させているが、そうしたものの奥には、はじまりのときにあなたが**神**とともに思考した想念がある。[2]それらは今も、まったく変わらず、あなたの心の中に存在している。[3]それらはこれまでも常にそうであったそのままに、これからも常にあなたの心の中にあることだろう。[4]それ以来、あなたが思考してきたすべては変化するが、それらが依拠している**基盤**はまったく不変である。

8. 今日の演習の目指す先は、この**基盤**である。[2]ここでは、あなたの心は**神の心**とつながっている。[3]ここに、**神の想念**とひとつになったあなたの想念がある。[4]この種の練習に必要なことは、天国において**父なる神**と**子なる神**へと捧げられた祭壇に近づくかのような気持ちで練習に臨むことである。[5]なぜなら、あなたが到達しようとしているところは、そのような場所だからである。[6]どれほどの高みにまで自分が行こうとしているかを、おそらくあなたはまだ実感できないだろう。[7]それでも、これまでに獲得してきたわずかな理解をもってしても、これは無益な遊びではなく、聖性の演習であり、**神の国**に到達しようとする試みであると、自分に思い出させることはできるはずである。

9. 今日の短い練習では、**神**とともに思考する心の聖性を理解することが自分にとっていかに重要かを思い出すように努める。[2]一日を通してこの主題概念を繰り返すときには、一～二分かけて、自分の心の聖性をしっかりと認識するようにする。[3]あなたが接待主《ホスト》となってもてなす**神**にふさわしくないような想念は、ほんのわずかな間でも、すべて脇に退ける。[4]そして、**神**があなたとともに思考する**想念**について**神**に感謝する。

レッスン46

神は愛であり、その愛の中で私は赦す。

1. **神**は一度も咎《とが》めたことはないので、赦すことはしない。[2]そして、赦しが必要になることがあるとすれば、その前に、咎めがあったはずである。[3]赦しはこの世界が大いに必要としているものであるが、それはここが幻想の世界だからである。[4]だから、赦す者たちは、自らを幻想から解放しているのであり、赦しを与えずにおく者たちは、自分自身を幻想に縛りつけているのである。[5]そしてあなたが咎める相手はあなた自身だけであり、あなたが赦す相手もあなた自身だけである。

2. **神**は赦すことはしないとはいえ、赦しの土台は**神の愛**である。[2]恐れは咎め、愛は赦す。[3]そうして赦しは、恐れが生み出したものを取り消し、心が再び**神**を自覚できるようにする。[4]だからこそ、赦しは真に救済だと言えるのである。[5]それは、幻想が消え去るための手段である。

3. 今日の演習は、丸五分の練習を少なくとも三回行い、短時間の練習もできるだけ多く行う。[2]長いほうの練習は、いつも通り、今日の概念を自分に向かって繰り返すことから始める。[3]それをしながら目を閉じて一～二分間、心の中を探し、あなたがまだ赦していない相手を見つけ出す。[4]「どのくらい」赦していないかは問題ではない。[5]あなたはその人を完全に赦したか、まったく赦していないかのどちらかでしかない。

4. 演習をうまく行っていれば、まだ赦していない人々を何人か見つけることは難しくないはずである。[2]あなたが嫌いな相手なら誰でも、適切な対象であると考えて間違いない。[3]それぞれの人について名前を呼び、次のように言う。

[4]**神**は**愛**であり、その**愛**の中で、［名前］さん、私はあなたを赦します。

5. 今日の練習の第一段階の目的は、自分自身を赦す立場にあなたを置くことである。[2]心に浮かんでくるすべての人々に対して今日の概念をあてはめた後、自分に向かって次のように言う。

[3]**神**は**愛**であり、その**愛**の中で、私は私自身を赦す。

[4]その後、残りの練習時間を用いて、関連した概念をた

とえば次のようにつけ加える。

[5]**神**は**愛**であり、その**愛**で、私は私自身を愛す。
[6]**神**は**愛**であり、その**愛**の中で、私は祝福されている。

6. 適用の形にはかなりの変化をつけてかまわないが、中心となる主題概念が見失われてはならない。[2]たとえば、次のように言うことができる。

[3]私は**神の子**なので、罪があるはずがない。
[4]私はすでに赦されている。
[5]**神**に愛されている心に恐れはありえない。
[6]愛が私をすでに赦しているのだから、攻撃する必要はない。

[7]ただし、この練習は今日の概念の原形をもう一度繰り返してから終えるようにする。

7. 短時間の練習では、元の形でも関連した形でも気に入ったほうを用いて、今日の概念を繰り返す。[2]けれども、必要な場合には、もっと具体的に適用することを忘れてはならない。[3]一日のうちに、目の前にいる人でもいない人でも、誰かに対してなんらかの否定的な反応を自覚したときにはいつでも、それに具体的に適用することが必要である。[4]そうした場合には、その人に向かって、声に出さずに次のように言う。

[5]**神**は**愛**であり、その**愛**の中で、私はあなたを赦します。

レッスン47

神は強さであり、その強さを私は信頼する。

1. もし自分の強さを頼みにしているのならば、あなたが心配し、不安になり、恐れを抱くのはもっともである。[2]あなたが予測したり、制御したりできるものが、何かあるだろうか。[3]あなたの中に、頼りにできる何かがあるだろうか。[4]あなたの中の何が、さまざまな問題のすべての側面を把握し、ただ善のみがもたらされるような形でそれを解決する能力を、あなたにもたらすだろうか。[5]正しい解決法の認識と、それが達成されるという保証を、あなたに与えられるようなものが、あなたの中にあるだろうか。

2. あなたひとりでは、こうしたことは何一つできない。[2]それができると信じることは、信頼すべき理由のない場所にあなたの信頼を預け、恐れ、不安、憂鬱感、怒り、悲しみを当然のものと見なすことである。[3]弱さに信を置きながら、安全を感じることができる者などいるだろうか。[4]だが、強さに信を置きながら、弱さを感じたりする者がいるだろうか。

3. あらゆる状況において、**神**があなたの安全である。[2]**神の声**は、あらゆる状況と、あらゆる状況のすべての側面において**神**を代弁しており、**神**の強さと**神**の保護を頼みとするには厳密に何をすればよいかをあなたに告げている。[3]このことに例外はない。なぜなら、**神**は例外をもうけないからである。4]そして**神**を代弁して語る**声**は、**神**が考える通りに考える。

4. 今日は、あなた自身の弱さを通り越して、真の強さの**源**に到達しようと試みる。[2]今日は五分間の練習を四回行うことが必要であるが、それよりも長い練習をもっと頻繁に行うことが奨励される。[3]いつものように、目を閉じて今日の主題概念を繰り返すことから、練習を始める。[4]それから、一～二分かけて、これまでの人生であなたが恐れをつぎ込んできた状況を探し、次のように自分に言いながら、その一つひとつを念頭から払いのける。

[5]**神**は強さであり、その強さを私は信頼する。

5. 次に、自分は力不足だという感覚に関連したすべての心配を、さっと通過していくようにする。[2]あなたを憂慮させる状況は、おしなべて自分が力不足だという気持ちと関連していることは明白である。そうでなければ、あなたはその状況にうまく対処できると信じているはずだからである。[3]あなたは、自分を信頼することで自信を獲得するのではない。[4]そうではなく、あなたの中にある**神**の強さが、すべてのものごとにおいて成功をおさめるのである。

6. 自らの弱さを認識することは、自分の誤りを訂正するのに必要な一歩であるが、あなたに必要であると同時にふさわしい自信をあなたにもたらすには、充分な一歩とは言えない。[2]あなたはさらに、あらゆる点から見て、そしてすべての状況において、自らの真の強さに自信をもつてはまったく当然のことだ、という自覚を獲得しなければならない。

7. 練習の後半には、心の奥深くまで入っていき、真の安全がある場所に到達しようとする。[2]どんなに束の間であっても、深い平安を感じるならば、自分がその場所に到達したということをあなたは認識するだろう。[3]心の表面でざわめいている諸々のつまらない事柄をすべて手放し、その奥深くに入っていき、**神の国**に到達しなさい。[4]あなたの中に、完璧な平安が存在する場所がある。[5]あなたの中に、不可能なことは何もない場所がある。[6]あなたの中に、**神**の強さが宿っている場所がある。

8. 今日一日、この主題概念を頻繁に繰り返す。[2]あらゆる妨害に対するあなたの答えとして、この概念を用いる。[3]**神**の強さを信頼しているのだから、平安は自分の当然の権利だ、ということを覚えておくようにする。

レッスン48

恐れるべきものは何もない。

1. 今日の主題概念は、単に事実を述べているにすぎない。[2]幻想を信じる者たちにとっては、このことは事実ではないが、幻想は事実ではない。[3]真理においては、恐れるべきものは何もない。[4]これを認識することはいとも簡単である。[5]しかし、幻想が真実であってほしいと思っている者にとっては、これを認識することは非常に難しい。

2. 今日の練習は、非常に短く簡単なものであり、かなり頻繁に行う。[2]ただ主題概念をできる限りたびたび繰り返すだけである。[3]いつでも、どんな状況にあっても、目を開けたままでこの概念を使ってよい。[4]けれども、いつでも可能なときには、一～二分を割いて、目を閉じて、今日の概念をゆっくりと自分に向かって繰り返すようにする。[5]特に重要なことは、何かがあなたの心の平安を乱すならば、ただちにこの概念を使うということである。

3. 恐れがあるということは、あなたが自分の強さに頼っていることの確かなしるしである。[2]恐れるべきものは何もないという自覚は、自分ではその場所をまだ認識していないにしても、少なくとも心の中のどこかで、あなたが神を思い出しており、そこではあなたの弱さが神の強さと取り替えられていることを示している。[3]あなたが自ら進んでそのようにしようという気持ちになったその瞬間に、恐れるべきものは本当に何もなくなるのである。

レッスン49

神の声は、一日中、私に語りかける。

1. 日常生活に何の支障もきたさず、一日を通して神の声を聞くことは充分に可能である。[2]あなたの心の中の真理がとどまっている部分は、あなたが自覚していようといまいと、常に神との親交《コミュニケーション》を保っている。[3]この世界の中で機能し、この世界の法則に従っているのは、あなたの心のそれ以外の部分である。[4]常に散漫で秩序がなく、非常に不確かなのは、この部分である。

2. 神の声を聞いている部分は穏やかで、常に安らいでおり、完全に確かである。[2]存在しているのは本当はこの部分のみである。[3]そのほかの部分は荒唐無稽な幻想であり、狂って錯乱した、何の実在性もないものである。[4]今日は、それに耳を貸さないように努力してみなさい。[5]心の中の静けさと平安が永遠に君臨している部分と同一化しようとしてみなさい。[6]あなたに愛を込めて呼びかける神の声を聞こうとしてみなさい。それは、創造主がわが子を忘れていないことを思い出させようとしている。

3. 今日は、五分間の練習が少なくとも四回必要であり、できればさらに回数を増やす。[2]神とあなたの真の自己のことをあなたに思い出させようとしている神の声を、私たちは実際に聞こうと努力することになる。[3]そうすることで自分たちの意志を神の意志に合一させているのだと知りつつ、私たちはこの最も幸せで神聖な考えに取り組んでいく。[4]神はあなたが神の声を聞くことを望んでいる。[5]あなたが聞くようにと、神はそれをあなたに与えた。

4. 深い静寂の中で耳を傾けよう。[2]じっと静まり、心を開きなさい。[3]あなたの真の想念を覆い隠し、神とあなたの永遠の絆を曖昧にしてしまう耳障りな叫びや病んだ想像を、すべて通り越して進みなさい。[4]この狂った世界の騒々しい考えや情景や音声の向こうであなたを待っている平安の中へと、深く沈んでいきなさい。[5]あなたはこの世界に生きているのではない。[6]私たちはあなたの真の故郷に戻ろうとしている。[7]あなたが真に歓迎される場所に行こうとしている。[8]神に到達しようとしている。

5. 今日の概念を頻繁に繰り返すことを忘れないようにしなさい。[2]必要であれば、目を開けたままでもよいが、できれば目を閉じて行うとよい。[3]そして、可能なときはいつでも静かに座り、世界に対して目を閉じ、自分は神の声が語りかけてくれるように招いているのだという実感をもって、今日の概念を繰り返す。

レッスン50

私は神の愛によって支えられている。

1. ここには、今日も明日も、あらゆる時を通じて、あなたの前に立ちふさがるあらゆる問題に対する答えがある。[2]この世界の中では、あなたは自分が神以外のあらゆるものに支えられていると信じている。[3]あなたの信仰は、最もつまらぬ狂った象徴の数々に捧げられている。錠剤、金銭、「身を護るための」衣服、影響力、名声、人に好かれ、「適切な」知り合いをもつこと、そして、あなたが魔術の力を授けている数限りない虚無の形態である。

2. こうしたすべては、あなたが**神の愛**の代替にしているものである。[2]肉体との一体感を確実に保持しようとして、大切にされているものである。[3]それらは自我への賛歌にほかならない。[4]あなたの信仰を無価値なものに捧げてはならない。[5]それらはあなたを支えてはくれない。

3. **神の愛**のみが、あらゆる状況においてあなたを保護するだろう。[2]すべての試練からあなたを引き上げ、この世界に知覚されるあらゆる危険を越えた高みにまで上昇させ、完璧な平安と安全の地へと運んでくれるだろう。[3]それはあなたを、何ものによっても脅かされず乱されることのない心の状態、何ものも**神の子**の永遠なる静謐を侵すことのできない場所へと、運んでくれるだろう。

4. 幻想に信を置いてはならない。[2]幻想はあなたを失望させるだろう。[3]あなたの内なる**神の愛**に、全幅の信を抱きなさい。それは永遠にして不変であり、永久に頼むに足りるものである。[4]これが、今日、あなたの前に立ちふさがっているあらゆるものに対する答えである。[5]内なる**神の愛**を通して、あなたは、一見、困難に見えることのすべてを、労せずに確かな自信をもって、解決することができる。[6]今日は、このことをたびたび自分に言い聞かせなさい。[7]それは、偶像を信じる信念からの解放宣言である。[8]自分についての真理の確認である。

5. 今日は、朝と夜の二回、各一〇分間、今日の概念を自分の意識の奥深くまで沈潜させる。[2]主題概念を繰り返し、それについて考え、関連する考えが浮かぶに任せ、あなたがこの概念の真実性を認識できるように助けてもらいなさい。平安が流れ込み、あなたを暖かく包み込んで保護するに任せなさい。[3]意味のない愚かな考えが入り込んできて、**神の子**の神聖な心を乱すようなことはさせないようにする。[4]**神の国**とはそうしたものである。[5]それが、あなたの**父**が永遠にあなたを住まわせた安息の場所である。

復習Ⅰ

序

1．今日から私たちは一連の復習の期間に入る。[2]毎日の復習には、レッスン1から50に出てきた主題概念が五つずつ含まれている。[3]それぞれの主題概念の後には、復習する際に考慮すべき短いコメントがついている。[4]練習時には、次のようにして演習を行う。

2．一日のはじめに、五つの主題概念とそのコメントを読む。[2]その後は、どの順序で取り上げてもよいが、それぞれの主題概念を少なくとも一回は練習する。[3]各練習時間は二分以上とし、主題概念とコメントを読んだ後、それらについて考える。[4]一日を通して、これをできるだけ何度も行う。[5]もし五つの主題概念のうちのどれか一つに特に惹かれる場合は、それに集中する。[6]けれども、一日の終わりには、必ず、もう一度五つの概念全部を復習する。

3．練習時には、各概念の後に続くコメントを一言一句、あるいはそのすべてをもらさず頭に入れようとする必要はない。[2]それよりもその中心をなす事柄に重点を置き、それについて考えることを、その主題概念についてのあなたの復習の一部とする。[3]主題概念とコメントを読んだ後は、できれば、静かな場所でひとりになれるときに目を閉じて演習を行うようにする。

4．今のあなたの学びの段階では、そうした条件下に練習することが重視される。[2]しかし、学んだことを適用する際に特別な環境は必要ないということを、いずれ学ばなくてはならない。[3]すでに穏やかで静まったかに見える状況よりも、動揺させられるような状況の中でこそ、こうした学びが最も必要とされる。[4]あなたの学びの目的は、あなたがいつも静けさを携えていられるようにすること、そして苦悩や混乱を癒すことができるようにすることにある。[5]それらを避けて、自分ひとりになれる避難所を求めていたのでは、この目的は達成されない。

5．平安はあなたの一部であり、あなたはただそこにいて、自分が置かれたどんな状況でもそのまましっかりと経験するだけでよいということを、あなたはいずれ学ぶことになる。[2]そして、最後には、あなたは自分がいるところには限界がないことを学ぶだろう。それにより、あなた自身と同じく、平安もあらゆるところに遍在するということがわかるだろう。

6. 復習の目的で、いくつかの主題概念は、元の形とは多少違った形で与えられている。[2]それでも、ここに記されている通りの形を復習に用いる。[3]元の形に戻る必要も、前に指示されていた通りに主題概念を適用する必要もない。[4]この時点では、私たちは、これまでに学んできた最初の五〇の主題概念の相関関係と、それらがあなたを導いていく思考体系の一貫性に重点を置いている。

レッスン51

今日の復習は、以下の主題概念を対象とする。

1. （1）私の見ているものには、何の意味もない。

[2]この理由は、私が見ているのは無であり、無には何の意味もないからである。[3]真に見ることを学ぶために、私はこのことを認識する必要がある。[4]今、私が見ていると思っているものによって、心眼《ヴィジョン》が奪われている。[5]私はそれにには意味がないと理解し、それを手放さなければならない。そうすれば、そのかわりに心眼《ヴィジョン》が訪れる。

2. （2）私に見えているあらゆるものに、私にとってそれがもつすべての意味を与えたのは私自身である。

[2]私は自分が見るあらゆるものに、価値判断を下してきた。そして、私に見えているのはこれであり、ただこれだけである。[3]これは心眼《ヴィジョン》ではない。[4]それは実在するという幻想にすぎない。なぜなら、私の判断は、真の現実である実相とはまったく隔たったところで下されてきたからである。[5]私は自分の判断には正当性がないことを、喜んで認識する。なぜなら、私は真に見たいからである。[6]私の判断は自分を傷つけてきたので、私はそうしたものによって見ることはしたくない。

3. （3）私に見えているどんなものも、私は理解していない。

[2]私が自分に見えているものを間違って判断してきたとしたら、どうしてそれを理解することなどできるだろう。[3]私に見えているのは、私自身の思考の誤りが投影されたものである。[4]私が自分に見えているものが理解できない理由は、それが理解不可能なものだからである。[5]それを理解しようとすることには意味がない。[6]しかし、それを手放し、そのかわりに、真に見えて、理解できて、愛することができるもののために場所を空けることには、充分な理由がある。[7]私はただ進んでそうしようと思うだけで、今、見えているものをそれと交換することができる。[8]これは、私が以前に下した選択よりも、ずっとよい選択ではないだろうか。

4. （4）これらの考えには何の意味もない。

[2]私が自覚している考えに意味がない理由は、私が神から離れて思考しようとしているからである。[3]私が「私の」

手放すつもりだ。

考えと呼んでいるものは、私の真の想念ではない。[4]私の真の想念とは、私が神とともに思考する考えである。[5]私がそれを自覚していないのは、それにかわるものとして、私の考えを作り出したからである。[6]私は、自分の考えには何の意味もないことを喜んで認識して、それらを手放すつもりだ。[7]私の考えを、それと入れ替わるべく意図されたものへと入れ替えることを、私は選択する。[8]私の考えには意味がないが、私が神とともに思考する想念の中には被造物のすべてがある。

5.（5）私は自分で考えているような理由で、動揺しているのではない。

[2]私が自分で考えているような理由で動揺しているのではないというのは、私が常に、自分の考えを正当化しようとしているからである。[3]私は常に自分の考えを真実にしようとしている。[4]自分の怒りが正当化され、自分の攻撃が当然のものとなるように、私はすべてを自分の敵にする。[5]自分が見るすべてのものにこのような役割をあてがうことによって、それらをどんなに誤って用いてきたか、私はわかっていなかった。[6]自分を傷つけてきた思考体系であり、もはや自分で望んでもいない思考体系を弁護するために、私はこれを行《おこな》ってきたのである。[7]私は喜んでそれを

レッスン52

今日の復習には以下の主題概念が含まれる。

1. (6) 私が動揺しているのは、存在しない何かを見ているからである。

[2]実相は決して恐ろしいものではない。[3]それが私を動揺させることはありえない。[4]実相は完璧な平安だけをもたらす。[5]私が動揺しているとき、その理由は常に、私が自分で作り上げた幻想を実相の代替としてしまったからである。[6]幻想が私を動揺させるのは、私が自分で幻想に実在性を与えて、実相のほうを幻想と見なしているからである。[7]神の被造物は、こうした私の混乱によって何ら影響を受けていない。[8]私は常に、無によって動揺しているのである。

2. (7) 私は過去だけを見ている。

[2]周囲を見回しながら、私は自分が眺める世界を咎めている。[3]これを、私は「見ること」と呼んでいる。[4]過去を理由にすべての人やものを責めて、彼らを私の敵としている。[5]自分自身を赦し、自分が誰なのかを思い出したとき、私は自分が見るすべての人やものを祝福するだろう。[6]過去はなくなり、したがって、敵もいなくなる。[7]そして、以前には見ることができなかったすべてを、愛のまなざしで眺めるだろう。

3. (8) 私の心は過去の考えにとらわれている。

[2]私に見えているのは自分の考えだけであり、私の心は過去にとらわれている。[3]それでいったい、何をありのままに見ることができるだろう。[4]私は自分の心の中に現在が姿を現すのを妨ぐために過去を見ているということを、思い出せますように。[5]自分が神に対抗して時間を使おうとしているということを、理解できますように。[6]過去を手放してもただ無を手放すにすぎないと気づいて、過去を手放すことを学べますように。

4. (9) 私は何も今あるままに見ていない。

[2]もし私が何も今あるままに見ていないとしたら、私は無を見ているだけであると言って間違いない。[3]見ることができるものは、今あるものだけである。[4]選択肢は過去を見るか、現在を見るかではなく、見るか見ないかだけである。[5]私がこれまでに見ようと選択してきたものが、私から心眼《ヴィジョン》を取り上げた。[6]見ることができるように、今、私は選択しなおしたい。

5．（10）私の考えには何の意味もない。

[2]私には私的な考えというものはない。[3]それなのに、私が自覚しているのは私的な考えだけである。[4]こうした考えに、いったい何の意味がありえるだろうか。[5]それらは存在していないのだから、何も意味していない。[6]しかし、私の心は被造物の一部であり、**創造主**の一部である。[7]真に私のものであるすべての想念を、私の哀れで無意味な「私的な」考えで覆い隠してしまうよりも、私が宇宙の思考につながるほうがよいのではないだろうか。

レッスン53

今日は、以下の主題概念を復習する。

1.（11）私の無意味な考えが、私に意味のない世界を見せている。

[2]私が自覚している考えには何の意味もないので、それらを描き出している世界にも、何の意味もありえない。[3]この世界を生み出しているものは狂気であり、この世界が生み出すものも同様である。[4]実相は狂ってはいないし、私には狂気の考えだけでなく、真の想念もある。[5]したがって、真に見るための導き手として私の真の想念に頼るならば、私は実相世界を見ることができる。

2.（12）私が動揺しているのは、私が無意味な世界を見ているからである。

[2]狂った考えは動揺をもたらす。[3]そうした考えは、どこにも秩序のない世界を生み出す。[4]混沌とした思考を表す世界を支配するのは混沌のみであり、混沌に法則はない。[5]そのような世界の中では、私は平安の内に生きることはできない。[6]この世界が実在しないことに私は感謝し、自分がそれに価値を置くという選択をしない限りそれを見なくてもよいということをありがたく思う。[7]そして私は、完全に狂っていて何の意味もないものに価値を置くことは選ばない。

3.（13）無意味な世界は恐れを生み出す。

[2]完全に狂ったものはまったくあてにならず、信頼する根拠もないので、恐れを生み出す。[3]狂気の中にあるものはすべて頼りにならない。[4]それは安全も希望も差し出してはくれない。[5]しかし、そのような世界は実在しない。[6]私はこの世界に、それが実在するという幻想を付与し、それを信じることで苦しんできた。[7]今、私はこの信念を撤回し、実相を信頼することを選択する。[8]このように選択するとき、私は恐れの世界がもたらす結果のすべてを免れる。なぜなら、私はそのときそれが存在しないということを認めているからである。

4.（14）神は無意味な世界を創造しなかった。

[2]**神**が無意味な世界を創造しなかったのであれば、どうしてそうした世界が存在できるだろう。[3]**神**がすべての意味の**源**であり、実在する一切は**神の心**の中にある。[4]それは私の心の中にもある。なぜなら、**神**はそれを私とともに

創造したからである。[5]被造物の完璧さが私の故郷であるというのに、なぜ私が、自分の狂った考えの結果に苦しみ続けなければならないというのだろう。[6]自分の決断の力を私が思い出せますように。そして、自分が本当はどこに住んでいるのかを、認識できますように。

5. **（15）私の考えは、私が作り出した形象である。**

[2]私に見えているものは何でも、私の考えを反映している。[3]自分がどこにいて、自分が何者であるかを私に告げるのは、私の考えである。[4]苦しみや損失や死の世界が見えているという事実が、自分の狂った考えの表象だけを見ていて、私の真の想念が私の見ているものに優しい光を投げかけるのを、私自身が妨げていることを示している。[5]**神**の道は確かである。[6]私が作り出した形象が**神**よりも優位に立つことはない。そうなることは私の意志ではないからである。[7]私の意志は**神の意志**であり、私は**神**の前にほかの神々を置くつもりはない。

レッスン54

今日、復習する主題概念は次の通りである。

1. (16) 私に中庸《ニュートラル》な考えはない。

[2]中庸《ニュートラル》な考えというものがありえない理由は、すべての考えには力があるからである。[3]それは虚偽の世界を作り出すか、私を実相世界へ導くかのどちらかである。[4]しかし、考えは結果をもたらさずにはいない。[5]私に見えている世界が私の思考の誤りから現れているのと同じように、私が自分の誤りを訂正してもらうときには、私の目前に実相世界が立ち現れる。[6]私の考えが真実でも偽りでもないということはありえない。[7]どちらか一方でしかない。[8]私に見えているものが、それがどちらであるかを私に示している。

2. (17) 私は中庸《ニュートラル》なものを見ていない。

[2]私に見えているものは、私が何を考えているかを証《あか》ししている。[3]もし私が思考することがなければ、私は存在していないだろう。なぜなら、生命《いのち》とは想念だからである。[4]自分に見える世界を、私が自分自身の心の状態の表れとして眺めることができますように。[5]私は自分の心の状態が変わることが可能だと知っている。[6]だから、私に見える世界も変わることが可能だと知っている。

3. (18) 私の見方がもたらす結果を体験するのは、私ひとりではない。

[2]私に私的な考えというものがないとすれば、私が私的な世界を見ることもありえない。[3]分離という狂った考えでさえも、それが私に見える世界の土台を形成するためには、その前に、共有されなければならなかった。[4]しかし、その共有は、無を共有することだった。[5]私は、私の真の想念を招き入れることもできるのであり、真の想念は、すべてのものごとをすべての人と共有する。[6]私の分離の想念がほかの人々の分離の想念に呼びかけるのと同じように、私の真の想念も人々のうちに真の想念を目覚めさせる。[7]そして、私の真の想念が私に見せてくれる世界は、私だけでなく彼らの目にも見えるようになってくるだろう。

4. (19) 私の考えがもたらす結果を体験するのは、私ひとりではない。

[2]私は何ごとにおいてもひとりではない。[3]私の考えることと、言うこと、行うことのすべてが、全宇宙に教えている。

[4]**神の子**の考えること、語ること、行動することが、無駄になることはありえない。[5]**神の子**は何においても、ひとりではありえない。[6]だから私には自分自身の心とともにすべての心を変える力があるが、それは私の力が**神**の力だからである。

5. (20) 私はぜひとも真の見方で見たい。

[2]私は自分の考えは共有されているということを認識し、ぜひとも真の見方で見るつもりだ。[3]世界の思考が変化したことを教えてくれる証拠を見たい。[4]私を通して行われたことにより、愛が恐れに、笑いが涙に、豊かさが損失に取ってかわるのを可能にしたという証《あかし》を、私は見たい。

[5]実相世界を見て、その世界から、私の意志と**神の意志**はひとつであることを教えてもらおう。

レッスン55

今日の復習は次の通りである。

1.（21）私はぜひとも別な見方でものごとを見たい。

[2]今、私が見ているものは病気や災害や死のしるしばかりである。[3]これが、神が愛するわが子のために創造したものであるはずがない。[4]このようなものを見ているという事実こそが、私が神を理解していないという証拠である。[5]したがって、私は神の子も理解していない。[6]私の見ているものが、私が自分は誰なのかを知らないと告げている。[7]幻想の私を見せるものではなく、私の中の真理を証《あか》しするものを、ぜひとも見るつもりだ。

2.（22）私が見ているのは、復讐の一形態である。

[2]私の見ている世界は、およそ愛ある考えの表象と言えるようなものではない。[3]それは、あらゆる者があらゆるものを攻撃する様を描いた映像である。[4]それはまったく神の愛と神の子の愛が反映されたものではない。[5]こうした映像を生じさせているのは、私自身の攻撃的考えである。[6]私の愛ある考えは、この世界についてのこのような知覚から私を救い、私のものであるようにと神が意図した平安を私に与えてくれる。

3.（23）攻撃的な考えを放棄することで、私は自分の見ている世界から脱出できる。

[2]救済はここにあり、ほかのどこにも存在しない。[3]攻撃的な考えがなければ、私が攻撃の世界を見ることはないはずだ。[4]赦しにより愛が私の自覚に戻ってこられるようになるとき、私は平安と安全と喜びの世界を見るようになる。[5]そしてそれが、今見ているもののかわりに私が見ようと選択するものである。

4.（24）私は自分の最善の利益を知覚していない。

[2]自分が誰であるかを知らないというのに、どうして自分の最善の利益が認識できるだろう。[3]自分にとって最善の利益だと思っているものは、私を幻想の世界に引き寄せ、つなぎとめるだけのものだ。[4]私は自分ひとりでは自分の最善の利益を知覚できないと認識し、それを見つけられるように神が私に与えてくれた導き手に喜んで従いたい。

5.（25）私は、何が何のためにあるのかを知らない。

[2]私にとっては、あらゆるものの目的は、私が自分自身について抱いている幻想が実在のものだと証明することである。[3]私はすべての人やものをこの目的のために用いようとしている。[4]世界はそのためにあると信じている。[5]だから私は世界の真の目的を認識しない。[6]私が世界に与えた目的が、世界についての恐ろしい映像をもたらした。[7]自分が世界に与えた目的を撤回し、世界についての真理を学ぶことによって、私の心を世界の真の目的に対して開くことができますように。

レッスン56

今日の復習は、次の主題概念を含む。

1.　(26)　私の攻撃的な考えが、決して傷つくことのない私の強さを攻撃している。

[2]自分自身を常に攻撃にさらされている者として見ているなら、どのようにして真の自分が誰なのかを知ることができるだろう。[3]苦痛、病気、損失、老齢、死などが私を脅かしているかに見える。[4]私のすべての希望や願望や計画は、私には制御できない世界に翻弄されているかに見える。[5]けれども、完璧な安全と完全な充足感こそが、私が神から継承した賜物である。[6]私は、自分の見ている世界と交換に、それらを放棄してしまおうとした。[7]しかし、神は、私のためにそれらを安全に保持してくれた。[8]私自身の真の想念が、それが何であるかを私に教えてくれる。

2.　(27)　何にもまして、私は真に見たい。

[2]私の見ているものが、私が自分を何であると考えているかを反映していると認識したので、私は心眼《ヴィジョン》こそが自分に最も必要なものであることがわかった。[3]私の見ている世界は、私が作り出した自分像《イメージ》の恐ろしい性質を証言している。[4]私が誰であるかを思い出したければ、この自分像《イメージ》を手放すことが必須である。[5]それが真理と置き換えられるとき、心眼《ヴィジョン》は必ず私に与えられるだろう。[6]そしてこの心眼《ヴィジョン》を通して、私は世界と私自身を慈しみと愛を抱いて眺めるだろう。

3.　(28)　何にもまして、私はものごとをこれまでとは違った見方で見たい。

[2]私が見ている世界は、私の恐ろしい自分像《イメージ》を堅持し、それが確実に存続できるようにする。[3]今見ているように世界を見ている限り、私は真理を自覚できるようにはならない。[4]この世界の背後にある扉を、私のために開いてもらおう。そうすれば、そこを通り越して、**神の愛**を映し出す別の世界を見ることができるようになる。

4.　(29)　私が見ているあらゆるものの中に、神がいる。

[2]私が作り出したあらゆる形象の背後に、真理は変わることなくとどまっている。[3]私が愛の面《おもて》にかけたすべてのベールの背後で、愛の光は今も翳《かげ》ることなく輝いている。[4]私のすべての狂った願望の向こうに、**父の意志**とひとつ

になった私の意志がある。[5]**神**は今も、あらゆるところで、一切のものの中に、常《とこ》しえに存在する。[6]そして、神の一部である私たちは、やがてはすべての外観を超えたところを見て、それらすべてを超越した真理を認識するだろう。

5.（30）私が見ているあらゆるものの中に神がいる理由は、神が私の心の中にいるからである。

[2]私の心の中、分離と攻撃という狂った考えの背後には、すべてが永遠にひとつであるという智識が存在する。[3]忘れているからといって、私は自分が**誰**であるかについての智識を失ってしまったわけではない。[4]それは私のために、**神の心**の中に保たれている。そして**神**は**ご自身の想念**から離れたことはない。[5]そして、**神の想念**の一部である私は、その**想念**のほかの部分とひとつであり、**神**ともひとつである。

レッスン57

今日は、次の主題概念を復習しよう。

1. (31) 私は自分が見ている世界の被害者ではない。

[2]世界は私が自分で選択しさえすれば完全に取り消されるというのに、どうして私がそのような世界の犠牲者でありえるだろう。[3]私を縛る鎖はゆるんでいる。[4]私はそうしたいと望むだけで、鎖をはずすことができる。[5]牢獄の扉は開いている。[6]ただ歩いて出ていきさえすれば、ここを去ることができる。[7]何も私をこの世界につなぎとめてはいない。[8]ここにとどまりたいという私の願望だけが、私を囚人としている。[9]私は自分の狂った願望を手放し、遂に陽光の降り注ぐ中を歩み始める。

2. (32) 私が、自分の見ている世界を作り上げた。

[2]私が自分の周りに見ている牢獄は、私自身が作り上げたものだ。[3]このことを認識しさえすれば、私は自由になる。[4]私は自分を騙して、**神の子**を幽閉することが可能だと信じ込んだ。[5]私はこう信じたことでひどい間違いを犯していたが、もうそれを望まない。[6]**神の子**は永遠に自由であるはずだ。[7]**神の子**は**神**が創造したままの存在であり、私が彼について作り上げるものとは違う。[8]彼は、**神**が望むところにいるのであり、私が彼を囚人としておこうとした場所にいるのではない。

3. (33) この世界について別な見方がある。

[2]世界の目的は私がそれに与えた目的とは違うのだから、世界については別な見方があるはずだ。[3]私はすべてを逆さまに見ていて、私の考えは真理とは正反対になっている。[4]私は世界を、**神の子**の牢獄として見ている。[5]それならば、世界は本当は**神の子**が解放される場所であるに違いない。[6]私は世界をあるがままに眺めて、それを、**神の子**が自らの自由を見つけ出す場所として見たい。

4. (34) 私はこのかわりに平安を見ることもできる。

[2]私がこの世界を自由の場所として見るとき、世界が映し出すのは、私が世界に従わせようとして作り出した規則ではなく、**神**の法則であることがわかる。[3]私は、戦いではなく平安が世界の中に宿っていることを理解するようになるだろう。[4]そして、この場所を私と共有するすべての

ろう。者たちの胸《こころ》の中にも、平安が宿っていることを知覚するだろう。

5.（35）私の心は神の心の一部である。私はとても神聖だ。

[2]世界の平安を兄弟たちと分かち合うとき、私はこの平安が私自身の奥深くから生じていることを理解し始める。[3]私が眺める世界は、私の赦しの光を帯びたものとなり、私に向かって赦しの光を投げ返すだろう。[4]この光の中で、私は、自分についての幻想が隠し続けてきたものを見始める。[5]自分を含めた生きとし生けるものの聖性、そしてそれらのものと自分との一体性を理解し始める。

レッスン58

次の主題概念が今日の復習の対象である。

1.　(36)　私の聖性は、私が見るものすべてを包み込んでいる。

[2]私の聖性から、実相世界についての知覚が訪れる。[3]私は赦したので、もはや自分自身を罪ある者として見ることはない。[4]私自身についての真理である無垢性を、私は受け入れることができる。[5]理解あるまなざしで見るとき、私に見えるのは世界の聖性だけである。なぜなら、私は自分自身について抱いている考えしか映像化することができないからである。

2.　(37)　私の聖性が世界を祝福する。

[2]私の聖性が知覚するものは、私だけを祝福するのではない。[3]聖性の光の中で私が見るあらゆる人、あらゆるものが、聖性が私にもたらす喜びを共有する。[4]この喜びから離れているものは一つもない。なぜなら、私の聖性を共有していないものはないからである。[5]私が自分の聖性を認識するとき、世界の聖性も、誰の目にも見えるように輝きを放つことになる。

3.　(38)　私の聖性にできないことは何もない。

[2]私の聖性は、その癒しの力において無限である。その救済の力が無限だからである。[3]幻想以外の何から、救われる必要があるだろうか。[4]そして、すべての幻想は、私自身についての誤った考え以外の何だろうか。[5]私の聖性は、私についての真理を断言することによって、それらすべてを無に戻す。[6]私が神ご自身と共有する私の聖性を前にして、すべての偶像は消滅する。

4.　(39)　私の聖性が私の救済である。

[2]私の聖性が私をすべての罪悪感から救うのだから、私の聖性を認識することは、私の救済を認識することである。[3]それはまた、世界の救済を認識することでもある。[4]ひとたび私が自分の聖性を受け入れたなら、私を怖がらせるものは何もない。[5]そして、私が恐れないからこそ、私の理解するところを誰もが必ず共有することになる。この理解は、私とこの世界への神からの贈り物なのだから。

5.　(40)　私は神の子として祝福されている。

[2]ここに、私がすべてのよきものを、そしてただよきも

のだけを要求できる権利がある。[3]私は**神の子**として祝福されている。[4]すべてのよきものは私のものである。なぜなら、それらが私のものとなるように**神**が意図したからである。[5]私は**神の子**であるからこそ、何かを失ったり奪われたり、苦痛を被ったりすることはありえない。[6]すべてにおいて**父**が私を支え、守り導いてくれる。[7]私のための**父**の配慮は無限であり、永遠に私とともにある。[8]私は**父の子**として永遠に祝福されている。

レッスン59

今日復習する主題概念は、次の通りである。

1.（41）私がどこへ行こうとも、神が私とともに行く。

[2]**神**がいつでもともに行くというのに、どうして私がひとりになったりするだろう。[3]**神**の中に完璧な確かさがあるというのに、どうして私が自分を疑ったり、自分に不安を抱いたりするだろう。[4]**神**が私の中で絶対の平安に安らいでいるというのに、どうして私が何かに心を乱されたりするだろう。[5]**神**を通して、愛と喜びが私を包んでいるというのに、どうして私が苦しんだりするだろう。[6]自分についての幻想を大切にすることはやめよう。[7]どこに行こうと神が私とともに行くのだから、私は完璧である。

2.（42）神が私の強さである。[2]心眼《ヴィジョン》は神からの贈り物である。

[3]今日、私が、自分の目に頼って見ようとしませんように。[4]私が「見ること」だと思っている哀れな幻想を、神から与えられている心眼《ヴィジョン》に交換しようという意欲をもてますように。[5]**キリスト**の心眼《ヴィジョン》が**神**からの贈り物であり、**神**はそれを私に与えてくれた。[6]この贈り物に頼ることで、今日という日が永遠を理解するための一助となりますように。

3.（43）神が私の源である。私は神から離れて見ることはできない。

[2]**神**が私に見せたいと望んでいるものなら、私は見ることができる。[3]私にはそれ以外のものは見ることができない。[4]**神の意志**が及んでいないところにあるのは、幻想のみである。[5]**神**から離れて見ることができると思っているとき、私が選択しているのはこうした幻想である。[6]肉体の目を通して見ようとするとき、私が選択しているのも、そうした幻想である。[7]しかし、それらにかわるものとして**キリスト**の心眼《ヴィジョン》が私に与えられている。[8]私は、この心眼《ヴィジョン》を通して見ることを選ぶ。

4.（44）神は光であり、その光の中で、私は見ている。

[2]私は暗闇の中では見ることができない。[3]**神**が唯一の光である。[4]だから、私が見ようとするのなら、**神**を通して見る以外にない。[5]見るということは何なのかを、私は自分で定義しようとしてきたが、私の定義は間違っていた。

[6]**神**は光であり、私はその光の中で見るということが、今、理解できる。[7]私が心眼《ヴィジョン》を歓迎し、それが私に見せてくれる幸せな世界を歓迎することができますように。

5. (45) 神は心であり、その心とともに私は思考している。

[2]私には**神**と共有していない想念はない。[3]私は**神**から離れた心をもっていないので、**神**から離れた想念ももっていない。[4]**神の心**の一部として、私の想念は**神**のものであり、**神の想念**は私のものである。

レッスン60 ——

今日はこれらの主題概念を復習する。

1. (46) 神は愛であり、その愛の中で私は赦す。

[2]**神**は一度も咎めたことがないので、赦すこともしない。[3]非難されるところのない者が非難することはありえず、自分に罪がなく無垢であることを受け入れた者には、赦すべきものは何も見えない。[4]けれども、赦しは、私が自らの無垢性を認識するための手段である。[5]それは**神の愛**が地上に反映されたものである。[6]それは、私を充分に天国に近いところまで、すなわち**神の愛**が私に届き、私を**神**のもとへと引き上げることが可能なところまで、連れていってくれる。

2. (47) 神は強さであり、その強さを私は信頼する。

[2]私は、私自身の強さによって赦すのではない。[3]私の中の**神**の強さによって赦すのであり、赦すとき私はその力を思い出している。[4]真に見始めるとき、私はこの地上に**神**の反映を認識する。[5]自分の内側に**神**の強さが湧き上がるのを感じるので、私はすべてを赦す。[6]そして私は、かつて自ら忘れることを選んだ**愛**、しかし私を忘れてはいない**愛**のことを、思い出し始める。

3. (48) 恐れるべきものは何もない。

[2]私が世界を真に見ることができるとき、世界は私の目にどれほど安全に見えることだろう！ [3]それは、今、私が見ていると想像している世界とは似ても似つかない。[4]私が見るあらゆるもの、あらゆる人が、私を祝福しようとして身を乗り出してくるだろう。[5]すべての人の中に、私は最愛の**友**を認識するだろう。[6]私が赦し、私を赦した世界の中に、恐れるべき何があるというのだろう。

4. (49) 神の声は、一日中、私に語りかける。

[2]**神の声**は一瞬も止むことなく、私を救うようにと私の赦しに訴えている。[3]**神の声**は一瞬も止むことなく、私の想念を方向づけ、行動を導き、歩みを先導する。[4]私は真理に向かって、着実に歩いている。[5]**神の声**だけが**神の子**に与えられた唯一の声であり**導き手**なのだから、それ以外に私が行き着くところはない。

5.（50）私は神の愛に支えられている。

[2]**神**の声に耳を傾けるとき、私は**神の愛**に支えられている。[3]目を開くとき、私が真に見ることができるように、**神の愛**が世界を明るく照らしてくれる。[4]私が赦すとき、**神の子**は無罪であることを、**神の愛**が私に思い出させてくれる。[5]そして、**神**から与えられた心眼《ヴィジョン》で世界を眺めるとき、私は自分が**神の子**であることを思い出す。

レッスン61

私は世の光である。

１．**神の子**でなくて誰が世の光だろう。[2]だから、この主題概念はあなた自身についての真理を述べているにすぎない。[3]プライドや傲慢さや自己欺瞞の声明とは正反対のものである。[4]それは、あなた自身が作り出した自己概念を描写するものではない。[5]あなたが自分の偶像の数々に付与した特徴のどれかについて語っているのでもない。[6]**神**により創造されたままのあなたについて語っている。[7]単純に真理を述べているだけである。

２．自我にとっては、今日の概念は自己讃美の典型である。[2]しかし、自我は謙遜を理解せず、謙遜を自己卑下と取り違えている。[3]謙遜は、救済における自分の役割を受け入れて、それ以外の役割は受け入れないことで成り立つ。[4]世の光であることが**神**からあなたに与えられた機能《はたらき》であるのなら、自分は世の光ではありえないと言い張ることは謙遜ではない。[5]傲慢さだけがこの機能《はたらき》が自分のものであるはずがないと主張するのであり、傲慢さは常に自我からのものである。

３．真の謙遜は、あなたが今日の概念を受け入れることを要求する。というのも、それが真実だとあなたに告げているのは**神の声**だからである。[2]これが、地上におけるあなたの真の機能《はたらき》を受け入れる最初の一歩となる。[3]それは、救済において自らの正当な場所につくための大いなる一歩である。[4]それは、あなたの救われる権利の肯定であり、あなたに与えられている他者を救う力の承認である。

４．今日は、できるだけ何度もこの主題概念について考えるようにするとよい。[2]これは、あらゆる幻想に対する完璧な答えである。[3]したがって、すべての誘惑に対する完璧な答えでもある。[3]これは、あなたが自分自身について作り上げたすべてのイメージを真理のもとに運び、重荷を下ろして、自分の目的を確信しつつ、平安のうちに出発するのを助けてくれる。

５　今日の練習は一回につき一～二分間でよいが、できる限り何度も行うようにする。[2]練習は自分自身に次のように言いながら始める。

[3]私は世の光である。[4]それが私の唯一の機能《はたらき》である。[5]それが、私がここにいる理由である。

[6]その後、少しの間これらの言葉について考える。状況

が赦せば目を閉じるとよい。[7]関連した考えがいくつか浮かんでくるままにし、もしあなたの心が中心の概念から離れてさまよい始めたら、主題概念を自分に向かって繰り返す。

6. 必ず一日を練習で始め、練習で終えるようにする。[2]そうすることで、自分についての真理を確認しながら目を覚まし、一日中その認識を強め、ここでのあなたの機能《はたらき》と唯一の目的を再確認しながら眠りにつくことになる。[3]この練習が有益だと感じられ、もっと長く行いたいなら、朝晩二回の練習は日中の練習より長めに行《おこな》ってもかまわない。

7. 今日の概念は、あなたとは何か、あなたの目的とは何かについての自我の狭量な見解をはるかに超えていく。[2]救済をもたらす概念には、明らかにそれが必要である。[3]これは、これから二〜三週間のうちに私たちが踏み出すいくつかの大きなステップの最初の一歩である。[4]今日は、これからの前進に備えて、堅固な基盤を築くための努力を始めなさい。[5]あなたは世の光である。[6]**神**は、**わが子**の救済のための計画を、あなたの上に築いたのである。

レッスン62

赦しは、世の光としての私の機能《はたらき》である。

1. 闇の世界を光のもとへ運ぶのは、あなたの赦しである。[2]あなたに光を認識させるのもあなたの赦しであり、その光の中であなたは真に見る。[3]赦しは、あなたが世の光であることを実証するものである。[4]赦すことを通して、あなた自身についての真理があなたの記憶によみがえる。[5]つまり、あなたの救済はあなたの赦しの中にあるということである。

2. あなた自身についての幻想とこの世界は、ひとつのものである。[2]だからこそ、すべての赦しはあなた自身に対する贈り物なのである。[3]あなたは被造物とその**創造主**を攻撃することによって自分の**アイデンティティー**を拒否してしまったので、あなたのゴールは、自分が誰なのかを発見することである。[4]今、あなたは真理を思い出す方法を学んでいる。[5]というのも、この攻撃は赦しと取り替えられる必要があり、そうすることにより、生命《いのち》の想念が死の想念に取ってかわることができるからである。

3. あなたは攻撃するたびに自分自身の弱さを招き入れ、赦すたびに内なる**キリスト**の強さを招き入れているということを、思い出しなさい。[2]そういうことなら、赦しが自分に何をしてくれるのか、あなたにはもうわかり始めたのではないだろうか。[3]それはあなたの心から、弱さ、緊張、疲労といった感覚をすべて取り除く。[4]恐れや罪悪感や苦痛をすべて取り去る。[5]**神**が**わが子**に与えた決して傷つくことのない強さと力を、あなたが再び自覚できるようにする。

4. 今日の主題概念を練習することで一日を始め、終えること、また一日を通してこの概念をできるだけ何度も使うことを、私たちの喜びとしよう。[2]それは、この一日を、**神**があなたに望むとおりの幸福な一日とするのを助けるだろう。[3]それはまた、あなたの周りにいる人々も、時空においては遠く離れているように見える人々も、この幸福をあなたと共有できるように助けるだろう。

5. 今日はできるだけ頻繁に、できれば目を閉じて、自分に次のように言う。

[2]赦しは、世の光としての私の機能《はたらき》である。
[3]私は幸せになれるように、自分の機能《はたらき》を全うしたい。

[4]その後、一～二分かけて、自分の機能《はたらき》と、それがもた

らすことになる幸せと解放についてよく考える。[5]それに関連した考えが自然に湧いてくるままに任せなさい。あなたは胸の奥でそうした言葉を見分けられるし、心の中で、それが真実だと自覚するからである。[6]注意が散漫になるときは、主題概念を繰り返してから、次のようにつけ加える。

[7]私は幸せになりたいので、このことを覚えていよう。

レッスン63——

世の光は、私の赦しを通して、すべての心に平安をもたらす。

1．すべての心に平安をもたらす力をもつあなたは、何と神聖なことだろう！　[2]自分を通してこれがなされる方法を認識できるようになるあなたは、何と祝福されていることだろう！　[3]あなたにこれ以上の幸せをもたらせる目的が、ほかにあるだろうか。

2．あなたはまさしく、そうした機能《はたらき》をもった世の光なのである。[2]**神の子**が、自らの贖《あがな》いを求めて、あなたに頼っている。[3]それはあなたのものなので、あなたが彼に与えることができる。[4]そのかわりに、取るに足らない目的や無意味な欲求を受け入れてはならない。そのようなことをすれば、あなたは自分の機能《はたらき》を忘れてしまい、**神の子**を地獄に置き去りにすることになる。[5]あなたは些細なことを要請されているのではない。[6]救済を受け入れることを求められているのである。それにより、それをあなたのものとして与えることができるようになる。

3．この機能《はたらき》の重要性を認識し、今日は、喜んでこの機能《はたらき》をたびたび思い出すことにしよう。[2]そのことを確認しつつ一日を始め、その考えを意識したまま一日を終える。[3]そして、一日を通して、できるだけ頻繁に次のように繰り返す。

[4]世の光は、私の赦しを通して、すべての心に平安をもたらす。[5]私自身が、**神**が世界の救済を託した手段である。

4．このことについて考える一～二分の間は、目を閉じたほうが、関連した考えが浮かんできやすいだろう。[2]しかし、目を閉じていられる時がくるまで待つ必要はない。[3]どんなチャンスも逃さずに、今日の概念の認識を強化しなければならない。[4]**神の子**が救いを求めてあなたに頼っているということを思い出しなさい。[5]そして、あなたの**自己**をおいてほかに**誰**が、**神の子**でありえるだろうか。

レッスン64

私が自分の機能《はたらき》を忘れずにいられますように。

1. 今日の主題概念は、「誘惑に陥りませんように」ということを別の言葉で表したものにすぎない。[2]あなたが見ている世界の目的は、赦しというあなたの機能《はたらき》を覆い隠すことであり、それを忘れることが正しいと思わせる理由をあなたに提供することである。[3]それは、物理的外観を纏《まと》うことによって、**神**と**神の子**を見捨てるように誘《いざな》う誘惑である。[4]肉体の目が見ているのは、これである。

2. 肉体の目が見ているように思えるものはどれも、何らかの形の誘惑にほかならない。なぜなら、それが肉体そのものの目的だったからである。[2]けれども、私たちが学んできた通り、**聖霊**は私たちが作り出した幻想のすべてについて別の用途をもっている。だから、**聖霊**はそれらの中に別の目的を見る。[3]**聖霊**にとって世界とは、あなたが自分の罪だと思っているものについて自分を赦すことを学ぶ場所である。[4]このように知覚されれば、肉体の目には誘惑と映っていたものが、そこに救済を見る霊的な認識をもたらすものとなる。

3. ここ数日間のレッスンを見直してみると、世界におけるあなたの機能《はたらき》は世の光となることであり、それは神からあなたに与えられた機能《はたらき》だということがわかる。[2]自我の傲慢さだけがこのことに疑問を抱かせ、自我の恐れだけが**神ご自身**から与えられた任務に自分はふさわしくないと思わせる。[3]世界の救済は、あなたの赦しを待っている。つまり、その赦しを通して、**神の子**はすべての幻想から、すべての誘惑から脱出するからである。[4]**神の子**とはあなたのことである。

4. **神**から与えられた機能《はたらき》を全うすることによってのみ、あなたは幸せになる。[2]なぜなら、あなたの機能《はたらき》とは、必ず幸福をもたらす手段を用いて幸せになることだからである。[3]これ以外に幸せになる道はない。[4]だから、あなたは自分の機能《はたらき》を全うするか否かを選択するたびに、実際には、幸せになるか否かの選択をしているのである。

5. 今日は、このことを覚えていよう。[2]朝晩にそのことを思い出し、日中もたびたび思い起こそう。[3]決断はすべて実に単純なものだと覚えておくことによって、今日あなたが下すことになるすべての決断に備えなさい。[4]どの決断も、幸せにつながるか、不幸につながるかのどちらかである。[5]このように単純な決断をすることが真に難しいなどということがあるだろうか。[6]決断の形に惑わされてはいけない。[7]形の複雑さが内容の複雑さを意味するわけではない。[8]地上における決断で、この単純な一つの選択をその内容としていないものはない。[9]これが、聖霊が見ている唯一の選択である。[10]したがって、これだけが存在する唯一の選択である。

6．だから、今日は以下の考えを練習する。

[2]私が自分の機能《はたらき》を忘れずにいられますように。

[3]私が自分で作り出した機能《はたらき》を、**神**から与えられた機能《はたらき》の代替としませんように。

[4]私が赦し、幸せでいられますように。

[5]今日は少なくとも一度、一〇分から一五分間を、目を閉じてこの考えについて黙想することに捧げる。[6]あなたが自分自身と世界に対して自分の機能《はたらき》がもっている決定的な重要性を思い出すなら、関連した考えが浮かんできて、あなたを助けてくれるだろう。

7．一日を通して何度も行う今日の主題概念の適用練習では、数分かけて上記の考えを復習し、その後、それらについてのみ考え、他のことは考えないようにする。[2]特に最初のうちは、これは難しく感じられるだろう。このために必要な心の訓練が、あなたにはまだできていないからである。[3]集中を助けるために、「私が自分の機能《はたらき》を忘れずにいられますように」と何度も繰り返すことが必要かもしれない。

8．短時間の練習には、二通りのやり方が必要である。[2]何回かは、目を閉じて、自分が用いている考えに集中する練習を行う。[3]ほかの何回かは、目を開けたまま上記の考えを復習した後、対象を選ばず、周囲をゆっくりと見回し、次のように言う。

[4]これが、私の機能《はたらき》が救う世界である。

レッスン65

私の機能《はたらき》は、神が私に与えたものだけである。

1. 今日の主題概念は、救済に対するあなたの献身を再び確認する。[2]そしてまた、自分にはそれ以外にはどんな機能《はたらき》もないということを、あなたに思い出させる。[3]これらの考えの両方が、全面的な献身のためには明らかに必要である。[4]あなたがほかの目的を大切にしている間は、救済があなたの唯一の目的となることはない。[5]救済をあなたの唯一の機能《はたらき》として完全に受け入れることには、必ず次の二つの局面が伴う。一つは、救済をあなたの機能《はたらき》として認識することであり、もう一つは、あなたが自分のために作り上げたほかのすべてのゴールを手放すことである。

2. これが、あなたが、世界の救済者たちの間にある自らの正当な場所につくことができる唯一の道である。[2]これが、「私の機能《はたらき》は、**神**が私に与えたものだけである」と本気で言うことのできる唯一の道である。[3]そしてこれが、あなたが心の平安を見出すことのできる唯一の道である。

3. 今日から数日間は、長いほうの練習の時間として一〇分から一五分を予定するようにし、その時間にはその日の主題概念が実際に何を意味しているかを理解し、受け入れるよう努める。[2]今日の概念があなたに差し出すのは、あなたが困難と知覚しているすべてのものごとから脱出する道である。[3]それは、あなたが自分の手で自分自身に対して閉ざしていた平安への扉に、鍵を差し込む。[4]それは、時間が始まって以来のあなたの探求のすべてに対し、答えを与えてくれる。

4. もしできれば、毎日の長いほうの練習を、ほぼ同じ時刻に行うようにする。[2]また、できればこの時間を前もって決めておき、可能な限りその時間を厳守するように努める。[3]こうすることの目的は、あなたが追求する些細な目的やゴールのために時間を確保するのと同じように、**神**のためにも時間を確保しておけるように、一日の予定を調整することにある。[4]これは、あなたの心が必要としている長期的な規律の訓練の一環であり、**聖霊**があなたの心を、あなたと共有している目的のために一貫して使用できるようにする。

5. 長いほうの練習は、今日の概念の再読から始める。[2]その後、目を閉じて、主題概念をもう一度自分に向かって繰り返し、それから、注意深く自分の心を見つめ、どんなものでも心をよぎる考えはすべて逃すことなく捉える。[3]最初は、今日の概念に関連する考えだけに集中しようとしなくてよい。[4]むしろ、それを妨げようとして浮かんでくる考えの一つひとつを明らかにしていく。[5]そうした考えが浮かんでくるたびに、できる限りそれに引き込まれたり、関心をもったりせずに、それぞれを意識してから、次のように言って退ける。

[6]この考えに反映されているゴールが、私が自分の唯一の機能《はたらき》を受け入れるのを妨げている。

6. しばらくすると、妨害的な考えを見つけることは難しくなってくるだろう。[2]それでも引き続き一分間ほど、見逃していた無益な考えを捉える努力をする。けれども、その際に、無理をしたり、余計な努力をしたりしてはならない。[3]その後、次のように言う。

[4]この空白に、私のために、私の真の機能《はたらき》が書き込まれますように。

[5]まったくこの通りの言葉を用いる必要はないが、目的のように思えている幻想が、真理と取り替えられるようにしたい、という感覚を表現するようにする。

7. 最後に、今日の概念をもう一度繰り返し、練習時間の残りは、次のような考えに集中する。自分にとってこの主題概念がどれほど重要であるか。それを受け入れれば葛藤が今を限りにきっぱりと解決するので、安堵感がもたらされるということ。そして、救済を望まない愚かな考えが自分の中にあっても、自分は本当はどれほど救済を望んでいるか、など。

8. 短い練習は少なくとも一時間に一回は行うようにするが、そのときには次の形を用いて今日の概念を適用する。

[2]私の機能《はたらき》は、**神**が私に与えたものだけである。[3]私はそれ以外の機能《はたらき》は望まないし、それ以外の機能《はたらき》はもたない。

[4]これを練習するとき、ときどきは目を閉じて行い、ときどきは目を開けて、周囲を見回しながら行う。[5]あなたが今日の概念を完全に受け入れたとき、今あなたが見ているものは完全に変貌する。

レッスン66

私の幸せと私の機能《はたらき》はひとつのものである。

1. あなたも気づいているはずだが、最近のレッスンでは、あなたの機能《はたらき》を全うすることと幸せになることとの関連性が強調されていた。[2]その理由は、あなたにはその関連性が真に見えていないからである。[3]しかし、両者は関連しているだけではない。同じものである。[4]形態は異なるが、内容はまったく同一である。

2. あなたの機能《はたらき》は何なのかという根本的な問題について、自我は常に**聖霊**と戦っている。[2]また、何があなたの幸せであるかについても、常に**聖霊**と戦っている。[3]それは双方向の戦いではない。[4]自我は攻撃するが、**聖霊**はそれに応戦しない。[5]**聖霊**はあなたの機能《はたらき》が何であるかを知っている。[6]**聖霊**はそれがすなわちあなたの幸せであることを知っている。

3. 今日は、この完全に無意味な戦いの前を素通りして、あなたの機能《はたらき》についての真理に到達することを試みる。[2]それが何であるかといった愚かな論議には加わらない。[3]幸せとは何かを定義したり、それを獲得するための手段を究明するといったことに、無闇にのめり込むことはしない。[4]自我が真理を攻撃するのに耳を傾けて、自我を甘やかすこともしない。[5]私たちはただ、何が真理であるかを見い出せることを喜ぶ。

4. 今日の長いほうの練習の目的は、**神**から与えられた機能《はたらき》と自分の幸せは真に関連しているだけではなく、実際には同一のものだという事実を、あなたが受け入れることである。[2]**神**はあなたに幸せだけを与える。[3]したがって、たとえそうは見えなくても、**神**があなたに与えた機能《はたらき》は、あなたが幸せになることであるに違いない。[4]今日の演習では、この外観の相違を超えて、両者に共通の内容を、それが真に存在しているところで認識しようと試みる。

5. 一〇分から一五分の練習は、次の考えを検討することから始める。

[2]**神**は私に幸せだけを与える。
[3]**神**は私に私の機能《はたらき》を与えた。
[4]だから、私の機能《はたらき》は幸せであるに違いない。

[5]仮にまだこの結論を受け入れないとしても、この論法の中にある論理を理解しようと努めなさい。[6]最初の二つの考えが間違っている場合にのみ、この結論も間違ってい

ることになる。[7]そこで、私たちは練習をしながら、これらの前提について少し考えてみることにしよう。

６．最初の前提は、**神**はあなたに幸せだけを与えるというものである。[2]もちろんこれが間違っているということはありえるが、この前提を間違いとするためには、**神**を**神**ではない何かとして定義しなければならなくなる。[3]**愛**は邪悪なものを与えることはできず、幸せではないものは邪悪である。[4]**神**は**自ら**がもっていないものを与えることはできず、**神**は**ご自身**の本性ではないものをもつことはできない。[5]**神**があなたに幸せだけを与えるのでなければ、**神**は邪悪な存在だということになる。[6]そして、もし最初の前提を受け入れないとしたら、あなたは以上のような**神**の定義を信じていることになる。

７．第二の前提は、**神**があなたにあなたの機能《はたらき》を与えたというものである。[2]私たちはこれまで、あなたの心には二つの部分があるだけだということを見てきた。[3]一つは自我によって支配されている部分であり、幻想で作られている。[4]もう一つは**聖霊**の拠点であり、そこに真理がとどまっている。[5]あなたが導き手として選べるのはこの二者以外にはない。そして、あなたの選択の結果として可能なのは、自我が必ず生じさせる恐れか、それにかわるものとして**聖霊**が必ず差し出す愛か、どちらか一方だけである。

８．したがって、あなたの機能《はたらき》は、**神**により**神の声**を通して確立されたものであるか、あるいは、**神**にかわるものとしてあなたが作り出した自我によって作られたものであるか、どちらか一つでしかない。[2]どちらが真実だろうか。[3]あなたの機能《はたらき》を**神**があなたに与えたのでなければ、それは自我からの贈り物ということになる。[4]自らが幻想であり、贈り物らしく見える幻想しか差し出すことのできない自我が、果たして本当に与えることのできる贈り物をもっているだろうか。

９．今日の長いほうの練習では、このことについて考えてみる。[2]また、あなたの心の中で自分の機能《はたらき》に関する幻想が多くの形をとってきたことや、あなたが救済を見つけ出すために、自我に導かれて多くの方法を試みてきたことについても考えてみなさい。[3]あなたは救済を見つけただろうか。[4]あなたは幸せになっただろうか。[5]それらの方法はあなたに平安をもたらしただろうか。[6]今日は、多大な正直さが必要である。[7]その時の結果を正直に思い出しなさい。また、自我が提案したことから幸福を得られると思ったのは分別あることだったかどうか、よく考えてみなさい。[8]だが、**聖霊の声**を選ばないとしたら、それにかわる選択肢は自我の声だけである。

10．あなたは狂気に耳を傾けるか、真理を聞くかのどちらかである。[2]私たちの結論が依拠する上記二つの前提について考えながら、この選択をするようにしなさい。[3]私たちは上記の結論を共有することはできるが、ほかの結論を共有することはできない。[4]というのも、この結論を、**神ご自身**が私たちと共有しているからである。[5]今日の概念は、同じものは同じ、違うものは違うと知覚するための、もう一つの大きな一歩である。[6]一方の側にはすべての幻想がある。[7]もう一方の側にはすべての真理がある。[8]今日は、真理のみが真実であるということを理解しようと試みる。

11. 短い練習は一時間に二回行えば最も効果的であるが、そのときには次のような形で適用するとよい。

[2]私の幸せと機能《はたらき》はひとつのものである。なぜなら、両方とも**神**が私に与えたものだからである。

[3]これらの言葉をゆっくりと繰り返しながら、少しの間それについて考えてみる。一分か、それ以下で充分である。

レッスン67

愛が私を、愛と同じに創造した。

1. 今日の主題概念は、あなたは何であるのかを完全かつ正確に述べている。[2]これが、あなたが世の光である理由である。[3]これが、**神**があなたを、世界の救済者に任命した理由である。[4]これが、**神の子**が自分の救済のためにあなたに頼っている理由である。[5]**神の子**は、あなたの本性によって救われる。[6]今日、あなたについてのこの真理に到達するように努め、たとえ一瞬であっても、それが真理だと充分に納得できるように、あらゆる努力をする。

2. 長いほうの練習では、あなたの実相と、そのまったく不変で変わりようのない性質について考える。[2]私たちはあなたについてのこの真理を繰り返すことから始め、続いて数分間、たとえば次のような関連した考えをいくつかつけ加える。

[3]聖性が、私を神聖なものに創造した。
[4]親切さが、私を親切なものに創造した。
[5]助ける力が、私を助けになるものに創造した。
[6]完璧さが、私を完璧なものに創造した。

[7]**神ご自身**が定義する通りの**神**と一致する属性ならどんなものでも、ここに使用できる。[8]今日、私たちは、あなたによる**神**の定義を取り消し、それを**神ご自身**による**神**の定義に取り替えようとしている。[9]また、あなたは**神**による**神ご自身**の定義の一部であるということも、私たちは強調しようとしている。

3. こうした関連性のある考えをいくつか考えた後、準備として少しの間すべての考えを捨て去り、それから自分自身についてのイメージや先入観のすべてを通り越して、自らの内なる真理に到達しようと試みる。[2]愛があなたを愛と同じに創造したのならば、この**自己**はあなたの中にあるはずである。[3]そして、あなたの心の中のどこかで、それはあなたが見つけるのを待っているはずである。

4. ときどき、気を散らす考えを追い払うために、今日の概念を繰り返すことが必要かもしれない。[2]また、それだけでは足りず、さらに続けて自分についての真理に関連した考えをつけ加えることが必要になるかもしれない。[3]しかし、それでもあなたはそうしたところを越えていき、無念無想の時間を通り抜け、まばゆい光を自覚し、その光の中で愛に創造されたままの自分を認識することに成功するかもしれない。[4]それに成功したと感じるか否かに関わりなく、今日、あなたはその自覚に近づくために多くをなすことになるという確信をもちなさい。

5. 今日は、主題概念をできる限り何度も練習すれば、特に役に立つだろう。[2]あなたの心は誤った自己イメージの虜になっているので、あなたは自分自身についての真理をできる限り頻繁に聞く必要がある。[3]一時間に四、五回、またはそれ以上、愛があなたを愛と同じに創造したと思い出すことは、非常に有益である。[4]この中にあるあなた自身についての真理を聞きなさい。

6. 短いほうの練習時間には、自分にこれを告げているのは、自分のちっぽけで孤独な声ではないことを実感するように努める。[2]これは、あなたの**父**とあなたの真の**自己**のことをあなたに思い出させようとする、**神を代弁する声**である。[3]これは、自我があなたについてあなたに語る一切を、**神の子**についての簡明な真理へと入れ替える、真理の**声**である。[4]あなたは愛によって愛と同じに創造されたのである。

レッスン68

愛は不満を抱かない。

1. 愛によって愛と同じに創造されたあなたは、不満を抱くことはできず、あなたの**自己**を知っている。[2]不満を抱くことは、自分が誰であるかを忘れてしまうことである。[3]不満を抱くことは、自分自身を肉体と見ることである。[4]不満を抱くことは、自我があなたの心を支配するままにし、肉体を死すべきものと運命づけることである。[5]おそらくあなたは、不満を抱くというそれだけのことが自分の心にいったい何をするのか、まだ充分に気づいていない。[6]それはあなたを自分の**源**である**神**から切り離し、**神**とは異質のものにしてしまうかに見える。[7]そして、あなたは**神**のことも、今のあなたが自分自身だと思い込んでいるものと同じような存在だと信じるようになる。なぜなら、誰も自分の**創造主**を自分自身とは異質の存在として思い描くことはできないからである。

2. あなたの真の**自己**は、自らが**創造主**の似姿として創造されたことを今も自覚している。だが、その**自己**から遮断されている状態では、**自己**が眠っているように見え、あなたの心の中で眠りながら幻想をつむぎ出している部分のほうが、目覚めているように見える。[2]このすべてが、不満を抱くことから生じているということがありえるのだろうか。[3]まさしく、ありえるのである！ [4]というのも、不満を抱く者は、自分が愛によって創造されたことを否定しており、彼の見ている憎悪の夢の中で、**創造主**は彼にとって恐ろしい存在となっているからである。[5]憎悪の夢を見ながら、**神**を恐れずにいられる者はいない。

3. 不満を抱く者たちは必ず自分自身のイメージで**神**を定義し直す。それは、**神**が彼らを**ご自身**と同質のものに創造し、ご自身の一部として定義したのと同じく、確実なことである。[2]不満を抱く者たちは必ず罪悪感に苛《さいな》まれ、赦す者たちは必ず平安を見出す。[3]不満を抱く者たちは必ず自分の本性を忘れ、赦す者たちは必ずそれを思い出す。

4. もしあなたがこのすべてが事実だと信じたなら、自分の不満を喜んで手放そうとするのではないだろうか。[2]あなたは、自分が不満を手放せるとは思わないかもしれない。[3]けれども、それは単に動機の問題である。[4]今日は、不満がなければあなたがどのような気持ちになるかを発見しようと試みる。[5]もしあなたが、ほんの少しでもそれに成功すれば、もはや再び動機が問題となることはなくなるだろう。

5. 今日の長いほうの練習は、心の中を探索し、自分が大きな不満と見なす気持ちを抱いている相手を見つけることから始める。[2]このような不満はいくつか簡単に見つかるだろう。[3]次に、小さい不満のように見えるものも探し、あなたはそれらの不満を、自分が好意をもっていたり、愛していると思っている相手に対してさえ抱いているということを考えてみる。[4]あなたが何らかの不満を抱いていない人などいないことが、すぐに明らかになってくるだろう。[5]このことが、あなたが知覚している自分自身を、全宇宙の中で孤独な存在としてきたのである。

6. 今、これらの人々すべてを友として眺めようと決意しなさい。[2]彼らのことをひとりずつ順々に思い浮かべながら、彼らのすべてに対して次のように言いなさい。

[3]私はあなたを友として見たい。あなたが私の一部であることを思い出し、私自身を知ることができるようになるために。

[4]残りの練習時間には、自分がすべての人やすべてのものごとと完全に平和に共存していて、自分を保護し愛してくれる世界、そして自分のほうからも愛している世界の中で安全でいるところを思い浮かべてみる。[5]安全があなたの周りを囲み、あなたの上に漂い、あなたを支えているのを感じようとしてみなさい。[6]つかの間《ま》でよいから、何ものも、どのようにしても自分に危害を加えることはできないのだと信じようとしてみなさい。[7]練習の終わりには、自分に向かって次のように言う。

[8]愛は不満を抱かない。[9]すべての不満を手放すとき、私は自分がまったく安全であることを知るだろう。

7. 短い練習の一部として、物理的にそこにいるかいないかに関わらず、誰かに対して何らかの不満の思いが湧き上がってくるようなら、いつでも、速やかに次の形で今日の概念をあてはめる。

[2]愛は不満を抱かない。[3]私が自分の**自己**を裏切ることがありませんように。

[4]加えて、一時間に数回は、主題概念を次の形で繰り返す。

[5]愛は不満を抱かない。[6]私はすべての不満を退け、**キリスト**の中で目覚めることにより、真の**自己**に目覚めたい。

レッスン69 ――――
私の不満が、私の中にある世の光を隠している。

1. あなたの不満が隠しているものは、誰も見ることができない。[2]あなたの不満が、あなたの中にある世の光を隠しているので、誰もが闇の中に立ち、あなたもその傍らに立っている。[3]しかし、あなたの不満のベールが取り払われると、あなたはその人と一緒に解放される。[4]あなたが地獄にいたときに傍らにいたその人と、今、救済を共有しなさい。[5]あなた方をともに救う世の光の中で、その人はあなたの兄弟である。

2. 今日は、あなたの中の光に達することを、もう一度真剣に試みてみよう。[2]長いほうの練習のときにこれを行うが、その前に数分間、私たちが何をしようとしているのか考えてみよう。[3]私たちは文字通り世界の救済に触れようとしている。[4]それを隠している闇のベールの彼方を見ようとしている。[5]私たちはそのベールが取り払われ、**神**の子の涙が太陽の光の中で消えていくのを見ようとしている。

3. これが事実だという充分な理解と、私たちにとって何にも増して大切なものに到達するのだという真の決意を抱いて、今日の長い練習を始めよう。[2]救済だけが、私たちが必要とするものである。[3]ここにはそれ以外の目的はなく、それ以外に全うすべき機能《はたらき》もない。[4]救済を学ぶことだけが、私たちの唯一のゴールである。[5]今日、私たちの中にその光を見出し、それを高く掲げ、ともに探求する誰もがそれを見て喜べるようにすることによって、遠い昔に始めた探求を終わらせよう。

4. それでは、今、静かに目を閉じて、普段あなたの意識がとらわれているすべての事柄を、手放そうとしてみなさい。[2]あなたの心を、重たい暗雲の層に取り囲まれた一つの広大な円と考えてみる。[3]あなたには自分がその円の外側の、その円からはかなり離れたところに立っているように思えるために、あなたに見えるのはその雲だけである。

5. あなたの立っているところからは、雲に隠れて明るい光があると信じるべき理由はまったくないように見える。[2]雲だけが実在する唯一のものであるかに見える。[3]それが、見るべく存在するすべてであるように見える。[4]だから、あなたは暗雲を通り抜けてその彼方まで行こうとはしない。しかし、それをすることのみが、その暗雲に実体がないことを真に確信する唯一の道である。[5]私たちは今日、これを試みる。

6. 自分自身と世界のためにどれほど重要なことを自分が行おうとしているかをまず考えなさい。それから、今日、それも今すぐに、自分が内なる光にどんなに到達したいと望んでいるか、そのことだけを思い起こしながら、完璧な静けさに浸るようにする。[2]暗雲を越えていくのだと決意しなさい。[3]心の中で、手を伸ばして、その雲に触れてみよう。[4]あなたの手で雲を払いのけなさい。そして、その中を進んでいくとき、雲が頬や額や瞼にまとわりつくのを感じなさい。[5]そのまま進みなさい。雲があなたを阻むことはできない。

7. あなたが演習を正しく行《おこな》っているならば、持ち上げられて、前方に運ばれていくような感覚を感じ始めるだろう。[2]あなたのわずかな努力と小さな決意が、あなたを助ける全宇宙の力を呼び出し、**神ご自身**があなたを闇からすくい上げて、光の中に置いてくれるだろう。[3]あなたは**神の意志**の通りのことをしている。[4]あなたの意志は**神の意志**であるから、あなたが失敗することはありえない。

8. 今日はあなたの**父なる神**を信頼しなさい。そして**父**が自分の願いを聞き入れ、それに答えてくれたのだという確信をもちなさい。[2]あなたはまだ**神**の答えを認識していないかもしれないが、自分にそれが与えられていて、いずれ自分はそれを受け取るということを、本当に確信してよいのである。[3]あなたが雲の中を通り抜け、光に向かって進もうとするとき、この確信を心の中に保つようにしなさい。[4]あなたはついに自分の意志を**神の意志**に合一させているのだということを覚えておくように努める。[5]自分が**神**とともに行うことは必ず成功するという思いを、明確に心の中に保つ努力をする。[6]そして、**神の意志**とあなたの意志が行われるように、**神**の力があなたの中であなたを通して働くに任せなさい。

9. 短い練習のほうは、今日の主題概念があなたとあなたの幸せにとってどれほど重要であるかを考えて、できる限り頻繁に行うとよいが、そのときには、あなたの不満が世の光をあなたの自覚から隠しているということを思い出すようにする。[2]また、あなたはそれをひとりで探しているのではないということ、そして、それをどこに探せばよいかをあなたは確かに知っているということを、思い出しなさい。[3]そして次のように言う。

> [4]私の不満は私の中にある世の光を隠してしまう。[5]自分で隠してしまったものを私は見ることはできない。[6]けれども、私の救済と世界の救済のために、私はそれが私の前に明らかにされるようにしたい。

7 また、今日、何かについて誰かを責めたいという誘惑にかられたなら、自分自身に次のように言うことも忘れないようにする。

8 私がこの不満を抱くなら、世の光は私の前から隠れてしまうだろう。

レッスン70

私の救済は私の中から訪れる。

1. すべての誘惑は、今日の主題概念を信じないでいたいという基本的な誘惑が、何らかの形を取ったものにすぎない。[2]救済は、あなた自身を除くどこからでも訪れるように見える。[3]罪悪感の源についても同様である。[4]あなたは、罪悪感も救済も、自分自身の心の中だけにあるものとして捉えてはいない。[5]罪悪感はすべて自分の心が作り上げたものだと悟るとき、罪悪感も救済も同じ場所にあるはずだと悟ることになる。[6]これを理解することで、あなたは救われる。

2. 今日の概念を受け入れるには、代償を支払わなければならないと思えるかもしれない。この概念は、自分の外側にあるどんなものも自分を救ってはくれず、自分の外側にあるどんなものも自分に平安をもたらしてはくれない、ということを意味しているからである。[2]しかし、それはまた、自分の外側にあるどんなものも自分を傷つけたり、自分の平安を乱したり、どのようにも自分を動揺させたりすることはできない、ということも意味している。[3]今日の概念は、あなたを宇宙の責任者の座に据える。それは、あなたの本性のゆえに、あなたが所属する場である。[4]これは部分的に受け入れられるような役割ではない。[5]そして、それを受け入れることが救済であるということが、あなたには確かにわかり始めているはずである。

3. けれども、罪悪感が自分自身の心の中にあるという認識が、どうして、救済もまた自分の心の中にあるという理解をもたらすのか、あなたには明らかでないかもしれない。[2]**神**は、病の治療法を、それが助けにならないような場所に置いたりはしない。[3]あなたの心はそのように働いてきたが、**神の心**はそうではない。[4]**神**はあなたが癒されることを望んでおり、だから、**神**は癒しの必要のあるところに、癒しの**源**を保持してきた。

4. あなたのほうはまさにその正反対のことをしようとしてきた。病を癒すために与えられた癒しを病から引き離し、病を保持するために、どんなにいびつで荒唐無稽なことでもすべて試みてきた。[2]あなたの目的は、絶対に癒しが起こらないようにしておくことだった。[3]**神**の目的は、確実に癒しが起こるようにすることだった。

5. 今日は、**神の意志**と私たちの意志が、この点において実際には同じであると悟るための練習をする。[2]**神**は私たちが癒されることを望んでいる。そして、病は私たちを不幸にするのだから、私たちも、病むことを真に望んではいない。[3]したがって、今日の概念を受け入れるとき、私たちは実際には神と合意しているのである。[4]神は私たちが病むことは望まない。[5]私たちも同じである。[6]神は私たちが癒されることを望んでいる。[7]私たちも同じである。

6．今日は、それぞれ一〇分から一五分くらいの長い練習を二回行うことにする。[2]しかし、それらをいつ行うかは、あなたの決定に任せる。[3]今後もいくつかのレッスンにおいて、私たちはこうしたやり方をすることになるが、そこでもやはり同じように、それぞれの練習の時間をいつにするか前もって決めておき、できる限り厳密に、自分で決めた通りの時間に行うようにするのがよいだろう。

7．これらの練習は、今日の概念を繰り返すことから始めて、救済は自分の外側の何かから訪れるのではないという認識を示す言葉をつけ加える。[2]たとえば次のように言うことができる。

[3]私の救済は私の中から訪れる。[4]ほかのどこからも訪れることはない。

[5]そして、二～三分の間、目を閉じて、過去にあなたが救済を探し求めたことのある外的なものごとを思い出すようにする。それはほかの人々であったり、所有物であったり、さまざまな状況や出来事であったり、あなたが実現させようとしてきた自己概念などであるかもしれない。[6]救済がそこにはないことを認識し、自分に次のように言う。

[7]私の救済はこのどれからも訪れることはない。[8]私の救済は、唯一、私の中から訪れる。

8．そしてこれから、私たちは再びあなたの中にある光に到達しようと試みる。その光の中にこそ、あなたの救済がある。[2]光を取り囲む雲の中にそれを見つけることはできない。そして、あなたが探していたのは、その雲の中である。[3]救済はそこには存在しない。[4]それは雲を通り抜けた向こう側の光の中にある。[5]その光に到達する前に雲の中を通り抜けなければならないことを覚えておきなさい。[6]しかしまた、あなたが思い描いたさまざまな形の雲の中には、永続するものや、あなたが望んでいたものは何も見つからなかったということも、覚えておきなさい。

9．これまで、救済のように見えた幻想のすべてがあなたを失望させてきた。それを思えば、あなたはこんなにもたやすく真の救済の光の中へと入っていけるというときに、これ以上雲の中でむなしく偶像を捜し求めるようなことはしたくはないはずである。[2]あなたの好むどんな手段を使ってでも、雲を通り抜けて行くように努めなさい。[3]あなたの助けになるようなら、私があなたの手を取り、あなたを導いていると考えてもよい。[4]そして、それが根拠のない空想ではないことを、私はあなたに保証する。

10. 頻繁に行う今日の短いほうの練習では、自分の救済は自分の中からくるのであり、自分の考え以外に自分の進歩を妨げるものはないということを、自分に思い出させる。[2]あなたは外界のすべての妨害から自由である。[3]あなたはあなた自身の救済の責任者である。[4]あなたは世界の救済の責任者でもある。[5]だから、次のように言う。

[6]私の救済は私の中から訪れる。[7]私の外側の何ものも、私を妨げることはできない。
[8]私のうちに、世界と私自身の救済がある。

レッスン71 ——

神の救済計画だけがうまくいく。

1. 自我が神による救済計画に対抗する救済計画をもっていることに、あなたは気づいていないかもしれない。[2]あなたが信じているのはその計画である。[3]それは神の計画とは正反対のものなので、あなたはまた、自我の計画のかわりに神の計画を受け入れることは地獄に堕ちるようなものだとも信じている。[4]もちろん、これは馬鹿げたことに聞こえる。[5]しかし、自我の計画とはいったい何なのかをよく考えてみるなら、それがどれほど馬鹿げていようと、あなたが確かにそれを信じていることがわかるだろう。

2. 自我による救済計画は、不満を抱くことを基軸としている。[2]その計画は、もし誰かの言動が違ったものであったなら、またはもし外的な状況や出来事が変わっていたなら、あなたは救われるだろうと主張する。[3]つまり、救済の源は常にあなたの外にあると知覚される。[4]あなたが抱く不満はどれもみな一つの宣言であり、あなたが信じていることの主張であり、それは「もしこれがこうでなかったなら、私は救われるだろうに」と言っている。[5]そうして、救済のために必要な心の変化は、あなた自身を除いたすべての人とすべてのものに対して要求される。

3. そうすると、この計画においてあなたの心に割りあてられる役割は、あなたが救われるためには、あなた自身以外の何が変わらねばならないかを決めることだけである。[2]この狂気の計画によれば、救済の源として知覚されるもので、実際には救済をもたらさないものなら何でも受け入れられる。[3]これにより、実りのない探求が確実に続いていく。というのも、これまでこの望みはいつも叶わなかったが、ほかの場所、ほかのものになら、まだ希望を抱く根拠がある、という幻想が続いていくからである。[4]別の人ならばもっとよくしてもらえるだろう、別の状況なら成功が得られるだろう、と。

4. それが、自我によるあなたのための救済計画である。[2]これが、「求めよ。されど、見つけることなかれ」という自我の基本的教義といかにうまく合致するものであるか、あなたにもわかることだろう。[3]救済が絶対に見つからないようにするには、救済を探し求める努力をすべて、救済が存在しないところに向けること以上に確実なやり方はないからである。

5. 神による救済の計画がうまくいく理由は、神の指示に従うことによって、あなたは救済が存在するところで救済を探すからである。[2]しかし、**神**が約束する通りにそれに成功するためには、その場所でのみそれを探すことを厭わない気持ちが必要である。[3]そうでなければ、あなたの目的は分割され、あらゆる点で正反対の二つの救済計画に従おうとすることになる。[4]それがもたらすのは、ただ混乱や悲惨、深い敗北感や絶望感だけである。

6．どのようにしてこのすべてを免れることができるだろうか。[2]それは非常に簡単に行える。[3]今日の主題概念がその答えである。[4]**神**による救済計画だけがうまくいく。[5]これについてはいかなる真の葛藤もありえない。なぜなら、**神**の計画にかわってあなたを救える別の計画はないからである。[6]**神**の計画のみが、確実に成果をもたらす唯一の計画である。[7]**神**の計画のみが、必ず成功する唯一の計画である。

7．今日は、この確実性を認識する練習をしよう。[2]そして、解決不可能な葛藤のごとく見えるものに、答えがあることを喜ぼう。[3]**神**にはすべてが可能である。[4]失敗はありえない**神**の計画があるからこそ、救済は必ずあなたのものとなる。

8．今日の二回の長いほうの練習では、はじめに主題概念について考え、この概念には全体にとって等しく重要な二つの部分が含まれているということを理解する。[2]その二つとは、**神**による救済計画はうまくいくということと、そのほかの計画はうまくいかないということである。[3]二番目の部分に、落胆したり、怒ったりするにはおよばない。それは最初の部分に内在している。[4]そして、最初の部分には、自由になろうとするあなた自身による狂気の試みや狂った発想からの完全な解放がある。[5]そうした試みや発想は憂鬱や怒りをもたらしたが、**神**の計画は成功する。[6]それは解放と喜びに行き着く。

9．このことを思い出しながら、残りの練習時間は、**神**の計画が私たちに開示されるよう**神**に願うことに捧げよう。[2]きわめて具体的に、次のように**神**に尋ねる。

[3]私が何をすることをお望みですか。
[4]私がどこに行くことをお望みですか。
[5]私が誰に何を言うことをお望みですか。

[6]練習時間の残りは、完全に**神**にゆだね、あなたの救済のための**神**の計画において、あなたが何をする必要があるかを教えてもらいなさい。[7]**神の声**を聞こうとするあなたの意欲に応じて、**神**はあなたに答えてくれるだろう。[8]聞くことを拒んではならない。[9]あなたがこの演習を行《おこな》っているという事実そのものが、あなたには聞きたいという意

欲があることを証明している。[10]**神**からの答えを受け取る権利を手に入れるには、それだけで充分である。

10．短いほうの練習においては、それだけがうまくいくということ、そしてそれだけがうまくいくということを、たびたび自分に言い聞かせる。それだけが**神**の救済計画はうまくいくとすることを、たびたび自分に言い聞かせる。[2]今日は、不満を抱かせようとする誘惑のすべてを警戒していなさい。それらの誘惑に対しては、今日の主題概念を次のような形で用いて応える。

[3]不満を抱くことは、**神**の救済計画とは正反対のことである。[4]そして、**神**の計画だけがうまくいく。

[5]今日の概念を、一時間に六、七回思い出すように努めなさい。[6]自分の救済の**源**を思い出し、**それ**があるところに**それ**を見ることのために、毎回三〇秒足らずの時間を使うというのは、最良の時間の使い方ではないだろうか。

レッスン72

不満を抱くことは、神の救済計画に対する攻撃である。

1．私たちは自我の救済計画が**神**の計画の正反対のものだと認識したが、それが**神**の計画に対する積極的な攻撃であり、それを破壊しようとする意図的な試みであるという点は、まだ強調していなかった。2その攻撃の中では、実際には自我の属性であるものが**神**にあてがわれる一方で、自我のほうは**神**の属性を呈しているように見える。

2．自我の根本的な願望は、**神**に取ってかわることである。2実のところ、自我とは、この願望が物理的な形になったものである。3この願望があるからこそ、心が肉体で包囲されているかに見えており、それによって、心は分離して孤独なものとなり、心を幽閉するために作り出された肉体を通してしか、ほかの心に到達できないものになっているからである。4親交《コミュニケーション》に課された制限が、意思疎通《コミュニケーション》を拡大するための最良の手段であるはずがない。5それでも自我は、そのようにあなたに信じさせようとする。

3．肉体の課す制限を保持しようとする企てがここにあることは明白だが、なぜ不満を抱くことが**神**の救済計画に対する攻撃であるのかは、それほど明らかではないかもしれない。2しかし、あなたがどういった種類の事柄について不満を抱きがちなのか、よく考えてみよう。3それらは常に、肉体が行う何かと関連してはいないだろうか。4たとえば、誰かがあなたの気に入らないことを言う。5あなたに不愉快なことをする。6彼の行動から敵意が「暴露」されてしまう、など。

4．このような場合、あなたはその人の本性に応対しているのではない。2それどころか、あなたはただ、一個の肉体の中でその人が何をするかということだけに、関心を払っているのである。3あなたは、肉体がもつ制限の数々から彼を解放するための助けとなることに失敗しているだけでなく、それ以上のことをしている。4あなたは彼のまとっている肉体を彼と混同し、両者を一つのものと判断することで、積極的に彼を肉体につなぎとめておこうとしているのである。5ここで**神**が攻撃されている。もし**神の子**がただの肉体にすぎないのなら、**神**もまた肉体とならざるをえないからである。6自らが創造したものとまったく似ていない創造主などというものは、考えられない。

5．もし**神**が肉体であるなら、**神**の救済計画はどんなものになるのだろうか。2それは死以外の何ものでもない。

[3]そのような**神**が、死ではなく生命《いのち》の**作者**として自らを顕示しようとするなら、**神**は多くの偽りの約束をし、真理のかわりに幻想を差し出す嘘つきにして偽善者ということになる。[4]肉体の見かけ上の実在性が、**神**についてのこのような見解をきわめて説得力あるものとしている。[5]実際、もし肉体が実在するのならば、この結論から免れることは極めて難しいだろう。[6]そしてあなたが抱く不満の一つひとつが、肉体は実在すると主張する。[7]不満は、あなたの兄弟の本性を完全に見落としてしまう。[8]それは、彼が肉体であるというあなたの信念を強化し、彼が肉体であることを理由に彼を咎める。[9]そして、彼の救済は死であると断言し、この攻撃を**神**へと投影し、**神**にその責任をなすりつける。

6. この周到に用意された闘技場では怒り狂った野獣が餌食を捜し求め、慈悲の入り込む隙間もないようなその場所に、自我はあなたを救いにやってきて、次のように言う。[2]**神**はあなたを一個の肉体として作り出した。[3]よろしい。[4]これを受け入れて、喜ぼう。[5]肉体であるあなたは、肉体が差し出すものが自分から決して奪われないようにしなければならない。[6]あなたの手に入るわずかなものを受け取っておくがいい。[7]**神**はあなたに何も与えなかったのだから。[8]肉体のみがあなたの唯一の救済者である。[9]それは**神**の死であり、あなたの救いである、と。

7. 以上が、あなたの見ている世界のどこにでもある信念である。[2]ある者は肉体を憎み、それを痛めつけ、辱めようとする。[3]ほかの者は肉体を愛し、それを賛美し、誉めそやす。[4]しかし、肉体があなた自身についての概念の中核をなしている間は、あなたは**神**の救済計画を攻撃し、**神**と**神**の被造物に不満を抱いているのである。そうすることで、真理の**声**を聞くことも、**それ**を**友**として歓迎することも、しないですむようになる。[5]そのかわりにあなたが選んだ救済者が、**神**の代替となっている。[6]それがあなたの友となり、**神**があなたの敵となっている。

8. 今日は、救済に対するこれらの無意味な攻撃をやめる努力をする。[2]攻撃するかわりに、それを歓迎しようと努める。[3]あなたの本末転倒した知覚は、あなたの心の平安を壊してきた。[4]あなたは自分自身を肉体の中に見て、真理を自分の外に見てきた。真理は、肉体に課された制限の数々によってあなたの自覚できないところに閉じ込められている。[5]今、私たちはこれを違った見方で見ることを試みる。

9. 真理の光は私たちの中にある。そこは、**神**がそれを置いた場所である。[2]私たちの外にあるのは肉体のほうであり、肉体は私たちの関心の対象ではない。[3]肉体をもたないことが、私たちの自然な状態である。[4]私たちの中の真理の光を認識するということは、私たちをありのままに認識することである。[5]私たちの**自己**を肉体とは別のものとして見ることが、**神**の救済計画に対する攻撃を終わらせ、かわりにそれを受け入れることである。[6]そして、**神**の計画が受け入れられるところならどこにおいても、**神**の計画はすでに達成されているのである。

10. 今日の長いほうの練習におけるゴールは、**神**による救済の計画はすでに私たちの中で達成されていることに気づくことである。[2]このゴールを達成するには、攻撃を受容へと入れ替えなければならない。[3]それを攻撃している間は、私たちのための**神**の計画とは何なのかを理解することができない。[4]つまり、私たちは自ら認識していないものを攻撃しているのである。[5]今、私たちは価値判断をひとまず脇に置き、何が私たちのための**神**の計画なのか、尋ねてみよう。

[6]**父**よ、救済とは何でしょうか。[7]私にはわかりません。
[8]私が理解できるように、私に教えてください。

[9]そして、静かにして、**神**の答えを待とう。[10]これまで私たちは**神**の救済計画とは何なのかを聞くために待つこともせず、それを攻撃してきた。[11]あまりにも大きな声で不満を叫んできたために、**神の声**に耳を傾けることがなかった。[12]自分の目を閉じ、耳を塞ぐために、私たちは不満を用いてきた。

11. 今、私たちは見て、聞いて、学ぼうとしている。[2]「**父**よ、救済とは何でしょうか？」[3]尋ねなさい。そうすれば、答えが与えられるだろう。[4]求めなさい。そうすれば、見つかるだろう。[5]私たちはもはや、救済とは何であり、どこでそれを見つけられるのかを、自我に尋ねてはいない。[6]真理に尋ねている。[7]だから、あなたが尋ねている**相手**のゆえに、答えは真実であると確信していなさい。

12. あなたの自信が揺らぎ、成功の望みが明滅して消えてしまいそうな気がするときはいつでも、あなたが尋ねている**相手**は、無限なるものを創造した無限なる**創造主**であり、**ご自身**と同じものとしてあなたを創造した**存在**だということを思い出しながら、あなたの質問と懇請を繰り返しなさい。

[2]**父**よ、救済とは何でしょうか。[3]私にはわかりません。
[4]私が理解できるように、私に教えてください。

[5]**神**は答えてくれるだろう。[6]それを聞くのだと決意しな

さい。

13. 今日の短いほうの練習は、いつもよりもいくらか長めとなるので、一時間に一、二回で充分である。[2]これらの練習は次の言葉で始める。

[3]不満を抱くことは、**神**の救済計画に対する攻撃です。
[4]私がそれを攻撃しないで、受け入れられますように。
[5]**父**よ、救済とは何なのでしょうか？

[6]その後、できれば目を閉じ、静かに一分ほど待ち、**神**の答えに耳を傾ける。

レッスン73

私は光が現れることを意志する。

1. 今日は、あなたが**神**と共有している意志について考える。[2]これは自我の無為の願望と同じものではない。自我の願望からは闇と虚無が生じる。[3]あなたが**神**と共有している意志は、その内に創造の力のすべてを宿している。[4]自我の無為の願望は共有されていないので、まったく何の力もない。[5]自我の願望は、あなたがその存在を堅く信じられるような幻想の世界を作り出せるという意味では、無為ではない。[6]しかし、創造という観点からはまさしく無為である。[7]それらは実在するものは何も作り出さない。

2. 無為の願望と不満の数々が、あなたが見ている世界の映像化に協力した仲間たちであり、共同制作者たちである。[2]世界を生起させたのは、自我の願望である。この世界を維持するためには不満が不可欠であり、その不満を必要としている自我は、世界の中に多くの人物を住まわせる。あなたを攻撃しているように見え、「正義の」裁きを受けるべきと見える人物たちである。[3]彼らは、自我が不満を商うために雇い入れる仲買人となる。[4]そうしてあなたの自覚と兄弟の実相の間に立ちはだかる。[5]彼らを見ているあなたは、自分の兄弟を知らず、自分の**自己**のことも知らない。

3. 罪悪感が売り買いされ、そのたびに不満が膨れ上がるという、この奇妙な交換取引において、あなたの意志はあなたから失われている。[2]このような世界が、**神の子**が**父**と共有している**意志**によって創造されたりするだろうか。[3]**神**は**わが子**のために災厄を創造しただろうか。[4]創造は**父**と**子**との両方の**意志**である。[5]**神**が**ご自身**を殺すような世界を創造するだろうか。

4. 今日は、もう一度、あなたの意志と一致した世界に到達することを試みる。[2]その世界は**神**の意志に対立しないので、その中には光がある。[3]それは天国そのものではないが、そこには天国の光が降りそそいでいる。[4]闇は消え去っている。[5]自我の無為の願望は撤回されている。[6]だが、この世界を照らす光というのはあなたの意志を反映するものである。だから、私たちはその光をあなたの中に探さなければならない。

5. あなたの世界の映像は、内側にあるものをそのまま映し出すことしかできない。[2]光の源も闇の源も、あなたの外側には見つからない。[3]不満はあなたの心を暗くし、あなたが外を見れば、暗くなった世界が見える。[4]赦しはその闇を取り除き、あなたの意志を再び表明し、あなたに光の世界を見せてくれる。[5]私たちは、不満の障壁は容易に通り抜けられるし、それがあなたとあなたの救済との間に立ちはだかることはできないと、何度も強調してきた。[6]その理由は実に単純である。[7]あなたは本当に地獄にいたいなどと思うだろうか。[8]涙を流し、苦しみ、死にたいなどと、本当に望むだろうか。

6. そうしたことがすべて本当に天国なのだと証明しようとする自我の議論など、忘れてしまいなさい。[2]それが事実でないことをあなたは知っている。[3]そのようなものをあなたは自分自身のために望むことはできない。[4]幻想がこれ以上進むことができないという地点がある。[5]苦しみは幸せではなく、あなたが本当に望んでいるのは幸せである。[6]それが真理におけるあなたの意志である。[7]だから救済もまたあなたの意志である。[8]あなたは、私たちが今日行おうとしていることを成し遂げたいと望んでいる。[9]私たちは、あなたからの祝福と快い同意を携えて、今日の演習を行う。

7. あなたが自分自身のために救済を望んでいるということを覚えておくなら、今日、私たちは成功するだろう。[2]あなたは**神**の計画を共有しているので、それを受け入れたいと望んでいる。[3]あなたは**神**の計画に真に反対できる意志をもたず、反対したいとも思っていない。[4]救済はあなたのためにある。[5]ほかの何にも増して、あなたは、自分は本当は誰なのかを思い出す自由を望んでいる。[6]今日、あなたの意志を前にして力なくたたずむのは自我のほうである。[7]あなたの意志は自由であり、何ものもそれに打ち勝つことはできない。

8. だから、私たちは今日、必ずあなたの意志が見つけたいものを見つけ、思い出したいものを思い出すという幸せな確信をもって、演習に取り組む。[2]無為の願望は、私たちを引き止めることはできず、強さのように見える幻想で私たちを騙すこともできない。[3]今日、あなたの意志が行われるままにしなさい。そうすることで、あなたが天国ではなく地獄を選ぶという狂った信念を、永遠に終わらせよう。

9. 今日の長いほうの練習は、唯一、**神**による救済計画だけが、あなたの意志と完全に一致したものだという認識とともに始める。[2]それは異質な力があなたに無理やり押しつける目的ではない。[3]ここにあるのは、あなたとあなたの**父**が完璧に合意している一なる目的である。[4]**神の子**が地獄とすべての無為の願望から解放される時と定められている今日、あなたは必ず成功するだろう。[5]**神の子**は今や自らの意志を再び自覚している。[6]**神の子**は今日という日に、自分の中にある光を見て、救われたいと意志している。

10. このことを自分自身に思い出させて、自分の意志をはっきりと心の中に保つことを決意した後、優しくきっぱりと、静かな確信を抱いて、次のように自分に言う。

[2]私は光が現れることを意志する。[3]**神の意志**と私の意志を反映する光を私が見ることができますように。

[4]その後、あなたの意志が自らを主張するままにさせる。あなたの意志は**神**の力とつながり、あなたの**自己**とひとつになっている。[5]練習の残りの時間は、**神**の力とあなたの**自己**の導きにゆだねる。[6]その**両方**に導かれながら、**それらに**つながりなさい。

11. 短いほうの練習では、再び、あなたが何を本当に望んでいるかを宣言する。[2]次のように言いなさい。

[3]私は光が現れることを意志する。[4]闇は私の意志ではない。

[5]これを一時間に数回繰り返す。[6]しかし、最も重要なことは、あなたが何らかの不満を抱きそうになったなら、即座にこの形で今日の概念を用いることである。[7]これが、あなたが不満を闇の中に大事に隠しておくかわりに、それらを手放すのを助ける。

レッスン74

神の意志のほかに意志はない。

1．今日の主題概念は、私たちのすべての演習が目指している中心概念と見なすことができる。[2]**神の意志**のみが、唯一の**意志**である。[3]このことを認識したとき、あなたは自分の意志が**神の意志**であることを認識したことになる。[4]葛藤が可能であるという信念はすでになくなっている。[5]葛藤する複数のゴールの間で自分が引き裂かれているという奇妙な概念が、平安へと入れ替わった。[6]**神の意志**の表現であるあなたには、**神**のゴールをおいてほかにゴールはない。

2．今日の概念の中には大いなる平安があり、今日の演習は、それを見出すことを目指している。[2]この概念自体が完全に真実である。[3]したがって、それが幻想を生起させることはありえない。[4]幻想がなければ、葛藤は不可能である。[5]今日は、このことを認識し、この認識がもたらす平安を経験しよう。

3．長いほうの練習のはじめには、次の考えを数回繰り返す。その意味するところを理解し、それらをしっかり心にとどめるという固い決意を抱きながら行う。

[2]**神の意志**のほかに意志はない。[3]私に葛藤はありえない。

[4]それから数分間、たとえば次のように、関連した考えをつけ加える。

[5]私は心安らかである。

[6]何も私の心をかき乱すことはできない。[7]私の意志は**神の意志**である。

[8]私の意志と**神の意志**はひとつである。

[9]**神**は**わが子**に平安を意志する。

[10]この導入の段階で、葛藤する考えがあなたの心をよぎるときには、必ず速やかにそれに対処するようにする。[11]自分に向かって、ただちに次のように言う。

[12]**神の意志**のほかに意志はない。[13]これらの葛藤する考えは無意味である。

4．もし解決するのが特に難しく思える葛藤の領域があるなら、それを取り上げて、特に検討してみる。[2]それについて簡単に、しかし非常に具体的に考え、関係している特定の人もしくは人々、そしてその単一の状況もしくは複数の状況を見極めて、自分に向かって次のように言う。

[3]**神の意志**のほかに意志はない。[4]私はそれを**神**と共有している。[5]＿＿＿についての私の葛藤は実在するものではありえない。

5．このようにしてあなたの心をすっきりさせたあと、目を閉じて、あなたの実相があなたに当然の権利としてもたらす平安を経験しようと努める。[2]その平安の中に沈んでいき、平安があなたをすっぽり包み込むのを感じる。[3]こうした試みを、心理的な退避と誤解してしまうことがあるかもしれないが、相違は簡単に見分けられる。[4]もしうまくいっていれば、眠気や気力の減退などではなく、深い喜びの感覚と、鋭敏になった意識を感じるだろう。

6．平安の特徴は喜びである。[2]喜びを体験することにより、あなたは自分が平安に到達したことを認識するだろう。[3]もし自分が練習を退避しそうになるのを感じたなら、急いで今日の概念を繰り返してから、もう一度やり直す。[4]これを必要なだけ何回でも行いなさい。[5]たとえ求めている平安を経験できなくても、退避へと逃げ込むのを拒否することの中に明確な進歩がある。

7．今日の短い練習は、あらかじめ決めた一定の間隔で行い、自分に向かって次のように言う。

[2]**神の意志**のほかに意志はない。[3]私は今日、**神**の平安を求める。

[4]それから、あなたが求めているものを見つけ出そうと努める。[5]今日は、できれば目を閉じて、三〇分ごとに一～二分ほどを、この練習にあてるのがよいだろう。

レッスン75

光は訪れている。

1. 光は訪れている。[2]あなたは癒されているし、癒すことができる。[3]光は訪れている。[4]あなたは救われているし、救うことができる。[5]あなたは心安らかであり、行くところすべてに平安を携えていく。[6]闇と混乱と死は消え去った。[7]光は訪れたのである。

2. 今日、私たちは、あなたが長い間見ていた災厄の夢に幸せな結末が訪れたことを祝う。[2]今や暗い夢は存在しない。[3]光が訪れている。[4]今日、あなたとすべての者たちに光の時が始まる。[5]それは新しい時代であり、その中で新しい世界が生まれ出る。[6]過ぎていった古い世界は、新しい世界の上に何の痕跡も残してはいない。[7]今日、私たちはこれまでとは違った世界を見る。光が訪れたからである。

3. 今日の私たちの演習は、古い時代が過ぎ去り、新しい時代が始まることに感謝を捧げる幸せな演習となるだろう。[2]私たちの視覚を暗くして、赦しが私たちに差し出す世界を隠してしまう過去の影は、もう残っていない。[3]今日、私たちは、この新しい世界を、自分たちが見たいものとして受け入れる。[4]私たちは願っているものを与えられるだろう。[5]私たちは光を見ることを意志する。光は訪れたのである。

4. 今日の長いほうの練習は、私たちの赦しが見せてくれる世界を見つめることに捧げられる。[2]これが、そしてこれだけが、私たちの見たいものである。[3]目的がただ一つであることによって、私たちがゴールに達することは必然となる。[4]今日、喜びのうちに、実相世界が目前に立ち現れ、ついに私たちはそれを見る。[5]光が訪れた今、私たちには真の視覚が与えられている。

5. 今日、私たちは世界の上に自我が落とす影を見たくはない。[2]私たちは光を見る。そして、その光の中で、世界中に天国が映し出されているのを見る。[3]長いほうの練習は、あなたの解放についての福音を、次の言葉で自分自身に告げることから始めなさい。

[4]光は訪れている。[5]私は世界を赦した。

6. 今日は、過去にこだわり続けるのはやめなさい。[2]過去の考え方のすべてを洗い流し、あなたが作り出した概念をきれいに一掃して、完全に心を開いておく。[3]今日、あなたは世界を赦した。[4]今、あなたは世界をこれまでに見たことのないものとして眺めることができる。[5]それがどのように見えるのか、あなたはまだ知らない。[6]ただそれが見えてくるのを待つだけである。[7]待っている間、ゆっくりと、完全な忍耐をもって、次のように数回繰り返しなさい。

[8]光は訪れている。[9]私は世界を赦した。

7. 自らの赦しによって、心眼《ヴィジョン》が得られるようになるということを、悟りなさい。[2]赦す者に対して、**聖霊**が真の視覚を与えそこなうことはないと、理解しなさい。[3]**聖霊**が今あなたを見捨てることはないと、信じなさい。[4]あなたは世界を赦した。[5]あなたが目を凝らして待っている間も、**聖霊**はあなたとともにいる。[6]真の心眼《ヴィジョン》が見ているものを、**聖霊**があなたに見せてくれるだろう。[7]それは**聖霊**の**意志**であり、あなたはその**聖霊**につながった。[8]**聖霊**がくるのを辛抱強く待ちなさい。[9]**聖霊**は必ずやってくる。[10]光は訪れている。[11]あなたは世界を赦したのである。

8. あなたは**聖霊**を信頼しているのだから、自分が失敗するはずがないことを知っていると、**聖霊**に伝えなさい。[2]そして、**聖霊**が約束してくれた世界を必ず見ることになるという確信を抱いて待つようにと、自分自身に告げなさい。[3]今この時から、あなたはこれまでとは違った見方で見るようになる。[4]今日、光は訪れている。[5]そして、時間が始まったときからあなたに約束されていた世界を、あなたは見るだろう。そこでは、時間の終わりが保証されている。

9. 短時間の練習も、自分の解放を思い起こす喜ばしい機会である。[2]一五分おきに、今日は特別な祝賀の時であることを、自分自身に思い出させる。[3]**神の愛**と慈悲に感謝を捧げなさい。[4]あなたの視覚を完全に癒すことのできる赦しの力を喜びなさい。[5]今日、新たな始まりがあることを確信しなさい。[6]過去の暗闇があなたの目を覆っていなければ、今日、あなたが真に見ることに失敗することはありえない。[7]そして、あなたが見るものは、待ちに待ったものなので、あなたは喜んで今日という日を永遠に延長させていくだろう。

10. だから、次のように言おう。

[2]光は訪れている。[3]私は世界を赦した。

[4]惑わされそうになったら、あなたを闇に引き戻すように見える人に対して、次のように言う。

[5]光は訪れている。[6]私はあなたを赦した。

11. **神**があなたの居場所として用意した晴朗な静けさに、私たちは今日という日を捧げる。[2]今日は、その静けさを自分自身についての自覚の中に保ち、あらゆるところにそれを見なさい。私たちはそのとき、あなたの心眼《ヴィジョン》と実相世界の光景の始まりを祝う。それらは、これまで実在するとあなたが思っていた赦されざる世界と入れ替わるために訪れたのである。

レッスン76

私は、ただ神の法則のもとにある。

1. 私たちはすでに、どれほど多くの無意味なものごとがあなたには救済のように思えていたかを見てきた。[2]その一つひとつが、それ自体と同じように無意味な法則であなたを幽閉してきた。[3]あなたはそれらに縛られてはいない。[4]けれども、このように理解するには、まずはじめに救済はそこにはないということを、あなたが悟らなければならない。[5]何の意味もないものの中に救済を探している間は、あなたは意味をなさないような法則で自分自身を縛りつける。[6]そうすることで、あなたは救済が存在していない場所に救済があると証明しようとする。

2. 今日、私たちは、あなたがそれを証明できないことを喜ぶ。[2]なぜなら、もしそれができたなら、あなたは救済が存在しない場所で永遠に救済を探し続けることになり、決してそれを見つけることはないからである。[3]今日の主題概念は、再び、救済がどれほど単純なものであるかをあなたに教える。[4]救済があなたを待っているところに、救済を探しなさい。そうすれば、そこでそれが見つかるだろう。[5]救済はそれ以外の場所にはないのだから、それ以外のところを探すのはやめなさい。

3. 自分を救うためにあなたが定めた奇妙で歪んだ法則は、あなたを縛ってはいない。それを認識することが、どれほどの自由をもたらすか、考えてみなさい。[2]あなたは、山積みにした紙切れの束と大量の円形の金属がない限り餓死してしまうと、本気で思っている。[3]小さな粒状の固体や、鋭い針で血管に注ぎ込まれる液体が、病気や死を寄せつけずにいられると、本気で思っている。[4]別の肉体があなたの傍にいない限り、自分は孤独だと、本気で思っている。

4. このようなことを考えるのは狂気である。[2]あなたはそれらを法則と呼び、何の用途もなく何の目的にも役立たない儀式を連綿と連ねた目録の中に、さまざまな名称を用いて分類している。[3]あなたは、医学、経済学、健康などの「法則」に従わなければならないと思っている。[4]肉体を守れば、あなたは救われる、というわけである。

5. これらは法則などではなく、狂気である。[2]自らを傷つける心によって、肉体が危機にさらされている。[3]肉体が苦しむ理由はただ一つ、心が心自体の犠牲になっていることを心に気づかせないためである。[4]肉体の苦しみは、真に苦しんでいるものは何なのかを隠すために心がかぶる仮面である。[5]心は自分が自分の敵であることや、自分で自分を攻撃していて、自分が死にたいと思っていることを、理解したくない。6この事実から逃れるためのものである肉体を救おうとしているのが、あなたの「法則」である。7このためにこそ、あなたは自分が肉体だと思っているのである。

6. **神**の法則以外に法則は存在しない。2このことは、**神の意志**に反してあなたが作り出したすべてのものにあてはまるということをあなたが悟るまで、何回でも繰り返す必要がある。3あなたの魔術には何の意味もない。4それが救おうとしているものは存在していない。5それが隠そうとしているものだけが、あなたを救うのである。

7. **神**の法則にかわるものはありえない。2これが事実であることを喜ぶことに、今日という日を捧げよう。3それはもはや、私たちが隠そうとする真理ではない。4そうではなく、それは私たちを永遠に自由に保つ真理であることをはっきりと理解する。5魔術は幽閉するが、**神**の法則は解放する。6**神**の法則以外に法則はないからこそ、光は訪れているのである。

8. 今日の長いほうの練習は、これまで私たちが従わなければならないと信じてきたさまざまな種類の「法則」をざっと振り返ることから始める。2それにはたとえば、栄養や免疫や医薬の「法則」、そして肉体を保護するための数限りない方法についての「法則」が含まれるだろう。3さらに考えてみなさい。あなたは友情の「法則」や、「よい」人間関係と互恵の「法則」も信じている。4おそらくあなたは、**神**のものとあなたのものとを定める法則も存在するとさえ思っている。5多くの「宗教」は、このことを土台としてきた。6それらの「宗教」は救うどころか、天国の名において地獄に落とす。7けれども、そうしたものも、とりわけ奇妙だというわけではなく、あなたが自分の安全のために従わなければならないと思いこんでいるほかの「法則」と同様のものである。

9. **神**の法則以外に法則は存在しない。2今日は、馬鹿げた魔術的信念のすべてを退け、あなたに真理を語る**声**を聞くために、心を静かに整える。3**神**の法則のもとではどのような損失もないと告げる**存在**に、あなたは耳を傾ける。4支払いを差し出すことも、受け取ることもない。5交換はありえない。代替もない。何かが別のもので入れ替えられることもない。6**神**の法則は永遠に与え続け、決して取ることはしない。

10. このことをあなたに告げる**聖霊**に耳を傾けなさい。そして、自分が見ていると思っていた世界を支える「法則」だと思えていたものが、どれほど馬鹿げたものであるのかを悟りなさい。2そして、さらに耳を澄ましなさい。3その**声の主**はもっと多くをあなたに告げるだろう。[4]あなたの**父**があなたに対して抱いている**愛**について。[5]**父**があなたに差し出している無限の喜びについて。[6]そして、**父**が**ご自身**の創造の経路として創造した**神**の**ひとり子**でありながら、地獄を信じたために**父**を拒絶した**子**に対し、**父**が抱いている切ない思いについて。

11. 今日は、**神**の経路を**神**に向かって開き、**神の意志**が私たちを通して**神**のもとまで延長されていくようにしよう。[2]そのようにして、創造が果てしなく増大していく。[3]**神の声**がこのことを私たちに語るだろう。そして、**神**の法則が永遠に無限なるものとして保っている天国の喜びについても、語るだろう。[4]**神**の法則以外に法則は存在しないということを聞き、それを理解するまで、私たちは今日の概念を繰り返す。[5]それから、練習を終える際の献身の言葉として、自分に次のように告げる。

[6]私は、ただ**神**の法則のもとにある。

12. 私たちは今日、この献身の言葉をできる限り頻繁に繰り返す。少なくとも一時間に四、五回繰り返し、それに加えて、一日を通して、自分がほかの法則に従っているように経験したくなる誘惑を感じたときには、それに対する応答として、これを繰り返す。[2]それは、すべての危険と圧制から自由だという私たちの声明である。[3]それは、**神**が私たちの**父**であり、**神の子**は救われているということを私たちが認めて感謝する言葉である。

レッスン77

私には奇跡を受け取る資格がある。

1. あなたの本性のゆえに、あなたには奇跡を受け取る資格がある。[2]**神**の本性のゆえに、あなたは奇跡を受け取るであろう。[3]そしてあなたは**神**とひとつなので、奇跡を差し出すようになるだろう。[4]再び言うが、救済とは何と単純なものだろう！ [5]それは単に、あなたの真の**アイデンティティー**の宣言であるにすぎない。[6]私たちは、今日、この**アイデンティティー**を祝う。

2. あなたが奇跡を要求する権利は、あなたが抱く自分自身についての幻想の中にはない。[2]それは、あなたが自分自身に付与したどんな魔術的な力に基づくものでもないし、あなたが考案したどんな儀式に依拠するものでもない。[3]それはあなたの本性についての真理の中に、内在している。[4]それはあなたの**父なる神**の本性の中に含まれている。[5]それはあなたが創造されたときに確保され、**神**の法則によって保証されている。

3. 今日、私たちはあなたの権利である奇跡を要求する。奇跡はあなたに属するものだからである。[2]あなたには、自分で作り出した世界からの完全な解放が約束されてきた。[3]**神の国**はあなたの中にあり、決して失われることはないと、保証されてきた。[4]私たちは、真理において私たちに属している以上のものを求めているのではない。[5]けれども今日は、それだけでなく、私たちがそれ以下のものでは満足しないということも確認する。

4. 今日の長い練習は、自分には奇跡を受け取る資格があると、自信をもって自分自身に教えることから始める。[2]目を閉じて、自分は正当に自分に属するものだけを求めているのだと思い起こす。[3]それとともに、奇跡は決してひとりから取り上げられてもうひとりに与えられるようなものではないこと、また、あなたが自分の権利を主張するとき、すべての者たちの権利も擁護しているということも思い起こす。[4]奇跡はこの世の法則には従わない。[5]ただ**神**の法則からその自然な結果として訪れるだけである。

5. この短い導入部の後は、自分の要請は聞き入れられたという確信が訪れるのを静かに待つ。[2]あなたは世界の救済とあなた自身の救済を求めた。[3]これが達成されるための手段が与えられるようにと、あなたは要請した。[4]それが叶えられたという確信をあなたが得られないはずはない。[5]あなたは**神の意志**がなされるようにと求めているにすぎない。

6. これを行うとき、あなたは実際には何を求めているわけでもない。[2]否定しようのない事実を述べているだけである。[3]**聖霊**は、あなたの要請は聞き入れられたとあなたに保証する以外のことはできない。[4]あなたが受け入れた事実は、事実でしかありようがない。[5]今日は、疑いや不確かさの入り込む余地はない。[6]私たちはついに真の問いを発しているのである。[7]その答えは、単純な真理についての単純な声明である。[8]あなたは自分が求めている確信を受け取るであろう。

7. 今日の短い練習は頻繁に行い、単純な事実を思い出すことに捧げる。[2]今日は、たびたび自分に次のように言う。

[3]私には奇跡を受け取る資格がある。

[4]奇跡が必要な状況が起きたときにはいつでも、奇跡を求めなさい。[5]あなたはそうした状況を認識するだろう。[6]あなたは自分に頼って奇跡を見つけようとしてはいないのだから、あなたがそれを求めるときはいつでも充分にそれを受け取る資格がある。

8. また、完璧な答え以下のもので満足してはいけないということも、覚えておきなさい。[2]誘惑にかられそうになったなら、すぐに自分に向かって次のように言う。

[3]私は奇跡を不満と取り替えることはしない。[4]私は自分に属しているものだけを望む。[5]**神**は、奇跡は私の権利であると定めた。

レッスン78

奇跡がすべての不満と入れ替わりますように。

1. 自分が下す決断はすべて、不満と奇跡のどちらかを選ぶ決断だということが、あなたにはまだ明らかではないかもしれない。[2]どの不満も、それが覆い隠そうとする奇跡の前に、憎しみの黒い盾となって立ちはだかる。[3]だから、あなたがそれを目の前に掲げると、その向こうにある奇跡は見えなくなる。[4]それでも奇跡はその間ずっと光の中であなたを待っているが、あなたのほうは奇跡ではなく不満を見つめている。

2. 今日、私たちは不満を超えて進み、そのかわりに奇跡を見つめる。[2]真に見えるようになる前に見るのをやめてしまわないようにすることで、あなたの見方を逆転させる。[3]私たちは憎しみの盾の前で待つのではなく、それを下に置き、そっと目を上げて、静寂の中で**神の子**を見る。

3. **神の子**はあなたの不満の向こう側であなたを待っている。あなたが不満を捨てるとき、以前はそれが立ちはだかっていた場所に、輝く光に包まれた**神の子**が姿を現すだろう。[2]どの不満も真の視覚をさえぎる障害であり、それが取り払われるたびに、あなたは**神の子**がこれまでも常にいたところに**神の子**を見るからである。[3]**神の子**は光の中に立っているが、あなたはこれまで闇の中にいた。[4]一つひとつの不満が闇を深めていったので、あなたは見ることができなかった。

4. 今日、私たちは**神の子**を見ようとする。[2]私たちは**神の子**に対して目をふさぐことはしないし、自らの不満を見ることもしない。[3]そのようにして私たちが、恐れから視線を離し、真理を見ようとして外に目を向けるとき、世界のものごとを見る見方も逆転する。[4]私たちは今日、あなたが不満の対象として用いてきた人をひとり選び、そうした不満を退けて、その人を見てみる。[5]その人は多分、あなたが恐れているか、憎んでさえいる人かもしれない。あるいは、あなたが自分ではその人を愛していると思っているのに、そのあなたを怒らせた人。または、あなたが友と呼んではいるが、時には気むずかしく、扱いにくく思える人。要求が高く、あなたを苛立たせる人。あなたがその人に与えた役割によれば、その人が受け入れなくてはならないはずの理想像に忠実に行動してくれないと思える人、などである。

5. 誰を選べばいいか、あなたにはもうわかっている。その人の名前はすでにあなたの心に浮かんでいるだろう。

[2]その人を、**神の子**を見せてほしいと頼む相手とする。[3]その人に対して抱いてきた不満の背後にいる本当の彼を見ることによって、あなたは、自分が彼を見ていなかったときには隠されていたものが、誰の中にも存在しているのを見ることができるということを学ぶだろう。[4]敵だった者が自由を与えられ、**聖霊**が定めた聖なる役割を担えるようになるとき、その人は友以上の存在となる。[5]今日、その人にあなたの救済者となってもらいなさい。[6]それが、**父なる神**の計画における彼の役割である。

6. 今日の長いほうの練習時間では、この役割を担っているその人を見る。[2]最初はその人を、あなたが今考えているままに心の中に思い浮かべる。[3]そしてその人の欠点、あなたとその人との間に起こった厄介な状況、その人があなたに引き起こした苦痛、その人の怠慢、そのほか、その人から与えられた大小さまざまな傷を思い返してみる。[4]欠点や長所をもったその人の体を見つめ、その人の間違いや「罪」についても考える。

7. その後、この**神の子**をその実相と真理において知っている**聖霊**に頼もう。私たちが彼を別な見方で見られるように。そして、私たちに与えられた救済者が、真の赦しの中で輝いているのを見られるように。[2]私たちは、**神**の聖なる**名**において、また**神ご自身**と同じく神聖な**神の子**の聖なる**名**において、**聖霊**に次のように頼む。

> [3]この人の中にいる私の救済者を、私に見せてください。**あなた**はこの人を、聖なる光へと導いてくれるよう私が頼むべき相手と定めました。私がその光の中にいるこの人とつながることができますように。

[4]肉体の目は閉じたままで、自分を悲しませたその人を思いながら、自分の不満を超えたところにあるその人の中の光を、自分の心の中で見せてもらえるように求める。

8. あなたが求めたものが拒否されることはありえない。[2]あなたの救済者は長い間これを待っていた。[3]彼は自由になり、彼の自由をあなたのものとするだろう。[4]**神の子**の中に分離のないことを見て、**聖霊**は彼からあなたに近づく。[5]そしてあなたが**聖霊**を通して見るものが、あなたたち二人を自由にするだろう。[6]今、静かにして、あなたの輝く救済者を見つめなさい。[7]彼の姿を覆い隠してしまう暗い不満は一つもない。[8]あなたが救われるようにと**神**が**聖霊**に与えた役割を、あなたが、彼を通して、**聖霊**が表現できるようにしたのである。

9. 今日、あなたがこうして静かな時を過ごし、自分で作ったイメージを退けて、そのかわりに**聖霊**が見せる愛という奇跡を見せてくれたことについて、**神**はあなたに感謝する。[2]世界と天国が一緒になってあなたに感謝する。[3]あなたが救われて、あなたとともに全世界が救われるとき、**神の想念**のどれ一つとして喜ばないものはないからである。

10. 今日は一日中、このことを覚えておき、自分で作り出した計画ではなく、**神**の救済計画の一部として私たちに与えられた役割を担おう。[2]出会う人一人ひとりが救いを差し伸べてくれるのを受け入れ、その人の光が私たちの不満の陰に隠れてしまうのを拒否するとき、誘惑は崩れ去る。[3]出会う人、心に思い浮かべる人、過去の記憶から思い出される人、その一人ひとりに救済者の役割が与えられるのを受け入れなさい。そうすればあなたもその役割をその人と共有できるようになるだろう。[4]あなたがた二人のために、また、真の視覚をもたないすべての者たちのためにも、次のように祈ろう。

[5]奇跡がすべての不満と入れ替わりますように。

レッスン79

問題が解決されるように、私が問題を認識できますように。

1. 何が問題なのかを知らなければ、それが解決されることはない。[2]それが本当はすでに解決されていても、あなたがそのことを認識しなければ、あなたにとってはその問題は存続していることになる。[3]これがこの世界の状態である。[4]分離という問題が事実上ただ一つの問題であり、それはすでに解決されている。[5]しかし、その問題が認識されていないので、解決法は認識されていない。

2. 世界中の誰もが個々に特有の問題を抱えているかに見える。[2]だが、それらはみな同じ問題であり、そのすべてを解決する唯一の解決法が受け入れられるためには、それらが一つのものとして認識されなければならない。[3]問題が何か別のものだと思い込んでいる者には、その問題がすでに解決されていることがわかるはずがない。[4]たとえ答えを与えられたとしても、その妥当性がわからない。

3. それが、今あなたが置かれている立場である。[2]あなたは答えをもっているのに、依然として何が問題なのか、確信がない。[3]次々とさまざまな問題が立ち現れ、一つが決着するとすぐにまた別の問題が生じるかに思える。[4]まるでそれらには終わりがないかのようである。[5]完全に問題が解決され、心安らかでいられる時間はまったくない。

4. 問題が数多くあると見なしたいという誘惑は、分離という問題を未解決のままにしておきたいという誘惑である。[2]世界はあなたの前におびただしい数の問題を提起し、そのどれもが異なった答えを要求しているように見える。[3]このように知覚することで、あなたは、自分の問題解決法は必ず不備なもので、失敗は避けられないという立場に置かれる。

5. 世界が抱えているかに見える問題のすべてを解決することなど、誰にもできはしない。[2]それらは、一見あまりにも多様な形と内容をもち、実に多くのレベルに存在しているため、解決不可能な状況をあなたにつきつけているように見える。[3]あなたがそれらのことを思うとき、狼狽と落胆を感じずにはいられない。[4]これまでの問題を解決したと思ったとたんに、予想もしていなかった別の問題が現れてくる。[5]そのほかの問題は否認という雲に隠れて未解決のまま残っており、ときどき浮かび上がってきてはあなたを悩ませるが、未解決のままで再び隠蔽されてしまう。

6. この複雑さはすべて、問題を認識しないことによって、それが解決されないようにするための必死の試みにほかならない。[2]問題がどのような形で現れようと、自分には分離という問題しかないということが認識できたなら、その答えの妥当性がわかるので、それを受け入れることができる。[3]目の前に立ちはだかるように見えるすべての問題の根底にある一様性を知覚することによって、あなたは自分がその全部を解決する手段をもっていることを理解するだろう。[4]そしてあなたは問題を認識するので、その手段を使おうとするだろう。

7. 今日の長いほうの練習では、何が問題で、何がその答えなのかを尋ねることにする。[2]すでに知っていると決めてかかってはいけない。[3]私たちが抱えていると思っている数多くの多様な問題のすべてから、私たちの心を自由にしようと試みる。[4]私たちにはただ一つの問題しかなかったのに、そのことを認識しそこなってきた、ということを実感しようと努める。[5]問題は何なのかを尋ね、答えを待つ。[6]答えは与えられるだろう。[7]それから、その解決法を求める。[8]そしてそれが与えられるだろう。

8. 今日の演習は、あなたが問題を自分で定義しようとしない度合いに応じて、うまくいく。[2]おそらく、あなたがもっている先入観のすべてを手放すことはできないが、その必要はない。[3]必要なことは、あなたが自分の問題だと思っているものの実在性について、いくらかでも疑ってみることだけである。[4]あなたは今、問題を認識することによって、その答えはすでに自分に与えられていることを認識しようとしている。それにより、問題と答えが一つところに運ばれて、あなたは平安を得ることができる。

9. 今日の短い練習は、時間的に規制するのではなく、必要に応じて行われる。[2]今日あなたは、それぞれに答えを求めている多くの問題を目にするだろう。[3]私たちは、ただ一つの問題とただ一つの答えがあるだけだと認識するよう努力する。[4]この認識の中で、すべての問題が解決される。[5]この認識の中に平安がある。

10. 今日は問題の形態に惑わされてはいけない。[2]何か困ったことが生じてくるように見えたときには、いつでも速やかに次のように自分に言う。

[3]問題が解決されるように、私がこの問題を認識できますように。

[4]そして、何が問題かについてまったく判断を下さないように努める。[2]もしできれば、少しの間、目を閉じて、問題は何なのかを尋ねなさい。[3]あなたの問いは聞かれ、答えが与えられるだろう。

レッスン80

私の問題がすでに解決されていることを認識できますように。

1. あなたが自分の問題を真に認識しようという気持ちになれば、自分には問題などないことがわかるだろう。[2]ただ一つの中心的問題にはすでに答えが与えられており、それ以外に、あなたに問題はない。[3]したがって、あなたは心安らかなはずである。[4]このように、救済は、この唯一の問題を認識して、それがすでに解決されていると理解することにかかっている。[5]一つの問題と一つの解決法があるだけである。[6]救済は達成されている。[7]葛藤からの自由はすでにあなたに与えられている。[8]その事実を受け入れなさい。そうすれば、あなたには**神**の救済計画の中の正当な場所につく用意が整う。

2. あなたのただ一つの問題は解決されている！ [2]今日は、感謝と確信をもってこのことを何度でも自分に繰り返しなさい。[3]あなたは自分のただ一つの問題を認識し、**聖霊**があなたに**神**からの答えを与える道を開いた。[4]あなたは欺瞞を退けて、真理の光を見た。[5]あなたは問題を答えのあるところまでもってくることによって、自分自身に救済を受け入れたのである。[6]そして問題を突き止めたので、あなたは答えを認識することができる。

3. 今日、あなたには平安を受け取る資格がある。[2]すでに解決されている問題が、あなたを悩ますことはありえない。[3]ただ、すべての問題は同じであるということを決して忘れずにいなさい。[4]あなたがこのことを覚えている限り、それらの数多くの形態があなたを欺くことはないだろう。[5]ただ一つの問題と、ただ一つの解決法。[6]この簡潔な声明がもたらす平安を受け入れなさい。

4. 今日の長いほうの練習では、問題と答えが一つところに運ばれたときに私たちのものとなるはずの平安を、当然の権利として要求する。[2]**神**の答えに失敗はありえないので、問題はなくなっているはずである。[3]一方を認識したあなたは、もう一方をも認識した。[4]解決法は問題に内在している。[5]あなたには答えが与えられており、あなたはそれを受け入れた。[6]あなたは救われている。

5. それではこれから、それを受け入れることによってもたらされる平安が、あなたに与えられるようにしよう。[2]目を閉じて、あなたの報奨を受け取りなさい。[3]あなたの問題が解決されていることを認識しなさい。[4]あなたは葛藤の外にいて、自由で、心安らかであることを認識しなさい。[5]何よりも、あなたには一つの問題があるだけで、その問題には一つの解決法があるだけだということを、覚えていなさい。[6]この中に、救済の単純さがある。[7]だからこそ、それは必ずうまくいくことが保証されている。

6．今日は、自分の問題は解決されているとたびたび繰り返し、自分自身を安心させなさい。[2]できるだけ頻繁に、深い確信を抱いてこの主題概念を繰り返す。[3]そして、特に、生じてくるあらゆる具体的な問題に対して、今日の概念を必ずあてはめるようにする。[4]そのときにはすぐに、次のように言う。

[5]私の問題がすでに解決されていることを認識できますように。

7．今日は、不満を貯め込まないという決意でいよう。[2]もとより存在しない問題から自由でいることを決意しよう。[3]その手段は、単に正直であることである。[4]何が問題かについて自分を欺むかずにいなさい。そうすれば、問題はすでに解決されていることを、あなたは必ず認識するはずである。

復習Ⅱ

序

1．ここで、私たちが二回目の復習をする準備が整った。[2]これから毎日、前回の復習が終わったところから始めて、二つずつ主題概念を復習する。[3]一日の前半はそのうちの一つの主題概念に、後半はもう一方の主題概念に捧げる。[4]それぞれの概念の練習として、長い練習を一回と、短い練習をたびたび行うことにする。

2．一日二回の長いほうの練習は次のように行う。それぞれ約一五分とし、主題概念とその演習課題に含まれているコメントについて考えることから始める。[2]およそ三～四分かけてコメントをゆっくりと読み、望むならば数回読み返した後、目を閉じて、耳を傾ける。

3．自分の心が取りとめのないことを考えていると感じられたなら、練習の第一段階を再度繰り返すが、なるべくなら練習時間の大半を、静かに傾聴することに用いるようにする。[2]あなたを待っているメッセージがある。[3]自分は必ずそれを受け取る、という自信をもちなさい。[4]それはあなたに属するものであり、あなたはそれを望んでいるということを、覚えていなさい。

4．気を散らされるような考えに出くわしても、あなたの決意をぐらつかせてはならない。[2]どのような形で現れるとしてもそうした考えには意味も力もないということを、しっかりと理解しなさい。[3]そしてそれらの考えを、必ず成功するという決意へと入れ替えなさい。[4]あなたの意志にはすべての空想や夢を上回る力があるということを、忘れてはならない。[5]その意志があなたを最後まで支え、それらを超えたところまで運んでいってくれると信頼していなさい。

5．これらの練習の時間を、道と真理と生命《いのち》に対する献身と見なそう。[2]わき道にそれたり、幻想や死の想念へと引きずり込まれることを拒否しなさい。[3]あなたは救済に献身しているのである。[4]毎日、自分の機能《はたらき》を成就されないままにはしないという決意で、その日に臨むようにしよう。

6．短時間の練習においても、自分の決意を再確認する。その際、一般的な適用には主題概念の元の形を用い、何か必要が生じたときは、より具体的な形を用いるようにする。[2]主題概念の記述に続くコメントの中に、いくつかの具体的な形が含まれている。[3]しかし、それらは単なる提案にすぎない。[4]重要なのは、あなたが使う言葉自体ではない。

レッスン81

今日、復習する主題概念は次の通りである。

1. **(61) 私は世の光である。**

[2]世界を光で照らすという機能《はたらき》を与えられている私は、何と神聖な存在だろう！ [3]自分の聖性の前で、私が静かでいられますように。[4]その穏やかな光の中で、私の葛藤のすべてが消えていきますように。[5]その平安の中で、本当の私が誰であるかを思い出せますように。

2. 何か特に困難なことが生じるように思えるときに、この主題概念を適用するための具体的な形としては、次のようなものがある。

[2]私が自分の中にある世の光を覆い隠してしまいませんように。

[3]世の光がこの状況の外観を貫いて輝きますように。

[4]光を前にすれば、この影は消えてしまう。

3. **(62) 赦しは、世の光としての私の機能《はたらき》である。**

[2]私は自分の機能《はたらき》を受け入れることを通して、自分の内なる光を見る。[3]そしてこの光の中で、私の機能《はたらき》は私の視覚の前に、はっきりと明瞭に現れるだろう。[4]何が自分の機能《はたらき》かを認識していなければ自分の機能《はたらき》を受け入れられない、ということはない。私はまだ赦しを理解していないからである。[5]それでも私は、いずれその光の中で、自分の機能《はたらき》をあるがままに見ることになると確信する。

4. この概念を応用するときの具体的な形には次のようなものがある。

[2]これが、私が赦しの意味を学ぶための助けとなりますように。

[3]私が自分の機能《はたらき》を自分の意志から分離させずにいられますように。

[4]私はこれを、自分の本性とは相容れない目的のためには使わない。

レッスン82

今日は、次の主題概念を復習する。

1.（63）**世の光は、私の赦しを通して、すべての心に平安をもたらす。**

[2]私の赦しが、私を通して世の光が表現されるための手段である。[3]私の赦しが、私が自分の内なる世の光に気づくための手段である。[4]私の赦しが、私自身とともに世界が癒されるための手段である。[5]だから、世界が私とともに癒されるように、私が世界を赦すことができますように。

2. この主題概念の具体的な応用の形としては、次のようなものが考えられる。

[2]［名前］さん、私の心からあなたの心へと平安が延長されていきますように。

[3]［名前］さん、私は世の光をあなたと共有しています。

[4]私の赦しを通して、私はこれをあるがままに見ることができる。

3.（64）**私が自分の機能《はたらき》を忘れずにいられますように。**

[2]私は自分の真の自己を思い出したいので、自分の機能《はたらき》を忘れたくない。[3]もし忘れるなら、私は自分の機能《はたらき》を全うすることができない。[4]そして自分の機能《はたらき》を全うしない限り、私は神が私のために意図する喜びを経験することはないだろう。

4. この概念の具体的な形としてふさわしいものには、以下のようなものがある。

[2]私がこれを、自分の機能《はたらき》を自分自身から隠すために使うことがありませんように。

[3]私はこれを、自分の機能《はたらき》を全うするための機会として使いたい。

[4]これは、私の自我を脅かすかもしれないが、私の機能《はたらき》をどのようにも変えることはできない。

レッスン83

今日は、次の主題概念を復習しよう。

1. **(65) 私の機能《はたらき》は、神が私に与えたものだけである。**

[2]私には**神**から与えられたもの以外の機能《はたらき》はない。[3]この認識が、すべての葛藤から私を解放する。なぜなら、それが意味することは、私には相互に葛藤する複数のゴールはありえないということだからである。[4]ただ一つの目的があるだけなので、何をすればいいのか、何を言えばいいのか、何を考えればいいのか、私には常に確信がある。[5]自分の機能《はたらき》は、**神**から与えられたものだけだと認めるとき、すべての疑いは必ず消え去る。

2. この主題概念の具体的な適用には、次のような形が考えられる。

[2]このことについての私の知覚が、私の機能《はたらき》を変えることはない。

[3]このことが、**神**から与えられた以外の機能《はたらき》を私に与えることはない。

[4]私がこれを口実に、**神**から与えられていない機能《はたらき》を正当化することがありませんように。

3. **(66) 私の幸せと私の機能《はたらき》はひとつのものである。**

[2]**神**からくるすべてはひとつのものである。[3]それらは一**体性**に由来しており、ひとつのものとして受け取られなければならない。[4]私の機能《はたらき》を全うすることが、私の幸せである。なぜなら、両方とも同じ**源**に由来しているからである。[5]そして私が幸せを見つけたければ、自分を幸せにするものを認識することを学ばなければならない。

4. この主題概念の具体的な適用に役立つ形としては、次のようなものがある。

[2]このことが、私の幸せを私の機能《はたらき》から分離することはできない。

[3]私の幸せと私の機能《はたらき》の一体性は、これにはまったく影響されない。

[4]このことを含めて、どんなものごとも、私の機能《はたらき》から離れた幸せという幻想を正当化することはできない。

レッスン84

今日の復習が対象とする主題概念は次の通りである。

1. **(67) 愛が私を、愛と同じに創造した。**

[2]私は自分の**創造主**の似姿である。[3]私は苦しむことも、損失を被ることも、死ぬこともありえない。[4]私は肉体ではない。[5]今日は自分の実相を認識したい。[6]私はどんな偶像も崇拝しないし、自分なりの自己概念を持ち出してきて私の**自己**のかわりとすることもしない。[7]私は自分の**創造主**の似姿である。[8]愛が私を、愛と同じに創造した。

2. この主題概念を適用するにあたり、次のような具体的な形が役立つかもしれない。

[2]この中に、私自身についての幻想を見ないでいられますように。

[3]これを見ながら、私が自分の**創造主**を思い出せますように。

[4]私の**創造主**はこれを、今私が見ているようには創造しなかった。

3. **(68) 愛は不満を抱かない。**

[2]不満は、愛にとって完全に異質のものである。[3]不満は愛を攻撃し、その光を見えにくいものとし続ける。[4]私が不満を抱いているなら、私は愛を攻撃している。だから、私の**自己**を攻撃していることになる。[5]そのようにして、私の**自己**が私にとって異質なものとなる。[6]今日、私は自分が誰であるかを思い出せるように、私の**自己**を決して攻撃しないと決意する。

4. この主題概念を適用するときは、次のような具体的な形が役に立つだろう。

[2]これは、私の真の**自己**を否認する正当な理由にはならない。

[3]私はこれを口実に、愛を攻撃することはしない。

[4]このせいで、私が自分自身を攻撃したくなりませんように。

レッスン85

今日の復習には以下の主題概念が含まれる。

1. (69) 私の不満が、私の中の 世の光 を隠している。

[2]私の不満が、存在していないものを私に見せて、私が見ようとするものを私から隠してしまう。[3]このことを認識していながら、いったい私は何のために不満など望むだろうか。[4]不満は私を闇の中にとどめ、光を隠してしまう。[5]不満と光は共存できないが、私が真に見るためには、光と心眼《ヴィジョン》がひとつにつながらなければならない。[6]真に見るためには、私は不満を退けなければならない。[7]私は見たいと思っている。だから、不満を退けることがそれに成功するための手段となる。

2. この主題概念の具体的な適用は、次のような形で行うことができる。

[2]私がこれを、視覚を遮るものとして使うことがありませんように。

[3]世の光が、その輝きによりこれらすべてを消し去るだろう。

[4]私にはこれは必要ない。[5]私は真に見たい。

3. (70) 私の救済は私の中から訪れる。

[2]今日、私は自分の救済がどこにあるかを認識する。[3]救済の**源**は私の中にあるので、救済も私の中にある。[4]それはその**源**から離れていないので、私の心からも離れてはいない。[5]私はそれを自分の外側に探すことはしない。[6]それは、外側で見出されてから中に持ち込まれるのではない。[7]そうではなく、それは私の内側から延びてゆき彼方に達するのであり、私が目にするあらゆるものが、私の中とそれら自体の中で輝く光を映し出すだけである。

4. 具体的な適用には次のような形が適している。

[2]これに誘惑されて、私が自分から離れたところに私の救済を探しませんように。

[3]私は、このことによって、自分の救済の**源**についての自覚を妨げられないようにする。

[4]このことには、私から救済を取り去る力はない。

レッスン86

今日、復習する主題概念は、次の通りである。

1．（71）**神による救済計画だけがうまくいく。**

[2]私が救済をやみくもに探しまわっているのは、馬鹿げている。[3]私は救済を多くの人々や多くのものごとの中に見てきたが、それに手を伸ばしてみると、それはそこにはなかった。[4]私はそれがどこにあるのかについて間違っていた。[5]それがどんなものであるかについても、間違っていた。[6]もうこれ以上、無為の探求を続けることはしない。[7]**神**の救済計画だけがうまくいく。[8]そして、**神**の計画は決して失敗することはないので、私は喜びを得るだろう。

2．この主題概念を具体的な状況にあてはめるための形として、次のようなものがあげられる。

[2]**神**の救済計画は、こうした知覚から私を救う。

[3]これは、私の救済のための**神**の計画における例外ではない。

[4]私がこれを、**神**の救済計画の観点からのみ知覚できますように。

3．（72）**不満を抱くことは、神の救済計画に対する攻撃である。**

[2]不満を抱くことは、**神**の救済計画がうまくいかないことを証明しようという試みである。[3]しかし、**神**の計画だけがうまくいく。[4]したがって、不満を抱くことによって、私は唯一の救済の望みを自分が自覚できないようにしていることになる。[5]私はこれ以上、このような狂ったやり方で私の最善の利益を台無しにしたくない。[6]私は**神**の救済計画を受け入れて、幸せになりたい。

4．この主題概念の具体的な適用は、次のような形で行うことができる。

[2]これを見ながら、私は誤った知覚か救済かの選択をしている。

[3]このことの中に不満の根拠を見るなら、私は自分の救済の根拠を見ることはないだろう。

[4]これには、攻撃ではなく、救済が必要である。

レッスン87

今日の復習は以下の主題概念について行う。

1. **(73) 私は光が現れることを意志する。**

[2]私は今日、自分の意志の力を使う。[3]影に怯えたり、目にも見えず実在してもいないものごとを恐れたりしながら、闇の中を手探りで探し回ることは、私の意志ではない。[4]今日は、光が私の導き手となる。[5]私は、それが導いてくれるところへとついていき、それが私に見せてくれるものだけを見よう。[6]今日、私は真の知覚がもたらす平安を経験する。

2. 具体的な状況にあてはめるには、次のような形が役に立つだろう。

[2]このことが、私が見ようとする光を隠すことはできない。

[3]［名前］さん、あなたは私と一緒に光の中に立っています。

[4]光の中では、これは違ったものに見えるだろう。

3. **(74) 神の意志のほかに意志はない。**

[2]**神の意志**のほかに意志はないので、今日、私は安全である。[3]別の意志があると信じるときにのみ、私は恐れる者となりえる。[4]私が攻撃しようとするのは、恐れているときのみであり、攻撃しようとするときにのみ、私は自分の永遠なる安全が脅かされていると信じるようになる。[5]今日、私は、このすべては一度も生じたことがなかったと認識する。[6]**神の意志**のほかに意志はないのだから、私は安全である。

4. 以下のような形が、この主題概念を具体的な状況にあてはめるときに使用できる。

[2]このことを**神の意志**に沿ったものとして知覚できますように。

[3]［名前］さん、あなたが**神の子**であることは、**神の意志**であり、私の意志でもあります。

[4]私がこのことをどのように見るとしても、これは私のための**神の意志**の一部である。

レッスン88

今日は以下の主題概念を復習する。

1．**(75) 光は訪れている。**

[2]攻撃ではなく救済を選ぶとき、私はすでにそこに存在するものを認識することを選んでいるにすぎない。[3]救済は、すでに下された決定である。[4]攻撃と不満は、選択できるものとしてそこに存在してはいない。[5]だから、私は常に、真理か幻想かのどちらかしか選択しない。それは、存在するものと存在しないものとの間の選択である。[6]光は訪れている。[7]私は光を選択する以外にない。なぜなら、それにかわる選択肢はないからである。[8]光は闇に取ってかわり、闇は消え去っている。

2．以下は、この主題概念を具体的にあてはめるために役立つ形である。

[2]これが私に闇を見せることはできない。光は訪れているからである。

[3]［名前］さん、私が見たいのはあなたの中にある光だけです。

[4]このことの中に、私は実在するものだけをみたい。

3．**(76) 私は、ただ神の法則のもとにある。**

[2]ここに、私の自由が完璧に宣言されている。[3]私は、ただ**神**の法則のもとにある。[4]ほかの法則を作り上げて、それらに自分を支配する力を与えてしまいたいという誘惑に、私は絶えずさらされている。[5]それらが実在すると私が信じていることが、私が苦しむ唯一の理由である。[6]それらは、私にまったく真の影響を及ぼさない。[7]私は**神**の法則以外のあらゆる法則の影響から完全に自由である。[8]そして**神**の法則は自由の法則である。

4．この主題概念を適用するときの具体的な形としては、次のようなものが役に立つ。

[2]このことについての私の知覚は、存在していない法則を私が信じていることを、私に教えている。

[3]このことの中に、私は**神**の法則だけが働いているのを見る。

[4]ここに、私の法則ではなく、**神**の法則を働かせることができますように。

レッスン89

今日、復習する主題概念は次の通りである。

1. (77) 私には奇跡を受け取る資格がある。

[2]私に奇跡を受け取る資格がある理由は、私が、ただ**神**の法則のもとにあるからである。[3]**神**の法則は私をすべての不満から解き放ち、それらの不満を奇跡と取り替える。[4]そして私は不満のかわりに奇跡を受け入れる。不満とはその向こうにある奇跡を隠している幻想にすぎない。[5]今、私は**神**の法則によって私が受け取る資格を与えられているものだけを受け入れ、それを**神**から与えられた機能《はたらき》に役立てられるようになりたい。

2. この主題概念を具体的に適用するときは、以下の例文を使うことができる。

[2]この背後に奇跡があり、私にはそれを受け取る資格がある。

[3]［名前］さん、私はあなたに不満を抱くことなく、そのかわりに、あなたのものである奇跡をあなたに差し出します。

[4]真に見るなら、これは私に奇跡を差し出している。

3. (78) 奇跡が、すべての不満と入れ替わりますように。

[2]この主題概念によって、私は自分の意志を**聖霊**の意志とひとつにし、その両方をひとつのものと知覚する。[3]この概念によって、私は地獄からの解放を受け入れる。[4]この概念によって、私は、**神**による私の救済のための計画に従って、自分の幻想のすべてを真理と取り替えてもらおうという意欲を表明する。[5]私はどんな例外も設けず、どんな代用もしない。[6]**神**が私にもたせようとする通りに、私は天国のすべてを、そしてただ天国だけを望む。

4. この主題概念を使うときに役に立つ具体的な形には次のようなものがある。

[2]私はこの不満を、私の救済から離れたところにもち続けたいとは思わない。

[3]［名前］さん、私たちの不満が奇跡と入れ替えられますように。

[4]このことの向こう側に、私のすべての不満と入れ替わる奇跡がある。

レッスン90

この復習には、以下の主題概念を使う。

1. (79) 問題が解決されるように、私が問題を認識できますように。

[2]問題とは常に、自分が大切にしようとしている不満の何らかの形だということを、今日、私が悟ることができますように。[3]また、解決法とは常に、私が不満と入れ替えさせる奇跡だということも、私が理解できますように。[4]私は今日、ただ一つの問題とただ一つの答えがあるだけだという学びを深めることにより、救済の単純さを忘れずにいたい。[5]問題とは不満のことであり、解決法とは奇跡のことである。[6]だから私は、不満を赦すことと、それと入れ替わる奇跡を歓迎することを通して、解決法を私のもとに呼び寄せる。

2. この主題概念の具体的な適用には、次のような形を使うことができる。

[2]これは、私が解決したいと思う問題を提起している。

[3]この不満の背後にある奇跡が、私のためにこの不満を解決してくれる。

[4]この問題に対する答えは、この問題が隠している奇跡である。

3. (80) 私の問題がすでに解決されていることを認識できますように。

[2]私にはいくつもの問題があるように見えるが、その理由は単に、私が時間を誤用しているからである。[3]私は、問題のほうが先に生じて、それが解決されるまでには時間が経過しなければならないと信じている。[4]問題と答えが同時に起こっていることが、私には見えていない。[5]その理由は、問題と答えが時間によって引き離されることのないように、**神**が答えを問題と同じところに置いたことを、私はまだ悟っていないからである。[6]私が頼めば、**聖霊**はそのことを私に教えてくれるだろう。[7]そして私は、自分にはすでに解決されていない問題はありえない、ということを理解するだろう。

4. この主題概念は以下のような形で、具体的に適用できる。

2 私はこれが解決されるのを待つ必要はない。
3 この問題に対する答えは、私がそれを受け入れるなら、すでに私に与えられている。
4 時間はこの問題をその解決から分離させることはできない。

レッスン91

奇跡は光の中で見える。

1. 奇跡には必ず心眼《ヴィジョン》が伴うと覚えておくことが重要である。[2]これは何度でも、頻繁に繰り返す必要がある。[3]これが、あなたが学んでいる新しい思考体系と、それが生み出す知覚における中心概念である。[4]奇跡そのものは常にそこにある。[5]あなたの心眼《ヴィジョン》が原因となって奇跡が現れるのではなく、あなたが見ることに失敗した結果、奇跡が消え去るのでもない。[6]変化するのは、あなたが奇跡を自覚するか否かということのみである。[7]光の中にいれば、あなたに奇跡が見えるが、闇の中にいるなら奇跡は見えない。

2. それならば、あなたにとって光は決定的に重要だということになる。[2]あなたが闇の中にいる間は、奇跡は見えないままである。[3]だから、あなたはそれが存在しないと確信している。[4]これは、闇を生じさせている前提からの当然の帰結である。[5]光を否定すれば、それを知覚できなくなる。[6]光を知覚できないということは、闇を知覚することである。[7]そうなると、光は存在していても、あなたには役立たない。[8]それがそこにあることがわからないので、あなたはそれを使うことができない。[9]そして、闇の見せかけの実在性が、光という概念を無意味にしてしまう。

3. 自分の目に見えないものがここにあると言われても、狂気としか聞こえない。[2]実在するものを見ずに、実在しないものを見ることのほうこそ狂気であるが、それを確信できるようになることは、非常に難しい。[3]あなたは肉体の目が見ることができると信じて疑わない。[4]肉眼があなたに見せているさまざまな形象が実在するということも信じて疑わない。[5]あなたの信仰心は、光ではなく闇に向けられている。[6]どうすればそれを逆に向けることができるだろうか。[7]あなたにはそれはできない。しかし、あなたがひとりでそれを行うのではない。

4. あなたの努力がいかにわずかなものでも、それは強力に支援されている。[2]それがどれほど強力なものか理解できさえしたなら、あなたの疑いは消え去るだろう。[3]今日私たちは、この強さをあなたに感じさせるための試みに専念する。[4]この強さが、すべての奇跡をあなたの手に届くものにしてくれる。その強さを自分の中に感じたとき、あなたは疑わなくなるだろう。[5]この内なる強さを感じるとき、自分の弱さの感覚で隠されている奇跡が、あなたの意識の中に飛び込んでくるだろう。

5. 今日は約一〇分間の静かな時間を三回確保して、自分の弱さを後にすることを試みる。[2]あなたが自分は肉体ではないと自分自身に教えるとき、これは非常に簡単に達成される。[3]信仰心はあなたが欲する対象へ向けられるものであり、それに従ってあなたは自分の心に指示を与える。[4]あなたの意志は今もあなたの教師であり、あなたの意志はそれが願うことを行うだけの強さを備えている。[5]もし自ら選択するなら、あなたは肉体から逃れることができる。[6]自分の内なる強さを経験することができる。

6. 長いほうの練習時間は、次のような真の因果関係を述べることから始める。

[2]奇跡は光の中で見える。
[3]肉体の目はこの光を知覚しない。
[4]しかし私は肉体ではない。[5]私は何なのだろう？

[6]以上の言葉の末尾にある問いが、私たちの今日の演習に必要なものである。[7]あなたが「自分」だと思っているものは、取り消されるべき信念である。[8]しかし、真のあなたが何なのかについては、あなたに開示されなければならない。[9]あなたが肉体であるという信念は間違いであり、訂正が必要である。[10]その間違いが覆い隠しているものをあなたに自覚させようとして、真のあなたの本性は、あなたの内なる強さに呼びかける。

7. あなたが肉体でないのだとしたら、あなたは何なのだろうか。[2]あなたの心の中にある肉体のイメージにかわるものとして聖霊が何を用いるのかを、あなたは自覚する必要がある。[3]肉体に捧げることをやめた信仰心を今度はどこへ向ければいいのか、その対象を実感する必要がある。[4]何か別のものについて実際に経験する必要がある。もっと実体があってもっと確実な何か、あなたの信仰の対象としてもっとふさわしく、真に存在している何かである。

8. あなたが肉体でないのだとしたら、あなたは何なのだろうか。[2]正直にこう尋ねなさい。それから、あなたの属性についての間違った考えが訂正され、その反対の考えと入れ替えられるように、数分間を捧げる。[3]たとえば、次のように言う。

[4]私は弱くはなく、強い。
[5]私は無力ではなく、力にあふれている。
[6]私は限定されたものではなく、無限である。
[7]私には疑いはなく、確信がある。
[8]私は幻想ではなく、実在する。
[9]私は闇の中で見ることはできないが、光の中では見る

ことができる。

9. 演習の第二段階では、あなた自身についてのこれらの真理を体験するように努める。[2]特に、強さを体験することに集中する。[3]すべての弱さの感覚は、あなたが肉体であるという信念に関連しているということを思い出しなさい。その信念は間違っていて、信仰の対象としてふさわしくはない。[4]ほんの一瞬でもよいから、それを信じるのをやめようと努力してみなさい。[5]進んでいくにつれて、あなたの中のもっと価値あるものに信を抱くことに慣れてくるだろう。

10. 残りの練習時間は、自分の努力が微々たるものであっても、それは**神**とすべての**神の想念**の強さによって充分に支えられていると確信しつつ、ゆったりとくつろぐ。[2]あなたの強さはそこから生じる。[3]その力強い支援により、あなたは自分の内に強さを感じる。[4]あなたがこれらの**神の想念**が目指すのと同じ目的を共有するこの練習の時間には、**神の想念**はあなたとひとつになっている。[5]その強さはあなたのものでもあるので、これらの**想念**の光の中で、あなたは奇跡を見る。[6]あなたが真に見ることができるように、その強さがあなたの目となる。

11. ほぼ同じ間隔を置きながら、一時間に六、七回、奇跡は光の中で見えるということを思い出す。[2]また、誘惑に出会ったら、必ず今日の主題概念を用いることを忘れないようにする。[3]この特別な目的のためには、次の形が役に立つ。

[4]奇跡は光の中で見える。[5]この誘惑を理由に、私が目を閉じないでいられますように。

レッスン92

奇跡は光の中で見え、光と強さはひとつのものである。

1. 今日の主題概念は前回の延長である。[2]あなたは光を強さとして考えてはいないし、闇を弱さとして考えてもいない。[3]その理由は、見るということが何を意味するかについてのあなたの考えが、肉体や肉眼や頭脳に結びついているからである。[4]だからあなたは小さなガラスのかけらを目の前に置くことで、自分に見えるものを変えられると信じている。[5]これは自分が肉体であり、肉体の目は見ることができるという確信から生じる数多くの魔術的な信念の一つである。

2. あなたはまた、肉体の頭脳が考えることができると信じている。[2]もしあなたが想念というものの本質を理解していれば、このような狂った概念は笑い飛ばせるはずである。[3]それはまるで、自分がもっているマッチで太陽に光をともし、あれだけの熱を生じさせることができると思うようなものである。あるいはまた、自分で手放すまでは、世界をしっかりと手の内に握っていられると思うようなものである。[4]しかし、肉体の目が見たり頭脳が考えたりできると信じる愚かさも、これらの喩えと同じくらい愚かなことである。

3. あなたの中にある**神**の強さこそが、あなたが真に見るときにあなたを包む光である。同様に、あなたが真に考えるときには、**神の心**とともに考える。[2]**神**の強さはあなたの弱さを否定する。[3]あなたの肉体の目を通して見ている主体はあなたの弱さであり、それは闇の中を凝視し、小さき者、弱き者、病んで死にゆく者、困窮する者、惨めな者、恐れる者、悲しむ者、貧しい者、飢えた者、喜びなき者など、自分の似姿を見ている。[4]こうしたものは、見る力も祝福する力もない目によって、見られているものである。

4. 強さは外見を素通りすることによって、そうしたものを看過する。[2]強さは、それらすべてを超えたところにある光をじっと見据える。[3]強さは、自らが一部をなすその光とひとつになる。[4]それはそれ自体を見る。[5]それは光をもたらし、その中であなたの真の**自己**が現れる。[6]闇の中では、あなたはそこに実在しない自己を知覚する。[7]強さこそが、あなたについての真理である。弱さとは、誤って崇拝され、熱愛されている偶像であり、強さを追い出し、**神**が光のあるべき場所と定めたところで闇の支配を可能にするためのものである。

5. 強さは真理から生じ、その**源**から与えられている光で輝くが、弱さはそれを作り出した者の闇を映し出す。[2]弱さは病んでおり、自分と同様の病んだものを見る。[3]真理は救い主であり、すべての者に幸福と平安を意志するだけである。[4]それは求める者なら誰にでも、その強さを無限に与える。[5]それは、誰かひとりの中にある欠乏はすべての者の欠乏であると見る。[6]だから、誰もが見ることができ、ひとつのものとして恩恵を受けることができるように、自らの光を与える。[7]目的と赦しと愛のうちにすべての者をひとつにする奇跡を、すべての者にもたらすことができるように、その強さは共有される。

6. 弱さは闇の中で見ているので、愛と赦しの中にある目的が見えない。[2]弱さは、ほかのすべてが自分とは違っており、分かち合いたいものなど世界中に一つもないと見ている。[3]それは裁き、咎めるが、愛することはない。[4]隠れるために闇の中にとどまり、ただ闇の中で肥大し続ける制限の数々を前にして、自分はそれらを打ち負かす強き征服者だという夢を見る。

7. 弱さは恐れ、攻撃し、自分を憎むので、それが見る一切を闇が包み、自分の夢を自らと等しく恐ろしいものにする。[2]ここには奇跡はなく、あるのは憎しみだけである。[3]光と強さは自らをひとつのものと知覚するのに対し、弱さは見る対象から自らを切り離す。[4]強さの光というものは、今あなたに見えている光とは違う。[5]この光は変化することがなく、ゆらゆらと明滅して消えてしまうこともない。[6]夜から朝へ、昼から夜へと移り変わるように、光が現れたり去ったりすることもない。

8. 強さの光は不変であり、愛と同じく確実で、いつまでも喜んで自らを与え続ける。この光は自分自身に与えずにいることはできないからである。[2]その視覚を共有したいと求めて、それが叶わない者はいない。また、その住まいに入る者で、奇跡を見て、自らの胸《こころ》に強さと光を宿すことなく、そこを出る者はいない。

9. あなたの内なる強さは光をもたらし、あなたが真に見えるように導くので、あなたは肉体の目が自己欺瞞のために提供する無益な幻影のもとに長居はしない。[2]あなたの中で強さと光がひとつになり、あなたの真の**自己**が、それらが出会うところであなたを**自らのもの**として抱擁しようと待っている。[3]そこが、今日私たちが見出して安らぎの場にしようとしている出会いの場所である。あなたの真の**自己**である**神の子**が自らと再び出会い、ひとつになれるのを今も待っているその場所に、**神**の平安があるからである。

10. 今日はこの出会いに加わるために、二〇分間の練習を二回行う。[2]あなたが真の**自己**のもとへと運ばれていくままにする。[3]この**自己**の強さが光であり、その光の中で、あなたに真の視覚の贈り物が与えられるだろう。[4]だから、今日は少しの間、闇から離れなさい。私たちは光の中で見る練習をする。肉体の目を閉じ、自己が**自己**に出会う場所、すなわち光と強さがひとつである場所の見つけ方を教えてくれるように、真理に求める。

11. 朝と夜に、このように練習する。[2]朝の出会いの後は、夜に再び信頼を抱いて出会うときのために準備をしながら一日を過ごす。[3]今日の概念をできるだけたびたび繰り返そう。そして、私たちは真の視覚を体験しようとしていることや、闇から離れて、奇跡だけが知覚できるところである光に向かって導かれている、ということを、認識しよう。

レッスン93

光と喜びと平安が私の中に宿っている。

1. あなたは自分の中には悪と闇と罪が住みついていると思っている。[2]もし誰かがあなたの真の姿を見たなら、毒蛇を見たときのように飛びのき後ずさりするだろうと思っている。[3]そしてもし自分についての真理が目の前に露顕されたなら、あまりの恐ろしさにおののき、それを見てもなお生き続けることなどできないので、すぐにでも自分の手で死のうとするだろうと思っている。

2. こうした信念はあまりにしっかりと定着しているので、それが虚無に基づく信念であることがあなたにわかるように助けることは、難しい。[2]あなたが間違いを犯してきたことは明らかである。[3]あなたが奇妙なやり方で救済を探し求めてきたことも、欺かれ、欺き、愚かな空想や残酷な夢を恐れてきたことも、また、塵でできた偶像に頭を下げてきたことも、今あなたが信じていることに照らして考えれば、すべて事実である。

3. 今日、私たちはこのことを疑問視してみる。あなたの所見に基づく観点からではなく、そうした無益な考えが無意味となるような別の基準枠から、疑問を投げかける。[2]そうした考えは**神の意志**と一致するものではない。[3]そのような奇妙な信念を、**神**はあなたと共有してはいない。[4]これだけでも、それらが誤っていることの証明に充分であるが、あなたはそのようには知覚していない。

4. あなたが為したと思っているすべての悪は一度も為されたことはないと保証されて、なぜあなたは大喜びしないのだろうか。あなたの罪がすべて無であることも、あなたが創造されたままに清らかで神聖であることも、光と喜びと平安があなたの中に宿っていることも、たしかに保証されている。[2]あなたがもっている自分自身のイメージは、**神の意志**に対抗しきれるものではない。[3]あなたはこれが死だと思っているが、それは生命《いのち》である。[4]あなたは自分が破壊されていると思っているが、救われている。

5. あなたが作り出した自己は**神の子**ではない。[2]だから、その自己は、まったく存在していない。[3]そしてその自己が行《おこな》ったり考えたりしているように見えることは、すべて何の意味もない。[4]それは善でもなく、悪でもない。[5]実在していないという、ただそれだけのことである。[6]それは**神の子**と戦うことはない。[7]**神の子**を傷つけることも、その平安を攻撃することもない。[8]それは被造物を変化させてはいないし、永遠の無罪性を罪と化したり、愛を憎悪に貶《おとし》めたりはしなかった。[9]あなたが作り出した自己は**神の意志**に逆らおうとしているというのに、それが一体どんな力をもちえるだろうか。

6．あなたの無罪性は**神**により保証されている。[2]このことは、受け入れられるまで、何度でも繰り返されなければならない。[3]これは真理である。[4]あなたの無罪性は**神**により保証されている。[5]何ものもそれに触れることはできず、永遠のものとして**神**が創造したものを変えることはできない。[6]あなたが作り出した邪悪で罪にまみれた自己は、無意味である。[7]あなたの無罪性は**神**により保証されており、光と喜びと平安があなたの中に宿っている。

7．救済に必要なのは、ただ一つの考えを受け入れることだけである。すなわち、あなたは**神**が創造したままのものであり、自分で作り出したものではないという考えである。[2]あなたが自分がどんな悪を為したと思っていても、あなたは**神**が創造したままのあなたである。[3]あなたがどんな間違いを犯したとしても、あなたについての真理は変わっていない。[4]被造物は永遠であり、変わることはない。[5]あなたの無罪性は**神**により保証されている。[6]あなたは今も、これからも、永遠に、創造されたままのあなたである。[7]光と喜びと平安は、**神**があなたの中に置いたので、あなたの中に宿っている。

8．今日の長いほうの練習は、あなたが起きている間、毎時、最初の五分間をそのために使えば最も有益である。あなたの創造についての真理を次のように述べることから始める。

[2]光と喜びと平安が私の中に宿っている。
[3]私の無罪性は**神**により保証されている。

[4]それから、あなたの愚かな自分像を脇に退けて、残りの練習時間はあなたが自分に定めたもののかわりに**神**があなたに与えたものを体験しようと努める。

9．あなたは**神**が創造したものであるか、あなたが作り出したものであるか、どちらか一つである。[2]一なる**自己**が本物であり、もう一方は存在しない。[3]あなたの一なる**自己**の一体性を体験しようと試みなさい。[4]その**聖性**とその源である愛の真価を味わうよう努めなさい。[5]**神**があなたとして創造した**自己**を妨害しようとしてはならない。[6]その代替としてあなたが作り出した邪悪さや罪深さという小さな偶像たちの背後に、その**自己**の偉大さを隠してはならない。[6]その**自己**を**それ自身**の中に入ってこさせよう。[7]ここにあなたが存在し、これが真のあなたである。[8]これが真実だからこそ、光と喜びと平安があなたの中に宿っている。

10. あなたは、毎時最初の五分間をこの練習に使う気分になれないかもしれないし、そうしたくてもできないかもしれない。[2]しかし、できる限りその努力をしなさい。[3]少なくとも、毎時、次の考えを繰り返すことを覚えておく。

[4]光と喜びと平安が私の中に宿っている。
[5]私の無罪性は**神**により保証されている。

[6]それから少なくとも約一分間、目を閉じ、これがあなたについての真理を語る言葉であることを実感しようと努める。

11. もし不安になりそうな状況が起きたなら、すぐにこれらの考えを繰り返し、恐れの幻想を払いのける。[2]誰かに対して怒りを感じそうになったら、その人に対し声を出さずに次のように言う。

[2]光と喜びと平安があなたの中に宿っている。
[3]あなたの無罪性は**神**により保証されている。

[5]今日あなたは、世界の救済のために多くを為すことができる。[6]救済のために**神**があなたに託した役割にさらに近づくために、多くを為すことができる。[7]そして、今日の概念がまさしく真実であるという確信をあなたの心にもたらすためにも、今日、あなたは多くを為すことができる。

レッスン94

私は神が創造したままの私である。

1. 私たちは今日、完全な救いをもたらす唯一の概念を続けて学んでいく。これは、あらゆる形の誘惑の力を消し去る唯一の声明であり、自我を沈黙させ、すっかり無に戻すことができる唯一の考えである。[2]あなたは**神**が創造したままのあなたである。[3]世界の音という音は静まり、世界の光景はかき消され、これまでに世界が抱いたことのあるすべての考えが、この概念一つで永久にぬぐい去られる。[4]ここで救済が達成される。[5]ここで正気が回復される。

2. 真の光は強さそのものであり、強さとは無罪性である。[2]もしあなたが、**神**が創造したままであるのなら、あなたは強いはずであり、光があなたの中にあるはずである。[3]あなたの無罪性を確保した**存在**は、間違いなく強さと光も保証しているはずである。[4]あなたは**神**が創造したままのあなたである。[5]闇は**神の子**の栄光を隠すことはできない。[6]無罪性の中で創造され、永遠にその中にとどまり続けるあなたは、罪とは無縁のまま力強く、光の中に立っている。

3. 今日は、再び、朝起きてから夜の就寝までの間、一時間ごとにはじめの五分間を内なる真理を感じるための時間とする。[2]この探求の時間を次の言葉で始めよう。

[3]私は**神**が創造したままの私である。
[4]私は永遠に**神の子**である。

[5]さあ、あなたの中の**神の子**に到達しようとしてみなさい。[6]これが、一度も罪を犯したことがなく、実相のかわりとなる形象を作り出したこともない**自己**である。[7]これが、**神**の内なるわが家から離れて世界をあてどなくさまよったことのない**自己**である。[8]これが、恐れを知らず、損失や苦しみや死など思いつくことさえできない**自己**である。

4. このゴールに到達するために求められることは、ただ、あらゆる偶像や自分像を退け、自分のものとしてきた属性のよいものも悪いものもすべて素通りして、真理を静かに待ち望むことだけである。[2]求める者なら誰にでもそれが開示されると、**神ご自身**が約束した。[3]あなたは今それを求めている。[4]**神**に失敗はないので、あなたも決して失敗しない。

5. もし一時間ごとに五分間練習するという決まりを守

れないときは、少なくとも一時間に一度は、次のことを思い出すようにする。

[2]私は**神**が創造したままの私である。
[3]私は永遠に**神の子**である。

[4]今日一日、**神**が創造したままの自分であると、何度も自分に繰り返そう。[5]そして、あなたを苛立たせるように思える人に対して、必ず次の言葉で応えるようにする。

[6]あなたは**神**が創造したままのあなたである。
[7]あなたは永遠に**神の子**である。

[8]今日、毎時間ごとの練習を欠かさないように、できる限りの努力をしなさい。[9]その毎回の練習が、解放へと向かう大きな一歩となり、このコースが提示する思考体系を学ぶ道の一里塚となることだろう。

レッスン95

私は創造主と一体の一なる自己である。

1．今日の主題概念は、**神**が創造したままのあなたを正確に描写している。[2]あなたは自らの内でひとつであり、**神**ともひとつである。[3]全被造物の一体性があなたの一体性である。[4]あなたの完璧な一体性のゆえに、あなたの中では変化というものは起こりえない。[5]あなたはこのことを受け入れてはいない。そして、そうであるはずだと気づくこともできずにいるが、その唯一の理由は、あなたは自分がすでに自分自身を変えてしまったと信じているからである。

2．あなたが見ている自分自身は、**神**の被造物を模倣した滑稽な紛《まが》いものである。すなわち、弱く、意地悪く、醜く、罪深く、哀れで、苦痛にさいなまれる者である。[2]それが、あなたが自分で作り出したあなたである。**神**から分離し、互いに争い合う無数の部分に分割された自己であり、あなたが祈りを捧げる不安定で気まぐれな作り主により、やっとのことで保たれている自己である。[3]その作り主の耳は塞がれているので、あなたの祈りを聞くことはない。[4]それは盲目なので、あなたの中の一なるものを見ることはない。[5]それは分別もなく何も理解しないので、あなたが**神の子**であることがわからない。

3．私たちは今日、聞くことも見ることもできて完全に理にかなっているものだけを、自覚するよう努める。[2]再び、**創造主**と一体であるあなたの一なる**自己**に達するための演習を行う。[3]忍耐と希望をもって、今日も再びこれを試みる。

4．今のあなたの学びの段階では、起床から就寝までの毎時間ごとに、最初の五分間をその日の概念の練習にあてることには、特別な利点がある。[2]この時点でもっと長い練習をしようとしたなら、あなたの心が散漫になるのを防ぐことは難しい。[3]あなたもすでにこのことに気づいているはずである。[4]あなたは自分の心がどれほど規律を欠いているか、そしてどれほど心の訓練が必要かを見てきた。[5]こうしたことは真にあなたの進歩を妨げるものなので、あなたはこのことを自覚しておく必要がある。

5．この時点では、たびたび行う短時間の練習にはもう一つの利点がある。[2]あなたは注意を持続することの難しさを認識したし、さらに、何度も繰り返して自分に目的を思い出させない限り、長い時間それについて忘れてしまうことにも気づいたはずである。[3]あなたはその日の概念の短いほうの適用練習をたびたび忘れるうえに、誘惑に対したときの自動的な対応としてその概念を用いるという習慣をまだ身につけていない。

6. だからこの時点では、ゴールをたびたび思い出して、その達成を定期的に試みるための枠組みが必要である。[2]時間的な規則性は、救済の練習を最も有益な形とするための理想的な条件ではない。[3]しかし、動機が一貫せず、学びに対する防衛が固い者にとっては利点がある。

7. したがって、私たちはしばらくの間、毎時五分間の練習を続け、できるだけそれを怠らないようにしなければならない。[2]一時間ごとにはじめの五分間を使うことは堅固な枠組みとなるので、特に役立つだろう。[3]しかしこのスケジュールを守れなかったときでも、それを口実にして、なるたけ早く練習に戻ることをやめてしまってはいけない。[4]おそらく、もはや要求されたことに応えられなかったという理由で、その日の練習は失敗したと見なしたい誘惑にかられるだろう。[5]だがこれも、ただその正体を認識することが必要なだけである。すなわち、それは自分の誤りが正されることに対する拒否反応であり、再び練習に取り組みたくはないという気持ちである。

8. あなたの間違いによって、**聖霊**の指導に遅延が生じることはない。[2]**聖霊**を妨げるのは、誤りを放棄したくないというあなたの気持ちだけである。[3]したがって、特にこの一～二週間は、私たちの勤勉さが減退したり、毎日の主題概念の練習のための指示に従うことに失敗したりしても、そういう自分を喜んで赦そうと決めておきなさい。[4]このように弱さに寛容になることによって、私たちはそれを看過できるようになり、私たちの学びを遅らせる力を弱さに与えずにすむ。[5]もし私たちが弱さにそうした力を与えるなら、私たちはそれを強さと見なし、強さと弱さを混同していることになる。

9. あなたがこのコースの履修課題をうまくこなすことができないとき、あなたは単に間違いを犯しただけである。[2]これには訂正が必要であり、必要なのはそれだけである。[3]間違いが存続するままにしておくことは、最初の間違いに基いてそれを補強し、さらなる間違いを犯すことである。[4]こうしたプロセスを、私たちは放棄しなければならない。それは、あなたが真理に対抗して幻想を防衛しようとするもう一つのやり方にほかならないからである。

10. こうした誤りの正体を認識することによって、それらをすべて手放しなさい。[2]それらは、あなたが一なる**自己**であることをあなたに自覚させずにおこうとする試みである。その**自己**は、**創造主**とも、被造物のあらゆる側面ともひとつである**自己**、無限なる平安と力がみなぎる一なる**自己**である。[3]これが真理であり、このほかに真実なものはない。[4]今日、私たちは再びこの真理を肯定し、これだけが真理であることを疑わない内なる場所を、あなたの中に見つけることを試みる。

11. 今日の練習は、あらん限りの確信を抱いて、以下の言葉で自分の心を安心させることから始める。

[2]私は一なる**自己**である。**創造主**とも、被造物のあらゆる側面ともひとつである**自己**、無限なる平安と力がみなぎる一なる**自己**である。

[3]それから目を閉じ、これらの言葉の意味があなたの心の中に滲み入り、誤った考えと入れ替わるようにしながら、もう一度ゆっくりと思いを込めて次のように自分に告げる。

[4]私は一なる**自己**である。

[5]これを何度か繰り返し、それからこの言葉から伝わってくる意味を感じようと試みる。

12. あなたは光と喜びと平安の中で一体にして安全な、一なる**自己**である。[2]あなたは一なる**創造主**と一なるゴールをもった**神の子**であり、一なる**自己**である。真の創造が**神**の全体性と一体性を延長していくことができるように、この一体性の自覚をすべての心にもたらす**神の子**である。[3]あなたは、世界から闇のベールを取り去り、あなた自身についての真理を世界に教えるために、内なる光を放つ力をもった一なる**自己**であり、完全で、癒されており、全一である。

13. あなたは一なる**自己**であり、今ある一切のものと、これから生じる一切のものと完璧に調和している。[2]あなたは一なる**自己**であり、その**自己**の内で兄弟と一体であり、**父なる神の意志**の内に**父**と一体の神聖な**神の子**である。[3]この一なる**自己**を自分の内に感じ、その光にあなたのあらゆる幻想と疑いを消し去ってもらおう。[4]これが、あなたの**自己**であり、**神ご自身**を**父**にもつ**子**である。自らの**創造主**と同じく罪はなく、**創造主**の強さがあなたの内に保たれており、**創造主**の**愛**が永遠にあなたのものである。[5]あなたは一なる**自己**であり、あなたはこの**自己**を自分の内に感じることができ、自分の中の神聖な真理でありこの**自己**でもある一なる**心**から、あらゆる幻想を追放することができる。

14. 今日は、忘れてはならない。[2]私たちはあなたからの助けを必要としている。それは、この世界全体に幸福をもたらすためにあなたが受けもっている小さな役割である。[3]そして天国は、今日、必ずあなたが忘れないように努力すると確信し、見守っている。[4]だから、あなたのものでもあるその確信を共有しなさい。[5]油断せずにいなさい。[6]今日は、忘れてはならない。[7]一日を通して自分のゴールを忘れていないでいなさい。[8]今日の概念をできるだけたびたび繰り返しなさい。そうするたびに、誰かがその希望の声を聞き、その人の心の中で、真理が目覚め始め、平安が優しくその翼を広げることになると、理解しなさい。

15. あなたが自分は**父**と一体の一なる**自己**だと承認することが、すなわち世界に対し自分と一つになるようにと呼びかけることである。[2]今日は出会う人すべてに対し、今日の概念の約束を必ず与えるようにし、次のように言おう。

[3]あなたは私とともに、一なる**自己**であり、この**自己**の中で私たちは**創造主**と一体である。[4]私は自分の**本性**と、私たち二人を**一なるもの**として愛する**神の本性**のゆえに、あなたを尊重する。

レッスン96

救済は私の一なる自己から訪れる。

1. あなたは一なる**自己**であるのに、善と悪、愛する者と憎む者、心と肉体という、二つのものとして、自分を経験している。[2]この対立する二つのものに分離した感覚は、鋭く絶え間ない葛藤の気持ちを引き起こすので、自分についてのこの知覚の矛盾した側面を和解させようとして必死の努力がなされる。[3]あなたもたくさんのそうした解決策を模索してきたが、どれもうまくいかなかった。[4]あなたが自分の中に見ている正反対の二つのものは、決して両立しない。[5]そのうちの一方しか存在していない。

2. もしあなたが救われたいのなら、自分でどんなに努力しようと、どんな手段を用いようと、どこに問題を見ていようと、真理と幻想は和解させられないという事実が受け入れられなければならない。[2]このことを受け入れるまで、あなたは数限りない到達不可能なゴールを試そうとする。そのどれもが以前の試みと同じく不毛であり、次の試みと同様に必ず失敗し、時間や努力、希望や疑いを浪費し続ける。

3. 意味のない問題は、それが設定されている枠組みの中では解決されない。[2]葛藤する二つの自己は解決できず、善と悪には接点がない。[3]あなたが作り出した自己は、決してあなたの真の**自己**にはなりえず、あなたの真の**自己**は、二分されるなら、永遠に変わらぬ一なる**自己**のままでいることはできない。[4]心と肉体の両方が実在することはありえない。[5]この二者を和解させようとするのはやめなさい。一方は他方の実在性を否定するものだからである。[6]もしあなたが物質的存在だというのなら、そのような自己概念からは、あなたの心は除外されている。その中には、あなたの心が真にあなたの一部となりうる余地はないからである。[7]もしあなたが霊であるなら、肉体はあなたの実相にとって無意味なはずである。

4. 霊は**自己**を表現する手段として心を用いる。[2]そして、霊に仕える心は安らかであり、喜びに溢れている。[3]その力は霊からもたらされ、ここでの自らの機能《はたらき》を幸せに全うしている。[4]しかしまた、心は自らを霊から切り離されたものとして見て、自らを肉体と混同し、肉体の中に自分を知覚することもできる。[5]そのとき本来の機能《はたらき》をもたない心に平安はなく、それが抱く考えは幸福からはかけ離れたものとなる。

5. しかし霊から離れた心は思考することができない。

[2]自らの強さの**源**を否認しており、自らを無力で限定された弱き者と見ている。[3]今や本来の機能《はたらき》から解離された心は、自分が孤独で分離しており、包囲する敵に攻撃されて肉体の脆弱な砦の中に隠れていると考える。[4]そうして、今や心は、異質のものを同質のものと和解させなければならなくなるが、それは、そうすることが自分が存在する目的だと考えるからである。

6. もはや、これ以上こうしたことに時間を浪費してはならない。[2]夢が見せている無意味な葛藤を、いったい誰が解決できるだろう。[3]それを解決することが、真理において何の意味があるだろう。[4]それがどういう目的に役立つのだろう。[5]何のためにそうするのだろう。[6]救済は、幻想を解決することもできなければ、存在してもいない問題を解決することもできない。[7]おそらく、あなたはそれができればいいと望んでいる。[8]だがあなたは、愛する**わが子**を解放するための**神**の計画が、**神の子**に苦痛をもたらし、彼を自由にできないようなものであってほしいのだろうか。

7. あなたの**自己**は**自らの想念**を保持しており、その**想念**はあなたの心と**神の心**の中にとどまっている。[2]**聖霊**はあなたの心の中に救済を保ち、心に平安への道を差し出す。[3]救済はあなたが**神**と共有する想念である。なぜなら、**神からの声**があなたにかわって救済を受け入れ、あなたの名において救済が達成されたと答えたからである。[4]救済は、このようにして、あなたの**自己**があなたにかわって愛しみ、大切に抱いている**想念**の一つとして保持されている。

8. 私たちは今日、この想念を見つけ出すことを試みる。それがあなたの心の中に存在していることは、あなたの一なる**自己**からあなたに向かって語りかける**聖霊**が保証している。[2]毎時行う五分間の練習では、あなたの心の内に**聖霊**を探す。[3]救済は、一なる**自己**とあなたの心の架け橋である**聖霊**を通して、一なる**自己**から訪れる。[4]忍耐強く待ちなさい。そして、あなたの**自己**について、また、**自己**に回帰し**自己の意志**に仕える自由を得たあなたの心に何ができるのかについて、**聖霊**に語ってもらおう。

9. 次のように言いながら練習を始める。

[2]救済は私の一なる**自己**から訪れる。[3]その**自己の想念**は私のものであり、私が使うことができる。

[4]そして、その**自己の想念**を探し、それらをあなた自身のものとして宣言する。[5]これらがあなたが否認したあなたの真の想念である。あなたはこれらの想念のかわりに幻想を探し出すために、自分の心を夢の世界にさまよわせた。

[6]ここにあなたの想念があり、これらだけがあなたの想念であるのだから、そこにそれを見つけよう。[7]救済はそうした想念の中にあるのである。

10. 練習がうまくいけば、あなたに浮かんでくる考えが、あなたが救われていることをあなたに知らせ、あなたの心が失くしてしまおうとした機能《はたらき》が見つかったことを告げるだろう。[2]あなたの**自己**はあなたの心を喜んで迎え入れ、平安を与える。[3]強さを回復した心は、再び**霊**から流れ出て、**霊**が**それ自体**と同じものとして創造したすべてのものの中に宿る**霊**へと達するだろう。[4]あなたの心はすべてを祝福する。[5]混乱は終わり、あなたは取り戻された。あなたが真の**自己**を見出したからである。

11. あなたの**自己**は、あなたが今日は失敗しないと知っている。[2]あなたの心はまだ少しの間、不確かなままかもしれない。[3]だからといって、落胆することはない。[4]あなたの**自己**は**自ら**が体験する喜びをあなたのためにとっておき、いずれあなたはそれが自分のものであることを完全に自覚するだろう。[5]あなたの心と一なる**自己**をつなぐ**聖霊**を探して毎時五分間の練習をするたびに、あなたは自分のために保管されることになる宝を、**聖霊**に差し出しているのである。

12. 今日あなたは、自分のあくせくした心に向かい、救済は一なる**自己**からやってくると言い聞かせるたびに、増え続けるあなたの宝の山にもう一つ宝を積み上げることになる。[2]そしてそのすべては、それを求め、その贈り物を受け入れようとする者なら誰にでも与えられる。[3]だから今日、あなたが与えることができるようにあなたに与えられているものが、どれほどたくさんあるかを、考えてみなさい。それはあなたが与えることで、あなたに対して与えられるものである。

レッスン97

私は霊である。

1. 今日の主題概念は、あなたが一なる**自己**と同一であると告げる。[2]分裂したアイデンティティーは受け入れず、対立する要素を絡《から》め合わせて一体性を織り上げようともしない。[3]ただ単純に真理を述べる。[4]あなたの心を戦場から平和で静かな場所《ところ》へと運ぶこの真理を、今日はできるだけ何度も練習する。[5]あなたの心の狂気が赦され、分裂したアイデンティティーという幻想が放棄されたので、どんな恐怖の戦慄も入り込むことはない。

2. 私たちは再び、あなたの真の**自己**についての真理を語る。それは、心に正気を取り戻したあなたの中で休らう神聖な**神の子**である。[2]あなたは、**父なる神の愛**と平安と喜びの一切を、愛情を込めて授けられている霊である。[3]あなたは、**神ご自身**を完成し、**神**の**創造主**としての機能《はたらき》を共有する霊である。[4]あなたが常に**神**とともにあるように、**神**は常にあなたとともにある。

3. 今日は、実相をあなたの心にさらに近づけることを試みる。[2]あなたが練習するたびに、その自覚が少なくともいくらかは近くに引き寄せられ、時には千年もしくはそれ以上の時間が省かれる。[3]奇跡は時間を利用するが、時間に支配されないので、あなたが差し出す数分間は幾重にも倍増される。[4]救済は、最初で最後の奇跡である。最初でもあり最後でもあるのは、それがひとつのものだからである。

4. あなたは霊であり、あなたの心の中に奇跡が宿っている。奇跡の中では、すべての時間が静止しており、奇跡の中で主題概念の練習に使われた一分は、限界も終わりもない時間となる。[2]だから、こうしたわずかな時間を喜んで差し出し、その傍らに時間を超えるものを置いてくれると約束した**神**を、頼りにしていなさい。[3]**神**はあなたの小さな努力のすべてに、**ご自身**の強さのすべてを添えてくれるだろう。[4]今日、**神**があなたから必要としている時間を差し出しなさい。それがあなたを助け、あなたは自分が**神**の中にとどまる霊であることを、**神**とともに理解するだろう。あなたは、自分が一切の生きとし生けるものに**神の声**を通して呼びかける霊であり、求める者なら誰にでも**神**の視覚を差し出す霊であり、誤りを単純な真理と取り替えることができる霊であることを、理解するだろう。

5. **聖霊**は喜んで一時間ごとに五分間をあなたの手から受け取り、それらを、苦痛と惨めさが支配するかに見えるこの痛ましい世界のあらゆる場所へと運ぶだろう。[2]聖霊は、それらがもたらす癒しの贈り物を受け入れる開かれた心を一つも見逃すことなく、歓迎されると知っているところならどこへでも、この贈り物を授けるだろう。[3]だから、誰かがそれらを自分の考えとして受け入れ、癒すために使うたびに、それがもつ癒しの力は増大する。

6. こうして**聖霊**に差し出される贈り物は、その一つひとつが何千倍、何万倍となって増え続ける。[2]それがあなたに戻されるときには、その威力において、あなたが与えた贈り物をはるかに凌駕するものとなっているだろう。[3]それはまるで、つかの間またたいてはすぐに消えてしまうかすかな蛍の光が、それとは比べものにならない太陽のまばゆい光となって戻されるようなものである。[4]この光の確かな輝きは存続して、あなたを闇の外へと導くので、あなたはもはや二度とその道を忘れることはできない。

7. **聖霊**があなたに語る言葉とともにこの喜ばしい演習を始め、**聖霊**を通してこの言葉を世界中に響き渡らせよう。

[2]私は霊であり、神聖な**神の子**である。あらゆる制限から自由であり、安全で、癒されていて、全一である。赦す自由と、世界を救う自由をもった神聖な**神の子**である。

[3]あなたが**聖霊**から受け取り、あなたを通して表現されたこの贈り物を、**聖霊**は受け入れ、その力を増大させ、あなたに返してくれるだろう。

8. 今日は毎回の練習時間を喜んで**聖霊**に差し出そう。[2]そうすれば**聖霊**はあなたに語りかけ、あなたが霊であり、**神**と**聖霊**と兄弟とあなた自身の**自己**とひとつであることを、あなたに思い出させてくれるだろう。[3]今日、**聖霊**が差し出す言葉をあなたが口にするたびに、あなたを安心させる**聖霊の声**に耳を澄ましなさい。そして、それらの言葉が真理であることを、**聖霊**からあなたの心に教えてもらいなさい。[4]これらの言葉を誘惑に対して用い、もしあなたが自分は霊以外の何かであるという信念に屈すれば引き起こされるはずの残念な結果を免れよう。[5]**聖霊**は、今日あなたに平安を与える。[6]**聖霊**の言葉を受け取り、それを**聖霊**に差し出そう。

レッスン98——

私は、神の救済計画における自分の役割を引き受ける。

1．今日は特別な献身の日である。[2]私たちは今日、一つの側だけを支持する。[3]真理の側につき、幻想は放棄する。[4]二つの間で揺れ動くことなく、一**なるもの**の側にしっかりと陣をかまえる。[5]今日、私たちは真理に献身し、**神**が計画した通りの救済に自らを捧げる。[6]何か別のものが救済であるなどという議論はしない。[7]それが存在しないところでそれを探すこともしない。[8]喜んでそれをそのまま受け入れ、**神**が私たちに与えた役割につく。

2．確信があるということは何と幸いなことだろう！[2]今日はすべての疑いを脇に置く。疑念が去って確かさが訪れたことに感謝しつつ、目的を確信して、自分の持ち場につく。[3]私たちには果たすべき大いなる目的があり、そのゴールの達成に必要なすべては与えられている。[4]私たちの道に立ちふさがる間違いは一つもない。[5]私たちの誤りは赦されているからである。[6]罪は間違いにすぎなかったと悟ることにより、私たちのすべての罪が洗い流される。

3．罪悪感のない者に恐れはない。それは彼らが安全であり、自らの安全を認識しているからである。[2]彼らは魔術に頼ったり、実在性のない空想上の脅威からの脱出策を考案したりしない。[3]為すべく定められていることを為すという静かな確信の中で、彼らは休らう。[4]自分の機能《はたらき》が完璧な時と場において全うされることを知っているので、自分の能力を疑わない。[5]彼らはすでに、今日私たちがつこうとしている持ち場についている。それによって、私たちは彼らの確信を共有し、それを受け入れることでその確かさを増大させることができる。

4．彼らは私たちとともにあり、今日私たちがつく持ち場にすでについている彼ら全員が、自分が学んで得たものをすべて喜んで私たちに差し出すだろう。[2]まだ確信のない者たちもいずれ私たちの仲間となり、私たちの確信を借りてそれをより堅固なものにするだろう。[3]まだ生まれていない者たちも、私たちが聞いた呼びかけを聞き、彼らが再び選択するためにここにきたときにはそれに応えるだろう。[4]今日、私たちは自分たちのためだけに選択するのではない。

5．**神**から与えられえた幸福を受け入れられるようになるために、毎時五分を費やす価値はないだろうか。[2]この世界におけるあなたの特別な機能《はたらき》を認識することに、毎時五分間をかける価値はないだろうか。[3]計り知れない大きな報償が得られることを思えば、五分間というのは小さな要請ではないだろうか。[4]あなたはこれまでに、少なくとも千回は損な取引きをしてきたはずである。

6. ここで提供されているのは、あらゆる苦痛からの完全な解放とこの世界の中にはない喜びを、あなたに保証するものである。[2]あなたはほんのわずかな時間と引き換えに、心の平安と目的の確かさを手に入れることができ、その確実な成功が約束されている。[3]そして時間には意味がないのだから、あなたはすべてを手に入れる代償として、何も要求されていないということになる。[4]これはあなたが決して損をしない取引である。そしてあなたが得るものは、まさしく無限である！

7. 今日は、一時間ごとに五分というささやかな贈り物を、あなたから**神**に差し出しなさい。[2]**神**は、あなたが今日の概念を練習するときに使う言葉に、あなたに欠けている深い確信と確実性を添えてくれるだろう。[3]**神**の言葉はあなたの言葉とひとつにつながって、今日の概念が繰り返されるたびに、それを**神**があなたに抱いているのと同じく完璧にして確かな信頼に基づいた、全面的な献身の言葉とするだろう。[4]**神**があなたについて抱いている確信は、あなたが語るすべての言葉に光をもたらし、あなたはその音声を超えて、真にその言葉が意味するものに行き着くだろう。[5]今日、次のように言うたびに、あなたは**神**とともに練習する。

[6]私は**神**の救済計画の中の私の役割を受け入れる。

8. あなたが**神**とともに過ごす五分間に、**神**はあなたの言葉を受け入れ、それを堅固で不動の信義と自信で輝くものにしてあなたに返し、それらが世界を希望と喜びの光で明るく照らすだろう。[2]今日は**神**の贈り物を世界に与えることができるように、一度でもその機会を逃すことなく、毎時それを喜んで受け取る者となろう。

9. **神**にその言葉を差し出しなさい。ほかのことは**神**が行《おこな》ってくれる。[2]**神**はあなたが自分の特別な機能《はたらき》を理解できるようにしてくれるだろう。[3]幸福への道を開き、平安と信頼を**神ご自身**からの贈り物とし、あなたの言葉に対する答えとするだろう。[4]**神**は、あなたの言葉が真実であることを信じ、喜び、確信して、あなたに応えるだろう。[5]そのとき、天と地におけるあなたの機能《はたらき》を知る**神**の確信が、あなたのものとなるだろう。[6]あなたが**神**とともに行う練習時間には、**神**はあなたとともにあり、あなたが**神**に捧げる一瞬一瞬を、時間を超えたところで平安と交換してくれるだろう。

10. 一時間の残りは、あなたが再び**神**とともに過ごす次の五分間のための幸せな準備の時とする。[2]再びやってくる喜びの時を待つ間、今日の概念を繰り返す。[3]たびたび繰り返し、そうするたびに、自分の心をきたるべき幸福な時に備えているということを忘れてはならない。

11. 一時間が経ち、再び**神**が少しの間あなたとともに過ごす時がきたなら、感謝の気持ちを抱き、すべての地上の務めや些細な思いや限られた想念から離れて、**神**とともに幸せな時を過ごしなさい。[2]そして、**神**があなたに引き受けさせ、果たさせようとしている役割を受け入れるということを、もう一度、**神**に告げれば、**神**はあなたが確かにこの選択を望んでいることを確信させてくれるだろう。この選択は、あなたと**神**がともに下した選択である。

レッスン99

救済が、ここにいる私の唯一の機能《はたらき》である。

1. 救済と赦しは同じものである。[2]どちらも何かが間違ってしまったことを暗示している。それは、赦され、救われるべき何か、不適当なので正しく改められるべき何か、**神の意志**からは離れていたり異なっていたりする何かである。[3]したがって、この二つの言葉が示唆しているのは、本来はありえないのに起こってしまったことがあり、その結果、存在するものと存在不可能なものとの間に葛藤が見られるような状態がもたらされている、ということである。

2. 今では、真理と幻想はどちらも起こったものとされているので、両者は対等である。[2]ありえないものを赦すことや、ありえないものから救われることが必要となってしまっている。[3]今や、救済が真理と幻想の境界域となる。[4]それはあなたを幻想から脱出させられる手段であるから、真理を反映してはいる。[5]しかしそれは、本来は一度も為されなかったことを、為される前の状態に戻すものなので、まだ真理そのものではない。

3. 地上と天国の両方が存在する心の中に、その二つを和解させられる出会いの場所などありえるだろうか。[2]幻想を見る心は、幻想を実在のものと考える。[3]それらは想念であるという意味で、存在してはいる。[4]しかしそうした想念を抱く心は**神**から分離しているので、それらは実在のものではない。

4. 分離した心と想念を、永遠に一なるものである**心**や**想念**とひとつにつなぐものとは、何だろうか。[2]真理を神聖に保ちつつも、幻想がもたらす必要を認識し、攻撃せず痛みも与えずに、幻想を無に戻すことができる計画とは、どのようなものだろうか。[3]一度も為されたことがないのに為されたように見えていることを看過し、実在したことはないのに実在しているように見えている罪を忘れる計画となりうるものとは、**神の想念**以外にありえるだろうか。

5. **聖霊**はこの**神**の計画を、**神**から受け取ったそのままに、**神の心**とあなたの心の内に保持している。[2]その**源**が時間を超越しているという意味では、その計画も時間から離れたものである。[3]しかし時間が実在するというあなたの信念のゆえに、**神**の計画は時間の中で機能する。[4]**聖霊**は少しも動揺せずに、あなたが見ている罪、苦痛、死、悲嘆、分離、損失を見つめる。[5]だが**聖霊**は、依然として一つのことが間違いなく真実だと知っている。すなわち、**神**は今でも**愛**であり、今あなたが見ていることは、**神の意志**

ではない、ということである。

6．これが、幻想を真理のもとへ運んでいく**想念**であり、幻想という外観の背後には不変にして確実なるものが隠されていると捉える**想念**である。[2]これが、救う**想念**であり、赦す**想念**である。なぜなら、それは、自らの知っている唯一の**源**が創造しなかったものには、まったく信を置かない**想念**だからである。[3]この**想念**は救うことを自らの機能《はたらき》としており、その機能《はたらき》をあなた自身の機能《はたらき》としてあなたに授けることによって、救おうとする。[4]救済は、その計画を任されている**聖霊**とともに、あなたの機能《はたらき》でもある。[5]今、[6]**聖霊**とともに、あなたにこの計画がゆだねられている。**聖霊**は、さまざまな外観に対して、その形や大きさや深さや、それが備えているかに見える属性に関わりなく、次のただ一つの答えをもっている。

[7]救済が、ここにいる私の唯一の機能《はたらき》である。
[8]今でも**神**は**愛**であり、これは**神の意志**ではない。

7．これから奇跡を行うことになるあなたは、今日の概念を必ずしっかりと練習しなければならない。[2]自分が口にする言葉の中に強さを知覚しようと努めなさい。あなたの自由がこの言葉の中にあるからである。[3]あなたの**父なる神**はあなたを愛している。[4]この苦しみの世界のすべては、**父の意志**ではない。[5]**父**がこのような世界をあなたに望んだと思い込んだあなた自身を、赦しなさい。[6]そして、あなたの心の中で**父の意志**ではない想念を抱いて暗くなっている部分に、**父**があなたのすべての誤りと置き替えた**想念**を、入ってこさせなさい。

8．この暗い部分も、これ以外の部分と同じく、**神**に属している。[2]暗い部分が孤立した想念を抱いているわけではなく、それらの想念を**神**から隠すことによってそれらを実在させられるわけでもない。[3]その中に光を入れなさい。そうすれば、あなたは自分に対する**神の意志**を阻むどんな障害も見ることはなくなるだろう。[4]あなたの秘密を**神**の優しい光の前にさらけ出して、あなたの中でこの光が変わりなく輝いているのを見なさい。

9．今日は**神の想念**を練習する。暗くなっている部分をすべて、**神**の光に探し出してもらい、それを照らす光が闇を貫いて輝くことにより、その部分がそれ以外の部分とつながるようにする。[2]あなたの心が**神の心**とひとつであることが**神の意志**である。[3]ただひとりの**神の子**をもつことが**神の意志**である。[4]**神のひとり子**があなたであることが、**神の意志**である。[5]今日の練習ではこうしたことを考え、今日学ぶレッスンを、真理への道を教える以下の言葉で始めよう。

[3]救済が、ここにいる私の唯一の機能《はたらき》である。
[4]救済と赦しは同じものである。

[8]それから、ここでのあなたの機能《はたらき》を共有する**聖霊**に頼りなさい。そして、あらゆる恐れを捨てるために、また、あなたの中で対立のない**愛**としての真の**自己**を知るために、何を学ぶことが必要なのかを、教えてもらいなさい。

10. あなたの完成と一体性と平安という真理に反対しようとするすべての考えを、赦しなさい。[2]**父**が与えた贈り物を、あなたが失うことはありえない。[3]あなたは別の自己でありたいと望んではいない。[4]あなたには**神**からのものでない機能《はたらき》はない。[5]自分で作り出したと思っている自分の機能《はたらき》について、自分を赦しなさい。[6]赦しと救済は同じものである。[7]あなたが自分で作り出したものを赦せば、あなたは救われる。

11. 今日は、あなたの心から永遠にあらゆる形の疑いと恐れを取り去る力のある特別なメッセージが用意されている。[2]もし、あなたがそうした疑いや恐れの形が真実だと信じたくなる誘惑を感じるなら、外観は真理に対抗しきれないということを思い出しなさい。以下の力強い言葉に、その真理が含まれている。

[3]救済は、ここにいる私の唯一の機能《はたらき》である。
[4]今でも**神**は**愛**であり、これは**神の意志**ではない。

12. あなたの唯一の機能《はたらき》が、あなたが一なるものであるとあなたに教えている。[2]このことを、**神**の計画をあなたと共有する**聖霊**に捧げる毎時五分間の練習の合間に、思い出しなさい。[3]その時には次のように言う。

[4]救済は、ここにいる私の唯一の機能《はたらき》である。

[5]そうしてあなたは自分の心に赦しをもたらし、すべての恐れがそっと脇に置かれる。それによって、愛があなたの中でその正当な場所につき、あなたが**神の子**であることをあなたに見せてくれるであろう。

レッスン100

私の役割は神の救済計画に不可欠である。

1. **神の子**が**父なる神**を完成させるように、**神**の計画の中のあなたの役割が**神**の計画を完成させる。[2]別々の生活や別々の道をもたらす分離した想念と分離した肉体があると信じる狂気の信念を、救済は逆転させなければならない。[3]分離した心に分かち持たれている一なる機能《はたらき》が、それらを一なる目的の中でひとつに結びつける。それぞれの心が、全体にとって等しく不可欠なものだからである。

2. **神の意志**があなたに望んでいるのは完璧な幸せである。[2]それなのになぜ、あなたは**神の意志**に敵対する選択をするのだろう。[3]**神**の計画を成就するために**神**がとっておいたあなたの役割は、あなたが**神**の意志することへ戻ることができるようにと、あなたに与えられている。[4]この役割は、あなたの幸せにとっても**神**の計画にとっても不可欠なものである。[5]**神**があなたを遣わす相手に**神**の計画を理解させるためには、あなたの喜びが完全でなければならない。[6]彼らは、あなたの輝く顔に自分たちの機能《はたらき》を見出し、あなたの幸せな笑い声の中に、自分たちに対する**神**からの呼びかけを聞くだろう。

3. あなたはまさしく**神**の計画に不可欠である。[2]あなたの喜びなしでは、**神**の喜びは不完全である。[3]あなたの笑顔なしに世界は救われない。[4]あなたが悲しんでいる間は、**神ご自身**が世界を救う手段と定めたはずの光が薄れて輝きを失っており、笑う者はどこにもいない。なぜなら、すべての笑い声は、あなたの笑い声のこだまにほかならないからである

4. あなたは本当に**神**の計画に不可欠である。[2]あなたの光が天国で輝くすべての光を強めるように、あなたの地上における喜びはすべての心に向かって、悲しみを放棄して**神**の計画の中であなたの傍らの自分たちの持ち場につくように、と呼びかける。[3]**神**の使者たちは喜びに満ちており、彼らの喜びが悲しみや絶望を癒す。[4]**神**の使者たちは、**父**の贈り物を自分のものとして受け入れる者たち皆に、**神**が完璧な幸せを意志していることを証《あか》しする。

5. 今日、私たちは悲しまない。[2]もし悲しむなら、**神**の計画にとっても、私たちの心眼《ヴィジョン》にとっても不可欠な役割を果たせなくなるからである。[3]悲しみとは、**神**から与えられたものではない役割をあなたが果たしたいと思っているしるしである。[4]そうなると、あなたは、**神**が自分に意志する幸せがいかに素晴らしいものかを、世界に示すこと

はできない。[5]だから、その幸せが自分のものだということも認識しない。

6. 今日私たちは、喜びがここでの自分の機能《はたらき》であることを理解しようと試みる。[2]もしあなたが悲しんでいれば、あなたの役割は果たされないままであり、だからあなたとともに全世界が喜びを奪われている。[3]**神**はあなたに幸せでいてほしいと望んでいる。あなたが幸せであれば、世界は、**神**がどれほど**わが子**を愛しているかを目にすることができ、**わが子**の喜びを奪う悲しみや**わが子**の平安を乱す恐れは**神の意志**ではないことを理解する。[4]あなたは今日、**神**の使者である。[5]あなたは、自分が見るすべての者に**神**の幸せを運び、あなたを見てその幸せに満ちた顔に**神**のメッセージを読みとるすべての者に、**神**の平安を運ぶ。

7. その準備を整えるために、私たちは今日、毎時五分の練習時間に、**神の意志**と私たちの意志の通りに幸せが自分の内に湧き上がるのを感じる練習をする。[2]演習は今日の主題概念を考えることから始める。[3]それから、自分の役割は幸せでいることだとよく理解しなさい。[4]これだけが、あなたであれ誰であれ、**神**の使者の仲間に加わろうとする者に要求される唯一のことである。[5]このことが何を意味するか、考えてみなさい。[6]犠牲が求められていると信じてきたあなたは、本当に間違っていた。[7]あなたはただ**神**の計画に従って受け取るだけであり、決して失ったり犠牲を払ったり死んだりはしない。

8. それでは今から、その喜びを見つけ出すことを試みよう。その喜びが、私たちに対する**神の意志**を、私たち自身と全世界に証明する。[2]それをここで見つけること、しかも今見つけることが、あなたの機能《はたらき》である。[3]あなたはこのためにやってきた。[4]今日こそ、それが見つかる日としよう！ [5]内なる**キリスト**に出会うために昇っていく途中、あなたが通過するすべての卑小な考えや馬鹿げたゴールに狼狽することなく、自分の内側深くを見つめなさい。

9. **キリスト**はそこにいる。[2]そして今、あなたは**キリスト**に到達できる。[3]あなたに見られるのを**キリスト**が待っているその場所で、**キリスト**をおいてほかに何を見ることができるだろう。[4]どんな卑小な考えに、あなたを引き止める力があるだろう。[5]あなたに呼びかけているのが**神ご自身**であるというのに、どんな馬鹿げたゴールがあなたを成功から引き離すことができるだろうか。

10. **神**はそこにいる。[2]あなたは**神**の計画にとって不可欠である。[3]あなたは、今日、**神**の使者である。[4]だから**神**があなたに与えさせようとしているものを、あなたは見つけなければならない。[5]一時間ごとの練習の合間にも、今日の概念を忘れないようにしよう。[6]今日あなたに呼びかけているのは、あなたの**自己**である。[7]そして、世界の救済のための**神**の計画に自分は不可欠だと自分に告げるたびに、あなたは自分の**自己**に答えているのである。

レッスン101

神の意志が私に望むのは完全な幸せである。

1. 今日も引き続き、幸せについて学んでゆく。[2]これは、救済の意味を理解するための鍵となる概念である。[3]あなたはいまだに、救済は、あなたの「罪」のつぐないとして苦しみを要求すると信じている。[4]それは事実ではない。[5]しかし、罪が実在し**神の子**が罪を犯すことができると信じているうちは、あなたはどうしてもそれが事実だと考えてしまう。

2. もし罪が実在するなら、罰は公正なものとなり、それを免れることはできない。[2]そして救済は苦しみと引き換えにしか手に入らないものとなる。[3]もし罪が実在するなら、幸せは幻想ということになる。なぜなら、罪と幸せがどちらも真実だということはありえないからである。[4]罪ある者には死と苦痛だけがふさわしく、彼らが自分に招くのはこれである。[5]それが自分を待ち受けているとわかっており、いつかどこかで、**神**に対する負債を清算するような形で、それが自分を捕まえにくると思っているからである。[6]それを恐れて、彼らは**神**から逃がれようとする。[7]しかし**神**は追跡をやめず、彼らは逃げ切れない。

3. もし罪が実在するなら、救済は苦痛でしかありえない。[2]苦痛は罪に伴う代償であり、もし罪が実在するなら、苦しみを免れることはまったく不可能である。[3]そして救済は恐れざるをえないものとなる。なぜなら、救済は殺しにくるものだからである。しかも、そうした救済は、自らの怒りがおさまるまで、ゆっくりと生贄《いけにえ》からすべてを剥ぎ取っていき、すでに骨と皮だけになっている生贄《いけにえ》に、恩恵のごとく歓迎される死を授けるのである。[4]その怒りは、際限がなく無慈悲なものであるが、まったく公正なものとされる。

4. いったい誰が、そのような残酷な罰を求めようとするだろうか。[2]誰もが救済から逃げ出したいと思い、救済を差し出す**声**を、あらゆる手を尽くしてかき消そうとするのではないだろうか。[3]そうした**声**に耳を傾けて、**それ**が差し出すものを受け入れるべき理由などあるだろうか。[4]もし罪が実在するなら、それが差し出すものは死であり、罪を生み出した凶暴な願望に釣り合った残酷な形で配分される。[5]もし罪が実在するなら、救済はあなたにとって不倶戴天の敵となったということであり、**神の子**を十字架にかけたあなたに対する**神**の呪いだということになる。

5. あなたには今日の練習時間が必要である。[2]この演習は、罪は実在しないと教える。そして、罪から生じるに違いないとあなたが信じている一切は、原因がないので決して起こることはないと教える。[3]自分が**神の子**を悪魔にしてしまったという信念をいつまでも大切にしていないで、開かれた心で贖罪を受け入れなさい。[4]罪は存在していない。[5]この考えを、私たちは今日できるだけ何度も練習する。これが今日の主題概念の基礎となるものだからである。

6．**神の意志**があなたに望むのは完全な幸せである。なぜなら、罪は存在せず、苦しみには原因がないからである。[2]喜びこそが公正なものであり、苦痛はあなたが自分を誤解したしるしにほかならない。[3]**神の意志**を恐れてはならない。[4]熱に浮かされた想像の中で罪がもたらしたすべての結果から、**神の意志**が自分を解放してくれるという確信をもって、**神の意志**に頼りなさい。[5]だから次のように言いなさい。

[6]**神の意志**が私に望むのは完全な幸せである。[7]罪は存在しない。罪は結果をもたらさない。

[8]このようにあなたの練習時間を始め、それからもう一度、この考えが心にもたらすことになる喜びを自分で見つけるよう努める。

7．罪は実在するという狂った信念であなたが自分に背負わせてきた重荷を取り去るために、喜んで毎時五分間を差し出そう。[2]今日こそは、狂気から脱出しなさい。[3]あなたは自由の道を進んでいる。そして今、今日の概念が、あなたの進歩を速める翼となり、平安が待つゴールへさらに急ぎたくなるような希望をもたらしてくれる。[4]罪は存在しない。今日はこのことを思い出し、できるだけたびたび次のように自分に言おう。

[6]**神の意志**が私に望むのは完全な幸せである。[7]これが真理である。なぜなら罪は存在しないからである。

レッスン102

私に幸せを望む神の意志を、私も共有している。

1. あなたは苦しむことを望んではいない。[2]あなたは苦しむことで何かが手に入ると思うかもしれないし、それによって自分の望むものが得られると、今でもまだ少しは信じているかもしれない。[3]しかしその信念は今、確かに揺らいできており、少なくともあなたがそれに疑問をもち、それは本当は意味をなさないのではないかと疑うところまではきている。[4]それはまだなくなってはいないが、かつて、あなたの心の中のいくつもの暗い秘密の場所にそれをしっかりと固定していた根茎は、もはやなくなっている。

2. 今日、私たちは、そのぐらつき始めた信念をさらに揺るがし、苦痛には目的がなく、原因もなく、何を成し遂げる力もないということを、よく理解するよう試みる。[2]苦痛によって手に入るものなど何もない。[3]それは何をもたらすこともなく、存在してもいない。[4]それが自分にもたらしてくれるとあなたが思っているものはすべて、それ自体と同じく、存在していない。[5]あなたはこれまで虚無の奴隷になってきた。[4]今日は自由になって、幸せな**神の意志**とひとつにつながりなさい。

3. これから数日間は引き続き、**神の意志**があなたの中に置いた幸せに到達できるようあなたを助けるために計画された演習に取り組む。[2]ここに、あなたの帰る家があり、あなたの安全がある。[3]ここには平安があり、恐れは存在しない。[4]ここに救済がある。[5]ついに安息が訪れた。

4. 今日の練習は、あなたに対する**神の意志**を受け入れる次の言葉で始める。

[2]私に幸せを望む**神の意志**を、私も共有している。今、私は幸せを私の機能《はたらき》として受け入れる。

[3]その後、この機能《はたらき》をあなたの心の奥底に探す。それはそこにあって、あなたが選択することだけを待っている。[4]それが自分の選択であることや、自分が**神の意志**を共有していることを学ぶとき、あなたがそれを見つけそこなうことはありえない。

5. 幸せでありなさい。なぜなら、ここにいるあなたの唯一の機能《はたらき》は幸せでいることだからである。[2]**神の愛**により、**神ご自身**と同じように愛するものとして創造された**神の子**に対して、あなたの愛が、**神の愛**に劣るものとなる必要はない。[3]この毎時五分ずつの休息に加えて、今日はたびたび静止して、今、自分の唯一の機能《はたらき》として幸せを受け入れた、と自分自身に言おう。[4]そして、そのように言うときには、必ず**神の意志**とひとつにつながろうという気持でいなさい。

レッスン103

神は愛なのだから、幸福でもある。

1. 幸福は愛の属性である。[2]それが愛から離れることはない。[3]それを愛のないところで体験することもできない。[4]愛には限界がなく、至るところに遍在する。[5]だから喜びも、あらゆるところに遍在する。[6]しかし、心は愛の遍在を否定することもできる。愛の中に罪が入り込める隙間があって、そこに喜びのかわりに苦痛がもたらされると信じるのである。[7]この奇妙な信念は、愛を限られたものとして定義し直し、限界も対極もないものの中に対立を持ち込んで、幸福を限定しようとする。

2. そうすると、恐れが愛と関連づけられるようになる。そして、自ら作り出したものが実在すると考える心は、恐れから生じるさまざまな結果を受け継いでいくようになる。[2]真理においてはまったく実在性のないそうした形象が、**神**に対する恐れを証言するものとなり、**神**は**愛**なのだから喜びでもあるはずだということを、忘れさせてしまう。[3]私たちは今日、この根本的な誤りを真理のもとへ運ぶことを再び試み、自分に次のように教える。

[4]**神**は**愛**なのだから、幸福でもある。
[5]**神**を恐れることは、喜びを恐れることである。

[6]今日の練習を、このように関連づけることから始め、**神**は恐れであるという誤った信念を訂正する。[7]この考え方はまた、**神**の本性のゆえに、幸福はあなたに属するということも強調する。

3. 今日は目覚めている間、一時間ごとに、この一なる訂正をあなたの心に受け入れなさい。[2]そして、真理が恐れと入れ替わるときにもたらされる幸せのすべてを、歓迎しなさい。そうすれば、あなたは苦痛のかわりに喜びを期待するようになるだろう。[3]**神**は**愛**なのだから、それがあなたに与えられるだろう。[4]一日を通して何度もこの期待を強め、以下の完全に真実で優しい安心の言葉であなたの恐れを鎮めなさい。

[5]**神**は**愛**なのだから、幸福でもある。
[6]私が今日、追求するのは幸福である。
[7]私は真理を追求しているのだから、決して失敗しない。

レッスン104

私は真に私に属するものだけを求める。

1．今日の主題概念は、喜びと平安は決して無意味な夢ではないという概念の続きである。[2]あなたの本性のゆえに、喜びと平安はあなたの権利である。[3]それらは**神**からあなたのもとにくるものであり、**神**があなたのために意志するものを与えそこなうことはありえない。[4]しかし、**神**の贈り物を受け取る用意ができた場所がなければならない。[5]**神**の贈り物があるべき場所に、それらの代替として自分で作り出した贈り物を受け取ってしまっている心は、**神**の贈り物を歓迎しない。

2．私たちは今日、**神**の贈り物が置かれるべき聖なる祭壇の上に自分で置いてしまった、無意味な自作の贈り物をすべて、取り除こうとする。[2]**神**からの贈り物は、真に私たちのものである。[3]**神**からの贈り物こそが、時間が存在する以前に私たちが継承したものであり、それらは時間が永遠の中へと過ぎ去ったときも私たちのものであり続ける。[4]**神**からの贈り物に時間はないので、それらは今も私たちの中に存在する。[5]だから私たちは、それらを手に入れるために待つ必要はない。[6]それらは、今日、私たちのものである。

3．だから、私たちは今、**神**の贈り物を自分のものとすることを選択する。そして、自分で作り出したものではなくそれらを選択するとき、私たちは自分の意志を**神**の意志することとひとつにしているにすぎないと知り、同じものをひとつのものとして認識する。[2]今日の長いほうの練習、すなわち一時間ごとにあなたの救済のために真理に捧げられる五分間は、次の言葉で始める。

[3]私は真に自分に属するものだけを求める。そして喜びと平安が、私が受け継いでいるものである。

[4]そして、この世界の葛藤を脇に置きなさい。それらが差し出しているほかの贈り物やほかのゴールは、幻想で作り出され、幻想によってその存在を立証され、夢の世界でのみ追求されるものである。

4．これらすべてを脇に置いて、そのかわりに**神**から与えられたものについて認識できるように求めながら、真に私たちに属するものを探す。[2]私たちは心の中にある**神**の祭壇の前の神聖な場所をきれいに片づける。そこが、**神**の贈り物である平安と喜びが歓迎される場所であり、私たちが、**神**から与えられたものを見つけに行く場所である。[3]私たちは今日、自分たちに真に属するものは**神**が与えるものだということを自覚し、確信をもってそこに行く。[4]そして私たちはほかには何も願わない。それ以外のものは真に私たちに属するものではないからである。

5. だから、**神の意志**はすでに為されており、**神**からの永遠なる贈り物として喜びと平安が私たちのものであると、単に認識することによって、今日私たちは**神**のために道を空ける。[2]**神**が置いた場所に贈り物を探しに行く練習時間以外のときも、私たちはそれらが何であるかを見失わないように気をつける。[3]できるだけたびたび、次の言葉でそれを思い出す。

[4]私は真に私に属するものだけを求める。
[5]**神**からの贈り物である喜びと平安が、私の望むすべてである。

レッスン105

神の平安と喜びは私のものである。

1.　神の平安と喜びはあなたのものである。[2]今日私たちは、それらが私たちのものであると知って、それらを受け入れる。[3]そして、これらの贈り物は私たちが受け取るにつれて増大するということを、理解しようと努める。[4]それはこの世界が与えることができる贈り物とは異なる。この世界では、与える者は与えることによって失い、受け取る者は与える者が失う分だけ豊かになる。[5]そうしたものは贈り物ではなく、罪悪感でなされる取引きである。[6]真に与えられる贈り物には、いかなる損失も伴わない。[7]ひとりが失うことによってもうひとりが得をする、ということはありえない。[8]それは限界と不足があることを示唆している。

2.　贈り物はそのようにして与えられるものではない。[2]そのような「贈り物」は、より高価な見返りを期待してつける指値《さしね》であり、全額返済されるべき利子つき貸付金であり、贈り物をもらった者がいずれは受け取った額より多く返済しなければならない一時貸与である。[3]与えることの意味についてのこの奇妙な歪曲が、あなたが見ている世界のすべてのレベルに浸透している。[4]それは、あなたが与えるあらゆる贈り物からすべての意味を剥ぎ取り、あなたが手にする贈り物の中に何も残さない。

3.　このコースが掲げる主要な学習目標の一つは、与えることについての見方を逆転させて、それによりあなたが受け取ることができるようにすることである。[2]なぜなら、与えることが恐れを生み出す源となってしまったので、あなたは贈り物を受け取るためのこの唯一の手段を避けようとしているからである。[3]**神**の平安と喜びを受け入れなさい。そうすれば、あなたは贈り物に対する別の見方を学ぶだろう。[4]**神**の贈り物は与え放つことによって減るようなものではない。[5]与えれば増大するばかりである。

4.　あなたが自分に対する**神**の贈り物として平安と喜びを受け入れるとき、天国の平安と喜びが増大する。[2]それと同じように、あなたが**創造主**の喜びと平安を自分のものとして受け入れるとき、**創造主**の喜びも大きくなる。[2]真に与えることは創造することである。[3]それは限界なきものを無限なるものへ、永遠を超時性へ、愛を愛自体へと延長していく。[4]真に与えるとは、すでに完全である全体に対して与えることであり、単に何かを何かにつけ加えるといった意味合いの「加えること」ではない。何かがつけ加えられるのだとしたら、加える前はもっと少なかったことになるからである。[5]真に与えるということは、自ら溢れ出るのを抑えきれないものに、その目的を全うさせることにより、加えるということである。すなわち、自分がもっているすべてを与え放つことによって、すべてを永遠に自らのために確保するという目的が成就されるのである。

5．今日、**神**の平安と喜びを、あなたのものとして受け入れなさい。[2]**神**による完成の定義通りに、**神**が**ご自身**を完成するにまかせよう。[3]あなたは、**神**を完全にするものは**神の子**をも完全にするということを、理解するだろう。[4]**神**は損失を通して与えることなどできない。[5]それはあなたも同じである。[6]今日、**神**の喜びと平安の贈り物を受け取りなさい。そうすれば、**神**はあなたからの贈り物に感謝するだろう。

6．今日の私たちの練習は少し違った形で始める。[2]今日はまずはじめに、**神**の平等の法のもとでは自らの当然の権利であるはずの平安と喜びを、あなたによって拒否された兄弟のことを考えてみよう。[3]そこで、あなたは平安と喜びを自分自身に拒否したのである。[4]だから、それらを自分のものとして宣言するために、あなたはそこに戻らなければならない。

7．あなたの「敵」についてしばらく考え、該当する人が思い浮かぶたびに、その人に対しこのように言う。

> [2]私の兄弟であるあなたに、平安と喜びを差し出します。それにより、私も、**神**の平安と喜びを自分のものにすることができるようになります。

[3]そのようにして、**神**からあなたへの贈り物を認識できるように自分を準備し、今日、それに成功するのを妨げようとするすべてのものからあなたの心を自由にする。[4]今あなたには、**神**から与えられている平安と喜びの贈り物を受け入れる準備ができている。[5]今あなたには、自分に拒否してきた喜びと平安を体験する準備ができている。[6]あなたは自分が受け取りたいものを与えたので、今こそ、「**神**の平安と喜びは私のものである」と言うことができる。

8．ここで勧められている通りに心の準備をすれば、あなたは今日、必ずうまくいくだろう。[2]あなたが平安と喜びに対する障壁をすべて取り去らせたので、ついに、あなたのものがあなたのもとに訪れることができる。[3]だから自分に「**神**の平安と喜びが私のものである」と言い、それからしばらく目を閉じ、あなたの語っている言葉は真実だと、**神の声**があなたを安心させるのを聞こう。

9．今日のあなたの五分間の練習は、できる限り毎回このようにして**神**とともに過ごすが、もし五分の時間をかけられないことがあっても、五分に満たなければ価値がないと考えてはならない。[2]**神**が自分に与え、受け取らせようと意志するものを与えてほしいと**神**に呼びかけるこの言葉を、少なくとも一時間ごとに使うのを忘れないようにする。[3]今日は決して**神**が意志することを妨げないと決心しなさい。[4]そしてもし兄弟が、**神**の贈り物を彼に対し拒否するようにあなたを誘惑しているかに見えるときは、その状況をあなたが**神**の贈り物を自分のものとして受け取るための新たなチャンスとして捉えよう。[5]それから兄弟を感謝の気持ちで祝福し、このように言おう。

[6]私の兄弟であるあなたに、平安と喜びを差し出します。それにより、私も**神**の平安と喜びを自分のものにすることができるようになります。

レッスン106

私が静まって、真理に耳を傾けられますように。

1. もしあなたが、自我がいかに大声で呼びかけてくるように思えてもその声に耳を貸さず、あなたが本当にほしいものは何一つ与えてくれない自我のつまらぬ贈り物を受け入れず、救済とは何かをあなたに教えてくれなかった心を空《から》にしてよく聞こうとすれば、あなたには力強い真理の声が聞こえてくるだろう。その**声**は、力に満ちた静けさをたたえ、静けさの中で強さに溢れ、**自ら**が与えるメッセージを完全に確信している。

2. 耳を澄まし、**父**が**ご自身**のものと定めた**声**を通してあなたに語りかけるのを聞きなさい。その**声**は、無意味なものの怒号を静め、真に見ることのできない者たちに、平安への道を見せてくれる。[2]今日は静かにして、真理に耳を傾けなさい。[3]死者たちの声に騙されてはならない。そうした声は、生命《いのち》の源を見つけたとあなたに語りかけ、あなたに信じさせようとしてそれを差し出してくる。[4]そのような声は意に介さず、真理に耳を傾けなさい。

3. 今日、この世界の声を避けて通ることを恐れてはいけない。[2]その無意味な説得の前を軽い足取りで通り過ぎなさい。[3]それに耳を貸してはならない。[4]今日は静かにして、真理に耳を傾けなさい。[5]あなたの幸福を**御手**の内に守り、愛と歓迎の意をこめてそれを差し出す**神**のことを語るもの以外は、すべて通り過ぎていきなさい。[6]今日は**神**の言うことだけを聞き、**神**に到達するのをこれ以上待つことはしない。[7]今日は、一なる**声**だけを聞きなさい。

4. 今日、**神の言葉**の約束が果たされる。[2]耳を澄まし、沈黙していよう。[3]**神**はあなたに語りかけるだろう。[4]**神**は、あなたが自分の夢の中で見たり願ったりした奇跡の何千倍も幸せで素晴らしい奇跡を携えて、あなたを訪れる。[5]**神**の奇跡は真のものである。[6]それは夢が終わったときに、薄らいで消えてしまうことはない。[7]逆に、それが夢を終わらせる。それは**神**から愛しい**わが子**にもたらされる奇跡であるから、永久《とわ》に永続する。そして、その**神の子**の別の名はあなたである。[8]今日、奇跡のためにあなたの準備を整えなさい。[9]今日、**父**があなたと兄弟の全員に与えた往古の約束が果たされるままにしよう。

5. 今日は**神**に耳を傾けて、**神の言葉**を聞きなさい。その**言葉**は、地上を覆うベールを取り去り、眠りの中で真に見ることができなくなっている者たちの全員を目覚めさせる。[2]あなたを通して**神**は彼らに呼びかける。[3]彼らに語りかけるために、**神**はあなたの声を必要としている。あなたの一なる**自己**を通して呼びかける**父なる神**以外に、誰が**神の子**に達することができるだろうか。[4]今日は**神の声**を聞きなさい。そして、**神**が今日語る**言葉**を聞くのを待ち望んでいる大勢の者たちに**神**が語りかけることができるように、あなたの声を**神**に差し出しなさい。

6. 救済を受け取る用意をしておきなさい。[2]それはここにあり、今日、あなたに与えられる。[3]そして**父の名**においてあなたにかわってそれを選択した**聖霊**から、あなたは自分の機能《はたらき》について学ぶだろう。[4]今日、しっかりと聞きなさい。そうすれば、あなたは自らを通して世界中に響き渡る**声**を聞くだろう。[5]すべての奇跡をもたらす**聖霊**は、まずあなたがそれを受け取ることを必要としている。それにより、あなたは自分が受け取ったものを喜んで与える者となる。

7. 救済はこのように始まり、このように終わる。すべてのものがあなたのものであり、その一切を与えてしまったときに、それは永遠にあなたのもとにとどまる。[2]そうして、学びは完了する。[3]今日私たちは与えることの練習をするが、それは今のあなたが理解している与え方ではなく、真に与えるやり方の練習である。[4]一時間ごとに行う練習は、あなたが真理の光に照らされるよう求める次の言葉で始める。

[5]私は静かにして、真理に耳を傾ける。
[6]与え、受け取るというのは、何を意味しているのだろうか。

8. そう尋ねてから、答えを予期して待つ。[2]あなたの求めていた答えは、長い間あなたに受け取られるのを待っていた答えである。[3]そうしてあなたはここで果たすべき聖なる任務を開始し、「与えることは、失うことである」という考え方から、この世界を解放するだろう。[4]そのようにして世界は、理解して受け取るための準備が整う。

9. 今日は静かにして、真理に耳を傾けなさい。[2]五分間、耳を澄ますたびに、幾千もの心が真理に向かって開かれ、あなたが聞く神聖な**言葉**を聞くだろう。[3]そしてまた一時間が過ぎたとき、あなたは再び、真理を求めて立ち止まるさらなる幾千もの心を、あなた自身と一緒に解放するだろう。

10. 今日あなたが**神の言葉**を与えるために受け取ることで、**神**の聖なる約束の**言葉**が守られる。それにより、あなたは与えることの意味について**神**から聞いて学び、その意味を世界に教えることができるようになる。[2]今日は、自分自身に次の言葉をできる限り何度も繰り返し、**神の言葉**を聞いて受け取るという選択を強化するのを忘れないようにしなさい。

[3] 私が静まって、真理に耳を傾けられますように。

[4] 今日、私は**神**の使者であり、私の声は、私が受け取るものを与える**神の声**である。

レッスン107

真理は、私の心の中のすべての誤りを訂正する。

1. 真理以外に何が、幻想を訂正できるだろう。[2]そして、誤りとは、その正体が認識されていない幻想以外の何だろうか。[3]真理が訪れたところでは、誤りは消え去る。[4]それらを思い出させる痕跡すら残さず、ただ消滅する。[5]誤りは、信じられなければ、生命《いのち》をもたないので、ただ消えてしまう。[6]そうして、誤りはその源である無の中へと戻っていき、消滅する。[5]塵から生じたものは塵に帰り、ただ真理だけが残る。

2. 幻想をもたない心の状態がどのようなものか、あなたには想像できるだろうか。[2]それはどのように感じられるだろうか。[3]わずか一分か、それ以下の時間だったかもしれないが、あなたの平安を邪魔するものが何一つなかったときのことや、自分は愛されていて安全だと確信していたときのことを、思い出してみなさい。[4]それから、その瞬間が、時間を超えて永遠に届くまで引き延ばされたらどうなるか、想像してみなさい。[5]それから、あなたが感じたその静かな感覚を百倍にし、それからさらにもう百倍にしてみなさい。

3. そうすればやっと、あなたは真理が訪れたときに自分の心がどのような状態に休らうことになるのかを、限りなく微かにではあるが、推し量る手がかりを得たことになる。[2]幻想がなければ恐れはなく、疑いも攻撃もない。[3]真理が訪れたとき、あなたの心には移り変わる想念や生命《いのち》なき概念が残る余地はないので、すべての苦痛がなくなっている。[4]真理があなたの心を完全に占有し、はかなく消えていくものについての信念からあなたを解放する。[5]真理が訪れたので、そうしたものの居場所はなく、それらはもうどこにも存在しない。[6]今や、あらゆるところに、永遠に、真理が存在するので、そのような信念はどこにも見つからない。

4. 真理がひとたび訪れたなら、少しの間とどまっただけで姿を消したり、何か別のものに変化したりすることはない。[2]それは形を変えてみたり、訪れたかと思えば去っていき、また再び訪れるといったことはしない。[3]それはこれまでとまったく同じであり続け、必要なときにはいつでも頼りになり、世界が提示する外観が生み出すあらゆる困難や疑いのように見えるものの中にあっても、完璧な信頼感を抱いて頼りにできるものであり続ける。[4]真理があなたの心の中の誤りを正すとき、困難と見えていたものはただ雲散霧消する。

5．真理が訪れるとき、その翼の中に抱いてくるのは、完璧な恒常性という贈り物と、苦痛に直面してもひるまずそれを超えたところを確信をもってじっと見続ける愛である。[2]ここにこそ、癒しの贈り物がある。真理は防衛を必要とせず、したがって、攻撃は不可能だからである。[3]幻想が真理のもとへ運ばれて正されることは可能である。[4]しかし真理は幻想からはあまりにかけ離れたものなので、真理を幻想の中に持ち込んで、幻想を真理に変えることはできない。

6．真理は現れたり消えたりすることはなく、あれこれと姿を変えて、移ろいだり変化したりすることもなく、捉えがたく把握しづらいものでもない。[2]真理が隠れることはない。[3]それは明るい光の中に存在し、そこに近づくための道は明白である。[4]真理を真摯に探し求めて、それを見つけられない者はいない。[5]今日という日は真理に属している。[6]真理に与えるべきものを真理に与えれば、真理はあなたが受け取るべきものをあなたに与えるだろう。[7]あなたは苦しみ、死にゆく定めにあるのではない。[8]あなたの**父**はそうした夢が消え去ることを意志している。[9]真理にそのすべてを正してもらおう。

7．私たちは、自分がもっていないものを求めるのではない。[2]自分のものを、自分のものと認識できるように、自分に属するものを求めているだけである。[3]私たちは今日、真理から生まれた確信を抱いて幸せな気持ちで練習する。[4]今日は幻想の中をふらついた不確かな足取りで進むことはしない。[5]私たちは自分が生きていること、望みを抱き、呼吸し、考えていることを確信しているのと同じように、今日の練習がうまくゆくことも確信している。[6]私たちは今日、自分が真理とともに歩んでいることを疑わず、今日行うすべての演習の中に真理が入ってきてくれることを期待する。

8．まずこれを行うときあなたとともに行く**聖なる存在**に、一緒に歩む道すがらその存在をあなたが自覚していられるようにしてほしい、と頼むことから始めよう。[2]あなたは、骨と血と肉でできているのではなく、その**存在**に生命《いのち》の贈り物を与えた**想念**とまったく同じ**想念**によって創造された。[3]その**存在**はあなたの**兄弟**であり、**父**が知るあなたとまったく同じものなので、**あなた方**は二**人とも**同じものである。[4]ともに歩んでくれるようにとあなたが頼んでいるその**存在**とは、あなたの真の**自己**なのだから、あなたのいるところにその**自己**がいないということがあるだろうか。

9．あなたが**自己**から離れていることが可能だと教える心の中のすべての誤りを、真理は正してくれる。[2]あなたは、今日、その**自己**に話しかけ、**彼**の機能《はたらき》をあなたを通して全うさせる誓約をする。[3]**彼**の機能《はたらき》を共有するということは、**彼**の喜びを共有することである。[4]あなたが次のように言うとき、**彼**の確信はあなたとともにある。

[5]真理は、私の心の中のすべての誤りを正す。
そして私は、私の**自己**の中で休らう。

[6]それから、その**自己**に優しく真理のもとへと導いてもらいなさい。真理はあなたをすっぽりと包み込み、あまりにも深く静謐な平安をもたらすので、住み慣れたこの世界に戻ってくるのがいやになるほどだろう。

10. それでもあなたは、再びこの世界を見ることを嬉しく思うだろう。[2]なぜなら、自分とともにある真理がこの世界に変化をもたらすという約束を携えて、この世界に戻ってくるからである。[3]そうしてもたらされる変化は、あなたがわずか五分の練習という贈り物を与えるたびに増大し、自分の心の中で誤りを正してもらうにつれて、この世界をとりまく誤りが正されるだろう。

11. 今日はあなたの機能《はたらき》を忘れてはならない。[2]「真理は私の心の中のすべての誤りを正す」と自信をもって言うたびに、あなたは全世界を代弁して語り、あなた自身を自由にすると同時にこの世界を解放しようとする**存在**を代弁して語っているのである。

レッスン108

与えることと受け取ることは、真理においてはひとつである。

1. 心眼《ヴィジョン》は今日の主題概念の上に成り立つ。[2]この概念は、対立するように見えるすべてのものを和解させるので、その中には光がある。[3]そして光とは何だろうか。それは、平安から生まれた解決にほかならず、それによってあなたのすべての葛藤や間違った想念が、完全に真実である一つの概念へと還元される。[4]だが、その一つの概念さえもいずれは消滅する。なぜなら、その背後にある**想念**が現れて、それと入れ替わるからである。[5]そしてそのとき、夢は終わっているので、あなたは永遠の平安の内にいる。

2. 真の心眼《ヴィジョン》を可能にする真の光は、肉体の目が見る光ではない。[2]それは、すっかり統合されているためにまったく闇が知覚されることのない心の状態のことである。[3]そうして、同じであるものはひとつのものと見られ、同じでないものは存在しないので、顧みられることはない。

3. これが、対立するものを見せることのない光であり、すでに癒されている心眼《ヴィジョン》には、癒す力がある。[2]これが、あなたの心の平安をほかの心へと運ぶ光である。そして、彼らがその平安を分かち合い、自らがあなたとも彼ら自身ともひとつであることを喜べるようにする。[3]これが、癒す光である。それは一つの意味だけを生じさせる単一の基準系に基づいて、単一の知覚をもたらすからである。

4. ここでは、与えることと受け取ることの両方が、一なる**想念**の二つの側面と見なされており、この**想念**の真実性は、どちらの側面が第一のもので、どちらが二次的なものと見なされるかといったことには依存していない。[2]ここでは、両方の側面が一緒に生じるものであり、この想念は完全なままであり続けると理解される。[3]この理解の中に、対立するもののすべてを和解させるための土台がある。なぜならそこでは、この一なる**想念**をひとつのものと捉える基準系と同じ基準で、それらが知覚されるからである。

5. 完全に統合された一つの想念は、すべての想念を統合するように働く。[2]これは、「一つが正されれば、すべての訂正に充分である」とか、「ひとりの兄弟を完全に赦すなら、すべての心に救済をもたらすに充分である」と言うのと同じである。[3]なぜなら、これらは、真理を知っている**存在**に導かれている学びのすべてに通用する一つの法則が、特別な形で適用されたいくつかの事例にほかならないからである。

6. 与えることと受け取ることが同じであるという学びが特に役に立つ理由は、いとも簡単に試すことができて、それが本当であることが見て取れるからである。[2]ある特別な応用の形が、どのような環境下で試されても常に通用すると実証されたときには、その背後にある想念を、疑いの残っているほかの領域や二元性を見ている視覚にまで普遍的に適用することが可能になる。[3]それはそこから延長されていき、遂にはそれらすべての根底にある一なる**想念**にまで到達する。

7. 今日、私たちは、与えることと受け取ることの特別な形を練習する。[2]このレッスンの単純な主題概念を、結果が見落とせないような明白なものに適用する。[3]与えることは受け取ることである。[4]今日はすべての人に平安を与えることを試み、平安がいかに素早く私たちに戻ってくるかをこの目で確かめる。[5]光は静謐さであり、その平安の中で心眼《ヴィジョン》が与えられ、私たちは真に見ることができる。

8. だから、練習時間には、まずはじめに今日の練習について説明する次の言葉を述べる。

[2]与えることと受け取ることは、真理においてはひとつである。

[3]私は今自分が与えるものを、これから受け取ることになる。

[4]それから目を閉じ、自分のものとするために、すべての人に差し出したいと思うものについて、五分間考える。[5]たとえば次のように言う。

[6]すべての人に、私は静けさを差し出す。
[7]すべての人に、私は心の平安を差し出す。
[8]すべての人に、私は優しさを差し出す。

9. 一つをゆっくりと言ったあとは、少し間《ま》を置いて、自分が与えた贈り物を受け取ることを期待して待つ。[2]それは、あなたが与えた分だけ、あなたに戻ってくるだろう。[3]与えた分量と厳密に同じ分量が戻ってくることに、あなたは気がつくはずである。それがあなたが求めた分量だからである。[4]あなたが贈り物を与える相手について考えることも、役に立つかも知れない。[5]その人はほかの人々を代表しており、あなたは彼を通してすべての人に与えることになる。

10. 今日の非常に単純なレッスンが、あなたに多くを教えるだろう。[2]これから先は、結果と原因について、これまでよりもはるかによく理解され、私たちは今や、さらに速やかに前進することになる。[3]今日の演習を自らの学びにおける急速な進歩と捉えよう。「与えることと受け取ることは、真理においてはひとつである」と言うたびに、あなたの学びはさらに加速され、確実なものとなる。

レッスン109

私は神の内に休らう。

1. 私たちは今日、安息を求め、この世界が呈する外観によって揺らぐことのない静けさを求める。[2]衝突しあう夢の数々から生まれてくる混迷のただ中で、私たちは平安と静寂を求める。[3]自分が危険や悲しみを見ているように思えても、安全と幸福を求める。[4]そして私たちには、求めに応じて私たちの願うものを与えてくれる概念がある。

2. 「私は**神**の内に休らう」。[2]この概念が、あなたが捜し求めている安息と静けさ、平安と静寂、安全と幸福を、あなたに運んでくるだろう。[3]「私は**神**の内に休らう」。[4]この概念には、あなたの中で眠っている真理を目覚めさせる力があり、その真理の心眼《ヴィジョン》は外観を超えて、すべての人やものの中にある同じ真理を見る。[5]ここに、全世界の苦しみの終わりがあり、少しの間さすらうためにここにきたことのある者たちとこれからやってくる者たち全員の苦しみが、ここで終わる。[6]この概念の中で**神の子**は生まれ変わり、自らを認識する。

3. 「私は**神**の内に休らう」。[2]この想念が、まったくたじろぐことなくあなたを運んでゆき、嵐や争乱を通り抜け、不幸や苦痛、損失や死をも通り過ぎ、**神**の確かさへと連れてゆく。[3]それが癒すことのできない苦しみはない。[4]それが解決できない問題もない。[5]そして**神**の内に休らうあなたの眼前で、目に見えるものすべてが真理へと変容していくだろう。

4. 今日は平安の日である。[2]あなたは**神**の内に休らい、吹きすさぶ憎悪の嵐に世界が引き裂かれていても、あなたの安息は少しも乱されない。[3]それは真理がもたらす安息である。[4]外側に見えているものがあなたを侵害することはできない。[5]あなたは**神**の内に休らっているのだから、ともに休らおうとあなたが皆に呼びかければ、彼らはそれを聞いてやってくるだろう。[6]あなたは自分の声を**神**に預けたのであり、今や**神**の内に休らい、**神**があなたを通して語るままにするので、彼らはそれ以外の声を聞くことはない。

5. **神**の内にいるあなたには何の心配や懸念もなく、重荷や不安、苦痛、そして未来に対する恐れや過去に対する後悔もない。[2]あなたは時間を超えたところで休らい、その間、時間はあなたに触れることなく過ぎてゆく。あなたの安息は絶対不変のものだからである。[3]今日、あなたは休らう。[4]目を閉じて、静寂の中へと深く入っていきなさい。

[5]心が抱くせわしい夢想のすべては、過ぎ去った熱病の夢にすぎないということを、この休息と安らぎの時間に、自分の心に思い出させ、安心させなさい。[6]心を静め、感謝の気持ちで心の癒しを受け入れなさい。[7]今やあなたは**神**の内に休らいでいるので、もはや恐ろしい夢が訪れることはない。[8]今日は、夢から抜け出して平安の中に入るための時間をとりなさい。

6. 今日一時間ごとにあなたが休らうとき、疲れた心はにわかに喜びに溢れ、翼の折れた鳥はさえずり始め、長い間枯れていた小川は再び流れ出す。[2]あなたが休らうたびに、世界は生まれ変わる。自分がここにきたのは、**神**の平安を世界の中へと運び、この世界も自分とともに休らうようにするためだと、あなたが思い出すたびに、世界は生まれ変わる。

7. 今日あなたが五分間休息するたびに、世界は目覚めへと近づく。[2]そして、もはや倦《う》み疲れてひとりでは進むことができないほどに消耗しきった心に、安息のみが存在する時間が近づいてくる。[3]そして彼らは鳥がさえずり始めるのを聞き、小川が再び流れ始めるのを見るだろう。希望が再生し、活力が回復し、にわかに進みやすくなったように思える道を、軽い足取りで歩き出すだろう。

8. あなたは今日、**神**の平安の内に休らい、自らの安息の中から兄弟に呼びかけ、あなたとともに休らうようにと、彼らを彼ら自身の安息へと引き寄せる。[2]あなたは今日、自分が信頼するものに忠実になるだろう。誰ひとり忘れることなく、すべての人を、果てしなく広がる平安の環の中であなたが休息するその聖なる場所へと連れてくるだろう。[3]神殿の扉を開き、世界の遠くからも近くからも、疎遠な兄弟も身近な友達も、皆ここに呼び寄せ、あなたとともに休らうように中へ招き入れよう。

9. あなたは今日、静かに、恐れることなく、**神**の平安の内に休らう。[2]兄弟の誰もが、自ら休らうためにやってきて、ここで得た安息をあなたにも差し出す。[3]私たちは皆一緒にここで休らう。そうすることで、私たちの安息が完結するからである。そして、今日私たちが与えるものは、すでに自分が受け取っていたものである。[4]時間は、今日、私たちが与えるものの管理者ではない。[5]私たちはまだ生まれていない者たちにも与え、すでにここを去っていった者たちにも与える。そして、すべての**神の想念**にも与え、それらの**想念**を生み出して**自ら**の内に休らわせている一なる**心**にも、与えるのである。[6]私たちは、「私は**神**の内で休らう」と自分に言うたびに、彼らに彼ら自身の安息の場所を思い出させる。

レッスン110

私は神が創造したままの私である。

1．今日の主題概念を、私たちは今後もときどき繰り返して使うことになる。[2]この一つの概念だけでも、もしあなたがこれが真実だと信じるなら、あなたと世界を救うに充分である。[3]これが真理であるなら、あなたが自分にもたらした変化には何の実在性もないということであり、さらにには、あなたは、宇宙を変化させて、**神**が創造したものを恐れや悪や惨めさや死に入れ替えたりはしなかった、という意味になる。[4]もし、あなたが**神**が創造したままであり続けるのなら、恐れには意味はなく、悪は実在せず、惨めさも死も存在しない。

2．だから今日の概念は、完全な訂正によりあなたの心が癒されるために必要なすべてである。いかなる心がいかなる時と場において犯した間違いでもすべて癒せる完璧な心眼《ヴィジョン》を、あなたにもたらすために必要なすべてである。[2]過去を癒し、未来を解放するのに、これだけで充分である。[3]現在がそのままに受け入れられるにも、これだけで充分である。[4]また、これさえあれば、時間は時間からの脱出のための手段となり、全世界は、時間そのものからも、時間の経過がもたらすように見えるすべての変化からも、脱出できるようになる。

3．あなたが**神**が創造したままであり続けるなら、見かけだけのものが真理に入れ替わることはできず、健康が病気となることも、死が生の代替となったり、恐れが愛の代替となることもありえない。[2]あなたが**神**が創造したままであるなら、こうしたことのすべてがもともと起こってはいない。[3]償いが訪れて世界を照らし、世界を過去から自由にするためにあなたに必要な概念は、この一つだけである。

4．この一つの概念の中で、すべての過去が無に戻される。現在が保持され、時間のない未来へと静かに延長されていく。[2]もしあなたが**神**が創造したままのあなたであるなら、あなたの心が**神の心**から分離したことはなく、あなたの心とほかの者たちの心との間にいかなる分裂もなく、あなた自身の心の中には一体性があるだけである。

5．今日の概念がもつ癒しの力には限りがない。[2]この概念の中からすべての奇跡が生まれ出るのであり、奇跡こそが、世界に真理の自覚を取り戻させる大いなる復元者である。[3]今日の概念を感謝を抱いて練習しよう。[4]これが、あなたを自由にするために訪れる真理である。[5]**神**があなたに約束した真理である。[6]そして、この**神の言葉**の中で、すべての悲しみが終わりとなる。

6．五分間の練習は、以下の「テキスト」からの引用文で始めよう。

[2]私は**神**が創造したままの私である。[3]**神の子**が苦しむことはありえない。[4]そして私は確かに**神の子**である。

7．それから、この言葉をしっかりと心に抱き、神聖な**神の子**である**自己**を、あなたの心の中に発見しようと試みなさい。

8．あなたの内なる**キリスト**を、あなたの内に探しなさい。彼は**神の子**であり、世界にとっての兄弟でもあり、永遠に救われている**救い主**である。この内なる**キリスト**は、自分が**キリスト**の兄弟であると告げてくれる**言葉**を求めて少しでも**彼**に触れる者なら、誰でも救う力を備えている。

9．あなたは**神**が創造したままのあなたである。[2]今日は、あなたの**自己**を尊びなさい。[3]今日は、本来の**神の子**の代替としてあなたが自分で作り出した偶像の**神の子**を、崇拝するのはやめなさい。[4]あなたの心の奥深くで、内なる神聖な**キリスト**があなた自身として認められるのを待っている。[5]**彼**が認められず、知られないままでいるうちは、あなたは道に迷ったままであり、自分自身を知らない。

10．今日は**キリスト**を探して、**キリスト**を見出そう。[2]**彼**は、あなたが自分で作り上げたすべての偶像からあなたを救う**救い主**となるだろう。[3]**キリスト**を見出したとき、あなたは自分の偶像がいかに無価値で、自分で自分だと思い込んできたイメージの数々がいかに間違ったものだったかを理解するからである。[4]私たちは今日、偶像を放棄し、私たちの両手と胸と心を**神**に向かって開くことにより、真理に向かって大きく前進する。

11．一日を通し、感謝の気持ちで**神**を思い出し、今日私たちと出会うすべての者たちに、愛に満ちた思いを抱く。[2]私たちはそのようにして**神**を思い出すからである。[3]そして、私たち一人ひとりの中にいる私たちの聖なる**自己**であり、**キリスト**である**神の子**を思い出せるように、次のように言おう。

[4]私は**神**が創造したままの私である。

[5]この真理をできるだけたびたび宣言しよう。[6]これはあなたを自由にする**神の言葉**である。[7]これは天国の門を開く鍵であり、あなたを**神**の平安と**神**の永遠の中に入らせる鍵である。

復習 Ⅲ

序

1．今日からまた復習が始まる。[2]これから続けて一〇日間、最近のレッスンを毎日二つずつ復習する。[3]この期間は特別な形式に従って練習するので、できる限り厳密にそれを守ることが特に望ましい。

2．もちろん私たちは、ここで勧められている最良のやり方を、あなたが毎日毎時間、実践できるわけではないことは承知している。[2]決められた時間に都合がつかず練習できなかったとしても、学びが妨げられることはない。[3]また回数をこなすために無理をする必要もない。[4]練習を儀式的なものにしてしまうことは私たちの意図するところではなく、むしろ私たちの目的に反する。

3．しかし、もしも要請されている時間を練習に捧げるのは嫌だという理由で、あなたが練習を省いてしまうときには、学びが妨げられる。[2]この点で自分を偽ってはならない。[3]思い通りにならない状況という口実の裏に、練習をやりたくない気持ちがいとも巧妙に隠されていることがある。[4]やりたくない気持ちを隠すために自分で作り出した状況と、真に練習に適していない状況とを区別することを、学ばなければならない。

4．理由は何であれ、やりたくなかったので抜かしてしまった練習は、自分のゴールは練習をすることだと思い直した時点で、ただちに取り組まなければならない。[2]あなたが救済の練習に従いたくないのは、それが自分にとってもっと大切だと思えるゴールの邪魔になる場合のみである。[3]そうしたゴールに価値を置くことをやめたなら、これまでそれらに捧げてきた毎日の努力にかわるものとして、これらの練習を行いなさい。[4]それらのゴールはあなたに何も与えてくれなかった。[5]しかし、あなたが行うこれからの練習は、あなたにすべてを与えてくれる。[6]だから、練習が与えてくれるものを受け入れて、心安らかでいなさい。

5．今回の復習に用いる形式は次の通りである。一日に二回、それぞれ五分間、または望むならもう少し長い時間を、与えられた概念についてよく考えることに捧げる。[2]まず、その日の演習のために書かれている主題概念とその説明に目を通す。[3]それから、それらについて考え始めるが、そのとき、あなたの心がそれらの概念を、あなたに必要なことや、問題だと思えることや、あらゆる気がかりなことに、自然に関連づけていくにまかせる。

6. 主題概念を自分の心の中に置き、それらを心が選ぶままに使わせてかまわない。[2]あなたの心がそれらを賢明に使うと信じていなさい。あなたの心は、あなたにそうした概念を与えた聖霊に助けられて決断するからである。[3]自分の心の中にあるものを信頼できなくて何を信頼できるというのだろう。[4]この復習において、聖霊が用いる手段は失敗しないと信じなさい。[5]あなたの心がもつ叡智が、あなたを助けにきてくれるだろう。[6]最初に指示を与えたら、その後は静かな信頼を抱いて、ゆったりと構える。あなたが心に与えた概念は、心に使わせるようにとあなたに与えられたものなのだから、心にそれらを使わせなさい。

7. 完璧な信頼のうちに、あなたにはそれらの概念が与えられている。あなたは必ずそれらを上手に使うだろうという完全な確信と、あなたがそれらの真意を理解して、自分自身のためにそれらを使うだろうという全き信とともに、それらは与えられている。[2]あなたも同じ信頼と確信と信義を抱いて、それらをあなたの心に与えなさい。[3]あなたの心が失敗することはない。[4]あなたの心は、聖霊があなたの救済のために選択した手段である。[5]聖霊の信頼を得ているのだから、この聖霊の手段はもちろんあなたの信頼も得るにふさわしいはずである。

8. 朝目覚めたら最初の五分間を復習に捧げ、夜眠りにつく直前の五分間も同じように行えば、あなたが得るところは大きい。[2]もしそれができなければ、少なくとも二回に分けて、一回は午前中に、もう一回は夜の就寝前の一時間以内に行うようにする。

9. 一日を通して行う演習も同じくらい重要である。あるいは、もっと価値があるかもしれない。[2]これまで、あなたは決められた時間にのみ練習し、その後は自分のやり方でほかのものごとを行い、学んだことをそれらに適用しないことが多かった。[3]その結果、あなたの学びはほとんど強化されてこなかったし、それがどれほど大きな贈り物をもたらす力を秘めたものであるかが、まだあなたに実証されていない。[4]この復習は、学んだことをうまく用いるための新たなチャンスである。

10. これらの復習のレッスンにおいては、二回の長めの練習時間だけでなく、その合間にもあなたの学びを活用する必要を強調しておく。[2]その日の二つの主題概念について、毎時、短い時間でよいから真剣に復習しようと試みなさい。[3]一つを毎時きっかりに使用し、もう一つはその半時間後に使用する。[4]それぞれにほんの数秒かけるだけでよい。[5]それを繰り返してから、あなたの心を少しの間、静かな平安の中で休息させる。[6]その後は日常の活動に戻るが、その概念を念頭に置いたままでいるようにし、それが一日中あなたが平安を保つ助けとなるようにする。

11. あなたが動揺したときにも、その概念を思い出しなさい。[2]これらの練習時間は、毎日の学びを、あなたが行うすべてのことに適用する習慣をつけるのを助けるために、計画されている。[3]その概念を繰り返しただけで放っておいてはいけない。[4]それはあなたにとって限りなく役に立つものである。[5]そして、それは、あなたに何らかの助けが必要なときにはいつでも、あらゆるやり方で、あらゆる時と場において、あなたの役に立つように意図されている。[6]だから、その概念を抱いてその日の仕事に出かけ、その仕事を**神の子**にふさわしく、**神**とあなたの一なる**自己**を満足させられる神聖なものにしなさい。

12. 毎日の復習の最後には、毎時きっかりとその半時間後に使用した二つの概念を、再び繰り返して終了する。[2]これらの概念を忘れてはならない。[3]それぞれの概念を再び練習するこの機会は、非常に大きな進歩をもたらすであろう。この復習を終えたときには私たちは大きな学びの成果を得ており、信頼は強まり、足取りはより確かになり、一層堅固になった地盤の上を進んでいくだろう。

13. あなたはまだ、わずかしか学んでいないことを、忘れてはならない。[2]今から、どれほど多くのことを学べるかを、忘れてはならない。[3]**父**から与えられたこれらの概念を復習するとき、**父**があなたを必要としていることを忘れてはならない。

レッスン111

朝晩の復習として

1. **(91) 奇跡は光の中で見える。**

[2]闇の中では見ることはできない。[3]聖性と真理の光が私の心を明るくし、内なる無垢性を見ることができますように。

2. **(92) 奇跡は光の中で見え、光と強さはひとつのものである。**

[2]**神**からの贈り物である強さを通して、私は見る。[3]**神**から与えられる**神**の強さが私の弱さと入れ替わり、その贈り物が、私の弱さである闇を消し去ってくれる。

3. 毎時きっかりに

[2]**奇跡は光の中で見える。**

[3]半時間後に

[4]**奇跡は光の中で見え、光と強さはひとつのものである。**

レッスン112

朝晩の復習として

1. **(93) 光と喜びと平安が私の中に宿っている。**

[2]私は光と喜びと平安が住む家である。[3]私は**神**の一部なので、**神**と共有するわが家にそれらを迎え入れる。

2. **(94) 私は神が創造したままの私である。**

[2]**不変なるもの**により**それ自身**と同じものとして創造された私は、永遠に創造されたときのままであり続ける。[3]だから私は**神**とひとつであり、**神**は私とひとつである。

3. 毎時きっかりに

[2]**光と喜びと平安が私の中に宿っている。**

[3]半時間後に

[4]**私は神が創造したままの私である。**

レッスン113

朝晩の復習として

1．**（95）私は創造主と一体の一なる自己である。**

[2]私は一なる**自己**であり、完全に全一で、被造物のすべてとも、**神**ともひとつであるから、安らかな静けさと完璧な平安が私のものである。

2．**（96）救済は私の一なる自己から訪れる。**

[2]一なる**自己**の智識は今も私の心の中にとどまっており、その**自己**のもとから見れば、私のための**神**の完璧な救済計画が完璧に成就されていることがわかる。

3．毎時きっかりに

[2]私は創造主と一体の一なる自己である。

[3]半時間後に

[4]救済は私の一なる自己から訪れる。

レッスン114

朝晩の復習として

1．**（97）私は霊である。**

[2]私は**神の子**である。[3]肉体は、私の霊を封じ込めることはできず、**神**が創造していない制限を私に課すこともできない。

2．**（98）私は神の救済計画における自分の役割を引き受ける。**

[2]**神**は私を、永遠に変わることのない私として創造したのだから、その**神の言葉**を受け入れること以外に、私にどんな機能《はたらき》があるだろうか。

3．毎時きっかりに

[2]私は霊である。

[3]半時間後に

[4]私は神の救済計画における自分の役割を引き受ける。

レッスン115

朝晩の復習として

1. (99) **救済が、ここにいる私の唯一の機能《はたらき》である。**

[2]ここにいる私の機能《はたらき》は、私が犯したすべての誤りについて、世界を赦すことである。[3]そのようにして、全世界とともに、私がそれらの誤りから解放されるからである。

2. (100) **私の役割は神の救済計画に不可欠である。**

[2]私は世界を救済するための**神**の計画に不可欠である。[3]**神**は、私が世界を救えるようにと、その計画を私に与えたからである。

3. 毎時きっかりに

[2]**救済が、ここにいる私の唯一の機能《はたらき》である。**

[3]半時間後に

[4]**私の役割は神の救済計画に不可欠である。**

レッスン116

朝晩の復習として

1. (101) **神の意志が私に望むのは完全な幸せである。**

[2]**神の意志**は、私の完全な幸せである。[3]私が苦しむことがあるとしたら、それは唯一、**神の意志**とは違った別の意志があると信じているからである。

2. (102) **私に幸せを望む神の意志を、私も共有している。**

[2]**神の子**である私に対する**父の意志**を、私も共有している。[3]**父**が私に与えたものが、私の欲するすべてである。[4]**父**が私に与えたものが、実在するすべてである。

3. 毎時きっかりに

[2]**神の意志が私に望むのは完全な幸せである。**

[3]半時間後に

[4]**私に幸せを望む神の意志を、私も共有している。**

レッスン117

朝晩の復習として

1.（103）**神は愛なのだから、幸福でもある。**

[2]愛がすなわち幸福であり、それ以外の何ものも喜びをもたらさないということを、私が覚えていられますように。[3]だから、私はいかなる愛の代替も迎え入れるつもりはない。

2.（104）**私は真に私に属するものだけを求める。**

[2]愛は私が受け継いでいるものであり、私はそれとともに喜びも受け継いだ。[3]これらは**父**が私に与えた贈り物である。[4]私は真に私のものであるすべてを受け入れたい。

3. 毎時きっかりに

[2]**神は愛なのだから、幸福でもある。**

[3]半時間後に

[4]**私は真に私に属するものだけを求める。**

レッスン118

朝晩の復習として

1.（105）**神の平安と喜びは私のものである。**

[2]今日私は、自分で作り出した幸福と平安の代替のすべてを喜んで放棄し、それらと交換に、**神**の平安と喜びを受け入れる。

2.（106）**私が静まって、真理に耳を傾けられますように。**

[2]私が、自分の弱々しい声を静められますように。**真理そのもの**を代弁する力強い**声**が、私は完璧な**神の子**であると告げて私を安心させるのを、聞くことができますように。

3. 毎時きっかりに

[2]**神の平安と喜びは私のものである。**

[3]半時間後に

[4]**私が静まって、真理に耳を傾けられますように。**

レッスン119

朝晩の復習として

1．（107）**真理は、私の心の中のすべての誤りを訂正する。**

[2]自分が何らかの形で傷つくことがありえると考えるとき、私は間違っている。[3]私は**神の子**であり、私の**自己**は**神の心**の中で安全に休らっている。

2．（108）**与えることと受け取ることは、真理においてはひとつである。**

[2]私は今日、すべてを赦すつもりだ。それにより、自分の中の真理を受け入れる方法を学び、自分の無罪性を認識できるようになりたい。

3．毎時きっかりに

[2]**真理は、私の心の中のすべての誤りを訂正する。**

[3]半時間後に

[4]**与えることと受け取ることは、真理においてはひとつである。**

レッスン120

朝晩の復習として

1. **(109) 私は神の内に休らう。**

[2]今日、私は**神**の内に休らう。そして、私が**神**の内なる静けさと完璧な確かさの中で休らっている間、**神**が私の中で、私を通して働くに任せる。

2. **(110) 私は神が創造したままの私である。**

[2]私は**神の子**である。[3]私は今日、自分についてのすべての病んだ幻想を脇に置き、私が本当は**誰**なのかを、**父**に教えてもらう。

3. 毎時きっかりに

[2]**私は神の内に休らう。**

[3]半時間後に

私は神が創造したままの私である。

レッスン121

赦しが幸せへの鍵である。

1. ここに、平安を探し求めてきたあなたへの答えがある。[2]意味をなさないかに思える世界の中で、意味を見出すための鍵がある。[3]事あるごとに現れてはあなたを脅かし、静けさと平安がいつかは見つかるという希望まで疑わしくする、危険のように見えるものの中にあっても、安全へと至る道が、ここにある。[4]ここで、すべての問題に答えが与えられ、不確かなものの終わりが確実となる。

2. 赦そうとしない心は、恐れに満ちており、愛が愛として存在できる余地を与えず、その翼を広げられる平安の場所を与えず、愛が世界の喧騒を離れて高く飛翔するために、その翼を広げられる平安の場所を与えない。[2]赦そうとしない心は悲しんでおり、苦痛からの解放や安らぎを得られる望みがない。[3]それは苦しみながら不幸の中にとどまり、闇の中で目を凝らし、何も見えないのに、あたりには危険が待ち伏せていると確信している。

3. 赦そうとしない心は疑惑で引き裂かれ、自分についても、自分が見るすべてのものについても混乱している。恐れと怒りに満ち、虚弱さのゆえに虚勢を張り、前に進むことを恐れるがとどまることも恐れ、目覚めることも眠ることも恐れている。あらゆる物音におびえているが静寂はなおのこと恐れ、闇におびえているのに、光の到来にはもっと恐怖を抱いている。[2]赦そうとしない心には、自らの破滅以外に何が知覚できるだろうか。[3]自分の罪のすべてが実在するという証拠以外に、何を見ることができるだろうか。

4. 赦そうとしない心は間違いを見ず、罪だけを見る。[2]それは見えぬ目で世界を眺め、自分自身による投影が浮かび上がり、自分という哀れな生命《いのち》の真似事《パロディー》を攻撃するのを見て、悲鳴を上げる。[3]生きたいと思いながらも、死んだほうがよいと願う。[4]赦しを欲しているが、その望みはないと見ている。[5]逃げ去りたいのに、あらゆるところに罪人を見ているので、逃げるすべもない。

5. 赦そうとしない心は絶望しており、さらなる絶望以外の何かをもたらす未来の見通しをもたない。[2]それなのに、自分がこの世界に下した裁きは覆《くつがえ》せないものと見なしており、自分で自分をこの絶望に追い込んだということがわからない。[3]自分の目に見えているものがすべて、その裁きが正しいことを証言するので、自分が変わることはできないと考える。[4]自分は知っていると思っているので、尋ねることはしない。[5]自分が正しいと思っているので、疑問をもたない。

6．赦しは習得されるものである。[2]罪を犯すことのできない心に内在しているものではない。[3]罪とはあなたが自分自身に教えた概念なので、赦しも、あなたが学ばなければならないものである。だが、それはあなた自身からではなく、あなたの中の別な**自己**を代表している**内なる教師**から学ばれなければならない。[4]その**内なる教師**を通して、あなたが自分で作り出したと思っている「自己」をどのようにして赦すかを学び、それを消滅させる。[5]そうして、あなたは自分の心を、あなたの真の**自己**であり、決して罪を犯すことのない**キリスト**とひとつの状態に戻す。

7．赦そうとしないほかの心の一つひとつがあなたに提供するのは、あなた自身の赦そうとしない心に、自分のその心を赦す方法を教える機会である。[2]どの心も、あなたを通して地獄から解放されるのを待っており、今ここで、天国を切望してあなたに頼っている。[3]そうした心は望みを失っているが、あなたがその希望となる。[4]そしてその心にとって希望となったあなたは、あなた自身の心にとっての希望となる。[5]赦そうとしない心は、自分が地獄から救われていることを、あなたからの赦しを通して学ばなければならない。[6]そしてあなたは、救済を教えながら、救済を学ぶだろう。[7]しかし、あなたの教えることも学ぶことも、どちらもあなたから生じるものではなく、あなたに道を示すために与えられた**内なる教師**から生じるものである。

8．今日は、赦すことを学ぶための練習をする。[2]もしあなたにその意欲があるなら、今日の学びにより、幸せへの鍵を手にすることができるようになり、それをあなた自身のために使えるようになる。[3]私たちは、朝と夜のそれぞれ一〇分間を、赦しの与え方と受け取り方を学ぶために捧げる。

9．赦そうとしない心は、与えることと受け取ることが同じであることを信じない。[2]それでも私たちは今日、あなたが敵だと思っている人と友だと見なしている人に対する赦しの練習を通して、与えることと受け取ることがひとつであることを学ぼうと努める。[3]そして、その両方を同じものと見ることができるようになるにつれ、あなたはこのレッスンをあなた自身にまであてはめるようになり、彼らの脱出にはあなたの脱出も含まれていたことがわかるようになるだろう。

10．長いほうの練習時間は、あなたが嫌いな誰かについて考えることから始める。それはあなたを苛立たせる人や、できれば出くわしたくはないと思える人や、あなたが積極的に嫌っている人や、ただ無視しようとしている人などである。2あなたの怒りがどんな形をとるかは問題ではない。3おそらくあなたは、もうその人を選んだに違いない。4その人でかまわない。

11. それでは眼を閉じ、心の中にその人を思い浮かべ、しばらくその人を見つめてみよう。2その人のどこかに何らかの光を知覚しようとしてみなさい。それまであなたが一度も気づいたことのない小さな輝きである。3あなたがその人について抱いている醜い人物像から透けて輝いている小さなきらめきのようなものを見つけようとする。4その人物像の中のどこかに光が見えてくるまで見つめる。それから、光がその人を包み、その人物像を美しく好ましいものにするまで、その光を拡げていく。

12. この変化した知覚をしばらく見つめ、それからあなたが友と呼ぶ人に心を向ける。2以前は「敵」であった人の周りに見ることを学んだその光を、この友へと移行させてみなさい。3その人を、今、あなたにとって友以上の存在と知覚しなさい。その光の中で、その人の聖性があなたの救済者をあなたに見せてくれるからである。その救済者は救われていて、救うことができ、癒されていて全一である。

13. それから、あなたがその人の中に見ている光をその人から与えてもらう。そして、あなたの「敵」と友をひとつにつながらせ、彼らに、あなた自身の与えたものを使ってあなたを祝福してもらう。2今、あなたは彼らとひとつであり、彼らはあなたとひとつである。3そうして今、あなたは自分自身により、赦された。4一日を通して、自分の心も含めた、あらゆる赦そうとしない心に幸福をもたらすために、赦しが果たす役割を忘れてはならない。5そして一時間ごとに、次のように自分に教えなさい。

6赦しこそが幸せへの鍵である。7私は、自分が死にゆく者、誤りを免れない者、罪深い者だという夢から目覚め、自分が完璧な**神の子**であるとわかるようになるだろう。

レッスン122

赦しは、私が望むすべてを与えてくれる。

1．赦しがもたらせないような何かを、あなたは望むことができるだろうか。[2]あなたは平安を望むだろうか。[3]赦しがそれを与えてくれる。[4]幸福や、静かな心や、確かな目的、そして、この世のものではない美や価値の感覚を望むだろうか。[5]思いやりや、安全や、いつも確かに守られているという温かな気持ちについては、どうだろう。[6]乱されることのない静けさや、決して傷つくことのない優しさ、永続する深い慰め、まったく揺らぐことのない完璧な安息、こうしたものを、あなたは望むだろうか。

2．赦しはこのすべてと、さらにそれ以上のものを与えてくれる。[2]あなたが目を覚ますと同時に、赦しはあなたの瞳を輝かせ、今日という日を嬉々として迎えるための喜びを与えてくれる。[3]あなたが眠っている間は、額《ひたい》から憂いを取り去り、恐れや悪や恨みや攻撃の夢を見ないように、瞼の上にとどまってくれる。[4]そして再び眼を覚ましたときには、幸福と平安に満ちた新たな一日を差し出してくれる。[5]赦しはこのすべてと、さらにそれ以上のものを、あなたに与える。

3．赦しは、赦そうとしないまなざしで世界を見ている者たちから**キリスト**の顔を隠しているベールを取り除く。[2]それはあなたに**神の子**を認識させ、生命《いのち》なき想念のすべてをあなたの記憶から消し去り、**父**の記憶があなたの心の識閾《しきいき》を越えてよみがえることを可能にする。[3]赦しがもたらせないような何を、あなたは望むのだろうか。[4]これらの贈り物以外に、探し求める価値のあるものがあるだろうか。[5]想像された価値や、取るに足らない結果や、決して守られない一時の約束の中に、赦しが運んでくる以上のどんな希望がありえるだろうか。

4．すべての問いに答える解答があるというのに、なぜあなたはそれ以外の答えを探そうとするのだろう。[2]不完全な質問や無意味な要請、中途半端な傾聴や、いい加減な勤勉さと生半可な信頼、そうしたものに対する完璧な答えがここにある。[3]答えはここにある！　[4]これ以上、答えを探すのはやめなさい。[5]この答えのかわりになるほかの答えを、あなたが見つけることはない。

5．あなたのための**神**の救済計画には、変更も、失敗もありえない。[2]それが**神**が計画した通りに存続することに感謝しよう。[3]変わることのないその計画は、開かれた扉のようにあなたの前にあり、その扉の向こうからは、中に入って自分の家でくつろぐようにと、あなたを温かく歓迎する声がしている。

6. 答えはここにある！ [2]中では天国のすべてがあなたを待っているというのに、あなたは外に立っていたいのだろうか。[3]赦して、赦されなさい。[4]あなたは自分が与える通りに受け取るだろう。[5]これ以外に**神の子**を救うための計画はない。[6]このことを、今日、私たちは喜ぼう。ここに、その簡明さゆえに欺瞞の余地のない明快な答えがあるからである。[7]蜘蛛の巣のように脆いが交錯した世界の複雑さはすべて、この極めて簡明な真理の声明の力と威厳の前で消滅する。

7. 答えはここにある！ [2]二度と再び、あてどなくさまようことで答えに背を向けてはならない。[3]今、救済を受け入れなさい。[4]それは**神**の贈り物であり、この世界の贈り物とは違う。[5]**神**が与えた贈り物を自分のものとして受け取った心に、世界はもはや、わずかでも価値のある贈り物を与えることはできない。[6]**神の意志**は、今日、救済が受け取られることにあり、あなたの夢の複雑さが虚無であることが、これ以上隠されなくなることにある。

8. 今日、目を開き、安全と平安のある幸福な世界を見なさい。[2]赦しは、その世界が訪れて地獄と入れ替わるための手段である。[3]静けさの中でその世界が生起してあなたの開かれた目にふれ、あなたの胸《こころ》が深い静謐さに満たされるとき、永遠なる再生を繰り返す往古の真理があなたの自覚の中によみがえる。[4]そのときあなたが思い出すものを描写することは不可能である。[5]それでも、あなたの赦しはそれをあなたにもたらす。

9. 赦しが与える贈り物のことを思い出しながら、私たちは、今日が救済の日となるという望みと信を抱いて練習に取り組む。[2]熱意と喜びをもって、今日私たちはそれを求める。自分たちの手の中にその鍵をもっていることを自覚し、地獄に対する天国の解答を受け入れる。私たちは自ら地獄を作り出したが、もはやそこにとどまるつもりはないからである。

10. 朝と夜のそれぞれ一五分間を、地獄の終わりを保証する探索に喜んで捧げよう。[2]私たちの道は峠にさしかかっており、この先ははるかに進みやすくなるのだから、希望を抱いて練習を始めなさい。[3]もはや残る旅路は短い。[4]私たちは定められている夢の終焉のすぐ近くまできている。

11. 幸福に浸りながらこの練習を始めなさい。この練習が、質問の答えとその受容がもたらす確かな報奨を、あなたに差し出しているからである。[2]今日、あなたは赦しが差し出す平安を感じ、ベールが取り払われることでもたらされる喜びを味わえるようになるだろう。

12．今日、あなたが受け入れる光の前で、世界はかすんで消えていき、あなたは言葉に尽くせない別の世界が生起するのを見るだろう。[2]今、私たちはまっすぐに光の中へと歩いていき、時間が始まって以来、私たちのために蓄えられ、今日を待ち続けてきた贈り物を受け取る。

13．赦しは、あなたが望むすべてを与えてくれる。[2]今日、あなたの望むすべてが、あなたに与えられる。[3]あなたが再び、有為転変の荒涼とした外観からなる世界に戻っていくときも、一日を通して、これらの贈り物があなたの意識から遠のくことのないようにしよう。[4]変化の中心に不変を、外観の奥に真理の光を見て、あなたの贈り物をはっきりと意識の中に保ちなさい。

14．贈り物を思い出さないまま、すっかり忘れてしまいたいたくなる誘惑に負けてはならない。少なくとも一五分おきに一分間、それらのことを考えるようにすることで、心の中にその贈り物をしっかりともち続けなさい。[2]贈り物を一日中あなたの自覚の中に保つ力のある次の言葉で、これらの贈り物がどれほど貴重であるかを思い出そう。

[3]赦しは、私が望むすべてを与えてくれる。

[4]今日、私はこれが真実であることを受け入れた。

[5]今日、私は**神**からの贈り物を受け取った。

レッスン123

私は、父が与えてくれた贈り物に感謝する。

1. 今日は、感謝の気持ちで過ごそう。[2]私たちはこれまでよりも穏やかで平坦な道にさしかかった。[3]後戻りしたい気持ちはなくなり、真理に逆らいたいという執拗な抵抗もなくなっている。[4]少しの迷いや、いくらかの反発や、わずかなためらいが残ってはいるが、あなたは自分が得たものに対して感謝することができる。そして、あなたが得たものは、自分で気づいているよりも、はるかに大きなものである。

2. 今、感謝のために捧げる一日によって、あなたがこれまでに得たすべてのもの、すなわちあなたが受け取った贈り物の、真の大きさについて、いくらかの洞察が得られるという恩恵が追加される。[2]**父**があなたをひとりで放っておかず、闇の中を孤独にさまようままにしなかったことをありがたく思い、今日という日を、愛に満たされた幸せな気持ちで過ごそう。[3]**父**と**父**の被造物が創造したものの代替とするためにあなたが自分で作り出したと思っている自己から、**父**があなたを救ってくれたことを、喜びなさい。[4]今日は**父**に感謝を捧げる。

3. **神**があなたを見捨ててはおらず、**神の愛**が永遠に変わることなくあなたの上に輝き続けることに、感謝しよう。[2]**神**に愛される**神の子**は**神ご自身**と同じに不変なのであなたも不変であるということにも、感謝しよう。[3]あなたが救われていることに感謝しよう。[4]あなたには、救済の中で全うすべき機能《はたらき》があることを喜ぼう。[5]あなたの価値が、自分の貧弱な贈り物や、**神**が**わが子**と定めた存在に対する自分の狭量な判断を、はるかに超越していることに、感謝しよう。

4. 今日、私たちは感謝のうちに、自分の胸《こころ》を絶望の淵から引き上げ、もはや足元の塵を見つめることなく、感謝のまなざしを上に向ける。[2]私たちは今日、**神の意志**が**神**の内における私たちの真の**アイデンティティー**として定めた一なる**自己**を讃えて、感謝の歌を歌う。[3]今日、私たちは出会う人すべてに微笑みかけ、私たちに任された務めを行うために、軽い足取りで進んでいく。

5. 私たちはひとりで進むのではない。[2]ひとりだったときに**聖なる友**がやってきて、救いをもたらす**神の言葉**を語ってくれたことに、私たちは感謝を捧げる。[3]そして、**彼**に耳を傾けてくれたあなたにも感謝する。[4]**神の言葉**は、聞かれなければ語られない。[4]**神**に感謝するとき、その感謝はあなたへの感謝でもある。[5]それを語る**声**がいかに力に満ちていようと、そのメッセージがいかに愛に溢れていようと、聞く者がいないメッセージが世界を救うことはない。

6．それを聞いたあなたは、感謝されている。あなたは**神の声**を運ぶ使者となり、その**声**のこだまを世界中に響き渡らせるからである。[2]今日、あなたが**神**に感謝するとき、**神**の感謝を受け取りなさい。[3]**神**は、あなたが捧げた感謝をあなたに与える。**神**はあなたからの贈り物を愛に溢れた感謝のうちに受け取り、それらを何千倍にも何万倍にもして返してくれる。[4]あなたの贈り物をあなたと共有することで、**神**はそれらを祝福する。[5]だから、その贈り物の力と強さは何倍にもなって、ついには世界中を喜びと感謝で埋めつくすだろう。

7．今日は二回、それぞれ一五分かけて、**神**の感謝を受け取り、あなたの感謝を**神**に捧げよう。[2]そうすれば、あなたは自分がいかなる**存在**に感謝を捧げているのか、また、あなたが**神**に感謝するとき**神**は**誰**に感謝するのかが、わかるようになるだろう。[3]**神**に捧げられるこの聖なる三〇分は、その一秒ずつが何年分にもなり、**神**に対するあなたの感謝のゆえに世界の救済を果てしなく速める力となって、あなたに戻されるだろう。

8．**神**の感謝を受け取りなさい。そうすれば、**神**があなたをどれほどに愛《いと》しく**御心**に抱いているか、どれほどに深く限りなくあなたを気遣っているか、そしてあなたに対する**神**の感謝がいかに完璧であるかを、あなたは理解するだろう。[2]**神の子**が**父**および一なる**自己**を思い出し、世界を超越できるように、一時間ごとに忘れず、**神**のことを考え、**神**が**わが子**に与えたすべてに感謝しよう。

レッスン124

私が神とひとつであることを、思い出せますように。

1．今日は再び、**神**の中における私たちのアイデンティティーについて感謝を捧げる。[2]私たちの住む家は安泰で、何をするときも私たちは確実に保護され、いかなる任務を引き受けるときも、力と強さが私たちに備わっている。[3]私たちに失敗はありえない。[4]私たちが触れるものはみな祝福と癒しの光に輝く。[5]**神**とひとつであり、宇宙ともひとつである私たちは、どこに行っても**神ご自身**がともにいてくれるという思いで、喜びに溢れてこの道を行く。

2．私たちの心は何と神聖だろう！ [2]見るものすべてが、私たちの心の中の聖性を映し出しており、私たちの心は、**神**ともひとつ、自らともひとつである。[3]何と簡単に誤りが消滅し、死が永遠の生命《いのち》に場を譲ることだろう。[4]この世界を歩む少しの間、**神**が私たちの**同伴者**なのだから、私たちの輝く足跡は真理への道を指し示す。[5]私たちの運ぶ光は、私たちが去った後もそこにとどまり、しかも歩み続ける私たちとともにあり続けるので、後に続く者たちはその道を認識するだろう。

3．私たちが受け取るものは、後に続く者たち、先に行った者たち、少しの間だけともにいた者たちへの永遠の贈り物である。[2]そして創造したときと同じ愛をもって私たちを愛する**神**は、私たちの上に微笑み、私たちが与えた幸福を私たちに授ける。

4．今日は、私たちに対する**神の愛**を疑わず、**神**の守護と思いやりに疑念をもたない。[2]私たちの信仰心と、**神の臨在**についての私たちの自覚との間に、無意味な不安が入り込む余地はない。[3]今日、それを認識し、思い出す私たちは、**神**とひとつである。[4]私たちは胸《こころ》の中に**神**を感じている。[5]私たちの心は**神の想念**を内包し、私たちの目は、視線を向けるすべてのものの中に**神**の麗しさを見る。[6]今日私たちは、愛するもの、愛すべきものだけを見る。

5．私たちが、苦痛のごとくに見えるものの中にそれを見るとき、苦痛は平安に場所を譲る。[2]私たちがそれを、取り乱した者、悲しんでいる者、苦悩し、寂しく、恐れている者たちの中に見るとき、彼らには創造されたときの静謐さと心の平安が取り戻される。[3]死にゆく者、死んだ者の中にもそれを見ることで、彼らに生命《いのち》を取り戻す。[4]私たちがこのすべてを見るのは、最初にそれを自分自身の中に見たからである。

6．自分が**神**とひとつであると知っている者に、奇跡が拒否されることはない。[2]彼らの想念には癒しの力があり、過去や未来に誰が抱くいかなる形の苦しみであれ、すべて、今、彼らの傍らを歩んでいる者たちの苦しみと同じように、たやすく癒すことができる。[3]彼らの想念は時間を超えており、それは時間からも空間からも隔たっている。

7. 自分たちが**神**とひとつであると言うとき、私たちはこうした自覚をともにする。[2]なぜなら、この言葉の中で、私たちは自分が救われて癒されていることも、救うことや癒すことができるということも、同時に語っているからである。[3]私たちは受け入れたので、今、与えたい。[4]**父**が与えてくれた贈り物をもち続けたいからである。[5]私たちは今日、自分が**神**とひとつであることを体験したい。そうすれば、実相についての私たちの認識を、この世界も共有できるようになるだろう。[6]私たちがそれを体験するとき、世界は解放される。[7]私たちが**父**からの分離を否定するとき、世界は私たちとともに癒される。

8. 今日、あなたの上に平安あれ。[2]**神**があなたとひとつであるように、あなたも**創造主**とひとつであると自覚する練習をして、あなたの平安を確実なものにしなさい。[3]今日一日のうちの最適と思える時間に、自分が**神**とひとつであるという概念に半時間を捧げよう。[4]これは、瞑想を導くためのルールや特別の指示が与えられずにあなたが長時間の練習に取り組む、最初の試みである。[5]私たちは**神の声**が今日、**神**がふさわしいと思うことを語ってくれると信じており、**神**が失敗することはないと確信している。[6]この三〇分の間、**神**とともにありなさい。[7]後のことはすべて**神**が行うだろう。

9. たとえあなたが何も起こらないと信じていても、あなたの恩恵が減ることはない。[2]あなたには、今日、その利益を受け入れる用意ができていないかもしれない。[3]しかしいつかどこかで、それは必ずあなたのもとにやってくるし、あなたの心にそれが確かに理解され始めるとき、あなたがそれを認識できないことはないだろう。[4]この半時間は黄金の額縁に収められ、その一分一分は、演習が与えてくれる鏡の周りを飾るダイヤモンドとなるだろう。[5]そして、あなたはその鏡の中に、あなた自身の顔を映す**キリスト**の顔を見るだろう。

10. おそらく今日、あるいは明日、この神聖な半時間が、あなた自身を見るようにと差し出す鏡の中に、あなたは変容した自分を見るだろう。[2]あなたの準備が整ったとき、あなたの心の中で見つけ出されるのを待っているそれを、あなたはそこに見出すだろう。[3]そのとき、この半時間を捧げた概念のことを思い出し、これ以上によい時間の過ごし方はなかったということを、感謝とともに自覚するだろう。

11. おそらく今日、あるいは明日、あなたはこの鏡に見入って、理解するだろう。あなたに見える無罪の光はあなたに属するものであり、あなたが見ている麗しさはあなた自身のものであることを。[2]この半時間を、**神**への贈り物と見なしなさい。そして、**神**からの返礼は、自分には理解できない愛の感覚であり、把握できないほどに深い喜びであり、肉体の眼で見るにはあまりに神聖すぎる光景であることを確信していなさい。[3]しかしそれでもいつの日か、おそらく今日、あるいは明日、あなたは理解し、把握し、真に見るだろう。

12. 毎時間、次のように自分に繰り返すことで、今日あなたに差し出された鏡の黄金の額縁に、さらに宝石を加えていこう。

[2]終わることのない聖性と平安の中で、私がすべての兄弟と私の**自己**とひとつであり、**神**ともひとつであることを、思い出せますように。

レッスン125

静けさの中で、今日、私は神の言葉を受け取る。

1. 今日という日を、静かに耳を澄ます日としよう。[2]あなたの**父**は、今日あなたが**父の言葉**を聞くことを意志している。[3]**父**はあなたの心の奥深くにとどまり、そこからあなたに呼びかける。[4]今日、**父**に耳を傾けなさい。[5]**父なる神の言葉**が世界中で聞かれる日まで、いかなる平安もありえない。それは、世界が静かな平安の時を迎えるために聞かなくてはならないメッセージを、あなたの心が静かに耳を澄まして、受け入れる日である。

2. 世界はあなたを通して変化する。[2]それ以外の方法では世界は救われない。なぜなら、**神**の計画とは単純に次のようなものだからである。すなわち、**神の子**には自らを救う自由があり、自らを**導くもの**として**神の言葉**が与えられており、それは永遠に**神の子**の心の中にあり、彼の傍らにもあり、**神の意志**と同じく永遠に自由な彼自身の意志によって、彼を**神**の家まで確実に導いていく。[3]彼は力づくで連れていかれるのではなく、ただ愛により導かれる。[4]裁かれるのではなく、聖別されるだけである。

3. 静けさの中で、今日、私たちは**神の声**を聞く。自分のつまらぬ雑念を侵入させず、個人的な願望をもたず、**神**の聖なる**言葉**をどのようにも判断することはしない。[2]私たちの本性を裁くことは不可能なので、今日、私たちは自分を裁かない。[3]世界が**神の子**に下したあらゆる裁きから離れたところに、私たちは立っている。[4]世界は彼を知らない。[5]今日、私たちは世界に耳を傾けず、沈黙のうちに**神の言葉**を待つ。

4. 聖なる**神の子**よ、あなたの**父**が語るのを聞きなさい。[2]**神の声**は、救済と神聖な平安の時が訪れたという知らせを世界に広めるために、**神**の聖なる**言葉**をあなたに与える。[3]私たちは今日、**神**の玉座に集う。それはあなたの心の中の静かな場所であり、**神**は、**ご自身**が創造したその聖性の中に永遠にとどまり、決してその場所から離れることはない。

5. **神**は、**ご自身の言葉**をあなたに与えるのを、あなたが自分の心を**神**に戻すまで待ちはしなかった。[2]あなたが**神**から離れて少しの間さまよっていた間も、**神**があなたから姿を隠すことはなかった。[3]あなたが自分について抱いている幻想を、**神**は大切にしてはいない。[4]**神**は**わが子**を知っている。**神の子**が夢を見ていても、また、**神の子**の意志が彼自身のものではないという狂った考えをもっていても、そうしたことに関わりなく**わが子**が**ご自身**の一部であり続けることを、**神**は意志している。

6. 今日、**神**はあなたに語る。[2]**神の声**はあなたが沈黙するのを待っている。なぜなら、あなたの心がしばし静まり、無意味な欲求がやむときまで**神の言葉**は聞こえないからである。[3]静かに**神の言葉**を待ちなさい。[4]あなたの中には、今日、頼みとすべき平安がある。その平安が、あなたの至聖なる**心**を助け、**創造主を代弁する声**が語るのを聞く準備を整えさせるだろう。

7. 今日は、沈黙に最も適する時間に三回、それぞれ一〇分間、世界に耳を傾けるのをやめて、そのかわりに静かに**神の言葉**を聞くことを選ぶ。[2]**神**はあなたの胸《こころ》よりもさらに近くからあなたに語りかける。[3]その声はあなたの手よりもさらに近くにある。[4]**神の愛**はあなたという存在のすべてであり、**神**という存在のすべてであり、**神**と同質のものであるあなたと同じものである。

8. **神**があなたに語りかけるとき、あなたが聞くのはあなたの声である。[2]**神**が語るのはあなたの言葉である。[3]それは、自由と平安を語り、意志と目的の一体性を語る**言葉**であり、**父と子**の一なる**心**の中に何の分離も分割もないことを示す言葉である。[4]今日は静けさの中で、あなたの一なる**自己**に耳を傾け、**神**は一度も**わが子**から離れたことはなく、あなたも**あなた自身**から一度も離れたことはないと教えてもらおう。

9. ただ静まりなさい。[2]今、必要なのはこの決まりだけである。それにより、今日の練習が、あなたをこの世界の思考を超えたところまで引き上げ、あなたの視覚を肉体の目から自由にする。[3]ただ静かにして、耳を澄ましなさい。[4]あなたは**御言葉**を聞くだろう。その言葉の中では、**子なる神の意志**が、それとひとつである**父なる神の意志**とつながっており、完全に分割不可能にして真実なるものの間にいかなる幻想も入り込んではいない。[5]今日は一時間ごとに少しの間静止して、自分には静けさの中で**神の言葉**を受け取る、という特別な目的があることを思い出そう。

レッスン126

私が与えるものはすべて、私自身に与えられる。

1. 今日の主題概念は、自我とこの世界の考え方にとっては完全に異質なものであるが、このコースがもたらす思考の逆転にとっては決定的に重要なものである。[2]もしあなたが、この概念が告げる通りのことを信じていたなら、完全に赦すことにも、ゴールに確信をもつことにも、確実な方向を目指すことにも、何の問題もなかっただろう。[3]あなたは救済が自分にもたらされるための方法を理解していただろうし、今それを使うことにも躊躇しなかっただろう。

2. あなたがこの概念のかわりに何を信じているかについて考えてみよう。[2]あなたにはほかの人々が自分から離れて存在しているように見えており、彼らがあなたの考えに何の影響も与えずに行動することができ、あなたも彼らの考えに何の影響も与えずに行動できるように思えている。[3]したがって、あなたの態度は彼らに何ら影響を与えず、助けを求める彼らの懇願も、あなた自身のそれとは何の関係もないかのようである。[4]さらには、彼らが罪を犯しても、それがあなた自身についてのあなたの知覚に影響することはなく、あなたが彼らの罪を裁いても、あなた自身はその咎めから離れて心安らかでいられると、あなたは考えている。

3. あなたがこのようなやり方で罪を「赦す」とき、あなた自身に直接の益となるものは何もない。[2]あなたはただ、自分が赦す相手よりも自分のほうが善良で、より高い位置にいることを示すために、慈悲に値しない相手に慈悲を与えるだけである。[3]彼の罪は、彼をあなたと真に対等な立場よりも低いところに引きずり下ろしたのだから、彼はあなたから授けられる情け深い寛容さという身にあまる贈り物を受けるに値する者ではない。[4]彼には、あなたの赦しを要求する権利はない。[5]このような赦しは、彼に贈り物を差し出すだけで、あなた自身には何も与えない。

4. そうなると、赦しはおおむね根拠の不確かなものとなる。慈善的な気まぐれ、情け深いが相手には不相応なもの、ある時は与えられ、またある時は与えずにおかれる贈り物ということになる。[2]相手にとって分に過ぎた贈り物なのだから、あなたがそれを出し惜しむのは正当なことであり、出し惜しんだからといってあなたが苦しむなどは、もってのほかである。[3]あなたが赦す罪は、あなた自身のものではない。[4]あなたではない別の誰かが犯したものである。[5]だから、もし、それでもあなたが彼に対して、彼の身にあまるものを授けることで恵みを垂れるというのなら、そのようにして与えられる贈り物は、彼の罪があなたのものでなかったのと同様に、あなた自身への贈り物でもない。

5. もしこうしたことが本当なら、赦しには頼みにできる確実な根拠はないということになる。[2]それは、時折あなたが寛大になり、刑の執行を不当に猶予してみることを選ぶ、という奇行である。[3]しかも、その罪人が罪に対する正当な償いを怠らないようにさせる権利を、あなたはもち続ける。[4]**天主**がこのようなものを救済の拠り所にさせると、あなたは思うのだろうか。[5]もしあなたの救済が気まぐれを拠り所にしているとしたら、あなたに対する**神**の配慮はまことにお粗末なものということにならないだろうか。

6. あなたは赦しを理解していない。[2]あなたの捉えている赦しは、あからさまな攻撃を牽制することでしかなく、あなたの心の中における訂正は要求されていない。[3]あなたの知覚している赦しはあなたに平安を与えることはできない。[4]それは、あなた以外の誰かの中にあなたが見ているものから、あなたを解放する手段とはならない。[5]それには、彼とあなたの一体性をあなたの自覚に取り戻す力はない。[6]それは**神**があなたのために意図したものとは違っている。

7. あなたは**神**が求める贈り物を**神**に与えなかったので、**神**の贈り物を認識できない。そして、あなたは**神**が自分にそれを与えなかったと考える。[2]しかし**神**は、あなたのためのものでない贈り物を、あなたから求めようとするだろうか。[3]**神**が無意味な意思表示の行為だけで満足し、そのようなつまらない贈り物を**神の子**にふさわしいものと評価したりするだろうか。[4]救済はそうしたものよりずっとよい贈り物である。[5]そして与えることは受け取ることなので、救済が達成されるための手段である真の赦しは、与える心を必ず癒す。[6]受け取られずに残っているのはまだ与えられていないものであり、与えられたものはすでに受け取られたはずである。

8. 今日、私たちは与える者と受け取る者が同一であることを理解しようとする。[2]これはあなたが慣れている考えからするとあまりに異質なので、これを意味あるものにするには、あなたには助けが必要である。[3]しかし、あなたが必要としている**助け**はここにある。[4]今日、**聖霊**に信を抱き、あなたが今日行う真理の練習を**聖霊**が共有してくれるよう求めなさい。[5]もしあなたが今日、私たちが練習する主題概念の中にある解放をかすかにでも垣間見るなら、この日は世界にとって栄光の日となる。

9．今日の概念を理解する試みとして、今日は一五分の練習を二回行う。[2]この主題概念により、あなたの優先項目において、赦しが正しい位置を占めるようになる。[3]この概念によって、あなたの心は、赦しの意味を見えなくしていたすべての妨げから解放され、あなたは自分にとって赦しがいかに価値のあるものかがわかるようになるだろう。

10．赦しを理解しない世界に対して、沈黙して、目を閉じなさい。そして、考えが変わり、誤った信念が放棄される静かな場所の中にある聖域を探しなさい。[2]今日の概念を繰り返し、それが真に何を意味するかを理解するための助けを求めなさい。[3]教えてもらおうという気持ちをもちなさい。[4]真理と癒しの**声**があなたに語ることを喜んで聞くなら、あなたは**聖霊**が語る言葉を理解し、**聖霊**があなたの言葉をあなたに語っているということを認識するだろう。

11．今日は、自分には目標があるということ、そしてその目的により今日が自分とすべての兄弟にとって特別に貴重な日となるということを、できるだけたびたび、思い出しなさい。[2]あなたの心がこのゴールを長時間忘れることがないように、次のように自分に言う。

> [3]私が与えるものはすべて、私自身に与えられる。[4]これが真理であることを学ぶのに必要な**助け**は、今、私とともにある。[5]私は**聖霊**を信頼する。

[6]それから**聖霊**による訂正と**聖霊の愛**に心を開き、静かなひとときを過ごす。[7]そうすれば**聖霊**が与えるものがあなたに受け取られるので、**聖霊**から聞くことを、あなたは信じるだろう。

レッスン127

神の愛のほかに愛はない。

1. おそらく、あなたは愛にはさまざまな種類がありえると思っている。[2]あなたは多分、このための愛やあのための愛といった愛の種類があり、この人にはこのような愛し方、別の人には別の愛し方がある、と思っている。[3]しかし愛は一なるものである。[4]愛には分離した個々の部分はなく、程度の違いもない。種類も次元もなく、相違も区別もない。[5]そのどの部分もみな同じであり、終始一貫して変わることがない。[6]人や状況により変化することもない。[7]それは**神の中心**《こころ》であり、**神の子の中心**《こころ》でもある。

2. 愛が変わりえるものだと考える者には、愛の意味がよくわかっていない。[2]変化する愛というものはありえないということが、彼にはわからない。[3]だから、あるときは愛し、あるときは憎むことができると考える。[4]また、ある人には与えられほかの人には与えられなくても、愛が愛であり続けられると、彼は考える。[5]愛についてこうしたことを信じるということは、愛を理解していないということである。[6]もし愛にそのような区別ができるとしたら、愛は義人と罪人を裁き分け、いくつもの部分に切り離された**神の子**を知覚しなければならないことになる。

3. 愛には裁くことはできない。[2]それは、それ自体が一なるものなので、すべてを一なるものとして見る。[3]愛の意味はその単一性の中にある。[4]そしてそれを偏愛や分割された愛として思い描く心にとって、真の愛は捉えがたい。[5]**神の愛**のほかに愛はなく、愛はすべて**神の愛**である。[6]愛が存在しない場所を支配するほかの原則といったものは存在しない。[7]愛は対立するものをもたない法則である。[8]愛の全一性はすべてをひとつに保っている力であり、**父**と**子**を永遠に同じものとして保持する絆である。

4. あなたに自分の本性を思い出させることを目的とするコースであれば、真のあなたの本性と愛の本性の間には何ら違いはないという点を強調しないわけにはいかない。[2]愛の意味はあなた自身の意味であり、**神ご自身**と共有されている。[3]あなたの本性はすなわち**神**の本性だからである。[4]**神の愛**のほかに愛はなく、**神**の本性が、存在するすべてである。[5]**神**にはいかなる限界もなく、だからあなたにも限界はない。

5. 世界が従っている法則はどれも、あなたが愛の意味を把握する助けにはならない。[2]この世界が信じているものは、愛の意味を隠して暗い秘密としておくために作り出された。[3]世界が守っている原理のうちで、愛の本性とあなたの本性についての真理を冒涜していないものは一つもない。

6. あなたの真の**自己**を見つけようとして、この世界の中を探すのはやめなさい。[2]愛は、闇と死の中には見つからない。[3]しかし真に見える目と、愛の**声**が聞こえる耳には、それはまったく明瞭である。[4]今日、私たちは、あなたが従わなくてはならないと思っている法則のすべてと、あなたの生き方を制限しているあらゆる限界と、人間の運命の一部だとあなたが思っているあらゆる変化から、あなたの心を自由にする練習をする。[5]定められたゴールに向かって進んでいく中で、このコースが求める最も大きな一歩を、今日、踏み出す。

7. もしあなたが、今日、愛が意味しているもののほんの微かなきらめきでも感知することができるなら、自分の解放に向かって、計り知れないほどの距離と、年月に換算できないほどの時間を進んだことになる。[2]だから今日、私たちは一緒に、喜んで**神**にいくらかの時間を差し出し、これ以上によい時間の使い方はないということを理解しよう。

8. 今日は、一五分ずつ二回、今あなたが信じているあらゆる法則から脱出する。[2]あなたの心を開き、休息しなさい。[3]あなたを幽閉しているように見えるこの世界は、そこに愛着さえもたなければ誰でも脱出できる世界である。[4]この世界の貧弱な供え物と無意味な贈り物に価値を置くことをやめて、そのすべてを**神**の贈り物へと入れ替えなさい。

9. **神の声**が答えてくれることを確信して、**父**に呼びかけよう。[2]**神ご自身**がそれを約束している。[3]あなたが誤った信念を手放し、自分の実相と愛の意味についての暗い幻想を放棄するたびに、**神ご自身**があなたの心の中に真理の輝きをもたらすだろう。[4]今日、**神**はあなたの無為の想念をくまなく照らし、あなたが愛の真理を理解するのを助けるだろう。[5]雑念のない開かれた心に、**神の声**から愛の意味を教えてもらうとき、**神**は優しくあなたとともにとどまるだろう。[6]そしてこのレッスンを**神の愛**で祝福するだろう。

10. 今日、時間を超越したあなたの学びの前で、救済を待って過ごす未来の多大な歳月が消滅する。[2]過去と同じような未来を免がれられることに、感謝を捧げよう。[3]今日私たちは過去を後にし、もはや二度とそれを思い出すことはない。[4]そして、私たちはまなざしを上げて、これまでとは違った現在を見る。それは、あらゆる点で過去とは異なる未来をもたらしてくれる現在である。

11. 揺らん期の世界が新生する。[2]この新しい世界が健やかに力強く育ってゆくのを、私たちは見守る。新しい世界は、それまでの世界が憎しみの中で愛の敵となるために作り出されていたことを理解してそれを捨てることを学びにやってくる者たちに、祝福を与えるだろう。[3]今や彼らは皆、私たちとともに解放された。[4]今や彼らは皆、**神の愛**の中で私たちの兄弟である。

12. 真の**自己**を知りたいなら、自分の一部を自分の愛の外に置き去りにすることはできないのだから、私たちは彼らのことを一日中何度も思い出す。[2]少なくとも一時間に三回、あなたとともに旅をしている人、あなたが学ぶべきことと同じことを学ぶためにやってきた兄弟のことを思う。[3]そして彼のことが思い浮かんだら、あなたの真の**自己**からのこのメッセージを彼に与えよう。

[4]兄弟であるあなたと共有したい**神の愛**で、私はあなたを祝福します。[5]あなたの愛であり、私の愛であり、皆の愛である**神の愛**のほかに愛はない、という喜ばしいこのレッスンを学びたいからです。

レッスン128

私が見ているこの世界には、私が望むものは何もない。

1. あなたが見ている世界は、あなたに必要なものを何も与えてはくれない。あなたにとって何らかの使い道があるものも、喜びをもたらしてくれるものも、この世界に含まれてはいない。[2]このことを信じなさい。そうすればあなたは、積年の不幸や、無数の落胆や、いずれは苦い絶望の灰燼と化す希望の数々から救われる。[3]この世界を後にして、その狭い視野と卑小な慣習を超えて高く飛翔したい者なら誰でも、この概念を真理として受け入れなければならない。

2. この世界であなたが価値を置いている一つひとつのものは、あなたを世界につなぎとめる鎖にすぎず、それ以外の目的には役立たない。[2]というのも、すべてのものは、あなたがそこに新たな目的を見るまでは、すでにあなたがそれに与えた目的に仕えることしかできないからである。[3]この世界の中であなたの心に真にふさわしい唯一の目的とは、あなたが希望のないところに希望を知覚しようとしてぐずぐずせず、ただそこを通り過ぎていくことである。[4]これ以上、騙されていてはいけない。[5]あなたが見ている世界には、あなたが望むものは何もない。

3. あなたがこの世界に救済を知覚するときに自分の心に巻きつけている鎖から、今日こそ逃れなさい。[2]というのも、あなたは自分が価値を置いているものを、自分で知覚している自分の目に映る自分自身の一部と見なすからである。[3]あなたが自分の目に映る自分の価値を高めようとして追求するものはすべて、あなたをさらに制限し、あなたの真の価値をあなた自身から隠し、あなたの**自己**についての真の自覚へと通ずる扉に、かんぬきをもう一本加えるだけである。

4. 肉体中心の考えに関するものごとによって、救済に向かうあなたの進歩を遅らせてはならない。また、この世界にあなたの望む何かがあると信じたい誘惑に屈してはならない。[2]ここには大切にすべきものは何もない。[3]ここには、一瞬でも遅延や苦痛を我慢して手に入れるだけの値打ちのあるものは一つもなく、一瞬でも救済に対してためらいや疑惑を抱く理由としてふさわしいものも一つもない。[4]無価値なものは何も提供しない。[5]価値についての確信は、無価値なものの中では見つからない。

5. 今日は、私たちが世界に付与してきたさまざまな価値についての考えを、すべて手放す練習をする。[2]私たちは、世界のさまざまな側面や位相や夢の数々に付与してきた目的を取り去って、世界を空《から》にしておく。[3]私たちの心の中に、目的がないままの世界を保持し、自分たちが世界に望んでいるすべてから世界を解放する。[4]そうして、世界から自由へと通じる扉を閉ざしている鎖をはずし、価値のないものや卑小なゴールを越えて進んでいく。

6．少しの間、動きを止めて、静まりなさい。そして、あなたが自分の心から鎖をはずし、心が自らのくつろげるレベルを自然に見つけるままにするとき、あなたがどれほど高くこの世界から離れて昇っていくかを見なさい。[2]心は、少しの間、自由になれたことに感謝するだろう。[3]心は自らがどこに属するのかを知っている。[4]ただその翼を自由にしてやりさえすればよい。そうすれば、それは確信と喜びのうちに飛翔し、自らの聖なる目的につながるだろう。[5]心が正気と自由と愛を取り戻せるように、**創造主**のもとで心を休息させなさい。

7．今日は、あなたの心に一〇分ずつ三回の休息を与える。[2]その後で目を開いたときには、あなたは自分の目に入るいかなるものも、それ以前に見ていたときほどに高く評価することはなくなっているだろう。[3]あなたが自分の心から鎖をはずすたびに、世界を見るあなたの視点全体が、少しずつ変化していく。[4]この世界は心が属する場所ではない。[5]そしてあなたの属するところは、心が自らの居場所とするところであり、世界から解放されたときに心が休息に行く場所である。[6]あなたの**導き手**は信頼できる。[7]あなたの心を、その**導き手**に向かって開きなさい。[8]じっと静まり、休息しなさい。

8．さらに、一日を通して、あなたの心を保護しよう。[2]そして、自分がこの世界の何らかの側面や形象に価値を見ていると思うときは、自分の心にこの鎖をかけることを拒否し、静かな確信を抱いて自分自身にこのように言おう。

[3]これは私の歩みを遅らせる誘惑とはならない。
[4]私が見ている世界には、私の望むものは何もない。

レッスン129

この世界を超えたところに、私の望む世界がある。

1. この主題概念は昨日練習した概念に続くものである。[2]この世界に価値がないという概念で止まるわけにはいかない。それ以外に期待できる何かがあるとわからなければ、ただ落胆するしかないからである。[3]私たちの重点は、世界を放棄することではなく、もっと満足できるものと交換することにある。それは、喜びに満ち、あなたに平安をもたらすことができるものである。[4]この世界がそれを与えてくれると、あなたは思うだろうか。

2. ここで少しの間、この世界の価値についてもう一度考えてみることにする。[2]そうすればおそらくあなたも、この世界に価値があるとする考えをすべて放棄しても損はないと譲歩してくれることだろう。[3]あなたに見えている世界は、本当に慈悲のかけらもない世界である。不安定で、残酷で、あなたのことなど気にもかけず、すぐに仕返しをしてくるし、憎悪に溢れていて情け容赦がない。[4]それは、与えるけれどもいずれは取り上げ、あなたがしばらくの間大事にしていたものをすべて奪い去る。[5]永続する愛はここにはないので、ここでは見つからない。[6]これが時間の世界であり、ここではすべてのものに終わりが訪れる。

3. そうした世界のかわりに、失うということ自体が不可能な世界を見つけることは、損失だろうか。愛が永遠に存続し、憎しみが存在せず、報復が無意味であるような世界を見つけることが、損失だろうか。[2]あなたが本当に望むものを見出すのは損なことだろうか。それらには終りがなく、時間を貫いていつまでもあなたが望む通りに存続すると知ることが、損なことだろうか。[3]しかし、その世界さえも、最後には私たちが語ることのできないものへと入れ替わる。なぜなら、あなたはそこからさらに、言葉がまったく役に立たなくなり、言語では語られずとも確実に理解される沈黙の中へと入っていくからである。

4. 白日のごとく明瞭ではっきりとした親交《コミュニケーション》の状態は、永遠に限りなく存続する。[2]そして、**神ご自身がわが子**に語りかけ、**神の子**は**父**に語りかける。[3]**彼ら**の語ることは象徴化できないので、**彼ら**の言語に言葉はない。[4]**彼ら**の智識は直に理解され、完全に共有され、完全に一なるものである。[5]世界に縛られているあなたは、こうしたものから何と遠く離れていることだろう。[6]しかしまた、この世界を自分が真に望む世界と交換するとき、あなたはどれほどそこに近づくことだろう。

5. 今や最後の一歩は確実であり、あなたは今、時間を超えた彼方からはほんの一瞬だけ離れたところに立っている。[2]ここではあなたはただ前方を見つめることができるだけであり、二度と再び後ろを振り返って自分の望まない世界を見ることはない。[3]あなたをとらわれの身としておくためにこの世界が並べ立てている卑小なものごとから自分自身の心を解き放つとき、それと入れ替わりに訪れる世界が、ここにある。[4]卑小なものごとに価値を認めずにいなさい。そうすれば、それらは消えてゆくだろう。[5]それらを尊重するなら、それらが実在するように見えるだろう。

6. 選択できるのはそれだけである。[2]虚無に価値を認めないという選択をすることで、あなたがどんな損をするというのだろう。[3]この世界にはあなたが真に望むものは何もないが、あなたがこの世界のかわりに選ぶものは、まさしくあなたが望んでいるものである。[4]今日、それがあなたに与えられるようにしよう。[5]それはただあなたに選択されるのを待っている。それは、あなたが探し求めてはいるが本当は望んでいないものすべてと、入れ替わるものである。

7. 朝と夜と、その中間にもう一回、それぞれ一〇分間、この変化を起こしたいという意欲を確かめる練習をしなさい。[2]次の言葉で練習を始める。

[3]この世界を超えたところに、私の望む世界がある。[4]私はこの世界のかわりに、その世界を見ることを選択する。この世界には私が真に望むものは何もない。

[5]それから、あなたが見ている世界に対し目を閉じて、静かな暗がりの中で、この世界のものではない光が一つずつ灯っていくのを見守りなさい。それらは次第に一つに溶け合い、どこからどこまでが一つの光なのかまったくわからなくなるだろう。

8. 今日、あなたが闇の世界を離れて休らうとき、天国の光があなたの上に降り注ぎ、瞼の上に輝く。[2]ここにはあなたの目には見えない光がある。[3]しかしあなたの心はそれをはっきりと見て、理解することができる。[4]今日、恩寵の一日があなたに与えられ、私たちは感謝を捧げる。[5]あなたは失うことを恐れてきたが、失うものとは、ただ「損失」だけだったということを、今日、私たちは悟るだろう。

9. 今、私たちは損失というものは存在しないことを理解する。[2]ついにその反対の世界を見たからである。そして、その選択がなされたことに、私たちは感謝する。[3]毎時、自分の決心を思い起こし、自分が抱く考えはいずれも退けて、少しの間、次の概念を思うことにより、自分の選択を確認する。

[4]私が見ている世界には、私が望むものは何もない。

[5]この世界を超えたところに、私の望む世界がある。

レッスン130

二つの世界を一度に見ることはできない。

1. 知覚には一貫性がある。[2]あなたが見ているものは、あなたの思考を反映している。[3]そしてあなたの思考は、あなたが見たいと選択したものを反映しているにすぎない。[4]この選択の決定要因はあなたの価値観である。というのは、あなたは自分の目に見えるものは本当にそこにあると信じているので、自分が価値を認めるものであれば、それを見たいと必ず望むからである。[5]人は誰でも、自分の心が価値を付与していない世界を見ることはありえない。[6]そして自分が望んでいると信じているものを見ることができない者はいない。

2. しかし、真に憎みながら同時に愛することは、誰にもできない。[2]実在してほしくもないのに、それを欲することができる者などいるだろうか。[3]そして、自分が恐れる世界なのに、それを見ようとする者などいるだろうか。[4]恐れを抱けば必ず、恐れている対象は見えなくなる。なぜなら、「恐ろしくて見たくないと思えば、それは見えなくなる」ということが、恐れが用いる武器だからである。[5]こうして愛には知覚が伴うが、恐れは存在するものを闇のうちに隠してしまう。

3. それでは、恐れはいったい何を世界に投影できるのだろうか。[2]闇の中で、実在する何を見ることができるというのだろうか。[3]真理は恐れの陰に隠され、残っているのは、真理だと想像されただけのものである。[4]しかし恐怖から生まれ出る盲目の想像の中の何が、実在のものでありえるだろうか。[5]そうしたものが自分に見えるようにするために、いったいあなたは何を望んでいるのだろう。[6]そのような夢の中にある何を、あなたはもち続けていたいと思うのだろう。

4. あなたが見ていると思っている一切を作り出したのは、恐れである。[2]あなたが信じているあらゆる分離、区別、そして数限りない相違が、この世界を作り上げている。[3]だがそうしたものは存在しない。[4]愛に敵対するものがそれらをでっち上げただけである。[5]しかし愛に敵はありえないので、それらには原因がなく、実存もなく、もたらされる結果もない。[6]それらが価値あるものとして大切にされることはあっても、実在しないものであることに変わりはない。[7]そうしたものを探し求めることはできるが、見つけることはできない。[8]今日私たちは、それらを探し求めることはしないし、見つからないものを探して一日を無駄にすることもしない。

5．どのように重複することもない二つの世界が、両方とも一度に見えるということはありえない。[2]一つを探し求めるなら、もう一つは消滅する。[3]一つしか残らない。[4]この二つがあなたの選択の範囲であり、それを超える決断というものはない。[5]実在か非実在か、それだけが選択できるすべてであり、それ以外に選択肢はない。

6．今日私たちは、妥協が不可能なところで妥協しようとはしない。[2]あなたに一つの世界が見えているということは、その対極にあるもう一つの世界と同じようにそれ自体の中で完結しているその世界を、あなたがすでに選んでいる、ということの証拠である。[3]今日、私たちが学ぼうとしているのは、あなたが一度に二つの世界を見ることはできない、ということだけではない。[4]今日のレッスンはさらに、あなたに見えている世界はその世界を見るあなたの考え方と一致するものである、ということも教えている。[5]その世界は、一つの感情から生じて、あなたの目に見える一切の中にその源を映し出すのだから、地獄も天国もそれぞれがひとまとまりのものとしてあなたに訪れる。

7．今日、私たちは感謝の気持ちを抱いて、一日に六回、すべての妥協と疑いを終わらせる概念の練習にそれぞれ五分間を喜んで捧げ、妥協も疑いもすべてひとまとめにして乗り越えていく。[2]実在するものだけを探すことに専心する間、私たちは無数の無意味なものごとを区別することはしないし、実在しないものの一部を少しだけ練習に持ち込むようなこともしない。

8．あなた自身の強さをはるかに超えた強さが与えられるように願い、自分が探し求めているものが何であるかを認識することによって、もう一つの世界の探索を始めなさい。[2]あなたは幻想を望んではいない。[3]だからこの五分間の練習に臨むときは、この世界のつまらぬ宝を手放し、両手を空《から》にしておきなさい。[4]次のように言いながら、**神**が助けてくれるのを待つ。

[5]二つの世界を一度に見ることはできない。[6]私が自分の自由と解放を見つけられるように、**神**の与えてくれる強さを受け入れ、この世界にいかなる価値も見ずにいられますように。

9．**神**がそこにいてくれるだろう。[2]あなたは、決して失敗することのない大いなる力に訴えたのであり、その力は感謝のうちに、あなたとともにこの大きな一歩を踏み出してくれるからである。[3]また、**神**の感謝がはっきり知覚できる形で真に表現されるのを、あなたが見逃すことはないだろう。[4]それは知覚ではあるが、以前に自分の目だけで見ていた見方とは違った種類の見方なので、あなたはそのとき自分が見るものを疑うことはないだろう。[5]そしてあなたは、自分がこの選択をしたとき**神**の強さがあなたを支えていたと知るだろう。

10．今日は、誘惑が生じたときには、単に自分の選択の限界を思い出すことにより、簡単にそれを退けよう。[2]あなたが見るのは、非実在か実在か、虚偽か真理か、ただそれだけである。[3]知覚は一貫してあなたの選択に一致するので、地獄も天国もそれぞれひとまとまりのものとしてあなたに訪れる。

11．地獄のほんの一部でも実在のものとして受け入れるなら、あなたは自分の目を呪い、自分の視覚を損《そこ》なったのであり、あなたが見るものはまさに地獄となる。[2]しかし、それでも地獄が見せようとする一切のものと入れ替われるように、天国の解放はあなたが選択できる範囲にとどまっている。[3]地獄のどの一部がどんな形で現れてくるとしても、それに向かって言うべきことは、これだけである。

> [4]二つの世界を一度に見ることはできない。[5]私は自由と解放を求めているのだから、これは私が望むものの一部ではない。

レッスン131

真理に到達しようとして、それに失敗する者はいない。

1. 達成できないゴールを追い求めているうちは、あなたには失敗ばかりがつきまとう。[2]あなたは永遠でないものの中に永遠を探している。愛のないところに愛を、危険のただ中に安全を、死の夢という闇の中に不死性を探している。[3]探求の環境が矛盾しており、安定を見つけに行く場所も矛盾だらけだとしたら、いったい誰が望みを達せられるだろうか。

2. 無意味なゴールは達成されない。[2]そうしたゴールを達成するためにあなたが用いる手段も、ゴールと同じように無意味なので、そこに到達する道はない。[3]そのように愚かな手段を用いながら、それを通して何かを得られる者などいるだろうか。[4]それがいったいどこへ導いてくれるだろうか。[5]そうした手段で、実在する見込みのある何を達成できるというのだろう。[6]想像の産物を追い求めることは無を探し求めることであり、行き着く先は死である。だから生命《いのち》を追求しているつもりで、あなたは死を求めている。[7]安全と保障を探しているつもりでも、心の中では危険を求め、自分が作り出した小さな夢が守られることを祈っている。

3. しかしこの世界では、何かを探し求めずにはいられない。[2]あなたは探すためにここに来たのだから、必ず探すことになる。[3]しかしあなたが世界にその力を与えない限り、どのゴールを追求すべきかを世界があなたに命じることはできない。[4]それをさせなければ、あなたは依然として自由に、世界やその中の一切の考えを超越したゴールを選ぶことができる。それは、捨てたはずだが覚えている、古くて新しい想念から生じるゴールである。そしてまたそれは、忘れ去られた遺産から響いてくるこだまでありながらも、あなたが真に望むすべてを含むものである。

4. あなたが探し求めずにはいられないことを喜びなさい。[2]そしてまた、あなたが探しているのは天国であり、真に望むゴールは必ず見つかると学べることを、喜びなさい。[3]このゴールを望まない者はいないので、それに到達せずに終わる者はいない。[4]その達成を遅らせようとしたり、自分を騙して、自分が求めているものは地獄であると思いこむことはできるが、**神の子**の探求が無駄に終わることはありえない。[5]間違っていれば、彼は訂正を見出す。[6]横道にそれたときは定められた任務へと導き戻される。

5．地獄にとどまり続ける者はいない。誰も自分の**創造主**を捨てることはできず、時間を超越した不変にして完璧なその**愛**を変化させることもできないからである。[2]あなたは天国を見出すだろう。[3]あなたが追い求めるものでこれ以外は、すべて消えていく。[4]ただしそれは、そうしたものがあなたから取り上げられるからではない。[5]あなたがそれをほしいとは思わないから、去っていくだけのことである。[6]あなたは真に望むゴールに確実に到達する。それは、**神**があなたを無罪性の中で創造したということと同じく、確かなことである。

6．なぜ天国を待つのだろう。[2]天国は、今日ここにある。[3]時間とは、天国が過去や未来にあるという巨大な幻想である。[4]だが**神**が**わが子**が天国にいることを意志するというのなら、天国が過去や未来にあるということはありえない。[5]**神の意志**が過去にあったり、未来に生じたりするだろうか。[6]**神**が意志することは今ここにあり、そこにはまったく過去も未来もない。[7]それは、小さなろうそくの光が空の果ての星から遠く離れているのと同じくらい、時間からはるか遠くに隔たっている。そして、あなたが選択したことも、同じように、あなた自身が真に望むことからはかけ離れている。

7．天国は、あなたのもう一つの選択肢として常に存在している。それは、あなたが自分で作り出したこの奇妙な世界とそのすべての慣習や、次から次へと移り変わる様式や不確かなゴールや、その苦痛に満ちた楽しみや痛ましい喜びなどのかわりに、あなたがいつでも選ぶことができるものである。[2]**神**は対立するものは作り出さなかった。[3]自らの存在を否定して自らを攻撃するようなものは、**神**からのものではない。[4]**神**は二つの心を作りはしなかった。だから、一つの心の喜ばしい結果として天国が生じ、もう一つの心の哀れな結果として天とは正反対の地が生じる、ということはないのである。

8．**神**が葛藤で苦しむことはない。[2]**神**に創造されたものも二つに引き裂かれることはない。[3]**神ご自身**が天国に住まわせた**神の子**が、どうして地獄の中にいることができるだろう。[4]**永遠なる意志**がいつまでも住むべき家として**神の子**に与えたものを、彼が失うことがありえるだろうか。[5]**神**のただ一つの目的にこれ以上、異質の意志を押しつけるのはやめよう。[6]**神**がそれを意志するので、**神の子**はここにいる。そして、**神**の意志するものは、時間の届かぬ今ここにある。

9．今日、私たちは真理のかわりに矛盾を選ぶことはしない。[2]**神の子**が時間を作り出して、**神の意志**を取り去ることなどできるだろうか。[3]そうすることで彼は自分自身を否定し、対極のないものに対立する。[4]自分で天国に対立する地獄を作ったと考え、自分が本来は存在しないものの中に住んでいると思い込み、天国は自分には見出せない場所だと信じることになる。

10. 今日は、このような愚かな考えを忘れ去り、そのかわりに心を真実の概念に向けよう。[2]真理に到達しようとして、それに失敗する者はいない。私たちが今日、到達しようとしているのはまさにその真理である。[3]このゴールのために、今日は一〇分間の練習を三回行い、実相世界が現れるのを見たいと求めよう。意味もなく結果もなく、真理の中には源も実体ももたない考えにかわって真実の想念が生起し、それに伴い、実相世界がこれまで大事にされてきた数々の愚かな形象にかわって立ち現れるよう、私たちは求める。

11. このことを、練習を始めるにあたって、まず確認する。[2]次の言葉で練習を始めよう。

[3]私は別の世界を見て、自分で作り出したものとは違う種類の考えを思考できるようになることを求める。[4]私が探し求める世界は、自分ひとりで作り出した世界ではなく、私が思考したい想念は、自分ひとりで思考する想念ではない。

[5]目を閉じて、何分間か自分の心を見つめ、実在しているとあなたが思う無意味な世界を、閉じたままの目で見てみる。[6]そのような世界に対応している考えや、あなたが真実だと思っている考えについても、思い起こしてみる。[7]その後そうした考えを離れ、それらが入ってこられない心の奥深くの聖なるところへと沈んでいく。[8]心の中のそうした考えの奥には扉があり、あなたはその向こうにあるものを隠すためにその扉に鍵をかけようとしたが、完全にかけることはできなかった。

12. その扉を探し、見つけ出しなさい。[2]しかし、それを開けようとする前に、真理に到達しようとして、それに失敗する者はいないと思い出そう。[3]そして、今日あなたが願うのはこのことである。[4]今や、これ以外のことには何の意味もない。あなたはほかのどんなゴールにあるものにも価値をおかず、追求もせず、この扉のこちら側にあるものは一切望まず、ただその向こうにあるものだけを求める。

13. 扉に手を伸ばし、その向こう側へ進もうとするあなたの決意一つで、その扉がいかに簡単に開くかを見なさい。[2]天使たちが道を照らすのですべての闇は消え去り、あなたは明るく澄み切った光の中に立っているので、目にするすべてが理解できる。[3]おそらくあなたは、ほんの一瞬、驚いて立ち止まり、そのあとすぐに悟るだろう。目の前の光の中に見えている世界が、あなたが以前から知っていた真理を映し出しているということを。そして、夢の中でさまよっていた間も、あなたはその真理をすっかり忘れることはなかったということを。

14. 今日あなたに失敗はありえない。[2]あなたがいつかこの扉に近づくときのために天国から送られた霊が傍らを歩んでおり、あなたはその助けによりそこを難なく通り抜けて光に至るだろう。[3]今日、ついにその日がやってきた。[4]今日、**神の子**が**神**との往古の約束を思い出すとき、**神**も聖なる**神の子**との往古の約束を守る。[5]今日は喜びの日である。私たちは今、あなたがここで探し求めてきたゴールと、世界がこれまで追い求めてきたゴールのすべてを、あなたが見つけ出す定めの時と場にきている。あなたが扉を通り抜けるとき、その探求のすべてが一緒に終わるだろう。

15. 今日が特別の喜びの時となることをたびたび思い出し、陰気な思いを抱いたり、無意味に嘆いたりすることは控えよう。[2]救済の時はきた。[3]天国そのものによって、今日という日があなたと世界にとって、恩寵の時となるように定められている。[4]もしあなたがこの嬉しい事実を忘れたときは、次のように自分に言ってそれを思い出そう。

[5]今日、私は自分が望むすべてを探し求め、それを見つける。
[6]私の単一の目的がそれを私にもたらす。
[7]真理に到達しようとして、それに失敗する者はいない。

レッスン132

これまで「世界」だと思ってきたものすべてから、私は世界を解き放つ。

1. あなたの信念以外に何が、この世界を鎖につないでいるだろう。[2]そしてあなたの**自己**以外に何が、この世界を救えるだろう。[3]信念はまさしく強力なものである。[4]あなたの抱く考えには力があり、幻想もそれらがもたらす結果という点では、真理と同じく強力である。[5]狂人は自分が見ている世界は実在していると考え、それを疑うことはしない。[6]自分の考えからもたらされた結果に疑問を抱いても、彼の信念が揺らぐことはない。[7]それらの考えの源が疑問の対象とされたときに初めて、自由の望みが、ついに彼のもとに訪れる。

2. しかし救済は容易に達成される。誰でも自分の心を自由に変えることができ、それに伴い、彼のすべての考えも変わるからである。[2]そのとき、想念の源が変化したことになる。あなたの心を変えるということは、あなたが現在、過去、未来に抱くすべての想念の源を変えたことを意味するからである。[3]あなたは自分が以前に考えたことから、過去を自由にする。[4]自分が見つけたくもないものを探し求めるという往古の想念のすべてから、未来を自由にする。

3. こうして、時間は現在だけとなる。[2]この現在の中で世界が解放される。[3]過去を去らせ、未来を往古の恐れから解放するとき、あなたは脱出の手段を見出し、それを世界に与えるからである。[4]あなたは自分のすべての恐れ、疑念や惨めさ、苦痛や涙、そしてあらゆる悲しみを世界に押しつけて、世界を奴隷と化してきたのであり、そうして世界をあなたの信念の囚人とし続けている。[5]死が世界のあらゆる場所を襲うのは、あなたが心の中に苦々しい死の想念を抱いているからである。

4. 世界それ自体は無である。[2]あなたの心が世界に意味を与える。[3]あなたがそこに見るものはあなた自身の願望である。自分の願うものを眺めて、それらが実在すると思うことができるように、実演されたものである。[4]あなたはおそらく、自分でこの世界を作った覚えはないと思っている。すでに出来上がっていた場所に自分は気が進まぬままにやってきただけであり、自分の考えがこの世界に意味を与えるのを世界が待っていたはずはない、と思っていることだろう。[5]しかし実際のところ、あなたはここにきたとき、まさに自分が期待していた通りのものを見出した。

5. あなたの願望から離れて世界は存在しない。そして、このことの中にあなたの究極の解放がある。[2]自分が何を見たいかについて自分の心を変えれば、それにつれて世界の一切が必ず変化する。[3]想念はその源を離れない。[4]この中心テーマは「テキスト」の中で何度も述べられており、今日のレッスンを理解するには、このことを心にとどめておかなければならない。[5]あなたが見ている世界はあなたが作り出したということや、あなたが心を変えれば世界は変わるということをあなたに教えるのは、傲慢さではない。

6. 傲慢なのは、あなたが自分と切り離されている世界に生まれてきたと論じることであり、その世界は自分が考えることに左右されず、自分が世界をどういうものと考えようと、それと世界はまったく別の物だ、と考えることである。[2]世界は存在しない！　[3]これがこのコースが教えようとしている中心概念である。[4]すべての者にこのことを受け入れる用意ができているわけではなく、一人ひとりが、真理の道に沿って導きを受け入れられる分だけ受け入れて、前進していかなければならない。[5]いつかまた戻ってきてもう少し前進したり、少しの間離れていた後に再び戻ってくることもある。

7. しかし癒しの贈り物は、世界は存在しないと学ぶ用意ができていて、そのレッスンを今、受け入れられる人々のものである。[2]彼らに準備が整ったとき、そのレッスンは彼らが理解でき、認識できる何らかの形で、彼らにもたらされるだろう。[3]ある者は死のまぎわに突然そのことがわかり、死の床から起き上がってそれを教える。[4]またある者は、この世のものではない体験の中にそれを見出す。それは、自分の見ているものが真理に違いないとわかるのに、それが明らかにこの世界と矛盾するので、この世界は存在しない、と示してくれる体験である。

8. そしてある者はそれをこのコースの中で見つけ出す。今日行う演習中に見出す者もいるだろう。[2]今日の主題概念が真実であるのは、世界は存在しないからである。[3]そして、もし世界が本当にあなた自身の想像の産物であるなら、あなたは世界にこうした外観を与えたすべての考えを変えるだけで、自分がこれまで「世界」だと思ってきた一切から、世界を解放することができる。[4]病の考えをすべて放棄すれば病んだ者は癒され、これまで抱いたことのある死の想念をすべて生命《いのち》の想念に入れ替えれば、死者はよみがえる。

9. ここで再び、以前に繰り返されたレッスンを強調する必要がある。それが今日の主題概念の堅固な土台を含んでいるからである。[2]あなたは、**神**が創造したままのあなたである。[3]あなたが苦しむことが可能であるような場所はどこにも存在せず、あなたの永遠の在り方に変化をもたらすような時間というものも存在しない。[4]あなたが、**神**が創造したままのあなたであり続けるのなら、どうして時間と空間の世界が存在できるだろうか。

10. 今日のレッスンは、あなたの**自己**を知ることが、世界を救済することでもあるということを、別な表現で述べているにすぎない。[2]世界をあらゆる種類の苦痛から自由にするということは、ただあなたが自分自身について心を変えるということにほかならない。[3]想念はその源から離れないので、あなたの想念から切り離された世界は存在しない。あなたは自分の心の中に想念として世界を保持している。

11. しかし、もしあなたが**神**が創造したままのあなたであるなら、あなたは**神**から離れて思考することはできず、**神**の超時性と**愛**を共有しないものを作り出すこともできない。[2]これらは、あなたが見ている世界に内在しているだろうか。[3]その世界は**神**と同じように創造するだろうか。[4]そうでない限りそれは実在のものではなく、実存することもありえない。[5]**神**の被造物はあらゆる点でこの世界とは違っているので、もしあなたが実在するなら、あなたが見ている世界は偽りとなる。[6]あなたが**神の想念**により創造されたように、この世界はあなたの想念により作り出された。だから、世界を自由にするのもあなたの想念であり、それにより、あなたは**神**と共有する想念を知ることができるようになる。

12. 世界を解放しなさい！ [2]あなたにより真に創造される被造物がこの解放を待っており、それらは、幻想の父性ではなく、真理において**神**がもつ**父性**と同じものをあなたに与えようとしている。[3]**神**は**ご自身**と、**ご自身**の延長である**キリスト**とを区別しないので、**ご自身**の**父性**を**わが子**であるあなたと共有する。[4]**神**が創造するものは**神**から離れてはいない。ここまでが**父**で、ここからは**父**から分離した**子**が始まるといった境目は、どこにもない。

13. 世界は存在しない。世界とは、**神**から切り離された想念であり、**父**と**子**を分離させ、**神ご自身**の一部を切り取り、**神の全一性**を破壊するために作り出されたものだからである。[2]このような概念から派生した世界が実在のものでありえるだろうか。[3]それがどこかに存在できるだろうか。[4]幻想を否定し、真理を受け入れなさい。[5]自分は死にゆく世界の上にほんのつかの間置《ま》かれた影法師ではないと明言しなさい。[6]自分の心を解放するなら、あなたは解放された世界を見るだろう。

14. 今日は、この世界とその上に私たちが見るすべての生命《いのち》あるものについて、私たちがこれまで抱いた一切の無為の想念から、世界を自由にする。それが、今日の私たちの目的である。[2]生命《いのち》あるものは、そこにはありえない。[3]私たちも同じである。[4]私たちは父が私たちに用意した家の中に、それらとともに存在しているからである。[5]そして、神が創造したままの私たちは、今日、世界を私たちの幻想の一つひとつから自由にしたいと思っている。それにより、私たち自身が自由になれるからである。

15. 今日は一五分の練習を二回行うが、その時には次の言葉で始める。

[2]**神**が創造したままの私は、自分が「世界」だと思っていたものすべてから、世界を解き放ちたい。[3]世界が実在しないからこそ私は実在するのであり、私は自分自身の実相を知りたいのだから。

[4]その後は、意識ははっきり保つが、緊張せずに、ただ休息する。そして、あなたとともに世界が自由になれるように、静けさの中であなたの心が変わっていくようにする。

16. あなたが世界を祝福するためにこれらの考えを送り出すとき、世界の遠く離れたところにいる兄弟にも間近にいる兄弟にも癒しが訪れる。だが、それをあなたが自覚する必要はない。[2]しかし自分が解放されたことは感知するだろう。それでも、あなたにはまだ、自分ひとりが解放されるのではない、ということは充分理解できないかもしれない。

17. 今日一日、あなたの想念を通して全世界に送り出される自由を増大させよう。自分の心の単純な変化がもつ力を否定したくなったときには、いつでも次のように言おう。

[2]私は自分が「世界」だと思っていたものすべてから、この世界を自由にし、そのかわりに私自身の実相を選択する。

レッスン133

私は無価値なものに価値を置かない。

1．教育の過程では、時折、学生を現実的な関心事へと連れ戻すことが有益な場合がある。特に、すでに学んできたことからかけ離れて見える理論面を取り上げた後では、それが役に立つ。[2]私たちは今日それを行う。[3]全世界を包括する高邁《こうまい》な概念について話すのではなく、あなたにとって利益になることについて話をする。

2．あなたが人生に求めているものは、大きすぎるどころかあまりに小さい。[2]肉体に関する心配、購入すべきもの、世間が重んじる地位や名誉などに、自分の心が引き寄せられるままにするなら、あなたが求めているのは悲しみであって、幸福ではない。[3]このコースは、あなたがもっているそのわずかなものを取り去ろうとしているのではない。[4]世界の中で得られる満足感のかわりに、理想郷的な概念を提供しようとしているのでもない。[5]世界の中に、満足というものはないのである。

3．今日は、あなたが自分で望んでいると思っているすべてについて検証するための、真の基準を列挙してみよう。[2]これらの確かな必要条件を満たさないものには、欲するだけの値打ちはない。そうしたものは、より多くをもたらしてくれるものの代替にすぎないからである。[3]あなたには、選択を司《つかさど》る法則を作り出すことができないのと同様に、別の選択肢を作ることもできない。[4]だが選択することならあなたにできることであり、まさにそれをしなければならない。[5]しかし、自分が下す選択からどのような法則が作動することになるのか、また自分がどのような選択肢から選ぶのかを学んでおくことは賢明だろう。

4．どれほど多くあるように見えても、選択肢は二つしかないという点は、すでに強調した。[2]選択の範囲は決まっており、私たちがこれを変えることはできない。[3]もし選択肢が数限りなくあったとしたら、あなたは時間の中でそのすべてを考慮し終えるまで、最後の選択ができなくなり、選ぶべきことは一つしかないと判明する地点まで、たどりつけなくなる。それこそ、あなたに対してこのうえなく不親切なことである。

5．選択に関連してもう一つの親切な法則は、あなたの選択がもたらすものにはいかなる妥協もない、というものである。[2]中間の選択肢はないので、選択の結果が、何かを少しだけもたらすということはない。[3]あなたが下す選択の一つひとつが、すべてをもたらすか、何ももたらさないかのどちらかである。[4]したがって、無から有を見分けるための基準を学ぶなら、あなたはよりよい選択をするようになるだろう。

6. 第一の基準は、もしあなたが永続しないものを選択するなら、あなたが選んだものは無価値である、というものである。[2]一時的な価値にはまったく価値がない。[3]時間は、実在する価値を奪うことはできない。[4]衰えて死んでいくものは、もとより存在していなかったのであり、それを選択する者に何ももたらさない。[5]それを選んだ者は、自分の好みだと思う形を纏《まと》った虚無に、騙されている。

7. 次の基準は、もしあなたがほかの誰かから何かを取り上げることを選ぶなら、あなたの手元には何も残らない、というものである。[2]この理由は、すべてのものに対するその人の権利を否定するとき、あなたは自分自身がもつ同じ権利を否定しているからである。[3]だからあなたは、自分が真に所有しているものを認識せず、それらがそこにあることを否定する。[4]他人から取ろうとする者は、損失が利益をもたらせるという幻想に騙されてきたのである。[5]しかし、損失は、損失以外の何ももたらさない。

8. 次に考慮すべき基準は、ほかの基準の土台をなすものである。[2]あなたの選択しているものが、どういう理由であなたにとって価値があるのか。[3]何があなたの心をそれに惹きつけるのか。[4]どのような目的にそれが役立つのか。[5]ここが、最も欺かれやすいところである。[6]というのも、自我は自分が何を欲しているのかを認識できないからである。[7]自我は自分が知覚しているままの真実を語ることさえしない。なぜなら、自我は自分のゴールが汚れたり錆びたりしないように、周囲に光輪を保ち続ける必要があるからである。そしてそれによって、あなたの目には自我が「無罪潔白」と映るようにしておく。

9. しかし、その偽装は薄っぺらなうわべだけのものであり、それが騙せるのは、騙されることに満足している者だけである。[2]真に見ようとする者には、自我が何をゴールとしているかは明らかである。[3]ここで欺瞞は二重のものとなる。なぜなら、騙されている者は、自分がただ何かを得られなかったと知覚するだけではないからである。[4]彼は自分が自我の密かなゴールに役立ったと信じる。

10. しかし、自我の光輪を自分の視野のうちに鮮明に保とうと努力するにも関わらず、彼は依然として、その先端の汚れや錆びついた中核を知覚せざるをえない。[2]彼は汚れを自分のものと見ており、錆びは彼自身の内奥の無価値さのしるしであると見なすので、本来は何の結果も生み出さない間違いが、彼の目には自分の罪として映る。[3]それでも、彼の導き手である自我の指針によれば、自我のゴールを自分のゴールとして温存しそれに仕えようとする者は、「間違いを犯す」のではない。[4]罪が単なる間違いに過ぎないと信じることは誤謬だと、その導きは教える。もし罪が間違いにすぎないのなら、自分の罪のために苦しむ者がいなくなってしまうからである。

11. 次に取り上げるのは、選択の基準の中では最も信じがたいものである。その明白さが、何重もの曖昧さで覆われているからである。[2]この基準は、もしあなたが自分の選択に関して何らかの罪悪感を抱くようなら、あなたは真に選ぶべき二つの選択肢の間に自我のゴールを入り込ませている、というものである。[3]そうしてあなたは選択肢が二つしかないことを認識しなくなる。自分が選んだと思っている選択肢が恐ろしいものに思えたり、これほど危険なものが実際に無であるはずがないと思えたりする。

12. すべてのものは、価値があるかないかのどちらかでしかない。追求するに値するか、それとも値しないか、完全に望ましいか、それとも手に入れるためにわずかの努力をする値打ちもないか、どちらか一つである。[2]だからこそ、選択は簡単である。[3]複雑さとは、決断は難しくないという非常に単純な事実を隠す煙幕にすぎない。[4]このことを学ぶことで、あなたは何を得るだろうか。[5]それにより容易に苦痛なく選択できるようになるだけでなく、はるかに多くを得るのである。

13. 天国そのものが、両手を空《から》にして心を開いた者たちによって到達されるものである。彼らは何も持たずにやってきて、すべてを発見し、すべてを自らのものと宣言する。[2]私たちは今日、この状態に達することを試みる。自己欺瞞を脇に置き、正直に、真に価値があって実在するものだけを、価値あるものとして大切にしようという意欲をもって、それを行う。[3]一五分間の長い練習を二回行うが、それは次の言葉で始める。

[4]私は無価値なものに価値を置かない。そして、価値あるものだけを見つけたいので、それだけを追い求める。

14. その後、天国の門に到達するすべての者を待っているものを、受け取りなさい。重荷を担わずにそこに近づけば、門の扉は速やかに開く。[2]自分が不要な重荷を集め始めたり、何か困難な決断を求められていると信じそうになったら、すぐに以下の単純な考えをもってそれに対応しよう。

[3]私は無価値なものに価値を置かない。価値あるものが、私のものなのだから。

レッスン134

私が赦しをありのままに知覚できますように。

1.「赦す」ということの意味を見直してみよう。この概念は歪曲されがちであり、正義の怒りが不当に犠牲にされるもの、正当性のない分不相応な贈り物、あるいは真理の完全な否定として知覚される傾向がある。[2]そのような見方によれば、赦しは単なる常軌を逸した愚行のように思われ、このコースが、まるで気まぐれを救済の拠り所としているように見えるに違いない。

2.こうした赦しの意味についてのゆがんだ見解は、真実なるもののために赦しが求められているのではないという事実を受け入れるとき、容易に正される。[2]赦しは偽りのものだけを対象としている。[3]幻想以外のものには無関係である。[4]真理は**神**が創造したものであり、それを赦すというのは無意味である。[5]すべての真理は**神**に属し、**神**の法則を反映し、**神の愛**を放射する。[6]これが赦しを必要とするだろうか。[7]罪がなく永遠に善良なものを、どのようにして赦すというのだろうか。

3.あなたが純粋な赦しについて感じる主な難しさは、赦すべき対象が幻想ではなく真実であると、あなたが今でも信じていることから生じる。[2]あなたは赦しを、存在するものを見過ごそうとする無駄な試みのように考えている。すなわち、真実を無視し、幻想を真実に仕立て上げることで自分を欺くという不当な努力を強いるものと思っている。[3]このゆがんだ視点は、自分自身を見る際にあなたの心がいまだに罪の概念に掌握され続けていることを反映している。

4.あなたは自分の罪が実在すると考えているので、赦しを欺瞞と見なす。[2]罪が真実であると考えていながら、赦しが偽りだと信じずにいることは不可能である。[3]そうなると、赦しは、ほかのすべてと同じように、実際には罪にほかならないということになってしまう。[4]赦しは真実を偽りだと主張し、不正行為に対し、それがまるで植物のように無害で、雪のように純白であるかのように微笑みかける。[5]赦しにより達成されると思われていることは、妄想にすぎない。[6]赦しは、明らかに誤っているものを正しいと見なし、忌まわしきものを善きものとして見ようとする、ということになる。

5.そのような見方をするなら、赦しは何の脱出手段にもならない。[2]それは単に、罪というものは、せいぜい隠したり、否認したり、別の名前で呼んだりすることはできても、赦すことはできないものであるということの、さらなるしるしでしかない。そうした赦しは、真理に対する裏切りとなるからである。[3]罪が赦されることは不可能である。[4]もしあなたが罪を犯すなら、あなたの罪悪感は永遠に続いていく。[5]自分の罪が実在するという見地から赦される者は、哀れにも侮《あなど》られ、二重に咎められている。すなわち、まずは自分で犯してしまったと思っている事柄について自分自身から責められ、さらに彼を赦す者により、もう一度責められる。

6．罪の非実在性が、赦しを自然で完全に正気なものにする。赦しを差し出す者には深い安堵感を、赦しを受け取る者には静かな祝福をもたらす。[2]それは幻想を黙認することはないが、それらを軽く笑いながら拾い集め、そっと真理の足元に置く。[3]そしてそこで幻想は完全に姿を消す。

7．赦しは、この世界の幻想の中で真理を象徴する唯一のものである。[2]それは幻想の虚無性を見て、それらが纏《まと》う数限りない形態を素通りする。[3]嘘を見ても、騙されることはない。[4]罪悪感で気がふれた罪人たちの自責の叫び声を、気にかけることもしない。[5]赦しは、彼らを静かなまなざしで見つめ、ただ彼らに向かって、「兄弟よ、あなたが考えていることは真理ではない」と言うだけである。

8．赦しの強さはその正直さにある。それは少しも腐敗していないので幻想を幻想のままに見て、真理と見ることはない。[2]だからこそ、それは嘘を前にして欺瞞を解消し、簡明な真理を取り戻す大いなる復元者となる。[3]真に存在していないものを見過ごす能力により、罪悪感の夢により阻まれていた真理への道を切り拓く。[4]そうしてあなたは、自らの真の赦しが自分の前に開く道を自由に進めるようになる。[5]もしひとりの兄弟があなたからこの贈り物を受け取るなら、あなた自身に向かって扉が開かれるからである。

9．真の赦しへの扉を発見し、それがあなたを歓迎して大きく開かれるのを知覚するために、非常に簡単な方法がある。[2]自分が何らかの形の罪について誰かを責めたいという誘惑にかられるのを感じるとき、彼が行《おこな》ったとあなたが思うことについて、心の中で考え続けてはならない。そうすることは、自己欺瞞である。[3]そのかわりに、「私はこれと同じことをする自分を、責めたいだろうか」と自問しなさい。

10．こうしてあなたは、意味ある選択を可能にする見地から、二者択一の選択肢を見るようになる。また、**神ご自身**が意図したように、そして真理においてそうである通りに、あなたは自分の心を罪悪感と苦痛から自由に保つようになるだろう。[2]虚言のみが有罪宣告をする。[3]真理においては、罪とは無縁の無垢性のみが、存在するすべてである。[4]赦しは幻想と真理の間に位置している。それは、あなたが見ている世界とそれを超えた世界の間、すなわち罪悪感の地獄と天国の門の間に架かる橋である。

11．**愛**に祝福されているこの橋は**愛**と同じように強力であり、すべての悪の夢や憎悪と攻撃の夢が、この橋を渡って静かに真理へと運ばれる。[2]こうした夢は保持されず、ふくれ上って猛り狂ったり、夢を信じる愚かな夢想者を恐がらせたりはしない。[3]彼は自分が見ていると考えていたものは一度も存在しなかったと理解することにより、そっと夢から目覚めたのである。[4]そしてもはや、自分には脱出の道がすべて閉ざされていたとは感じられない。

12．彼は自分を救うために戦う必要はない。[2]自分を追いかけてくると思っていた怪物を殺さなくてもよい。[3]また、以前には自分の安全を守ってくれると思っていた頑丈な石壁や鉄の扉を建てる必要もない。[4]彼は、自分の心を恐れや惨めさでがんじがらめにしていた重たいだけで役立たずの甲冑を、脱ぎ捨てることができる。[5]足どりも軽く彼が一歩前進するたびに、跡には星が一つずつ残り、彼の後に続く者たちにその道を教える。

13．赦しは練習されなければならない。世界は赦しの意味を知覚できず、その恩恵をあなたに教えるための導き手を提供することもないからである。[2]赦しが従う法則の理解につながるような考えも、赦しが反映する**一なる想念**も、世界中のどこを探しても見つからない。[3]赦しはあなた自身の実相と同じように、この世界にとって異質のものである。[4]しかしそれは、あなたの心をあなたの内なる実相とひとつにつなぐものである。

14．この合一の時をこれ以上遅らせないために、今日、私たちは真の赦しを練習する。[2]私たちは自由と平安のうちに、自らの実相に出会いたいからである。[3]私たちの練習は、すべての兄弟のための道を照らす足跡となり、彼らは私たちと共有する実相に向かって私たちの後に続くだろう。[4]これが成し遂げられるように、今日は一五分の練習を二回行う。その時間は、赦しを理解していてそれを私たちに教えるために送られた**導き手**である**聖霊**とともに過ごす。[5]**聖霊**に次のように頼むことにしよう。

[6]私が赦しをありのままに知覚できますように。

15．それから、**聖霊**の指示に従って兄弟をひとり選び、心に浮かぶままに彼の「罪」を一つずつ並べ上げていく。[2]それらのいずれにも決して拘泥しないようにする。そして、今、あなたは、すべての罪の概念から世界を救うために、彼の「不愉快な行為」を用いているだけだということを実感する。[3]あなたが彼について思ったすべての邪悪な事柄をざっと考慮し、そのたびに、「私はこれと同じことをする自分を責めたいだろうか」と自問する。

16. 彼の中にある罪についてあなたが抱いていたすべての考えから、彼を自由にしなさい。[2]そうすれば今、あなたには自由を得るための準備ができたことになる。[3]もしあなたが喜んで誠実にここまで練習してきたなら、引き上げられるような感覚や、胸の奥が軽くなるような感覚や、深く確かな安堵感などを感じ始めるだろう。[4]その後は残りの練習時間を用いて、兄弟を縛りつけようとして実は自分自身を縛ってきた重い鎖からの脱出を体験しよう。

17. 赦しは一日を通して練習されなければならない。あなたが赦しの意味を忘れ、自分自身を攻撃するときは、これからも何度もあるだろう。[2]そういうときには、次のように自分に言いながら、あなたの心がこの幻想を看過できるようにしなさい。

[3]私が赦しをありのままに知覚できますように。[4]私はこれと同じことをする自分を、責めたいだろうか。[5]私はこの鎖で自分を縛るつもりはない。

[6]何をするときも、次のことを思い出そう。

[7]誰もひとりで十字架にかかることはない。しかしまた、誰もひとりで天国に入ることはできない。

レッスン135

自分を防衛するなら、私は攻撃される。

1. 攻撃されていると思わない限り、誰が自分を防衛したりするだろうか。また、その攻撃が実在するもので、自分で防衛すれば自分を救えると思ったのでない限り、誰も防衛などするはずがない。[2]ここに防衛の愚かさがある。それは幻想に完全な実在性を与えたうえで、それらを実在するものとして扱おうとする。[3]それは幻想のうえにさらなる幻想を重ね、訂正を二重に難しくする。[4]未来を計画したり、過去を思い起こしたり、自分が望むように現在を整えようとする時にあなたのしていることは、まさにこのことである。

2. あなたは、今起こっていることには、何か自分を脅かすものがあるはずだから、自分を守らなければならないという信念を抱き、その信念に基づいて行動する。[2]脅威の感覚は、内にある弱さの認識である。適切な防衛をしようとさせるだけの威力のある危険が存在する、という信念である。[3]世界はこの狂気の信念に基づいている。[4]そしてそのあらゆる構造、そのすべての考えや疑念、その刑罰や重装備の軍隊、その法律的な規定や規約、その倫理や指導者や神々、こういった一切が、脅威の感覚を温存するために働いている。[5]武具で身を固めて世界を歩く者は誰でも必ず、自分の胸《こころ》に襲いかかる恐怖を感じているからである。

3. 防衛は恐ろしいものである。[2]防衛は恐れから生じ、それがなされるたびに恐れを増大させる。[3]あなたは防衛が安全をもたらすと考えている。[4]しかし防衛とは、恐れが実在化され、恐怖が正当化されたことを物語るものである。[5]あなたが綿密に計画を立て、武装をより堅固にし、錠をもっと頑丈にしようとしているときに、自分は何を何からどのように防衛しようとしているのかと尋ねてもみないのは、奇妙なことではないだろうか。

4. まずはじめに、あなたは防衛で何を守ろうとしているのか、よく考えてみよう。[2]それは非常に弱々しくて、簡単に攻撃されるものであるに違いない。[3]すぐに餌食となり、自分で自分を守ることができず、あなたに防衛してもらうことを必要としているものに違いない。[4]そのわずかな生命《いのち》を守るために、絶え間なく気にかけ、油断なく心配する必要があるほどに脆弱なものと言えば、肉体以外に何があるだろう。[5]いつかは衰えて、**神の子**が住むにふさわしい家として役に立たなくなるものと言えば、肉体以外に何があるだろう。

5. しかし、肉体そのものが恐れるわけではなく、恐ろしいものになれるわけでもない。[2]肉体は、あなたからあてがわれる必要以外には必要というものをもたない。[3]それは複雑な防衛の仕組みや、健康増進剤を必要とせず、世話も心配も必要としない。[4]肉体の生命《いのち》を防衛したり、それを美しくするための贈り物や安全にするための防壁を肉体に与えるなら、あなたは自分の住む家が、時間という泥棒の出入りする、朽ちて崩れ落ちていく家だと言っていることになる。あまりに安全性に欠けるので、命にかえても守らなければならないものだと言っているのである。

6. これこそ、恐ろしい映像ではないだろうか。[2]自分の住む家についてそのような考えを抱きながら、安らかでいられるだろうか。[3]しかし、このようなものとしてあなたに仕える権利を肉体に賦与したのは、ほかならぬあなたの信念である。[4]今あなたが肉体の中に見ている機能《はたらき》を肉体に与えたのはあなたの心であり、塵と水でできた小さな塊でしかないものに、それよりはるかに高い価値を与えたのも、あなたの心である。[5]このように認識されたものであれば、誰がそれを防衛したりするだろうか。

7. 肉体に防衛は必要ない。[2]このことはいくら強調しても、強調しすぎることはない。[3]心が肉体を乱用しなければ、肉体は丈夫で健康なものとなる。そして心による肉体の乱用とは、肉体が果たせないような役割や、その許容範囲を超えた目的や達成できないほど高い目標を、肉体にあてがうことによってなされる。[4]馬鹿げているのにひどく大切にされているこうした試みが、肉体に対してあなたがしかける多くの狂った攻撃の源である。[5]なぜなら、肉体は、あなたの希望や必要や価値観や夢を裏切るもののように見えるからである。

8. 保護を必要とする「自己」は実在していない。[2]肉体は無価値であり、ほんのわずかでも防衛する値打ちさえない。それは単に、あなた自身とはまったく別のものとして知覚されればよいものであり、そうすれば、肉体は有用でなくなるときまで、心がそれを通して作動できる健全で長持ちする道具となる。[3]いったい誰が、肉体が役立たなくなった後までもそれを保っていたいなどと思うだろうか。

9. 肉体を防衛するなら、あなたは自分の心を攻撃したことになる。[2]それは、あなたが心の中に欠陥や弱点や限界や不足を見たということであり、そうしたものから救われるべきものが肉体であると考えているということだからである。[3]あなたは心を、肉体レベルの状況から分離したものとして見ようとはしない。[4]そして、心はほかの心からもその源からも分離した有限で脆弱なものである、という概念から生じるあらゆる苦痛を、肉体に押しつける。

10. こうした考えこそが、癒されるべきものである。そして肉体は、そうした考えが訂正されて真理と入れ替わったとき、それに応えて健康になる。[2]これが肉体の唯一の真の防衛である。[3]しかし、あなたは肉体の防衛をここに探しているだろうか。[4]あなたは自分の心の苦悩を増大させるだけで肉体には何の利益もないような保護を、肉体に与えているだけである。[5]あなたは癒されることがなく、癒しの希望そのものを取り去っているだけである。なぜなら、希望が意味あるものであるためにはどこに希望が置かれるべきなのかが、あなたにわかっていないからである。

11. 癒された心は計画を立てない。[2]自分のものではない叡智に耳を傾け、そこから受け取る計画を実行する。[3]何がなされるべきか教えられるまで待ち、その後それを実行に移す。[4]与えられた計画を成就できる状態でいようとする以外には、自分自身には頼らない。[5]癒された心は安全である。すべての人のためのより大きな計画の一端を担うゴールを達成すべく前進しているとき、どんな障害もその道を阻むことはできない、という確信を抱いている。

12. 癒された心は、自分で計画しなければならないという信念から解放されている。それでも、その心には、最良の結果やそれを達成する手段は何なのか、より大きな計画が解決することになっている問題はどのようにして認識できるのかを、知ることはできない。[2]このことが本当だと認識するまでは、心はどうしても自分の計画の中で肉体を誤用してしまう。[3]しかしこれを真理として受け入れたとき、心は癒され、肉体を解き放つ。

13. 癒されていない心が自らを救うために作り出した計画に、肉体が隷属させられるなら、肉体は必ず病んだものとなる。[2]癒されていない心は、その心だけの保護をはるかに超えることを目指している計画が、少しの間その心からの協力を必要としていても、そのために役立つ手段となれるほどに自由ではない。[3]心がその計画に仕えていれば、健康は保証される。[4]この計画のために心が用いるものはどれもみな、そこで授かっている力とも相俟《あいま》って非の打ちどころなく機能し、失敗することはありえないからである。

14. おそらく、自分ひとりで立てる計画がどれも防衛にほかならないと知覚することは、容易ではないだろう。しかも、そうした計画のすべてが、実現すべき目的をもった防衛である。[2]そうした計画は、おびえた心が、真理を犠牲にしてでも自分を守ろうとしてとる手段である。[3]こうした自己欺瞞がとる形態の中でも、実相を否定していることが非常に明白なものについては、このことをはっきりと理解することは難しくない。[4]しかし、計画することがすなわち防衛であると認識されることはめったにない。

15. 自分のために計画する心は、未来の出来事を制御することに余念がない。[2]自分で自分自身の蓄えを作らない限り、どこからかそれが与えられるとは考えない。[3]時間は、未来に重点が置かれたものとなり、過去の出来事や以前に信じたことから得られる学びや経験によって制御されるべきものとなる。[4]そうした心は、未来の方向性を決めるのに必要なことを過去がすでに充分に教えてくれたという考えに基づいているため、現在を見落としてしまう。

16. だから計画する心は、変化を可能にすることを拒否している。[2]心が過去に学んだことが未来のゴールの土台となる。[3]過去の経験が、未来に起こることの選択を方向づける。[4]そうした心が理解していないのは、古い考え方や病んだ信念が継続することがないような、まったく過去とは異なる未来を保証するのに必要なすべては、今ここにあるということである。[5]現在の確信が道を決めるのだから、予想はいかなる役割も果たさない。

17. 防衛とは、真理に対抗してあなたが作り上げようとする計画である。[2]その目的は、あなたが自分でよいと認めるものを選び出し、自分の実相についての信念にそぐわないと思うものは無視することにある。[3]しかしその後に残るものはまことに無意味なものである。[4]なぜなら、あなたの防衛が攻撃し、曖昧にし、ばらばらに分解し、十字架にかけようとしている「脅威」というのは、あなたの実相だからである。

18. 過去、現在、未来において起こるあらゆる事柄とすべての出来事が、あなたの幸福だけを目的とする一**なる存在**により優しく計画されているということを、もしあなたが知っていたなら、あなたに受け入れられないものなどあるだろうか。[2]おそらくあなたは**神**の計画を誤解してきたのだろう。**神**は決してあなたに苦痛を与えたいなどとは思わない。[3]だが、あなたが歩んできた一歩一歩に**神**の愛に満ちた祝福が輝いていたことを、あなたの防衛が、あなた自身から隠していた。[4]あなたは死のための計画を作り上げたが、**神**はあなたを優しく永遠の生命《いのち》へと導いた。

19. **神**に対するあなたの現在の信頼もまた別な防衛であるが、それは一すじの悲しみの跡も残さず、喜びだけが絶え間なく増え続けるような、何ものにも乱されない未来を約束する防衛である。それにより、この人生そのものが、時間の中におかれていてもただ不死性のみを注視する聖なる瞬間となるからである。[2]現在の信頼だけを防衛とし、それに未来の方向を決めさせなさい。そうすれば、この人生は、あなた自身による防衛だけが隠そうとしている真理に出会える有意義な場となるだろう。

20. 防衛がなくなれば、あなたは、天国が感謝しつつ自らのものと認める光となる。[2]そしてその光は、時間が生じたときに始まった往古の計画に従って、あなたの幸福のために定められた方法で、あなたを導くだろう。[3]あなたに続く者たちも自らの光をあなたの光に重ねるので、その光は世界中が喜びで輝くまで増大し続ける。[4]そして私たちの兄弟は、脅かすだけで何の役にも立たなかった面倒な防衛を、喜んで放棄することだろう。

21. 私たちは今日、現在の確信をもって、その時を待ち望む。これが、私たちのために計画されていることの一部だからである。[2]今日これを達成するために、私たちに必要なものはすべて与えられていることを確信する。[3]どのようにしてそれがなされるかは計画しない。そのかわり、真理が私たちの心に確実に明らかになるために必要なのは、私たちが防衛しないでいることだけだということを悟る。

22. 今日は一五分ずつ二回、休息し、無意味な計画を立てるのをやめ、真理が心の中に入ってくるのを阻む思考のすべてから離れる。[2]今日、私たちは計画するかわりに、受け取ることを行う。整えようとするかわりに、与えることができるようになるためである。[3]そして次のように言うとき、私たちは真に与えられる。

[4]自分を防衛すれば、私は攻撃される。[5]しかし防衛しないでいるとき私は強き者となり、自分の防衛が何を隠しているのかを学ぶだろう。

23. それだけでよい。[2]もし立てるべき計画があれば、あなたにそれが教えられるだろう。[3]それはあなたが必要だと思っていた計画とは違うかもしれないし、あなたが直面していると思っていた問題に対する答えではないかもしれない。[4]しかしそれは別の種類の問いに対する答えである。その問いは、ついにあなたに真の**答え**が訪れるときまで、答えられないままであり続けるが、必ず答える必要のある問いである。

24. あなたのすべての防衛は、あなたが今日受け取ることになるものを受け取らないようにすることを目指してきた。[2]素朴な信頼の光と喜びの中では、あなたはなぜ自分が解放から身を守る防衛が必要だなどと思っていたのか、不思議に思うことだろう。[3]天国は何も要求しない。[4]とてつもない犠牲を要求するのは地獄である。[5]今日、自分を防衛せずに、真にあるままの自分自身を**創造主**に差し出す練習時間の間、あなたが諦めるものは何もない。

25. **神**はあなたを憶えている。[2]今日は、私たちが**神**を思い出す。[3]これはあなたの救済における復活の時である。[4]そして、あなたは死と絶望のように見えていたものから、再びよみがえるだろう。[5]今や希望の光があなたの中で再生する。なぜなら、今、あなたは防衛せずに、**神**の計画における自分の役割を学ぶようになるからである。[6]あなたが**神ご自身を代弁する声**から自分の機能《はたらき》を受け取ったとき、どんな卑小な計画や魔術的な信念に今もなお価値があるというのだろう。

26. 今日という日を、あなたが自分に最も有利になると信じるものに形作ろうとしてはならない。[2]なぜなら、自分で計画しないことでもたらされる幸福のすべては、あなたが思い描くことさえできないものだからである。[3]今日、学びなさい。[4]そうすれば、全世界がこの大きな一歩をあなたとともに踏み出し、ともにあなたの復活の時を祝うだろう。[5]一日を通し、愚かしい些細な事柄があなたの内に防衛を引き起こし、計画を立てるようにとあなたを誘うかに見えるときには、今日は学びのための特別の日であることを思い出し、それを次の言葉で確認しよう。

[6]今日は私の復活の時である。[7]だから私は今日を神聖に保ちたい。[8]私は自分を防衛しない。**神の子**は、自分の実相の真実から身を守る防衛を必要としてはいないのだから。

レッスン136

病気は真理に対抗する防衛である。

1. 病気がどのような目的に役立つように見えるのかを理解しない限り、誰も癒されない。[2]それを理解して初めて、病気の目的にはまったく意味がないことも理解できるからである。[3]病気には原因がなく、どのような有意義な意図もないので、病気はまったく存在しえないものである。[4]これがわかったとき、癒しは自動的に起こる。[5]すべての幻想を真理のもとに運び、そこでそれが消えていくままにするのと同じやり方で、癒しは病気というこの無意味な幻想を消し去る。

2. 病気は偶発的なものではない。[2]すべての防衛と同じように、病気も自己欺瞞のための狂気の仕組みである。[3]そしてほかのすべての防衛の場合と同じく、病気の目的は実相を隠し、攻撃し、変化させ、無能にし、ゆがめ、ねじ曲げ、まとまりのない断片の寄せ集めへと貶《おとし》めることにある。[4]すべての防衛が狙いとしていることは、真理を全一でないものにしておくことである。[5]そこでは、それぞれの断片が、あたかもそれ一つで全一であるかのように見なされる。

3. 防衛は無意識的なものではなく、自覚せずに行われるものでもない。[2]それは、あなたの信じたいことが、真理によって脅かされるかに見えるときに、あなたが振り回す秘密の魔法の杖である。[3]それが無意識のもののように思えるのは、あなたがあまりに素早く防衛することを選択するからにほかならない。[4]その選択が下されるほんの一秒、否、それ以下の瞬《またた》く間に、あなたは自分が何をしようとしているかをはっきりと認識し、その後、そうなってしまったと考え始める。

4. あなた自身以外の誰が、脅威の程度を推し量り、脱出策が必要だと決断し、実在すると判断された脅威を緩和するために一連の防衛策を講じたりするだろうか。[2]こうしたことはすべて、無意識に行えるようなことではない。[3]しかしそれを行《おこな》った後で、あなたの計画は、あなたが自分でその脅威を作り出したことを忘れるようにと要求する。忘れることで、それがまるであなた自身の意図の外側にあるように見える。すなわち、その脅威はあなたの心の状態とは関わりのないところで起こっている出来事のように感じられ、自分自身が生じさせた結果ではなく、外側から自分に真に影響を及ぼすもののように思える。

5. 防衛が自分に制御できないもののように見えるのは、

自分の「現実」を作り上げるときに自分が果たす役割をこうして速やかに忘れ去っているからである。[2]しかし、忘却により二重の盾で守られるようになった決断を再考してみようという意欲があれば、自分が忘れたものを思い出すことはできる。[3]あなたがそれを覚えていないということは、あなたの願望に関する限り、この決断にはいまだに効力があるというしるしにすぎない。[4]このことが事実だと誤解してはならない。[5]防衛は、必ず事実を認識不可能にする。[6]防衛はまさにこれを行うことを目的としており、実際に防衛が行うのはこれである。

6．あらゆる防衛は、全体の中から複数の断片を取り出し、それらの間の真の相互関係を考慮せずにつなぎ合わせることで、実在しないのに「全体」のように見える無数の幻想を作り出す。[2]脅威をもたらしているのはこのプロセスそのものである。そこから生じる結果が脅威なのではない。[3]全体からもぎ取られた部分の一つひとつが個別のもので、それぞれがそれ自体の中で全体を成すものとして見られるとき、それらは真の全体に対する攻撃を表す象徴となる。その結果は功を奏して、もぎ取られた部分は決して全体に属するものとしては見られなくなる。[4]それなのにあなたは、それらが表しているのは、何が実在すべきかについてのあなた自身の決断にすぎず、真に実在するものと入れ替わったものにすぎないということを忘れてしまった。

7．病気は一つの決断である。[2]望んでもいないのに生じてきてあなたを弱らせ苦しめるものではない。[3]それはあなたが自分で下す選択であり、自分で立てる計画である。それは、幻惑されているあなたの心の中で一瞬でも真理が思い出され、あなたの世界全体が揺さぶられて崩れ始めるように見えるその瞬間に、あなたが選ぶのがその計画である。[4]そうして、あなたは病気になる。それによって、真理が遠ざかり、自分が築き上げたものがこれ以上脅かされずにすむ。

8．ではあなたは、病気がどのようにして自分を真理からうまく遮断することができると思っているのだろうか。[2]それは、肉体と自分が切り離されてはいないということを、病気が証明してくれるからであり、そうなると、あなた自身が真理から切り離されたものに違いないということになるからである。[3]肉体が痛みに苦しむのであなたも苦しみ、その苦しみの中で、あなたは肉体とひとつになる。[4]こうして、あなたの「真の」アイデンティティーなるものが保存され、「自分はこの小さな塵の塊以上の存在かもしれない」という、あなたにつきまとって離れない奇妙な考えを静め、沈黙させることができる。[5]何しろ、この塵の塊はあなたを苦しめ、手足をよじらせ、心臓の鼓動を止め、あなたに死滅するように命じることができるのだから、それが実在しないはずはない、ということになるからである。

9. こうして、肉体が真理よりも強力なものとなり、真理があなたに生きることを求めていても、あなた自身が下す死の選択に打ち勝つことはできない。[2]だから、肉体は永遠の生命《いのち》よりも力があり、天国は地獄よりも脆弱で、**わが子**を救おうとする**神**の計画は、**神の意志**よりも強い決断により妨害される。[3]**神の子**は塵にすぎず、**父なる神**は不完全で、混沌が勝利して**神**の玉座につく。

10. 以上が、自分を防衛するためのあなたの計画である。[2]そしてあなたの信じるところによれば、このような狂気の攻撃の前では天国もおじけづき、あなたの幻想により**神**の目は眩《くら》み、真理は虚言に変わり、あなたの防衛が宇宙に課した法則に全宇宙が隷属するようになる。[3]しかし、幻想を作り出した張本人であるあなた以外に誰が、そうした幻想を信じるだろう。[4]ほかの誰にそれらが見え、ほかの誰があたかも真理に対するかのようにそれらに反応するだろう。

11. **神の意志**を変えようとするあなたの計画を、**神**は知らない。[2]宇宙は、あなたが宇宙を統治する手段とするつもりだった法則には無頓着である。[3]また、天国が地獄の前に頭《こうべ》を垂れたことはなく、生命《いのち》が死に屈したこともない。[4]あなたにできるのはただ、自分が死んだり病気を患ったり、何らかの形で真理をねじ曲げたりすると考えることを選択する、ということだけである。[5]創造されたものは、これらすべてとは縁もゆかりもない。[6]防衛とは、攻撃不可能なものを打ち負かそうとする計画である。[7]不変なるものが変わることはありえない。[8]そして、まったく罪と無縁のものが罪を犯すことはありえない。

12. これが簡明な真理である。[2]真理は力に訴えることも、勝ち誇ることもない。[3]服従を命じることもなければ、あなたが真理を変更するような防衛をもくろむことがいかに哀れで不毛であるかを証明しようともしない。[4]真理はただあなたに幸せを与えたいだけである。それが真理の目的である。[5]あなたが真理の贈り物を放り出すとき、真理は少しばかり嘆息をつくかもしれないが、それでも真理が確実に知っていることは、**神の意志**があなたに望むものは必ず受け取られるという事実である。

13. この事実が、時間は幻想であると実証する。[2]なぜなら、**神**があなたに与えたものが真理に違いないというのに、今この瞬間においてそれが真理ではないとあなたに思わせているのが、時間だからである。[3]**神の想念**は、時間とはまったくかけ離れたものである。[4]というのも、時間とはあなたが真理に敵対して作り出したもう一つの無意味な防衛にすぎないからである。[5]しかし**神**が意志することはここにあり、あなたは**神**が創造したままのあなたであり続ける。

14. 真理が受け入れられたところに幻想は存続できないので、真理には防衛よりもはるかに大きな力がある。[2]そして真理は、自分の武器を捨て、愚かな戯れをやめようとするどの心にも訪れる。[3]それはいつでも見つけられる。あなたが真理を歓迎する練習を選択するなら、それは今日にでも可能なことである。

15. これが私たちの今日の目標である。[2]今日は、一五分の練習を二回行《おこな》って、真理がやってきて私たちを自由にしてくれるように求める。[3]そして真理は訪れるだろう。それは私たちから一度も離れたことがない。[4]ただ、今日私たちが差し出す招待を待っているだけである。[5]私たちが防衛の姿勢を超越できるように、また真理がこれまでも常にそうであった通りにあり続けるように、以下の癒しの祈りにより真理の招待を始める。

[6]病気は真理に対抗する防衛である。[7]私は自分の本性についての真理を受け入れ、私の心を今日、完全に癒してもらう。

16. 戦いや無意味な想像のあったところに平安と真理が現れ、あなたの開かれた心に、癒しが速やかにゆき渡る。[2]病気が隠したり、真理の光から防衛しておいたりできるような、片隅の暗がりがなくなる。[3]あなたの夢から生じていたおぼろな人影もいなくなり、彼らが狂ったように没頭していた、二重の目的をもった曖昧で無意味な追求も、あなたの心の中から跡形も無く消え去る。[4]あなたの心は、病的願望に肉体を服従させようとしてきたが、今や、そうした願望のすべてから癒される。

17. そうなれば肉体も癒される。病気の源が助けを受け入れるようになったからである。[2]そしてあなたが上手に練習したかどうかは、肉体がまったく何も感じないということにより認識されるだろう。[3]あなたが練習をうまく行《おこな》っていれば、気分のよし悪しの感覚や、苦痛や快感といったものもなくなるだろう。[4]心の中には、肉体がすることに対する反応がまったく存在しなくなっている。[5]ただその有用性だけが存続し、それ以上の何も残らない。

18. あなたにはよく理解できないかもしれないが、このことが、あなたが与えた目的によって肉体に課せられていた限界を取り除く。[2]そうした限界が退けられるとき、肉体は真に有用な目的のために、充分な強さで働けるようになる。[3]時間や天候や疲労、食べ物や飲物、そのほか、あなたが以前に肉体を隷属させたどんな法則によっても限定されないことにより、肉体は完全に健康を保証される。[4]病気はありえないものとなったので、今やあなたは肉体を健康にするために何もする必要はない。

19. しかし、この保護は、注意深く見守ることによって保持されなければならない。[2]もしあなたが自分の心に攻撃的な考えを抱いたり、何かを裁いたり、予測のつかない状況に対処するための計画を練ったりするなら、そのような心は病んでいるのだから、あなたは再び自分を間違った場所に置き、自らを肉体と同一視したのであり、それは、肉体を攻撃することになる。

20. このようなことが起きたら、あなたの防衛の姿勢がこれ以上自分を傷つけないように、すぐに治癒を施そう。[2]何が癒されなければならないかについて混乱することなく、次のように自分に言う。

[3]私は自分が肉体だと誤解し、自分が本当は何なのかを忘れていた。[4]病気は真理に対抗する防衛である。[5]しかし私は肉体ではない。[6]そして私の心は攻撃することができない。[7]だから私が病気になることはありえない。

レッスン137

私が癒されるとき、私ひとりが癒されるのではない。

1. 今日の主題概念は、救済が依拠している中心的な考え方を表している。[2]癒しとは、病気や分離された状態にこだわり続けるこの世界のさまざまな概念とは正反対のものだからである。[3]病気とはほかの人々から遠ざかることであり、つながり合いを遮断することである。[4]それは、個別の自己の前に閉ざされる扉となり、その自己を孤立させて孤独なものにする。

2. 病気とは孤立である。[2]それは、一つの自己がほかの自己たちの感じないものによって苦しむために、その自己をほかのすべての自己から切り離しておくように見えるものだからである。[3]それは、分離を実在化し、心を独房に閉じ込めておける決定的な力を、肉体に与える。そうして、心は小さく切り離されて、病んだ肉の塊という堅固な壁で隔てられた無数の断片と化す。断片化した心は、その壁を乗り越えることができない。

3. この世界は病気が仕えている法則に従っているが、癒しはそうした法則には関わりなく作動する。[2]誰かが単独に癒されるということは不可能である。[3]病気のとき、その人は必ず切り離され、分離している。[4]しかし癒しは、再びひとつになろうという彼自身の決断であり、**自ら**のすべての部分を攻撃されることも損《そこ》なわれることもなく保っている彼の真の**自己**を、受け入れようという決断である。[5]病気の間は、彼の**自己**はばらばらに切り離されて、それに生命《いのち》を与えている一体性がなくなっているように見える。[6]しかし、肉体には**神の子**の普遍的**一体性**を攻撃する力はないということが理解されるとき、癒しは達成される。

4. 病気は、嘘が真理だと証明しようとする。[2]しかし癒しは、真理が真理だと実証する。[3]病気が強要しようとする分離は、本当は一度も生じてはいない。[4]癒されるということは、単純な真理を受け入れることであり、その真理はこれまでも真理であったし、これからも常に、これまで通りに真理であり続ける。[5]しかし幻影を見慣れた目には、見ているものが偽りだと示される必要がある。[6]だから、真理にとってはまったく必要のない癒しというものが、病気は実在しないことを実証しなければならない。

5. だから癒しは、夢に対抗する夢と呼ぶことができる。それは真理そのものにおいてではなく、真理の名において、病気という夢を無効にする。[2]なされたことのない罪を赦しが看過するのと同じように、生じたことのない幻想を、癒しが取り除く。[3]一度も存在したことのないものと入れ替わるために実相世界が現れるのと同じように、癒しは、夢が真理の写し絵として描き出す仮想状態と誤った想念を、本来あるべき状態に復元するだけである。

6. だからといって、癒しにはこの世でのあなたの機能《はたらき》としての値打ちがないと思ってはならない。[2]世界が実在するという夢を見ている者たちにとっては、反キリストのほうが、**キリスト**よりも強力なものとなるからである。[3]肉体のほうが心よりも堅固で安定したもののように見える。[4]そして愛が夢となり、その一方で、恐れだけが、目に見え、正当化され、充分に理解される唯一の現実となる。

7. 赦しがその光ですべての罪を消し去れば、あなたが作り出したものが占めていたその場を実相世界が占めるようになるが、それと同じように、癒しも、簡明な真理の前では、必ず、あなたが抱いている病気という空想と入れ替わる。[2]病気が実在しないはずがないとするあらゆる法則にも関わらず、病気が消滅するのがわかったとき、質問に答えが与えられたことになる。[3]そして、それらの法則は、もはや大切にされることも遵守されることもなくなる。

8. 癒しは自由そのものである。[2]それは、夢が真理を打ち負かすことはないと実証するからである。[3]癒しは共有される。[4]そしてこの共有という属性によって癒しが証明するのは、病気は避けられないとは主張しない法則のほうが、そうした法則に敵対する病んだ法則よりもずっと力強いという点である。[5]癒しは強さである。[6]優しいその手によって、弱さが克服され、肉体の壁に閉じこめられていた心が自由になり、ほかの心と合流して、永遠に強きものとなるからである。

9. 癒すこと、赦すこと、そして、悲嘆の世界のすべてを、悲しみが侵入できない世界と喜んで交換すること――この三つが、**聖霊**に従うようにとあなたに促すための**聖霊**の手段である。[2]**聖霊**の優しいレッスンは、どれほど簡単に救済があなたのものとなるかを教えてくれる。また、いかにわずかな練習をするだけで、自らを死の囚人とするためにあなたが作り上げた法則が**聖霊**の法則に置き換えられるかを教えてくれる。[3]**聖霊**があなたから求めるわずかな協力は、これまであなたに苦しみをもたらした一切からあなたを自由にするためのものであり、あなたがそれを差し出すとき、**聖霊**の生命《いのち》はあなた自身の生命《いのち》となる。

10. そして自分自身が癒されるままにするとき、周囲の人々も、心に思い浮かぶ人々も、あなたが接する人々も、何の接触もないように見える人々も、すべて自分とともに癒されることがわかるだろう。[2]癒しの到来を受け入れるとき、あなたはそうした人々のすべてを認識することはないかもしれないし、自分が全世界にどれほど大きなものを差し出しているのか実感できないかもしれない。[3]しかし、あなたは決してひとりだけで癒されるのではない。[4]あなたが癒されるとき、あなたが受け取る贈り物を、数限りない人々が受け取るだろう。

11．癒された者は癒しの媒体となる。[2]そして癒されたその瞬間に、時を移さず、彼ら自身がほかの人々に与えることになっている癒しの恩寵が、彼らに与えられる。[3]**神**に対立するものは存在しない。**神**に対立するものを心の中に受け入れない者は、疲れた者たちが休らうことのできる安息の場となる。[4]ここで真理が授けられ、ここですべての幻想が真理のもとへと運ばれるからである。

12．あなたは、**神の意志**に安息所を提供したいとは思わないだろうか。[2]あなたは自分の**自己**に向かって、自分の家でくつろぐようにと招待しているだけである。[3]この招待が拒否されることがありえるだろうか。[4]起こらざるをえないことが起こるようにと求めなさい。そうすれば、決して失敗することはない。[5]ほかの選択肢は、「ありえないことがあるように」と求めることなので、決して成功しない。[6]今日、私たちは真理だけが心を満たすよう求める。今日という日に、癒しの想念が、すでに癒されたものからこれから癒されるものへと伝わるよう求める。そして私たちは、癒しの想念がひとつのものとして生じるということを自覚している。

13．今日は毎時きっかりに、私たちの機能《はたらき》は自分の心が癒されるようにすることだと思い出す。そうして、私たちは癒しを世界へと運んでいき、呪いを祝福に、苦痛を喜びに、分離を**神**の平安に取り替えられるようになる。[2]こうした贈り物を受け取るためならば、毎時一分を差し出す価値があるのではないだろうか。[3]実在するすべてという贈り物のためなら、このわずかな時間は小さな代価にすぎないのではないだろうか。

14．しかし、この贈り物に対して私たちの準備が整っていなければならない。[2]だから以下の言葉で一日を始め、これらの概念に一〇分間を捧げ、夜になり一日を終えるときも同じようにする。

[3]私が癒されるとき、私ひとりが癒されるのではない。
[4]私の唯一の**自己**である**神のひとり子**の心から病気が追放されるように、私は自分の癒しを世界と共有したい。

15．今日こそ、癒しがあなたを通して行われるようにしよう。[2]静けさの中で休息しながら、自分が受け取ったように与えるための準備をしなさい。自分が与えるものだけを保持する用意と、想像が生み出してきたすべての愚かな想念を入れ替える**神の言葉**を受け取る用意をしなさい。[3]今、私たちはともに、病んでいたすべてのものを回復させ、攻撃のあったところに祝福を与える。[4]また、時間の経過とともにこの機能《はたらき》を忘れることがないように、一時間ごとに、次の考えで私たちの目的を思い出そう。

[5]私が癒されるとき、私ひとりが癒されるのではない。
私は兄弟たちを祝福したい。彼らが私とともに癒されるとき、私も彼らとともに癒されたいのだから。

レッスン138

天国は私が下すべき決断である。

1．この世界では天国は選択肢の一つである。それは、私たちが二者択一の選択肢というものがあると信じているからである。[2]私たちはすべてのものには対極があり、自分の望むものを自分で選んでいると考えている。[3]天国が存在するなら、地獄も存在するはずだということになる。相対立するものが、私たちが知覚する対象や、実在すると考える対象を作り出す方法だからである。

2．創造は対極を知らない。[2]しかしこの世界では、対極のある状態が、「実在」するということの一部をなしている。[3]真理についてのこの奇妙な知覚が、天国を選択することが地獄を放棄することと同じことのように思わせる。[4]本当はそうではない。[5]しかし、**神**の創造の中の真実なるものは、世界が理解できる何らかの形を通して反映されるまでは、世界の中には入れない。[6]恐れながら知覚することしかできない場所には、真理そのものは入ってこられない。[7]それができると想定することは、真理を幻想のもとに運ぶことが可能だとする誤りである。[8]対立のあるところでは真理は歓迎されなくなるので、真理はそこにくることができない。

3．選択とは、相対立すると見えるものからの明白な脱出法である。[2]決断することによって、葛藤するゴールのうちの一つだけが、努力して時間を注ぎ込む目的となる。[3]決断がなければ、時間は無駄に使われ、努力は浪費される。[4]見返りがないままに努力が費やされ、何の結果も生まずに時間が過ぎていく。[5]何も達成されず、何も学ばれないので、そこには何かが得られるという感覚がない。

4．思い出す必要のあることは、あなたが何千もの選択に直面させられると思っていても、下すべき選択は本当は一つしかないということである。[2]そしてそれさえも、選択のように見えるだけのものである。[3]決断が無数にあることで引き起こされる疑念によって、混乱してはならない。[4]あなたはただ一つの選択をするだけである。[5]そしてその一つの選択をし終えたとき、それはまったく選択などでさえなかったことを知覚するだろう。[6]なぜなら真理だけが真実であり、そのほかに真実なものはないからである。[7]かわりに選択できる対極は存在しない。[8]真理と矛盾するものは存在しない。

5．選択は学びに依存している。[2]真理は学ばれるものではなく、認識されるだけである。[3]認識されることで真理は受容され、受容されたときに真理は知られる。[4]しかし智識は、このコースの枠内で私たちが目指す教育目標を超えている。[5]私たちが目指しているゴールは、教育により達成されるゴールである。すなわち、どのようにしてそこに到達できるのか、それはどのようなものか、それは自分に何を提供するのかを学ぶことによって達成されるものである。[6]決断とは、あなたの学びの結果である。なぜなら、自分とは何か、自分の必要は何かについて、あなたが何を真理として受け入れたかに基づいて、決断が下されるからである。

6. 狂気のごとく複雑なこの世界においては、天国はその本来の在り方とは違って、選択されるものという形を取るように見える。[2]これまでにあなたが下そうとしてきた選択の中で、これが最も簡潔かつ決定的で、ほかのすべての選択の原型をなすものであり、すべての決断に決着をつける選択である。[3]もしあなたがそのほかのすべてについて決断することができたとしても、この一つは未解決のまま残る。[4]しかし、この一つを解決するとき、それとともにほかのすべてが解決される。というのも、すべての決断は、さまざまに異なる形を取りながらこの一つの決断を覆い隠すものにすぎないからである。[5]その一つが最後の選択であり、真理が受け入れられるか拒否されるかという唯一の選択である。

7. だから今日、私たちはこの選択について考えることを始める。時間は私たちがこの選択をするのを助けるためにある。[2]それが時間の神聖な目的であり、あなたがこれまで時間に与えていた意図が変化したものである。あなたがこれまで時間というものを、「地獄は実在し、希望は絶望に変わり、生命《いのち》さえも最後には死に打ち負かされてしまう」と実証するための手段にしようとしてきた。[3]そこにおいては、対立を終わらせることは死ぬことなので、死においてのみ対極が消滅する。[4]また、生命《いのち》は葛藤だと見なされるので、救済は死ぬことだということになる。[5]この葛藤を解決すれば、あなたの生命《いのち》も終わらせるということになる。

8. こうした狂った信念は、意識されないまま極めて強力な支配力をもつようになり、激しい恐怖と不安で心を締めつけるので、心は自らを守るという考えを放棄しようとはしない。[2]そのような心は、真に安全になることを脅威と感じるので、救済から救われなければならないことになり、真理に対して魔術によって武装せざるをえなくなる。[3]しかも、こうした決断は自覚されないまま下される。自覚されないことで、それらの決断は、疑問や理性や疑惑から離れて、何ものにも邪魔されずに安全に保持される。

9. 天国は意識的に選択される。[2]この選択は、二者択一の選択肢が正確に直視され、理解されるまでは下されることはない。[3]影に覆われているすべてが明るみに出されて理解され、今度こそ天国の助けを得て、判断し直されなければならない。[4]そして以前に心が犯した判断における間違いはすべて、真理がそれらを原因のないものとして退けるので、訂正可能なものとなる。[5]今やそれらは結果をもたない。[6]その虚無性が認識されるので、それらが隠蔽されることはない。

10. 天国が意識的に選択されるということは、地獄に対する恐れに終わりがくるのと同じく確かなことである。恐れの終わりは、それを守っていた無自覚という盾が取り払われて、恐れが光のもとに運ばれるときに訪れる。[2]選択肢の一方だけがはっきり見えていて、もう一方は認識されていないとしたら、そのどちらか一つを選ぶ決断など、誰にもできはしない。[3]しかし、一方だけに価値があり、他方は完全に無価値で、罪悪感と苦痛の仮想の源でしかないことが見えている二者択一であれば、誰が選択を誤るだろう。[4]誰がこのような選択をためらうだろう。[5]今日、私たちはその選択をすることをためらうだろうか。

11. 今日は目を覚ましたら天国を選択し、自分が唯一の正気の決断をしたことを確かめながら五分間を過ごす。[2]ここで私たちが認識するのは、自分が意識的に選べる選択肢は、実在しているものか、真理のように見える外見だけのものか、二つに一つだということである。[3]その疑似の実体は、実在するもののもとに運ばれたとき、その光の中で、向こうが透けて見える薄っぺらなものとなる。[4]もはやそれは何の恐怖も引き起こさない。巨大で、復讐心に燃え、憎悪に満ちて残酷なものにされていたものを恐れ続けるためには、それを闇に隠しておくことが必要だったからである。[5]今ではそれは愚かでつまらぬ間違いにすぎないと認識される。

12. 夜、目を閉じて眠りにつく前には、毎時間行《おこな》った選択を再び確認する。[2]そして、今日の最後の五分間は、今朝目覚めたときと同じ決断をすることに捧げる。[3]私たちは、日中は一時間ごとに、正気を維持するために少しの静かな時間を捧げて、自分の選択を宣言することを繰り返してきた。[4]一日の最後は、次の言葉で、自分たちが望んでいるものだけを選択することを確認して閉めくくろう。

[5]天国は私が下すべき決断である。[6]私は今その決断を下す。そして、それだけが私が望むものなのだから、それについて私の心を変えるつもりはない。

レッスン139

私は自分自身に贖罪を受け入れる。

1. これが選択の終わりである。[2]ここで、私たちは**神**が創造したままの自分を受け入れる決断に至るからである。[3]そして選択の余地とは、自分が何であるかについての確信の欠如を示すもの以外の何だろうか。[4]ここに根ざしていない疑念はない。[5]これを反映していない疑問はない。[6]「私は何なのか」というこの単一の単純な問いを伴わない葛藤は、存在しない。

2. しかし、自分自身を認識することを拒否した者以外に、誰がこのような問いを発するだろう。[2]自分自身を受け入れるのを拒否しているときにのみ、この問いが真摯なものに思える。[3]生命《いのち》ある存在が確かに知ることができる唯一のことは、自分とは何かということだけである。[4]それは、確信がもてるこのただ一つの見地から、ほかのものごとを自分と同じように確かなものとして見る。

3. 自分が何であるかについての確信の欠如は、あまりにも大規模な自己欺瞞であるため、その巨大さは想像を絶するほどである。[2]生きていながら自分自身を知らないという状態は、自分は本当は死んでいると信じていることである。[3]あなた自身として存在すること以外にどんな生命《いのち》があるというのだろう。あなた以外の何があなたのかわりに生きていられるというのだろう。[4]疑っているのは誰だろう。[5]彼は何を疑っているのだろう。[6]誰に質問しているのだろう。[7]誰が彼に答えることができるのだろう。

4. 彼はただ自分が自分自身ではないと言っているだけである。本当の自分自身ではない何かとして存在している彼は、その「何か」とは何なのかを問う者となる。[2]しかし、彼が本当にその答えを知らなかったとしたら、彼はそもそも生きているはずはない。[3]もし彼があたかも答えを知らないかのようにその質問をするとしたら、それは彼が本当の自分でいたくないと思っていることを示しているにすぎない。[4]しかし彼は生きているのだから、本当はすでにそれを受け入れているはずである。そしてそのうえで、それに逆らった判断をし、その価値を否定し、それから、彼を生かしている唯一の確実性を自分は知らないと決断したのである。

5. こうして彼は、自らの生命《いのち》について確信がなくなる。自分の生命《いのち》そのものを自ら否定したからである。[2]あなたが贖罪を必要としているのは、この否定のためである。[3]あなたによる否定は、あなたの本性を少しも変化させることはなかった。[4]しかしあなたは自分の心を、真理を知る部分と知らない部分とに分割してしまった。[5]あなたはあなた自身である。[6]このことに疑いの余地はない。[7]だがそれでも、あなたはそれを疑っている。[8]しかしあなたは、自分の中のどの部分が、自分自身を本当に疑うことができるのか、と問うことはしない。[9]その問いを発する部分は、真にあなたの一部ではありえない。[10]なぜならその部分は、答えを知っているもう一方の部分に対して質問するからである。[11]疑っている部分があなたの一部だとしたら、確実性はありえないことになる。

6. 贖罪が治癒するのはこの奇妙な考えである。すなわち、自分自身を疑い、自分が本当は何なのかについて確信を失うことが可能だという考えである。[2]このような考えは狂気の極みである。[3]しかし、これがこの世界では一般的な問いである。[4]このことは、世界が狂っているということ以外に何を意味するだろうか。[5]なぜあなたは、この世界で普遍的なことは真実だという嘆かわしい信念を抱いて、その狂気を共有するのだろう。

7. 世界が信じていることで真実なものは何一つない。[2]この世界の目的は、自分自身を知らないと主張する者たちがやってきて、自分とは何かと質問していられる安住の地を提供することである。[3]贖罪が受け入れられるときまで、彼らは何度もやってきて、自分自身を疑うことや自分の本性を自覚しないでいることは不可能だということを学ぶ。

8. あなたが何であるかは確かなことなので、あなたに求められているのはただそれを受け入れることだけである。[2]それは永遠に**神**の神聖な**心**とあなた自身の心の中に定められている。[3]それはすべての疑いや質問をはるかに越えたものである。だから、あなたが自分とは何かと尋ねるとしたら、その事実だけで、あなたが「知らないはずのないことを知らない」という矛盾を信じていると証明するに充分である。[4]それは質問というよりも、自分が述べていることを自分で否定している発言ではないだろうか。[5]私たちの神聖な心がこのような無意味な考えごとにとらえられることのないようにしよう。

9. 私たちにはここで果たすべき使命がある。[2]私たちは、かつて自分たちが信じていた狂気をさらに強化するためにここにきたわけではない。[3]私たちが受け入れたゴールを忘れないようにしよう。[4]私たちはただ自分たちの幸せを得るためだけにきたのではない。[5]私たちが自分の本性として受け入れるものが、私たちとともにすべての人々の本性をも宣言する。[6]兄弟を見捨ててはならない。彼らを見捨てれば、自分を見捨てることになる。[7]彼らに愛のまなざしを向けなさい。それによって、彼らは自分たちがあなたの一部であり、あなたが彼らの一部であると知ることができるようになる。

10. 贖罪は、このことを教えると同時に、**神の子**の**一体性**は、彼が自分の本性を知らないと信じることによって損《そこ》なわれはしないと実証する。[2]今日は、贖罪を受け入れなさい。実相を変えるためではない。ただあなたについての真理を受け入れるためである。そうして、**神**の無限の**愛**の中で喜びを抱いて自らの道を進みなさい。[3]私たちに求められているのは、ただこれだけである。[4]そして今日、私たちが行うのはこれだけである。

11. 朝と夜の五分間を用いて、私たちの心を今日の課題に捧げる。[2]次の言葉で私たちの使命を復習することから始める。

[3]私は自分自身に贖罪を受け入れる。私は今も**神**に創造されたままの私なのだから。

[4]私たちは、**神**により**神**と同質のものとして創造されたときに与えられた智識を失ってはいない。[5]すべての心はひとつのものとして創造されているので、私たちはその智識をすべての人のために思い出すことができる。[6]そして、私たちの記憶の中には、兄弟たちが真実にはどんなに愛《いと》しい存在であるかを思い出させるものがある。すべての心がどれほど私たちの一部をなすものであるか、彼らが私たちに対しどれほど誠実であったか、そして**父の愛**がいかにして彼ら全員を包含しているか、といったことが、私たちの心によみがえってくるだろう。

12. すべての被造物について感謝しつつ、**創造主の名**と、**神**の被造物の全側面との**一体性**の名において、今日は一時間に一度、私たちの目標に献身する言葉を繰り返す。その とき私たちは、神聖な目的から気持を逸《そ》らすあらゆる雑念を脇に置く。[2]数分の間あなたの心を空《から》にするために、世界が聖なる**神の子**の周りにくもの巣のように張りめぐらせている妄想を一掃しなさい。[3]そして次のように言いながら、あなた自身についての智識を自覚させないようにしているかに見える鎖がどんなに脆《もろ》いものかを学びなさい。

[4]私は自分自身に贖罪を受け入れる。私は今も**神**に創造されたままの私なのだから。

レッスン140

救済だけが治癒をもたらすと言える。

1.「治癒」という言葉は、この世界が有益なものとして受け入れているどんな治療法にもあてはまらない。[2]世界が治療に役立つと知覚しているものは、肉体を「よりよいものにする」だけである。[3]それが心を癒そうとするとき、心と肉体を別なものと見ずに、心が肉体の中にあると考える。[4]だからこの世界のさまざまな形の癒しは、一つの幻想をもう一つの幻想に入れ替えることしかできない。[5]病気の信念の一つが別の形を取るようになることで、患者が自分はもう健康になったと知覚するだけである。

2. 彼は癒されてはいない。[2]彼は自分が病気だという夢を見て、その夢の中で、自分を健康にする魔法の処方箋を見つけただけである。[3]しかし彼は夢から覚めてはいない。だから彼の心は以前とまったく同じである。[4]彼は、自分を目覚めさせて夢を終わらせる光をまだ見ていない。[5]実相において、夢の内容の違いが問題になるだろうか。[6]人は眠っているか目覚めているかのどちらかである。[7]その中間はない。

3. **聖霊**が運んでくる幸福な夢は、この世界で見る夢とは異なる。この世界では、人はただ自分が目覚めているという夢を見ることができるだけである。[2]赦しが心に知覚させる夢は、別の形の眠りを誘って別の夢を見せたりはしない。[3]**聖霊**の幸福な夢は、心に真理が訪れる前ぶれである。[4]それらの夢は眠りから目覚めへと優しく導くので、夢は去っていく。[5]そのようにして、それらは永遠の治癒をもたらす。

4. 贖罪は確実に癒し、すべての病気に治癒をもたらす。[2]病気は夢にすぎないと理解している心は、夢がとるどんな形態にも騙されないからである。[3]罪悪感がないところで病気が生じることはありえない。病気とは罪悪感のもう一つの形態にほかならないからである。[4]病人を癒すことは治癒ではないので、贖罪は病人を癒さない。[5]病気を可能にしている罪悪感を取り去るだけである。[6]そしてそれがまさしく治癒である。[7]なぜなら、そのとき病気は去っており、それが戻ってくる受け皿となるものは何も残されていないからである。

5. 不毛な夢の中ではなく、**神**の中で治癒されたあなたに、平安あれ。[2]治癒は必ず聖性から生じ、聖性は罪悪感が大切にされているところでは見つからない。[3]**神**は聖なる神殿の中にとどまっている。[4]罪が入り込んだところに、

神は入ることはできない。[5]しかし**神**のいない場所は実在しない。[6]だから罪は、**神**の慈しみを逃れて隠れ住む家をもつことはできない。[7]聖性が存在しない場所はなく、罪や病気が住みつくことのできる場所はどこにもない。

6．これが治癒をもたらす想念である。[2]それは実在しないものの間に区別をもうけることはない。[3]また、どこに癒しの必要があるかも配慮しないまま、病んでいないものを癒そうとしたりはしない。[4]これは魔術ではない。[5]真理に対する訴えにほかならない。真理は決して癒しに失敗することはなく、その癒しは永遠である。[6]この想念は、幻想の大小や見かけ上の深刻さや、それがとる形に関連した要素によって、幻想を判断することはしない。[7]それは幻想だということに焦点を合わせるだけであり、いかなる幻想も実在しないことを知っている。

7．今日は、病気になりえないものを癒そうとするのはやめよう。[2]癒しのあるところに癒しを探さなければならない。そして、病んでいるものが治癒されるように、病んでいるものに癒しが適用されなければならない。[3]世界が提供する治療は、何を変化させることもできない。[4]幻想を真理のもとへもっていく心だけが、真に変わることができる。[5]これ以外に変化というものはない。[6]幻想のそれぞれの属性には実質も実在性も核心もなく、それらの間に真の違いは何もないというのに、一つの幻想がもう一つの幻想と異なることなどありえるだろうか。

8．今日、私たちは病気の源について、私たちの心を変えることを目指す。私たちが求めているのはすべての幻想の治癒であって、一つの幻想からもう一つの幻想への移行ではない。[2]今日は癒しの源を見つけ出すことを試みる。それは私たちの心の中にある。**父**が私たちのために、それを私たちの心の中に置いたからである。[3]それは私たち自身から遠く離れたところにあるのではない。[4]自分の想念と同じくらい近くにある。こんなにも近くにあるのだから、失うことなど不可能である。[5]私たちが探しさえすれば、それは必ず見つかるものである。

9．私たちは、今日、病気のように見えるものに惑わされない。[2]今日は、外観を超えて進み、癒しの源へと達する。それは例外なくすべてを癒す源である。[3]どちらも等しく真理ではない二つのものの間に有意義な区別などありえないということを、より深く理解すればするほど、私たちは今日の課題の達成に成功するだろう。[4]そこに程度の差は存在しない。また、実在してもいないものが、ある形よりもほかの形において真実であると信じる信念もない。[5]それらすべてが偽りであって真実ではないからこそ、治癒が可能となるのである。

10. だから私たちは、護符や呪《まじな》い、魔法の呪文や丸薬など、あらゆる形の魔術的なものを脇に置く。[2]そして静かにして、癒しの**声**が聞こえるように耳を澄ます。その**声**がすべての病を一つのものとして治癒し、**神の子**に正気を取り戻す。[3]**これ**以外のどんな声も治癒をもたらすことはできない。[4]私たちは今日、ただ一つの**声**を聞く。その**声**が私たちに真理を語り、その真理の中で、すべての幻想が終わり、**神**の永遠なる静かな住まいに平安が取り戻される。

11. 今日、私たちは**神**に耳を傾けながら目を覚まし、一日の始まりに五分間、**神**が語るのを聞き、夜眠りにつく前にはまた五分間、耳を澄ましながら一日を終える。[2]私たちに必要な唯一の準備は、妨げになる雑念を、別々にではなく全部をひとつのものとして、退けることである。[3]それらは同じものである。[4]それらを異なったものにする必要はない。そのようなことをすれば、**父**が語りかけてくるのを聞くことができる時を遅らせるだけである。[5]私たちは今、**父**が語るのを聞く。[6]今日、**父**のもとへ行く。

12. 両手を空《から》にし、胸を躍らせ、傾聴する心で、次のように祈ろう。

[2]救済だけが治癒をもたらすものと言えます。[3]私たちが癒されるように、**父**よ、私たちに語ってください。

[4]そして私たちは、救済が優しく自分たちを包み込み保護してくれるのを感じるだろう。その平安はあまりに深く、もはや心が幻想に乱されることはなく、幻想が実在するという証拠を私たちが見ることもなくなるだろう。[5]このことを今日、私たちは学ぶ。[6]そして、癒しの祈りを一時間ごとに唱え、毎時きっかりに一分の間、沈黙し、喜びを抱いて耳を傾け、祈りに対する答えが与えられるのを聞く。[7]今日は、私たちのもとに癒しが訪れる日である。[8]分離が終わり、私たちが本当は**誰**なのかを思い出す日である。

復習 Ⅳ

序

1. これから再び復習に入る。今回の復習は、真理がどのように適用できるかを学ぶ第二部のために準備をしていると意識しながら行う。[2]まずは今日から、次に続く学びのための下地作りに集中する。[3]それが、この復習およびそれに続くレッスンの目標である。[4]したがってここでは、この目標の達成が楽になるようなやり方で、最近学んだレッスンとその中心概念を復習する。

2. これから行う復習には、各演習を一つに結ぶ中心的なテーマがあり、それは次のように簡潔に述べることができる。

[2]私の心の中にあるのは、私が**神**とともに考えている思いだけである。

[3]これは事実であり、あなたの**本性**と**父の本性**についての真理を表している。[4]この想念によって、**父**は**わが子**を創造し、**わが子**を**ご自身**とともに創造する者として確立した。[5]この想念が、**神の子**に救済を確実に保証する。[6]なぜなら、彼の心の中には、**父**が共有していない思いがとどまることはできないからである。[7]赦していない間は、彼にはこの想念が自覚できない。[8]それでもそれは永遠に真実である。

3. まずは、真の赦しの欠如を巧みに隠している数多くの形態について理解することから、私たちの準備を始めよう。[2]それらはすべて幻想であるから、その正体の通りに知覚されてはいない。そしてその正体とは、赦したくないというあなたの想念が見えるものとなって認識されるのを防ぐための防衛である。[3]その目的は、あなたに別の何かを見せることであり、訂正のかわりとなる自己欺瞞を通して、訂正を阻止することである。

4. それでも、あなたの心の中には、あなたが**神**とともに考えることだけがある。[2]あなたの自己欺瞞は真理の座を奪うことはできない。[3]それは、あたかも子どもが棒切れを海に投げ込んでも、潮の満ち引きや、海水を暖める太陽や、夜の海に映る月の銀の色を変えることはできないのと同じようなものである。[4]だからこの復習における練習を始めるときは、毎回、まずはじめに、自分が読むレッスンを理解してその意味を捉えられるように、自分の心を準備する。

5. さらに、一日のはじまりには、その日の学びに備えて心を準備する時間をもつようにする。それは、自由と平安の中で、その日に復習する主題概念があなたにもたらすことができるものを、あなたの心が学べるように準備をする時間である。[2]あなたの心を開き、欺こうとする想念を一掃しなさい。そして、次の想念だけであなたの心を満たし、そのほかは退けるようにする。

[3]私の心の中にあるのは、私が**神**とともに考えている思いだけである。

[4]この想念とともに五分間を過ごすだけでよい。それだけで、その日が、**神**が定めた道筋にそったものとなり、あなたがその日に受け取るすべての想念を**神の心**に一任することになる。

6. それらの想念はすべて、あなたひとりからくるものではない。それらはすべて**神**と共有されることになるからである。[2]その一つひとつが**神の愛**のメッセージをあなたに運び、あなたからの返事を**神**へと運ぶだろう。[3]そうして**神ご自身**が意志した通りに、**万軍の主**とあなたとの交感があなたのものとなる。[4]そして、**神ご自身**を完成させる**神の子**であるあなたが**神**とつながるとき、**神**があなたにつながるだろう。あなたが**神**と合一し、**神**があなたと合一するとき、あなたは完全である。

7. 以上のように準備ができたなら、その日の復習課題である二つの主題概念を読む。[2]それから目を閉じ、それらをゆっくりと自分に言い聞かせる。[3]今、あなたは時間を本来意図された通りに使っているのだから、急ぐ必要はない。[4]**神の声**を通して私たちにその言葉が与えられたときと同じように、その言葉の一つひとつを、**神**から与えられた通りの意味をもって輝かせよう。[5]その日に復習する概念が運んでくる贈り物を、受け取りなさい。それは、あなたが**神**から受け取るようにと、**神**がその中に置いた贈り物である。[6]練習には以下の手順以外に形式をもうけない。

8. 一時間ごとに、一日のはじめに抱いた想念を心に思い浮かべ、その想念とともに少しの間静かな時を過ごす。[2]それから、その日に復習する二つの主題概念をゆっくりと繰り返し、そこに含まれているあなたへの贈り物が見えてくるまで充分な時間をかける。そして、それらが受け取られるべく意図されたところでそれらを受け取るようにする。

9. 私たちはほかにどんな想念も加えずに、これらをそのままメッセージとして受け取る。[2]私たちはこれ以上の何も必要としない。それだけで、幸福と安息、果てしない静けさ、完璧な確かさが与えられる。そしてまた、**父**から継承した賜物として私たちが受け取るよう**父**が意志する一切が、私たちのものとなる。[3]復習期間中は毎日、一日を始めたのと同じようにその日を終える。すなわち、最初に、その日を私たちにとって祝福と幸福に満ちた特別な時としてくれた想念を繰り返す。それはまた、私たちが忠実に演習を行うことで、世界を、闇から光へ、悲嘆から喜びへ、苦痛から平安へ、罪から聖性へと回復させた想念でもある。

10. そのようにして**神の言葉**をもち続ける練習をするあなたに、**神**は感謝する。[2]そして、あなたが、眠りにつく前にもう一度その日の二つの概念に心を向けるとき、**神**の感謝が、あなたを平安の内に包む。**神の意志**は、その平安の中をあなたの永遠の住まいと定めており、あなたは今それを、自分が継承している賜物として再び自分のものにすることを学んでいる。

レッスン141

私の心の中にあるのは、私が神とともに考えている思いだけである。

(121) 赦しが幸せへの鍵である。
(122) 赦しは、私が望むすべてを与えてくれる。

レッスン142

私の心の中にあるのは、私が神とともに考えている思いだけである。

(123) 私は、父が贈り物を与えてくれたことに感謝する。
(124) 私が神とひとつであることを、思い出せますように。

レッスン143

私の心の中にあるのは、私が神とともに考えている思いだけである。

(125) 静けさの中で、今日、私は神の言葉を受け取る。
(126) 私が与えるものはすべて、私自身に与えられる。

レッスン144

私の心の中にあるのは、私が神とともに考えている思いだけである。

(127) 神の愛のほかに愛はない。
(128) 私が見ているこの世界には、私が望むものは何もない。

レッスン145

私の心の中にあるのは、私が神とともに考えている思いだけである。

(129) この世界を超えたところに、私の望む世界がある。
(130) 二つの世界を一度に見ることはできない。

レッスン146

私の心の中にあるのは、私が神とともに考えている思いだけである。

(131) 真理に到達しようとして、それに失敗する者はいない。
(132) これまで「世界」だと思ってきたものすべてから、私は世界を解き放つ。

レッスン147

私の心の中にあるのは、私が神とともに考えている思いだけである。

(133) 私は無価値なものに価値を置かない。
(134) 私が赦しをありのままに知覚できますように。

レッスン148

私の心の中にあるのは、私が神とともに考えている思いだけである。

(135) 自分を防衛するなら、私は攻撃される。
(136) 病気は真理に対抗する防衛である。

レッスン149

私の心の中にあるのは、私が神とともに考えている思いだけである。

(137) 私が癒されるとき、私ひとりが癒されるのではない。

(138) 天国は私が下すべき決断である。

レッスン150

私の心の中にあるのは、私が神とともに考えている思いだけである。

(139) 私は自分自身に贖罪を受け入れる。

(140) 救済だけが治癒をもたらすと言える。

レッスン151

すべてのものごとは、神を代弁する声のこだまである。

1. 部分的な証拠だけで判断することは、誰にもできない。[2]それは判断ではない。[3]無知と疑惑に基づいた見解にすぎない。[4]その表面的な確かさは、隠された不確かさを偽装するものにすぎない。[5]それは不合理なものなので、不合理な防衛を必要としている。[6]その防衛は強力で説得力があり、少しの疑いもないかに見える。しかしそれは、すべての疑念がその下に隠されているからである。

2. あなたは自分に見えている世界を疑っていないようである。[2]肉眼を通して見せられるものを、本気で疑問視することがない。[3]また、自分の五感はあてにならないものだと学んでから久しいというのに、なぜそれを信じるのかと自問することもない。[4]少し考えてみれば、これまで五感がどれほど頻繁に間違ったことを伝えてきたかを思い出せるというのに、五感が伝えることを細部に至るまで信じているというのは、さらに奇妙なことである。[5]あなたはどうして、そのようなものをこんなにも盲目的に信用するのだろう。[6]その理由は、確信があるふりをして潜在的な疑いを隠したいからではないだろうか。

3. どうしてあなたに判断することなどできるだろう。[2]あなたの判断は、五感が差し出す証拠に基づいている。[3]ところが、これ以上に間違った証拠というものはほかにあったためしがない。[4]しかし、それ以外にどのようにして、あなたは自分が見ている世界を判断するだろう。[5]あなたは自分の目と耳が報告することに、哀れなほどの信を置いている。[6]あなたは自分の指が実相に触れ、真理をつかむと思っている。[7]これが、あなたが理解している認識というものである。そして、そのようにして認識されるものが、**神ご自身**を代弁する永遠なる声が証言するものよりもずっと実在性があるものだと考えている。

4. これが判断だと言えるだろうか。[2]これまであなたは、自分で判断することを控えるようにとたびたび勧められてきたが、その理由は、それがあなたにふさわしくない権利だからではない。[3]あなたには判断するということができないからである。[4]あなたにできることはただ、自我の判断を信じることだけだが、自我の判断はすべて間違っている。[5]自我はあなたの五感を巧みに導いて、あなたがどんなに弱い者であるかを証明しようとする。どんなに無力で、怯えているか、正当な処罰をどんなに恐れているか、どれほど黒く罪にまみれ、どれほど罪悪感に苛《さいな》まれているかを証明しようとする。

5. 自我がこのように語る存在、そしてなおも守ろうとしている存在があなたであると、自我はあなたに告げる。[2]そして、あなたは確かにその通りだと頑なに信じている。[3]それでも、その確信の裏にはひそかな疑いが残っており、自我がこんなにも確信をもって実相だと教えているものを、自我自身が信じていないのではないかと、あなたは疑っている。[4]自我が咎めている相手は自我だけである。[5]自我が罪悪感を見ているのは、自我の内側においてである。[6]自我があなたの中に見ている絶望感は、自我の絶望感である。

6. 自我の声を聞いてはならない。[2]自我が自分の悪をあなたのものだと証明するために送ってくる証人たちは、偽証する者たちである。彼らは自分の知らないことを確信をもって語る。[3]あなたはそんな証人たちを盲信しているが、その理由は、彼らの主人である自我にも完全に消し去ることのできない疑いを、あなた自身が共有したくないからである。[4]自我の従者たちを疑うことはあなた自身を疑うことになると、あなたは信じている。

7. しかし、彼らの証拠を疑うことこそが、あなた自身を認識するための道を開くということを、あなたは学ばなければならない。そして、あなた自身の信念とするには何がふさわしいかを決めるには、**神を代弁する声**に**判事**となってもらいなさい。[2]**聖霊**は、あなたの肉眼が兄弟の中に見ているものによって彼を判断するようにと教えることはない。兄弟の口からあなたの耳に語られる言葉も、あなたの指の感触が兄弟について報告することも、同様である。[3]**聖霊**はそのような根拠のない証言を素通りしていく。それらはただ**神の子**について偽証するだけの言葉である。[4]**聖霊**は**神**が愛《いと》しんでいるものだけを認識する。そして、**聖霊**の見るものが放つ神聖な光の中では、あなたの本性についての自我の夢は、**聖霊**の目に映るその輝きを前にしてすっかり消え失せる。

8. あなたの本性については、**聖霊**に**判事**となってもらいなさい。**聖霊**には、疑いが無意味となるような大いなる**確実性**に立脚した完全な確信があるからである。[2]**キリスト**は**自ら**を疑うことはできない。[3]**神を代弁する声**は、ただ**キリスト**の完璧にして永遠なる無罪性を喜びながら、**キリスト**を讃えるばかりである。[4]**聖霊**に審判された者のすることは、ただ罪悪感を笑って退けることだけであり、もはや罪の玩具で戯れたいとは思わない。**キリスト**の神聖な顔に浮かぶ歓喜を目の前にして、肉体の証言はまったく顧みられない。

9. **聖霊**はそのようにあなたを審判する。[2]あなたの本性について**聖霊の言葉**を受け入れなさい。**聖霊**はあなたという美しい被造物について証言し、あなたの実相を創造した**想念の主**である**心**について証言する。[3]**父**と**子**の栄光を知る**聖霊**にとって、肉体にどんな意味があるというのだろう。[4]自我のどのような囁きが、**聖霊**に聞こえるだろう。[5]あなたの罪が実在すると、**聖霊**に納得させることなどできるだろうか。[6]この世界の中であなたの身にふりかかるように見えるすべてのことについても、**聖霊**に**判事**となってもらいなさい。[7]**聖霊**の教えるレッスンにより、あなたは幻想と真理との間の隔たりを埋めることができるようになるだろう。

10. 苦痛、災難、苦しみ、損失などが確かに存在すると思ってきたあなたの信念のすべてを、**聖霊**は取り除いてくれるだろう。[2]こうした陰鬱な外観を看過し、それらすべての中に**キリスト**の優しい顔を見ることができる心眼《ヴィジョン》を、**聖霊**はあなたに与える。[3]**神**に愛されているあなたには善きことだけが訪れるということを、あなたはもはや疑わなくなるだろう。**聖霊**がすべての出来事を正しく判断し、それらすべてに含まれている唯一のレッスンを教えてくれるからである。

11. **聖霊**はそれらの出来事の中で真理を表している要素だけを選択し、無意味な夢を反映する部分は気にかけない。[2]そして**聖霊**は、あなたが見ているすべてのものを解釈し直す。完全に統一された確実な一つの判断基準に基づいて、あらゆる出来事、あらゆる状況、あなたに影響を与えるように見えるどんな出来事をも、解釈し直してくれる。[3]そしてあなたは、憎しみを越えたところに愛を、変化の中に不変性を、罪の中に清きものを、世界の上に天国の祝福のみを、見るようになる。

12. これがあなたの復活である。あなたの生命《いのち》は、あなたの目に見えるいかなるものの一部でもないからである。[2]それは肉体とこの世界を超えたところにある。神聖でないものを証言するあらゆる証人を超え、**聖なる存在《もの》**の中にあり、**聖なる存在《もの》自身**と同じく神聖である。[3]**聖霊の声**は、すべての人とすべてのものの中であなたの**自己**と**創造主**のことだけを、あなたに語るだろう。そして、あなたの**自己**と**創造主**はひとつのものである。[4]そのようにして、あなたはすべてのものの中に**キリスト**の顔を見るだろう。そしてすべてのものごとの中に、**神の声**のこだまだけを聞くだろう。

13. 今日は、**神**とともに過ごす時間のはじまりだけは別として、言葉は使わずに練習する。[2]練習の時間は、今日の主題概念をゆっくりと一度だけ繰り返すことから始める。[3]続いて、自分の考えを注視し、それらの中の真理の要素を見ている**聖霊**に、無言で訴える。[4]心に浮かぶ考えの一つひとつを、**聖霊**に評価してもらいなさい。そして、そこから夢の要素を取り除き、**神の意志**と矛盾しない清浄な想念にして返してもらいなさい。

14. **聖霊**にあなたの考えを渡せば、**聖霊**はそれらを奇跡に変えてあなたに返してくれる。その奇跡は、**神**の永遠の**愛**の証《あかし》として、**神**が**神の子**に与えようと意志する全一性と幸福を喜んで宣言する。[2]そうして変容するたびに、それぞれの考えは、その中に真理を見ていた一なる**心**からやってくる癒しの力を帯びるようになる。その**心**は、誤ってつけ加えられていたものに欺かれることはなかった。[3]空想をつむいでいた糸はすべて消え去っている。[4]そして後に残ったものは一つの完璧な**想念**へと統合され、その**想念**があらゆるところにその完璧さをゆき渡らせる。

15. 朝、目が覚めたときに、こうして一五分を過ごし、夜、就寝前にもう一度、同じように一五分を喜んで捧げよう。[2]あなたの考えのすべてが清められたとき、あなたの司牧の職務が始まる。[3]そのようにしてあなたは教えを受け、**神の子**が自分自身の聖性を学ぶ聖なるレッスンを教えるようになる。[4]**神を代弁する声**が**神の子**を讃えるのをあなたが聞くとき、誰もがそれに耳を傾けずにはいられない。[5]そして、その**声**があなたの心の中で解釈しなおした考えを、誰もがあなたと共有するだろう。

16. これがあなたの復活の時である。[2]だから、あなたは罪と死の証人のかわりに、純白の百合の花をこの世界への贈り物とする。[3]あなたの変容を通して世界は贖われ、喜んで罪悪感から解放される。[4]私たちに正気を取り戻してくれた**聖霊**に感謝し、喜びのうちに、私たちは今、復活した心を天に向ける。

17. そして私たちは、救済と解放そのものである**聖霊**を、一時間ごとに思い出す。[2]私たちが感謝を捧げるとき、世界は私たちとひとつになり、私たちの神聖な考えを快く受け入れる。それは天国により正されて清らかになった考えである。[3]こうして、ついに私たちの司牧の職務が始まった。真理の中に幻想はなく、**神**の平安は私たちを通して誰にでも属しているという喜ばしい知らせを、私たちは世界中に運んでいく。

レッスン152

決断の力は私にある。

1．[1]自分の決断に因《よ》らない限り、誰も損失を被ることはありえない。[2]苦痛を被ることを自ら選択しない限り、誰も苦痛に苦しむことはない。[3]悲嘆にくれたり、恐れたり、自分が病気だと考えたりするといった成り行きを、自ら欲しない限り、誰にもそうした状況がもたらされることはない。[4]そして、誰も自分自身の承諾なしに死ぬこともない。[5]あなたの身に起こることで、あなたの願望を表していないものは一つもなく、あなたが選んだもので、そこから省かれるものも一つもない。[6]ここに、細部にわたっての完結したあなたの世界がある。[7]これがあなたにとっての現実の全体像である。[8]そして、救済が存在するところはここだけである。

2．[1]このような見解は極端で、あまりに包括的すぎて真実であるはずはないと、あなたは思うかもしれない。[2]だが、真理に例外がありえるだろうか。[3]あなたが実在するすべてという贈り物をもらっているのなら、損失というものが実在できるだろうか。[4]苦痛が平安の一部であったり、悲嘆が喜びの一部であったりするだろうか。[5]愛と完璧な聖性が宿る心の中に、恐れや病気が入り込むことなどできるだろうか。[6]真理は、いやしくも真理であるなら、すべてを包括するものでなければならない。[7]対極や例外を受け入れてはならない。そうすることは、全面的に真理を否定することだからである。

3．[1]救済とは、「真理は真実であり、それ以外に真実なるものはない」という認識である。[2]あなたはこのことをすでに聞いたことがあるが、まだこの文の前半と後半の両方を受け入れてはいないかもしれない。[3]前半がなければ、後半は無意味である。[4]しかし、後半がなければ、前半はもはや真実ではなくなる。[5]真理に対極はありえない。[6]この点については、何度でも繰り返し語り、繰り返し考えなければならない。[7]なぜなら、もしも真理でないものが、真理と同じように真実であるというのならば、真理の一部が偽りだということになるからである。[8]そうすると真理はその意味を失ってしまう。[9]真理をおいてほかに真実なるものはなく、偽りはあくまでも偽りである。

4．[1]これは最も単純な区別であるが、最も見分けにくいものである。[2]しかしその理由は、その区別を知覚することが難しいからではない。[3]その区別が数多《あまた》の選択の背後に隠されており、しかもそうした選択は全面的に自分自身が下しているもののようには見えないからである。[4]そうして、真理には一貫性に欠ける側面があるかのように見える。しかもそれらは、あなた自身が持ち込んだ矛盾のようには見えない。

5．**神**があなたを創造した通りに、あなたは不変であり続ける。移り変わる状態というものは、言葉の定義からして当然、虚偽を意味する。[2]気持ちの移り変わりのすべて、肉体と心の状態の変化、自覚や反応における変化のすべてが、それにあてはまる。[3]これが真理の全的包括性であり、それが真理を虚偽から切り離し、偽りを真理から分離させておき、真理を真理たらしめる。

6．あなたは自分が見ているこの世界を自分で作り出したと考えることは傲慢だと信じているが、それこそおかしなことではないだろうか。[2]**神**はこの世界を作ってはいない。[3]このことは確信してよい。[4]つかの間の幻の世界、罪深い者、有罪な者、恐れる者、苦しむ者、孤独な者、死すべき肉体の中に宿る心などについて、**神**は知ることなどできない。[5]あなたはこのようなものが実在するかに見える世界を**神**が作り出したと考え、**神**の狂気を責めている。[6]**神**は狂ってはいない。[7]しかし、このような世界を作り出すのは、狂気だけである。

7．**神**が混沌を作り出し、**ご自身の意志**を否定し、真理の対極を作り上げ、生命《いのち》に勝利する死を黙認すると考えるなら、それこそが傲慢である。[2]謙虚であれば、こうしたものが**神**からのものでないことはすぐにわかる。[3]あなたには**神**が創造しなかったものが見えるのだろうか。[4]見えると思うのなら、**神**が意志しなかったものを自分が知覚できると、あなたが信じているというだけのことである。[5]そして、これ以上に傲慢なことがあるだろうか。

8．私たちは今日、真に謙虚になって、自分で作り出したものは自分で作り出したものとして受け入れよう。[2]決断の力は私たちにある。[3]宇宙の共同創造者としての自分の正当な立場をただ受け入れようと、決断しなさい。そうすれば、あなたが自分で作り出したと思っているものは、すべて消滅する。[4]そのとき、あなたの自覚によみがえるのは、これまでも、今も、永遠に実在し続けているすべてである。[5]そしてそれは、**父**と**子**に捧げられた祭壇を横領するだけのために作り出された自己欺瞞と入れ替わるだろう。

9．今日、私たちは真の謙虚さを練習する。謙虚さを傲慢であると証明しようとして、自我が用いている偽装を、放棄する練習である。[2]自我だけが傲慢になれる。[3]しかし真理は謙虚であり、自らの強さと不変性と永遠なる全一性を、**神**から**神の愛し子**《いと》への完璧な贈り物と認めることができる。[4]自分は犯した罪に怯える罪人であり、自分の本性を恥じていると語る傲慢さを、私たちは脇に置く。そして、真に謙虚になって、胸《こころ》を**神**に向けよう。**神**は私たちを、一点の穢《けが》れもなく清らかなもの、**ご自身**と同じ愛と力を備えたものとして創造している。

10. 決断の力は私たちにある。[2]だから私たちは、本来の私たちを**神**から受け入れ、謙虚に**神の子**を認識する。[3]**神の子**を認識するということはさらに、すべての自己概念が放棄され、それらが偽りだと認識されたという意味でもある。[4]そこでは、そのような概念の傲慢さが知覚されている。[5]謙遜の中では、**神の子**の輝き、その優しさ、完璧な無罪性、**父の愛**、天国への権利、地獄からの解放が、私たちのものとして、喜んで受け入れられている。

11. 今、私たちは、虚言は偽りであり、真理だけが真実だという喜ばしい認識をともにする。[2]朝、目覚めたなら、真理だけを想い、次の言葉で私たちのおびえた心を励ましながら、五分間、真理の道を練習する。

> [3]決断の力は私にある。[4]今日こそ私は、**父の意志**が創造したままに存在する私自身を、受け入れる。

[5]それから私たちは静かに待つ。すべての自己欺瞞を手放して、私たちの**自己**が私たちにその**姿**を現してくれるようにと謙虚に求める。[6]そうすれば、本当は私たちから一度も去ったことのない**自己**が、再び私たちの自覚に戻ってくる。そしてその**自己**は、感謝しつつ、**自ら**の家を本来意図されていた通りに**神**のもとに戻す。

12. 一日を通して、辛抱強く**神**を待ちなさい。一日のはじめに用いたのと同じ言葉で一時間ごとに**神**を招き、一日の終わりにも同じようにする。[2]**神を代弁する声**が答えてくれるだろう。**聖霊**はあなたとあなたの**父**のために語るからである。[3]**聖霊**は、あなたのめまぐるしい思考をすべて**神**の平安に入れ替え、自己欺瞞を**神**の真理に、そしてあなた自身についてのあなたの幻想を**神の子**に、入れ替えてくれるだろう。

レッスン153——

防衛しないことの中に、私の安全がある。

1. あなたはこの移り変わる世界に脅威を感じている。その栄枯盛衰、苛酷な運命の悪戯《いたずら》、しばし関わる人々、そして、与えられても再び取り上げられる「贈り物」の数々。こうしたことに脅かされているあなたは、このレッスンをしっかりと学びなさい。[2]この世界は安全を与えてはくれない。[3]それは攻撃に根ざしており、一見安全と見える「贈り物」はみな、幻のごとくあてにならない。[4]この世界は攻撃し、それを何度でも繰り返す。[5]このように危険に脅かされている場所に、心の平安はありえない。

2. 世界はただ防衛の姿勢を引き起こすのみである。[2]脅威は怒りをもたらし、怒りは攻撃を当然で正直な反応と見せ、正当防衛の名において正義にかなったものと思わせる。[3]しかし防衛の姿勢は二重の脅威である。[4]それは弱さを証《あか》しし、効果のない防衛体系を打ち立てるからである。[5]そうなると、弱きものがさらに弱められる。なぜなら、今や、外にも裏切りがあり、内にはさらに大きな裏切りがあるからである。[6]心は今や混乱し、自らの想像の産物から逃れるために何に頼ればよいのかがわからない。

3. それはまるで、もはや脱出を望むことも達成することもできなくなるまで幾重にも心を取り囲んで、しっかりと封印してしまう円陣のようなものである。[2]攻撃しては防衛し、防衛しては攻撃する。これが日々、刻々と繰り返される。一巡すればまた最初から始まるこの周期が、心を幾層もの鉄と鋼《はがね》からなる分厚い壁の中に閉じ込める。[3]心を幽閉し、どこまでも締めつけてくるその力には、中断も終わりもないように見える。

4. 自我が取り立てる代価の中でも、防衛は最も高くつくものである。[2]防衛の中にはあまりに残酷な形をした狂気があるため、正気を取り戻す望みなど実現不可能で不毛な夢としか思えない。[3]この世界が助長する脅威の感覚はあまりに深く、その狂おしさや強烈さは、あなたの想像を絶している。そのため、それがもたらしてきた惨状の全容は、あなたには見当もつかない。

5. あなたはその奴隷になっている。[2]それを恐れるあまり、自分が何をしているのかわかっていない。[3]あなたはその鉄の爪が自分の胸《こころ》にくい込むのを感じているが、そうした自分がどれほどの犠牲を払わせられてきたかを理解していない。[4]防衛の姿勢によって、自分が**神**の神聖な平安をどのように妨害してきたのか、わかっていない。[5]あなたは**神の子**を、彼自身が作り出した空想や夢や幻想によって攻撃される犠牲者として見ている。しかも彼は、いくら防衛したところで無力な存在なので、自分の安全のように見える幻想の数々に慰めてもらえるように、さらに多くの空想や夢による防衛を必要としている。

6. 防衛しないことは強さである。[2]それはあなたの中で**キリスト**が認識されていることを証言する。[3]おそらくあなたはここで、「テキスト」の中で述べられていたことを思い出すだろう。すなわち、選択は常に、**キリスト**の強さか、**キリスト**から離れているときのあなた自身の弱さか、この二者択一の選択であるという点である。[4]防衛しない心が攻撃されることはありえない。それは、あまりにも大いなる強さを認識しているので、攻撃することは愚行となり、あたかも遊び疲れた子どもがあまりに眠くて自分が何を望んでいたのか思い出せないままに耽る、たわいのないゲームのようなものとなるからである。

7. 防衛の姿勢は弱さである。[2]それはあなたが**キリスト**を否定して、**父**の怒りを恐れるようになったと宣言している。[3]この世界のあらゆる邪悪な事柄の中に、恐ろしい怒りの神の姿が見えると、あなたが信じているときに、何があなたをその怒りの神という妄想から救えるだろう。[4]あなたが戦っている相手が幻想である今、幻想以外の何があなたを防衛できるだろうか。

8. 今日、私たちはそうした子どもじみたゲームはしない。[2]私たちの真の目的は世界を救うことである。だから、私たちは自分の機能《はたらき》がもたらしてくれる永遠の喜びを、愚かさと交換したいとは思わない。[3]無意味な夢のひとかけらが私たちの心をよぎって、その夢の中の人影を**神の子**だと誤解したからといって、また、その一瞬の夢を永遠と間違えたからといって、私たちは自分の幸福を逃してしまいたくはない。

9. 今日は、夢を超えたところを見て、私たちに防衛は必要ないことを認識する。私たちは、攻撃に何らかの意味をもたせるような考えや願望や夢とはまったく無縁の、攻撃不可能な存在として創造されているからである。[2]今や、すべての恐ろしい考えを後にしたので、私たちが恐れることはありえない。[3]自らの安全性と救済を静かに確信している私たちは、防衛しない態度の中で安全である。自分たちの司牧の職務が自分たちの選んだ目的に内在する聖なる祝福を世界中に延長させていくとき、その目的は必ず成就されるとわかっている。

10. 少しの間じっとして、沈黙の中で考えてみなさい。あなたの目的がいかに神聖なものか、そして、その光の中で、あなたがどれほど安全に、何ものにも邪魔されずに、休らっているかを。[2]**神**の司牧者は、真理が自分とともにあることを選択している。[3]彼ら以上に神聖な者がいるだろうか。[4]自分の幸福が完全に保証されていることを、彼ら以上に確信できる者がいるだろうか。[5]そして彼ら以上に、強力に保護されている者がありえるだろうか。[6]**神**と自分自身の選択によって、**神**に選ばれた者たちの仲間となった彼らに、いったいどんな防衛が必要だろうか。

11. **神**の司牧者の機能《はたらき》は、兄弟が自分たちと同じ選択ができるように助けることである。[2]**神**はすべての者を選んでいるが、**神の意志**は自分自身の意志でもあると悟った者はわずかしかいない。[3]そしてあなたが学んだことを教えることができずにいる間は、救済は待ち続け、世界は陰鬱な闇に幽閉されたままである。[4]そしてあなた自身も、自分に光が訪れていることも、自分の脱出が達成されていることも、学ぶことができない。[5]なぜなら、あなたはすべての兄弟に光を差し出すまで、その光を見ることができないからである。[6]彼らがそれをあなたの手から受け取るとき、あなたもそれを自分自身のものとして認識するだろう。

12. 救済とは、幸せな子どもたちの楽しむゲームに喩えられる。[2]それは、**ご自身**の子どもたちを愛する**神**によって計画された。その**神**は、恐ろしい玩具を片づけて楽しいゲームを与え、恐ろしいゲームは終わったと教える。[3]**神**のゲームに敗者はいないので、それは幸福を教えるゲームである。[4]そのゲームに参加する者は誰でも勝ち、その勝利によって、すべての者の利益が保証される。[5]救済がもたらす恩恵が見えてくるとき、子どもたちは喜んで恐れのゲームを放棄する。

13. あなたは自分の**父**から見捨てられて、望みを失ったというゲームをしてきた。罪と罪悪感で気が狂っている恐ろしい世界で、たったひとりで恐怖に震える役を演じてきたあなたは、今、幸せになりなさい。[2]そのゲームは終わっている。[3]今や、静かな時が訪れた。罪悪感という玩具を片づけ、一なる**神の子**である天国の子どもたちの清らかで神聖な心から、子どもじみたおかしな罪の概念を一掃する時である。

14. 私たちはあと少しの間だけこの地上にとどまり、最後の幸福なゲームを楽しむ。[2]その後は、ゲームが意味をもたず真理だけがある場所で、私たちは自らの正当な位置につく。[3]こうして物語は終わる。[4]今日という日を、物語の最後の一章を世界に近づける日にしよう。そうすれば、恐ろしい運命や、挫かれた希望や、逃れられぬ報復に対する哀れな防衛についての物語を読んでいる誰もが、そのような話は自分の妄想的な空想にすぎないと学べるようになる。[5]**神**の司牧者は、この暗い夢から**神の子**を目覚めさせるためにきている。その夢は、この歪んだ作り話を覚えている彼の混乱と狼狽の中に、そうした物語が呼び起こしたものである。[6]これが真実ではないと学んだとき、**神の子**はついに微笑むことができる。

15. 私たちは今日から、この後しばらく続けることになる形で練習を行う。[2]毎日、一日のはじめにできるだけ長い間、その日の主題概念に気持ちを集中させる。[3]救済だけを唯一のゴールとする一日の準備をするために、少なくとも五分間を捧げることが必要である。[4]十分ならもっとよいし、一五分ならさらによい。[5]気が散って目的から逸れることが少なくなるにつれて、私たちは**神**とともに過ごすのに三〇分では短すぎると感じるようになるだろう。[6]また、夜も、感謝と喜びのうちに、少なくともそれ以上の時間を喜んで捧げたいと思うようになるだろう。

16. 一時間ごとに、**神**と共有する**意志**に忠実でいることを思い出せば、そのたびに私たちの平安は深まっていく。[2]時には、その時刻になっても、一分かそれ以下しか時間を割けないことがあるかもしれない。[3]また忘れるときもあるだろう。[4]あるいはまた、世事に追われていて、わずかな時間でさえ**神**のほうに気持ちを向けることができないときもあるかもしれない。

17. しかし、可能な限り毎時間、自分たちの使命と**神**の**愛**を思い出すことで、**神**の司牧者としての忠誠をつくそう。[2]私たちは静かに座り、**神**を待ち、**神の声**に耳を傾け、過ぎ去った一時間に**神**が与えてくれたすべての贈り物に感謝しつつ、これからの一時間に**神**が私たちに何をさせようとしているのかを学ぶ。

18. 練習を続けていくうちに、いつかあなたが**神**のことを思わないときはなくなり、真に無防備に歩む静かな道へとあなたの足取りを導いてくれる優しい**神の声**が、いつでも聞こえているようになるだろう。[2]あなたは天国が自分とともにあることを知るようになるからである。[3]そしてまた、たとえあなたの時間が世界に救済を差し出すために使われていても、あなたは一瞬たりとも**神**から自分の心を離しておこうとはしなくなるだろう。[4]世界と自分のための**神**の救済計画を実行することを選んだあなたのために、**神**がこうしたことを可能にしてくれないとあなたは思うのだろうか。

19. 今日の私たちのテーマは、防衛しないということである。[2]今日一日を迎える準備をするとき、私たちは無防備という衣を纏《まと》う。[3]自分の中に**キリスト**の力が宿っていることを思い出すとき、私たちは**キリスト**の内に力強くよみがえり、自分の弱さを消し去る。[4]**キリスト**が一日中私たちの傍らにあって、必ず彼の強さにより私たちの弱さを支えていてくれるということを、思い出す。[5]目的についての私たちの確かさが自分の防衛によってぐらつきそうになるのを感じるたびに、私たちは**キリスト**の力に訴える。[6]「私はここにいる」という**キリスト**の声がするとき、私たちは少しの間、動きを止めて耳を傾けよう。

20．あなたの心を本来の目的から逸らさないために、これからの練習には、愛から生じる熱意が必要となってくる。[2]恐れることはない。また、臆病になってもいけない。[3]あなたが最後のゴールに到達することに疑いの余地はない。[4]**神**の司牧者たちからすべての兄弟に向かって輝く愛と力と平安は、**神**からもたらされるのだから、彼らが失敗することはありえない。[5]これらが**神**からあなたへの贈り物である。[6]その返礼としてあなたが**神**に差し出すべきものは、防衛しない態度だけである。[7]あなたが**キリスト**とその無罪性を見るために放棄するのは、一度も実在したことのないものだけである。

レッスン154

私は神の司牧者のひとりである。

1. 今日、私たちは傲慢になることも、謙虚なふりをすることもしないでいよう。[2]そのような愚かさはすでに通り越している。[3]私たちは自分自身に価値判断を下すことはできず、そうする必要もない。[4]そうしたことは、決断を滞らせ、自らの機能《はたらき》に献身する時を遅らせようとする試みにほかならない。[5]自分の価値を判断することは私たちの役目ではなく、私たちには、自分にとってどういう役割が最適なのかを知ることもできない。より大きな計画において自分に何ができるのか、その全容は私たちには見えない。[6]私たちの役割は、地獄においてではなく、天国において割り振られている。[7]そして自分では弱さだと思っているものが強さであったり、自分の強さだと信じているものがしばしば傲慢さであったりする。

2. あなたに与えられた役割がどのようなものであっても、それは**神を代弁する声**が選択したものであり、その**声**にはまた、あなたを代弁する機能《はたらき》もある。[2]**聖霊**はあなたの強さをありのままに見ており、それがいつ、どこで、何のために、誰に対して用いられるのが最善であるかも気づいているので、あなたにかわって役割を選択し、受け入れる。[3]**聖霊**はあなた自身の同意がなければ働かない。[4]しかし**聖霊**はあなたの本性について欺かれることはなく、あなたの中にある**聖霊自身の声**だけを聞く。

3. **聖霊**が**聖霊自身**のものである一なる**声**を聞くことができるので、その**聖霊**の能力によって、あなたはついに自分自身の中に一なる**声**があることに気づく。[2]そして、その一なる**声**があなたの機能《はたらき》を定め、それをあなたに伝える。あなたがそれを理解し、それを果たすために必要なことを行い、そのすべてに成功を収めるための力を、あなたに与える。[3]ここにおいて**神**は**わが子**とつながったのであり、そうして、**神の子**は自らと**神**との一致を伝える**神**の使者となる。

4. **神を代弁する声**を介したこの**父**と**子**の合一こそが、救済をこの世界から区別するものである。[2]世界が従っていない法則を語るのはこの**声**であり、**神**が罪なきものとして創造した心の中から罪悪感を消滅させ、あらゆる罪からの救済を約束するのも、この**声**である。[3]そうしてその心は、**誰**が自分を創造したのかについても、その**創造主**と自分との永遠の融合状態についても、再び自覚するようになる。[4]そのようにして、その心の真の**自己**は一なる実相となり、その中では、その心自体の意志と**神の意志**が合一している。

5. 使者は、自分が届けるメッセージを書くことはしない。[2]また、メッセージを書く者にその権利があるのかを疑うこともなければ、メッセージの受取人が選ばれた理由を問うこともしない。[3]ただメッセージを受け入れ、意図された相手に渡し、配達という自分の役目を果たすだけで充分とする。[4]もし彼が自分でメッセージの内容や目的や宛先を決めるとしたら、彼は**神の言葉**をもたらす者としての正しい役割を果たせてはいない。

6. 天国の使者の役割には、この世界が任ずる使者の役割とは一線を画す大きな違いがある。[2]彼らが運ぶメッセージは、まず最初に彼ら自身に宛てられている。[3]そして、そのメッセージを自分に受け入れることができたときにのみ、彼らは自分にとどまらず、もっと先にまでそれを運んでいき、意図されたあらゆる場所に届けることができるようになる。[4]地上の使者たちと同じように、彼らも自分が運ぶメッセージを自分で書くことはないが、まずそのメッセージを自分で受け取ることによって、それを与えるために準備するので、彼らは真の意味でそのメッセージの最初の受取人となる。

7. 地上の使者は、メッセージをすべて渡してしまうことで任務を果たす。[2]**神**の使者たちは、**神**からのメッセージを自分たちのためのものとして受け入れることで自分の役割を果たすが、彼らはそれらを与えることにより自分がその内容を理解し受け入れたことを証明する。[3]彼らは、自分たちの仕える**存在**のもつ権威により与えられた役割以外の役割は選択しない。[4]だから、一つのメッセージを与えるたびに、彼らには得るものがある。

8. あなたは**神**からのメッセージを受け取りたいだろうか。[2]それらを受け取ることによってあなたは**神**の使者となる。[3]あなたは今すでに任命されている。[4]それなのにあなたは、受け取ったメッセージをまだ与えずにいる。[5]だから、あなたはそれらのメッセージが自分のものだと知らず、メッセージを認識していない。[6]誰でも、与えるまでは受け取れないし、自分が受け取っていることがわからない。[7]なぜなら、与えるときにこそ、自分が受け取ったものを自分自身に受け入れるからである。

9. あなたは今では**神**の使者なのだから、**神**のメッセージを受け取りなさい。[2]それがあなたに与えられた役割の一部である。[3]**神**があなたの必要とするものを与えなかったことはなく、それが受け入れられないままにされたこともない。[4]しかし、あなたに与えられた任務のもう一つの部分がまだ達成されていない。[5]**神**のメッセージをあなたにかわって受け取った**聖霊**は、それらをあなたにも受け取らせたいと望んでいる。[6]そうすることであなたは**聖霊**と一体感をもち、それらのメッセージを自分自身のものとして宣言するからである。

10．今日、私たちが取り組むのは、この合一を認識することである。[2]私たちにかわって語る**聖霊**から自分の心を離しておこうとすることはやめる。**聖霊**に耳を傾けるときに私たちに聞こえるのは、自分の声にほかならないからである。[3]**聖霊**だけが、私たちに対して語ると同時に、私たちを代弁して語ることができ、一なる**声**の中で、**神の言葉**を得ることと与えることをひとつにし、**神の意志**を与えることと受け取ることをひとつにすることができる。

11．**神**の贈り物を認識できるように、私たちは**聖霊**が望むものを**聖霊**に差し出す練習をする。[2]**聖霊**は、私たちを通して語ることができるように、私たちの声を必要としている。[3]**神**のメッセージを**聖霊**が指名した者たちのところに運んでいくために、私たちの手を必要としている。[4]**聖霊**が意志する場所へ私たちを連れていき、不幸の中で待っている者たちについに救済がもたらされるように、私たちの足を必要としている。[5]そして私たちが**聖霊**の与える贈り物の真の受取人となれるように、**聖霊**は、**神の意志**と一つになった私たちの意志を必要としている。

12．私たちはただ、「受け取ったものを与えない限り、自分が何を受け取ったかが認識されない」という今日のレッスンを学ぼう。[2]あなたは、すでにこのことについて百通りもの言い方で、百回も語られるのを聞いてきたが、いまだにそれを信じてはいない。[3]しかし、次のことだけは確かである。すなわち、あなたは今後も幾千もの奇跡を受け取り続けるが、それを信じるようになるまでは、**神**があなたに贈り物を与えつくしていることがわからないし、**神**が**わが子**にほんのわずかな祝福さえ拒んだことがないと知ることもないだろう。[4]あなたが**神**および**神ご自身の子**と一体感をもたない限り、このことがあなたにとってどんな意味をもちうるだろうか。

13．私たちの今日のレッスンは次のように述べることができる。

[2]私は**神**の司牧者のひとりである。自分が自由だと認識するための手段があることに、私は感謝する。

14．私たちが心に明かりを灯し、この神聖な言葉が真実であることを悟るとき、世界は退く。[2]これが今日、**創造主**から私たちに送られているメッセージである。[3]この言葉が、自分自身と自分の機能《はたらき》について、どれだけ私たちの心を変えたかを、これから私たちは実証する。[4]私たちが互いに共有していない意志は一つも受け入れないと証明するとき、**創造主**からのたくさんの贈り物が私たちの視野にあふれ、両手に飛び込んでくるだろう。そして、私たちは自分が受け取ったものを認識する。

レッスン155

私は一歩退いて、神に導いてもらう。

1. 存在するように見えるが実は存在していないこの世界の中で生きるための、一つの生き方がある。[2]あなたの外見が変わることはないが、あなたはもっとたびたび微笑むようになる。[3]あなたの額は穏やかで、瞳は静かである。[4]そして、この世界であなたと同じように歩む者たちは、自分と同じ者たちを認識する。[5]だが、その生き方をまだ知覚していない者たちもあなたを認識し、あなたが以前と変わらず、自分たちと同じだと信じるだろう。

2. 世界は幻想である。[2]そこにくることを選ぶ者たちは、彼ら自身が幻想となり、自分の実相を回避できる場所を求めている。[3]しかし、ここにも自分の実相があると発見したときには、彼らは一歩退き、その実相に導いてもらおうとする。[4]実際、それ以外に、彼らにどんな選択肢があるだろう。[5]幻想に真理を先導させるのは狂気である。[6]しかし、幻想を真理の後ろに退け、あるがままの真理を前面に立たせることは、単に正気であるにすぎない。

3. これが、今日、私たちが行う単純な選択である。[2]狂った幻想はいましばらくは形跡を残すだろう。それは、ここにくることを選択し、まだその選択の間違いに気づいて喜ぶまでには至っていない者たちが見るためのものである。[3]彼らは真理から直接学ぶことはできない。なぜなら、彼らは、真理が真理であることを否定したからである。[4]だから、彼らには**教師**が必要である。彼らの狂気を知覚はするが、彼らの中にある幻想は見過ごして単純な真理を見ることができる**教師**である。

4. もし真理が彼らにこの世界を諦めるように要求したら、彼らには、何か実在するものを犠牲にするよう求められているかに思えるだろう。[2]多くの者たちが、この世界が実在すると信じ続けながらも世界を放棄することを選択してきた。[3]そして彼らは損失の感覚に苛《さいな》まれ、それゆえに、解放されることがなかった。[4]そのほかの者たちは、世界だけを選んできた。そして、さらに深い損失の感覚を味わってきたが、彼らにはそれが何なのか理解できなかった。

5. これら二つの道の間にもう一つ別の道がある。その道を進めば、犠牲や窮乏を速やかに後にするので、あらゆる種類の損失から逃れられる。[2]これが、今、あなたに約束されている道である。[3]あなたはこの道を、ほかの者たちと同じように歩む。実際には違っているのだが、あなたは彼らと少しも違わないように見える。[4]このようにして、あなたは自分自身のためになることをしながら彼らの役に立つこともでき、**神**があなたに開いた道、そしてあなたを通して彼らにも開いた道を、彼らは歩み始めるようになる。

6. あなたが彼らに接することができるように、幻想は依然としてあなたにまとわりついているように見える。[2]しかし幻想はすでに後退している。[3]そして彼らに聞こえるあなたの言葉は幻想ではなく、あなたが彼らの目に見せるものや、彼らの心に理解させるものも、幻想ではない。[4]また、あなたの前を進む真理が、幻想を通して彼らに語りかけることもない。その道を進むあなたが、後についてくるようにと彼らに呼びかける間に、その道は幻想を通り過ぎてしまうからである。

7. すべての道は、最後にはこの道につながる。[2]犠牲と窮乏はどこにも達しない道である。敗北のための選択肢、達成不可能な目的である。[3]こうしたすべてのことは、あなたの中で真理が前面に現れるとともに後退する。そして真理は兄弟たちを死の道から連れ出し、幸せへの道を歩ませる。[4]彼らの苦しみは幻想にすぎない。[5]それでも彼らは幻想を真理と誤解しているので、そこから連れ出してくれる導き手を必要としている。

8. 救済の呼びかけとはこうしたものであり、それ以上のものではない。[2]それはあなたが真理を受け入れるよう求める。そして、真理に先を進ませ、その光で、幻想から の釈放の道を照らしてもらうよう勧める。[3]それは身代金を払って取り戻される釈放ではない。[4]そこではどんな代価も必要なく、ただ得るものだけがある。[5]幻想はただ、聖なる**神の子**を鎖につないでおくように見せることができるだけである。[6]**神の子**が救われるというのは、幻想から救われることにすぎない。[7]幻想が後退するとき、**神の子**は再び自分自身を見出す。

9. これからは、この道を安全に、しかし慎重に歩きなさい。あなたはまだこの道では初心者だからである。[2]あなたは今後も、真理の前を歩いて幻想を導き手としたくなる誘惑にかられるかもしれない。[3]だがあなたには聖なる兄弟たちが与えられており、彼らは、あなたが目的を確信して真理へ向かって歩むとき、あなたの足跡をたどりながら進んでいく。[4]今、真理があなたの前を進んでいる。だから、彼らには、自分たちが一体感をもつことができ、理解できるものが道を先導していくのが見えるようになる。

10. しかし旅の終わりには、あなたと真理の間には距離も隔たりもなくなるだろう。[2]そしてあなたが旅する道の妨げとなっていたすべての幻想もあなたから去っており、**神ご自身**と同じく神聖な、**神**を完成させる**神の子**から、真理を離しておくようなものも何も残らない。[3]それを信じて、一歩退いて、真理に道を先導してもらいなさい。[4]あなたは行き先を知らない。[5]けれどもそれを知っている**存在**があなたとともに行く。[6]これより先は**神**に導いてもらいなさい。

11. 夢が終わったときには、時間の扉は過ぎゆく一切に対して閉ざされ、奇跡には目的がなくなり、聖なる**神の子**が旅に出ることもなくなる。[2]真理よりも幻想として存在したいという願望は消え去る。[3]真理が指し示す道を進んでいくとき、私たちはこの地点に向かっている。[4]これが私たちの最後の旅であり、私たちはすべての者たちのためにこの旅に出ている。[5]道を見失ってはならない。[6]今や真理は、私たちの前を進むだけでなく、私たちの後に続く兄弟たちも先導しているからである。

12. 私たちは**神**に向かって歩む。[2]立ち止まって、これについてよく考えてみなさい。[3]これ以上に神聖な道があるだろうか。あなたの努力と愛と熱意を傾けるに値するような道が、ほかにあるだろうか。[4]どんな道が、一切を超えるものをあなたに与えることができるだろうか。あるいは、それ以下のものしか差し出さずに神聖な**神の子**を満足させられるだろうか。[5]私たちは**神**に向かって歩む。[6]今、私たちの前を進む真理は**神**とひとつであり、**神**が常に臨在してきたところへと私たちを導いていく。[7]それ以外にあなたが選びたい道があるだろうか。

13. あなたは、世界を**神**へと導く道を無事に歩み始めている。[2]**神**以外のところへ導くように見える道に目を向けてはならない。[3]夢は、**神の子**であるあなたにふさわしい導き手ではない。[4]**神**は**ご自身の手**をあなたの手に託し、あなたが**神**の信頼にふさわしいと信頼して、あなたに兄弟たちを与えたことを、忘れてはならない。[5]**神**が欺かれることはありえない。[6]**神**の信頼があなたの道を確かなものとし、あなたのゴールを揺ぎないものにした。[7]あなたは、兄弟たちもあなたの**自己**も見捨てることはない。

14. 今、**神**は、毎日少しの間、あなたが**神**のことを思うようにとだけ求めている。それによって、**神**はあなたに語りかけ、**神の愛**について語り、**神**の信頼がどれほど大きく、**神の愛**がどれほど無限であるかをあなたに思い出させる。[2]実際はひとつのものであるあなたの**名**と**神の名**において、今日、私たちは喜んで次の概念を練習する。

[3]私は一歩退いて、**神**に導いてもらう。私は**神**に至る道を歩きたいのだから。

レッスン156

私は完璧な聖性の中を神とともに歩む。

1. 今日の主題概念は、罪という考えを不可能にする単純な真理を述べているにすぎない。[2]それは、罪悪感に原因はなく、原因がないのでそれは存在しないと請け合う。[3]これは、「テキスト」の中でも何度も述べられた「想念はその源を離れない」という基本概念から必然的に導き出される。[4]もしこれが真実なら、どうしてあなたが**神**から離れて存在できるだろう。[5]どうしてあなたが自分の**源**から離れて、ひとりで世界を歩けるだろう。

2. 私たちのカリキュラムの中で提示される考え方に矛盾はない。[2]真理が真理であるためには、一貫して真理でなければならない。[3]真理が真理に矛盾することはなく、その一部は不確かでほかの部分は確かであるということもありえない。[4]あなたは**神**なしでは存在しえないので、**神**から離れて世界を歩くことはできない。[5]**神**は、あなたの生命《いのち》そのものである。[6]あなたがいるところには、**神**もいる。[7]ひとつの生命《いのち》があるだけである。[8]その生命《いのち》を、あなたは**神**と共有している。[9]**神**から離れて生きられるものは何もない。

3. しかし**神**の存在するところには、生命《いのち》とともに、必ず聖性も存在する。[2]**神**の属性で、生けるもの一切に共有されていないものは一つもない。[3]生けるものは、**神**と同じく神聖である。なぜなら、**神**の生命《いのち》を共有するものは**聖性**の一部であり、罪深いものではありえないからである。それは、太陽が氷を含むことを選べず、海が水から離れる選択ができず、草が空中に根を張って生い茂ることができないのと同じくありえないことである。

4. あなたの中には、消えることなき光がある。その存在はあまりに神聖なので、あなたのおかげで、世界が聖別されるほどである。[2]生きとし生けるもの一切が、感謝と喜びのうちに贈り物を運んできては、あなたの足元に供える。[3]花束から漂う香りが、彼らからあなたへの贈り物である。[4]寄せてくる波はあなたの前で頭《こうべ》を垂れる。木々はその枝を広げて暑さからあなたを守り、地面に落ち葉を敷き詰めて、あなたが歩く柔らかな道を用意する。そして吹き降りてくる風はあなたの神聖な頭《こうべ》の周りで静かなささやきとなる。

5. あなたの内なる光は、それを見たいと宇宙が切望している光である。[2]生けるもの一切があなたの前で静かになる。なぜなら、彼らは**誰**があなたとともに歩いているのかを認識するからである。[3]あなたが運ぶ光は彼ら自身の光である。[4]そのようにして、彼らはあなたの中に彼らの聖性を見て、救済者であり**神**であるあなたに挨拶する。[5]彼らからの畏敬の念を受け入れなさい。それはあなたとともに歩む**聖性**に対して向けられたものであり、その**聖性**がすべてのものを、その優しい光の中でそれと同じく清らかなものへと変容させるからである。

6. 救済はこのようにしてもたらされる。[2]あなたが一歩退くとき、あなたの内なる光が前へ進み出て、世界を包み込む。[3]それは処罰と死による罪の終わりを予告するのではない。[4]そうした罪の概念の古びた愚かしさが見えてくるので、軽やかな笑い声の中で、罪が消え去るのである。[5]それはばかげた考えであり、愚かな夢である。滑稽でこそあれ、恐ろしいものではない。**神ご自身**に近づこうというときに、誰がこのような無意味な気まぐれのために、一瞬でも無駄にしたいと思うだろう。

7. それでも、あなたはこの愚かな考えに、あまりに多くの年月を浪費してきた。[2]過去は、そのすべての空想とともに、過ぎ去っている。[3]もはやそれはあなたを縛りつけてはいない。[4]**神**に近づくときが間近に迫っている。[5]だが、まだわずかに残る疑いの狭間で、あなたは旅の**同伴者**を見失うことがあるかもしれない。そしてその**存在**を、今やすでに過ぎ去った無意味な古《いにしえ》の夢と見間違えるかもしれない。

8. 「誰が私とともに歩むのか?」[2]この問いが、問われなければならない。確信が疑いを消し去り、平安を確かなものとするまで、一日に千回でも、これを問う必要がある。[3]今日は、疑いを終わらせなさい。[4]**神**はあなたにかわって、あなたの問いに、次の言葉で答えるだろう。

[5]私は完璧な聖性の中で、**神**とともに歩む。[6]私は世界を照らし、私の心を照らし、私とひとつのものとして**神**が創造した心のすべてを照らす。

レッスン157

今、私はキリストの臨在の中へ入っていく。

1. 今日は沈黙と信頼の日である。[2]それは、あなたの暦《こよみ》の上で特別な約束の時である。[3]天国は、この日を選んでその上に輝き、永遠のこだまが聞こえる今日という日に、時間を超越した光を投げかけている。[4]今日という日は神聖である。これまでとは異なる種類の気持ちと自覚という新しい体験を招き入れるからである。[5]あなたはこれまで、昼も夜も、死を祝うことに長々と時間をかけてきた。[6]今日、あなたは生命《いのち》の喜びを感じることを学ぶ。

2. これはこのカリキュラムにおけるもう一つの決定的な転換点である。[2]今、私たちは新しい次元を加える。それは、すでに学んできたことのすべてに光を投げかけ、まだ学んでいないことのために準備を整える新しい体験である。[3]それは学びが終わる扉の前まで私たちを連れていく。そして、私たちは学びが達成できる最高峰を超えたところに何があるかを垣間見る。[4]私たちは一瞬の間そこにとどまり、それから自分たちの進路と唯一のゴールを確信して、さらにその先へと進んでいく。

3. 今日、あなたは一瞬の天国の感触を味わうことができるだろう。しかしその後、再び学びの道へ戻ってくる。[2]それでも、あなたはこの道をずいぶん遠くまで歩んできたので、時間の法則を超越して、少しの間永遠の中へと入れるところまで時間を変更できるようになっている。[3]あなたは今後、こうしたことをもっと学んでいくだろう。忠実に練習するならどのレッスンもあなたをもっと速やかにこの神聖な場所に連れていき、一瞬の間、あなたを真の**自己**のもとに置くからである。

4. あなたの真の**自己**が、今日の練習を方向づけてくれるだろう。なぜなら、今あなたが求めることは、真の**自己**が意志していることだからである。[2]そして、あなたが今日、自分の意志をその**自己**の意志に合わせたので、あなたが求めていることは必ず与えられる。[3]あなたの心を照らし、静かな期待と喜びのうちに心をくつろがせ、速やかにこの世界を後にするためには、今日の主題概念さえあれば充分である。

5. 今日から、あなたの司牧の職務は真の献身となって熱意を帯び、それがあなたの指先が触れる人々へと伝わり、あなたが見る人々を祝福する。[2]心眼《ヴィジョン》は、あなたが出会う誰にでも届き、あなたが思い浮かべる人やあなたを思う人の一人ひとりにも届く。[3]今日のあなたの体験はあまりに心を変容させるので、それが、「神聖な**神の想念**」というものを識別するための目安となるからである。

6．あなたの肉体は今日、聖別される。今やその唯一の目的は、世界を照らすために、この日にあなたが体験するものを見る心眼《ヴィジョン》を運んでいくことだけとなる。[2]このような体験は、私たちが直接与えることができるものではない。[3]だが、その体験は私たちの目に心眼《ヴィジョン》を残し、それを私たちは誰にでも差し出すことができる。それにより、世界が静かに忘れ去られて、しばしの間、天国を思い出すという同じ体験に、誰もがいっそう早くたどり着けるようになる。

7．こうした体験が増えていき、これ以外のどのゴールもほとんど無価値となるにつれ、あなたが戻ってくるこの世界は、時間の終わりに少しずつ近づいていく。世界のあり方もわずかずつ天国に似たものとなり、解放の時が少しだけ近くなる。[2]そして、この世界に光をもたらすあなたは、その光を一層確かなものとして見るようになり、心眼《ヴィジョン》は一層明確になっていく。[3]いつの日か、今のあなたがまとっている姿でこの世界に戻ることがなくなる時がくる。そのとき、あなたはその姿を必要としないからである。[4]けれども今は、それには目的があり、それはその目的に役立つだろう。

8．今日、私たちはあなたが夢見たこともない道を進み始める。[2]しかし、**聖なる存在**、生命《いのち》についての幸せな夢を**与える者**、知覚を真理へと**変える者**、天国への神聖な**導き手**としてあなたに与えられている**存在**は、これまでずっとあなたにかわってその旅路を夢見てきた。今日、あなたは、この日があなたに差し出している体験を自分のものにし、その旅に出発する。

9．私たちは今、**キリストの臨在**の中に入っていく。**キリスト**の輝く笑顔と完璧な**愛**以外に何も意識せず穏やかに。[2]**キリスト**の顔を見る心眼《ヴィジョン》はあなたとともにとどまるだろう。しかしこの最も神聖な心眼《ヴィジョン》でさえも超越してしまう一瞬がある。[3]それはあなたが学んで得たものではないから、あなたがそれを教えることはない。[4]しかしその心眼《ヴィジョン》は、あなたがその瞬間に知ったこと、そして必ず再び知るだろうことについてのあなたの記憶を物語るものである。

レッスン158

今日、私は自分が受け取った通りに与えることを学ぶ。

1. あなたに与えられているものとは何だろうか。[2]それはあなたが心であるという智識である。あなたは**神の心**の中にあり、ただ純粋に心として存在しており、愛によって創造されたので永遠に罪はなく、まったく恐れを知らない。[3]そしてまた、あなたは自分の**源**を去ったことはなく、今も創造されたままにあり続けている。[4]これが、絶対に失いようのない智識として、あなたに与えられている。[5]それはまた、生きとし生ける一切のものにも与えられている。この智識のみによって、生命《いのち》あるものは生きているからである。

2. あなたはこのすべてを受け取っている。[2]この世界を歩む者で、それを受け取っていない者はいない。[3]それは創造によって与えられたものなので、あなたが与えるのはこの智識ではない。[4]これらはすべて、学べるものではない。[5]では、あなたは今日、何を与えることを学ぶのだろう。[6]昨日のレッスンは、「テキスト」のはじめの部分に出てきたテーマの一つを思い出させた。[7]体験は、心眼《ヴィジョン》のように直接共有することはできない。[8]**父**と**子**がひとつであるという啓示は、いずれは誰の心にも訪れる。[9]だが、その時がいつなのかは、その心自身により決められており、誰かに教えてもらうものではない。

3. その時間はすでに定められている。[2]それはまったく勝手に決められることのように見えてはいる。[3]しかし、誰でも、この道を進むとき、一歩たりとも偶然に踏み出すことはない。[4]まだその一歩が踏み出されてはいなくても、すでにそれは選び取られている。[5]時間は、一方向へ進んでいるように見えているだけである。[6]私たちはすでに終わっている旅に出るにすぎない。[7]それでも、私たちには未知の未来があるように思える。

4. 時間とは、手品のように巧妙なからくりであり、広大無辺なる幻想である。その中では、まるで魔法のように、人影が現れては去っていく。[2]しかし現象の背後には、変わることのない一つの計画がある。[3]その台本もすでに書かれている。[4]あなたの疑いを終わらせる体験が訪れる時も定められている。[5]私たちは旅の終わった時点からふりかえって、その旅を見ているだけであり、もう一度自分たちがその旅をしていると想像し、過ぎ去ったことを心の中で反芻している。

5．教師は体験を与えることはない。彼はそれを学んで得たわけではないからである。[2]体験は定められた時間に、おのずと彼に開示されたものである。[3]しかし心眼《ヴィジョン》は彼が与える贈り物である。[4]これなら、彼が直接与えることができる。**キリスト**の智識は失われておらず、**キリスト**は、誰であれそれを求める者に与えることのできる心眼《ヴィジョン》をもっているからである。[5]**父の意志**と**キリストの意志**は智識のうちでひとつにつながっている。[6]だが、それにもかかわらず、心眼《ヴィジョン》は存在し、**キリストの心**にもそれが見えるので、**聖霊**もそれを見ている。

6．そこにおいて、疑念と影の世界が、形なきものとつながる。[2]ここに、世界の中にありながら、赦しと愛によって神聖になった静かな場所がある。[3]すべての対立はここで和解する。ここでその旅が終わるからである。[4]体験は、学ばれることも、教えられることも、見られることもなく、ただ存在する。[5]これは私たちのゴールを超えたものである。それは達成する必要があるものの範囲を超越しているからである。[6]私たちの関心の対象は**キリスト**の心眼《ヴィジョン》である。[7]これなら、私たちにも達成できる。

7．**キリスト**の心眼《ヴィジョン》には一つの法則がある。[2]それは、肉体を見てもそれを**神**が創造した**神の子**と見間違うことはない。[3]それが見るのは、肉体を超えた光であり、触れることのできる有形のものを超えた一つの想念である。誤りや哀れな間違いや罪の夢から生じる罪悪感という恐ろしい考えによって曇らされることのない清らかさである。[4]それはいかなる分離を見ることもない。[5]そしてその心眼《ヴィジョン》は、あらゆる人々や状況や、すべての出来事や事件の中に、まったく陰ることのない光を見る。

8．これは教わることができるものであり、それを達成したい者は誰でも、それを教えなければならない。[2]そのために必要なのは、この世界はわずかでもこれに匹敵するような価値のあるものを与えることはできないと認識することであり、この世界が掲げる目標はすべて、これが知覚されたときにはただ消えてしまうようなものばかりだと認識することである。[3]そして、今日あなたが与えるものとは、誰のことも肉体としては見ない、ということである。[4]誰のことも**神の子**と認めて挨拶し、聖性の中で彼は自分とひとつであると認めなさい。

9．こうしてその人は自分の罪を赦される。**キリスト**にはすべての罪を看過する力のある心眼《ヴィジョン》があるからである。[2]**キリスト**による赦しの中で罪は消え去っている。[3]この**一なる存在**の目に入らないので、罪はただ消えていく。そうした罪を超えたところにある聖性の心眼《ヴィジョン》が、それらと入れ替わるからである。[4]罪がどんな形をとっていたか、いかに巨大に見えていたか、それらのせいで誰が傷つけられているように見えていたかは、問題ではない。[5]それらはもはや存在していない。[6]そしてそれらがもたらした結果のように見えたものもそれらとともに去っていき取り消されるので、もう二度と生じることはない。

10. こうしてあなたは、自分が受け取る通りに与えることを学ぶ。[2]こうして**キリスト**の心眼《ヴィジョン》が、あなたにも注がれる。[3]自分の兄弟の中に見るものは自分自身にほかならないということを覚えてさえいれば、このレッスンを習得するのは難しくない。[4]もし彼が罪のうちに見失われるならば、あなたも同じように見失われる。もし彼の中に光を見るなら、あなたの罪はあなた自身により赦されている。[5]今日あなたが出会う兄弟一人ひとりが、**キリスト**の心眼《ヴィジョン》をあなたの上に輝かせ、あなたに**神**の平安を与える新たな機会をもたらしてくれる。

11. 啓示がいつ訪れるかは問題ではない。それは時間に属さないものである。[2]それでも時間は一つの贈り物をもたらしてくれる。その贈り物の中には、真の智識が正確に反映されているので、目には見えないその聖性がその形にも共有されている。それを表した似姿は、その不滅の愛で輝いている。[3]今日、私たちは**キリスト**の目で見ることを練習する。[4]そして私たちが与える神聖な贈り物により、

レッスン159

私は自分が受け取った奇跡を与える。

1. 誰も自分が受け取っていないものを与えることはできない。[2]何かを与えるためには、まずそれを自分のものとして所有していなければならない。[3]この点では、天国の法則と世界の法則は一致している。[4]しかし、両者が分岐するのもここである。[5]この世界では、何かを所有するにはそれを持ち続けなければならないと信じられている。[6]救済はそれとは違ったことを教える。[7]与えることは、自分がすでに受け取っていることを認識する方法である。[8]それは、自分のもっているものが確かに自分のものだと示す証拠である。

2. あなたは癒しを与えるとき、自分が癒されていることを理解する。[2]赦すとき、自分自身の中で成就したものとして赦しを受け入れる。[3]自分の兄弟を自分自身として認識するとき、自分が全一であることを知覚する。[4]あなたが与えることのできない奇跡は一つもない。あなたにはすべての奇跡が与えられているからである。[5]今、奇跡が置かれているあなたの心の倉庫を開き、それらを与え放つことにより、今、それらを受け取りなさい。

3. **キリスト**の心眼《ヴィジョン》そのものが一つの奇跡である。[2]それは、それ自体をはるかに超えたものからやってくる。それは永遠の愛を反映し、覆い隠されてはきたが決して滅びぬ愛の再生を、反映している。[3]**キリスト**の心眼《ヴィジョン》は天国を描き出す。それが見る世界は天国とあまりによく似ているので、**神**が完璧に創造したものを鏡のように映し出すからである。[4]この世界が差し出している曇った鏡は、ただ無数のゆがんだ形象の断片を見せるだけである。[5]実相世界は天国の無垢性を描き出す。

4. **キリスト**の心眼《ヴィジョン》は奇跡であり、その中ですべての奇跡が誕生する。[2]**キリスト**の心眼《ヴィジョン》はすべての奇跡の源であり、あなたが与えるどの奇跡にもとどまり、かつあなたのものでもあり続ける。[3]それは与える者と受け取る者をひとつに結びつけている絆であり、彼らは天においてひとつであるのと同じように、地においても延長の中でひとつである。[4]**キリスト**は誰の中にもいかなる罪も見ない。[5]そして**キリスト**の視覚には、罪なき者たちはひとつのものと映る。[6]彼らの聖性は、**キリストの父**と**キリスト自身**から与えられたものである。

5. **キリスト**の心眼《ヴィジョン》は二つの世界の間の架け橋である。[2]そしてあなたは、この世界から、赦しによって神聖になった世界へと自分を運んでくれるものとして、安心してその力を頼みとすることができる。3ここでは非常に堅固に見えるものが、向こうの世界では単なる影にすぎない。それらはときには忘れられてしまうほどに透けていて、かすかにしか見えない影であり、その向こうで輝いている光を決して覆い隠すことはできない。4心眼《ヴィジョン》には聖性が回復されており、盲《めし》いた者も見えるようになる。

6．これが**聖霊**の単一の贈り物である。あなたの幸福に役立つあらゆるものを、完璧な確信を抱いてこの宝庫に求めることができる。2すべてのものはすでにここに納められている。3求めさえすれば、すべてを受け取ることができる。4ここでは、扉に鍵がかけられるようなことはなく、誰ひとりとして、どんなに些細な願い事についても、どんなに緊急な必要についても拒まれることはない。5**キリスト**のこの黄金の宝庫の中ですでに癒されていない病気はなく、満たされない欠乏や必要もない。

7．ここで、この世界が作り出されたときに失われたものを思い出す。2ここでそれが修復され、これまでとは異なる光の中で新しく作り変えられるからである。3罪の住《すみ》処《か》となるところだったものが、贖《あがな》いの中心となり、慈悲の場となり、苦しんでいた者たちがそこで歓迎され癒される。4救済が待つこの新しい家から追い払われる者はいない。5そこには彼が知らない者はひとりもいない。6彼に求められる贈り物といえば歓迎を受け入れることだけであり、それ以外には誰からも何も要求されない。

8．**キリスト**の心眼《ヴィジョン》は、赦しの百合の花が根を張る神聖な大地である。2ここがそれらの故郷である。3その百合の花をそこから世界に持ち帰ることはできるが、それらはそのやせた浅い土壌では決して育たない。4光と温かさと、**キリスト**の慈愛がもたらす心のこもった世話が必要である。5**キリスト**のまなざしがもつ愛が必要である。6そしてそれらの花は**キリスト**の使者となり、受け取った通りに与える者となる。

9．**キリスト**の宝庫から取り出しなさい。そうすれば宝庫の中身はさらに増えるだろう。2**キリスト**の百合の花は、この世界に持ち帰られても、その故郷を離れることはない。3その根はそこに残っている。4自らの源を離れることなく、その恩恵を携えてきて、この世界を故郷の庭園のように変容させる。そして、さらなる芳香を漂わせてまたもとの庭園へと帰っていく。5今や赦しの百合の花は二重に祝福されている。6**キリスト**から運んできた伝言は届けられ、再びそれらの百合の花に戻された。7そしてそれらは、その伝言を喜んで**キリスト**のもとに返す。

10．あなたが与えることができるように蓄えられている奇跡を見なさい。[2]それは**神**があなたに与えると約束した贈り物である。その贈り物に、あなたはふさわしくないだろうか。[3]**神の子**を裁いてはならない。それよりも、**神**が定めた道を進みなさい。[4]**キリスト**は赦された世界の夢を夢見た。[5]それが**キリスト**の贈り物であり、それにより死が生へ、絶望が希望へと快く推移していく。[6]一瞬の間、**キリスト**と一緒に夢を見よう。[7]**キリスト**の夢は私たちを真理に目覚めさせてくれる。[8]**キリスト**の心眼《ヴィジョン》が、**神**の中で今も失われてない永遠の聖域へと戻っていく手段を、私たちに与えてくれる。

レッスン160

私は自分の家にいる。ここでは恐れは異邦人である。

1．恐れは愛の道にとって異邦人である。[2]恐怖と一体感をもつなら、あなたは自分自身にとって異邦人となる。[3]だから、自分が誰なのかわからなくなる。[4]あなたの中には、自分では実在していると思っているが真のあなた自身とは異なる部分があり、その部分にとっては、あなたの真の**自己**が異質なものであり続けている。[5]このような状況下で、いったい誰が正気でいられるだろう。[6]狂人以外の誰が、自分が自分ではない何かだと信じ、自分自身を裁いたりするだろうか。

2．私たちの心の中に異邦人がいる。その存在は真理とはまったく無縁の想念から生じているので、異なった言語を話し、真理の知らない世界を眺め、真理が無意味と見なすことを理解している。[2]さらに奇妙なことには、その異邦人は自分が誰の家を訪れているのかも認識していないのに、その人の家が自分のものだと主張し、その家の主を今ではよそ者扱いしている。[3]しかし、あなたが次のように言うことは、実に簡単なことである。「ここは私の家である。[4]ここが私の居るべき場所なのだから、狂人から、ここを立ち去れと言われても、私は出ていくつもりはない」と。

3．このように言わないのは、なぜなのだろう。[2]理由があるとすれば、それはただ、あなたがこの異邦人に、中に入ってきて自分のかわりになってくれるように頼み、自分自身を異邦人にしてしまったからではないだろうか。[3]ほかにもっと自分の好みにあった家があると思ったのでない限り、誰も、そのように必要もなく自分の家を明け渡したりはしない。

4．この異邦人とは誰のことだろうか。[2]**神**が**わが子**のために用意した家に似つかわしくないのは恐れだろうか、それともあなただろうか。[3]恐れは、**神**と同質のものとして創造された**神の子**だろうか。[4]恐れとは、愛が完成し、愛によって完成されるものだろうか。[5]愛と恐れをともに住まわせることのできる家はない。[6]その二つは共存できない。[7]もしあなたが実在するのなら、恐れは幻想に違いない。[8]そしてもし恐れが実在するのなら、あなたはまったく存在しないということになる。

5．それならば、疑問はなんと簡単に解決されることだろう。[2]恐れを抱く者とは、単に自分自身を否定して、次のように言った者のことである。「ここでは私がよそ者である。[3]だから私は、自分自身よりももっと自分らしい者にこの家を明け渡して、私が所有していると思っていたものを全部与えてしまおう」と。[4]こうして彼は今や、自分が誰なのかを知らず、やむなく放浪の旅を続ける。彼にわかることは、自分が自分自身ではなく、自分の家が自分自身に対して拒まれているということだけであり、それ以外のすべてについて何の確信ももてなくなっている。

6. 彼は今、何を探すのだろう。[2]何を見つけられるだろう。[3]自分自身にとって異邦人となってしまった者は、どこを探しても、自分の家を見つけることはできない。帰宅することを自分で不可能にしたからである。[4]彼は道に迷っている。しかし今、奇跡が彼を探し出して、彼は異邦人などではないと教えるだろう。[5]その奇跡は訪れる。[6]彼の家には、彼の真の**自己**が今もとどまっているからである。[7]**自己**は異邦人を家の中に招き入れたことはなく、異質な想念を**自分自身**と取り違えることもしなかった。[8]そして**自己**は**自分に属するもの**を認識して、**それ**を**自分自身**へと呼び戻すだろう。

7. この異邦人とは誰なのだろう。[2]それは、あなたの**自己**が呼びかけていない者のことではないだろうか。[3]あなたは今、自分の中にこの異邦人を認識することができずにいる。自分の正当な居場所をその異邦人に与えてしまったからである。[4]しかし、あなたの**自己**は、**神**が**わが子**を確信しているのと同じように、自分に属するものについて確信を抱いている。[5]**神**が被造物について混乱することはありえない。[6]**神**には**ご自身に属するもの**についての確信がある。[7]**神**の智識と**神の子**の実相の間に異邦人が介入することはできない。[8]**神**が異邦人を知ることはない。[9]**神**は**わが子**について確信している。

8. **神**の確信だけで充分である。[2]**神**に**わが子**として知られている存在は、**神**に置かれたところに永遠に属している。[3]「誰が異邦人なのだろう」と聞いたあなたに、**神**は答えている。[4]あなたは**父**にとって異邦人ではなく、あなたの**創造主**もあなたにとって異邦人となってはいないと、**神の声**が静かに、確かに、あなたを安心させるのを聞きなさい。[5]**神**が合一させたものは永遠にひとつであり続け、**神**の家でくつろいでおり、**神ご自身**にとって異邦人ではない。

9. 私たちは今日、**キリスト**が**キリスト**に属するものを探しにこの世界にきたことに、感謝を捧げる。[2]**キリスト**の心眼《ヴィジョン》は異邦人を見ることなく、ただ**自分に属する者たち**を見つめ、喜んで彼らとひとつになる。[3]彼らは**キリスト**を異邦人と見なしているが、それは彼らが自分自身を認識していないからである。[4]しかし**キリスト**は彼らを歓迎するとき、彼らは思い出す。[5]そして**キリスト**は彼らを再び、彼らの家へと優しく連れ帰る。

10. **キリスト**は誰も忘れてはいない。[2]あなたが思い出すべき相手をひとり残らず、**キリスト**があなたに与えてくれる。それによって、あなたの家はそれが建てられたときと同じように、完全で完璧なものとなるだろう。[3]**キリスト**はあなたを忘れてはいない。[4]しかしあなたは、**キリスト**が見ている通りにすべての者を見るようになるまでは、**キリスト**を思い出すことはないだろう。[5]自分の兄弟を拒む者は、**キリスト**を拒んでいる。そうすることで、視覚の贈り物を受け入れるのを拒否している。だがその視覚こそが、自分の真の**自己**をはっきりと認識し、わが家を思い出し、救済が訪れるための手段である。

レッスン161

聖なる神の子よ、私に祝福を与えてください。

1．今日はこれまでと異なったやり方で練習し、自分の怒りに対して断固とした立場をとる。それによって、恐れが消え、愛に場所を空けるようになる。[2]今日は、救済が簡潔に表現されたこの言葉で、主題概念を練習する。[3]これが、誘惑に対する答えであり、かつて恐れと怒りが蔓延《はびこ》っていたところに、間違いなく**キリスト**を迎え入れる。[4]こうして世界を安全に通り過ぎ、天国が取り戻され、贖罪は完了する。[5]ここに、**神を代弁する声**の答えがある。

2．完全な抽象性が、心の自然な状態である。[2]しかし今は、心の一部が不自然になっている。[3]その部分は、すべてのものをひとつと見ていない。[4]そのかわりに全一なるものの断片だけを見ている。それ以外に、今あなたが見ているような断片的な世界を作り上げることはできない。[5]「見る」という行為はすべて、自分の見たいと願うものを自分に見せることを目的としている。[6]「聞く」という行為はすべて、あなたの心が聞きたがっている音を、あなたの心にもたらすだけである。

3．こうして具体性のある個別のものが作られた。[2]だから今、私たちの練習において、具体的なものを使わなければならない。[3]私たちはそれらを聖霊に預ける。そうすれば、私たちが与えていた目的とは違った目的のために、聖霊がそれらを使えるようになる。[4]しかし、聖霊が私たちに教えるために使えるのは、私たちが作り出したものだけである。それを使って、異なった視点から私たちに教え、私たちはすべてのものに異なった用途を見ることができるようになる。

4．ひとりの兄弟はすべての兄弟である。[2]どの心もすべての心を含んでいる。どの心も一なるものだからである。[3]これが真理である。[4]しかしこのような考えが、創造の意味を明らかにするだろうか。[5]あなたはこのような言葉によって、完全に明瞭な理解を得られるだろうか。[6]それはただ空《うつ》ろに響く音としか思えないはずである。聞こえはよく、感覚的には正しく感じられても、根本的には理解されず、理解不可能なのではないだろうか。[7]具体的な考え方をするように自らに教えた心は、もはや、すべてを包含するという意味の抽象性というものを把握できない。[8]だから私たちは多くを学ぶために、わずかなものを見ていく必要がある。

5．私たちには、肉体こそが自分の自由を制限し、苦しみをもたらし、最後には生命《いのち》を消し去るもののように思える。[2]しかし肉体とは、恐れに具体的な形を与える象徴にすぎない。[3]そうした無意味なものを表すことのできる象徴がなければ、恐れは反応を要求しない。[4]愛は真実であるから象徴を必要としない。[5]だが恐れは虚偽であるので、具体的なものに付随する。

6．肉体は攻撃するが、心は攻撃しない。[2]この考え方は、「テキスト」で何度も強調されていることに通じるものである。[3]これこそが、肉体が容易に恐れの象徴となる理由である。[4]あなたは今までに何度も、肉体を超えたところを見るようにと促されてきたが、その理由は、目に見えている肉体は、愛の「敵」の象徴を提示するものであり、その象徴は**キリスト**の心眼《ヴィジョン》には見えないものだからである。[5]肉体が攻撃の標的となっている。それは、誰も自分が心を憎んでいるとは思っていないからである。[6]だが、肉体に攻撃するよう命ずるのは、心である。[7]恐れについて考えている主体以外の何が、恐れの温床となりえるだろうか。

7．憎しみは具体的なものである。[2]そこには必ず攻撃の標的とされるものがなければならない。[3]敵は、触れたり見たり聞いたりできて、最終的には殺すこともできる形として知覚されなければならない。[4]憎しみが具体的な物に向けられているときには必ず死を要求するが、それと同じく確実に、**神の声**は死は存在しないと宣言する。[5]恐れは貪欲で、目にするものをことごとく食いつくす。あらゆるものの中に自分自身を見るので、自分自身に襲いかかって、破壊したくなるからである。

8．兄弟を肉体と見なす者は、兄弟を恐れの象徴として見ている。[2]そして彼は攻撃する。なぜなら、彼が見ているのは自分自身の恐れであり、それが自分の外側にあって、攻撃の構えをとり、再び自分とひとつになろうとして叫んでいる様《さま》だからである。[3]投影された恐れが次から次へと引き起こす怒りの激しさを見誤ってはならない。[4]それは猛り狂って金切り声を上げ、自分を作り出した者に飛びかかり食い殺したいと思うあまり、狂ったように空中に爪を立てる。

9．このようなものを、肉体の目は兄弟の中に見ているが、その人は、天国がいとおしみ、天使が愛し、**神**が完璧に創造した者である。[2]それが彼の実相である。[3]だから**キリスト**の心眼《ヴィジョン》においては、彼の麗しさはその足元にひざまずきたくなるほどに神聖にして美しい姿に映し出される。[4]しかし彼をそのように見る視覚の中では、あなたもまた彼と同じ麗しき者であるから、あなたはひざまずくかわりに彼の手をとる。[5]彼を攻撃することは、自分を敵とすることである。攻撃しているあなたは、彼の手の中に自分の救済があることを知覚しないからである。[6]彼に対し、ただ救済だけを求めなさい。そうすれば、彼はそれをあなたに与えるだろう。[7]彼にあなたの恐れの象徴を求めてはならない。[8]あなたは愛が愛自体を滅ぼすようにと要求したいのだろうか。[9]それとも、愛があなたの前に顕現し、あなたを自由にしてくれることを望むのだろうか。

10. 今日、私たちは以前にも行《おこな》った形で練習する。[2]今では、あなたにはさらに準備が整ってきたので、今日は、**キリスト**の心眼《ヴィジョン》にさらに近づくだろう。[3]それに到達することに専念するなら、今日あなたは成功する。[4]そしてひとたびそれに成功したら、自分の肉体の目が見せる証拠を受け入れることをよしとしなくなるだろう。[5]あなたの見るものが、あなたがいずれ思い出すことになる往古の旋律を奏でてくれるだろう。[6]天国はあなたを忘れてはいない。[7]あなたは天国を思い出したくないだろうか。

11. ひとりの兄弟を、ほかの兄弟たちの象徴として選び、その人に向かって救済を求めなさい。[2]まず、できる限りはっきりと、あなたが見慣れている姿でその人を思い描く。[3]その人の顔や手足、服装を見る。[4]その人が微笑むのを見つめ、その人のいつものしぐさを眺める。[5]その後、次のように考える。あなたが今見ているものは、あなたの罪をすべて赦せる人の姿をあなたから隠している。その人の神聖な手が、あなたの手に打ち込まれた釘を抜き取り、あなたの血まみれの額から、あなた自身がかぶせたいばらの冠を取り外すことができる、と。[6]その人があなたを自由にしてくれるように、次のように頼みなさい。

[7]聖なる**神の子**よ、私に祝福を与えてください。[8]私はあなたを**キリスト**のまなざしで見て、あなたの中に私自身の完璧な無罪性を見たいのです。

12. そうすれば、あなたが呼びかけた**相手であるキリスト**が答えてくれるだろう。[2]**キリスト**はあなたの中の**神を代弁する声**を聞き、あなた自身の声で答えるからである。[3]あなたが今まで単なる肉と骨の塊《かたまり》だと見ていた兄弟を、今、よく見てみなさい。そして、**キリスト**があなたのもとにきたことを認識しなさい。[4]今日の主題概念はあなたにとって、怒りや恐れからの安全な脱出法である。[5]兄弟を攻撃しそうになったり、彼の中に自分の恐れの象徴を知覚してしまいそうになったら、必ず、ただちにこの概念を使うようにしよう。[6]そうすればあなたは、彼が瞬《またた》く間に敵から救済者へ、悪魔から**キリスト**へと変容するのを見るだろう。

レッスン162

私は、神が創造したままの私である。

1．この一つの考えをしっかりと心に抱くだけで、世界を救うことができる。[2]今後、学びの新たな段階に入る折々に、私たちはこの概念を繰り返すことになる。[3]進歩するにつれて、この概念はあなたにとって、今よりもはるかに多くの意味をもつようになるだろう。[4]この言葉は神聖である。なぜなら、これは、あなたが作り出した世界に対して、**神**が与えた答えだからである。[5]この言葉によって、世界は消滅する。そしてこれが語られるとき、雲のように立ち込める霧や、霞《かすみ》のごとき幻想の中に見えているものが、すべて消え去る。[6]この言葉は**神**からのものだからである。

2．ここにあるのは**神の言葉**であり、**これ**によって、**神の子**が**父**の幸福となり、**父の愛**となり、**父**の完成となった。[2]ここにおいて、被造物がはっきりと提示され、ありのままに尊ばれる。[3]この言葉が消し去ることのできない夢はなく、その力を前にして、夢の中の罪の想念や幻想が一つ残らず消えていく。[4]この言葉は、世界中に鳴り響く覚醒のトランペットである。[5]その呼びかけに応えて、死者がよみがえる。[6]そして生きてこの音を聞く者たちは、決して死を見ることはない。

3．この言葉を自分のものにする者こそ、まさしく聖なる者である。それとともに眠りにつく。それとともに目覚め、一日中それを思い出し、夜になればそれとともに眠りにつく。[2]彼の見る夢は幸せな夢であり、彼の休息は確保され、安全は確実であり、肉体は癒される。なぜなら、眠るときも目覚めるときも、彼の前には常に真理があるからである。[3]彼は世界を救うだろう。なぜなら、真理の言葉を練習するたびに、彼は自分が受け取る言葉を、世界に与えるからである。

4．今日の練習は簡単に行う。[2]私たちが使う言葉には威力があるので、それを用いるだけでその心を変化させるに充分であり、それ以上の想念は必要ないからである。[3]心はすっかり変容するので、それは今や、**神**が**ご自身**のすべての贈り物とすべての**愛**を納めておくための宝庫となる。それらの宝物は世界中に届けられ、与えられることによって増えていく。それらは限りなく分かち合われるので、完全なままに保たれる。[4]そのようにして、あなたは**神**とともに思考することを学ぶ。[5]**キリスト**の心眼《ヴィジョン》は、あなたの心を救ったことによって、あなたに視力を回復させたのである。

5．私たちは今日、あなたを尊ぶ。[2]あなたには、今あなたが受け入れる完璧な聖性をもつ権利がある。[3]これを受け入れることによって、救済がすべての者にもたらされる。このように完璧な聖性が世界を祝福したというのに、いったい誰が罪を大切にしていられるだろう。[4]完璧な喜びがあなたのものであり、すべての者がその喜びを用いて悲嘆や悲惨やあらゆる損失の感覚を癒し、罪や罪悪感から完全に脱出できるというときに、誰が絶望などしていられるだろうか。

6. 今やあなたは、兄弟を贖《あがな》い、救済する者である。そのあなたの兄弟でありたいと望まない者がいるだろうか。[2]愛を込めてあなたを招き、自分の胸《こころ》の中にあなたを歓迎しない者がいるだろうか。彼らはみな、自分と同じように神聖な者とぜひとも一つにつながりたいと切望する。[3]あなたは**神**が創造したままのあなたである。[4]この言葉が夜を消し去り、もはや暗闇は存在しなくなる。[5]今日、世界を祝福するために光が訪れた。[6]それはあなたが**神の子**を認識したからであり、その認識の中で世界もそれを認識する。

レッスン163

死は存在しない。神の子は自由である。

1．死とは一つの想念であるが、しばしばそうとは認識されない多くの形をとる。[2]それは悲しみや恐れや不安や疑いのように見えるかもしれない。あるいはまた、怒りや不信や信頼の欠如のように見えるかもしれない。さらには、肉体にまつわる心配や羨望など、本来の自分ではないものでありたいという願望があなたを誘惑しようとして纏《まと》うありとあらゆる形態も、ここに含まれる。[3]こうした想念のすべては、死を救済者かつ解放者として崇拝していることの反映にすぎない。

2．恐れの化身、罪の接待主《ホスト》、罪ある者たちの神、すべての幻想と欺瞞の君主として、死という概念は強力なものに見える。[2]死はそのしなびた手ですべての生命《いのち》あるものを掴み、あらゆる希望や願望を枯渇させるかに見える。そしてまた、その何も見えない目で知覚したすべてのゴールをその掌中に収めているように見える。[3]脆弱な者たち、無力な者たち、病気の者たちはその姿の前に頭《こうべ》を垂れ、それのみが実在し、避けられないものであり、信頼に値すると考える。[4]死だけが確実に訪れるからである。

3．死以外のすべてのものは不確かなものに思える。どんなに苦労して手に入れたものもあっという間に失われてしまう。それらの成果は不確実で、かつて抱いた希望はくじかれ、それらが終わった後には、志や夢のかわりに、砂をかむような味気ない思いが残るだけである。[2]しかし死は頼りになる。[3]なぜならその到来の時がくれば、確かな足取りでやってくるからである。[4]死はその人質となっているすべての生命《いのち》を間違いなく奪いにやってくる。

4．あなたはこのような偶像の前に頭《こうべ》を垂れたいのだろうか。[2]ここでは、**神ご自身**の強さと力が、塵の塊にすぎない偶像の中に知覚されている。[3]ここでは、**神**とは反対のものが、すべての被造物の主とされ、生命《いのち》に対する**神の意志**よりも強く、愛の無限性よりも、天国の完璧で普遍な恒常性よりも強力なものとして宣言されている。[4]ここにあるのは、ついに打ち負かされた**父と子の意志**であり、今やそれは、死が神聖な**神の子**の肉体の上に据えた墓石の下に横たえられて休らうものである。

5．敗北して聖性を失い、彼は死が望む通りのものとなった。[2]死そのものが刻んだ彼の墓碑銘に彼の名は見あたらない。彼は塵に還《かえ》ったからである。[3]ただ「**神**が死んだことを証《あか》する者、ここに眠る」と書かれるだけである。

[4]そして死はこの文句を何度でも繰り返し書き続け、その間ずっと死の崇拝者たちはそれにうなずき、ひれ伏して額を地にこすりつけ、恐る恐るその通りだとささやいている。

6. どんな形の死であれ死を崇拝するなら、いくつかの形の死だけは大切にできず回避したいと選《え》り好みしながら、ほかの形の死を信じ続けることはできない。[2]死は全的なものだからである。[3]すべてのものが死ぬか、すべてのものが生きていて、死ぬことはありえないか、二つに一つである。[4]いかなる妥協もありえない。[5]なぜなら、私たちがここで再び目にしているのは、正気に戻りたいのなら受け入れなければならない明確な立場だからである。すなわち、一つの概念に全面的に相反するものは、その反対の概念が誤りであると証明されない限り、真実ではありえない、という立場である。

7. **神**の死という概念はあまりにもばかげていて、狂人ですらそれを信じるのは難しい。[2]なぜなら、それは**神**がかつて生きていたが、どういうわけか今は死滅してしまい、おそらくは**神**の存続を望まない者たちによって殺された、ということを示唆するからである。[3]**神の意志**より強い彼らの意志が**神の意志**に勝利し、永遠の生命《いのち》が死に譲歩した。[4]そして**父**とともに、**子**も死んだ、というわけである。

8. 死を崇拝する者たちは恐れているかもしれない。[2]それでも、こうした考えは恐れるほどのものだろうか。[3]もし自分たちが信じているのは単にこれだけのことだとわかれば、彼らはたちまち解放されるだろう。[4]そしてあなたは今日、このことを彼らに実証する。[5]死は存在しない。そして、彼らの救済のため、および私たち自身の救済のためにも、私たちは今、あらゆる形態の死を放棄する。[6]**神**は死を作らなかった。[7]だから、死がどんな形をとろうとも、それは幻想であるに違いない。[8]これが、私たちが今日とる立場である。[9]そうすれば、私たちは死を看過して、その向こうにある生命《いのち》を見ることになる。

9. **父**よ、今日、私たちの瞳を祝福してください。[2]私たちは**あなた**の使者です。すべてのものの中で輝く**あなたの愛**の栄光ある反映を見たいと願っています。[3]私たちは、ただ**あなた**の中でのみ生き、活動します。[4]私たちは**あなた**の永遠の生命《いのち》から分離してはいません。[5]死は存在しません。死は**あなたの意志**ではないからです。[6]そして私たちは、**あなた**が私たちを置いた場所、私たちが**あなた**や生命《いのち》あるすべてのものと共有している生命《いのち》の中に留まります。そうすれば、私たちは常《とこ》しえに、**あなた**と同質のものであり、**あなた**の一部です。[7]私たちは**あなたの想念**を私たちのものとして受け入れるので、私たちの意志は**あなたの意志**と永遠にひとつです。[8]アーメン。

レッスン164

私たちは今、私たちの源である神とひとつである。

1. 今でなくていつ、真理が認識されるのだろう。[2]現在だけが、存在する唯一の時間である。[3]そして今日、この瞬間に、永遠に存在するものを私たちは眺める。ただしそれは私たちの視覚ではなく、**キリスト**のまなざしにおいて永遠のものである。[4]**キリスト**は時間を超えたところを眺め、そこに表現されている永遠を見る。[5]無意味でせわしい世界が生み出すいろいろな物音も聞いてはいるが、かすかに聞こえるだけである。[6]それらすべてを超えて、天国の歌だけが聞こえており、この世界の物音よりもずっと明瞭で有意義で身近なものとして、**神を代弁する声**が耳に響いているからである。

2. **キリスト**の視覚の前では、この世界はたやすく消えてゆく。[2]世界の物音も次第にかすんでいく。[3]この世界のはるか向こうから響いてくる旋律が次第に強まり、はっきりと聞き取れるようになる。それは往古の呼びかけであり、それに対する**キリスト**からの往古の返答でもある。[4]あなたはこの両方を認識するだろう。なぜなら、それは**父**からあなたへの**呼びかけ**に対する、あなたからの返答にほかならないからである。[5]あなたのためにあなたの救済を受け入れた**キリスト**が、あなたのために返答する。それはあなたの**自己**の声のこだまであり、あなたの声を用いて**キリスト**の快い承諾を伝えるものである。

3. **キリスト**があなたに**自らの視覚**を与え、あなたにかわって聞き、**彼**が聞いている一なる**呼びかけ**にあなたの名で応えるのだから、あなたの今日の練習は、何と神聖なものだろう！ [2]この世界を超えて、**キリスト**とともに過ごすためにあなたが差し出す時間は、限りない静けさで満たされる。[3]そうなると、いかにたやすくあなたの罪のように見えたものが忘れ去られ、あなたの悲しみのすべてが記憶から姿を消すことだろう。[4]この日、悲嘆は捨て去られる。なぜなら、**キリスト**が与える贈り物を今日、受け入れるあなたには、外の世界よりもはるかに身近な内界から生じる光景や物音が明確になるからである。

4. 世界が侵入することのできないような静寂というものがある。[2]あなたの胸《こころ》に抱かれていて、今も失われていない古くからの平安がある。[3]あなたの中には、罪の想念が一度も触れたことのない聖性の感覚がある。[4]このすべてを、あなたは今日、思い出す。[5]今日の練習を忠実に行うことにより、これまでにあなたが追求したどんなものともまったく異なった、非常に大きな報酬がもたらされるので、あなたはここに自分の宝があることや、ここが自分の安息の場であることを知るだろう。

5. 今日は、空虚な想像が織りなしたものがカーテンのように開かれ、その向こうにあるものを顕現させる日である。[2]今や、そこに実在しているものが見えるようになり、それを隠すかに見えていた影のすべてはただ消え去る。[3]今や、均衡が正され、裁きの天秤は真の裁きを行う**存在**にゆだねられる。[4]そして、その**存在**による審判を通して、あなたの目前に、完全に無垢な世界が広がっていく。[5]今や、あなたはそれを**キリスト**の目で見るようになる。[6]今や、その変容があなたにとって明らかになる。

6. 兄弟よ、今日は世界にとって神聖な日である。[2]世界のあらゆるものごとをはるかに超えたところから与えられるあなたの心眼《ヴィジョン》が、それらを新しい光の中で振り返り、見つめ直す。[3]そうしてあなたに見えるものは、この世界の癒しとなり、救済となる。[4]価値あるものも価値のないものもともに知覚され、ありのままに認識される。[5]そして、あなたの愛にふさわしいものはあなたの愛を受け取り、恐れを抱かせるようなものは何も残らない。

7. 私たちは今日、裁かない。[2]世界を超えたところで下された審判から私たちに与えられたものだけを受け取る。[3]私たちの今日の練習は、盲目と惨めさから自分たちが解放されたことへの感謝の贈り物となる。[4]私たちが見るもののすべては、その聖性の内に私たち自身の聖性を反映するので、ただ私たちの喜びを増すばかりである。[5]私たちは**キリスト**の視覚の中で赦されており、全世界は私たちの視覚の中で赦されている。[6]**救い主**は光の中で私たちを見ている。それと同じ光の中で私たちが世界を見つめるとき、私たちは世界を祝福する。そしてまた、私たちが自分の視覚ではなく**救い主**の赦しの心眼《ヴィジョン》を通して自分に与えられている自由を世界に差し出すとき、私たちは世界を祝福する。

8. 練習の間、自分が欲していると思っているものをすべて手放すことによって、カーテンを開きなさい。[2]あなたのとるに足らない宝物を片づけ、清浄で開かれた空間を、心の中に空けておきなさい。そうすれば、**キリスト**が訪れて、救済という宝を差し出してくれる場所となる。[3]**キリスト**は、世界を救うために、あなたの至聖なる心を必要としている。[4]この目的には、あなたが自分のものとするだけの値打ちはないだろうか。[5]この世界の満たされることのないゴールよりも、**キリスト**の心眼《ヴィジョン》のほうが、はるかに追求すべき価値があるのではないだろうか。

9. 今日という日が差し出している贈り物を、あなたが承諾し受け入れないうちに、一日が過ぎてしまうことのないようにしよう。[2]あなたがそれらの贈り物を自らのものと認めるなら、私たちは世界を変えることができる。[3]あなたがそれらを受け入れることで、どれほど価値のあるものがこの世界にも与えられるか、あなたにはわからないかもしれない。[4]しかし、少なくとも、自分が今日この日に、すべての苦しみを喜びと交換できればいいということは、確かに望んでいるはずである。[5]真剣に練習しなさい。そうすれば、これらの贈り物はあなたのものとなる。[6]**神**があなたを欺こうとするだろうか。[7]**神**の約束が果たされないということがあるだろうか。[8]**神の手**が完全な救済を**わが子**に差し出しているときに、あなたがそのように卑小なものを手放さずにいられるだろうか。

レッスン165

私の心が、神の想念を拒否しませんように。

1. この世界が実在するように見えているとすれば、それには、あなた自身が世界を超えたところにある真理を否定しているということ以外にどんな理由があるだろうか。[2]不幸や死についてのあなた自身の考え以外に、何があなたのために**父**が意志している完璧な幸福と永遠の生命《いのち》を覆い隠すだろう。[3]そして、幻想以外の何が、隠蔽不可能なものを隠せるだろう。[4]あなたがすでにもっているものをあなたから離しておけるものとは、その存在を否定し、それを見ないというあなた自身の選択以外に何がありえるだろうか。

2. **神の想念**があなたを創造した。[2]それはあなたから去ったことはなく、あなたも一瞬たりともその**想念**を離れたことはない。[3]それはあなたのものである。[4]それによって、あなたは生きている。[5]その**想念**はあなたの生命《いのち》の**源**であり、あなたをそれ自体とひとつに保っている。それがあなたを去ったことがないからこそ、あらゆるものがあなたとひとつである。[6]**神の想念**があなたを保護し、世話をし、あなたの休息の場を心地よく整え、あなたの道を平坦にし、あなたの心を幸福と愛で照らしてくれる。[7]永遠そのものも、永遠の生命《いのち》も、あなたの心の中で輝いている。なぜなら、**神の想念**があなたから去ったことはなく、今も、あなたとともにとどまっているからである。

3. 自分の安全や平安や喜び、癒しや心の安らぎ、静かな休息、穏やかな目覚めがどこにあるかを認識さえしたなら、誰がそれらを拒否しようとするだろうか。[2]それらが見つかるところへ行くためにただちに準備をするのではないだろうか。それに比べれば無価値なほかの一切のものは、きっと放棄するだろう。[3]そしてそれを見つけたら、必ずそれが自分のもとにとどまり、自分がそれとともにいられるようにするのではないだろうか。

4. 天国を拒否してはならない。[2]求めさえすれば、それは今日あなたのものになる。[3]また、あなたがその贈り物の偉大さや、自分の心がそれによってどれほど変わることになるかを、前もって知覚していなければならないというわけでもない。[4]受け取りたいと求めなさい。そうすれば、それはあなたに与えられる。[5]そうすることで、確信がもてる。[6]あなたがそれを自分のものとして歓迎するまでは、不確かさが残る。[7]しかし**神**は公平である。[8]あなたが受け取ろうとしているものが、受け入れることによってのみ授けられるものであるとき、それを受け取るためにあなたに確かさが要求されることはない。

5. 真に欲しながら求めなさい。[2]求めているものが、自分が欲する唯一のものだという確信はなくてもよい。[3]しかし、それを受け取ったときには、自分が常に探し求めてきた宝物を手にしたと確信するだろう。[4]そのとき、あなたはそれを別のものと取り替えたいと思うだろうか。[5]何を理由に、法悦の心眼《ヴィジョン》からそれが消えていくことを望んだりするだろうか。[6]その光景が証明するのは、あなたが自分の見えない目を、**キリスト**の真の視力と交換したということである。そして、あなたの心が拒否をやめ、**神の想念**を自分が継承する賜物として受け入れるようになったということである。

6. 今やすべての疑いは過ぎ去り、旅の終わりは確かなものとなり、救済があなたに与えられた。[2]今や、あなたの心の中には**キリスト**の力があり、あなたは自ら癒された通りに癒すことができる。[3]あなたは今、世界の救済者たちのひとりである。[4]あなたの運命はそこにあり、ほかのどこにもない。[5]生きるに必要な糧を自ら拒む**わが子**が永遠に飢えたままでいることを、**神**がよしとするだろうか。[6]豊かさは**神の子**の内に宿っている。彼が、窮乏状態によって、**神**の変わらぬ**愛**や彼の家から切り離されることはありえない。

7. 今日は、希望を抱いて練習しよう。[2]希望こそがふさわしいからである。[3]**神**は確実なので、あなたの疑いは無意味である。[4]そして**神の想念**が不在となることはない。[5]**神**を迎える接待主《ホスト》であるあなたの中には、必ず確かさが宿っている。[6]このコースは、**神**についてのあなたの確信と**神**との間に、あなたが挿入してきたすべての疑いを取り除く。

8. 確信を得るためには、私たちは自分に頼らず、**神**を頼りにする。[2]そして**神の名**において、私たちは**神の言葉**が指示する通りに練習をする。[3]**神**の確かさは、私たちのあらゆる疑いを超えている。[4]**神の愛**は、私たちのあらゆる恐れを超えたところにあり続ける。[5]**神の想念**は、今もすべての夢を超えて、**神の意志**の通りに私たちの心の中にある。

レッスン166

私には、神の贈り物がゆだねられている。

1. あなたにはすべてが与えられている。[2]**神**があなたに寄せている信頼は無限である。[3]**神**は**わが子**を知っている。[4]**神**は例外なく与え、あなたの幸せのためになるものを与えずにおくことはない。[5]けれども、あなたの意志が**神の意志**とひとつとなっていなければ、**神**からの贈り物が受け取られることはない。[6]それにしても、いったい何があなたに、**神の意志**ではない別の意志があると思わせるのだろうか。

2. これが、この世界の生成の根底にある矛盾《パラドックス》である。[2]この世界は**神の意志**ではなく、世界は実在しない。[3]しかし、それが実在すると考える者たちは、別の意志が存在し、**神**が意志する結果とは反対の結果へと導く意志があると信じるほかない。[4]それはまったく不可能なことなのだが、それでも、この世界を見渡したうえで、世界が確実で、実体があり、信頼できて真実なものだと判断する心は、二人の創造主を信じているか、あるいは、自分自身というひとりの創造主を信じているのである。[5]決して唯一の**神**を信じてはいない。

3. **神**の贈り物は、このような奇妙な信念をもつ者にとっては、とても受け入れられるものではない。[2]**神**の贈り物がどんなに明確になってきても、また、それらを自分のものとするようにといかにせき立てられても、彼は**神**の贈り物を受け取ることは、自分自身への裏切りを強いられることだと信じてしまう。[3]彼は自分が作り出した世界を温存するために、そのような贈り物の存在を否定し、真理に抗《あらが》い、苦しむ以外にない。

4. この世界だけが、彼が知っていると思っている唯一のわが家である。[2]ここには、彼が見出せると信じている唯一の安全がある。[3]自ら作り出したこの世界がなければ、自分は浮浪者であり、帰る家もなく、おびえていなければならないと、彼は思っている。[4]自分がおびえていて、帰る家を失っているのは、まさにこの世界にいるからだということに気づいていない。故郷からはるかに遠く離れ、長きに渡りさまよい、自分がどこからきてどこへ行くのかも、自分が本当は誰なのかさえも忘れ果てているということが、彼にはわからない。

5. しかし、彼が孤独に無意味な放浪を続けている間も、彼にはまったく知られることのないまま、**神**の贈り物は彼とともに行く。[2]彼がそれを失うことはありえない。[3]しかし、彼は自分に与えられているものを見ようとしない。[4]さまよい続け、彼の周りのどこにでも見える虚しさを意識しつつ、あてどもなく歩み続けながら、自分のわずかばかりの取り分が減っていくのを知覚している。[5]彼にはこの世界の中にある一切を無価値とするほどの大いなる宝があるのに、依然として悲惨と貧困の中を、**神**が彼とともにいるのに、ひとりで孤独にさまよい続けている。

6．彼は哀れな姿に見える。疲れきって、やつれ果て、擦り切れた衣服をまとい、岩だらけの道を歩いているので、足から血がにじみ出ている。[2]誰もが、自分のことを彼のような者だと思ってきた。なぜなら、ここにくる誰もが、彼と同じ道をたどってきており、彼が感じているような敗北や絶望感を味わってきたからである。[3]しかし、本当は、彼は自分で選んだ道を進んでいるのであり、自由になりたければただ、**誰**が自分とともに歩んでいるかを認識し、自分の宝庫を開きさえすればよいのである。このことがわかってもなお、彼は本当に悲惨な状態にあると言えるだろうか。

7．これが、あなたが選択した自己であり、実相の代替としてあなたが作り出した自己である。[2]この自己を守ろうとして、あなたはあらゆる道理やあらゆる証拠に抗い、この自己があなたではないことの証拠を示す証人たちに抗って、激しく必死の防衛を続ける。[3]あなたはその証人たちに耳を貸さない。[4]真理を垣間見て自己欺瞞から解放され自由になることのないようにと、目を伏せ、自分で定めた道をひたすら進み続ける。

8．あなたは、**キリスト**が自分の肩に触れるのを感じないですむように、また、あなたの贈り物をよく見るようにと指差す優しい手を知覚しないですむように、おびえて身をすくめる。[2]それを知覚してしまったら、どのようにしてあなたは、自分が貧しい放浪者であるなどと公言できるだろう。[3]**キリスト**は、あなたが自分自身についてのこのような知覚を笑い飛ばせるようにしてしまうだろう。[4]そうなってしまったら、自己憐憫はどこに行ってしまうだろう。[5]それに、**神**が喜びのみを与えようとした者のために、あなたが作り出そうとしてきた悲劇は、いったいどうなるだろう。

9．あなたの往古の恐れが、今あなたに襲いかかり、ついに正義があなたに追いついた。[2]**キリスト**の手があなたの肩に触れ、自分はひとりではないとあなたは感じる。[3]また、惨めな自分こそ自分だと思ってきたが、それは自分の真の**アイデンティティー**ではないのかもしれないとすら思えてくる。[4]もしかすると**神の言葉**はあなた自身の言葉よりも真実なのかもしれない。[5]**神**からあなたへの贈り物は実在するのかもしれない。[6]おそらく、**神の子**を忘却の淵にとどめておき、自分の選んだ道を自分の真の**自己**を伴わずに進むというあなたの計画によって、**神**は完全に出し抜かれることはなかったのだろう。

10. **神の意志**は反対するということがない。[2]それは、ただ在るのみである。[3]自分の真の**自己**を失おうとするあなたの計画で、あなたが幽閉した相手は**神**ではない。[4]**神**は**ご自身の意志**とかけ離れた計画について知るよしもない。[5]**神**が理解しない一つの必要があり、それに対し、**神**は**答え**を与えた。[6]ただそれだけである。[7]そして、この**答え**を与えられたあなたは、この**答え**以外に何も必要としない。

11. 今こそ私たちは生きる。今や死はありえないからである。[2]死を求める願望には答えが与えられた。死を見ていた視覚は今、これまでの偽装していたあなたが本当のあなたではないことを知覚する心眼《ヴィジョン》へと入れ替わった。[3]あなたがどんな恐れを抱こうとも、ただ一言「そうではない」と慈悲深く、やさしく答える**存在**が、あなたとともに歩いている。[4]その**存在**は、あなたが貧困という概念に圧迫されるたびに、あなたのもっている贈り物のすべてを指し示す。あなたが自分を孤独でおびえた者として知覚するときには、あなたには**旅の同伴者**がいると語りかける。

12. しかしその**存在**は、さらにもう一つ、あなたが忘れていたことを思い出させる。[2]**彼**があなたに触れたことで、あなたも**彼自身**と同じになったからである。[3]あなたのもっている贈り物はあなただけのものではない。[4]**彼**がやってきてあなたに差し出したものを、今度はあなたが与えることを学ばなければならない。[5]これこそ**彼**が与えることを通して教えている学びである。**彼**はあなたが**神**から隠れようとして作り出した孤独から、あなたを救ってくれた。[6]**彼**はあなたに、**神**から与えられているすべての贈り物を思い出させてくれた。[7]そして、あなたがこれらの贈り物を受け入れて自分のものだと認めるなら、何があなたの意志となるかについても語ってくれる。

13. それらの贈り物はあなたのものであり、あなたが逃れてきた寂しい道を選んだすべての者に与えるようにと、あなたにゆだねられている。[2]彼らは自分が願った道を進んでいるだけだということを理解していない。[3]彼らにこれから教えるのは、あなたである。[4]あなたは**キリスト**から、彼らが歩むもう一つの道があることを学んだからである。[5]**キリスト**が自分に触れるのを感じ、**神**の贈り物を認識する者に訪れる幸福を、あなた自身が示すことによって、彼らに教えなさい。[6]悲しみに惑わされて、あなたに寄せられた信頼を裏切ってはならない。

14. あなたが今ため息をつくなら、あなたを解放への頼みの綱とする人たちの期待を裏切ることになる。[2]あなたの涙は彼らの涙である。[3]もしあなたが病気であれば、あなたが彼らに癒しを与えずにおくことになる。[4]あなたが何かを恐れるなら、それが彼らに自分たちの恐れは当然だと教えることになる。[5]あなたの手は今や、**キリスト**の感触をもたらすものとなり、あなたの心の変化が、**神**の贈り物を受け入れる者が何かで苦しむことはありえないということの証《あか》しとなる。[6]あなたには、世界を苦しみから解放する任務がゆだねられている。

15. その信頼を裏切ってはならない。[2]**キリスト**が触れるのを感じることで誰もが与えられるものについて、生きて証《あか》しする者となりなさい。[3]**神**はすべての贈り物をあなたにゆだねている。[4]**神**の贈り物を受け入れ、**キリスト**の感触を体験することを選択する心がどれほど大きく変容するかを、あなたの幸福によって証《あか》ししなさい。[5]これが、今やあなたの使命である。[6]**神**は**ご自身**の贈り物を受け取ったすべての者に、今度はそれを与える任務をゆだねるからである。[7]**神**は**ご自身**の喜びをあなたと共有してきた。[8]だから今度は、あなたがそれを世界と分かち合いにいく。

レッスン167

一なる生命《いのち》があり、それを私は神と共有している。

1. さまざまな種類の生命《いのち》というものはない。生命《いのち》は真理と同質のものだからである。[2]それには度合いというものがない。[3]それは、**神**が創造したすべてのものが共有する一なる状態である。[4]**神**のすべての**想念**と同じように、生命《いのち》に対極はない。[5]**神**が創造したものは**神**の生命《いのち》を共有するので、死は存在しない。[6]**神**と反対のものは存在しないので、死は存在しない。[7]**父**と**子**はひとつなので、死は存在しない。

2. この世界には、生命《いのち》とは反対の状態があるように見える。[2]あなたはそれを死と呼んでいる。[3]しかし、死という想念はさまざまな形をとるということをすでに学んだ。[4]その想念は、至高の幸福ではないすべての感情の根底に横たわる単一の想念である。[5]それが警報となって、あなたは完璧な喜び以外のあらゆる種類の反応を示すことになる。[6]あらゆる悲しみ、損失、不安、苦しみや痛み、疲れたときの小さなため息、かすかな不快感やしかめ面さえも、みな死を認めている。[7]そうして、あなたは自分が生きていることを否定する。

3. あなたは、死とは肉体に関することだと思っている。[2]しかし死とは一つの想念にすぎず、肉体の死と見なされているものとは無関係である。[3]考えは心の中にある。[4]その後、それは心が指示する通りに適用される。[5]だが、もし変化が生じるとすれば、その源において考えが変わらなければならない。[6]想念はその源を離れない。[7]このコースがこの概念を強調するのは、それがあなた自身についてあなたの心を変えようとする私たちの試みの中核をなすからである。[8]それこそが、あなたが癒されることが可能である理由である。[9]それが癒しの原因である。[10]それが、あなたは死ぬことはできない理由である。[11]それが真理であることによって、あなたは**神**とひとつのものとして確立されている。

4. 死とは、自分が自分の**創造主**から分離しているという考えである。[2]それは、自分に制御できない原因や、自分が作ったわけでもなく自分では絶対に変えられないような原因によって、状態は変化するし、感情は移り変わるという信念である。[3]それは、想念はその源を離れることができるし、その源に含まれていない資質をもつようになり、その種類や距離や時間や形態において、もとのあり方とは違った別のものになれるという凝り固まった信念である。

5. 死が生命《いのち》から生じることはありえない。[2]想念はその源とひとつにつながったままである。[3]それらはその源に含まれているすべてのものを延長させていくことはできる。[4]それによって、それらの想念は、それ自体をはるかに超えて進んでいくことはできる。[5]しかし想念は、自らに与えられたことのないものを生み出すことはできない。[6]それらは自らが形成された通りに、形成するようになる。[7]自らが生み出されたやり方で、生み出すようになる。[8]そしてそれらは、自らを生み出した源へと、いずれ戻っていく。

6. 心は自分が眠っていると考えることができるが、それだけである。[2]心は自分が目覚めているときの状態を変化させることはできない。[3]心は肉体を作ることができないだけでなく、肉体の中に住むこともできない。[4]心にとって異質であるものは存在しない。なぜなら、そうしたものには源がないからである。[5]心は、すでに存在しているものだけを創造するのであり、もともと自分にない属性をそれらに与えることはできないし、自らの心としての永遠なる状態を変えることはできない。[6]それは物質を作り出すことはできない。[7]死ぬように見えるものは、ただ心が眠っていることを示すしるしであるにすぎない。

7. 生命《いのち》に対極があるとすれば、それは生命《いのち》の別な形でしかありえない。[2]そうしたものであれば、自らを創造したものと和解できる。それは真の意味で反対のものではないからである。[3]その形態は変わるかもしれないし、それそのものではないように見えるかもしれない。[4]しかし目覚めていようと眠っていようと、心は心である。[5]創造されたいかなるものにおいても、心は心の反対のものではないし、心が自分が眠っていると信じるときに作り出しているように見えるものにおいても、心が心の反対のものとなることはない。

8. **神**は目覚めている心のみを創造する。[2]**神**は眠ることはない。**神**の被造物は**神**が与えないものを共有することはできず、**神**が彼らと共有することのない状態を作り出すこともできない。[3]死の想念は生命《いのち》の想念の対極にあるものではない。[4]何らかの種類の反対のものに阻まれるということが一切ない**神の想念**は、不変なるままに自らを延長させていく力を備えており、永遠に変わることなくあり続ける。ただし、それらは遍在しているので、この延長はそれら自体の内側で行われる。

9. 一見、生命《いのち》の反対の状態のごとくに見えるものは、ただ眠っているだけである。[2]心が心ではないものになることを選び、自分がもっていない異質の力を身につけようとしたり、自分が入っていくことのできない異質の状態や、自分の**源**の内にはない偽りの状態を装おうとするとき、心は少しの間、眠りにつくように見える。[3]その心は時間という夢を見る。すなわち、一度も生じたことのないものが生じ、実体のない変化がもたらされ、どこにも存在していない出来事が存在するかに見える間隔を、夢見るのである。[4]目を覚ませば、その心は、これまで通りに存続していく。

10. 今日、私たちは真理の子どもとなって、私たちの神聖な継承遺産を拒むことをやめよう。[2]私たちの生命《いのち》は私たちが想像しているようなものではない。[3]自分の目を閉じたからといって生命《いのち》が変化したり、自分が眠りに入り、夢の中で本来の自分とは反対のものを見たからといって、自分が自分ではないものになったりするだろうか。[4]私たちは今日、どのような形の死を願うこともしない。[5]また、**神ご自身**が永遠なる生命《いのち》の**想念**を置いたところに、その反対のものとして私たちが想像したものを、一瞬たりとも住まわせないようにしよう。

11. 今日、私たちは**神**の聖なる家を、**神**がそれを築いた通りに保つように努力する。**神**は、その家が永遠にそのままであり続けることを意志している。[2]**神**が、今日の私たちの思考を導く主である。[3]そして対極のない**神の想念**の中で、私たちは理解する。自分たちが一なる生命《いのち》を**神**および**神**の被造物のすべてとも、彼らの想念とも共有していることや、**神**は私たち被造物を、死によって分離したり、自分を生み出した生命《いのち》の**源**を離れたりすることのできない統合された生命《いのち》として創造したということが、理解できるようになる。

12. 私たちはひとつの生命《いのち》を共有している。なぜなら、私たちには一なる**源**があり、その**源**から完璧さが私たちにもたらされ、その完璧さが、**神**が完璧なものとして創造した神聖な心の中に常にとどまっているからである。[2]私たちは今まで通り、今もこれからも、永遠にそのままにあり続ける。[3]眠っている心は必ず目覚める。そうした心は自らの完璧さが生命《いのち》の**主**を実に完璧に映し出しているのを見るとき、そこに映し出されたものの中へと溶け込んでいくからである。[4]そうなると、もはやそれは単なる反映ではなくなる。[5]それは映し出されているものそれ自体となり、そのように映し出すことを可能にしているその光となる。[6]心眼《ヴィジョン》は今や必要ではなくなる。[7]なぜなら、目覚めた心とは、自分の**源**や**自己**や**聖性**を知る心だからである。

レッスン168

あなたの恩寵が私に授けられています。私は今、それを自分のものとします。

1. **神**は私たちに語りかけている。[2]私たちも**神**に語りかけようではないか。[3]**神**は遠くにいるのではない。[4]**神**は私たちから隠れようとはしない。[5]私たちが**神**から隠れようとしているのであり、そうして私たちは欺瞞で苦しんでいる。[6]**神**はすぐ手の届くところにいる。[7]**神**は**わが子**を愛している。[8]確かなことはこれだけだが、それで充分である。[9]**神**は**わが子**を永遠に愛し続ける。[10]**神の子**の心が眠ったままでいるときでも、**神**は依然として**わが子**を愛している。[11]そして**神の子**の心が目覚めたときにも、**神**は決して変わることのない**愛**で、彼を愛する。

2. あなたが**神の愛**の意味を知ってさえいたなら、希望も絶望もありえなかっただろう。[2]なぜなら、希望は永遠にかなえられており、いかなる絶望も考えられないからである。[3]**神**の恩寵はすべての絶望に対する**神**の答えである。その中で**神の愛**が思い出されるからである。[4]**神の意志**が認識されるための手段を、**神**が喜んで与えないということがあるだろうか。[5]**神**の恩寵は、あなたがそれを認めるだけであなたのものになる。[6]眠りから覚めるための**神**の手段を求めさえすれば、その心の中で、**神**についての記憶は目覚める。

3. 今日は、**神**が細心の注意を払って私たちの胸《こころ》の中に保存してきた贈り物を、**神**に求める。この贈り物は、そこにあることが認められるのを待ち続けてきた。[2]この贈り物によって、**神**は私たちのほうに身を乗り出し、私たちを抱き上げ、**ご自身**で救済の最後の一歩を踏み出してくれる。[3]この最後の一歩を除くすべてのステップを、私たちは**神の声**に指導されながら学ぶ。[4]しかし、最後には**神ご自身**がやってきて私たちを**御腕**《みうで》に抱きかかえ、私たちの眠りが紡いだ蜘蛛の巣のごとき幻想を一掃してくれる。[5]**神**の恩寵という贈り物は、単なる答え以上のものである。[6]それは眠っている心が忘れているすべての記憶を取り戻し、**愛**が何を意味するかについてのすべての確信を回復させる。

4. **神**は**わが子**を愛している。[2]この世界が消えてなくなるための手段を与えてほしいと、今、**神**に頼みなさい。そうすれば、まず最初に心眼《ヴィジョン》が訪れ、その一瞬の後には智識がやってくるだろう。[3]恩寵の中であなたは、ひとつの光が世界のすべてを愛の中に包み込んでいくのを見る。皆の胸《こころ》が高揚してその光を自分のものと宣言し、どの顔からも恐れが消えてゆくのを見る。[4]今や、天国をあと一瞬でも遅らせる何が残っているだろう。[5]あなたがすべてを赦したときに、まだ取り消されずに残っているものなどあるだろうか。

5. 今日は、新しい神聖な日である。私たちが、すでに自分に与えられているものを受け取る日だからである。[2]私たちが信を抱く対象は、**贈り主**であり、贈り物を受け取る自分自身ではない。[3]私たちは自分の間違いを認める。だが、それに答えるのは、いかなる誤りも知らない**神**である。**神**は、私たちが間違いを手放し、感謝と愛のうちに**神**のもとに昇っていくための手段を授けることによって、私たちの間違いに答える。

6. そうして私たちが**神**のもとへと向かうとき、**神**は私たちを迎えに降りてくる。[2]私たちのために準備したものを**神**が差し出し、私たちはそれを受け取る。[3]それが**神の意志**である。なぜなら、**神**は**わが子**を愛しているからである。[4]今日は、その**神**に向かって祈り、**神ご自身の声**、**神の言葉**、**神の愛**を通して、**神**が私たちに授けた次の言葉だけを**神**に返そう。

[5]**あなた**の恩寵が私に授けられています。[6]私は今、それを自分のものとして宣言します。[7]**父**よ、私は**あなた**のみもとに参ります。[8]そうすれば**あなた**は私の求めに応じて、私のもとにきてくださいます。[9]私は**あなた**に愛されている**あなたの子**です。

レッスン169

恩寵により、私は生きる。恩寵により、私は解放される。

1. 恩寵とは、**神の愛**の一側面であり、真理の単一性の中に充溢《じゅういつ》している状態に最もよく似ている。[2]それは完全にこの世界を超えたところまで導くものなので、恩寵を目指すことは世界で最も崇高な志《こころざし》である。[3]それは学びを超えたものだが、学びのゴールでもある。というのも、心が恩寵を真に受け入れる準備ができるまでは、恩寵が訪れることはありえないからである。[4]恩寵がそっと置かれて快く受け取られるための台座として、この贈り物にふさわしく清楚で神聖な祭壇を準備した者たちには、即刻、恩寵が訪れる。

2. 恩寵とは、憎しみと恐れに満たされているかに見えるこの世界の中で、**神の愛**を受け入れることである。[2]ただ恩寵のみによって、憎しみと恐れは消え去る。なぜなら、恩寵は世界が包含する一切のものとまったく正反対の状態を提示するので、恩寵という贈り物で心が照らされた者たちは、もはや恐れの世界の実在性を信じることはできないからである。

3. 恩寵は学べるものではない。[2]学びの最後の段階は、すべての学びを超えていかなければならない。[3]恩寵そのものは、このコースが達成しようとしているゴールではない。[4]しかし、開かれた心には目覚めを促す**呼びかけ**が聞こえるという意味において、私たちは恩寵のための準備を整えてはいる。[5]そのような心は**神の声**に対して固く閉ざされてはいない。[6]自分の知らないことがいくつもあるということを自覚するようになっており、それによって、自分が慣れ親しんでいる体験とはまったく異なる状態を受け入れる用意ができている。

4. 私たちは以前、一なる存在としての**父**と**子**についての啓示の時はすでに定められていると述べた。今述べていることはそれとは矛盾するように思えるかもしれない。[2]しかし、私たちはまた、それがいつになるかは心が決めるのであり、心はすでに決めているとも述べた。[3]そしてそれでも私たちは、あなたが**神の言葉**を証《あか》しする者となって真理の体験を急ぎ、真理があなたに与えた影響を認識するすべての心にもそれが到来する時を早めるようにと、あなたに勧めている。

5. 一体性とは、簡潔に言うなら、「**神**、**在り**」という概念である。[2]そして**神の実存**のうちに、**神**はあらゆるものを包含する。[3]心の中には**神**以外に何もない。[4]私たちは「**神**、在り」とだけ言って、その後は口をつぐむ。なぜなら、その智識の中では言葉は無意味だからである。[5]それを語る唇はなく、心の中には、今自分が自分以外の何かを自覚していると感じるほどに、ほかの部分から区別された心の一部分というものもない。[6]心はその**源**とひとつに結ばれている。[7]そしてその**源自体**と同様に、それはただ在るのみである。

6. 私たちは、このことについて語ることも書くこともできず、考えてみることすらまったく不可能である。[2]自らの意志が**神の意志**と同じであるという全面的な認識が完全に与えられ、完全に受け取られたとき、どの心にもそれが訪れる。[3]それは心を、終わりなき現在の中に戻す。そこでは過去や未来といったものを思い描くことさえできない。[4]それは救済を超えたところに横たわり、時間や赦しや**キリスト**の聖なる顔といったものについてのすべての想念をも超越している。[5]**神の子**は、ただ**父**の中へと消え去り、**父**は**子**の中へと消え去っている。[6]世界は一度も存在したことはなかった。[7]永遠が、恒常の状態であり続ける。

7. それは、私たちが早めようとしている体験を超えた状態である。[2]それでも、赦しが教えられて学ばれたなら、この状態以外のすべてを放棄する時として心自らが定めたその時が今や間近であることを証《あか》しするいくつもの体験を、赦しが運んでくる。[3]私たちはその時がくるのを早めようとはしない。そうすることは、あなたが差し出すことになるものが、赦しの意味を教える**聖霊**から隠されていたということになるからである。

8. しかしすべての学びは、すでに達成されて完全なものとして、**聖霊の心**の中に存在していたものである。[2]**聖霊**は時間が保持するすべてを認識し、そのすべてを、すべての心に与え、それぞれの心が時間が終わった地点に立って、自分がいつ啓示と永遠へと解放されることにするかを決められるようにした。[3]私たちは以前から何度も繰り返してきたが、あなたはすでに終わっている旅をしているにすぎない。

9. 一体性はここにあるはずである。[2]これまでも、これからも、永遠に今あるままであり続ける、恒常の状態にあるものにとっては、心が啓示のために定めた時間がいつであるかということは、まったく問題にならない。[3]私たちはただ、遠い昔に割り当てられている役割につくだけであり、その役割は、**創造主の名**と**創造主の子の名**において救済の台本を書いた**聖霊**によって完全に認識され、完璧に成就されている。

10. この世界にいる誰にも理解できないことを、これ以上説明する必要はないだろう。[2]あなたの一体性についての啓示が訪れるとき、それは知られ、完全に理解される。[3]今、私たちには、ほかになすべきことがある。時間の中にいる者たちが、時間を超えたものについて語ることはできるし、これから訪れるものはすでに過ぎ去っていると説明する言葉を聞くこともできる。[4]しかし、そうした言葉が、今でも時間を数え、時間によって起床し、働き、眠りにつく者たちに対し、どれほどの意味を伝えることができるだろうか。

11. だから、あなたには自分の役割を果たすために為すべきことがあるということだけで、充分としよう。[2]その結末は、あなたの役割が果たされるまでは隠されたままである。[3]それは問題ではない。[4]あなたの役割は、依然として、ほかのすべてが頼みとしているものだからである。[5]あなたが自分に割り当てられた役割につくとともに、胸《こころ》の鼓動がまだ、**神**と一致していない者たちにも、救済が少しずつ近づいていく。

12. 赦しが、救済を貫いている中心的主題であり、それにより、救済のすべての要素が有意義な関わりの中に保たれ、救済が進む経路が定まり、その成果が確かなものになる。[2]そして今、私たちは恩寵を求める。それは救済が授けることのできる最後の贈り物である。[3]恩寵が提供する体験は時間の中で終わる。なぜなら、恩寵は天国の前兆であるとはいえ、それが時間の想念と入れ替わるのは、ほんのわずかな間だけだからである。

13. そのわずかな間だけで充分である。[2]そこに、奇跡が置かれる。あなたは恩寵の体験を通して聖なる瞬間を受け取り、そこから、その奇跡をあなたの顔に残る光を見るすべての者たちへと与え返す。[3]**キリスト**の顔とは、時間を超えたところにわずかに足を踏み入れ、そこで一瞬の間感じた一致の状態を鮮明に映し出すものを持ち帰り、世界を祝福した者の顔にほかならない。[4]あなたの一部が外側に残され、何も知らず、目覚めることなく、あなたが真理を証《あか》ししてくれるのを必要としている間は、どうしてあなたがついに永遠にそこに達することなどできるだろうか。

14. 一瞬の間そこに行き、恩寵が与える贈り物を受け入れることを喜びとしたように、戻ってくることについても感謝しなさい。[2]あなたはそれらの贈り物を自分自身にもち帰る。[3]そして啓示はもはや遠く離れたところにあるのではない。[4]それが訪れることは確実となっている。[5]私たちは恩寵を求め、恩寵からくる体験を求める。[6]私たちは、それがすべての者に差し出す解放を歓迎する。[7]私たちは求めること自体が不可能なものは求めない。[8]恩寵が授けることのできるものを超えたところを見ることはしない。

9恩寵が授けるものであれば、私たち自身に与えられた恩寵の中で、私たちにも与えることができる。

15. 今日の私たちの学びの目標は、以下の祈りを超えるものではない。2けれども、この世界の中に、今日私たちが求める以上のものがあるだろうか。私たちは**聖霊**に恩寵を求め、**聖霊**は私たちの求めに応じて、**聖霊**が受け取った通りにそれを与えてくれる。

3恩寵により、私は生きる。4恩寵により、私は解放される。
5恩寵により、私は与える。6恩寵により、私は解放する。

レッスン170

神に残酷さはなく、私にもない。

1．傷つけようとする意図をもたずに攻撃する者はいない。[2]このことに例外はありえない。[3]正当防衛で攻撃していると考えるとき、あなたは、残酷になることが保護であり、残酷さのおかげで自分は安全だと思っているのである。[4]それは、他者を傷つけることが自分に自由をもたらすと信じる、と言っているのと同じである。[5]そして、攻撃することは、自分の置かれた状態を、危険や侵略や恐れから守られるもっと良好で安全な状態に取り替えることだ、と言っていることになる。

2．恐れから身を守ることと攻撃することが同じだという考え方は、徹頭徹尾、狂っている！　[2]そこでは恐れが生み出され、血をすすりながら大きく育ち、膨れ上がって、猛威を振るうようになる。[3]そうして恐れは、回避されるどころか、保護されてしまう。[4]私たちは今日、あなたには想像もできないほどに多大な遅延や不要な惨めさから、あなたを救ってくれるレッスンを学ぶ。[5]それは次の通りである。

[6]何かに対抗して自分を防衛するとき、その何かを作り出しているのはあなたであり、あなた自身の防衛によって、それが実在性を帯び、そこから脱出できなくなっている。[7]武器を捨てなさい。そのときあなたは初めて、恐れを虚偽と知覚するだろう。

3．あなたが攻撃する相手は、外にいる敵であるかに見える。[2]けれども、あなたの防衛が、内なる敵を作り上げているのである。それはあなた自身と戦う異質な考えであり、あなたから平安を奪い、互いにまったく和解不可能に見える二つの陣営へとあなたの心を分裂させている。[3]今や、愛にはその反対のものである「敵」がいることになる。そして今では、異質なものである恐れのほうがあなたの真の本性に脅かされ、あなたによる防衛を必要としている。

4．あなたの空想上の正当防衛が想定通りに展開されるための手段について、注意深く検討してみるなら、その考え方がどのような前提に立っているのかを知覚することができる。[2]まず第一に明らかなのは、想念はその源を離れるはずだという前提である。なぜなら、攻撃しているのはあなたであり、それを初めに考えついたのもあなたに違いないからである。[3]けれども、あなたは自分の作り出した分裂は実在していると信じ込んで、自分自身の外側を攻撃し、攻撃される相手から自分の心を分離させている。

5. 次に、愛の属性が、その「敵」に授けられる。[2]なぜなら、恐れがあなたの安全となり、平安の保護者となるからである。あなたはその恐れに向かって慰めを求める。それが、自分の強さへの疑いから逃れようとしてあなたが頼る相手であり、夢に邪魔されない静かな休息の希望を託す相手である。[3]そして本来は愛だけに属するものが愛から切り取られ、恐れの属性が愛に付与される。[4]真の愛ならば、すべての防衛を単に愚かなものとして手放すようにあなたに求めるだろう。[5]そしてあなたの武器はまさしく崩れて塵に帰るだろう。[6]それらは、もともとそのようなものだからである。

6. 愛が敵となると、残酷さが神とならざるをえない。[2]そしてそのような神々は、その崇拝者たちに対し、神々の命令に従い、決してそれらを疑ってはならないと命じる。[3]そのような命令に分別があるのか、正気であるのかを問う者には、厳しい処罰が情け容赦なく与えられる。[4]分別がなく狂っているのは常に敵方であり、この神々はいつも情け深く公平だとされる。

7. 今日は、この残酷な神を、私たちは冷静に眺める。[2]そして、その神の唇が血にまみれ、その姿から炎が上がっているかに見えるとしても、その神は石でできているにすぎないことに留意する。[3]その神には何もできない。[4]私たちはその力に挑む必要はない。[5]それに力はないからである。[6]そのような神の中に安全を見ている者たちには、いかなる保護者もいなければ、危険に際して頼れる強さもなく、彼らのために戦ってくれるたくましい勇士もいない。

8. これは恐ろしい瞬間となりえる。[2]けれども、それは同時に、絶望的な隷属状態から解放される時にもなりえる。[3]それを決めるのはあなたである。この偶像の前に立ち、それを厳密にありのままに見るあなたである。[4]あなたは、自分がなんとかして愛からもぎ取り、この心なき石の塊の前に置こうとしたものを、愛に返すだろうか。[5]それとも、またもう一つ偶像を作って、それと入れ替えようとするのだろうか。[6]残酷さの神はさまざまな形態をとる。[7]別の形態を見つけることは可能である。

9. けれども、恐れそのものが恐れからの脱出口となると思ってはならない。[2]平安を妨げるものについて、このコースが「テキスト」において強調していたことを思い出してみよう。[3]最後の妨げは、それが無であると信じることが最も難しいものである。頑丈な岩塊のごとき外観を呈し、突き通すことはもちろん、恐ろしくて乗り越えることなどできないかに見えるその妨げとは、**神ご自身**に対する恐れである。[4]ここに、恐れの想念を神としてあがめる根本的な前提がある。[5]恐れは、それを崇拝する者たちによって愛されており、今や愛は残酷さを備えているように見えるからである。

10. 復讐の神々という完全に狂った信念は、いったいどこからくるのだろうか？ [2]愛は自らの属性を、恐れの属性と混同したことはない。[3]けれども、恐れの崇拝者たちは、どうしても恐れの「敵」の中に自らの混乱を知覚せざるをえない。そして、その残酷さが、今や愛の一部と知覚される。[4]そうなると、**愛の中心**《こころ》ほど恐ろしいものはなくなる。[5]**愛の神**の唇は血に染まり、その**神**からは炎が吹き出すように見える。[6]そしてこの**神**はこの上なく恐ろしく、想像を絶するほどに残酷で、その**存在**を自分たちの**神**と認める者をひとり残らず打ちのめす、ということになる。

11. 今日あなたが下す選択は確実である。[2]なぜなら、あなたは自分が刻んだこの石像を最後にもう一度だけ見て、もはやそれを神とは呼ばなくなるからである。[3]あなたはこれまでにもこの地点に到達したことはあったが、この残酷な神がまた別な形で自分の中に留まることを選択した。[4]それゆえに、**神**への恐れがあなたに戻ってきた。[5]今度こそ、あなたはそれをそこに置いていく。[6]そして、恐れの重荷を背負わずに戻っていく新しい世界は、恐れで見えなくなった目で見る世界ではなく、あなたの選択があなたに回復させた心眼《ヴィジョン》によって見える新しい世界である。

12. 今やあなたの目は**キリスト**に属するものとなり、**キリスト**がその目を通して見る。[2]今やあなたの声は**神**に属するものとなり、**神の声**をこだまする。[3]そして今や、あなたの胸《こころ》は永遠に安らぐ。[4]あなたは偶像にかわるものとして**神**を選んだのであり、**創造主**から与えられたあなたの属性が、ついにあなたに戻されたのである。[5]**神からの呼びかけ**は聞かれ、応えられた。[6]今や、**神ご自身**が残酷さと入れ替わり、恐れが愛に道を譲った。

13. 父よ、私たちは**あなた**と同質のものです。[2]私たちの中に残酷さはありません。**あなた**の中にそれがないからです。[3]**あなた**の平安は私たちの平安です。[4]そして私たちは、ただ**あなた**から授かったものだけで世界を祝福します。[5]私たちはもう一度選択します。そして、兄弟全員が自分とひとつであることを知りつつ彼らのために選びます。[6]私たちは今、**あなた**から救済を受け取りました。私たちは同じやり方で、それを兄弟たちにもたらします。[7]また、私たちを完全にしてくれる兄弟たちについて、感謝いたします。[8]私たちは、彼らの中に**あなた**の栄光を見て、彼らの中に、平安を見出します。[9]**あなたの聖性**が私たちを自由にしてくださったので、私たちは神聖です。
10 そして私たちは感謝を捧げます。
11 アーメン。

復習Ｖ

序

1. これから再び復習に入る。[2]今回、私たちは、これから行う練習にこれまで以上の努力と時間を費やす準備ができている。[3]新たな理解の段階のための準備だと認識している。[4]私たちはこの一歩を完全に踏み出す。それにより、さらに確かな信を抱き、より確かに、より真剣に再び前進するようになる。[5]これまでの私たちの足取りは決して揺ぎないものではなかった。このコースが定めた道を進む私たちの歩みは、疑念によって、不確かで遅々としたものになっていた。[6]しかし今から、私たちは歩調を速める。さらに大きな確信と、より確かな目的と、より確実なゴールに近づいていくからである。

2. **父**よ、私たちの足取りを確かなものにしてください。[2]疑いが鎮まり、私たちの神聖な心が、静かになって、私たちに語りかけてくれますように。[3]私たちには**あなた**に差し出す言葉はありません。[4]私たちはただ**あなたの言葉**に耳を傾け、それを自分のものにしたいと願うだけです。[5]幼子には理解できない道を、その子の手を引いて進む父親のごとく、私たちの練習を導いてください。[6]子どもは父親が手を引いてくれるので、安全を信じてついて行きます。

3. 私たちもそのように**あなた**のもとで練習を行います。[2]もし私たちがつまづいたなら、**あなた**が抱き起こしてくださいます。[3]道を忘れたときには、**あなた**の確実な記憶を頼みとします。[4]私たちがわき道に逸れても、**あなた**が忘れずに呼び戻してくださいます。[5]さらなる確信を抱き、より迅速に**あなた**のもとへ歩いていけるように、今、私たちの足取りを速めてください。[6]ですから、**あなた**から与えられた想念を復習するとき、私たちの練習を統一するために**あなた**が与えてくださる**言葉**を受け入れます。

4. これから毎日復習する主題概念の前に使う想念は、次の通りである。[2]この想念は、復習する各々の主題概念の何らかの側面を明確にする。あるいは、主題概念がより有意義で個人的に真実となるのを助け、私たちがこれから再び知るようになる準備をしている共有された聖なる**自己**

が、よりよく表現されるようにする。

[3]**神**は**愛**であり、だから私も愛である。

[4]この**自己**のみが**愛**を知っている。[5]この**自己**のみがその**想念**において完璧に一貫しており、その**創造主**を知っており、**自己自身**を理解しており、その**智識**においてもその**愛**においても完璧であり、その**父**と**自己自身**との融合という不変の状態から決して変わることはない。

5. そして、これが、旅の終わりに私たちを出迎えようと待っている。[2]私たちは一歩踏み出すごとに、少しずつそこへ近づいていく。[3]これが私たちのゴールであり、私たちは練習しながらこれに近づいていると覚えておけば、この復習が、計り知れないほどの時間を短縮するだろう。[4]これが私たちに約束されていることを思い出し、私たちの胸《こころ》を、塵から生命《いのち》へと向けよう。このコースは、私たちに光の道を開き、失われたと思っていた永遠の**自己**へと一歩一歩戻っていく道を私たちに教えるために送られたということも、思い出そう。

6. 私はあなたとともにこの旅をしている。[2]すべての恐れと疑いが克服される道を認識している私のところまであなたがこられるように、私は少しの間、あなたの疑いと恐れを共有するからである。[3]私たちはともに歩む。[4]私は不確かさや痛みを理解しなければならないが、それでも、それらには意味がないと知っている。[5]救済者は自らが教える相手とともにとどまり、その人が見るものを見ることになるが、それでも、かつては自分を救い出した道であり、今度は自分とともにあなたをも救い出す道を、今も心の中に保持している。[6]**神の子**は、あなたが私とともにこの道を歩くようになるまで、十字架にかけられている。

7. 旅が終わり忘れられる地点までひとりの兄弟を安全に導くたびに、私は再び復活する。[2]兄弟が苦痛と悲惨から逃れる道があると学ぶたびに、私は新生する。[3]兄弟の心が自らの内なる光に向けられ、私を探すたびに、私は再生する。[4]私は誰ひとり忘れてはいない。[5]今、私を手伝ってほしい。私は、あなたが私とともに新しい選択をするように、旅が始まった時点まであなたを連れ戻そうとしている。

8. **聖霊**はあなたの切実な必要を見ており、**神**が与えた答えを知っている。その**聖霊**のもとから私があなたに運んできた数々の概念を再び練習しながら、私を解放してほしい。[2]私たちは一緒にこれらの概念を復習する。[3]一緒にそれらに時間と努力を捧げる。[4]そして、一緒に兄弟たちにそれを教える。[5]**神**は天国を不完全なままにしてはおかない。[6]私があなたを待っているように、天国もあなたを待っている。[7]私の中にあなたの役割があり、それが欠けているなら、私は不完全である。[8]そして私が全一となったとき、私たちはともに、昔ながらの家へ帰る。その家は、時間が生じる前から私たちのために準備されていたものであり、時間によって変えられることなく保たれ、ついに時間が終わるときにもそうであるように、穢れなく安全であり続けてきた。

9. だから、この復習を私への贈り物としてほしい。[2]なぜなら、私が必要としているのはただ、私が語る言葉をあなたが聞き、それを世界に与えることだけだからである。[3]あなたは私の声、私の目、私の足、私の手であり、それらを通して、私は世界を救う。[4]私は真の**自己**からあなたに呼びかけているが、その**自己**はあなた自身の**自己**にほかならない。[5]その**自己**に向かって私たちはともに進んでいく。[6]あなたの兄弟の手を取りなさい。これはひとりで歩く道ではないからである。[7]その兄弟の中で、私はあなたとともに歩き、あなたは私とともに歩く。[8]私たちの**父**は、**わが子**が**ご自身**とひとつになることを意志する。[9]それならば、生きているもので、あなたとひとつでないものなどあるだろうか。

10. この復習を、あなたにとっての新しい経験を私たちが共有する時間としよう。しかしその経験は時間と同じくらい古く、それよりもさらに古くさえある。[2]あなたの**名**は尊ばれている。[3]あなたの栄光は永遠に穢されずにある。[4]そして、あなたの全一性は、**神**がそれを定めた通りに、今や完全になっている。[5]あなたは**神の子**であり、あなた自身の延長において、**神**の延長を完全にしている。[6]私たちが練習するのは、幻想がこの世界を自分のものにしたかに見えたそのときよりも前から、私たちが知っていた往古の真理にほかならない。[7]私たちは次のように言うたびに、世界はすべての幻想から自由であると、世界に思い出させる。

[8]**神**は**愛**であり、だから私も愛である。

11. この概念とともに、毎日の復習を始める。[2]私たちは練習の時間をこの概念とともに始め、この概念とともに終える。[3]そしてこの概念とともに眠りにつき、再び目覚めるときも、この概念を口にしながら、新しい一日を迎える。[4]復習する概念のすべてをこの単一の概念で包み込み、この概念を私たちの心の前に掲げて、一日中、それをはっきりと覚えておくために、それらの概念を使う。[5]そのようにしてこの復習を終えたときには、私たちは自分が語っている言葉が真実であると認識するようになっているだろう。

12　しかし、言葉は単なる補助にすぎないので、練習の時間のはじめと終わりを除けば、必要に応じて、心にその目的を思い出させるためだけに使用されるものとなる。[2]私たちは、自分たちが用いる手段ではなく、練習から生じる体験に信を置く。[3]その体験を待ち、ここにのみ確信が宿ると認識する。[4]私たちは言葉を用いて、言葉を超えたところにあるその意味に到達するよう、何度でも繰り返し試みる。その意味は、その言葉の音をはるかに超えている。[5]意味の**源**へ近づくにつれて、音は徐々に小さくなって消えてゆく。[6]私たちが安息を見出すところは、ここである。

レッスン171

神は愛であり、だから私も愛である。

1.（151）すべてのものごとは神を代弁する声のこだまである。

[2]神は愛であり、だから私も愛である。

2.（152）決断の力は私にある。

[2]神は愛であり、だから私も愛である。

レッスン172

神は愛であり、だから私も愛である。

1.（153）防衛しないことの中に、私の安全がある。

[2]神は愛であり、だから私も愛である。

2.（154）私は神の司牧者のひとりである。

[2]神は愛であり、だから私も愛である。

レッスン173

神は愛であり、だから私も愛である。

1. (155) 私は一歩退いて、神に導いてもらう。

[2] **神は愛であり、だから私も愛である。**

2. (156) 私は完璧な聖性の中を神とともに歩む。

[2] **神は愛であり、だから私も愛である。**

レッスン174

神は愛であり、だから私も愛である。

1. (157) 今、私はキリストの臨在の中へと入っていく。

[2] **神は愛であり、だから私も愛である。**

2. (158) 今日、私は自分が受け取った通りに与えることを学ぶ。

[2] **神は愛であり、だから私も愛である。**

レッスン175

神は愛であり、だから私も愛である。

1. (159) 私は自分が受け取った奇跡を与える。[2]**神は愛であり、だから私も愛である。**

2. (160) 私は自分の家にいる。ここでは恐れは異邦人である。[2]**神は愛であり、だから私も愛である。**

レッスン176

神は愛であり、だから私も愛である。

1. (161) 聖なる神の子よ、私に祝福を与えてください。[2]**神は愛であり、だから私も愛である。**

2. (162) 私は、神が創造したままの私である。[2]**神は愛であり、だから私も愛である。**

レッスン177

神は愛であり、だから私も愛である。

1. (163) 死は存在しない。神の子は自由である。
[2] **神は愛であり、だから私も愛である。**

2. (164) 私たちは今、私たちの源である神とひとつである。
[2] **神は愛であり、だから私も愛である。**

レッスン178

神は愛であり、だから私も愛である。

1. (165) 私の心が、神の想念を拒否しませんように。
[2] **神は愛であり、だから私も愛である。**

2. (166) 私には、神の贈り物がゆだねられている。
[2] **神は愛であり、だから私も愛である。**

レッスン179

神は愛であり、だから私も愛である。

1.（167）一なる生命《いのち》があり、それを私は神と共有している。

[2]**神は愛であり、だから私も愛である。**

2.（168）あなたの恩寵が私に授けられています。私は今、それを自分のものとします。

[2]**神は愛であり、だから私も愛である。**

レッスン180

神は愛であり、だから私も愛である。

1.（169）恩寵により、私は生きる。恩寵により、私は解放される。

[2]**神は愛であり、だから私も愛である。**

2.（170）神には残酷さはなく、だから私にもない。

[2]**神は愛であり、だから私も愛である。**

レッスン181～200への序文

1．次に続くいくつかのレッスンは、漫然とした取り組み方を真剣なものに変え、散在するゴールを一つの目的へと集約するために、あなたの意欲を堅固にすることを主眼としている。[2]今のところはまだ、全面的な献身を常時求められてはいない。[3]しかし、あなたには今、そうした一様な取り組み方がもたらす平安の感覚を、たとえ断続的にでも味わえるように練習することが求められている。[4]これを経験することで、このコースが定めている道に全面的に従いたいというあなたの意欲が確実なものとなる。

2．私たちのレッスンがこれから目指すのは、特に、視野を広げることであり、あなたの心眼《ヴィジョン》を狭く限定して私たちのゴールの価値を見えなくしている特別な妨げに対し、直接的なアプローチをとることである。[2]私たちが今から行おうとしているのは、こうした妨げを、ほんのわずかな間でも取り除くことである。[3]それが取り除かれたときの解放感は、言葉だけで伝えられるものではない。[4]しかし、自分が見るものをきびしく制御することをやめたときに訪れる自由と平安の体験が、おのずとそれを物語ってくれるだろう。[5]動機が強まるので、言葉はほとんど重要ではなくなる。[6]あなたは自分が何を欲しているか、何が無価値なのかを、確信するようになるだろう。

3．だから、まずはあなたの進歩をいまだに阻んでいるものに焦点を合わせることによって、言葉を超えていく旅を始める。[2]防衛を超えたところにあるものは、それが拒否されている間は体験されない。[3]それがそこにあっても、あなたはその存在を受け入れることができない。[4]だから私たちはこれから、毎日少しの間、すべての防衛を超えていこうと努める。[5]これ以上のことは必要ないので、これ以上のことは求められていない。[6]それだけで、ほかのすべても訪れると保証するのに充分である。

レッスン181

私は、自分とひとつである兄弟たちを信頼する。

1. 自分自身についての疑念や不信を超越できる自らの能力を信じ、その信を抱き続けるには、兄弟への信頼が不可欠である。[2]兄弟を攻撃するとき、あなたは、自分が彼の中に知覚したものによって彼が限定されていると宣言している。[3]彼の誤りを超えたところを見てはいない。[4]むしろ、それらの誤りが拡大されている。そして、あなた自身の間違いを超え、彼やあなた自身の罪のごとくに見えたものをも超えたところにある**自己**を、あなたは自覚できなくなっている。

2. 知覚には焦点がある。[2]これが、あなたが見るものに一貫性を与える。[3]この焦点を変えるだけで、それに応じて見えるものも変化する。[4]あなたの視覚は変化し、以前もっていた意図と入れ替わった新しい意図を支えるようになる。[5]兄弟の罪に焦点をあてるのはやめなさい。そうすれば、無罪性を信じることから生じる平安を、あなたは経験する。[6]こうした信を確かに支えるのは、人々の罪を超えたところであなたに見えるものだけである。[7]彼らの間違いに焦点が置かれるならば、それはあなたの中の罪の証言となる。[8]そうなると、あなたは罪が見える視界を超えて、その向こうにある無罪性を見ることはない。

3. したがって、今日の練習では、まずこうした卑小な焦点のすべてを、私たちの無罪性を明らかにするという重大な必要へと入れ替える。[2]私たちは自分の心に対し、これからほんの少しの間、自分が求めるのはこれだけにするという指示を与える。[3]未来のゴールは気にかけない。[4]一瞬前に見たことにも、関心をもたない。私たちは自分の意図を変えるためのこの練習の時間枠の中にいる。[5]無垢性のみを追求し、それ以外の何も求めない。[6]今という時以外には関心をもたずに、それだけを追求する。

4. これまで上手くいかなかった主な要因は、過去や未来のゴールを気にかけていたことだった。[2]あなたはこのコースが提唱するゴールが、これまで自分が目指したゴールとは極端に違うということに、ずいぶんと気をとられてきた。[3]そしてまた、上手くいったとしても、いずれまた必ず道に迷うことになるという、窮屈で気がめいるような考えで落胆してきた。

5. こうしたことが問題になるだろうか。[2]過去は過ぎ去っており、未来は想像されているにすぎない。[3]これらの懸念は、知覚の焦点が現在において変化しないようにする防衛にすぎない。[4]それ以上のものではない。[5]私たちはこの無意味な制限を少しの間、脇に置く。[6]過去の信念を見ることはしない。未来に信じるようになる信念も、今の私たちには侵入してこない。[7]私たちは、練習の時間にただ一つの意図をもって臨む。すなわち、内なる無罪性を見るという一なる意図である。

6．どんな形であれ怒りが私たちの道を塞ぐなら、自分がこのゴールを見失ったと認識する。[2]兄弟の罪が思い浮かぶなら、私たちの焦点は狭まっており、それにより視覚は制限され、目は自分自身の間違いに向けられ、私たちはそれを拡大して自分の「罪」と呼ぶことになる。[3]だから、ほんの少しの間、過去も未来も気にかけず、そのような障害が生じたなら、次の言葉で、自分の心に焦点を変えるよう指示し、乗り越えよう。

[4]私が見たいのは、これではない。
[5]私は、自分とひとつである兄弟たちを信頼する。

7．さらに、一日中、自分を安全に保つためにも、この概念を用いる。[2]私たちは長期的なゴールは追求しない。[3]私たちの無罪性を見る心眼《ヴィジョン》を何らかの障害が妨げるように見えるたびに、罪に焦点を合わせたことでもたらされている不幸、そしてその罪が訂正されない間はとどまり続ける不幸から、ほんの一瞬の間、離れようとするだけでよい。

8．私たちは空想を求めることもしない。[2]私たちが見ようとしているものは本当にそこにあるからである。[3]間違いを超えたところに焦点が移行するとき、私たちは完全に罪のない世界を見るようになる。[4]これを見ることだけが私たちの望むすべてとなるとき、また、真の知覚の名においてこれだけを求めるとき、**キリスト**のまなざしが必ず私たちのものとなる。[5]そして**キリスト**が私たちに対して感じている**愛**も、私たちのものとなる。[6]私たちは世界と自分自身の中に、この**愛**の反映だけを見るようになる。

9．かつて私たちの罪を宣言した世界が、私たちに罪がないことの証拠となる。[2]そして私たちが見るすべての人に感じる愛は、聖なる**自己**を私たちが思い出していることを証言する。この**自己**は罪を知らず、その無罪性を共有していないものなど思いつくことすらできない。[3]今日の練習に心を向けるとき、私たちはこの思い出を探し求める。[4]私たちは未来も過去も見ることはしない。[5]ただまっすぐに現在を見つめる。[6]そして、私たちが今求める体験を信頼する。[7]私たちの無罪性は、**神の意志**にほかならない。[8]この瞬間が、私たちが**神の意志**とひとつになることを意志している瞬間である。

レッスン182

私は一瞬の間《あいだ》静まり、家に帰る。

1．あなたが住んでいるように見えるこの世界は、あなたの家ではない。[2]心のどこかで、あなたはこのことが真実だと知っている。[3]戻ってくるようにと呼びかけてくる場所があるかのように、あなたにはわが家の記憶がつきまとっている。しかし、あなたは自分ではその声を認識せず、その声が何を思い出させるのかも定かではない。[4]それでもあなたは、この世界では自分が異邦人で、どこかまったく知らない所からきているように感じている。[5]それは、自分がここでは流浪の身であると確信をもって言えるほど明確なものではない。[6]ただずっと続いている感覚である。時にはかすかな疼き以上のものではなく、またある時はほとんど思い出されず、むしろきっぱりと退けられているが、それでもそれは確実に再び心に戻ってくる。

2．私たちがここで語っているものについて知らない者はいない。[2]だが、ある者たちは時間をつぶすための遊びに没頭することで苦しみを回避し、悲しみを遠ざけておこうとする。[3]ほかの者たちは自分が悲しんでいるということ自体を否定し、自分の涙をまったく認識しない。[4]さらに別の者たちは、私たちが語っていることは幻想にすぎず、それをただの夢以上のものと思ってはならないと主張する。[5]しかし防衛の姿勢や自己欺瞞のない単純に正直な者であれば、私たちの語る言葉が理解できるということを、誰も否定しないだろう。

3．私たちは今日、この世界を歩くあらゆる人のために語る。誰ひとりとして、自分の家に戻ってはいないからである。[2]彼はあてどもなく終わりのない探求に出ている。見つけることのできないものを闇の中に探し、何を探しているかも認識していない。[3]数限りない家を建てるが、どの家も落ち着かない心を満足させることはない。[4]彼は自分が無駄に家を建てていることを理解しない。[5]探し求めている家は、彼自身では作り出せない家である。[6]天国の代替は存在しない。[7]彼が作り出してきたものはすべて地獄だった。

4．あなたは、自分がもう一度見つけたいのは自分の幼年期の家だと考えるかもしれない。[2]あなたが纏《まと》っている肉体が過ごした幼年期と、それを保護していた場所についての記憶は、今では非常に歪曲されており、あなたは実際には生じていない過去の映像を見ているにすぎない。[3]しかし、あなたの中には**父**の家を探す**幼子**《おさなご》がいて、その**子**は自分がここでは異邦人だと知っている。[4]その幼年期は、永久に持続する無垢性をもった永遠なるものである。[5]この聖なる**幼子**《おさなご》の行くところは聖なる地である。[6]**彼の聖性**こそが天国を照らし、天上に輝く光の純粋な反映を地上に運ぶものであり、その中で地上と天国が一つに合一する。

5. あなたの**父**が**わが子**として知っているのは、この**幼子**である。[2]**自分の父**を知っているのも、この**幼子**である。[3]**彼**は家へ帰ることを深く絶え間なく欲しており、**彼**の声は少し休ませてほしいとあなたに訴えている。[4]**彼**が求めるのは数秒間の休息以上のものではない。**父**の家に満ちる神聖な空気を吸うためにそこに帰るつかの間の時間だけである。[5]あなたもまた、**彼**の住む家である。[6]**彼**は戻るだろう。[7]しかし**彼**が自分の家である平安の中で、沈黙と平安と愛に包まれて安らぎ、**彼自身**でいられる少しの時間を**彼**に与えてあげなさい。

6. この**幼子**はあなたによる保護を必要としている。[2]**彼**は家から遠く離れている。[3]**彼**はあまりに小さく容易に閉め出されそうに思われる。その小さな声はすぐにかき消され、助けを呼ぶ**彼**の声は、世界のやかましく耳障りな物音や不快な雑音の中ではほとんど聞こえない。[4]しかしそれでも、**彼**はあなたの中に**彼**を確実に保護するものがあると知っている。[5]あなたは彼を裏切らない。[6]**彼**は家に帰り、あなたも**彼**とともに帰るだろう。

7. この**幼子**とは、防衛しないことによる強さそのものである。[2]**彼**はあなたを信頼している。[3]**彼**はあなたが裏切らないと知っていたからやってきた。[4]**彼**はわが家のことを絶え間なくあなたにささやき続ける。[5]あなたを一緒に連れ帰りたいからである。そうすれば、**彼自身**がそこにとどまれる。そして自分が属さない場所、つまり異質の想念の世界でのけ者にされて生きる場所へと戻らずにすむようになる。[6]**彼**の忍耐に限界はない。[7]**彼**は、**自分**もあなたもともにくつろげる場所へあなたを伴い、平安に帰らせてほしいと内側から訴える。そして、その優しい**声**があなたに聞こえるまで待ち続ける。

8. あなたが一瞬の間《あいだ》静かになり、この世界があなたから遠のき、あなたの落ち着かない心の中で無価値な概念が価値をもたなくなるとき、あなたは**彼**の声を聞くだろう。[2]**彼**は切実にあなたに呼びかけるので、あなたはもはや**彼**に抵抗しなくなるだろう。[3]その瞬間に**彼**はあなたをわが家へと連れ帰る。恐れや疑いとは無縁の、言葉につくせない完璧な静寂と沈黙と平安の中で、あなたは家に帰ったという素晴らしき確信を得て、**彼**とともにとどまるだろう。

9. 今日は、彼と一緒に何度も休息する。[2]防衛せずにやってきて、自分を敵視する者たちにただ愛のメッセージだけをもたらす者の強さを、あなたが**彼**から学ぶことができるように、**彼**は喜んで**幼子**となったからである。3**彼**は天国の力をその手にもち、**自分**を敵視する者たちを友と呼び、**自分**が**友**であることが彼らにわかるように、**自分**の強さを彼らに与える。4**彼**は家から遠く離れていてひとりでは家に戻れないので、彼らに自分を保護してくれるよう求める。

10. ひとりの放浪者がわが家を後にしようとするたびに、**キリスト**は小さな**幼子**として再生する。2放浪者となった者は、自分が保護したいのは、防衛しないままやってきて防衛しないことにより守られるこの**幼子**だということを学ばなければならない。3今日はときどき、**彼**と一緒に家に帰ろう。4あなたもここでは**彼**と同じように異邦人である。

11. 今日は、何の役にもたたないあなたの盾を脇に置き、存在しない敵に向かって振り上げた槍と剣を下ろすために時間を使おう。2**キリスト**は、あなたを友と呼び、兄弟と呼んだ。3彼は、今日、自分を完全なものとして完全に家に帰らせてくれるようにと、あなたに助けまで求めている。4**キリスト**は、愛と保護を求めて父親を探さなければならない小さな子どものごとくやってきた。5**彼**は宇宙を支配しているが、それでもあなたが**彼**と一緒に家に帰るように、そして幻想をあなたの神々としないようにと、絶え間なく訴え続けている。

12. あなたは無垢性を失っていない。2あなたが渇望しているのはこれである。3これがあなたの胸《こころ》からの願望である。4これがあなたの聞く声であり、否《いな》むことのできない呼びかけである。5聖なる**幼子**はあなたとともにあり続ける。6**彼**の家はあなたの家である。7今日、**彼**は**自ら**の防衛しない強さをあなたに与え、あなたは自分で作り出したすべての戦闘用の玩具のかわりにそれを受け入れる。8そして今、道は開かれ、ついに私たちの旅もその終わりが見えてきた。9一瞬の間《あいだ》静かにして、**彼**とともに家に帰りなさい。そして、しばし心安らかでいなさい。

レッスン183

私は神の名と私自身の名に呼びかける。

1. **神の名**は神聖であるが、あなたの名以上に神聖なのではない。[2]**神の名**に呼びかけるということは、あなた自身の名に呼びかけることである。[3]父親はわが子に自分の名を授け、その子を自分と同一のものと見なす。[4]彼の兄弟たちもその名を共有し、それにより、彼らは自分たちのアイデンティティーを示す絆で結ばれている。[5]あなたがまだ誰であるかを知らない世界にいても、また、あなたがそれを思い出していなくても、**父の名**はあなたに自分が誰であるかを思い出させる。

2. **神の名**を聞けば、反応せずにはいられず、その**名**を口にすれば、必ず心の中に、思い出すようにという呼びかけが響きわたる。[2]**神の名**を口にすれば、あなたは自分のいる場を取り囲んでほしいと、天使たちを招くことになる。天国の歌を歌いながら翼を広げてあなたを守り、あなたの聖性を侵そうとするこの世界のあらゆる想念から保護してくれるよう要請することになる。

3. **神の名**を繰り返しなさい。そうすれば、全世界がそれに応えて幻想を放棄する。[2]この世界が大切にしていると見えたあらゆる夢が忽然と消え去り、それが存在したと見えた場所に、あなたは一つの星、恩寵の奇跡を見出す。[3]病んだ者は、病気の想念を癒されて起き上がる。[4]盲目の者は見えるようになり、耳の聞こえなかった者は聞こえるようになる。[5]悲嘆にくれた者は嘆きを捨て去り、幸せな笑い声が世界を祝福しにくれば、苦痛の涙も乾く。

4. **神の名**を繰り返しなさい。そうすれば、卑小な名前は意味を失う。[2]**神の名**の前にあっては、すべての誘惑は名もなく望まれぬものとなる。[3]**神の名**を繰り返し、価値あるものとしてきたすべての神々の名前を、あなたがさっぱりと忘れてしまうのを見なさい。[4]それらはあなたが与えた神という名前を失った。[5]そうした卑小な名前を**神の名**へと入れ替える以前には、あなたはそれらを神々と名づけてうやうやしくその前に立っていたが、もはやそれらはあなたにとって名もない無価値なものとなった。

5. **神の名**を繰り返し、**神**と同じ**名**をもつあなたの真の**自己**に呼びかけなさい。[2]**神の名**を繰り返せば、地上の小さく名もなきものすべてが、正しい視座におさまる。[3]**神の名**に呼びかける者は、名もなきものを**神の名**と取り違えることも、罪を恩寵と、肉体を聖なる**神の子**と取り違えることもない。[4]兄弟の傍らに黙して座り、静かな心の中で彼とともに**神の名**を繰り返し、彼と合一するなら、あなたはそこに、**神ご自身**と**神の子**に至る祭壇を建てたのである。

6. 今日は、**神の名**をゆっくりと何度も何度も繰り返すことだけを練習する。[2]**神の名**以外の名は、一切忘れてしまいなさい。[3]ほかには何も聞いてはならない。[4]あなたのすべての想念を、このことに根づかせなさい。[5]練習の始めに今日の主題概念を一度だけ述べたなら、あとは、これ以外にどんな言葉も用いない。[6]そうして**神の名**は、私たちがもつ唯一の想念、唯一の言葉、私たちの心を占める唯一のものとなり、私たちの唯一の願い、意味のある唯一の音、そして私たちが見たいと願い自分のものと呼びたいあらゆるものの唯一の**名**となる。

7. このようにして、私たちは決して拒まれようのない招待を差し出す。[2]**神**は訪れ、**ご自身**でそれに答えてくれるだろう。[3]世界が大事にしている数々の偶像の名で**神**に呼びかける者たちの卑小な祈りを、**神**が聞くと思ってはならない。[4]そうした祈りが**神**に届くことはない。[5]**神**が**神ご自身**でなくなるようにという要請や、**神の子**が**神**のものでない名を受け取るようにという要請は、**神**には聞こえない。

8. **神の名**を繰り返しなさい。そうすれば、あなたは**神**を実相の唯一の**創造主**と認めることになる。[2]そしてまた、**神の子**が**神**の一部であり、**神の名**において創造していることを是認する。[3]黙して座り、**神の名**を、あなたの心を完全に包む包括的な想念となるようにする。[4]これ以外の想念はすべて静める。[5]そして、ほかのすべての想念にはこれをもって応える。そして、存在しているすべてとこれから存在するすべてのものに一つの**名**があることを認識せずに、あなたが自分の想念に与えた無数の卑小な名前が、**神の名**へと入れ替わるところを見る。

9. 今日、あなたは恩寵の贈り物を体験するための状態を達成できる。[2]この世界の一切の束縛から脱出し、あなたが見出したと同じ解放をこの世界に与えることができる。[3]世界が忘れたものを思い出し、あなたの想起したものを世界に差し出すことができる。[4]今日あなたは、世界の救済および自分自身の救済のために果たす自分の役割を受け入れることができる。[5]そして、その両方を完璧に達成できる。

10. **神の名**にあなたの解放を求めるなら、それは与えられる。[2]この祈りはその中にすべてを含んでいるので、これ以外の祈りは不要である。[3]**神の子**が**父の名**に呼びかけるとき、言葉は重要ではなく、何も要請する必要はない。[4]**父の想念**が彼自身のものとなる。[5]彼は**父**が与えたすべて、今も与えており、永遠に与え続ける一切を自分のものとして宣言する。[6]彼は自分が作り出したと思ったすべてのものを、今や名無しのものとさせるように**神**に呼びかけ、そうしてそれらにかわって**神の名**が、それらを無価値とした彼の判断を表すものとなる。

11. すべての卑小なるものが沈黙する。[2]卑小なざわめきは今や音を失う。[3]地上の卑小なものは姿を消した。[4]宇宙は唯一、**父**に呼びかける**神の子**だけで構成されている。[5]そうして**父の声**が**父**の神聖な**名**において答える。[6]この永遠にして静かなる関わりの中、親交《コミュニケーション》が一切の言葉をはるかに超越し、言葉が伝えうるものをその深みにおいても高みにおいても凌駕するところに、永遠の平安が存在する。[7]**父の名**において、私たちは今日この平安を体験しようとする。[8]そして**神の名**において、それは私たちに与えられる。

レッスン184

神の名は、私が受け継いだ賜物である。

1．あなたは象徴によって生きている。[2]あなたは自分が見ているすべてのものに名前を作り出した。[3]その一つひとつがそれ自体の名前により識別される分離した存在となる。[4]そうすることで、あなたは一体であるものからそれを切り取る。[5]そうして、それに特別の属性を定め、それをとりまく空間を強調することで、それをほかのものから区別する。[6]あなたはこの空間を、自分が異なった名前を与えるあらゆるものの周囲に挿入している。場所や時間で隔てられるあらゆる出来事の間や、名前を呼んで挨拶を交し合う肉体をもつ者たちの間に、それが挿入されている。

2．すべてのものを区別するものとしてあなたが見ているこの空間が、この世界の知覚を成立させる手段である。[2]あなたは何もないところに何かを見ている。そして、一体性のあるところには無を見ている。すなわち、あらゆるものの間や、あらゆるものとあなたとの間に、空白を見ている。[3]そのようにして、あなたは分離の中で生命《いのち》をもたらしたと考える。[4]こうした分割により、あなたは自分が、独立の意志をもって機能する一個の統一体として確立されていると考える。

3．こうした名前とは、いったい何だろうか。名前によって、この世界は、別々の出来事や統一性のないものごとの連なりとなり、分離した自覚としての心の断片を宿す、個々に切り離された肉体の寄り集まりとなる。[2]あなたはこうした名前をそれらに与え、知覚を自分が望む通りのものに設定した。[3]名をもたないものごとに名前が与えられ、それによって、現実味も付与された。[4]なぜなら、命名されたものには意味が与えられ、かくして有意義なものと見なされるからである。すなわち、それ自体の内に真の結果を内蔵する原因とされるのである。

4．このようにして、与えられた真理に意図的に対立する偏った視覚により、現実が作り出される。[2]それが敵とするものは全一性である。[3]それは卑小なものごとを思いつき、卑小なものごとを見る。[4]そして、間に空白がない状態や、一致の感覚や、別の見方で見る心眼《ヴィジョン》などは、この偏った視覚にとっては、戦って否定し克服すべき脅威となる。

5．しかし、この別の見方で見る心眼《ヴィジョン》こそが、依然として、心が自らの知覚を用いる自然な方向であり続けている。[2]心に、数限りない異質の名前を教え込むのは困難なことである。[3]それでもあなたは、それが学ぶということだと信じている。それが学びの一つの重要なゴールであり、それによって意思疎通《コミュニケーション》が達成され、概念が有意義に共有されると信じている。

6. これが、この世界が授ける継承遺産の総和である。[2]そして、それがその通りだという考えを学ぶものは誰でも、この世界が実在すると主張する象徴やしるしを受け入れる。[3]そうした象徴やしるしが表しているのは、まさにこのことである。[4]それらは、名づけられたものが存在するということに疑いの余地を残さない。[5]期待された通り、それらは目に見えるものとなる。[6]それが究極の現実であるから、それが真実であることを否定するものは幻想に過ぎないということになる。[7]それを疑うのは狂気であり、その存在を受け入れることが正気の証明となる。

7. これがこの世界が教えることである。[2]それはここにくる者たち皆が通り抜けなければならない学びの一局面である。[3]しかし、それが何に基づいているのか、その前提がいかに疑わしく、その成果がいかに怪しいものであるかを早く知覚すればするほど、その結果に疑問を抱く時も早まる。[4]この世界が教えようとするものだけにとどまる学びは、意味にまで到達することはない。[5]この世界の学びは、正しく配置されるなら、もう一つの学びが始まる出発点となる。そこを起点として新しい知覚が得られるようになり、この世界が与えるでたらめな名前が疑問に付されて撤回されるようになる。

8. 自分が世界を作ったと考えてはならない。[2]幻想ならば確かに作り出した！ [3]しかし地においても天においても真実なるものは、あなたによる命名を超えたものである。[4]あなたがひとりの兄弟に呼びかけるとき、あなたは彼の肉体に訴えている。[5]彼の真のアイデンティティーは、あなたが彼の真の本性だと信じているものにより隠されている。[6]彼の心が、あなたが彼に与える名前を自分のものとすることに同意するので、彼の肉体はあなたが彼と呼ぶものに対し応答する。[7]こうして、彼の一体性は二重に否定される。あなたは彼を自分とは分離した者として知覚し、彼はこの分離した名前を自分のものとして受け入れるからである。

9. もしあなたがこの世界の中の象徴をすべて超えて進み、それらを永遠に忘れてしまうように求められながらもなお、教える役目も引き受けさせられるとしたら、それこそ奇妙なことである。[2]あなたはもうしばらくの間、この世界の象徴を使う必要がある。[3]しかし、それらに騙されてはいけない。[4]それらが表しているものはまったくの無である。この考えが、今日の練習において、あなたをそうした象徴から解放してくれるものとなる。[5]それらはこの世界が理解できるやり方であなたが意志疎通をするための単なる手段となるが、あなた自身は、それが真の親交《コミュニケーション》が見出せる場としての一体性とは違うということを認識している。

10. だからあなたに必要なのは、毎日、この世界の学びがつかの間の一つの段階となる休憩時間をもつことである。それは、あなたが牢獄から陽の光の中へと出ていき、闇を忘れる時間である。[2]その中であなたは、真の**言葉**、**神**があなたに与えた**名**、すべてのものが共有する一なる**アイデンティティー**、そして真実なるものについての一なる認識を理解する。[3]それからあなたはまた闇の中へと戻るが、それが実在すると思うからではなく、闇が支配する世界の中で依然として意味をもつ言葉によって、その非実在性を宣言するために戻るのである。

11. 闇の世界を描写する卑小な名称や象徴はいくらでも使ってかまわない。[2]しかしそれらをあなたの実相として受け入れてはならない。[3]**聖霊**はそれらすべてを用いる。しかし、被造物には一なる**名**、一なる意味しかなく、すべてを**それ自体**の内に一体化する単一の**源**があるのみだということを、**聖霊**が忘れることはない。[4]世界がそれらに与えている名前を単なる便宜のためにのみ使いなさい。ただし、それらがあなたとともに**神の名**を共有しているということを忘れずにいなさい。

12. **神**には名はない。[2]しかし、**神の名**はあらゆるものが一つであるという最後のレッスンとなり、このレッスンですべての学びが終わる。[3]すべての名前が一体化され、すべての空間が真理の反映で満たされる。[4]あらゆる隔たりが閉じられ、分離が癒される。[5]**神の名**は、天国の座を奪うために作り出されたこの世界の教育を選択した者に、**神**が相続させたものである。[6]この練習において私たちが目的とするのは、あなたが**神の愛《いと》し子**にふさわしい貢ぎ物であるかのように作り出した哀れな遺産に対し、**神**が返答として私たちに与えたものを、私たちの心が受け入れるようにすることである。

13. **神の名**の意味を求める者に、失敗はありえない。[2]**神の言葉**を補足する体験が必ず訪れる。[3]しかしまずはじめにすべての実相を表す一なる**名**を受け入れ、実相の数々の側面に自分が与えた多くの名前は、自分が見るものを歪曲してきたが真理の邪魔をすることはまったくなかった、ということを悟らなければならない。[4]私たちは一なる**名**だけをもって練習を行う。[5]私たちの視覚を統一するために一なる**名**だけを用いる。

14. 私たちは**神の子**の各側面がもつ自覚のそれぞれに対

し別々の名前を用いはするが、それらは**神**が与えた一なる**名**だけを有するということを理解する。[2]私たちが練習で用いるのはこの**名**である。[3]そして、**それ**を用いることによって、私たちを盲目にしてきた一切の愚かな分離が消滅する。[4]そして、私たちは、それを超えたところを見ることのできる強さを与えられる。[5]今や私たちの視覚は、受け取りつつ与えることのできる祝福により祝福されている。

15. **父**よ、私たちの**名**は**あなたの名**です。[2]その中で、私たちは、生きとし生けるものと、それらすべての一なる**創造主**である**あなた**と一体です。[3]私たちが作り出し、多くの異なる名前で呼んでいるものは、**あなたご自身**の実相を遮ろうとして私たちが投げかけた影にすぎません。[4]そして私たちは、自分たちが間違っていたことを喜び感謝します。[5]間違いがもたらすかに見えたあらゆる結果から解放されるように、私たちのすべての誤りを**あなた**に差し出します。[6]そして**あなた**から与えられる真理を、そうした一切にかわって受け入れます。[7]**あなたの名**は私たちが作り出したものから私たちを救い、自由にします。[8]**あなたの名**は、私たちが受け継いだ賜物であり平安である一体性の内に、私たちをひとつに結びます。[9]アーメン。

レッスン185

私は神の平安を望む。

1．この言葉をただ口にしたところで何の意味もない。[2]しかし、それを本気で言うことはすべてに値する。[3]もしあなたが、ほんの一瞬でもそれを本気で言うことができるなら、もはやいつどこにいても、どんな形においても、あなたに哀しみはありえない。[4]天国は再び完全に自覚され、**神**についての記憶はあますところなく取り戻され、すべての被造物の復活が十全に認識されるだろう。

2．この言葉を本気で言って癒されない者はない。[2]彼が夢と戯れることはできず、自分自身を夢だと思うこともありえない。[3]自分で地獄を作り出し、それが実在すると思うこともありえない。[4]彼は**神**の平安を望み、それが与えられる。[5]それが彼の望むすべてであり、受け取るすべてだからである。[6]多くの者がこの言葉を口にした。[7]しかし、それを本気で言った者はほとんどいなかった。[8]こうした者たちがいかに少ないかを確かめたければ、あなたの周りに見える世界を眺めさえすればよい。[9]誰であれ二人の者が、この言葉は自分たちが望む唯一のものを表現しているということに合意するなら、世界は完全に変容するだろう。

3．一つの意図をもった二つの心は非常に強力となり、彼らが意志することは**神の意志**とひとつになる。[2]真理の中でのみ、心は心とつながることができるからである。[3]夢の中では、二人の者が同一の意図を共有することはできない。[4]それぞれの夢の主人公は違っており、望まれる結果も双方にとって同じではない。[5]損失に対する利益の比率と利益に対する損失の比率が異なった側面や別の形に現れ、敗者と勝者がさまざまなパターンで交替するのみである。

4．しかし、夢がもたらすことができるのは妥協だけである。[2]ときには、それが融合という形態をとることもあるが、それは単に形だけである。[3]夢のゴールは妥協することであるから、その意味は必ず夢から抜け落ちる。[4]心と心は夢の中では融合することはできない。[5]ただ、駆け引きをするだけである。[6]そしていったいどんな駆け引きが、**神**の平安をもたらせるのだろうか。[7]幻想が**神**の座を奪うことになる。[8]自分の利益と他者の損失のために妥協しようとする眠った心には、**神**が真に意味するものが見失われてしまう。

5．**神**の平安を望むと本気で言うことは、一切の夢を放棄することである。[2]この言葉を本気で言う者は、誰も幻想を望まないし、それゆえに幻想をもたらす手段を追求することもないからである。[3]その人は、幻想を眺め、それらには何かが欠けていることを見出した。[4]彼は、別の夢を見たところで、ほかのすべての夢以上に何かをもたらすことはないと認識し、今やそれらを超えて進もうとする。[5]彼にとって夢はひとつである。[6]そして彼は、どの夢もほかの夢と同じ絶望と悲惨をもたらすだけで、その違いは形だけだと学んでいる。

6．平安こそが自分の望むすべてである、と本気で言う心は、必ずほかの心とつながることになる。ほかの心とつながることが平安を得る方法だからである。[2]平安を求める願望が真のものであるとき、平安を見出す手段は、それを誠実に探し求めるそれぞれの心が理解できる形で与えられる。[3]彼が真摯に求めているなら、レッスンはどのような形をとるにしても、彼が見間違うことのない形で計画されている。[4]しかし、もし彼が真摯に求めないなら、そのレッスンが受け入れられ、真に学ばれる形は存在しない。

7．今日は、自分の口にする言葉を自分が本気で言っていると認識する練習をしよう。[2]私たちは**神**の平安を望んでいる。[3]これは無為の願望ではない。[4]この言葉は、ほかの夢が与えられることを要請しているのではない。[5]それは妥協を求めてはおらず、ほかの駆け引きの全部が失敗に終わっても、まだ一つぐらいは成功しそうだという希望のうちに、また別の駆け引きを試そうとするのでもない。[6]この言葉を本気で言うということは、幻想が空虚だと認めることであり、はかない夢のかわりに、永遠を求めることである。移り変わる夢はいろいろなものを与えてくれるように見えるが、それら自体が虚無であることに変わりはない。

8．今日の練習では、あなたが依然として大切にしている夢を探し出すために、心の中を念入りに検索する。[2]胸《こころ》の中で、あなたは何を求めているのだろうか。[3]願いを立てるときに自分が使う言葉のことは忘れなさい。[4]何が自分に慰めと幸福をもたらすと信じているのかだけを、よく考えなさい。[5]しかしいまだに残っている幻想を目にしても狼狽してはならない。今や問題となるのはそれらの形ではないからである。[6]また、恥や秘密はほかの夢に押しつけて、いくつかの夢だけを許容できるものとしてはならない。[7]それらは同一のものである。[8]そして同一であるから、その全部に対し、一つの問いが問われなければならない。「これが、天国や**神**の平安のかわりに、私が望んでいるものだろうか」と。

9．これがあなたが行う選択である。[2]そうではないという思い違いをしてはならない。[3]ここではいかなる妥協も不可能である。[4]**神**の平安を選ぶのでなければ、夢を求めたことになる。[5]そして夢はあなたが要請した通りにやってくるだろう。[6]しかし**神**の平安も同じように確かにやってきて、あなたのもとに永遠にとどまるだろう。[7]それは、道が曲がりくねるたびに姿を消すことはなく、あなたが一歩進むたびに同じものとは認識されないさまざまな形で再び現れることもない。

10. あなたは**神**の平安を望んでいる。[2]そして、夢を追求しているように見えるすべての者たちも、同じである。[3]心の底から真摯にこれを願うとき、あなたは自分のためにも彼らのためにも、これだけを求めている。[4]そのようにして、あなたは彼らが真に欲するものに到達する。そして、彼ら自身はそうとは知らなくても、あなたには、彼らが何よりも求めていることが確信されるものへと、あなた自身の意図を合一させる。[5]あなたはときどき、目的が不確かとなり、自分が何を望み、どこにそれを探し、どこにそのための助けを求めたらよいのか確信がなくなり、弱き者となることがあった。[6]だが、あなたには**助力**が与えられている。[7]あなたはそれを分かち合うことで、それを自分に役立てたくはないだろうか。

11. **神**の平安を真に探し求める者が、それを見つけられないはずはない。[2]彼は、**神の意志**であるものを自分自身に拒否することによって自分を欺くことは、もうやめたいと、求めているだけだからである。[3]すでにもっているものを求めて、満たされない者がいるだろうか。[4]与えるために自分に与えられている答えを要求して、回答が得られない者がいるだろうか。[5]**神**の平安はあなたのものである。

12. 平安はあなたのために創造され、平安の**創造主**からあなたに与えられ、**創造主**の永遠なる贈り物として確立された。[2]**神**があなたに意志しているものをあなたが求めるとき、どうしてあなたに失敗があるだろう。[3]あなたのそうした要請が、どうしてあなたのためだけのものとして限定されるだろう。[4]**神**の贈り物で共有されないものはありえない。[5]この属性こそが、真理の座を奪ったかに見えたすべての夢から、**神**の贈り物をはっきりと区別する。

13. **神**の贈り物が誰かによって求められ、受け取られたとき、失う者はひとりもなく、必ずすべての者が恩恵に浴する。[2]**神**はひとつにするためだけに与える。[3]取り去ることは**神**にとって無意味である。[4]そしてそれがあなたにとっても同じように無意味となるとき、一なる**意志**を自分が**神**と共有していると同時に、**神**が自分と共有しているということを、あなたは確信することができる。[5]そしてまた、自分と同じ意図をもつ兄弟全員と一なる**意志**を共有していることも知るだろう。

14. 今日、私たちが追求するのはこの一なる意図である。それは私たちの願望を、すべての胸《こころ》の必要性と合一させ、すべての心の叫び、絶望の向こうにある希望、攻撃が隠そうとする愛、そして、憎悪が切り離そうとしたが今も**神**が創造したままに存続している兄弟愛と合一させる。[2] 傍らにこうした**助力**がありながら、今日、私たちが**神**の平安を要請してそれが得られないということがあるだろうか。

レッスン186

世界の救済は私にかかっている。

1. ここに、いつの日かどの心からも一切の傲慢さをぬぐい去る言葉がある。[2]これは真の謙虚さの想念であり、自分に与えられた機能《はたらき》だけしか自分のものとしない。[3]この想念により、あなたは別の役割につくことを主張することなく、自分に任された役目を受け入れるようになる。[4]それは、あなたにふさわしい役割について是非の判断を下さない。[5]**神の意志**が地上においても天国においても行われるということをただ確認する。[6]この世界を救済するための天国の計画のもとに地上のすべての意志を合一させ、この世界に天国の平安をもたらす。

2. 自らの機能《はたらき》に抗うことはやめよう。[2]私たちがそれを確立したのではない。[3]それは私たちの考えたことではない。[4]それが完璧に達成されるための手段は与えられている。[5]私たちに求められているのは、自らの役割を純粋な謙虚さをもって受け入れることであり、自分たちがその役にふさわしいことを、自己欺瞞からくる傲慢さによって否定しないことだけである。[6]私たちが為すべく与えられたのであれば、私たちにはそれを為すだけの力がある。[7]私たちの心は、私たちをよく知っている**存在**が任命した役割を担うのに完璧にふさわしい。

3. 今日の主題概念は、その意味がわからないうちはひどく深刻なものに思えるかもしれない。[2]そこで言われているのは、あなたの**父**が依然としてあなたを覚えていて、**わが子**であるあなたに完璧な信頼を差し出しているということである。[3]それは、あなたが少しでも自分の本性と異なる者となることを求めているのではない。[4]謙虚さが、これ以外に何を要求できるだろう。[5]そして傲慢さは、これ以外に何を否定できるだろう。[6]今日私たちは、これが謙虚さを踏みにじるものだといったまことしやかな論拠にもとづいて、自分に与えられた仕事からしり込みするようなことはしない。[7]**神ご自身**を代弁する**呼びかけ**を否定するのは傲慢さである。

4. 今日私たちは、**神**が私たちに何をさせたいのかを啓示する**神の声**を聞くことができるように、偽りの謙虚さをすべて脇に置く。[2]**神**から与えられる機能《はたらき》に対する自分たちの適性を疑わない。[3]**神**は私たちの力や知恵や聖性を知っている、ということだけを確信する。[4]そして、**神**が私たちをそれにふさわしいと見なすならば、私たちはその通りの者である。[5]そうではないと判断することは傲慢さにほかならない。

5．偽りが真理だと証明しようとするあなたの計画は自分自身に牢獄をもたらしてきたが、そこから解放される道が一つあり、それが唯一の道である。[2]自分の計画のかわりに、自分が作り出さなかった計画を受け入れることである。[3]その計画における自分の重要性を自分で判断してはならない。[4]もし**神の声**が、救済にあなたの役割が必要であり、そしてその全体があなたにかかっていると保証するのであれば、その通りであることに確信をもとう。[5]傲慢な者は、言葉を超えて進み自分の立場を脅かすような経験をすることを恐れるために、言葉に固執する。[6]しかし謙虚な者は、自らの本性について、あるいは何をすべきかについて教える**声**を自由に聞くことができる。

6．傲慢さは、あなた自身についての実在しない自分像《イメージ》を作り出す。[2]**神を代弁する声**が、あなたにはすべての形象《イメージ》を超える力と知恵と聖性があると保証するときに、怖じ気づき、恐れて尻込みするのはこの自分像である。[3]あなたは、あなたの自分像のように弱くはない。[4]あなたは無知でもなければ無力でもない。[5]罪はあなたの中の真理を汚すことはできず、不幸は神聖な**神**の家に近づくことはできない。

7．このすべてを**神を代弁する声**があなたに語る。[2]聖霊が話すとき、あなたの自分像は自らの土台が崩れるのを感じて戦慄し、自分の知らない脅威に向かって攻撃しようとする。[3]それが消え去るままにしておきなさい。[4]この世界の救済はあなたにかかっているのであり、この小さな塵の塊にかかっているのではない。[5]そのようなものが、神聖な**神の子**に何を告げるというのだろう。[6]どうして彼がそのようなものを少しでも気にかける必要があるだろう。

8．そうして私たちは平安を見出す。[2]すべての幻想は、自分で自分のために何か別の機能《はたらき》を作り出せるという異常な信念の上に成り立っているのだから、私たちは今、**神**に与えられた機能《はたらき》を受け入れる。[3]私たちが自分で作り出した役割は変わり続け、それは嘆き悲しむことから、愛されることや愛することの歓喜に溢れる至福へと変化するように見える。[4]私たちは笑うことも泣くこともあり、その日を歓迎することも涙で迎えることもある。[5]私たちの気分は目まぐるしく変わり、感情が私たちを高みに持ち上げたり絶望の淵に投げ込んだりするたびに、私たちの存在そのものまで変化するかに思える。

9．これが**神の子**だろうか。[2]**神**がこのような不安定なものを作り出し、それを**わが子**と呼ぶだろうか。[3]不変なる**神**は**ご自身**の属性を被造物と共有する。[4]**神の子**が作り出すかに見えるすべての形象は彼の本性にはいかなる影響も及ぼさない。[5]それらはまるで風に舞う木の葉のように、一瞬の間一つの模様を描いたかと思えばバラバラになり、また集まり、また飛び散っては彼の心を駆け抜けていく。[6]それはまた、砂漠の砂けむりの中から立ち上がる蜃気楼のようでもある。

10. 自分に与えられた機能《はたらき》を受け入れるとき、こうした実質のない形象は去り、あなたの心は曇りなく穏やかになるだろう。[2]あなたの作り出した形象は、はかなく不確かで曖昧な、互いに矛盾する複数のゴールを生起させた。[3]このようなゴールに向い、恒常的に努力し、精力を傾け、気力を集中できる者がいるだろうか。[4]この世界が尊重する機能《はたらき》はまことに不確かなもので、最も安定しているときですら一時間に一〇回は変化する。[5]このようなゴールの上に、いったい何を得られる希望が成り立つだろう。

11. それとは美しい対照をなして、太陽が朝には必ず戻ってきて夜を去らせるがごとくに、あなたに真に与えられた機能《はたらき》は少しの曖昧さもなくはっきりと示されている。[2]その妥当性に疑いの余地はない。[3]それは誤りを知らない**存在**からもたらされ、**聖霊**はそのメッセージを確信している。[4]そのメッセージは変化することはなく、互いに矛盾することもない。[5]それらはすべて、あなたに達成できる一なるゴールを指し示す。[6]あなたの計画は不可能だが、**神**の計画は、**神**がその**源**であるのだから決して破綻することはない。

12. **神の声**が指示するとおりに行いなさい。[2]もしその**声**があなたに不可能と思えることを求めるなら、誰が求めているのか、誰がそれを拒否しようとしているのかを思い出しなさい。[3]それから、どちらのほうが正しいかをよく考えてみなさい。[4]それはありとあらゆるものの**創造主**であり、一切をあるがままに知っている**存在**を代弁する**声**だろうか、それとも、あらゆることに混乱し困惑し矛盾した不確かでゆがんだあなたの自分像だろうか。[5]その声に指示させてはいけない。[6]そうではなく、あなたを覚えている**創造主**があなたに与えた機能《はたらき》について語り、今その**創造主**を思い出すようにと促す確かな**声**を聞きなさい。

13. **神**の優しい**声**は、知られているものから知らずにいるものへの呼びかけである。[2]**神**は悲しみを知らないが、あなたを慰める。[3]**神**は完全であるが復元しようとし、あなたがすでにすべてをもっていると知りながら、あなたに贈り物を与える。[4]**神**は必要というものを知覚しないが、**神の子**が知覚するあらゆる必要に応える**想念**を有している。[5]**愛**は与えずにはいられず、**神の名**において与えられるものは、形態の世界の中で最も役に立つ形をとるからである。

14. これらが、決して欺くことのない形態である。なぜなら、それらは**無形性そのもの**から生じるからである。[2]赦しは愛の地上的な形であり、愛は天国においてそうである通り、形をもたない。³しかし、ここで必要とされるものは、必要とされる形でここに与えられる。[4]無形性があなたに取り戻されたとき、愛はあなたにとってはるかに大きなものを意味することになるが、それでもあなたはこの形において、ここにいても自分の機能《はたらき》を全うすることができる。[5]この世界の救済は赦すことのできるあなたにかかっている。[6]それがここにおけるあなたの機能《はたらき》である。

レッスン187

私は世界を祝福する。それは、私が自分を祝福しているからである。

1. 所有していなければ、与えることはできない。[2]実際、与えることは所有しているという証拠である。[3]私たちはこの点についてはすでに論じてきた。[4]信じがたく見えるのはこのことではない。[5]何かを人に与えようとするなら、まずあなた自身がそれを所有していなければならないということは、誰にも疑いようがない。[6]世界の知覚と真の知覚が違ってくるのは、その次の段階である。[7]所有していた後に与えたなら、あなたは所有していたものを失ったと世界は断言する。[8]真理は、与えることはあなたが所有しているものを増大させると主張する。

2. どうしてこうした違いがありえるのだろうか。[2]もしあなたが有限なものを与えてしまえば、確かに肉体の目はそれを自分のものだとは知覚しなくなる。[3]しかし私たちはすでに、ものはそれを作り出す想念を表現しているにすぎないと学んだ。[4]そしてまたあなたは、概念を与えればその概念を自分の心の中で強化する、ということを証明する事実にはこと欠かないはずである。[5]その想念が表されている形態は、与えるときに変化するかもしれない。[6]しかしそれは必ず与える者に戻ってくる。[7]そしてまた、戻ってくるときに、その形態が与えたときよりも好ましくないということはありえない。[8]それは間違いなくより好ましい形で返ってくる。

3. 概念を人に与えるには、その前にまず、それをあなたが所有していなければならない。[2]もしあなたが世界を救うというのなら、あなたはまずはじめに自分に救済を受け入れなければならない。[3]しかしあなたは、自分が出会うすべての人々にそれが奇跡をもたらすのを見るまでは、それが達成されたことを信じないだろう。[4]ここで、与えるという概念が明確になり、意味を与えられる。[5]今やあなたは、自ら与えることにより自分の蓄えが増えていることが知覚できる。

4. 自分が価値を置く一切を与え放つことによって、それらを守りなさい。そうすれば、あなたは自分がそれらを決して失わないと確信する。[2]そうして、自分にはないと思っていたものがあなたのものだと証明される。[3]しかしその形に価値を置いてはならない。[4]なぜなら、安全に確保しようといくら努力しても、その形は時間の中で変化し認識できなくなるからである。[5]どんな形も永続しない。

[6]不変なるままに生き続けるのは、ものごとの形態の背後にある想念である。

5．喜んで与えなさい。[2]それにより、あなたはただ得るのみである。[3]想念は残り、与えることによって強化され、さらに強力なものとなる。[4]想念は失われることがないので、共有されるとき延長される。[5]この世界が考えるような意味での「与える者」と「受け取る者」は存在しない。[6]そのまま所有し続ける「与える者」と、いずれ自らも与えることになるもうひとりの「与える者」がいるだけである。[7]そしてこの交換では、必ず両者がともに得ることになる。なぜなら、各自にとって最も役に立つ形でこの想念を所有するからである。[8]失うように見えるものは、いずれは必ず自分に戻ってくるものに比べて、自分にとってずっと価値の低いものばかりである。

6．あなたはただ自分自身に与えているのだということを、決して忘れてはいけない。[2]与えるということが何を意味するかを理解する者は、犠牲という概念を一笑に付す。[3]また彼が犠牲の概念がとるさまざまな形を認識できないということはありえない。[4]苦痛や損失、病気や悲嘆、貧困、飢えや死なども、彼は笑って退ける。[5]彼は、常にこうしたものすべての背後に犠牲という一つの概念が存在することを認識するので、彼の優しい笑い声の中でそれらは癒される。

7．認識された幻想は必ず消滅する。[2]苦しみを受け入れずにいなさい。そうすれば、あなたは苦しみという想念を取り除くことになる。[3]すべての苦しみをありのままに見ることを選択するとき、あなたの祝福が苦しむ者たち皆の上に注がれている。[4]苦しみが表現されているように見えるあらゆる形を生起させるのは、犠牲という概念である。[5]そして犠牲というのはあまりにも狂った概念なので、正気の心はすぐさまそれを退去させる。

8．自分が犠牲を払うことが可能だなどと決して信じてはならない。[2]少しでも価値あるものには犠牲が存在する余地はない。[3]もし、そうした想念が生じたなら、その想念の存在自体が、誤りが生じていて訂正の必要があることを証明している。[4]あなたの祝福がそれを訂正するだろう。[5]祝福はまずあなたに与えられているので、今や、あなたも祝福を与えることができる。[6]すでに自分自身を赦し祝福した者の前では、どんな形の犠牲や苦しみも長く存続することはできない。

9．兄弟があなたに差し出す百合の花は、あなたの祭壇の、あなたが彼に捧げる花の隣りに飾られる。[2]誰がこのように麗しい聖性を見ることを恐れるだろう。[3]あなたがここに見る清らかさの前で、**神**に対する恐れという大きな幻想が無に帰する。[4]見ることを恐れてはいけない。[5]あなたが見る祝福された状態は、形態についてのすべての想念を取り去り、そのかわりに、永遠に在り続け、増大し、永久に与え続けてもなおあなたのものである完璧な贈り物を残すだろう。

10. 恐れが消え去り、今や私たちは思いにおいてひとつである。[2]だから一なる**神**、一なる**父**、一なる**創造主**、一なる**想念**に捧げられた祭壇を前にしたこの場に、私たちは一なる**神の子**としてともに存在している。[3]私たち全員が私たちの一なる**自己**の無垢性により一つに結ばれており、どの兄弟もこの**自己**の一部である。そうして私たちは、**源**である**神**から分離することなく、兄弟の誰からも離れることなく、至福の中に立ち、自らが受け取った通りに与える。[4]私たちは**神の名**を口にする。[5]そして内側を見るとき、自らが**父の愛**を反映し天国の清らかさに輝いているのを見る。

11. 今、私たちは祝福されており、だから今、私たちは世界を祝福する。[2]私たちは自分が見たものを延長する。[3]それをあらゆるところに見たいからである。[3]私たちはすべての人の中に、それが**神**の恩寵とともに輝くところを見たい。[4]自分が見る何に対してもそれを与えずにおきたくはない。[5]そしてこの神聖な光景を自分たちのものとして確保するために、見るものすべてにそれを差し出す。[6]私たちがそれを見る場所で、それは私たちの祭壇に飾ることのできる百合の花の形で与え返され、そこが**無垢性そのもの**の住む家となる。その**無垢なる存在**は私たちの内側に宿り、**彼の聖性**を私たちのものとして私たちに与えてくれる。

レッスン188

神の平安は今、私の中に輝いている。

1. なぜ天国を待ったりするのだろう。2光を探し求める者は、単に目を覆っているにすぎない。3その光は今、彼らの中にある。4悟りとは認識にほかならず、変化のことなどではない。5光はこの世のものではなく、自らの内に光を抱くあなたも、ここでは異邦人である。6その光は、あなたの生家からあなたとともにやってきたものであり、あなたのものだからこそ、あなたとともにとどまっている。7それだけが**源**なる**神**からあなたが携えてきたものである。8それはあなたの家を照らすのであなたの中に輝き、それが生まれたところ、あなたがくつろげるわが家へと、あなたを連れ帰る。

2. この光は決して失われることがない。2なぜそれを未来に見出そうとして待つのだろう。それがすでになくなってしまったとか、一度も存在しなかったといったことを、なぜ信じるのだろう。3それが存在しないと証明しようとする議論がばかげて見えるほど、それは簡単に見ることができる。4自分の中に見えるものの現存を、誰が否定できるだろう。5内側を見ることは難しくはない。すべての視覚は内側で始まるからである。6夢に属するものであれ、より真実なる**源**から訪れるものであれ、見えるものはすべて、内なる視覚で見られたものの影である。7知覚は内なる視覚から始まり、内なる視覚で終わる。8それ以外に知覚の源はない。

3. **神**の平安は、今あなたの中で輝き、あなたの胸《こころ》から世界中へと延長される。2それは生命《いのち》あるものに出会うたびに立ち止まって抱擁し、そこに永遠に留まる祝福を残す。3それが与えるものは、必ず永遠なるものである。4それは、はかなく価値なきものについての想念をすべて取り除く。5それは、通りがかりのくたびれた胸《こころ》にも活気を取り戻し、すべての視覚に光を与える。6その贈り物は誰にでも与えられ、それを与えるあなたと、それを受け取ったあなたに、誰もが感謝しながら、ひとつに結ばれる。

4. あなたの心の中に輝くものが、世界が忘れていたものを世界に思い出させ、世界はまたその記憶をあなたに呼び戻す。2与えられて与え返される大いなる贈り物となって、救済はあなたから輝きわたる。3贈り物の与え手であるあなたに、**神ご自身**が感謝する。4そうしてあなたの中で輝く光は、**神**の祝福に包まれてさらに明るくなり、あなたが世界に与えるべき贈り物は増大する。

5．**神**の平安を封じ込めることはできない。[2]それを自らの内に認識する者は、与えずにはいられない。[3]そして、それを与える手段は、彼の理解の中にある。[4]彼は自分の中の真理を認識したからこそ赦すのである。[5]**神**の平安は、今あなたの中に、そして生きとし生けるものの中に輝く。[6]静けさの中で、それはあらゆるところに認められる。[7]あなたの内なる視覚が眺めるものが、すなわちあなたの宇宙についての知覚だからである。

6．静かに座り、目を閉じなさい。[2]あなたの内にある光で充分である。[3]その光だけで、あなたに視覚の贈り物を与える力がある。[4]外の世界を退けて、あなたの想念が内なる平安に向かって飛び立つにまかせなさい。[5]あなたの想念はその道を知っている。[6]あなたの外の世俗の夢に穢されていない正直な想念が、**神ご自身**の神聖なる使者となる。

7．こうした想念を、あなたは**神**とともに思考している。[2]それらの想念は自分の家を認識する。[3]それらは確実に、**父なる神**と**神の子**がひとつである場所、自らの**源**を指し示す。[4]**神**の平安はそれらの上に輝いているが、あなたのもとにもとどまっているはずである。あなたの**心**が**神の心**の中で生まれたように、それらもあなたの心の中で生まれたからである。[5]それらは、あなたがどのようにして平安へと戻るべきかを思い出させるためだけに平安からやってきて、あなたを平安へと連れ帰る。

8．あなたが聞くのを拒むときでも、それらは**父の声**に留意する。[2]そして空想や幻影のかわりに、あなたの本性についての**神の言葉**を受け入れるようにと、優しくあなたを促す。[3]それらは、あなたが生きとし生けるものの共同創造者であることを思い出させる。[4]**神**の平安があなたの中に輝くように、生きとし生けるものの上にも必ず輝くからである。

9．今日は私たちの内なる光にさらに近づく練習をする。[2]自分たちの散漫な想念を取り上げ、**神**と共有されているすべての想念と調和する場所へとそれらを優しく連れ帰る。[3]迷ったままにはしておかない。[4]私たちの心の中の光に、そうした想念を家へ帰らせるように導いてもらう。[5]私たちはそれらを見捨てて、自分から離れるように命じてきた。[6]けれども今、それらを呼び戻し、奇妙な願望や混乱した望みをきれいに洗い落とす。[7]それらが継承している聖性が、そこに取り戻される。

10．こうして私たちの心は、それらの想念とともに回復する。そして、私たちは**神**の平安が今も自分の中に輝き、それが、私たちの生命《いのち》を共有する生きとし生けるものに向かって、私たちから光り輝くことを確認する。[2]私たちは、世界が自分に為したと思っていたことについて全世界を放免し、一切を赦す。[3]私たちこそ、自分が望む通りに世界を作り出す当事者だからである。[4]私たちは今、世界が無垢であり、罪がなく、救済に向かって開かれたものとなることを選択する。[5]そして次のように言いながら、私たちの救済の祝福を世界に与える。

[6]神の平安は今、私の中に輝いている。
[7]その平安の中で、すべてが私を照らしますように。
私が自分の内なる光により一切を祝福できますように。

レッスン189

私は今、自分の中に神の愛を感じる。

1. あなたの中には、世界が知覚できない光がある。[2]この光を、あなたはこの世界の目で見ることはない。あなたは世界によって目が見えなくなっているからである。[3]しかしあなたにはそれを見るための目がある。[4]その光は、あなたが見られるように、そこにある。[5]あなたに見えないように隠しておくために、あなたの中に置かれたのではない。[6]この光は、私たちが今から練習する主題概念の反映である。[7]あなたの内に**神の愛**を感じるということは、世界を新しく見ることであり、その世界は無垢性の中に輝き、希望でいきいきとし、完璧なる慈しみと愛に祝福されている。

2. このような世界で誰が恐れを感じることなどできるだろう。[2]その世界はあなたを歓迎し、あなたが来たことを喜び、あらゆる形の危険や苦痛からあなたを安全に守りながら、あなたを讃えて歌う。[3]それは、少しの間あなたが滞在する暖かく優しい家を提供する。[4]一日を通しあなたを祝福し、夜にはあなたの神聖なる眠りを静かに見守ってくれる。[5]それは、あなたの中に救済を見て、あなたの内なる光を保護し、その光の中にそれ自体の光を見る。[6]それはあなたの善意に感謝して、その美しい花々と純白の雪を捧げる。

3. これが、**神の愛**が明らかにする世界である。[2]その世界は、悪意と恐れで暗くなった目を通して見られる世界とはあまりに異なるため、一方の世界は他方の世界を打ち消してしまう。[3]どちらか一方の世界だけが知覚される。[4]そのときもう一方の世界は完全に無意味である。[5]今にも復讐し殺傷し破壊しようと構えている攻撃の想念が生起させる憎悪の世界を見ている者は、一切の上に赦しが輝き、平安が優しい光を投げかける世界を思うことさえできない。

4. しかしまた、自らの内に**神の愛**を感じる者にとっては、憎悪の世界は同じく見ることも考えることもできないものである。[2]彼らの世界に反映されるのは、彼らの内に輝く静寂や平安であり、彼らが自分の周りに見ている優しさや無垢性であり、決して枯渇することのない内なる喜びの泉から外を眺める彼らの喜びである。[3]彼らは自らの内に感じているものを眺め、その確かな反映をあらゆる所に見る。

5. あなたは何を見たいだろう。[2]その選択はあなたに与えられている。[3]だから、「人は自らの内に感じているものを見ることになる」という知覚の法則を学び、自分の心にそれを忘れさせてはならない。[4]もしあなたの胸《こころ》の中に憎悪が入り込むなら、死が骨ばった細い指で容赦なく握りしめる恐ろしい世界を知覚するだろう。[5]もしあなたが自分の内に**神の愛**を感じているなら、愛と慈悲の世界を外に見るだろう。

6. 今日、私たちは幻想を通り越し、自らの内にある真実なるものに到達しようと努める。そして、すべてを抱擁するその優しさや、私たちをそれ自体と同じように完璧だと知っているその**愛**や、その**愛**から私たちへの贈り物であるその視覚を感じることを試みる。[2]私たちは今日、その道を学ぶ。[3]私たちを**愛**へと運ぶその道は、**愛そのもの**と同じほどに確かである。[4]この世界がこねくり回す上辺だけの論理は隠蔽するためにしか役立たないが、この道の簡明さはそうした複雑さの罠を回避するからである。

7. だから、ただ次のようにしなさい。静かになり、自分とは何か、**神**とは何か、といったすべての想念、これまで学んできたこの世界についての一切の概念、自分について抱いているあらゆるイメージを脇に置く。[2]あなたの心が、真実だとか偽りだとか、よいとか悪いとか思っているすべてのもの、価値があると判断する想念、あるいは恥じているすべての概念を取り去り、あなたの心を空《から》にしなさい。[3]どんなものにもしがみつかないようにする。[4]過去が教えた想念も、以前あなたが何かから学んだ信念も、いっさい持ち込まないようにする。[5]この世界を忘れ、このコースを忘れ、両手をまったく空《から》にして、あなたの**神**のもとに来なさい。

8. あなたへの道を知っているのは**神**のほうではないだろうか。[2]あなたが**神**への道を知っている必要はない。[3]あなたの役割は、**神の子**と**父なる神**の間にあなたが挿入した障害が、静かに永遠に消えてなくなるままにすることだけである。[4]**神**は、**ご自身**の役割を喜んで速やかに果たすだろう。[5]求めなさい。そして受け取りなさい。[6]しかし**神**にあれこれと要求してはならない。どの道を通って自分の前に現れるべきかを**神**に指図したりしてはならない。[7]**神**に至る道はただ**神**を**神**のままに在らせることである。[8]そのようにしてあなたの実相も宣言されるからである。

9. だから、私たちは、今日、**神**のところに行く道を選ばない。[2]そうではなく、**神**にきてもらうことを選択する。[3]この選択をして、私たちは休息する。[4]私たちの静かな胸《こころ》、開かれた心の中で、**神の愛**は自らの通路を燦然と照らす。[5]真理であり確実に達せられるものであるのなら、拒否されない限り、それは確実に存在する。[6]**神**は**わが子**を知っており、**わが子**への道を知っている。[7]どのようにしてその道を見つければよいかを、**わが子**から教えられる必要はない。[8]**神の愛**は内なる家から外に向かって、すべての開かれた扉を通り抜けて光り輝き、無垢なる世界を明るく照らす。

10. **父**よ、私たちは**あなた**への道を知りません。[2]しかし、私たちは呼びかけ、**あなた**は答えてくださいました。[3]私たちは邪魔をしません。[4]救済の道は**あなた**に属するものであり、私たちのものではありません。[5]私たちは**あなた**の中にその道を探します。[6]**あなた**からの贈り物を受け取れるように、私たちの両手は開かれています。[7]私たちには、**あなた**から離れて思考する想念はありません。自分とは何か、**誰**が自分を創造したかについての自分の信念を大切にすることもしません。[8]私たちが見出して歩こうとする道は**あなた**の道です。[9]だからこの世界が今、天国の一部となるように、私たち自身の意志でもある**あなたの意志**が、私たちの中で、そして世界の中で行われますように。アーメン。

レッスン190

私は苦痛のかわりに神の喜びを選択する。

1. 苦痛とは、間違った見方である。[2]どんな形で体験されようと、苦痛は自己欺瞞の証《あか》しである。[3]それはまったく事実ではない。[4]苦痛が纏《まと》う形で、正しく見られることによって消滅しない形はない。[5]なぜなら、苦痛は**神**が残酷だと宣言するものだからである。[6]どんな形であれ、それがどうして実在のものでありえるだろう。[7]それは、**わが子**に対する**父なる神**の憎悪や、**神**が**わが子**の内に見ている罪深さ、そして復讐や死を求める**神**の狂った願望を証言する。

2. そのような投影が立証されうるだろうか。[2]そうしたものが完全な偽り以外の何でありえるだろう。[3]苦痛とは、**神の子**が自分が何であるかについて誤解していることを証言するものにほかならない。[4]それは、犯されたはずもない罪や、攻撃不可能なものを攻撃したことに対する厳しい報復の夢である。[5]それは**永遠なる愛**に見捨てられる、という悪夢であるが、**永遠なる愛**は、**自ら**が愛をもって創造した**わが子**を見捨てることはありえない。

3. 苦痛は、真理にかわって幻想が君臨していることのしるしである。[2]それは**神**が否定され、恐れと混同され、狂気として知覚され、**神ご自身**に反逆するものと見なされていると実証している。[3]もし**神**が実在するなら、苦痛は存在しない。[4]もし苦痛が実在するなら、**神**は存在しない。

[5]復讐は愛の一部ではないからである。[6]恐れは、愛を否定し、苦痛を用いて**神**が死んだことを立証することで、死が生命《いのち》を打ち負かすことを証明した。[7]そうして肉体が**神の子**となり、彼は死ねば朽ち果て、自ら殺した**父**と同じくいずれは死滅するものとなる。

4. このような愚かしさに平安あれ！　[2]もはやこうした狂った想念を笑って退ける時がきた。[3]それらを、ひどい犯罪だとか、重大な結果を引き起こす隠された罪だとか考える必要はない。[4]狂人でなければ誰が、それらが何かを引き起こす原因になると考えたりするだろうか。[5]それらの証人である苦痛もそれらと同じく狂っており、苦痛が保護し、真理に違いないと誇示する狂った幻想と同じく、恐れるに足らないものである。

5. あなたに苦痛を引き起こすのは、あなたの想念だけである。[2]心の外にある何ごとも、あなたを痛めつけたり傷つけたりはできない。[3]あなた自身よりほかに、あなたに近づき圧迫することのできる原因となるものはない。

[4]自分に影響を及ぼすのは自分自身だけである。[5]この世界には、あなたを病気にしたり、悲しませたり、か弱く、脆いものにするだけの力をもつものは存在しない。[6]それどころか、自分の本性をただ認識するだけで自分が見ている一切を支配できる力をもっているのは、あなた自身である。[7]あなたがそれらの内に無害性を知覚するなら、それらすべてはあなたの神聖な意志を自らのものとして受け入れるだろう。[8]そしてこれまで恐ろしく見えていたものが、今や無垢性と聖性の源となる。

6．神聖な兄弟よ、少し考えてみなさい。あなたに見えている世界は何もしない。[2]それにはまったくどんな影響力もない。[3]それはただ、あなたの想念を表しているにすぎない。[4]あなたが自分の心を変えると決め、自分が真に欲するものとして**神**の喜びを選ぶとき、それはすっかり変化するだろう。[5]あなたの**自己**は、この神聖な喜びの中で、不変のまま、変わることなく、変わりえぬものとして、常《とこ》しえに、いつまでも輝き続ける。[6]あなたが望んでいるのは、心自らが継承している賜物を心の一隅に受け入れず、そこを苦痛のための病棟とし、生命《いのち》あるものが最後には死ぬためにやってくる病んだ場所としておくことなのだろうか。

7．この世界は、あなたに苦痛を引き起こす原因であるかに見えるかもしれない。[2]しかし真の原因をもたないこの世界には、何かを引き起こす原因となる力はない。[3]それ自体が結果であるこの世界は、さらなる結果を生みはしない。[4]幻想であるこの世界は、あなたが望んでいるものである。[5]あなたの無為の願望が、世界の痛みとなって現れている。[6]あなたの奇異な願望がそこに邪悪な夢を運んでくる。[7]あなたの死の想念は世界を恐れで包むが、あなたのやさしい赦しの中で世界は生きる。

8．苦痛とは、罪悪の想念が形となって現れたものであり、それがあなたの神聖な心をひどく傷つけている。[2]苦痛とは、自由にならないためにあなたが喜んで支払った代償である。[3]苦痛の中では、**神**の**愛し子**《いとしご》が、**神**に対して拒まれている。[4]苦痛の中では、恐れが愛に勝利するように見え、時間が永遠や天国と入れ替わっているように見える。[5]そして世界は残酷で苦しい場所となる。それは、悲しみが君臨し、すべての喜びを不幸の内に終わらせようと待ちかまえる獰猛《どうもう》な苦痛の一撃に、ささやかな喜びの数々が道を譲る場所である。

9．あなたの武器を捨てなさい。そして、天国の平安がついにすべてのものを静かに包む静謐な場所に、防衛することなく入ってきなさい。[2]あらゆる危険や恐れの想念を脇に置きなさい。[3]攻撃を一緒に連れてきてはならない。[4]自分の喉に突きつけた残酷な裁きの剣を下ろし、あなたが自分の聖性を隠そうとして行う、荒廃をもたらすだけの攻撃をやめなさい。

10. ここであなたは、苦痛は存在しないと理解するだろう。[2]ここでは、**神**の喜びはあなたのものである。[3]今日は、あなたがすべての救済の力を内包するレッスンを理解する日である。[4]それは、苦痛は幻想であり喜びが実相であるという学びである。[5]苦痛は眠りにすぎず、喜びは目覚めである。[6]苦痛は欺瞞であり、喜びだけが真理である。

11. だから再び私たちは、為しえる唯一の選択をする。すなわち、幻想か真理か、苦痛か喜びか、地獄か天国かの選択である。[2]そして苦痛のかわりに喜びを、罪のかわりに聖性を、葛藤のかわりに**神**の平安を、そして、世界の闇のかわりに天国の光を自由に選びながら、私たちの**教師**への感謝で胸《こころ》を満たそう。

レッスン191

私は神ご自身の聖なる子である。

1．あなたはここで、この世界の束縛からの解放を宣言する。[2]そしてここでまた全世界も解放される。[3]あなたは神の子を閉じこめる看守の役割をこの世界に与えることで、自分が何をしてきたかが見えていない。[4]この世界は、意地悪く怯えたもの、幻影を恐れ、懲罰的で荒々しく、理性に欠け、盲目で、憎悪に狂ったもの以外に何でありえただろう。

2．これがあなたの世界だというのは、あなたはいったい何をしたのだろう。[2]これがあなたに見えるものだとは、あなたはいったい何をしたのだろう。[3]あなた自身のアイデンティティーを拒否するなら、あとに残るものはこれである。[4]あなたは混沌を見て、それを自分自身だと宣言する。[5]すべての光景が、これをあなたに証明する。[6]聞こえてくる物音の一切があなたの内側と外側のはかなさを語り、息を吸うたびに死に近づくように思え、どんな希望を抱いてもそれらはすべて涙のうちに消えていく。

3．自分のアイデンティティーを拒否するなら、あなたは狂気を免れない。その狂気が引き起こしたものが、この奇妙で不自然な亡霊のごとき想念であり、神を嘲笑する、被造物の模造品である。[2]自分のアイデンティティーを拒否するとき、あなたは、まるで敵の大部隊に立ち向かう一粒の塵のように、ひとりの友もなく単独で宇宙を攻撃している。[3]自分のアイデンティティーを拒否するなら、あなたは邪悪さと罪と死を眺め、絶望が希望のかけらを一つ残らず奪い去っていくのを見て、ただ死にたいという望みとともに取り残されるだけである。

4．だがこれは、あなたが自分のアイデンティティーを拒否できると想像して遊ぶゲーム以外の何だろうか。[2]あなたは神が創造したままのあなたである。[3]これ以外のことを信じるのは愚かしいことである。[4]この一つの想念において、あらゆる者が自由になる。[5]この一つの真理において、すべての幻想が消え去る。[6]この一つの事実において、無罪性が永久にあらゆるものの一部であり、あらゆるものの存在の中心をなす核であり、不滅性の保証であることが宣言される。

5．ただ今日の主題概念をあなたの想念の中に保ちなさい。そうすれば、あなたはこの世界と、世界を幽閉している一切の世俗的な想念を超えて、はるかに高く上昇したことになる。[2]そして、この安全な避難場所から、あなたは世界を解放しに戻っていく。[3]自分の真の**アイデンティティー**を受け入れることができる者は、真に救われるからである。[4]そして彼の救済は、彼がすべての人々に与える贈り物であり、世界についての自分の視座をすっかり変える幸福への道を示してくれた**聖霊**に対する、感謝のしるしでもある。

6. あなたは**神ご自身**の聖なる**子**である。このような一つの神聖な想念さえあれば、あなたは自由である。[2]そしてあなたは、この神聖な想念で世界を解放したことも学ぶ。[3]あなたには世界を残酷に用いる必要はなく、だから世界の中にこの残酷な必要性を知覚する必要もない。[4]あなたは、自分で行《おこな》った幽閉から世界を自由にする。[5]あなたはもはや、恐怖におののきながら世界を歩く自分自身のイメージや、自分の恐れがその中心に死の刻印を押したために苦悩にあえぐ世界といった気の滅入るような形象を見ることはない。

7. 今日は、地獄がいとも簡単に消えていくことを喜ぼう。[2]ただ次のように自分に言うだけでよい。

[3]私は**神ご自身**の聖なる**子**である。[4]私に苦しみはありえず、痛みを被ることはありえない。損失を被ることはなく、救済が求めることで、私にできないことは何もない。

[5]そして、その想念の中で、あなたが眺めるすべてのものが完全に変貌する。

8. 時間の始まりから死の儀式のこだまを響かせてきた往古の暗い洞窟を一つ残らず、奇跡が明るく照らし出した。[2]時間が世界を拘束する力を失ったからである。[3]栄光に包まれた**神の子**が訪れ、失われていた者たちを贖《あがな》い、よるべなき者たちを救い、世界に彼の赦しという贈り物を与える。[4]ついに再び、**神の子**が世界を自由にするためにやってきたとき、闇に覆われた罪深い世界を見ていられる者がいるだろうか。

9. あなたは虚しい希望と荒廃した夢を抱き、涙を流し、痛みに苦しみ、ただ死ぬだけのために生まれ、自分をひ弱で壊れやすいものと知覚しているが、よく聞きなさい。あなたには地においても天においてもすべての力が与えられている。[2]あなたにできないことは何もない。[3]あなたは死のゲームに興じ、自分に対し無慈悲な世界で、哀れにも破滅に向かう無力な者を演じている。[4]しかし、もしあなたがそこに慈しみを授けるなら、その慈しみはあなたの上に輝くだろう。

10. だから**神の子**を眠りから目覚めさせ、その神聖な目を開き、彼が自分で作り出した世界を祝福するために戻ってこさせよう。[2]誤りの中で世界は始まったが、彼の聖性の反映の中でそれは終焉を迎える。[3]そして、彼はもはや眠ることも、死の夢を見ることもない。[4]だから今日、私につながりなさい。[5]あなたの栄光がこの世界を救う光である。[6]これ以上、救済を与えずにおいてはいけない。[7]世界を見渡し、そこで苦しんでいる者たちを見なさい。[8]あなたの胸《こころ》は、疲れ果てた兄弟たちに休息をもたらしたいのではないだろうか。

11. 彼らは、あなた自身が解放されるまで待たなければならない。[2]あなたが自由になるまで、彼らは鎖につながれたままである。[3]あなたが自分の内に慈しみを見出すまで、彼らは世界の慈しみを見ることはできない。[4]あなたが痛みに支配されることを拒否するときまで、彼らは痛みに苦しむ。[5]あなたが自らの永遠の生命《いのち》を受け入れるまで、彼らは死にゆくものである。[6]あなたは、**神ご自身**を**父**にもつ聖なる**神の子**である。[7]このことを思い出すなら、全世界は自由になる。[8]このことを思い出すなら、天と地はひとつになる。

レッスン192

私には、神が私に全うさせようとする機能《はたらき》がある。

1. あなたの**父**の神聖なる**意志**は、あなたが**父**を完成させることであり、あなたの**自己**が神聖な**神の子**でいることである。その**神の子**は、**神**と同じく永久に清らかで、愛により創造され、愛の中に保たれ、愛を延長し、愛の名により創造するものであり、永遠に**神**とあなたの**自己**と一体のものである。[2]しかし嫉妬と憎悪と攻撃の世界の中で、こうした機能《はたらき》にどんな意味がありえるだろう。

2. だからあなたには、世界においては世界で通用する機能《はたらき》がある。[2]自分が容易に把握できる範囲をはるかに越えた言語を理解できる者などいないからである。[3]ここでは、赦しがあなたの機能《はたらき》を表している。[4]赦しは、真理でないものが取り消される手段であるため、**神**が創造したものではない。[5]誰が天国を赦そうとするだろう。[6]しかし地においては、幻想を消し去るための手段が必要である。[7]創造はあなたが戻るのを待っているが、それはただあなたにより認識されるのを待っているのであり、完成されるのを待っているのではない。

3. 創造とは、この世界にあっては思い描くことさえできないものである。[2]それは、ここでは意味をもたない。[3]それが地上に最も近づいたものが赦しである。[4]天国で生まれたものなので、それはまったく形をもたない。[5]しかし、**神**は、まったく形のないものを形あるものへと変換する力をもつ**存在**として**聖霊**を創造した。[6]**聖霊**が作り出すものも夢ではあるが、それは目覚めに非常に近い夢なので、その中には日の光がすでに輝き、すでに開きつつある目は、そうした夢がもたらすものの中に幸せな光景を見る。

4. 赦しは、天国では知られざるものの一切を優しく眺め、それらが消えてゆくのを見る。そして、世界を真っ白な空白とし、それまでそこに書かれていた無意味な象徴が、**神の言葉**に書き換えられるようにする。[2]赦しは死に対する恐れを克服する手段である。もはや死は強烈な魅力をもたず、罪悪感はなくなるからである。[3]赦しは、肉体をありのままに知覚させる。すなわち、肉体は、学びが完了すれば横たえられるだけの単なる学習手段であり、学ぶ者を変化させはしないということが、知覚されるようになる。

5. 肉体がなければ、心が誤りを犯すことはありえない。[2]それは自分が死ぬとか、残虐な攻撃の餌食になるとは決して思わない。[3]怒りはありえないものとなる。そうなれば、どこに恐怖が存在するだろう。[4]攻撃の源、苦痛の中核、恐れの居場所をなくした者をどんな恐れが攻撃できるだろう。5肉体を自らの家だと考えている心を、そうした考えから解放できるのは、赦しだけである。6神聖な**神の子**に**神**が意図した平安を回復できるのは、赦しだけである。7もう一度自らの聖性を見るようにと**神の子**を説得できるのは、赦しだけである。

6. 怒りが消え去ったとき、あなたは知覚するだろう。**キリスト**の心眼《ヴィジョン》や視覚の贈り物を得るのに何の犠牲も求められず、病んで苦悩していた心から痛みが取り除かれたにすぎなかったということを。2これは歓迎できないことだろうか。3恐れるべきことだろうか。4それとも、望まれ感謝され、喜んで受け入れられるものだろうか。5私たちは一体である。だから、放棄するものは何もない。6それでも、私たちは本当にすべてを**神**から与えられている。

7. しかしこれが真実であることを知覚するために、私たちには赦しが必要である。2その優しい光がなければ、自分の怒りと攻撃を正当化するためだけに理性を使用し、暗闇の中を手探りするばかりである。3私たちの理解は非常に限られているので、私たちが理解したと思っているものは、誤りから生まれてくる混乱でしかない。4私たちは変化する夢や恐ろしい想念の霧の中で迷っており、私たちの目は光に対し堅く閉ざされ、心は存在しないものを崇拝し続ける。

8. 自分が出会う人、思いを馳せる人、想像する人をひとり残らず赦した者でなくて、誰が**キリスト**の内に再生できるだろう。2自ら他者を幽閉している者を、誰が自由にできるだろう。3牢の番人は囚人とともに束縛されているので、彼に自由はない。4彼は囚人が逃げ出さないよう確かめていなくてはならないので、囚人を見張ることに自分の時間を費やす。5囚人を押し込めている鉄格子が、囚人とともに牢番が住む世界となる。6そして、両者にとっての自由への道は、彼の自由にかかっている。

9. だから、誰も囚人にしてはならない。2束縛するかわりに解放しなさい。それがあなたを自由にするからである。3この道は単純明快である。4突き上げてくる怒りを感じるたびに、自らの頭上に剣を振りかざしていることを理解しなさい。5そして、罪を宣告された者となるか、自由な者となるかをあなたが選択するたびに、剣は振り下ろされるか、回避されるかのどちらかである。6だから、あなたを怒らせるかに見える人々は、あなたを死の牢獄から助け出す救済者を象徴している。7だから、あなたが彼に返すべきものは、苦痛ではなく感謝である。

10. 今日は、慈しみ深くありなさい。2**神の子**はあなたの慈しみを受けるに値する。3あなたに自由への道を今受け入れるよう頼んでいるのは**神の子**である。[4]彼を拒否してはいけない。[5]彼を愛する**父**の一なる**愛**はあなたのものである。[6]ここにおけるあなたの機能《はたらき》は、彼をあなたの**アイデンティティー**として再び受け入れられるように、彼を赦すことだけである。[7]彼は、**神**が創造したままの彼である。[8]そして彼の本性はすなわちあなたである。[9]今、彼の罪を赦しなさい。そうすれば、あなたは自分が彼とひとつだとわかるだろう。

レッスン193 ――

すべてのものごとは、神が私に学ばせようとするレッスンである。

1. **神**は学ぶということを知らない。[2]しかし、**わが子**が**ご自身**から受け継いでいる幸福が乱されないことを意志するという意味で、**神の意志**は**神ご自身**が理解しないものにまで延長する。その幸福は恒久で、永遠に増大し、永久に完全な創造の喜びの中に拡大し続け、**神**の内で永遠に開かれ、完全に無限である。[3]それが**神の意志**である。[4]だから**神の意志**は、それが為されるよう保証するための手段を与える。

2. **神**は相反するものを見ることはない。[2]しかし**神の子**は自分がそうしたものを見ていると信じている。[3]だから彼には、その誤った視覚を訂正できる**存在**が必要である。それは知覚が終わるところまで彼を連れ戻す心眼《ヴィジョン》を与えてくれる**存在**である。[4]**神**はまったく知覚しない。[5]しかし知覚が、そのうえに天国の光を輝かせるに充分なところまで真実で美しいものとなるよう、そのための手段を与えるのは**神**である。[6]**神の子**が反対しようとするものごとに答えを与え、彼の無罪性を永遠に安全に保持するのは、**神**である。

3. これらが**神**があなたに学ばせたいと望むレッスンである。[2]**神の意志**がそのすべてに反映され、それらは愛する**わが子**への**神**の愛に満ちた優しさを反映している。[3]各レッスンには中心をなす想念があり、それはどのレッスンにおいても同じである。[4]レッスンの形だけが変化する。真実にはそうではないが一見すると異なって見える環境や出来事や人物や主題とともに、形は変化する。[5]それらの根本的内容は同じである。[6]それは次の通りである。

[7]赦しなさい。そうすれば、あなたはこれを違った見方で見るだろう。

4. 確かに、すべての苦悩が赦そうとしない思いであるようには見えない。[2]しかし、形の奥にある内容はそれである。[3]この同一性が学びを確実なものにするが、その理由はこのレッスンがあまりに単純であるため、最後には拒否できないからである。[4]これほど明らかな真理から永遠に隠れおおせる者はいない。無数の形態で現れるとしても、もし人がそこにこの単純なレッスンを見たいとさえ思えば、それはどの形態のうちにも簡単に認識される。

5. 赦しなさい。そうすれば、あなたはこれを違った見方で見るだろう。

[2]これが、形に関わりなくすべての艱難辛苦やあらゆる苦痛の中で、**聖霊**が語る言葉である。[3]この言葉をもって誘惑が終わり、罪悪感は放棄されて崇められることがなくなる。[4]これが罪の夢を終わらせ、心から恐れを取り除く言葉である。[5]これが全世界に救済をもたらす言葉である。

6. 苦痛が実在すると信じそうになったり、生命《いのち》のかわりに死を選びそうになるとき、この言葉を言うことを学ぼうではないか。[2]心を束縛から解放するこの言葉の力を理解した今、それを言うことを学ぼうではないか。[3]これは、あなたを支配する力が与えられているかに見えた出来事すべてを、あなたのほうが支配する力をもたらす言葉である。[4]この言葉を充分に自覚し、自分の見るものすべてや、あなたの兄弟が誤った見方で見ているどんな事柄にも、この言葉があてはまることを忘れなければ、あなたはそれらのものごとを正しく見ていることになる。

7. 自分が間違った見方で見ているときや、ほかの誰かが自らの学ぶべきレッスンを知覚できないでいるときに、そのことを見分けるには、どのようにすればよいだろうか。[2]その知覚において、苦痛が実在するもののように見えているかどうかを問いなさい。[3]もしそう見えるのであれば、そのレッスンは学ばれていないと確信してよい。[4]そしてその心の中に、赦そうとしない思いが隠れて存続しており、心は自らの指令下にある目を通して苦痛を見ているのである。

8. **神**はあなたをそのように苦しませたくはない。[2]**神**は、あなたが自分自身を赦すのを手伝おうとする。[3]**神の子**は自分が誰であるか憶えていない。[4]だから**神**は、**ご自身の愛**とその**愛**がもたらすすべての贈り物をわが子が忘れることのないようにする。[5]あなたは、今、自分自身の救済を断念したいのだろうか。[6]あらゆる苦痛が消滅し、**神の子**が**神**を思い出せるようにと天国の**教師**があなたの前に差し出している単純明快なレッスンを、学びそこなってよいのだろうか。

9. すべては**神**があなたに学ばせたいと望むレッスンである。[2]**神**は赦そうとしない想念を一つでも訂正されないままに放置することはない。また、神聖な**わが子**を傷つける棘や釘を一本でも残しておこうとはしない。[3]**神**は、**わが子**を大切に庇護する永遠のわが家において、彼の神聖な休息が、何の心配もなく、安らかに静穏に続いていくようにする。[4]まだ流されていない涙や、いずれ流される時を待っている涙も含めて、すべての涙がすっかり拭い去られることを**神**は望んでいる。[5]笑い声がそのすべてと入れ替わり、**わが子**が再び自由になることを**神**は意志したからである。

10. 私たちは今日、数限りない平安に対する障害と見えるものを、ほんの一日で乗り越えようと試みる。[2]慈しみに、もっと速やかにあなたのもとにきてもらいなさい。[3]もう一日、もう一分、もう一瞬と、それを引き延ばそうとしてはならない。[4]時間は、このために作られた。[5]時間を今日、それが目的とすることのために使いなさい。[6]朝と夜に、できる限りの時間を、その本来の目的に役立たせるために用いる。それは、あなたの最も深い必要を満たせないような短い時間であってはならない。

11. 自分の精一杯を差し出し、さらにもう少し差し出そう。[2]今、私たちは急いで立ち上がり、**父**の家まで行こうとしている。[3]私たちはあまりにも長くそこから離れていたので、これ以上ここでぐずぐずしていたくない。[4]練習するときには、自分で何とかしようとため込んできたことによって、癒しから遠ざけてきたものすべてについて考えよう。[5]そしてそれらを消滅させる見方を知っている**聖霊**に、それらを差し出そう。[6]真理が**聖霊**のメッセージであり、真理が**聖霊**の教えである。[7]**聖霊**のレッスンが、**神**が私たちに学ばせようとする学びである。

12. 今日と、これからの日々は、一時間ごとに少しの時間を使ってその日のために用意された形で赦しのレッスンを練習する。[2]そして、それぞれの時間が運んでくる出来事にレッスンを適用し、後に続く時間がその前の時間から自由になるようにする。[3]時間の鎖は、このようにして簡単にゆるめられる。[4]前の一時間が、次に続く一時間に影を落とさないようにし、その一時間が過ぎたら、その経過で生じたすべての出来事もともに過ぎていくようにさせる。[5]そのようにして、あなたは時間の世界の中にあっても束縛されることなく永遠の平安の内にとどまる。

13. **神**があなたに学ばせたいと望んでいるレッスンは次の通りである。すなわち、あらゆるものごとを見るとき、そのすべてを**神**へ、そして世界の救済へと近づくもう一歩にすることができるような見方がある、ということである。[2]恐怖を語るすべてのものごとに対し、次のように答えなさい。

[3]私は赦す。だから、これは消えていく。

[4]すべての不安や心配、そしてあらゆる形の苦しみに対し、この同じ言葉を繰り返そう。[5]そうすればあなたは、

天国の門を開き、**父なる神の愛**をついに地上にもたらし地上を天国へと引き上げる鍵を手にすることになる。[6] **神**がこの最後の一歩を踏み出してくれる。[7] **神ご自身**へ向かって踏み出すようにと、**神**があなたに求める小さな一歩一歩を**神**に拒んではならない。

レッスン194

私は未来を神の手にゆだねる。

1. 今日の主題概念は、速やかな救済へ向けてもう一歩を踏み出す。それは実に大きな一歩である！ [2]この一歩が跨《また》ぐ距離は、あなたを天国のすぐ手前まで連れて行くほどに大きい。そこではゴールが間近に見え、障害物は後方に過ぎ去っている。[3]今やあなたは天国の門の手前であなたを歓迎する緑の芝生へと足を踏み入れた。それは、**神**による最後の一歩を確信して待つ静かな平安の場所である。[4]私たちは地上から何と遠くまで進んできたことだろう。[5]ゴールまで何と近づいたことだろう。[6]残る旅路は何と短いことだろう。

2. 今日の主題概念を受け入れなさい。そうすればあなたは、あらゆる不安や地獄や絶望の闇も、罪の想念も、罪悪感がもたらす荒廃も、すべて通り抜けたことになる。[2]今日の主題概念を受け入れなさい。そうすればあなたは、世界に対し自由への扉を固く閉ざしていた重い鎖をはずし、世界をあらゆる牢獄から解放したことになる。[3]あなたは救われている。そしてあなたの救済は、あなたがそれを受け取った今、あなたが世界に与える贈り物となる。

3. もはや一瞬たりとも落胆を感じたり、苦痛が体験されたり、損失が知覚されることはない。[2]一瞬でも悲しみが王座に据えられて崇拝されることはありえない。[3]一瞬でも人が死ぬことはありえない。[4]そうして、過ぎてゆく一瞬一瞬が**神**に差し出され、次の瞬間もすでに**神**に差し出されているとき、すべての瞬間はあなたが悲しみや苦痛や死そのものから解放される時となる。

4. あなたの過去や現在と同じく、あなたの未来も**神**の中にある。[2]それらは**神**にとってひとつであり、だからあなたにとってもひとつとならなければならない。[3]しかしこの世界では、依然として時間の進行に実在性があるかのように見える。[4]だからあなたは、実際には時間の中に順序というものはないということを理解するよう求められているわけではない。[5]ただ未来を手放し、**神の手**にゆだねることだけが求められている。[6]そうすると、過去があなたを罰することはなくなり、未来への恐れは無意味となるので、あなたは自分の体験を通して、自分が過去と現在もともに**神の手**にゆだねたということを理解するだろう。

5. 未来を解放しなさい。[2]過去はすでに過ぎ去っている。悲哀や不幸や苦痛や損失という過去の遺物から自由になった現在は、幻想の呪縛を解かれた時間が、それまでたどっていた無慈悲で回避不可能な経路から脱する瞬間となる。[3]そうなると時間の奴隷だったそれぞれの瞬間は聖なる瞬間へと変貌し、**神の子**の中に隠されてきた光が解放されて世界を祝福する。[4]今や彼は自由であり、彼の栄光は彼とともに自由となった世界の上に輝き、世界は彼の聖性を共有する。

6．もし今日のレッスンをその実体の通りに解放として捉えることができるなら、あなたはそれを自分の一部とするために、ためらうことなくできる限り一貫した努力をするだろう。[2]それがあなたの心を統率する想念の一つとなり、習慣的に用いる問題解決の方策となり、誘惑に対する素早い反応の仕方となるとき、あなたは自分が学んだことを世界へと延長していく。[3]そしてあなたがすべてのものの中に救済を見ることを習得するにつれて、世界は自らが救済されていると知覚するようになるだろう。

7．自分の未来を**神**の愛の**手**にゆだねる者が、どんな悩みにつきまとわれるだろう。[2]何に苦しむことがあるだろう。[3]何が彼に苦痛を引き起こし、損失の体験を与えられるだろう。[4]彼が何を恐れたりするだろう。[5]愛をもたずに何を見ることができるだろう。[6]未来の苦痛に対するあらゆる恐れから脱した彼は、現在の平安に至る道、この世界に脅かされることのない庇護を確信する道を見出した。[7]彼は、自分の知覚は間違うかもしれないが、それらは必ず訂正されると確信している。[8]彼には、欺かれたら選び直し、間違えたら心を変える自由がある。

8．だからあなたの未来を**神の手**にゆだねなさい。[2]そのようにしてあなたは**神**についての記憶が再び自分に戻るよう呼びかけ、自分が抱いた罪や悪の想念を愛の真理に置きかえる。[3]それによって世界が恩恵を得られないと、あなたは思うのだろうか。また、すべての生命《いのち》ある被造物が、癒された知覚に呼応しないと、思うのだろうか。[4]**神**に自分をゆだねる者は、自らが慰めと安全を求めたその**手**の内にこの世界もゆだねたのである。[5]彼は、自らの病んだ幻想とともにこの世界の病んだ幻想も脇《わき》に置き、自分と世界の両方に平安を差し出す。

9．今や、私たちは本当に救われている。[2]**御手**《みて》の中で、善きことのみがもたらされるのを確信し、思い煩うことなく休らうからである。[3]もし私たちが忘れたなら、再び優しく元気づけられる。[4]もし私たちが赦せない想念を受け入れても、それはすぐに愛の反映と入れ替えられる。[5]攻撃したくなるときは、私たちの休息を護る**聖霊**に助けを求め、私たちにかわって誘惑をはるか後ろに遠ざける選択をしてもらう。[6]私たちは世界の友でいることを選択したので、もはや世界は私たちの敵ではない。

レッスン195

愛は私が感謝の内に歩む道である。

1．世界を誤って見ている者にとって、感謝というレッスンを学ぶことは難しい。[2]彼らにできることは、せいぜい、自分自身が他人よりもましな状態にあると見なすことである。[3]そして、自分よりも他人のほうがもっと苦しんでいるように見えることで、満足しようと努力する。[4]何と哀れで、卑しい考え方だろう。[5]他人には感謝できることが少ないときに、自分だけ感謝などしていられるだろうか。[6]いったい誰が、他人がもっと苦しんでいるのを見て、自分はそれほど苦しまずにいられるというのだろう。[7]あなたの感謝は、すべての悲しみの原因を世界中から消滅させた**神**だけに捧げられなければならない。

2．苦しみを理由にして感謝するのは狂気である。[2]しかしまた、すべての苦痛が癒され、苦しみが笑いと幸福に入れ替わるための確かな手段を授ける**存在**に感謝できないのも、同様に狂気である。[3]また、少しでも正気な者なら、**神**が指示する一歩一歩を踏み出すことを拒みはしないし、出口がないと思えた牢獄から抜け出して、今なら知覚できる解放へと至るために、**神**が自分の前に用意してくれた道を進むことを拒否したりもしない。

3．兄弟があなたの「敵」となる理由は、あなたが兄弟の中に自分と平安の奪い合いをする者を見るからである。彼は、あなたの喜びを奪って彼の喜びとし、何の希望も残らないほどにつらく容赦のない絶望の闇だけをあなたに残す略奪者である。[2]そうなると、望むべきは復讐だけとなる。[3]今やあなたにできることは、兄弟を自分と同じく無用の者とし、自分の手と同じように貪欲な彼の手の内に何も残さぬように、彼を倒して自分とともに死ぬ者とすることである。

4．兄弟があなたよりも不自由だからといって、それはあなたが**神**に感謝を捧げるべき理由にはならない。また、自分より彼のほうが自由であるように思えるという理由であなたが怒りを感じることも、正気の沙汰ではない。[2]愛は比較しない。[3]そして、感謝は、愛とつながっているときにのみ真摯なものでありえる。[4]私たちは、自分たちの中で一切のものが自由を見出すということを、**父なる神**に感謝する。[5]ある者たちがまだ縛られたままでいるときに、ほかの者だけが解き放たれるということはない。[6]愛の名において駆け引きできる者などいないからである。

5．だから感謝を捧げなさい。しかも、真摯に捧げなさい。

[2]そしてあなたの感謝により、あなたとともに脱出する者たちのための場所を作りなさい。彼らは病んでいる者、弱き者、貧しくて恐れている者、見かけ上の損失に嘆く者、痛みを感じている者、寒さと飢えに苦しむ者、憎悪と死の道を歩く者である。[3]これらすべての者たちがあなたとともに行く。[4]私たちは彼らと自分自身を比較しないようにしよう。なぜなら、それをすれば、彼らが私たちと共有するごとくに私たちも彼らと共有する一体性の自覚から、私たちが彼らを切り離してしまうからである。

6．私たちは一つのことについてのみ、**父**に感謝する。すなわち、生きとし生けるものから私たちは分離しておらず、だから**神**とひとつであるということだけに感謝する。[2]そして、私たちの全一性を減ずるような例外や、**自ら**が完成そのものである**存在**を完成させるという私たちの機能《はたらき》をそこなったり変化させるような例外は絶対に作り出されないということを、私たちは喜ぶ。[3]すべての生命《いのち》あるものについて私たちは感謝する。さもなければ無に対して感謝することになり、**神**から私たちへの贈り物を認識しそこなうからである。

7．だから兄弟が少しの間休らうとき、彼らの疲れた頭をもたせかけられるように、私たちの肩を貸してあげよう。[2]私たちは、彼らのことを感謝する。[3]もし私たち自身が見出そうとしている平安のほうへと彼らを向かわせることができれば、その道がついに私たちの前に開かれるからである。[4]往古の扉が再び大きく開かれる。長い間忘れられていた**言葉**が私たちの記憶の中に再びこだまし、私たちが再び喜んで耳を傾けるとき、それは次第に鮮明になっていく。

8．それならば、感謝のうちに愛の道を歩みなさい。[2]私たちが比較をやめるとき、憎悪は忘れられるからである。[3]そうすれば、平安への妨げとして、これ以上何が残っているだろう。[4]**神**に対する恐れがついに取り消され、私たちは比較せずに赦すことになる。[5]そうして私たちは、いくつかのものだけは看過し、そのほかには鍵をかけて「罪」としてしまっておくといった選択はできなくなる。[6]あなたの赦しが完全となるとき、あなたの感謝は全的なものとなるだろう。なぜなら、すべてのものがあなたの**自己**と同じように愛するものであることにより、愛を受ける権利を獲得しているということが、あなたにわかるからである。

9．今日、私たちは、怒りや悪意や復讐のかわりに感謝について考えることを学ぶ。[2]私たちにはすべてが与えられてきた。[3]もし私たちがこれを認めることを拒否するとしても、だからといって私たちが、苦々しく思ってかまわないというわけではない。絶え間なく悩まされ、私たち自身や私たちの未来についての思いやりのかけらもなく翻弄されるような、無慈悲な探求の場に置かれた者として、自分を知覚してかまわないわけでもない。[4]感謝は、私たちがこうした狂気の知覚と入れ替えるただ一つの想念となる。[5]**神**は私たちを大切に思い、私たちを**わが子**と呼んでいる。[6]これ以上の何がありえるだろうか。

10. 私たちの感謝が**神**への道を整え、あなたが夢にも思わないほど学びの時間を短縮する。[2]感謝は愛とともにあり、感謝があるところには愛があり、愛があるところには感謝がある。[3]感謝とは、すべての被造物の**源**である**愛**の一つの側面にほかならないからである。[4]**神**は**わが子**であるあなたに対し、あるがままのあなたであることに感謝する。すなわち、あなたが**神ご自身**を完成させるものであり、**神**とともに愛の**源**であることに感謝する。[5]**神**に対するあなたの感謝は、あなたに対する**神**の感謝とひとつのものである。[6]愛は感謝の道以外の道を歩くことはできず、**神**への道を歩む私たちも、そのように進んでいく。

レッスン196

私が十字架にかけることのできる相手は、私自身だけである。

1. このことがしっかりと理解され、充分に自覚されるなら、あなたは自分自身を傷つけることも、自分の肉体を復讐の奴隷にすることもしなくなるだろう。[2]自分自身を攻撃しなくなり、他人への攻撃は自分への攻撃にすぎないと悟るだろう。[3]兄弟を攻撃することが自分を救うという狂った信念からも自由になるだろう。[4]そして彼の安全が自分の安全であり、彼が癒されるときあなた自身が癒されると理解するようになる。

2. 最初のうちは、どうして今日練習する概念の中に、すべてを確かに保護し続ける無限の慈悲が見出せるのか、わからないかもしれない。[2]実際、今日の概念は、まるで罰は免れられないという警告のように見えるかもしれない。なぜなら、自我は脅威のように見える状況のもとでは、自分の嘘を救うために急いで真理を引き合いに出すからである。[3]だが自我は、自分がそのようにして引用する真理を理解することができない。[4]しかしあなたは、そうした愚かな真理の使い方を見て、そのような使い方の中に含まれているように見える意味を、否定することを学ぶことができる。

3. そのようにして、あなたは同時に、自分が自我ではないことを自分の心に教える。[2]自我が真理を歪めようとするやり方は、もはやあなたを欺けなくなるからである。[3]あなたは、自分が十字架にかけられる一個の肉体であるとは信じなくなる。[4]そしてあなたのまなざしは、十字架刑や死の想念を看過して、自由や生命《いのち》の想念へと達し、今日の主題概念の内に復活の光を見るだろう。

4. 今日の概念は、束縛から完璧な自由に至るために私たちが踏み出す一歩である。[2]今日、この一歩を踏み出そう。一歩一歩を定められた順序に従って踏み出すことで心は一つずつ、重荷を捨て去り、救済の示す道を速やかに進めるようになる。[3]このことに必要なのは時間ではない。[4]意欲だけである。[5]千年もの時間を必要とするかに思えるものでも、**神**の恩寵によれば、瞬時にして、簡単に為されることは可能である。

5. 他人を攻撃することで自分自身を救い出せるというわびしく絶望的な考えが、あなたを十字架に釘づけにしてきたのである。[2]それは救済のように見えたかもしれない。[3]しかしそれは、**神**に対する恐れが実在するという信念を表していただけである。[4]そしてそれこそ、地獄以外の何だろう。[5]自分の**父**が自分とは分離した不倶戴天《ふぐたいてん》の敵であり、自分の生命《いのち》を破壊して宇宙から消滅させようと待ちかまえていると信じながら、自分の胸《こころ》の奥に地獄の恐怖を抱かずにいられるだろうか。

6. もしあなたが、他人を攻撃しておきながら自分自身は自由でいられるという恐ろしい考えを受け入れるなら、そうした形の狂気をあなたは信じているのである。[2]この形を変化させない限り、希望はない。[3]少なくとも、こんなことはまったくありえないはずだとわからない限り、どうして脱出が可能となるだろう。[4]この想念が真理だと思う誰にとっても、**神**に対する恐れは実在のものとなる。[5]彼はこの想念の愚かさを知覚せず、あるいはその想念がそこにあることすら見えず、したがってそれを疑問視することさえできない。

7. それに少しでも疑問を抱くには、まずはじめに、少なくとも報復の恐怖がやわらぎ、その責任がある程度あなたのもとに戻されるところまで、その形が変化する必要がある。[2]そこからなら、あなたは少なくとも自分がこの苦痛の道を進みたいかどうかをよく考えることができる。[3]この変化が達成されるまでは、自分に恐れをもたらしているのは自分の想念であり、自分の解放は自分にかかっているということを、あなたは知覚することができない。

8. もし、今日この一歩を踏み出すなら、次に続くステップはやさしいものとなる。[2]そこからは速やかに前進する。[3]なぜなら、あなたが自分自身の想念以外の何かによって傷つけられることは不可能だと理解するとき、**神**に対する恐れは必ず消滅するからである。[4]そのときには恐怖が自分の外側で引き起こされるとは、信じられなくなる。[5]そして、あなたが消し去ろうとした**神**は、**ご自身**が一度たりとも離れたことのない聖なる心へ、再び迎え入れられる。

9. 今日、私たちが練習する主題概念の中に、確かに救済の歌が聞こえる。[2]あなたが十字架にかける相手はあなた自身以外にないというのなら、あなたは世界を傷つけたことはなく、その復讐や追跡を恐れる必要もない。[3]さらには、投影の背後に隠されている**神**に対する死ぬほどの恐怖から、恐れおののいて逃げ隠れる必要もない。[4]あなたが最も恐れているのはあなたの救済である。[5]あなたは強き者であり、あなたが望んでいるのは強さである。[6]そしてあなたは自由であり、自由を喜んでいる。[7]あなたは自分の強さと自由を恐れたので、弱き者となって、束縛されることを求めてきた。[8]しかし救済は強さと自由の内にある。

10. 恐怖があなたの心をあまりにも完全に締めつけるので、脱出の希望すらないように思える瞬間がある。[2]あなたが自分が恐れているのは自分だということを、迷いの余地なく完全に悟るとき、心は自分が二つに分裂していることを知覚する。[3]攻撃が外に向かって為され、外から自分の内側へ返されると信じていた間は、このことは隠されていた。[4]自分が恐れるべきものは外側の敵のように思えていた。[5]そうしてあなたの外の神があなたの宿敵となり、恐れの源となっていた。

11. あなたの死を切望し、あなたを殺せるその時がやってくるまであなたを罰し続けようとたくらむひとりの殺人者が、今一瞬の間、あなたの内側に知覚される。[2]しかしまた、この瞬間こそ救済が訪れる時でもある。[3]**神**に対する恐れが消滅したからである。[4]そしてあなたは、**神**を**父**と呼び、自らを**神の子**と呼んで、**神**に向かってその**愛**により自分を幻想から救ってくれるようにと、助けを求めることができる。[5]その瞬間がすぐにくることを、それが今日であることを、祈りなさい。[6]恐れから退いて、愛に向かって前進しなさい。

12. あなたがその瞬間に至り、速やかに、確実に、永遠にその瞬間をも越えて進むのを助けるために、すべての**神**の**想念**があなたとともに行く。[2]**神**に対する恐れがなくなれば、あなたと神聖な**神**の平安の間を妨げるものは何も残らない。[3]今日練習する概念は何と優しく慈愛に満ちていることだろう！　[4]それはあなたの解放なのだから、それを歓迎しなさい。[5]あなたの心が十字架に掛ける対象とすることのできる相手は、あなたしかいない。[6]しかし、あなたの贖《あがな》いもまた、あなたから訪れる。

レッスン197

私が得られる報酬《もの》は、自分自身からの感謝のみである。

1．これは、自分の力に敵対する外的勢力が存在するという信念から、あなたの心を自由にするための第二のステップである。[2]あなたは親切になって赦そうと試みる。[3]けれども、外側に感謝の気持や、あふれんばかりの謝意を見出さない限り、再びそれらを攻撃に変えてしまう。[4]あなたからの贈り物は、敬意をもって受け取られなければ撤回される贈り物である。[5]だからあなたは、**神**からの贈り物は、よくしても、借り物だと思っている。あるいは、悪くすれば、**神**があなたをだまして防衛を奪い去り、一撃で確実に殺せるようにするための欺瞞だと考えている。

2．自分の想念に何ができるかを知らない者は、何と簡単に**神**と罪悪感を混同してしまうことだろう。[2]自分の強さを否定するなら、弱さがあなたの救済とならざるをえない。[3]自分を束縛された者として見るなら、鉄格子があなたの家となる。[4]罪悪感と救済が同じものと見なされなくなるまでは、そしてまた、自由と救済が強さを備えたひとつのものであると知覚され、求めるべき当然の権利として主張され、見つけ出し明確に認識すべきものだと知覚されるまでは、あなたは牢獄を去ることも、自分の力を宣言することもないだろう。

3．あなたが自分の幻想からこの世界を解放するとき、世界は必ずあなたに感謝する。[2]しかしこの世界の解放は、あなたの解放を反映することしかできないので、あなたの感謝もあなたのものである。[3]あなたの贈り物が、地獄から永久に解放されたことを感謝する心が差し出す永遠の贈り物となるために必要なのは、あなたの感謝だけである。[4]敬意を払われないからという理由で贈り物を取り下げることにより、あなたが取り消そうとしているのはこのことだろうか。[5]贈り物を受け取ったのはあなたであるから、それに敬意を払い、それにふさわしい感謝をするのはあなたである。

4．ほかの人があなたの贈り物に価値がないと思ったとしても、それは問題ではない。[2]その人の心の中には、あなたに感謝してあなたの心とつながっている部分がある。[3]あなたの贈り物が何の効果もなく失われたように見えたとしても問題ではない。[4]それらは与えられたところにおいて受け取られている。[5]あなたの感謝の中で、贈り物は遍《あまね》く受け取られ、**神ご自身の胸《こころ》**により感謝をもって確認される。[6]**神**が感謝して受け取っていても、あなたはそれらを取り戻したいのだろうか。

5.すべての贈り物は唯一あなた自身に与えられるので、**神**に捧げられ、**神**はあなたが捧げるすべての贈り物を祝福する。[2]そして**神**に属するものは**神**のものでないはずがない。[3]しかしあなたが赦しても再び攻撃している間は、**神**の贈り物が確実、永遠、不変、無限であることも、永久に与え続け、愛を延長し、あなたの尽きせぬ喜びをさらに増すものであることも、あなたは決して悟らないだろう。

6.自分が与える贈り物を取り下げるなら、あなたは、自分に与えられたものが撤回されたと思うだろう。[2]そうではなく、自分の外に見えていると思っている罪を、赦しに取り去ってもらうことを学びなさい。そうすれば、**神**からの贈り物を、死によって取り上げられるまでのわずかな間だけ貸与されるものだとは、決して思わなくなる。[3]そのとき、死はあなたにとって何も意味しないからである。

7.この信念が終わるとともに、恐れが永遠に過ぎ去る。[2]これについて、あなたの**自己**に感謝しなさい。その**自己**はただ**神**に感謝し、**自分自身**である**キリスト**に向かってあなたのことを感謝するからである。[3]誰もが**キリスト**の中に生き、活動しているので、**キリスト**は生きているすべての者のもとにいずれやってくる。[4]**父と子**の**意志**は**ひとつ**のものなので、**父**の内にある**キリストの実存**は確かである。[5]**父と子**が創造した**すべて**に向けられる**父と子**の感謝には終わりがない。感謝は愛の一部であり続けるからである。

8.神聖な**神の子**であるあなたに感謝しよう。[2]創造されたままに、あなたはすべてを一なる**自己**の内に含んでいるからである。[3]そして、あなたは今も**神**が創造したままのあなたである。[4]あなたはまた、自分の完璧さの光をかげらせることはできない。[5]あなたの胸《こころ》の奥に、**神の胸**《こころ》が置かれている。[6]あなたは**神自身**であるから、**神**はあなたを愛《いと》しみ、大切にしている。[7]あなたの本性のゆえに、すべての感謝があなたに属している。

9.それらの感謝を受け取るとき、あなたも感謝しなさい。[2]あなたの**自己**を完成させる誰に対しても、恩を忘れてはならない。[3]誰もこの**自己**の外には置かれていない。[4]この**自己**を延長する無数の経路のすべてに対し、感謝を捧げなさい。[5]あなたの一切の行いが、その**自己**に与えられる。[6]あなたが思うことすべてはその**自己の想念**であり、神聖な**神の想念**をその**自己**と共有している。[7]**神**から与えられた機能《はたらき》を忘れていたときには自分に拒んでいた感謝を、今、受けるに値する者となりなさい。[8]しかし、**神**があなたへの感謝を一度でも止めたことがあると思ってはならない。

レッスン198

私の咎めだけが私を傷つける。

1. 傷つくということはありえないことである。[2]しかし、幻想は幻想を作り出す。[3]もしあなたが咎めることができるとすれば、傷つけられることもありえる。[4]それはあなたが、自分は傷つけることができると信じたからであり、あなたが自分に設定したその権利は、それが価値がなくほしくもない幻想として放棄されるまで、あなた自身に向かって行使されるからである。[5]放棄されたとき幻想は効力を失い、それが生み出していた結果のごとく見えていたものも取り消される。[6]そうすると、あなたは自由になる。自由はあなたの贈り物であり、あなたは今や自分が与えた贈り物を受け取ることができるからである。

2. 咎めるなら、あなたは幽閉される。[2]赦すなら、あなたは解放される。[3]これが知覚を支配している法則である。[4]それは智識が理解する法則ではない。自由はもとより智識の一部だからである。[5]したがって、真理においては咎めはありえない。[6]咎めの影響や結果のように見えるものはまったく生じなかったものである。[7]しかし私たちはしばらくの間、それらが生じたかのようにそれらに対処しなくてはならない。[8]幻想は幻想を作り出す。[9]だが例外が一つだけある。[10]赦しは幻想ではあるが、ほかのすべての幻想への回答となる幻想である。

3. 赦しはほかのすべての夢を一掃すると同時に、それ自体は夢であっても、ほかの夢を育てはしない。[2]これ以外の幻想は、何千倍にも増幅する。[3]しかし、赦しは幻想を終わらせる。[4]赦しは夢の終わりであるが、それは目覚めの夢だからである。[5]それ自体は真理ではない。[6]しかし、それは真理があるはずの場所を指し示し、**神ご自身**の確かさをもって教える。[7]その夢の中で、**神の子**は一なる**自己**と**父**に目覚め、**自己**と**父**が一体であると知る。

4. 赦しは、不幸から遠ざかり、一切の苦しみを通り越し、最後には死からも抜け出す唯一の道である。[2]これが**神ご自身**の計画であるというときに、どうしてほかに道がありえるだろう。[3]あなたはどうしてそれに反対し、それに論駁《ろんばく》し、それを誤りに違いないとする無数の道や、数限りないほかの可能性を探したりしようとするのだろうか。

5. それよりも、問題に対する答えを手にしていることを喜ぶほうが賢明ではないだろうか。[2]あなたに救済を与える**一なる存在**に感謝し、その贈り物を喜んで受け入れるほうが、知性ある者がすることではないだろうか。[3]**神の**

声に耳を傾け、**聖霊**が教えようとする簡潔なレッスンを学ぶほうが、**聖霊**の言葉を無視して自分の言葉をその代用にするよりも、自分自身に対して親切ではないだろうか。

6. **聖霊**の言葉には効果がある。[2]**聖霊**の言葉は救済する。[3]それらは、この地上に見出せるすべての希望と祝福と喜びを内包している。[4]**聖霊**の言葉は**神**の内に生まれ、天国の愛をのせてあなたのもとにやってくる。[5]**聖霊**の言葉を聞く者は、天国の歌を聞いたのである。[6]その言葉の中で、すべての言葉がついに一つに溶け合うからである。[7]そしてこの一つも消えてなくなるとき、それと入れ替わりに**神の言葉**が訪れるだろう。そのとき、**神の言葉**は思い出されて、愛されているからである。

7. この世界には、慈しみが意味をなさず攻撃が正当化されるかに思える場合が数多くあるように見える。[2]しかし、そのすべては同一のものであり、それは**父なる神**とその**子**に死が差し出されている一つの場である。[3]あなたは、**父**と**子**がそれを受け入れたと思うかもしれない。[4]しかしあなたが**彼ら**の血を見た場所をもう一度よく見れば、そのかわりにそこに奇跡を知覚するだろう。[5]**父**と**子**が死ぬことがありえるなどと信じるのは何とばかげたことだろう！[6]あなたが攻撃できるなどと信じるのは、何と愚かなことだろう！[7]あなたが咎められることがありえると思ったり、神聖な**神の子**が死ぬことが可能だと考えたりすることは、いかに狂ったことだろう！

8. あなたの**自己**の静けさは、こうした想念に影響されることなく、赦しを必要とするようなどんな咎めも知ることなく、まったく不動のままである。[2]あらゆる種類の夢が、真理にとっては奇異であり、異質である。[3]真理以外の何が、幻想を彼岸へと運ぶ真理への架け橋を築く一なる**想念**をもてるだろう。

9. 今日私たちは、自由がやってきてあなたを自らの住処となすようにするための練習をする。[2]あなたが光に至る鍵を見出し、闇を終わらせることができるように、真理は次の言葉をあなたの心に与える。

[3]私の咎めだけが、私を傷つける。
[4]私自身による赦しだけが、私を自由にする。

[5]今日は、あらゆる形の苦しみは、必ず、赦そうとしない想念を隠しているということを忘れてはいけない。[6]そしてまた、赦しが癒せないどんな形の苦痛もないということも、忘れてはいけない。

10. **神の子**の中にはどんな咎めもないと宣言するこの一

つの幻想を受け入れなさい。そうすれば、この一つの夢の中でついに**キリスト**の顔が覆いをはずされてはっきりと現れ、この世界は忘れられ、この世界の異常な信念も忘れられ、天国が即座に思い出される。[2]これが、あなたの**父なる神**から**聖霊**が預かり、あなたのために保持している贈り物である。[3]地上においてもあなたの聖なる家においても今日を祝いの日としよう。[4]あなたが**父**や**聖霊**に責任があると思っていた罪過を赦し、**彼ら**に対し優しい気持ちを抱き、そうしてあなたの無垢性が**キリスト**の顔からあなたのうえに、光を投げかけるのを見よう。

11. 今、世界中に沈黙が広がっている。[2]それまで無意味な想念がめまぐるしく駆け回っていたところに、静けさが満ちる。[3]夢のない安らかな眠りの中で静かになった地上を、穏やかな光が覆う。[4]そして、そこには**神の言葉**だけが残っている。[5]もう一瞬の間だけ、それのみが知覚される。[6]そうして、象徴が終わり、**神**が永遠にただひとりの**わが子**と知るその心から、あなたが自分で作り出したと思っていたすべてが完全に消滅する。

12. 彼の中に咎めはない。[2]彼は自らの聖性の中で完璧である。[3]彼は哀れみの想念を必要としない。[4]一切が彼のものであるとき、誰が彼に贈り物を与えることができるだろう。[5]そして**無罪性そのもの**である**神の子**に対して、赦しを施す夢を見ることができる者がいるだろうか。その**神の子**は、彼を**わが子**とする**神**とあまりに似ているので、彼を見ることはもはや知覚することではなく、ただ**父**を知ることである。[6]この瞬間的な**神の子**の霊視映像《ヴィジョン》はほんのつかの間のことで、この単一の光景と超時性そのものとの間には一瞬の距離もないほどだが、その中に、あなたは自分自身の霊視映像《ヴィジョン》を見て、それから永遠に**神**の中へと消えてゆく。

13. この霊視映像《ヴィジョン》と私たちの視覚の間をいまだに遮断しようとするすべてのものが終わるところへと、今日、私たちはさらに近づく。[2]そして、このように遠くまでこられたことを喜び、ここまで導いてくれた**聖霊**は今私たちを見捨てないと認識する。[3]**神**が**聖霊**を通して私たちに与えたい贈り物を、**聖霊**は今日私たちに与えたいと思っているからである。[4]今があなたの解放の時である。[5]その時がやってきた。[6]今日、その時が訪れた。

レッスン199

私は肉体ではない。私は自由である。

1. あなたが肉体を自分自身として知覚している限り、自由はありえない。[2]肉体は一つの制限である。[3]肉体の中に自由を追求しようとする者は、あるはずのないところに自由を探している。[4]心が自由になれるのは、自らを肉体の中に存在するものと見なさなくなったときであり、自分が肉体にしっかりと固定され、肉体の存在によってかくまわれていると思わなくなったときである。[5]もしそうしたことが真理であったなら、まったくのところ心は傷つきやすいものとなっていただろう。

2. **聖霊**に仕える心は、あらゆる面で永遠に無限である。時間や空間の法則を超越し、どんな先入観にも縛られず、求められることなら何でもできる強さと力がある。[2]そうした心には攻撃の想念が入り込めない。その心は愛の**源**に捧げられており、愛とひとつになった心にはどんな恐れも侵入できないからである。[3]それは**神**の内に休らう。[4]**無垢性そのもの**の中に生き、ただ愛するだけの者に、どうして恐れがありえるだろう。

3. あなたがこのコースにおいて進歩していくためには、今日の主題概念を受け入れ、それを大切にもち続けることが肝心である。[2]この概念が自我にとってはまったく狂気だということは気にかけずにいなさい。[3]自我は肉体の中に住み、自分が作り出した家と一体化して生きているので、肉体を非常に大切にする。[4]肉体は、自我自身が幻想だと発見されないように自我をかくまってきた幻想の一部だからである。

4. ここに自我は隠れており、ここに自我の正体が見てとれる。[2]あなたの無罪潔白を宣言しなさい。そうすれば、あなたは自由になる。[3]そして肉体は消え去る。なぜなら、あなたには肉体に関して**聖霊**が見ている必要性しかなくなるからである。[4]その必要を満たすために、肉体は、心が為すべきことに役立つ形で現れるだろう。[5]そのようにして肉体は一個の器《うつわ》となり、**神**の計画に従って、赦しが到達すべき包括的ゴールに向かって延長されていくのを助けるものとなる。

5. 今日の主題概念を大切にし、それを今日練習し、これからも毎日練習しなさい。[2]この概念をすべての練習時間に組み入れなさい。[3]それにより、すべての想念は世界を救う力を増大させ、すべての想念がもつあなたへの贈り物も増加する。[4]私たちはこの概念により、世界中に自由を呼びかける。[5]あなたは、自分が与える贈り物を受け取ることから自分自身を除外したいのだろうか。

6．**聖霊**は、自由を求める心たちの住む家である。[2]心は探し求めてきたものを**聖霊**の中に見出した。[3]肉体の目的は今や明確である。[4]それは統一されたゴールのために仕える完璧な能力を備えたものとなる。[5]自由の想念だけをゴールとする心に対し、肉体は葛藤をもたず明確に応え、その目的にうまく仕えるようになる。[6]束縛する力をなくした肉体は、**聖霊**の内にいる心が追求する自由のために働く貴重な僕《しもべ》である。

7．今日は自由でありなさい。[2]そして、まだ自分たちが肉体の中につながれていると信じている者たちに、あなたからの贈り物として自由を運びなさい。[3]あなた自身が自由でありなさい。そうすれば**聖霊**は、自分のことを束縛されて無力でおびえた者と知覚している多くの者たちを自由にするために、束縛から脱出したあなたを用いることができる。[4]あなたを通して、愛が彼らの恐れと入れ替わるようにしなさい。[5]今、救済を受け入れ、そして、この贈り物を差し出してほしいと呼びかけている**聖霊**に、あなたの心を差し出しなさい。[6]**聖霊**は、あなたに完璧な自由と完璧な喜びを与え、そして、**神**の中において見事に成就される希望をもたらそうとしている。

8．あなたは**神の子**である。[2]あなたは不死性の中で永遠に生きる。[3]あなたは、自分の心をそこに戻したくはないだろうか。[4]それならば、**聖霊**が今日という日のためにあなたに与える想念をしっかりと練習しよう。[5]あなたの兄弟はその中であなたとともに解放され、世界はあなたとともに祝福され、**神の子**はもはや涙を流さない。そして天国は、あなたの練習がさらなる喜びを天国にまで運んでくることに感謝する。[6]そして、あなたが次のように言うたびに、**神はご自身の愛**と幸福を延長させる。

[7]私は肉体ではない。[8]私は自由である。[9]私は**神**から与えられた一なる**声**を聞き、私の心はこの**声**にのみ従う。

レッスン200

神の平安のほかに平安はない。

1. これ以上探すのはやめなさい。[2]神の平安以外に平安は見つからない。[3]この事実を受け入れなさい。そうすればあなたは、深い落胆や暗澹たる絶望といった苦悩や、凍るような失意と疑いの感覚をこれ以上味わわずにすむ。[4]これ以上探すのはやめなさい。[5]あなたが不幸や苦痛を探しているのでない限り、あなたに見つけられるものは神の平安以外にはない。

2. ここが最後には誰もが到達する終着地点である。ここで、あるはずのないところに幸福を探して見つかるかもしれないという希望がすべて放棄される。傷つけることしかできないものによって救われ、混沌で平安を作り出し、苦痛で喜びを、地獄で天国を作り出せるかもしれないという望みもすべて手放される。[2]負けることにより勝とうとし、生きるために死のうとするのはもうやめなさい。[3]あなたはただ敗北を求めているだけである。

3. けれどもあなたは同じようにたやすく、愛や幸福や、果てしない平安の内にある永遠の生命《いのち》を求めることもできる。[2]これを求めなさい。そうすれば、あなたは必ず勝利をおさめるだろう。[3]あなたがすでにもっているものを求めるのだから、うまくいかないはずはない。[4]偽りのものを真実にしたいと求めれば、失敗するしかない。[5]空虚な想像の産物について、自分を赦しなさい。そして、見つけられないものをこれ以上探すのはやめなさい。[6]開かれた目で見さえすれば、あなたを迎え入れようとして扉が難なく開き、目の前に天国が見出せるというときに、地獄を延々と探し回るのはあまりに愚かなことではないだろうか。

4. 家に帰ってきなさい。[2]あなたは見知らぬ場所や異質の形態を何とかして意味あるものにしようとしてきたが、いまだにそれらはあなたにとって何の意味もなく、そうしたものの中にあなたは幸福を見出してはいない。[3]この世界は、あなたが属する場所ではない。[4]あなたはここでは異邦人である。[5]しかしあなたには、この世界が誰にとっても牢獄や留置所とは思えなくするための手段を見つけることができる。

5. かつて鉄の扉や鎖しか見えなかった場所で、あなたに自由が与えられる。[2]しかし脱出口を見つけたいのなら、この世界の目的について自分の心を変えなければならない。[3]全世界が祝福された世界として見られ、あらゆる人があなたの間違いから解放されて、ありのままに尊重されるようになるまでは、あなたは束縛されたままである。[4]あなたは自分を作り出さず、ましてや、その人を作り出しはしなかった。[5]あなたがひとりを自由にするとき、もうひとりもありのままに受け入れられる。

6. 赦しは何をするのだろうか。[2]真理においては、それには何の機能《はたらき》もなく、何をすることもない。[3]なぜなら、赦しは天国では知られざるものだからである。[4]それは地獄においてのみ必要とされ、そこでは強力な機能《はたらき》をする。[5]**神の愛し子**が、彼自身の想像の産物にすぎない邪悪な夢を、真実だと信じているのだから、彼をそのような夢から脱出させるというのは、価値ある目的ではないだろうか。[6]成功か失敗か、愛か恐れかの選択があるかに見えている間は、誰がこれ以上のことを望むことができるだろう。

7. **神**の平安のほかに平安はない。その理由は、**神**にはただひとりの**子**がいて、その**神の子**は、**神の意志**およびそれと同じものである自分の意志に対立した世界を作り出すことはできないからである。[2]そのような世界で彼が何を見つけられるというのだろう。[3]それは創造されたことがないので実在性がない。[4]**神の子**が平安を探す場所はここだろうか。[5]それともこの世界を眺めて、それが欺くだけのものだと理解すべきだろうか。[6]だが彼は別の見方で世界を見ることを学び、**神**の平安を見出すことができる。

8. 平安は、この世界を後にするために誰もが渡る橋である。[2]しかし、平安は、これまでとは違うものとして知覚された世界の中で始まり、この新しい知覚から天国の門へ、そしてさらにその向こうへと続いていく。[3]葛藤するゴール、無意味な旅、必死に為されるが無駄な探求、意味のない努力、こうしたものに対する答えが平安である。[4]今では道はなだらかになり、**神**の平安に包まれた自由の橋に向かって緩やかに登っていく。

9. 今日、再び道を見失うことのないようにしよう。[2]私たちは天国に行くのであり、道はまっすぐである。[3]私たちがその道からさまよい出ようとするときにのみ、遅れが生じたり、いら草の生い茂る脇道で不必要な時間が費やされたりする。[4]**神**だけが確かであり、**神**が私たちの歩みを導く。[5]**神**は困っている**わが子**を見捨てることはなく、**わが子**を家から離れて永遠にさまよわせはしない。[6]**父**は呼びかけ、**子**はそれを聞く。[7]それだけである。それが、肉体が実在性をもつ場所として、**神**から切り離されているかに見える世界について言えるすべてである。

10. 今、静寂がある。[2]これ以上探すのはやめなさい。[3]今やあなたは、かつて追求した失望の木々から落ちた偽りの欲求という落ち葉で敷き詰められた道までやってきた。[4]今、それらはあなたの足元にある。[5]そしてあなたは、あと一瞬の間だけ役目を果たす肉体の目で、天を見上げる。[6]平安はついに、すでに認識されたものとなっている。そして、あなたは、平安が自分の心をすっぽりと優しく抱擁し、慰めと愛でくるむのを感じる。

11. 今日、私たちはどんな偶像も追求しない。[2]そうしたものの中に平安は見つからない。[3]**神**の平安が私たちのものであるから、これだけを受け入れ、これだけを欲する。[4]今日、私たちに平安あれ。[5]私たちは、曖昧模湖としたこの世界を去るための単純で幸福な道を見つけたからである。それは、自分たちの移り変わるゴールや孤独な夢を単一の目的と仲間意識とに置きかえるための道である。[6]平安が**神**からのものであるなら、平安とは融合と同じものだからである。[7]私たちはもうこれ以上探すことはしない。[8]私たちは家のすぐ近くまできており、次の言葉を繰り返すたびに家はさらに近くなる。

[9]**神**の平安のほかに平安はない。このことを私は喜び、感謝する。

復習 VI

序

1．この復習では、毎日一つずつ主題概念を取り上げ、それをできる限りたびたび練習する。[2]朝と夜にそれぞれ少なくとも一五分を捧げ、一日を通して一時間ごとにそれを思い出し、その合間の時間にもできるだけ何度も使用する。[3]これらの概念はどの一つをとっても真に学ばれるなら、それだけで救済をもたらすに充分である。[4]その一つひとつが、あらゆる形の束縛からあなたとこの世界を解放し、**神**の思い出を呼び戻すのに充分である。

2．このことを心に留めながら練習を始め、最近学んだ二〇のレッスンの中で**聖霊**が私たちに与えてくれた想念をていねいに復習していく。[2]よく理解され、練習され、受け入れられ、一日を通して生じるかに見える出来事のすべてに適用されるなら、それぞれの概念にはこのカリキュラムのすべてが含まれている。[3]一つで充分である。[4]しかし、その一つから何も除外されてはならない。[5]だから私たちは出来事すべてを使用するが、そのときその一つひとつが私たちの学ぶことの全体に貢献しつつ、すべてが一つに溶け合っていくようにしなければならない。

3．前回の復習のときと同じように、今回の練習も、機軸となる概念を中心に展開しており、各レッスンをその概念で始め、その概念で終わるようにする。[2]それは次の通りである。

[3]私は肉体ではない。[4]私は自由である。[5]私は今も**神**が創造したままの私なのだから。

[6]一日をこの概念とともに始め、それとともに終える。[7]そして私たちは毎時きっかりにこの概念を繰り返す。あるいはその合間に、自分には今見ている世界を超える機能《はたらき》があることを思い出す。[8]このことと、その日に練習する概念を繰り返すこと以外には、演習にはどんな形も求められない。しかし、心をかき乱すものや、心が理性や正気や単純な真理を聞くことができなくするようなものはすべて、徹底して放棄することだけは要請される。

4．この復習では私たちはすべての言葉を超えること、そして特定の形を用いた練習を超えることを心がける。[2]今回は、私たちは近道を通って速やかに、**神**の平安と静けさに至ることを試みるからである。[3]私たちは、ただ目を閉じ、自分が知っていて理解していると思っていたすべてのことを忘れる。[3]そのようにして私たちは、自分が知らず、理解できなかったすべてのことから自由になることができるからである。

5．このように、練習には形式を設けないが、一つだけ例外がある。[2]雑念をそのままにしておかないということである。[3]もし、そのような雑念に気がついたなら、すぐにそれに支配されることを拒否し、それはあなたの心が望むものではないと、心に確信させる。[4]それから、あなたが拒否した雑念が、その日に練習する概念と速やかに交換されて、やさしく放棄されるようにする。

6．誘惑があるときにはすぐに次のように言い、誘惑からの解放を宣言する。

[2]この考えを私は望まない。[3]そのかわりに、こちらを選択する＿＿＿＿

[4]そうして、その日の主題概念を繰り返し、それをあなたの考えていたことと入れ替える。[5]その日の概念のこうした特別な適用のほかは、練習の助けとしてほんのいくつか特定の表現や想念がつけ加えられるだけである。[6]そうして、静けさの中で教え、平安を語り、私たちの想念にそれらがもちうる意味をもたらす**教師**に、これらの静かな時を捧げる。

7．あなたのために、私はこの復習を**聖霊**に捧げる。[2]私はあなたを**聖霊**の手にゆだね、あなたが**聖霊**に頼るたびに、何を行い、何を言い、何を考えるべきかをあなたが**聖霊**から教えてもらえるようにする。[3]あなたが助けを求めて**聖霊**を呼ぶたびに、**聖霊**は必ずそこにいてくれるだろう。[4]これから始める復習をすべて**聖霊**に差し出そう。日々の練習においてはこの復習が**誰**に捧げられたものかを忘れないようにしよう。どのようにして進むべきかを**聖霊**に教えてもらいながら、**聖霊**が私たちのために用意したゴールに向かって前進する。そして**聖霊**は最もよいやり方で、それぞれの練習時間がこの世界に対する愛のこもった自由の贈り物となるようにしてくれると信頼する。

レッスン201

私は肉体ではない。私は自由である。
私は今も神が創造したままの私なのだから。

1. (181) 私は、自分とひとつである兄弟たちを信頼する。

[2]すべての人がみな私の兄弟である。[3]私は**神**および宇宙とひとつであることにより、祝福されている。私の**父なる神**、私の**自己**をなす一切を創造した**創造主**と、私は永久《とわ》に、ひとつのものである。

[4]私は肉体ではない。[5]私は自由である。
[6]私は今も神が創造したままの私なのだから。

レッスン202

私は肉体ではない。私は自由である。
私は今も神が創造したままの私なのだから。

1. (182) 私は一瞬のあいだ静まり、家に帰る。

[2]**神ご自身**が私に**神の声**を授け、家に帰るよう呼びかけているときに、どうして私が自分の属さない場所に、一瞬でも長居をしたいと思うだろう。

[3]私は肉体ではない。[4]私は自由である。
[5]私は今も神が創造したままの私なのだから。

レッスン 203

私は肉体ではない。私は自由である。
私は今も神が創造したままの私なのだから。

1. (183) 私は神の名と私自身の名に呼びかける。

[2]**神の名**が、あらゆる悪と罪の想念から私を解放する。それは**神の名**であると同時に私の名でもあるからである。

[3]**私は肉体ではない。**[4]**私は自由である。**
[5]**私は今も神が創造したままの私なのだから。**

レッスン 204

私は肉体ではない。私は自由である。
私は今も神が創造したままの私なのだから。

1. (184) 神の名は、私が受け継いだ賜物である。

[2]**神の名**は私が**神の子**であることを私に思い出させる。私は時間の奴隷ではなく、病んだ幻想の世界を支配する法則に縛られてはいない。**神**の中にあって自由であり、いつまでもどこまでも**神**とひとつである。

[3]**私は肉体ではない。**[4]**私は自由である。**
[5]**私は今も神が創造したままの私なのだから。**

レッスン205

私は肉体ではない。私は自由である。
私は今も神が創造したままの私なのだから。

1. (185) 私は神の平安を欲する。

[2]**神**の平安が私の欲するすべてである。[3]**神**の平安が、私のただ一つのゴール、ここに生きる私が目指すすべて、辿りつきたい終着点である。自分の家ではない場所にいる間の私の目的であり、機能《はたらき》であり、生命《いのち》である。

[4]**私は肉体ではない。**[5]**私は自由である。**
[6]**私は今も神が創造したままの私なのだから。**

レッスン206

私は肉体ではない。私は自由である。
私は今も神が創造したままの私なのだから。

1. (186) 世界の救済は私にかかっている。

[2]私は**神の子**なので、**神**の贈り物を預かっている。[3]だから私は**神**が意図するところに**神**の贈り物をもたらしたい。

[4]**私は肉体ではない。**[5]**私は自由である。**
[6]**私は今も神が創造したままの私なのだから。**

レッスン207

私は肉体ではない。私は自由である。
私は今も神が創造したままの私なのだから。

1. (187) 私は世界を祝福する。それは、私が自分を祝福しているからである。

[2]**神**の祝福が、**神**が宿る私の胸《こころ》の中から私を照らしている。[3]私に必要なのは**神**のほうを向くことだけである。そうして、私が**神**の無限の**愛**を自分に受け入れるとき、すべての哀しみは溶け去る。

[4]**私は肉体ではない。**[5]**私は自由である。**
[6]**私は今も神が創造したままの私なのだから。**

レッスン208

私は肉体ではない。私は自由である。
私は今も神が創造したままの私なのだから。

1. (188) 神の平安は今、私の中に輝いている。

[2]私はじっと静まり、私とともに地上もまた静まる。[3]その静寂の中で私たちは**神**の平安を見出す。[4]それは私の胸《こころ》の中にあり、**神ご自身**を証《あか》ししている。

[5]**私は肉体ではない。**[6]**私は自由である。**
[7]**私は今も神が創造したままの私なのだから。**

レッスン209

私は肉体ではない。私は自由である。
私は今も神が創造したままの私なのだから。

1. (189) 私は今、自分の中に神の愛を感じる。

[2]**神の愛**が私を創造した。[3]**神の愛**が私のすべてである。[4]**神の愛**は、私が**神の子**であると宣言した。[5]私の内なる**神の愛**が私を自由にする。

[6]**私は肉体ではない。**[7]**私は自由である。**
[8]**私は今も神が創造したままの私なのだから。**

レッスン210

私は肉体ではない。私は自由である。
私は今も神が創造したままの私なのだから。

1. (190) 私は苦痛のかわりに神の喜びを選択する。

[2]苦痛とは私自身の考えである。[3]それは**神の想念**ではなく、**神**からも**神の意志**からも離れて私が考えた私の想念である。[4]喜びが**神の意志**であり、喜びだけが愛する**わが子**に対する**神の意志**である。[5]だから私は自分が作り出したもののかわりに、喜びを選ぶ。

[6]**私は肉体ではない。**[7]**私は自由である。**
[8]**私は今も神が創造したままの私なのだから。**

レッスン211

私は肉体ではない。私は自由である。
私は今も神が創造したままの私なのだから。

1. (191) 私は**神ご自身**の聖なる**子**である。

[2]**神**が私の**自己**として創造した**神の子**の中に**神**の栄光を見るために、私は沈黙と真の謙虚さの中で、それを探す。[3]**私は肉体ではない。**[4]**私は自由である。**[5]**私は今も神が創造したままの私なのだから。**

レッスン212

私は肉体ではない。私は自由である。
私は今も神が創造したままの私なのだから。

1. (192) 私には、**神**が私に全うさせようとする機能《はたらき》がある。

[2]この世界の空虚な幻想から私を自由にするための機能《はたらき》を、私は求める。[3]**神**から与えられた機能《はたらき》だけが私を自由にすることができる。[4]これだけを私は追求し、これだけを自分の機能《はたらき》として受け入れる。[5]**私は肉体ではない。**[6]**私は自由である。**[7]**私は今も神が創造したままの私なのだから。**

レッスン213

私は肉体ではない。私は自由である。
私は今も神が創造したままの私なのだから。

1.（193）すべてのものごとは、神が私に学ばせようとするレッスンである。

[2]レッスンとは、私が作り出した自分を傷つける想念のかわりに**神**が私に与えてくれる奇跡である。[3]**神**から学ぶことが、私が自由になるための道となる。[4]だから私は**神**のレッスンを学び、自分で作り出したレッスンは忘れることを選択する。

[5]**私は肉体ではない。**[6]**私は自由である。**
[7]**私は今も神が創造したままの私なのだから。**

レッスン214

私は肉体ではない。私は自由である。
私は今も神が創造したままの私なのだから。

1.（194）私は未来を神の手にゆだねる。

[2]過去は去っており、未来はまだきていない。[3]今、私はその両方から自由である。[4]**神**が与えるものはよきものだけだからである。[5]私は**神**が与えてくれるものだけを、私のものとして受け入れる。

[6]**私は肉体ではない。**[7]**私は自由である。**
[8]**私は今も神が創造したままの私なのだから。**

レッスン215

私は肉体ではない。私は自由である。私は今も神が創造したままの私なのだから。

1. (195) 愛は私が感謝の内に歩む道である。

[2]**聖霊**が私の唯一の**導き手**である。[3]**聖霊**は私とともに愛の中を歩む。[4]行くべき道を教えてくれる**聖霊**に、私は感謝を捧げる。

[5]**私は肉体ではない。**[6]**私は自由である。**
[7]**私は今も神が創造したままの私なのだから。**

レッスン216

私は肉体ではない。私は自由である。私は今も神が創造したままの私なのだから。

1. (196) 私が十字架にかけることのできる相手は、私自身だけである。

[2]自分のしていることのすべては自分自身に対して為されている。[3]私が攻撃すれば、私が苦しむ。[4]しかし私が赦せば、救済は私に与えられる。

[5]**私は肉体ではない。**[6]**私は自由である。**
[7]**私は今も神が創造したままの私なのだから。**

レッスン217

私は肉体ではない。私は自由である。
私は今も神が創造したままの私なのだから。

1. (197)私が得られる報酬《もの》は、自分自身からの感謝のみである。

[2]私の救済について私以外の誰が感謝を捧げるべきだろう。[3]そして、救済以外の何を通して、私が感謝を捧げるべき相手である**自己**を見出せるだろう。

[4]**私は肉体ではない。**[5]**私は自由である。**
[6]**私は今も神が創造したままの私なのだから。**

レッスン218

私は肉体ではない。私は自由である。
私は今も神が創造したままの私なのだから。

1. (198)私の咎めだけが私を傷つける。

[2]私の咎めが私の心眼《ヴィジョン》をくもらせる。見えない目によって、私の栄光の霊視映像《ヴィジョン》を見ることはできない。[3]しかし、今日、私はこの栄光を見て喜ぶことができる。

[4]**私は肉体ではない。**[5]**私は自由である。**
[6]**私は今も神が創造したままの私なのだから。**

レッスン219

私は肉体ではない。私は自由である。
私は今も神が創造したままの私なのだから。

1. (199) 私は肉体ではない。[2]私は自由である。

[3]私は**神の子**である。[4]私の心よ、じっと静まりなさい。そして一瞬の間、このことを考えよう。[5]それから、**父**が**わが子**として永遠に愛しているものとは何かについて混乱することなく、地上に戻ろう。

[6]**私は肉体ではない。**[7]**私は自由である。**
[8]**私は今も神が創造したままの私なのだから。**

レッスン220

私は肉体ではない。私は自由である。
私は今も神が創造したままの私なのだから。

1. (200) 神の平安以外に平安はない。

[2]ほかの道を行けば迷うだけなので、私がこの平安の道からさまよい出ることがありませんように。[3]そうではなく、わが家へと導く**聖霊**の後に従っていけますように。そうすれば、平安は**神の愛**と同じように確かなものとなります。

[4]**私は肉体ではない。**[5]**私は自由である。**
[6]**私は今も神が創造したままの私なのだから。**

【第Ⅱ部】

第Ⅱ部　序文

1. ここから先は、言葉はあまり意味をもたなくなる。[2]言葉は道標としてのみ用い、もはやそれに頼ることはしない。[3]これからは真理の直接的体験だけを追求するからである。[4]残りのレッスンは、私たちが苦痛の世界を離れて平安の中に入る時間の導入部にすぎない。[5]これから私たちは、このコースが定めたゴールに近づき始め、これまでの演習が常に目指してきた目的地を見出せるようになってくる。

2. これからは、演習を単なる出発点とする。[2]そのあとは静かな期待の中で、**父**なる**神**を待つ。[3]**神**は**自ら**最後の一歩を踏み出すと約束した。[4]だから、**神**の約束が守られることは確実である。[5]私たちはこの道を遠くまで歩んできて、今、**神**を待っている。[6]これからも、朝と夜に好きなだけの時間を**神**とともに過ごすことを続けていく。[7]しかしもはや時間の長さは問題にしない。[8]望む結果に必要なだけの時間をかける。[9]また日中は、忘れずに一時間毎に**神**を思い出す。自分のゴールを忘れそうになって**神**が必要となったときにも、必ず**神**に呼びかける。

3. これからも毎日一つの中心概念を使用することを続けていき、休息の時間のはじめや、必要に応じて心を静めるときにも、その概念を用いる。[2]しかし、**神**に捧げた一年を締めくくることになるこれからの神聖な時間において、私たちは単純な練習をするだけでは満足しない。[3]簡単な歓迎の言葉を述べたあとは、**父**が約束通り**ご自身**を顕現してくれるのを待つ。[4]私たちは**神**に呼びかけた。そして**神の子**が**父の名**を呼ぶときには、決して応答なしに放っておかれることはないと、**神**は約束している。

4. 今、私たちは、**神の言葉**だけを心にとどめ、胸に抱いて**神のもと**へ行き、**神ご自身**が私たちに向かって踏み出してくれる最後の一歩を待つ。それは、私たちから招かれたなら必ず**神ご自身**が踏み出してくれると、**神の声**を通して約束されている一歩である。[2]**神**は**わが子**が狂気の中にいても彼から去ったことはなく、**ご自身**に対する彼の信頼を裏切ることもなかった。[3]**神**のそのような信義を思えば、私たちは**神**を招き入れてもよいのではないだろうか。[4]私たちは招待を差し出し、それは受け入れられるだろう。[5]そのようにして、私たちが**神**とともにいる時間は過ごされる。[6]私たちは、**神の声**が勧める招待の言葉を述べ、それから**神**の訪れを待つ。

5. 今この時、予言は成就されている。[2]今、往古の約束はすべて守られ、完全に果たされている。[3]もはやその成就の時間を遅らせるような行程はまったく残っていない。[4]今や、私たちに失敗はありえない。[5]静かに座り、あなたの**父**を待ちなさい。[6]**神**を迎えることが自分の意志だと認識したあなたを訪れることが、**神の意志**である。[7]そしてたとえ漠然とでも、それが自分の意志だと見なしていなかったなら、あなたは決してここまでこられなかったはずである。

6. 私がこれほどあなたの近くにいるのだから、私たちに失敗はありえない。

[2]**父**よ、この悲しみの世界から離れ、そのかわりに**あなた**から与えられている世界を受け取る方法を教えてくれた**聖霊**に感謝しつつ、私たちはこれらの神聖な時間を**あなた**に捧げます。[3]私たちはもう後ろを振り返りません。[4]前を向いて、旅の終わりだけを見つめます。[5]これらのささやかな感謝の贈り物を、私たちから受け取ってください。**キリスト**の心眼《ヴィジョン》を通して、私たちは自分で作り出した世界を超えたところにあるもう一つの世界を眺め、その世界を、自分の世界と完全に入れ替わるべきものとして受け入れます。

7. そして今、私たちは静かに、恐れることなく、**あなた**の訪れを確信して待ちます。[2]私たちは**あなた**が遣わしてくださった**導き手**に従い、道を見出そうとしてきました。[3]私たちは道を知りませんでしたが、**あなた**は私たちをお忘れになりませんでした。[4]ですから私たちは、今**あなた**が私たちを忘れはしないとわかっています。[5]**御意志**のままに往古の約束が守られることだけを、私たちは求めます。[6]これを求めることにおいて、私たちは**あなた**とともに意志しています。[7]自らの神聖なる**意志**により一切を創造した**父**と**子**に、失敗はありえません。[8]この確信を抱いて、私たちは**あなたのみもと**へ向かう最後の数歩を踏み出し、**あなた**に呼びかける子を見捨てることのない**あなたの愛**を、自信をもって頼みとします。

8. こうして、私たちはこの神聖な一年の最後にさしかかる。真理と、その一なる**創造主**である**神**を探し求めて、私たちはともにこの年を過ごしてきた。[2]私たちは**神**が私たちのために選んだ道を見出し、**神**が私たちを進ませようとする通りに、その道を歩むことを選んだ。[3]**神の手**は私たちを支えてきた。[4]**神の想念**は私たちの心の闇を照らしてきた。[5]**神の愛**は、時間が始まって以来、絶え間なく私たちに呼びかけてきた。

9．私たちはかつて、**神**が**ご自身**のものとして創造した**わが子**を失うように願った。[2]**神**が**ご自身**を変化させ、私たちの望む通りのものになることを欲した。[3]そして自分たちの狂った欲求こそが真理だと信じた。[4]今、私たちはこうしたことがすっかり取り消されていることを喜び、もはや幻想を真理だとは思わない。[5]広大な地平線で光がきらめき出すように、私たちの心は**神**を思い出し始めている。[6]あと一瞬のうちに、それは再びよみがえるだろう。[7]あと一瞬のうちに、**神の子**である私たちは、**神**が私たちを住まわせようとするわが家に、無事に帰っているだろう。

10．もはや練習の必要はほとんどなくなっている。[2]この最後の段階では、私たちは**神**に呼びかけるだけですべての誘惑が消え去ることを理解するようになる。[3]言葉のかわりに、**神の愛**を感じるだけでよい。[4]祈りのかわりに、**神の名**を呼ぶだけでよい。[5]判断するかわりに、ただ静かにして、すべてが癒されるままにするだけでよい。[6]私たちは、**神**の計画の始まりをそのまま受け入れたように、その終わりもそのまま受け入れる。[7]そうして今、それが完了する。[8]この年は私たちを永遠のもとへ連れてきた。

11．しかし私たちは、もう一つだけ言葉の用途を残しておく。[2]毎日のレッスンとその後に訪れる言葉を超えた深い体験の時間に加えて、時折、特別な関連テーマの解説が挿入される。[3]こうした特別な解説は、次のテーマの解説があるまで、毎日読み返し、復習しなければならない。[4]それを毎日、神聖な恵みの時間のいずれかを始める前にゆっくりと読み、少しの間それについて考えるようにしなさい。[5]今から、最初の解説を始める。

1. 赦しとは何か

1. 赦しは、兄弟から自分に為されたとあなたが思っていたことは、起こってはいなかったと認識する。[2]罪を赦すことで、それを実在するものとして扱うのではない。[3]罪は存在していなかったと見るのである。[4]その見方において、あなたの罪のすべてが赦される。[5]罪とは、**神の子**についての偽りの概念以外の何だろう。[6]赦しは、罪をただ虚偽と見るので、それを手放すのみである。[7]そうなれば、今や**神の意志**は、自在に罪と入れ替わることができる。

2. 赦したくないという思いは、裁く思いであり、その判断が真実でないにもかかわらず、決してそれを疑おうとしない。[2]心は閉ざされ、解き放たれることがない。[3]そうした思いは、心の鎖を固く締めて投影を守るので、歪曲はさらに覆い隠され、曖昧となる。疑問を差し挟むことはむずかしくなり、理性からさらに遠ざけられる。[4]凝り固まった投影と、その投影がゴールとして選んだ目的との間に入り込めるものは、何もない。

3. 赦したくないという思いは、さまざまなことをする。[2]自分が選んだ道を邪魔すると見えるものをねじ曲げ、くつがえし、自分のゴールを必死になって追求する。[3]歪曲することがその目的であり、それを達成するための方法そのものも歪曲である。[3]怒り狂って実相を粉砕しようとするばかりで、自らの見解に対立するかに見えるものには一切関心をもたない。

4. 一方、赦しは、じっと静かにしていて、何もしない。[2]実相のどの側面をも害することはせず、自らが好む外観へとねじ曲げようともしない。[3]ただ見て、待つのみであり、判断はしない。[4]赦そうとしない者は価値判断をせずにはいられない。赦すことができずにいる自分を正当化してしまうからである。[5]しかし、自分自身を赦そうとする者は、必ずありのままの真理を歓迎することを学ぶことになる。

5. だからあなたは何もせずにいなさい。そして、何を為すべきかは、**聖霊**による赦しを通して、教えてもらいなさい。**聖霊**はあなたの**導き手**、**救済者**、**保護者**であり、強い希望を抱き、あなたが最後には成功をおさめると確信している。[2]**聖霊**はすでにあなたを赦している。それが**神**から**聖霊**に与えられた機能《はたらき》だからである。[3]今度はあなたが**聖霊**の機能《はたらき》を共有し、**聖霊**が救った者を赦さなければならない。**聖霊**は彼の無罪性を見ており、**神の子**である彼を讃えている。

レッスン221

私の心に平安が訪れますように。雑念がすべて静まりますように。

1. 父よ、私は今日、**あなた**だけが授けることのできる平安を求めて、**あなたのみもと**に参ります。[2]そのとき私は沈黙しています。[3]私の胸《こころ》の静寂の中、心の深みにおいて、**あなたの声**を待ち、耳を澄まします。[4]**父**よ、今日、私に語ってください。[5]**あなた**が必ず私の呼びかけを聞き、私に答えてくださると信じつつ、沈黙と確信と愛の中で、**あなたの声**を聞くために**みもと**に参ります。

2. そして私たちは静かに待つ。[2]私たちが一緒に待っているのだから、**神**はここにいる。[3]**神**があなたに語り、あなたがそれを聞くだろうことは確実である。[4]私の確信を受け入れなさい。それはあなたの確信でもある。[5]私たちの心はつながっている。[6]私たちはただ一つの意図を抱いて待つ。それは、自分の呼びかけに対する**父**の答えを聞き、雑念を静めて**神**の平安を見出し、私たちの本性について**神**が語るのを聞き、**神**が**わが子**に**ご自身**を啓示してくれるように、という意図である。

レッスン222

神は私とともにある。私は神の中で生き、神の中で動く。

1. **神**は私とともにある。[2]**神**は私の生命《いのち》の**源**、内なる生命《いのち》、私が吸う空気、私を生かす食物、私を再生させ清める水である。[3]**神**は私の家であり、その中で私は生き、動く。**神**は私の行動を導く**霊**であり、**ご自身の想念**を私に与え、あらゆる苦痛からの安全を保証する。[4]**神**は私を優しさといたわりで包み、**ご自身**を輝かせる**ひとり子**を輝かせ、愛のうちに保つ。[5]今日、**神**の語ることが真理だと知っている者は、何と静かでいられることだろう！

2. **父**よ、私たちには**あなたの御名**よりほかに口にする言葉はなく、心に抱く言葉もありません。今、静かに**あなたの**臨在の中に入り、平安のうちに、**あなた**とともに少しの間、休らいたいと願います。

レッスン223

神は私の生命《いのち》である。神の生命《いのち》のほかに、私に生命《いのち》はない。

1. 自分が**神**から離れて生きていると思っていたとき、私は間違っていた。私は、自分が肉体の中に住み、どこにも属さず孤立して動き回る分離した存在だと思っていた。[2]今、私は、自分の生命《いのち》が**神**の生命《いのち》であると知っている。**神**のほかに私の住む家はなく、**神**から離れて私は存在しない。[3]私の一部でない**神の想念**は一つもなく、**神**のものでない私の想念は一つもない。

2. **父**よ、私たちが、自分の誤りではなく**キリスト**の顔を、見ることができますように。[2]聖なる**神の子**である私たちに罪はありません。[3]罪悪感は私たちが**あなたの子**ではないと宣言するので、私たちが見たいのは自分の無罪性です。[4]もはや**あなた**をこれ以上、忘れていたくありません。[5]私たちはここでは孤独であり、わが家としてくつろげる天国を切望します。[6]今日、私たちはそこへ帰ります。[7]私たちの名は**あなたの名**であり、私たちは自分が**あなたの子**であることを認めます。

レッスン224

神は私の父であり、父は子を愛する。

1. 私の真の**アイデンティティー**はまったく揺るぎなく、高貴であり、罪はなく、栄光に輝き、偉大にして慈《いつく》しみに溢れ、罪悪感とは無縁である。だから、天国は、私の真の**アイデンティティー**から光が与えられるのを待っている。[2]**それ**はまた世界をも明るく照らす。[3]**それ**は**父**が私に与えた贈り物であり、私が世界に与える贈り物でもある。[4]与えられ、受け取られる贈り物は、これしかありえない。[5]これが実相であり、これだけが実相である。[6]ここで幻想は終わる。[7]**それ**が真理である。

2. **父**よ、私の**名**は今でも**あなた**に知られています。[2]私は**それ**を忘れてしまいました。私は、自分がどこに行くのか、誰なのか、何をしているのかが、わかりません。[3]**父**よ、自分の見ている世界に疲れはてた私に、思い出させてください。[4]「こうしたもののかわりに、**あなた**が私に見せようとなさるものを、現してください。

レッスン225

神は私の父であり、子は父を愛する。

1. 父よ、私を愛してくださる**あなた**を、私は愛さずにいられません。与えることと受け取ることは同じであり、**あなたはご自身の愛**のすべてを私に与えてくださったからです。[2]私も同じく愛さずにはいられません。その愛を、自分のものとして、充分に自覚したいからです。私の心に輝くその愛しい光の中にその愛を穢れなく愛《いと》しいものに保ち、恐れを後にし、ただ平安へと向かうことを願うからです。[3]**あなた**に愛される**神の子**が**あなたのもと**へと導かれる道は、何と静かなことでしょう！

2. 兄弟よ、私たちは今その静けさを見出す。[2]道は開かれている。[3]今、私たちは一緒に平安のうちにその道をたどる。[4]あなたは私に向かって手を差し出した。そして、私は決してあなたを見捨てはしない。[5]私たちはひとつである。そして、本当は始まったことのない旅を終わらせるこの最後の数歩を歩み終えようとするとき、私たちが求めるのはこの一体性である。

レッスン226

私の家が待っている。急いでわが家に帰ろう。

1. もし私がそう選ぶなら、この世界を完全に立ち去ることができる。[2]これを可能にするのは死ではなく、世界の目的について心を変えることである。[3]もし私が、世界は今見ている通りに、世界を価値あるものと信じるなら、世界は私にとって価値あるものであり続ける。[4]しかし、もし世界を見ながら、その中に価値を見ず、自分のものにしておきたいものや、ゴールとして追求したいものを何一つ見なければ、世界が私から去っていく。[5]それは、私が真理に入れ替わる幻想を求めなかったからである。

2. 父よ、私の家は、私が喜んで帰ってくるのを待っています。[2]**あなたの腕**《かいな》は開かれており、**あなたの御声**が聞こえます。[3]天国がこのようにたやすく私のものになるというのに、虚しい願望や打ち砕かれた夢しかない場所に、どうして長居をする必要があるでしょう。

レッスン227

これが、私が解放される聖なる瞬間である。

1. 父よ、今日は、私が自由になる日です。私の意志は**あなたの意志**とひとつだからです。[2]私はほかの意志を作り出すことを考えました。[3]しかし、**あなた**から離れて私が考えたことは、何一つ実在しません。[4]そして私が自由である理由は、私が間違っていたからです。私の幻想は私の実相に何ら影響を与えなかったからです。[5]今、私はそれらの幻想を放棄して、真理の前に置き、私の心から永遠に取り去ってもらいます。[6]これが、私が解放される聖なる瞬間です。[7]父よ、私は自分の意志が**あなたの意志**とひとつだと知っています。

2. そうして、私たちは今日、本当は一度も離れたことのない天国へと、喜びの帰還を果たす。[2]**神の子**は今日、罪から解放され、自分の夢を放棄する。[3]**神の子**は今日、聖性に包まれ、ついに正しい心を取り戻し、再びわが家に帰る。

レッスン228

神は私を咎めなかった。もはや私も咎めない。

1. 父は私の聖性を知っている。[2]私は**神**の智識を否定し、**神**の智識によれば不可能なものごとを信じるのだろうか。[3]**神**により虚偽と宣言されていることを、真理として受け入れるのだろうか。[4]それとも、**神**こそが私の**創造主**、**神の子**の真の状態を知る**存在**《もの》であるがゆえに、**神の言葉**が告げる通りの自分の本性を、私は受け入れるだろうか。

2. 父よ、私は自分について間違っていました。自分の**源**を理解できなかったからです。[2]私は、一個の肉体に入って死ぬためにその**源**を離れたりはしませんでした。[3]私が**あなた**の一部であるように、私の聖性は私の一部であり続けます。[4]私自身についての間違いは夢にすぎません。[5]今日、それらを手放します。[6]私には、自分の真の本性について、**あなたの御言葉**だけを受け取る用意ができています。

レッスン229

私を創造した愛が、私の本性である。

1. 自分の**アイデンティティー**を探し求める私は、**それ**をこの言葉の中に見出す。「私を創造した愛が、私の本性である」。[2]もはや探し続ける必要はない。[3]愛が勝利を収めた。[4]**それ**は実に静かに私の帰宅を待っていたので、私はもはや**キリスト**の神聖なる顔から目を背けはしない。[5]そして私の見るもののすべてが、その**アイデンティティー**が真理であることを証《あか》しする。それは、私が失くしてしまおうとしたけれど、**父**が私のために安全に保持してくれた**アイデンティティー**である。

2. **父**よ、私が私であることに感謝いたします。私の愚かな心が作り上げた罪にまつわる考えの最中《さなか》にあっても、私の**アイデンティティー**を穢れなく罪なきままに保持してくださったことに、感謝いたします。[2]そしてまた、そうした考えから私を救ってくださった**あなた**に、感謝いたします。[3]アーメン。

レッスン230

今、私は神の平安を求め、それを見つける。

1. 私は平安の中で創造された。[2]そして平安の中に、私はとどまる。[3]真の**自己**を変える力は、私には与えられていない。[4]私を創造したときに永遠なる平安を授けた**父なる神**は、何と慈悲深いことだろう。[5]今、私はただ真の私でいることだけを求める。[6]そして、それが永遠の真理だというのに、私にそれが拒まれることがありえようか。

2. **父**よ、**あなた**が私を創造されたときに、私のものとして授けてくださった平安を、私は探し求めます。[2]そのとき授かったものは、今もここにあるはずです。私の創造は時間とは関わりがなく、今もいかなる変化も超越しているからです。[3]**あなたの子**は平安のうちに**あなたの心**の中に生まれ、その平安は、今も変わらずそこで輝いています。[4]私は**あなた**に創造されたままの私です。[5]**あなた**から授かった平安を見出すためには、私はただ**あなた**に頼めばよいだけです。[6]**あなたの子**に平安を授けたのは、**あなたの意志**だからです。

2．救済とは何か

1．救済とは約束である。最後にはあなたが**神**への道を見出すという、**神**による約束である。[2]それが守られないはずがない。[3]時間には終わりがあり、時間の中で生じたすべての想念もいずれは終わると、救済は保証する。[4]**神の言葉**は、自分が分離した想念を抱いていると考えるすべての心に与えられ、いずれ、そうした葛藤の想念を平安の**想念**に置きかえる。

2．**神の子**の心が戦いを思いついたその瞬間に、平安の**想念**が彼に与えられた。[2]それ以前には、そうした**想念**の必要はなかった。以前に授けられていた平安には対極はなく、ただ在るのみだったからである。[3]しかし心が分裂しているときには、癒しが必要である。[4]だから、分裂を癒す力のある**想念**が、心の無数の断片の一部となった。心は依然としてひとつであるのに、一体性を認識できなくなっている。[5]今や心は自らを知らず、自分の**アイデンティティー**は失われたと考えるようになっている。

3．救済とは取り消しである。それは、何もしないことにより、夢と悪意の世界が維持されずに消えていくという意味で、取り消しである。[2]そのようにして、救済は幻想を去らせる。[3]幻想を維持しないことで、それらがただ静かに塵と消えるままにする。[4]そうすれば幻想が隠していたものが顕《あら》わになる。それは聖なる**神の名**に捧げられた祭壇であり、そこには**神の言葉**が書き込まれている。その前にはあなたの赦しの贈り物が供えられ、そのすぐうしろには**神**についての記憶が控えている。

4．私たちは毎日この神聖なる場所を訪れ、少しの間、ともに過ごそう。[2]ここで、私たちは最後の夢を共有する。[3]その夢の中に悲しみはない。それは**神**から授けられた栄光のすべてを暗示する夢だからである。[4]今や草は地中に根をのばし、樹木は芽を吹き、小鳥たちがその枝に宿る。[5]新たな視座から見える大地は、今、生まれ変わりつつある。[6]夜は去り、光の中で、私たちはひとつに集結した。

5．この場所から私たちは世界に救済を与える。ここで救済が受け取られたからである。[2]私たちの歓喜の歌は全世界に呼びかける。自由は戻っており、時間は間もなく終わる、と。そして、**神の子**はあと一瞬を待つだけで、**父**を思い出し、夢が終わり、永遠がその光で世界を消し去り、存在するのは天国だけになる、と。

レッスン231

父よ、私はあなたを思い出すことだけを意志します。

1. 父よ、あなたの愛のほかに何を、私が探すことなどできるでしょう。[2]私は、さまざまな名で呼んできた何か別なものを自分が探し求めていると思うことがあるかもしれません。[3]しかしあなたの愛だけが、唯一、私が探し求めるものであり、これまでも追い求めてきたものです。[4]私が本当に見つけたいと思うものは、それよりほかにはありえません。[5]あなたを思い出させてください。[6]自分自身についての真理のほかに、何を望むことができるでしょう。

2. 兄弟よ、これがあなたの意志である。[2]そして、あなたはこの意志を私と共有し、私たちの父である一なる存在と共有する。[3]父を思い出すことが天国である。[4]これを、私たちは求める。[5]そしてこれだけが、私たちが見出すようにと与えられるものである。

レッスン232

父よ、一日中、私の心の中にいてください。

1. 父よ、私が目覚めるとき、私の心の中にいてください。[2]私を照らしてください。一分一分が、あなたとともにいる時間となりますように。[3]そして、あなたがともにあり、私の呼びかけを聞き、私に答えるために常にそばにいてくださることに、毎時間、感謝を捧げるのを忘れずにいられますように。[4]夜が訪れたときも、私のすべての考えがあなたとあなたの愛を思うものでありますように。[5]そして、自分の安全を疑わず、あなたからの庇護を確信し、あなたの子であることを自覚しつつ、幸福に眠れますように。

2. 毎日がこのようにあるべきである。[2]今日、恐れの終わりを練習しなさい。[3]あなたの父である神を信じなさい。[4]すべてを神にゆだねなさい。[5]神にすべてを明らかにしてもらいなさい。そして、あなたは神の子なのだから、うろたえずにいなさい。

レッスン233

私は今日、自分の生活を神の導きにゆだねる。

1. 父よ、今日、私は自分の考えをすべて、**あなた**に差し出します。[2]私は、自分の考えを何ももたずにいます。[3]私の考えのかわりに、**あなたの想念**を与えてください。[4]私の行いも、同じように**あなた**に差し出します。そうすれば、達成不可能なゴールを追求したり、むなしい想像の産物の中で時間を浪費するかわりに、私は**あなたの意志**を行うことができます。[5]今日、私は**あなたのみもと**に参ります。[6]私は一歩退き、ただ**あなた**に従います。[7]**あなた**が**導き手**となってください。私は従う者となり、**無限なるもの**の叡智を疑うことはしません。また、その**愛**の優しさを理解できなくても、それは**あなた**からの完璧な贈り物なのですから、その**愛**を私は疑いません。

2. 今日は、一なる**導き手**が私たちを先導してくれる。[2]そして一緒に歩みながら、私たちは少しも余すところなく今日という日を、**神**に差し出す。[3]今日は**神**の日である。[4]だから今日は、数限りない贈り物と慈悲が私たちに与えられる日である。

レッスン234

父よ、今日、再び私はあなたの子です。

1. 今日、私たちは、罪と罪悪感の夢が消え去るときがくるのを楽しみに待つ。それは、私たちが本当は一度も離れたことのない聖なる平安にたどり着く時間である。[2]永遠と超時性の狭間で、ほんの一瞬が過ぎただけだった。[3]この間隙はあまりに短く、連続性は断たれず、永久《とわ》にひとつである想念に何のとぎれもなかった。[4]**父なる神**と**神の子**の平安を乱すものも、何ら生じなかった。[5]このことを、私たちは、今日、全き真実として受け入れる。

2. 父よ、**あなた**と**あなたの愛**の記憶が決して失われないことに、感謝します。[2]私たちは自らの安全を認識し、**あなた**が授けてくださった贈り物のすべてに、感謝します。また、これまで私たちが受け取った愛のこもった助力のすべてにも、**あなた**の永遠なる忍耐にも、そして、私たちは救われているという、**あなた**から授けられた**言葉**にも感謝します。

レッスン235

私が救われることが、慈悲深い神の意志である。

1. 私が為すべきことは、ただ、自分を傷つけるように思える物事を眺め、全き確信をもって、「私がこのことから救われることが、**神の意志**である」と言い、自分を安心させ、それらが消えてゆくのをじっと見ていることだけである。[2]幸福だけが私に訪れているとわかるためには、私に対する**父の意志**は幸福だけだと憶えておくだけでよい。[3]そして私が救われていて、**神の腕**の中で永遠に安全だと確信するには、**神の愛**が**神の子**を包み込み、彼の無罪性を永久に完璧なまま保っていると思い出しさえすればよい。[4]私は**神**に愛されている**神の子**である。[5]そして慈悲深い**神の意志**により、私は救われている。

2. **父**よ、**あなたの聖性**は私の聖性です。[2]**あなたの愛**が私を創造し、私の無罪性を永久に**あなた**の一部としました。[3]罪も罪悪感も**あなた**の中に存在しないのですから、私の中にもありません。

レッスン236

私は、自分だけが統治できる自分の心を統治する。

1. 私には統治すべき王国がある。[2]時には、私は少しもその国の王であるようには思えない。[3]むしろ王国のほうが私の上に君臨し、何を思い、何を為し、何を感じるべきかを私に告げているように思える。[4]しかしそれは、その中に私が知覚するどの目的にでも仕えるものとして、私に与えられている。[5]私の心はただその目的に仕えるだけである。[6]今日、私は心の働きを**聖霊**に差し出し、**聖霊**がふさわしいと思うものに使ってもらう。[7]そのようにして、私は、自分だけが統治できる自分の心に指令を与える。[8]そのようにして、自分の心を自由にし、**神の意志**を行えるようにする。

2. **父**よ、今日、私の心は**あなたの想念**に向かって開いており、**あなた**のものではない想念に対しては閉じています。[2]私は自分の心を統治し、それを**あなた**に差し出します。[3]私からの贈り物を受け取ってください。それは**あなた**から私への贈り物でもあるからです。

レッスン237

私は今、神が創造したままの私でありたい。

1. 今日、私は、自分についての真理を受け入れる。[2]栄光のうちに起床し、一日中、私の内なる光が世界の上に輝くにまかせよう。[3]**父なる神**が私に語る救済の知らせを、世界に伝えよう。[4]そして、**キリスト**が私に見せようとする世界を見て、それが苦渋に満ちた死の夢を終わらせると知り、それが私への**父の呼びかけ**であると自覚する。

2. 今日は、**キリスト**が私の目です。そして**神を代弁する声**を聞く私の耳です。[2]父よ、**あなたの子**であり私の真の**自己**でもある**キリスト**を通して、私は**あなたのみもと**に参ります。[3]アーメン。

レッスン238

救済のすべてが、私の決断にかかっている。

1. **父**よ、**あなた**がかくも厚き信頼を寄せてくださる私は、価値ある者に違いありません。[2]**あなた**は私を創造され、あるがままの私をご存知です。[3]それでも**あなた**は、**神の子**の救済を私の手にゆだね、私の決断に一任されました。[4]私はまさに**あなた**から愛されているに違いありません。[5]そして私の聖性も確固たるものであるはずです。**あなた**は**ご自身の子**を私に託し、今でも**あなた**の一部でありながら、私の**自己**として私にも属しているその子は安全である、と確信しておられるのですから。

2. だから今日も再び、私たちは少し動きを止めて、**父**がどれほど私たちを愛しているのかを考えてみよう。[2]また、**神の愛**によって創造された**神の子**は、**神**にとってどれほど愛しい存在《もの》であり続けるかということや、**神の愛**は**神**の子の中で完全になるということについて、考えてみよう。

レッスン239

私の父の栄光は、私の栄光である。

1. 今日は、偽りの謙遜によって私たちについての真理が隠れてしまわないようにしよう。[2]それよりも、**父**が与えてくれた贈り物に感謝しよう。[3]**神がご自身**の栄光を分かち合う人々の中に、わずかでも罪や罪悪感を見ることなどできるだろうか。[4]**神**が、**わが子**は創造されたときのままであると知っており、**わが子**をまったく変わりなく、永久《とわ》に愛しているのなら、私たちがそこに含まれないということがあるだろうか。

2. **父**よ、私たちの中で永遠に輝く光に、感謝します。[2]そして**あなた**がその光を共有してくださるので、私たちはそれを尊びます。[3]私たちは一なるものです。この光の中でひとつに結ばれ、**あなた**ともひとつであり、被造物のすべてとも私たち自身とも安らかに和合しています。

レッスン240

恐れはいかなる形においても正当化されない。

1. 恐れは欺瞞である。[2]それが証言していることは、あなたが、決してありえない姿の自分自身を見たということと、それにより、あなたがありえない世界を見ているということである。[3]この世界の中にあるものは一つとして真実ではない。[4]それがどのような形で現れているかは問題ではない。[5]それは、自分自身についてあなたが抱いている幻想を証《あか》ししているにすぎない。[6]今日は、欺かれないようにしよう。[7]私たちは**神の子**である。[8]私たち一人ひとりが**愛そのもの**の一部なのだから、私たちの中に恐れはない。

2. 私たちの恐れは何と愚かなものでしょう！ [2]**あなた**が、**わが子**が苦しむことを容認されるでしょうか。[3]今日、私たちに、**神の子**を認識して解放するための信頼を与えてください。[4]私たちが**御名**において彼を赦せますように。それによって、彼の聖性を理解することができ、**神の子**への**あなたの愛**と同じ愛を、私たちも感じることができますように。

3. 世界とは何か

1. 世界とは、誤った知覚である。[2]それは誤りから生じており、その源である誤りから一度も離れたことはない。[3]世界が存在するのは、それを生み出した想念が大切にされている間だけである。[4]分離の想念が真の赦しの想念に変われば、世界はまったく異なるものに見えてくる。それは真理に至る見方であり、真理の中では全世界とともにその誤りも消滅する。[5]もはやその源がなくなるので、その結果もまた消え去る。

2. 世界は**神**に対する攻撃として作り出された。[2]それは恐れを象徴している。[3]そして、恐れとは、愛の不在以外の何だろうか。[4]だから世界とは、**神**を締め出せる場所、**神の子**が**神**から離れていられる場所となるためのものだった。[5]このような狂った想念を智識が生起させることはできないので、ここで知覚というものが生じた。[6]しかし眼は欺き、耳は偽りを聞く。[7]今や誤謬が可能となる。確実性が消え去ったからである。

3. そのかわりに生じたのが、幻影を作り出す器官であった。[2]五官は、探すようにと与えられているものを見つけに行く。[3]五官が目指しているのは、分離の実在性を証明するために作り出された世界が担っているのと同じ目的を果たすことである。[4]五官は、世界の幻影の中に、虚偽からは隔離された真理が存在する確固とした基盤だけを見る。[5]しかし五官が報じるものはすべて、本当の真理からは隔離されて保持されている幻影にほかならない。

4. 視覚は真理から遠ざかるために作られたが、それを逆方向に向け直すことも可能である。[2]**神**が世界の**救済者**として任命した**聖霊**により、音声は**神**にかわって私たちに呼びかけるものとなり、すべての知覚には新しい目的が与えられる。[3]**聖霊**の光に従い、**聖霊**が見る通りに世界を見なさい。[4]あなたに語りかけるすべてのものの中に、**聖霊の声**だけを聞きなさい。[5]そして、あなた自身は投げ捨ててしまったが、天国があなたのために**聖霊**のうちに保存してきた平安と確かさを、**聖霊**から与えてもらいなさい。

5. 私たちの変化した知覚を世界がともにするまでは、安心せずにいよう。[2]赦しが完全となるまでは、満足しないでいよう。[3]自分たちの機能《はたらき》を変えようとするのはやめよう。[4]私たちは世界を救わなければならない。[5]死にゆくものとして作り出されたものが永遠の生命《いのち》を取り戻せるようになるためには、世界を作り出した私たち自身が、**キリスト**のまなざしを通して世界を見なければならない。

レッスン241

この聖なる瞬間に救済が訪れる。

1. 今日は何と喜びにあふれた日だろう！ [2]特別な祝賀の時である。[3]今日という日が、解放の準備が整った暗い世界に、その瞬間を差し出すからである。[4]悲しみが過ぎ去り、苦痛がなくなるその日がやってきた。[5]自由を得た世界の上に、今日、救済の栄光が輝き始める。[6]これは無数の民にとって希望の時である。[7]あなたがすべての人を赦す今、彼らはひとつに結ばれる。[8]私が今日、あなたに赦されるからである。

2. 今、私たちは互いに赦し合ったので、ついに再び**あなたのみもと**に参ります。[2]**父**よ、**あなたの子**が、本当は一度も離れたことのない故郷である天国へと帰還します。[3]正気を取り戻し、私たち皆がひとつであることを思い出せるとは、何と嬉しいことでしょう。

レッスン242

今日一日は神のものである。私はこの日を神への贈り物とする。

1. 今日、私はひとりで生きようとはしない。[2]私は世界を理解していないのだから、自分ひとりで生きようとすることは愚かである。[3]しかし、私にとって最善なることのすべてを知っている聖霊がいる。[4]そして聖霊は、私のために喜んで、**神**へと導く選択だけをしてくれる。[5]私は帰還の時を遅らせたくないので、この日を聖霊に捧げる。聖霊こそが**神**への道を知っているからである。

2. ですから私たちは、今日という日を**あなた**に捧げます。[2]私たちは、心を完全に開いています。[3]自分がほしいと思うものは一切求めません。[4]**あなた**が私たちに受け取らせたいものを、お与えください。[5]**あなた**は私たちの願いと望みのすべてをご存知です。[6]ですから、私たちが**あなた**への道を見出すのに必要なすべてを、与えてくださることでしょう。

レッスン243

今日、私はどんな出来事も裁かない。

1. 今日、私は自分に正直でいよう。[2]今の自分の理解が及ぶはずもないことを、すでに知っていると思わないようにする。[3]知覚の断片から、全体が理解できるなどと思わないようにする。そうした断片だけが、今の私に見えるすべてである。[4]そうであるということを、今日、私は認識する。[5]それにより私は、もともと自分にはできない判断を下さずにすむ。[6]そうして、**神**に創造されたままに安らかでいられるように、自分自身と、自分が見るものとを解放する。

2. **父**よ、今日、私は、被造物を自由にし、そのあるがままにしておきます。[2]私は、自分も含まれている被造物のすべての部分を尊重します。[3]どの部分も**あなた**の記憶を内包しているので、私たちはひとつです。そして、一なるものとしての私たち全員の中で、真理は必ず輝くことでしょう。

レッスン244

世界のどこにいても、私に危険はない。

1. **あなた**がともにいてくださるので、**あなたの子**はどこにいても安全です。[2]**御名**を呼ぶだけで、自分の安全と**あなたの愛**を思い起します。その二つはひとつのものだからです。[3]どうして**あなたの子**が恐れたり、疑ったりできるでしょう。自らが苦しむことも、危険にさらされることも、不幸を味わうこともありえないと、どうして知らずにいられるでしょう。**あなた**に愛され、自らも愛する者である**あなたの子**は、**あなた**に属しており、**あなたの父性**に抱かれて安全なのですから。

2. そうして私たちは真理の中にいる。[2]どんな嵐も、私たちの家である聖域を襲うことはできない。[3]**神**の中で私たちは安全である。[4]いったい何が、**神ご自身**を脅かしたり、永久《とわ》に**神**の一部であるものを怖がらせたりできるだろう。

レッスン245

父よ、あなたの平安が私とともにあります。私は安全です。

1. **父**よ、**あなた**の平安が私を包んでいます。[2]私の行くところには、**あなた**の平安がともにあります。[3]その光は、私が出会うすべての人に注がれます。[4]私はその光を、惨めで孤独で怯えた人々へと運びます。[5]苦痛にあえぎ、損失を嘆き、自分には望みも幸せもないと思っている人々に、**あなた**の平安を与えます。[6]**父**よ、彼らを私のところに送ってください。[7]私に**あなた**の平安を運ばせてください。[8]私は自分の**自己**を認識できるように、**御意志**のままに**あなたの子**を救いたいからです。

2. そうして私たちは心安らかに進んでいく。[2]全世界に向かって、自らが受け取ったメッセージを伝えていく。[3]そうすることで、私たちは**神を代弁する声**を聞くようになる。その**声**は私たち自身が**神の言葉**を運ぶとき、私たちに語りかけ、私たちは**神**から与えられた**言葉**を共有するので、**神の愛**を認識するようになる。

レッスン246

父を愛することは、父の子を愛することである。

1. 胸《こころ》に憎しみを抱いたままで**神**への道を見出せるなどと、思うことがありませんように。[2]**神の子**を傷つけようとしながら彼の**父**や私の真の**自己**を知ることができるなどと、思うことがありませんように。[3]自分自身を認識できないまま、**父**を自覚できるとか、**父**から私への愛や私が**父**に返す愛を思い描けるなどと、信じることがありませんように。

2. **父**よ、**あなた**が私を**みもと**へと導くために選んでくださる道を、私は受け入れます。[2]このように意志することによって、私はそれに成功することでしょう。なぜなら、それが**あなたの意志**だからです。[3]そして、私が認識したいのは、**あなたの意志**は私の意志でもあり、それだけが私の意志である、ということです。[4]ですから私は、**あなたの子**を愛することを選びます。[5]アーメン。

レッスン247

赦しがなければ、私は見えないままである。

1. 罪は攻撃の象徴である。[2]罪をどこかに見ている限り、私は苦しむ。[3]赦しだけが、私に**キリスト**の心眼《ヴィジョン》をもたらす手段だからである。[4]**キリスト**の視覚が見せるものを単純な真理として受け入れよう。そうすれば、私は完全に癒される。[5]兄弟よ、私の所にきて、あなたの姿を見せてほしい。[6]あなたの麗しさが、私自身のそれを映し出す。[7]あなたの無罪性は私の無罪性である。[8]あなたは赦されており、私はあなたとともに赦されている。

2. 今日、私はすべての人をこのように見たいと願います。[2]私の兄弟は**あなたの子どもたち**です。[3]**あなたの父性**が彼らを創造し、彼ら全員を、**あなた**の一部として、また私の真の**自己**の一部として、私に与えてくださいました。[4]今日、私は彼らを通して**あなた**を讃え、それにより今日という日に、私の**自己**を認識したいと願います。

レッスン248

苦しんでいる主体《もの》は、私の一部ではない。

1. 私は真理を放棄してきた。[2]今度は、虚偽を放棄することに、同じくらい忠実になろう。[3]苦しんでいる主体《もの》は、私の一部ではない。[4]悲嘆にくれているのは私自身ではない。[5]苦痛を感じているのは、私の心の中の幻想にすぎない。[6]死にゆくものは、実相においては一度も生きていたことはなく、私自身についての真理を嘲《あざけ》るだけのものだった。[7]今、私は自己概念や、聖なる**神の子**についての欺瞞や虚言を、放棄する。[8]今、**神**が創造したままの**神の子**、今もそのままである**神の子**を受け入れる用意ができている。

2. **父よ**、**あなた**への往古の愛が戻り、その愛で、私は再び**あなたの子**も愛することができます。[2]**父よ**、私は**あなた**に創造されたままの私です。[3]今、**あなたの愛**が思い出され、私の愛も思い出されます。[4]そして今、それらがひとつのものだと、私は理解します。

レッスン249

赦しはすべての苦しみと損失を終わらせる。

1. 赦しが描き出す世界では、苦しみは終わり、損失は不可能となり、怒りは意味をなさない。[2]攻撃は過ぎ去り、狂気には終わりがくる。[3]そのとき、どのような苦しみがありえるだろう。[4]どのような損失を被ることができるだろう。[5]世界は喜びと豊かさと慈愛に溢れ、いつまでも与え合う場となる。[6]世界は今やあまりにも天国に似ているので、そこに反映されている光そのものへと速やかに変容する。[7]そうして**神の子**が始めた旅は、彼の故郷である光の中で終わる。

2. **父**よ、私たちの心を**あなた**に戻します。[2]私たちは自らの心を裏切り、苦渋の中にしばりつけ、暴力と死の想念で怯えさせました。[3]今、私たちは再び、**あなた**に創造されたままに、**あなた**の中で休らいます。

レッスン250

私自身を、限られた者として見ることがありませんように。

1. 今日、**神の子**を見て、彼の栄光を証言しよう。[2]彼の中の神聖な光を陰らせ、彼の強さが衰えて虚弱となるのを見ようとするのはやめよう。[3]また、彼の中に欠乏を知覚して、それを理由に彼の主権を攻撃しようとするのはやめよう。

2. **父**よ、彼は**あなたの子**です。[2]今日、私は自分の幻想のかわりに、彼の優しさを見たいと願います。[3]彼は私自身であり、私は、彼を見る通りに自分自身を見ます。[4]今日、ついに彼と自分を同一視できるように、私は真に見たいと願います。

4. 罪とは何か

1. 罪とは狂気である。[2]それは心を狂わせる手段であり、それにより、心は幻想が真理と入れ替わることを求める。[3]狂った心は、真理があるべきところや実際にあるところに、幻想を見る。[4]罪は肉体に目を与えた。罪なき存在には、見たいと思う対象などないからである。[5]罪なき存在が情景や音や感触に何の用があるだろう。[6]聞きたいことや、握りしめたいものが何かあるだろうか。[7]そもそも五感で感じたいと思う対象などあるだろうか。[8]「五感で感じる」とは、「知る」ということではない。[9]そして真理を満たせるのは智識だけであり、ほかにはありえない。

2. 肉体とは、心が自らを欺くために作り出した道具である。[2]肉体の目的は、存続のために努力することである。[3]しかし、努力の目標は変わりえる。[4]そうなったとき、肉体は別の努力目標に仕えるものとなる。[5]今や肉体が探し求めるものは、心が自己欺瞞というゴールのかわりに受け入れた新たな目的によって選択される。[6]虚偽だけでなく真理も、肉体の目的となりえる。[7]真理が目標となれば、五官は真実なるものの証人たちを探し求める。

3. 罪はすべての幻想の住処《すみか》であり、幻想とは、不真実な考えから生じる想像の産物にすぎない。[2]それらは、実在性のないものが実在するという「証拠」である。[3]**神の子**が邪悪であり、時間を超越したものに終わりがあり、永遠の生命《いのち》が死すべきものだと、罪は「証明」する。[4]そうして**神**は**愛**《いと》**し子**を失い、**神**を完成させるものは腐敗だけとなり、死が永久に**神の意志**を打破し、憎悪が愛を殺害し、もはや平安は存在しない、ということになる。

4. 狂人の夢はぞっとするほど恐ろしく、罪は身の毛がよだつほど怖いものに見える。[2]だが、罪が知覚するものは、幼稚なゲームにすぎない。[3]**神の子**は戯れに、邪悪さと罪悪感の餌食である肉体となって、死ねば終わるはかない生命《いのち》と化した、というふりをすることはできる。[4]しかしその間も**父**の光は彼を照らし、彼がどんなに偽装しても微塵《みじん》も変わらぬ永遠の**愛**をもって、彼を愛している。

5. **神の子よ**、あなたはいつまで罪のゲームを続けるつもりなのだろう。[2]こうした刃先の鋭い玩具を片づけようではないか。[3]あなたはいつになったら故郷に帰る用意ができるのだろう。[4]それは今日だろうか。[5]罪は存在しない。[6]被造物は不変である。[7]それでもまだ、天国への帰還を先に延ばしたいのだろうか。[8]ああ、聖なる**神の子**よ、いったいいつまで、あなたはそれを続けたいのだろう。

レッスン251

私は真理だけを必要としている。

1. 私は多くのものを探し求めたが、見つけたのは絶望だった。[2]今度は、ただ一つのものを求める。その一つの中に、私に必要なすべてがあり、それだけが私に必要なものだからである。[3]以前に求めたものは、必要のないものだった。望んでいるものですらなかった。[4]自分の唯一の必要を、私は認識していなかった。[5]しかし今、自分が真理だけを必要としていることがわかる。[6]その中ですべての必要が満たされ、一切の渇望が終わり、あらゆる希望がついに叶い、夢は消え去る。[7]今、私は自分に必要なすべてをもっている。[8]今、ほしいものすべてをもっている。[9]そして今、ついに私は心安らかな自分を見出す。

2. 父よ、私たちはその平安に感謝します。[2]私たちが自分に拒んだものを、**あなた**は取り戻してくださいました。それだけが、私たちが真に望むものです。

レッスン252

私のアイデンティティーは神の子である。

1. 私の**自己**の聖性は、今の私が考えつくあらゆる聖性の概念を超えたものである。[2]そのきらめくような完璧な清らかさは、これまで見たどんな光よりもはるかにまばゆく輝いている。[3]その愛に限界はなく、静かな確信がもたらす落ち着きの中で、すべてのものを自らのうちに包み込む深みを備えている。[4]その強さは、世界を動かす燃えるような衝動からくるのではなく、**神ご自身**の限りない**愛**からやってくる。[5]私の**自己**は、この世界からはどれほど遠く隔たっていることだろう。しかし私と**神**からは、何と近くにあることだろう。

2. 父よ、あなたは私の真のアイデンティティーをご存知です。[2]**あなたの子**である私に、今、**それ**を明らかにしてください。それにより、私は**あなた**の中で真理に目覚め、天国が自分に取り戻されているのを知ることができるようになります。

レッスン 253

私の自己は、宇宙の支配者である。

1. 私自身から招かれずに私のもとにくるものはない。[2]この世界においてさえ、私の運命を支配するのは私である。[3]私の身に起こることは、私が望んでいることである。[4]生じないものは、私がそれが起こることを望まないものである。[5]このことを、私は受け入れなければならない。[6]なぜなら、そうすることにより、私はこの世界を超えて、天国の中の私の被造物、すなわち私の意志から生まれた子どもたちへと、導かれるからである。そこには、私の神聖なる**自己**が、私が創造した彼らと、私を創造した**神**とともに、住んでいる。

2. **あなた**は大いなる**自己**であり、**ご自身**のために**子**を創造されました。その**子**は、**あなた**と同じように創造し、**あなたとひとつのもの**です。[2]宇宙を支配する私の**自己**は、私自身の意志と完璧に一致している**あなたの意志**にほかなりません。その私の意志は、**それ自体**へと延長されるようにと、ただ**あなたの意志**に喜んで賛同するのみです。

レッスン 254

私の中で、神の声以外の声がすべて静まりますように。

1. 父よ、今日は**あなたの声**だけを聞きたいと願います。[2]**御声**を聞き、**御言葉**を受け取るために、このうえなく深い沈黙の中で、**みもと**に参り、[3]私の祈りはただ一つ、**あなた**から真理を受け取るために、**あなたのみもと**へ向かうことだけです。[4]そして真理とは、**あなたの意志**にほかならず、私は今日、それを**あなた**と共有します。

2. 今日、私たちは、自分の言葉や行為が自我の考えに支配されないようにする。[2]そのような考えが生じたら、静かに後ろへ退いてそれらを見つめ、その後、それらを手放す。[3]私たちは、そうした考えがもってこようとするものを望まない。[4]だから、それらを保持することを選ばない。[5]それらは今、静まっている。[6]**神の愛**により聖域となったその静けさの中で、**神**は私たちに語り、私たちの意志を教えてくれる。それは、私たちが**神**を思い出すという選択をしたからである。

レッスン255

私はこの一日を、完璧な平安の中で過ごすことを選ぶ。

1　私は、今日、自分が平安だけを選択できるとは思えない。[2]それでも、わが**神**は私に、**神の子**は**神ご自身**と同じだと保証している。[3]今日は、私が**神の子**であると語る**聖霊**を信じよう。[4]そして、今日、私が選択し自分のものとする平安を、**聖霊**の語ることが真理であることの証《あか》しとしよう。[5]**神の子**にはいかなる心配もありえず、天国の平安の中に永遠にとどまっているはずである。[6]私は**神の名**にかけて、**父**が私のために意志するものを見出すことに、今日一日を捧げる。それを自分のものとして受け入れ、私とともに**父の子**であるすべての人にそれを与える。

2．**父**よ、そのようにして、私は、この日を**あなた**とともに過ごしたいと願います。[2]**あなたの子**は**あなた**を忘れてはいません。[3]**あなた**が彼に授けた平安は、今も彼の心の中にあり、私はその平安の中で、今日という日を過ごすことを選びます。

レッスン256

今日は、神だけが私のゴールである。

1．**神**への道はこの世では赦しを経由する。[2]それ以外に道はない。[3]もし、心が罪を大切にしていなかったなら、あなたが今いるところへこようとする必要などあっただろうか。[4]いまだに確信がもてない者などいただろうか。[5]自分が誰なのか、よくわからない者などいただろうか。[6]そして、**神**が罪なきものとして創造した者の聖性を疑わせる分厚い雲の中で、いまだに眠ったままの者などいただろうか。[7]この世では、私たちは夢を見ることしかできない。[8]しかし、本当はいかなる罪もない**神の子**を、私たちが赦したという夢を見ることはできる。それが、今日、私たちが見ることを選択する夢である。[9]**神**が私たちのゴールであり、赦しは私たちの心が遂に**神のもと**に帰るための手段である。

2．**父**よ、このようにして、私たちは**あなた**が定めた道を通って、**あなたのみもと**に参ります。[2]**御声**を聞くことと、神聖な**御言葉**が指し示す道を見出すこと以外に、私たちのゴールはありません。

レッスン257

私の目的が何であるかを、思い出せますように。

1. 自分のゴールを忘れるなら、私は混乱するしかない。自分が誰なのか確信できず、行為も矛盾したものになる。[2]対立したゴールに仕えながら、どちらにもうまく仕えることはできない。[3]また、深い苦悩や憂鬱を感じずに機能することはできない。[4]だから、今日は、自分が望むものを必ず思い出すと決意しよう。そうすれば、私たちは行為と考えを有意義に統一し、**神**がこの日に私たちに行わせようとすることだけを達成できる。

2. **父よ**、赦しとは、**あなた**が私たちの救済のために選んでくださった手段です。[2]私たちがもつことのできる意志は**あなたの意志**だけだということを、今日、忘れずにいられますように。[3]私たちのための**あなたの意志**である平安に達したいと願うなら、私たちの目的は**あなた**の目的でもあるはずです。

レッスン258

私の目指すゴールは神であると、思い出せますように。

1. 必要なのは、すべての卑小で無意味な目的を看過できるように自分の心を訓練することと、自分の目指すゴールは**神**であると思い出すことだけである。[2]**神**の記憶は、私たちの心の中に隠されている。そして、何ももたらさないばかりか、存在してもいない無意味で卑小ないくつものゴールにより、曖昧にされている。[3]私たちは、この世界の玩具や安物を追求することにかまけて、**神**の恩寵が輝き続けていることに気づかないままでよいのだろうか。[4]**神**が、私たちの唯一のゴールであり、唯一の**愛**である。[5]私たちには**神**を思い出すこと以外にいかなる目的もない。

2. 私たちが目標としているのは、**あなた**への道をたどって行くことだけです。[2]私たちにはこれ以外にゴールはありません。[3]**あなた**を思い出すこと以外に、何を望んだりするでしょう。[4]自分の**アイデンティティー**以外に、何を捜し求めたりするでしょう。

レッスン259

罪は存在しないということを、思い出せますように。

1. 神のゴールを達成不可能に見せているのは、罪という概念だけである。[2]それ以外の何が、明白なものを私たちから隠し、奇妙でいびつなもののほうが明確であるかに見せることができるだろう。[3]罪以外の何が、私たちに攻撃を引き起こすだろう。[4]罪以外の何が、罰や苦しみを要求する罪悪感の源となりえるだろう。[5]そして、罪以外の何が、恐れの源となって、神が創造したものを覆い隠し、愛に恐れと攻撃の属性を与えたりするだろう。

2. 父よ、今日、私は狂気にとどまりたくはありません。[2]愛を恐れたり、愛に対立するものの中に逃げ込んだりしたくありません。[3]愛に対極はありえないからです。[4]あなたは、実在する一切の源です。[5]そして、一切があなたとともにあり、あなたは、一切とともにおられます。

レッスン260

神が私を創造したということを、思い出せますように。

1. 父よ、私は自分自身を作り出すことはしませんでした。けれども、狂気に冒されていたとき、私は自分で自分を作り出したと思っていました。[2]しかし、あなたの想念である私は、自分の源から離れたことはなく、私を創造されたあなたの一部であり続けています。[3]父よ、今日、あなたの子はあなたに呼びかけます。[4]あなたが私を創造したことを、思い出させてください。私のアイデンティティーを思い出させてください。[5]今日、私がキリストの心眼《ヴィジョン》の前で、私の無罪性を再び甦らせ、その心眼《ヴィジョン》を通して兄弟や私自身を見ることができますように。

2. そうして今、私たちの一なる源が思い出された。その中で、私たちはついに自分たちの真のアイデンティティーを見出す。[2]私たちの源である神は罪というものを知りえないのだから、私たちは本当に神聖である。[3]そして神の子である私たちは互いに同一であり、神とも同一である。

5. 肉体とは何か

1. [1]肉体とは、**神の子**が自らの**自己**のいくつもの断片をそれぞれ切り離しておくために、自分で築いたと思い込んでいる囲いである。[2]彼は自分がこの囲いの中で生き、いずれそれが朽ちて崩れ去るときには自分も死んでいくと思っている。[3]この囲いの中にいれば愛を締め出しておけるので、自分は安全だと思っている。[4]自分の安全と一体感をもつことで、彼は自分が安全な囲いそのものだと考える。[5]そう考える以外にどのようにして彼は、確実に肉体の中にとどまり、愛を外に締め出しておけるだろう。

2. [1]肉体は持続しない。[2]だがこのことを、彼は二重の安全性と見る。[3]なぜなら、**神の子**が不滅でないということは、彼の囲いがうまく機能し、彼の心が囲いに与えた任務を果たしている「証拠」だからである。[4]もし彼の一体性がもとのまま存続しているとなれば、攻撃する者も攻撃される者も存在しえない。[5]誰も勝者となることはない。[6]勝者の餌食となる者もいない。[7]犠牲者もいない。[8]殺害者もいない。[9]そして彼が死ぬことがなかったなら、永遠なる**神の子**が破壊される可能性を示す「証拠」となるものは何もないことになる。

3. [1]肉体は夢の一つである。[2]ほかの夢と同様に、肉体も時には幸福を描き出すように見えるが、突如として、あらゆる夢の根源である恐れへ逆戻りすることがある。[3]というのも、真理においてはただ愛が創造するのみであり、真理に恐れはありえないからである。[4]恐れを抱くものとして作られた肉体は、与えられた通りの目的に仕える。[5]しかし肉体が何のためのものかという考えを変えれば、肉体が従う目的を変えることができる。

4. [1]肉体は、**神の子**が正気に戻るための手段である。[2]それは出口のない地獄に彼を閉じ込める囲いとして作り出されたが、すでに天国というゴールが、地獄での探求と入れ替わっている。[3]**神の子**は兄弟に手を差し伸べ、自分と一緒に道を歩むようにと兄弟を助ける。[4]そのとき肉体は神聖である。[5]心を葬り去るために作り出された肉体が、今や、心を癒すのに役立つようになる。

5. [1]あなたは、自分を安全にすると思うものと一体感をもつ。[2]それが何であれ、あなたはそれが自分と一体だと信じる。[3]あなたの安全は真理の中にあり、偽りの中にはない。[4]愛があなたの安全である。[5]恐れは存在しない。[6]愛と一体化すれば、あなたは安全である。[7]愛と一体化すれば、あなたはわが家に帰っている。[8]愛と一体化して、あなたの**自己**を見出しなさい。

レッスン261

神は私の避難所、安全の砦《とりで》である。

1. [1]私は、自分の避難所や安全の砦だと思えるものと一体になる。[2]自分の強さを知覚できるところ、そして安全な砦の中に住む自分は決して襲撃されないと思えるところに、自分自身を見る。[3]今日は、危険の中に安全を探したり、殺意ある攻撃の中に平安を見つけようとするのはやめよう。[4]私は神の中で生きている。[5]神の中に自分の避難所と自分の強さを見出す。[6]神の中に私のアイデンティティーがある。[7]神の中に永遠の平安がある。[8]そこにおいてのみ、私は自分が本当は誰であるかを思い出す。

2. [1]私が偶像を探し求めることがありませんように。[2]父よ、私は今日、わが家であるあなたのもとに帰りたいのです。[3]私は、あなたに創造されたままの私でいることを選択し、あなたが私の自己として創造された神の子を見出します。

レッスン262

今日、私がどんな違いも知覚しませんように。

1. [1]父よ、あなたにはひとりの子がいます。[2]今日、私が見たいのはその神の子です。[3]彼はあなたにより創造された唯一の存在です。[4]ひとつであり続けるものの中に、なぜ私がたくさんの形態を知覚する必要があるでしょう。[5]一つの名で十分なこの一なるものに、どうして私がたくさんの名前をつけなければならないでしょう。[6]あなたの子はあなたに創造されたのですから、あなたの名を冠するはずです。[7]私が彼を、彼の父にとっても私自身にとっても、見知らぬ者であるかのように眺めることがありませんように。[8]彼は私の一部であり、私は彼の一部であり、私たちはともに源であるあなたの一部だからです。それはあなたの愛の中で永遠にひとつに結ばれている、常《とこ》しえに神聖な神の子です。

2. [1]一なる存在である私たちは、今日この日に、私たち自身についての真理を認識したい。[2]家に帰り、一体性の中で安らぎたい。[3]そこにこそ平安があり、ほかのどこを探しても平安は見つからないからである。

レッスン263

私の聖なる心眼《ヴィジョン》は、すべてを清らかなものと見る。

1. 父よ、あなたの心が、実在するすべてを創造し、あなたの霊がその中に入り、あなたの愛がそれに生命《いのち》を授けました。[2]私は、あなたが創造されたものを、罪で穢せるものであるかのように見たいというのでしょうか。[3]私はそのように暗く恐ろしい形象を知覚したくありません。[4]あなたは被造物を祝福され、数々の麗しきものを付与されました。その清らかさや喜びや、あなたの中にあるその静かな永遠の住処のかわりに、狂人の夢を選択するなど、およそ私にふさわしくありません。

2. まだ天国の門の外にいる間は、目に入る一切のものを、神聖な心眼《ヴィジョン》を通して見るようにしよう。[2]すべての現象が私たちの目に清らかに映り、それらの前を罪を知らずに通過し、皆が一緒に神の子どもたちとして、兄弟として、父の家まで歩んでいけるようにしよう。

レッスン264

私は神の愛に包まれている。

1. 父よ、あなたは、私が自分を見ている場所で、私の前に立ち、後ろに立ち、傍らに立ち、私の行くあらゆるところに立っておられます。[2]あなたは、私が見るすべてのものの中に、私に聞こえるあらゆる音の中に、私の手をとるすべての手の中においでになります。[3]あなたの中で時間は消滅し、場所というものは無意味な概念となります。[4]あなたの子を包み、安全に守るのは愛そのものだからです。[5]この愛以外に源はなく、この愛の聖性を共有しないものは無でしかありません。また、あなたの一なる被造物を超えて存在するものはなく、それ自体のうちに一切を保持する愛に包まれることなく存在するものもありません。[6]父よ、あなたの子はあなたと同じです。[7]あなたの永遠なる愛のうちに心安らかでいられるように、今日、私たちは御名において、あなたのみもとに参ります。

2. 兄弟よ、今日、この中で私と一つにつながろう。[2]これは救済の祈りである。[3]私たちと世界を一緒に救済するものに、私たちはつながるべきではないだろうか。

レッスン265

被造物の優しさだけを、私は見る。

1. 私は本当に世界を誤解してきた。なぜなら、私は自分の罪を世界に押しつけたうえで、その罪が私を見つめ返すのを見ていたからである。[2]それはまったく獰猛《どうもう》に見えた。[3]私は恐れていたものが自分の心の中だけにあると思わず、世界の中にあると思っていたが、何という思い違いをしていたことだろう。[4]今日、私は、被造物が放つ優しい天上の光に包まれた世界を見る。[5]その中に恐れはない。[6]世界の上に輝く天国の光が、私の罪のように見えるもので陰らないようにしよう。[7]その世界に映し出されているものは、**神の心**の中に在る。[8]私が見ている形象は私の想念の反映である。[9]そして私の心は**神の心**と一つである。[10]だから、私には被造物の優しさが知覚できる。

2. 静けさの中で、私は、**あなたの想念**と私自身の想念を反映する世界を見たいと願っています。[2]どちらも同じであることを思い出させてください。そうすれば、私は被造物の優しさを見ることでしょう。

レッスン266

神の子よ、私の神聖な自己があなたの中に宿っている。

1. 父よ、**あなた**は、**ご自身**のすべての子どもたちを、目に見える救済者および助言者として、私に授けてくださいました。彼らは**あなた**の聖なる**御声**を私に運ぶ者です。[2]彼らの中に、**あなた**が反映されています。彼らの中で、**キリスト**が、私の真の**自己**から私を見つめ返します。[3]**あなたの子**が、**あなた**の聖なる**御名**を忘れませんように。[4]自らの聖なる源を忘れませんように。[5]自分の名は**あなたの名**であることを忘れませんように。

2. 今日、私たちは、**神の名**と私たち自身の名に訴え、私たち一人ひとりのうちにある私たちの**自己**を確認しつつ、神聖な**神の愛**の中で一体となって、楽園に入っていく。[2]何と多くの救済者を、**神**は私たちに与えてくれたことだろう！　[3]**神**が、**ご自身**を指し示す人々で世界を埋めつくし、私たちに真に彼らを見るための視覚を与えてくれているというのに、私たちが**神**への道を見失うことがありえるだろうか。

レッスン267

神の平安の中で、私の胸《こころ》は鼓動する。

1. **神**が**愛**のうちに創造した生命《いのち》が、私を取り囲んでいる。[2]私の鼓動や呼吸、行動や思考のすべてにおいて、生命《いのち》が私に呼びかける。[3]平安が胸《こころ》を満たし、私の全身に赦しという目的をみなぎらせる。[4]今や私の心は癒され、世界を救うために必要なすべてが与えられている。[5]私の胸《こころ》が鼓動するたびに平安がもたらされ、私が息を吸うたびに力が吹き込まれる。[6]私は**神**の使者であり、**神の声**に導かれ、**神**により愛の中で育まれ、永遠に静かに安らぎ、**神**の愛に満ちた**腕**《かいな》に抱かれている。[7]胸《こころ》が鼓動するたびに**神の名**が呼ばれ、その一つひとつに**神の声**が応答し、私が**神**の内なるわが家にいると安心させてくれる。

2. **父**よ、私が、自分の答えではなく**あなたの答え**に、注意を向けていられますように。[2]**父**よ、**愛の胸**《こころ》が創造した平安の中で、私の胸《こころ》が鼓動します。[3]ただそこにおいてのみ、私はくつろぐことができます。

レッスン268

すべてのものを、あるがままにしておこう。

1. **主**よ、今日、私が**あなた**の批判者となって**あなた**を裁くことがありませんように。[2]**あなた**の被造物に私が干渉し、それを病んだ形に歪めようとすることがありませんように。[3]被造物の一体性に別なことを望んだ自分の願望を快く退け、それを**あなた**に創造されたままにしておくことができますように。[4]そのようにしてこそ、私もまた**あなた**に創造されたままの私の**自己**を、認識できるようになるのですから。[5]私は愛の中で創造され、永遠に愛の中に在り続けます。[6]私がすべてをただあるがままにしておくとき、何が私を怯えさせるでしょう。

2. 今日、私たちの視覚が冒涜を犯さず、私たちの耳が虚言を聞かないようにしよう。[2]実相のみが苦痛から自由である。[3]実相のみが損失から自由である。[4]実相のみが完全に安全である。[5]そしてこれだけを、今日、私たちは求める。

レッスン269

私の視覚は、キリストの顔を見つけにいく。

1. 今日、私の視覚に**あなた**の祝福を与えてください。[2]それは、私に自分の誤りを示し、誤りを超えて見るように、**あなた**が選んでくださった手段です。[3]**あなた**から与えられた導き手である**聖霊**を通して新しい知覚を見出し、**聖霊**のレッスンを通して知覚を超えて真理に戻ることができるようにと、その手段が私に与えられています。[4]私は、自分で作り出した一切の幻想を超越するこの一つの幻想を求めます。[5]今日、私は、赦された世界を見ることを選択します。その世界では、あらゆる人々が私に**キリスト**の顔を見せてくれます。そして、私の見ているものは私に属するものであり、神聖な**神の子**以外には何も存在しないということを教えてくれます。

2. 今日、私たちの視覚はまことに祝福されている。[2]私たちと一なる**自己**を共有する**存在**の顔を見るとき、私たちは一つの心眼《ヴィジョン》を共有する。[3]**神の子**であるその**存在**のゆえに、そして私たち自身の**アイデンティティー**であるその**存在**のゆえに、私たちはひとつである。

レッスン270

私は今日、肉体の目を使わない。

1. 父よ、**キリスト**の心眼《ヴィジョン》は**あなた**からの贈り物です。それは、肉体の目が見るものを、赦された世界の光景に変容させる力をもっています。[2]この世界は、何と栄光と歓喜に満ちていることでしょう！ [3]けれども私はそこに、その視覚が見せるものよりもはるかに素晴らしいものを知覚するでしょう。[4]赦された世界は、**あなたの子**が自分の**父**を認めていることを示します。そして、その世界において、彼は夢を真理のもとへと運び、**あなた**についての記憶が戻り時間が永遠に終わるまでのあと一瞬を、期待の中で待つのです。[5]そのとき、彼の意志は**あなたの意志**とひとつです。[6]そのとき、彼の機能《はたらき》は**あなたの機能**《はたらき》と同じになっており、**あなたのもの**ではない想念はすべて消え去っています。

2. 今日の静けさが、私たちの胸《こころ》を祝福し、それを通して、すべての者に平安が訪れる。[2]今日、**キリスト**が私たちの目である。[3]全一なるもの、一なるものとして**神**が創造した神聖なる**神の子キリスト**の視覚を通して、私たちは世界に癒しを差し出す。

6. キリストとは何か

1. **キリスト**とは、**神**が創造したままの**神の子**のことである。[2]**キリスト**は私たちが共有する一なる**自己**であり、私たちをひとつにし、私たちと**神**をもひとつにする。[3]**キリスト**は、今でも**彼**の**源**である一なる**心**の中にとどまる**想念**である。[4]**キリスト**はこれまで一度も**彼**の神聖なるわが家から離れたことはなく、創造されたときの無垢性を失ったこともない。[5]**キリスト**は永遠に不変のまま**神の心**の中にとどまっている。

2. **キリスト**は、あなたを**神**とひとつに保つ絆であり、分離というものは絶望のように見える幻想にすぎないと保証する絆である。**キリスト**の中には永遠に希望が宿っているからである。[2]あなたの心は**キリストの心**の一部であり、**彼の心**はあなたの心の一部である。[3]**キリスト**は**神の答え**が内在する部分であり、そこでは一切の決断がすでに下され、夢は終わっている。[4]**彼**は、肉体の目が知覚するいかなるものにも損なわれずに在り続ける。[5]**父**は**キリスト**の中にあなたの救済の手段を置いたが、**彼**は**父**と同じく罪を知らない**自己**で在り続ける。

3. **聖霊**の住処であり、**神**のみをわが家とする**キリスト**は、あなたの神聖な心という天国の中で、平安で在り続ける。[2]これがあなたの中で、真に実在する唯一の部分である。[3]そのほかはみな夢である。[4]しかし、これらの夢もいずれ**キリスト**に与えられ、**彼**の栄光の前で消えていき、あなたの神聖な**自己**である**キリスト**がついにあなたの前に顕現するだろう。

4. あなたの内なる**キリスト**のもとから、**聖霊**はあなたのすべての夢に達して、それらを真理へと解釈しなおすために**自らのもと**に呼び寄せる。[2]**聖霊**はそれらを、**神**が夢の終わりと定めた最後の夢と交換する。[3]赦しが世界を包み、平安がすべての**神の子**に訪れるときには、もはや**キリスト**の顔以外に見えるものはないのだから、ものごとを分離させておくものは何も存在しえない。

5. そしてこの神聖な顔が見えている時間もそれほど長くはない。その顔は、学びの時間が終わり、贖罪のゴールがついに達成されたことの象徴にすぎないからである。[2]だから、**キリスト**の顔を見出すことだけを目指し、ほかのものは何も見ないでいよう。[3]私たちが**キリスト**の栄光を目にするとき、もはやいかなる学びも知覚も時間も必要ではなく、必要なのは、唯一、**神**が**わが子**として創造した**キリスト**、神聖なる**自己**のみであると、私たちは知るだろう。

レッスン271

今日、私はキリストの心眼《ヴィジョン》を使う。

1. 私は毎日、毎時、刻一刻、自分が見たいものや聞きたい音を選び、自分にとって真理であってほしいものの証拠を選択している。[2]今日、私は、**神の声**を聞き、**キリスト**が私に見せようとするものを見て、**神**の創造における真理を証《あか》しするものを求める、という選択をする。[3]**キリスト**の視覚において、世界と**神**の被造物が出会い、それらがひとつに交わるとき、すべての知覚が消滅する。[4]**キリスト**の優しい視覚は、世界を死から贖う。**キリスト**がまなざしを向けるものはすべて、ひとつに結ばれた**創造主**と被造物、**父**と**子**を思い出して、ただ生きるのみである。

2. **父**よ、**キリスト**の心眼《ヴィジョン》は**あなた**への道です。[2]**キリスト**の見るものは、**あなた**についての記憶を呼び寄せ、私に戻します。[3]私は今日、**キリスト**が見るものを、自分が見たいものとして選びます。

レッスン272

幻想が神の子を満足させるだろうか。

1. 父よ、真理は私のものです。[2]私の家は、**あなたの意**志と私の意志により天国に置かれています。[3]夢が私を満足させるでしょうか。[4]幻想が私に幸福をもたらすでしょうか。[5]**あなた**についての記憶以外に、何が**あなたの子**を満足させられるでしょう。[6]私は**あなた**から与えられたものより以下のものは、受け入れません。[7]私は、永久に、静かに優しく安全に、**あなたの愛**に包まれています。[8]**神の子**は**あなた**が創造したままに在るはずです。

2. 今日、私たちは幻想を通り越して進む。[2]もしも、夢の中にぐずぐずと滞まっていたいという誘惑の声が聞こえたなら、そこから顔をそむけて、自分自身に尋ねよう。地獄と同じように簡単に天国を選択でき、愛が喜んですべての恐れと入れ替わるというときに、**神の子**である私たちが夢で満足できるのだろうか、と。

レッスン273

神の平安の静けさは私のものである。

1. 今や、私たちには、動揺のない静穏な一日を過ごせる準備ができているかもしれない。[2]もしそれがまだ実現できていないとしても、私たちは、どうすればそうした一日が達成できるかを学ぶことで満足し、それを喜びとする。[3]もし動揺に屈したときは、どのようにしてそれを退け、平安へと戻れるかを学ぼう。[4]私たちはただ、確信をもって自分の心に、「神の平安の静けさは私のものである」と言えばよい。そうすれば、何ものも**神ご自身**が**神の子**に与えた平安を侵すことはできない。

2. 父よ、**あなた**の平安は私のものです。[2]**あなた**が私にもたせようとされるものを、私から奪うものがあるかもしれないと、どうして恐れる必要があるでしょう。[3]**あなた**からの贈り物を失うことはありえません。[4]だから**あなた**が**あなたの子**に授けてくださった平安は、今も、静けさの中で、そして**あなた**に対する私の永遠の愛の中で、私とともに在ります。

レッスン274

今日という日は、愛に属している。私が恐れることがありませんように。

1. 父よ、今日、私はすべてのものを、**あなた**に創造されたままにしておきます。**あなたの子**に対し、彼の無罪性にふさわしい尊敬を捧げ、兄弟や一なる**友**に対する兄弟愛を捧げます。[2]これにより私は贖われます。[3]これにより、幻想のあったところに真理が入り、光が闇と入れ替わり、**あなたの子**は、自分が**あなた**に創造されたままの存在であることを知るでしょう。

2. 今日、私たちの**父**である**神**から、特別の祝福がもたらされる。[2]今日一日を**神**に捧げるなら、この日に恐れはなくなる。なぜなら、この日が愛に捧げられたからである。

レッスン275

今日、神の癒しの声が一切を保護する。

1. 今日は、往古の教えを語る**神の声**に耳を傾けよう。それは、今日だけでなくいつの日も変わりなく真実である。[2]しかし、私たちがそれを求め、聞き、学び、理解する時間として、今日という日が選択されている。[3]私とひとつにつながって耳を傾けなさい。[4]ひとりでは理解できず、別れていては学べないことを、**神の声**は私たちに教えるからである。[5]すべてが保護されているのは、ここにおいてである。[6]そしてこのことのうちに、**神の声**による癒しが見出される。

2. **あなた**の癒しの**声**が、今日、すべてのものを保護するので、私はすべてを**あなた**にゆだねます。[2]私には何の不安もありません。[3]何を行い、どこへ行くべきかは、**あなたの声**が教えてくださるからです。誰に何を語り、何を考え、どの言葉を世界に差し出せばよいのかを、私は教わります。[4]私がもたらす安全は、私に与えられます。[5]**父**よ、**御声**が、私を通して、すべてのものを守ってくださいます。

レッスン276

私が語るようにと、神の言葉が私に与えられる。

1. 神の言葉とは何だろうか。[2]それは、「**私の子**は私自身と同じように清らかで神聖である」という言葉である。[3]**神の子**はそのようにして創造され、**神**はそのようにして愛する**わが子の父**となった。[4]**神の子**はこの**言葉**の中で生まれたのだから、その**言葉**は**神の子**が**父**と一緒に創造したものではない。[5]**神の父性**を受け入れよう。そうすれば、すべてが私たちに与えられる。[6]自分が**神の愛**の中で創造されたことを否定するなら、自分の真の**自己**を否定することになる。自分が**誰**なのか、**誰**が**父**なのか、何のために私たちはきたのかについて、確信がもてなくなる。[7]だが、私たちを創造したときに**ご自身の言葉**を授けた**神**を認めさえすれば、私たちは**神**を想起し、**自己**を思い出すことができる。

2. **父**よ、**あなたの言葉**は私のものです。[2]私がすべての兄弟たちに語りたいのは、このことです。私が**あなた**に愛され祝福され救われているように、彼らを私自身のものとして大切にするようにと、私に彼らを授けてくださったのですから。

レッスン277

自分で作り出した法則で、私があなたの子を束縛しませんように。

1. **父**よ、**あなたの子**は自由です。2肉体を支配するために私が作り出した法則で彼を束縛してきたなどと、私が思い描くことがありませんように。3彼は、私が肉体をより安全にしようとして作り出したどんな法則にも支配されません。4彼が可変のものにより変化することはありません。5彼はどのような時間の法則にも隷属しません。6愛の法則以外の法則を知らないのですから、彼は**あなた**に創造されたままの存在です。

2. 偶像を崇拝しないようにしよう。そして、偶像崇拝が**神の子**の自由を隠すために作り出そうとする法則を、信じないようにしよう。2**神の子**は自分の信念以外の何によっても束縛されない。3しかし彼の本性は、彼が隷属を信じるか自由を信じるかといったことを、はるかに超えている。4彼は**父の子**であるからこそ自由である。5**神**の真理が嘘をつき、**神**が**ご自身**を欺こうと意志するのでない限り、彼が束縛されるということはありえない。

レッスン278

私が束縛されているなら、私の父も自由ではない。

1. もし私が、生命あると思える一切のものが死んでいくかに見える世界で、自分は一個の肉体に閉じこめられた囚人だということを受け入れるなら、私の**父**もともに囚人だということになる。2そしてまた、もし、世界が従っている法則に自分も従わねばならず、自分が知覚している脆弱さや罪は実在し免れられないものだと主張するなら、私はそれを信じていることになる。3私がどのようにであれ束縛されているなら、私は自分の**父**も真の**自己**も知らないのである。4そうして私は実相のすべてを見失っている。5なぜなら、真理は自由であり、束縛されているものは真理の一部ではないからである。

2. **父**よ、私は真理だけを求めます。2私は自分について、あるいは自分が創造したものについて、多くの愚かな考えを抱いてきました。また、恐れの夢を自分の心に持ち込んできました。3今日、私は夢を見たくありません。4私は狂気や恐れのかわりに、**あなた**への道を選択します。5真理は安全であり、愛だけが確かなものだからです。

レッスン279

被造物の自由が、私の自由を約束する。

1. 神の子が神の愛に見捨てられることはないのだから、私には夢の終わりが約束されている。[2]夢の中にのみ、神の子が牢獄につながれたかに見える時間が存在し、その時間の中で、あるかないかもわからない未来の自由を待っている。[3]しかし実相においては彼の夢は消え去っており、そのかわりに真理が不動のものとなっている。[4]そして今、自由はすでに彼のものである。[5]神が私に自由を差し出しているというのに、解放するためにすでに断たれた鎖につながれて、私が待っている必要などあるだろうか。

2. 私はあなたの約束を今日受け入れ、それを信頼します。[2]わが父は、ご自身のものとして創造されたわが子を愛しておられます。[3]すでに私にくださった贈り物を、どうしてあなたが与えずにおこうとなさるでしょう。

レッスン280

私が神の子に制限を課すことなどできるだろうか。

1. 神により無限のものとして創造されたものは、自由である。[2]私が神の子に幽閉状態を作り出せても、それはただ幻想の中だけのことであり、真理においてではない。[3]神の想念は神の心から離れたことはない。[4]神の想念にはまったく制限がない。[5]神の想念はすべて永遠に清らかである。[6]神ご自身が神の子を無限とし、自由においても愛においても神ご自身と同じものとなることを意志しているというのに、私が神の子に制限を課すことなどできるだろうか。

2. 今日、私があなたの子を讃えることができますように。あなたの子を讃えることによってのみ、私はあなたへの道を見出すからです。[2]父よ、あなたに愛され、あなたに無限のものとして創造されたあなたの子に、私はどんな制限を課すこともしません。[3]私が彼に差し出す敬意はあなたのものであり、あなたのものは私のものでもあります。

7. 聖霊とは何か

1. **聖霊**は幻想と真理の間を仲介する。[2]**聖霊**が実相と夢の間の隔たりに橋を架けるので、知覚は、**神**が**聖霊**に授けた恩寵を介して、智識へと行き着く。この恩寵は、真理を求めて**聖霊**に頼るあらゆる者への贈り物として**神**が**聖霊**に与えたものである。[3]**聖霊**が架ける橋を渡って、すべての夢は真理のもとへ運ばれ、智識の光の前で一掃される。[4]そこでは、情景も物音も永遠に消え去る。[5]以前そうしたものが知覚されていた場所で、赦しが静かに知覚を終わらせる。

2. **聖霊**の教えがゴールとして設定しているのは、このような夢の終わりのみである。[2]情景や物音は、恐れを証《あか》しするものから愛を証《あか》しするものへと、再解釈されなければならない。[3]これが完全に成し遂げられたときには、学びがもつ唯一の真のゴールが達成されている。[4]**聖霊**が知覚している通りの学びの成果へと**聖霊**によって導かれるとき、学びは、それ自体を超えて進み、永遠の真理へと入れ替わるための手段となるからである。

3. **父**がどれほどあなたに自分の無罪性を認識させせたいと望んでいるか、あなたが知ってさえいれば、あなたは**神**の声の訴えを無駄にしようとはしないだろう。また、自分で作り出した恐ろしい形象や夢のかわりに**聖霊**から与えられるものに、背を向けようともしないだろう。[2]あなたが永遠に達成不可能なものを達成しようとして作り出した手段を、**聖霊**は理解している。[3]そしてあなたがそれらを**聖霊**に差し出すなら、**聖霊**は、あなたが故郷を離れてさすらうために作り出した手段を用いて、あなたの心を真にくつろげるわが家へと戻してくれるだろう。

4. **神**により智識の中に置かれている**聖霊**は、あなたに向かって呼びかけ、あなたが自分の夢を赦し、そこから正気と心の平安を取り戻すようにと促す。[2]赦しがなければ、あなたの夢はいつまでもあなたを脅かし続けるだろう。[3]また、夢の終わりを示す**父の愛**が、すべて思い出されることもないだろう。

5. **父**の贈り物を受け入れなさい。[2]それは、**愛**がただ**愛そのもの**であるようにという、**愛**から**愛**への**呼びかけ**である。[3]**聖霊**が**神**の贈り物であり、それにより**神の愛**《いと》**し子**に天国の静けさが取り戻される。[4]**神**はあなたが完全であることだけを意志しているのに、あなたは**神**を完成させるという機能《はたらき》を担うことを拒みたいのだろうか。

レッスン281

私の想念以外に、私を傷つけるものはない。

1. 父よ、**あなたの子**は完璧です。[2]自分が何らかの形で傷ついていると思うとき、それは私が、自分が誰なのかを忘れ、**あなた**に創造されたままの私であることを忘れているからです。[3]**あなたの想念**は私に幸福のみをもたらします。[4]もし私が悲しんでいたり、傷ついていたり、病気であったりするなら、私は**あなた**が何を考えておられるかを忘れてしまっているのです。**あなたの想念**が属すところ、今も存在しているところに、私の卑小で無意味な概念を置いてしまったのです。[5]私は自分の考えること以外の何によっても、傷つくことはありえません。[6]**あなた**とともに私が思考する**想念**は、祝福をもたらすのみです。[7]**あなた**とともに私が思考する**想念**だけが真実のものです。

2. 私は今日、自分自身を傷つけない。[2]私はあらゆる苦痛をはるかに超えて存在するからである。[3]**父**は私を安全に天国に置き、私を見守っている。[4]**神**が愛するものは私の愛するものでもあるのだから、私は**神**が愛する**神の子**を攻撃しない。

レッスン282

今日、私は愛を恐れない。

1. 今日、私がこのことさえ悟れば、全世界のために救済が達成されるだろう。[2]これは、正気を失わず、**父**であり**源**である**神ご自身**に創造されたままの私自身を受け入れるという決断である。[3]これは、真理が愛の喜びの中で永遠に生きているときに、私は死の夢の中で眠り続けることはしない、という決意である。[4]これは、**神**が愛する**わが子**として創造した**自己**であり、私の一なる**アイデンティティー**である存在を、私が認識するという選択である。

2. **父**よ、**あなたの名**は**愛**であり、私の名も同じです。[2]これが真理です。[3]真理を別の名で呼ぶことで、真理を変えられるでしょうか。[4]恐れという名は、単なる間違いです。[5]今日、私が真理を恐れませんように。

レッスン283

私の真のアイデンティティーは、神の中にある。

1. 父よ、私は自分自身の虚像《イメージ》を作り出し、それを**神の子**と呼んでいます。[2]しかし被造物は不変であり、今も、これまで常にそうであった通りに存在しています。[3]私が偶像を崇拝しませんように。[4]私こそが、**父**に愛されている子です。[5]私の聖性は天国の光であり、**神の愛するもの**であり続けています。[6]**あなた**に愛されている存在の安全は、確実なのではないでしょうか。[7]天国の光は無限なのではないでしょうか。[8]**あなた**が存在する一切を創造されたのなら、私の真の**アイデンティティー**が**神の子**でないということがあるでしょうか。

2. 今や私たちは、共有された**アイデンティティー**の中でひとつである。**父なる神**を私たちの唯一の**源**とし、創造されたすべてを私たちの一部とする。[2]だから私たちは、存在するすべてのものを祝福し、赦しが私たちと一体にした全世界と、喜んでひとつに結ばれる。

レッスン284

私は、痛みをもたらすすべての想念を変えることを選択できる。

1. 正しく知覚されるとき、損失は損失でなくなる。[2]苦痛はありえない。[3]原因のある悲嘆などまったく存在しない。[4]どのような種類の苦しみも夢にすぎない。[5]これは真理である。最初は、ただ口にされるだけだが、その後何度も繰り返され、次にかなりためらいながらも部分的に真実として受け入れられる。[6]それから徐々に真剣に考慮されるようになり、最後には真理として受け入れられる。[7]私は、痛みをもたらすすべての想念を変えることを選択できる。[8]そして今日、これらの言葉を超えて進み、ためらいをすべて通り越し、言葉の奥にある真理の完全な受容にまで到達したい。

2. **父**よ、**あなた**が授けてくださったものが痛みをもたらすことはありえません。ですから、悲嘆や苦痛は不可能なはずです。[2]今日、私が**あなた**への信頼を揺るがすことなく、喜ばしきものだけを**あなた**からの贈り物として受け入れ、喜ばしきものだけを真理として受け入れられますように。

レッスン285

今日、私の聖性は明るくはっきりと輝く。

1. 今日私は、**神**から幸福なことだけが訪れると期待して、喜びとともに目覚める。[2]私はそうしたものだけが訪れるよう求め、自分が招いた想念がその招きに応じて訪れるということを自覚する。[3]そして私は、自分の聖性を受け入れたその瞬間から、喜ばしきものだけを求めるようになるだろう。[4]狂気が去って、そのかわりに聖性を受け入れるなら、私にとって苦痛は何の役にも立たず、苦しみはどんな目的も達成せず、悲嘆や損失には何の効用もないからである。

2. 父よ、私の聖性は**あなた**のものです。[2]私が聖性の中で喜ぶことができますように。そして赦しを通して正気を回復できますように。[3]**あなたの子**は、今も**あなた**に創造されたままです。[4]私の聖性は私の一部であり、**あなた**の一部でもあります。[5]そして何が**聖性そのもの**を変えられるでしょうか。

レッスン286

今日、天国の静けさが私の胸《こころ》を満たす。

1. 父よ、今日は何と静かなのでしょう。[2]もの音一つたてず、すべてのものがあるべき場所に納まっていきます。[3]今日という日は、自分は何もする必要はないという学びを、私が理解するようになる時として選ばれた日です。[4]**あなた**の中では、すべての選択がすでに為されています。[5]**あなた**の中では、すべての葛藤がすでに解決されています。[6]**あなた**の中では、私が見つけたいと望むすべてが、すでに私に与えられています。[7]**あなた**の平安は私のものです。[8]私の胸には静けさがあり、私の心には安息があります。[9]**あなたの愛**が天国であり、**あなたの愛**は私のものです。

2. 今日の静けさは、私たちがすでに道を見出し、完全に確かなゴールに向かってその道を遠くまで旅してきたという希望を与えてくれる。[2]今日、私たちは**神ご自身**が私たちに約束した旅の終わりを疑わない。[3]私たちは**神**を信頼し、今も**神**とひとつである私たちの**自己**を信頼する。

レッスン287

父よ、あなただけが私のゴールです。

1. 天国よりほかに、私の行きたいところがあるだろうか。[2]何が、幸福の代替となりえるだろうか。[3]**神**の平安以上に、私が望む贈り物があるだろうか。[4]探し求め、見出し、自分のものにしておきたい宝物として、私の**アイデンティティー**に匹敵するものがあるだろうか。[5]私は愛よりも恐れを抱いて生きたいだろうか。

2. 父よ、**あなた**は私のゴールです。[2]**あなた**以外に何を得たいと願うでしょう。[3]**あなた**へと導く道のほかに歩みたい道があるでしょうか。[4]**あなた**についての記憶以外に、夢の終わりや、真理のむなしい代替の終わりを知らせてくれるものがあるでしょうか。[5]**あなた**は私のただ一つのゴールです。[6]**あなたの子**は**あなた**に創造されたままでありたいのです。[7]これ以外に、自分の**自己**を認識し、自分の**アイデンティティー**とひとつになれる道があるでしょうか。

レッスン288

今日、私が兄弟の過去を忘れることができますように。

1. この概念が、**あなた**への道を先導し、私をゴールへと連れていってくれます。[2]兄弟を伴わずに、**あなたのもと**には至れません。[3]そして、自分の**源**を知るためには、私はまず**あなた**により私とひとつのものとして創造されたものを認識しなければなりません。[4]**あなた**への道を行くとき、兄弟の手が私を導く手となります。[5]彼の罪は私の罪とともに過去にあり、過去は過ぎ去っているので私は救われています。[6]私が過去を自分の胸《こころ》の中で大切にすることがありませんように。さもなければ、私は**あなたのもと**へ歩むための道を失うでしょう。[7]兄弟は私の救済者です。[8]**あなた**が与えてくださった救済者を、私が攻撃することがありませんように。[9]**御名**を冠する兄弟を讃えさせてください。そして、その**名**が私のものであることを思い出させてください。

2. だから今日、私を赦してほしい。[2]兄弟を聖性の光の中に見るとき、あなたは自分が私を赦したと知るだろう。[3]彼が私よりも神聖でないということはありえず、あなたが彼よりも神聖だということもありえない。

レッスン289

過去は終わっている。それが私に触れることはできない。

1. 私の心の中で過去が過ぎ去っていなければ、私の視覚は実相世界を捉えることはできない。[2]私が見ているのは、実は、存在していない場所である。[3]それでどうして赦しが差し出す世界を知覚できるだろう。[4]その世界を隠すためにこそ、過去が作り出された。それは今という時にのみ見ることのできる世界だからである。[5]その世界には過去はない。[6]赦されるべきものは過去だけであり、赦されたなら、過去は過ぎ去るからである。

2. **父**よ、存在していない過去を私が見ることがありませんように。[2]過去が触れずにおいた現在の世界、罪から自由な現在の世界に、**あなた**はそれにかわるものを与えてくださったからです。[3]ここに罪悪感の終わりがあります。[4]ここで**あなた**の最後の一歩に備えて、私の準備が整います。[5]私は**あなた**をこれ以上長く待たせはしません。**あなた**は**わが**子のすべての夢と苦痛の終わりとして麗しきものを計画され、**神の子**がそれを見出すのを待っておられるのですから。

レッスン290

私の現在の幸福が、私の見るすべてである。

1. 存在していないものに私が目を向けない限り、現在の幸福が、私に見えるすべてである。[2]開き始めた目が、遂に見るようになる。[3]そして今日こそ、**キリスト**の心眼《ヴィジョン》が私にもたらされるようにしたい。[4]私が自分で作り出した情景に対して**神**から与えられている**訂正**を介さずに知覚するものは、見るも恐ろしく苦痛に満ちている。[5]しかしもはや、自分の作り出した夢が実在するという信念により自分の心が欺かれることを、一瞬でも容認するつもりはない。[6]今日、私は現在の幸福を追求し、自分が求めているもの以外には何も見ない。

2. この決心とともに、**あなたのみもと**に参ります。そして今日、私が**あなたの意志**を行おうとする間、**あなた**の強さで私を支えてください。[2]**父**よ、私の声が**あなた**に届かぬはずがありません。[3]**あなた**は私が求めるものを、すでに与えてくださいました。[4]ですから今日、私は自分の幸福を見ることを確信しています。

8. 実相世界とは何か

1. 実相世界は象徴の一つである。それは知覚がもたらす他のものごとが象徴であるのと同様である。[2]しかし実相世界は、あなたが作り出したものとは正反対のものを表す象徴である。[3]あなたの世界は恐れの目を通して見えるものであり、あなたの心に恐怖の証人たちを運んでくる。[4]実相世界は、赦しが祝福した目によってしか知覚できず、その祝福によって、その目には、恐怖が不可能で恐れの証人も見つからない世界が見えるようになっている。

2. 実相世界には、あなたの世界に反映された不幸な考えの一つひとつに対応する想念が含まれている。それは、あなたの世界の中にある恐れの情景や戦いの騒音を確実に訂正するものである。[2]実相世界は、静かなまなざしと安らかな心を通して別の見方で見られた世界を見せてくれる。[3]そこにあるのは安息のみである。[4]そこでは、赦しの外側に取り残されるものがないので、苦痛や悲しみの叫び声は聞こえない。[5]そこに見られる情景は穏やかである。[6]自らを赦した心には、幸福な情景と物音だけが届く。

3. そのような心に、死や攻撃や殺戮の考えが必要だろうか。[2]自らの周囲に、安全と愛と喜び以外の何を知覚できるだろうか。[3]何かを選び出して、咎めようとするだろうか。何かに敵対して裁きを下そうとするだろうか。[4]その心が見る世界は、自らの中に平安を抱く心から生起する世界である。[5]何を見ても、そこに危険は潜んでいない。その心自体が優しく、周囲にも優しさだけを見るからである。

4. 実相世界が象徴しているのは、罪と罪悪感の夢は終わっており、**神の子**はもはや眠ってはいない、ということである。[2]目覚めている彼の目は、**父の愛**の確かな反映を知覚する。それは、自分が贖われていることの確かな約束である。[3]実相世界は時間の終わりを意味する。それが知覚されたなら時間は目的を失うからである。

5. 時間が**聖霊**の目的を果たし終えたとき、**聖霊**は時間を必要としなくなる。[2]今や、**神**が最後の一歩を踏み出してくれるまで、**聖霊**はもう一瞬を待つばかりである。そのときには、時間は消え去っており、それとともに知覚もなくなり、真理だけがそこに残されている。[3]その瞬間が私たちのゴールである。**神**についての記憶がその瞬間に内包されているからである。[4]赦された世界を私たちが眺めるとき、私たちに呼びかけて、家に連れ帰るために訪れるのは、**神ご自身**である。そして、**神**が思い出させてくれるのは、赦しによって私たちが取り戻した私たちの**アイデンティティー**である。

レッスン291

今日は静けさと平安の日である。

1. 今日、**キリスト**の心眼《ヴィジョン》が、私を通して見ている。[2]**キリスト**の視覚は、あらゆるものが赦されて安らいでいるのを私に見せ、同じ心眼《ヴィジョン》を世界に差し出す。[3]私はこの心眼《ヴィジョン》を、その名において、それを自分と世界の両方に受け入れる。[4]私たちは今日、何と麗《うるわ》しいものを見ることとだろう！　[5]自分の周りに何という聖性を見ることだろう！　[6]そして私たちには、それが自らも共有する聖性であり、**神ご自身の聖性**でもあることが認識できる。

2. 今日、**あなた**が授けてくださる**想念**を受け取れるように、私の心は静かです。[2]私は、私自身からのものではなく、**あなた**からくるものを、受け入れます。[3]私は**あなたのみもと**へ至る道を知りません。[4]しかし**あなた**はたしかにご存知です。[5]**父**よ、**みもと**へと至る静かな道に沿って、**あなた**の**子**を導いてください。[6]私の赦しが完璧になりますように。そして、**あなた**についての記憶が私に戻ってきますように。

レッスン292

すべてのことに、幸せな結果が確実である。

1. **神**の約束に例外はない。[2]そして**神**は、すべてのものごとの結末は喜びだけだと保証する。[3]しかし、いつそこに至るかは、私たち次第である。それは、私たちがいつまで、異質の意志が**神の意志**に対抗するかに見えるままにしておくのか、ということである。[4]その意志が実在すると思っているかぎり、知覚されるすべての問題、目にするあらゆる試練、直面する一切の状況の結末として**神**が定めた結果を、私たちが見出すことはないだろう。[5]しかし、その結果は確実である。[6]**神の意志**は、天に行われるごとく地にも行われるからである。[7]私たちは探し、**神の意志**の通りに、見つけるだろう。**神の意志**は、私たちの意志が行われることを保証している。

2. **父**よ、幸福な結末だけを保証してくださったことに感謝します。[2]私たちがそれを妨害しないよう助けてください。そして私たちが、知覚できるかぎりの問題や、まだ遭遇せざるをえないと思っている試練のすべてに、**あなた**の約束通りの幸福な結末がくるのを遅らせずにすみますように。

レッスン293

すべての恐れは過ぎ去り、ただ愛のみがここにある。

1. すべての恐れは過去のものである。なぜなら、恐れの源は過ぎ去り、それとともに恐れの想念もすべて過ぎ去っているからである。[2]愛のみが唯一の今現在の状態であり、その**源**はいつまでも永遠にここにある。[3]私の過去の間違いが世界を圧迫し、恐れのいびつな形の数々を私に見せているときに、世界が明るく晴れやかで、安全に自分を迎えてくれる場所に見えるだろうか。[4]しかし現在の中では、愛は明白であり、その結果も明瞭である。[5]全世界が愛の神聖な光を反映して輝き、私はついに赦された世界を知覚する。

2. 父よ、**あなた**の神聖な世界を、今日、私の視覚が見逃しませんように。[2]また、恐れの物音の背後で世界が歌っている感謝の賛歌に、私が耳を塞《ふさ》ぐことがありませんように。[3]現在の中には過去の間違いから安全に保たれている真の世界があります。[4]私は今日、この実相世界だけを目の前に見たいのです。

レッスン294

私の肉体は、完全に中庸《ニュートラル》なものである。

1. 私は**神の子**である。[2]それでいて他のものでもありえるだろうか。[3]**神**が、死すべきものや朽ちるものを創造しただろうか。[4]**神**に愛される**神の子**が、死すべきものに何の用があるだろう。[5]しかし中庸《ニュートラル》なものは死を見ない。そこに恐れの想念はなく、贋物の愛も付与されていないからである。[6]それは、用途がある間は中庸《ニュートラル》であることにより保護される。[7]その後、目的がなくなれば使われなくなる。[8]病気や老齢や負傷のせいではない。[9]ただ機能と必要がなくなり、放棄されるのである。[10]今日、私が肉体をそれ以上のものと見なしませんように。それは、少しの間だけ丈夫で役に立ち、役立つ間は有用だが、その後は、よりよきものへと入れ替わるのみである。

2. 父よ、私の肉体は**あなたの子**ではありえません。[2]創造されなかったものは罪深くもなければ、無罪でもなく、善でも悪でもありません。[3]それならば、私たちが自分で作り出した一切の夢から目覚めるという**あなた**の計画を助けるために、私がこの夢を使うことができますように。

レッスン295

今日、聖霊が私の目を通して見ている。

1. **キリスト**は、今日、世界を贖えるように、私の目を使わせてほしいと求めている。[2]**キリスト**がこの贈り物を求めているのは、私に心の平安をもたらし、恐怖や痛みをすべて取り去ることができるようにするためである。[3]それらが私から取り除かれるとき、世界に定着しているかに見えていた夢は過ぎ去る。[4]贖いはひとつのもののはずである。[5]私が救われるとき、世界は私とともに救われる。[6]私たちは必ず、皆一緒に贖われるからである。[7]恐れは数多くの異なった形で現れるが、愛はひとつである。

2. **父**よ、**キリスト**は私に一つの贈り物を求めましたが、それは、私が与えることで私自身に与えられる贈り物です。[2]今日、私が**キリスト**の目を使うことができるように助けてください。私が見るものすべてを**聖霊**の愛が祝福し、**聖霊**の赦しに満ちた**愛**が私の上にとどまりますように。

レッスン296

今日、聖霊が私を通して語る。

1. 今日、**聖霊**は私の声を必要としています。私を通して全世界が**あなたの声**に耳を傾け、**御言葉**を聞くことができるようにするためです。[2]私は、何としても**あなた**に私を通して語っていただくつもりです。**あなたの言葉**以外の言葉は使わず、**あなたの想念**から離れた想念はもちたくありません。**あなたの想念**のみが真実だからです。[3]私は自分が作り出した世界の救済者になりたいのです。[4]私がその世界を呪縛したのですから、私がそれを解放します。それにより、今日、私は脱出の道を見つけ出し、**あなた**の神聖な**声**が私に語る**御言葉**を聞きます。

2. 今日、私たちは自分が学びたいものを教え、ただそれだけを教える。[2]そうすれば、学びのゴールは矛盾なきものとなり、たやすく接近でき、速やかに達成できるものとなる。[3]世界が**神**へと楽に至れる道を探して見つけ出せるように、**聖霊**が私たちを通して教えるにまかせるなら、**聖霊**は喜んで私たちを地獄から救い出しにきてくれる。

レッスン297

赦しだけが、私が与える贈り物である。

1. 赦しは、私が与える唯一の贈り物である。なぜなら、それが私が望む唯一の贈り物だからである。[2]そして私が与えるものはすべて、自分自身に与えられる。[3]これが救済の簡単な公式である。[4]だから、救われたいと願う私は、赦しを自分のものにしたい。赦しを必要としている世界の中で、救済を私の生きる道とし、私が自分に贖罪を受け入れるとき、世界は救われるだろう。

2. 父よ、**あなた**の方法は何と確かなことでしょう。その結末は何と確実なものでしょう。私の救済における一歩一歩は、すでに、このうえなく正確に定められ、**あなた**の恩寵により達成されています。[2]**あなた**が与えて下さった永遠なる贈り物と私の**アイデンティティー**について、感謝を捧げます。

レッスン298

父よ、私はあなたを愛し、あなたの子も愛します。

1. 私の感謝により、私は恐れをもたずに自分の愛を受け入れられるようになる。[2]そうして、私はついに自らの実相へと戻される。[3]私の神聖な視覚に侵入したものを、赦しがすべて取り去ってくれる。[4]そして私は、無意味な旅や狂った天職や人為的な価値観の終わりへと近づく。[5]それらのかわりに、**神**が私のものとするものを受け入れ、そうすることにおいてのみ、自分が救われ、恐れを通り抜けて私の**愛する存在**《もの》に出会えると確信している。

2. 父よ、今日、私は**みもと**に参ります。**あなた**の道以外の道を進みたいとは思わないからです。[2]**あなた**は私の傍らにおられます。[3]**あなた**の道は確かです。[4]確実な聖域という神聖な贈り物に感謝します。そして、**父なる神**と神聖な**神の子**への私の愛を隠してしまうあらゆるものからの脱出という贈り物にも、感謝します。

レッスン299

永遠なる聖性が私の中に宿っている。

1. 私の聖性は、私の理解力や知力をはるかに凌駕している。[2]しかしその**創造主**である**父なる神**は、私の聖性を、**ご自身**のものとして認めている。[3]私の意志と**父**の**意志**が一緒に、それを理解する。[4]そしてまた、一つになった**私たちの意志**は、それが事実だと知っている。

2. **父**よ、私の聖性は私からのものではありません。[2]それは、私が自分の罪によって破壊できるようなものではありません。[3]それは私個人のものでなく、攻撃に苦しむようなものではありません。[4]幻想はそれを隠すことはできても、その輝きを消すことも、その光を曇らせることもできません。[5]それは、永遠に完璧に、何にも触れられずに存在します。[6]その聖性の中で、すべては**あなた**に創造されたままにあり続けるので、一切が癒されます。[7]そして私は、自分の聖性を知ることができます。[8]私は、**聖性そのもの**に創造されたからです。そしてまた、**ご自身**を知らしめることが**あなたの意志**なのですから、私は自分の**源**を知ることができます。

レッスン300

ほんの一瞬しか世界は存続しない。

1. この概念は、次のような考え方を表すために使われることもある。「死と悲しみが、ここにくる者たち皆の確実な運命である。なぜなら、喜びは、所有するどころか、手でつかむことすらできないうちに去りゆくものだからである」。[2]しかしこれはまた、偽りの知覚に私たちを支配させず、常《とこ》しえに晴朗な天空をよぎる一片の雲以上の意味をもたせないようにする概念でもある。[3]そしてこの曇りなく明らかで確かな晴朗さを、私たちは今日探し求める。

2. 今日、私たちは**あなた**の神聖な世界を探し求めます。[2]**あなたの愛《いと》し子**である私たちは、少しの間、道に迷っていました。[3]しかし私たちは**あなたの声**に耳を傾け、天国と私たちの真の**アイデンティティー**を取り戻すためには何をすべきかをはっきりと学びました。[4]だから今日、世界が一瞬の間しか存続しないことに感謝します。[5]私たちはそのわずかな一瞬を超えて、永遠へと進んでいきたいと思います。

9. 再臨とは何か

1. **キリスト**の再臨は、**神**と同じように確実なものであり、単なる間違いの訂正、正気の回復にほかならない。[2]それは一度も失われたことのないものを取り戻し、永遠にして常《とこ》しえに真理なるものを再確立する状態の一部である。[3]それは**神の言葉**が幻想と入れ替わることを求める招待であり、例外も保留もなくすべてのものに赦しをもたらそうとする意欲である。

2. **キリスト**の再臨にはすべてを包み込むという性質があり、それゆえに、あなたとともに生命《いのち》あるもの一切を包み込むその優しい降臨において、世界を抱擁し、あなたを安全に保つことができる。[2]**神**の被造物は無限であるから、再臨がもたらす解放にも終わりはない。[3]赦しは一切をひとつのものとしてその上に輝くので、再臨の道を明るく照らす。[4]そうしてついに一体性が認識される。

3. 再臨は**聖霊**が教えるレッスンを完了させ、最後の審判に道を開ける。そこですべての学びが最後にひとつの学びに要約されて終了し、それ自体を超えて延長されて、**神**にまで達する。[2]再臨とは、すべての心が**キリスト**の手にゆだねられ、真の創造と**神の意志**の名において、霊に戻される時のことである。

4. 再臨は、時間の中にありながらも、時間の影響が及ばない唯一の出来事である。[2]すでに死んでいった者、これからくる者、今ここにいる者の誰もが、自分で作り出したものから等しく解放されるからである。[3]この平等さの中で、**キリスト**が一なる**アイデンティティー**として取り戻され、この**アイデンティティー**の中で、**神の子**たちは自分たち全員がひとつであることを認識する。[4]そして**父なる神がご自身**の一なる被造物であり唯一の喜びである**わが子**の上に微笑む。

5. 再臨の時が間もなくくるよう祈りなさい。しかし、それだけでよしとしてはならない。[2]再臨はあなたの目と耳と手と足を必要としている。[3]あなたの声を必要としている。[4]そして何よりも、あなたの意欲を必要としている。[5]私たちが**神の意志**を行うことができ、その聖なる光の中でともにつながることができることをともに喜ぼう。[6]見よ、**神の子**は私たちの中でひとつである。ゆえに私たちは、この**神の子キリスト**を通して**父の愛**へと達することができる。

レッスン301

そして神ご自身がすべての涙を拭い去ってくれる。

1. 父よ、裁くことをしない限り、私が悲しみの涙を流すことはありえません。[2]また、苦痛に悩むことも、世界の中で自分が見捨てられたり必要とされないと感じることも、ありえません。[3]これが私の家です。なぜなら、私が世界を裁かないので、世界は**あなた**が意志する通りのものとなるからです。[4]今日、赦しにより一切の歪曲から解放された幸福な目を通して、咎めのない世界を見ることができますように。[5]私の世界のかわりに**あなた**の世界を見せてください。[6]そうすれば、涙の源はなくなり、私が流した涙はすべて忘れ去られるでしょう。[7]父よ、私は今日、**あなた**の世界を裁くことはしません。

2. **神**の世界は幸せな世界である。[2]それを見る者たちにできることは、ただそこに自分の喜びを加え、自分の中で喜びを深める原因となるその世界を祝福することだけである。[3]私たちは理解していなかったので涙にくれた。[4]しかし見ていた世界が虚偽だったと学んだので、私たちは今日、**神**の世界を見る。

レッスン302

闇のあったところに、私は光を見る。

1. 父よ、ついに私たちの目が開きつつあります。[2]視覚がついに取り戻されて見えるようになるとき、**あなた**の神聖な世界が私たちを待っています。[3]私たちは苦しんだと思っていました。[4]しかしそのときは、**あなた**に創造された**神の子**のことを忘れていました。[5]今は、闇は自分の想像の産物であり、私たちには見ることのできる光があるということがわかります。[6]**キリスト**の心眼《ヴィジョン》は闇を光に変えます。愛が訪れたとき、恐れは必ず消滅するからです。[7]今日、**あなた**の神聖な世界を赦し、その聖性を見て、それが私自身の聖性の反映にほかならないと理解できますように。

2. 私たちの**愛**は、**みもと**に行く私たちを待っている。そしてまた、私たちの傍らを歩み、道を教えてくれる。[2]**神**は決して失敗しない。[3]**神**こそ私たちが目指す**到達地点**であり、**神**こそ私たちが**神のみもと**に行くための**手段**である。

レッスン303

聖なるキリストが、今日、私の中に生まれる。

1. 天使たちよ、今日は私とともに見ていてください。[2]**天の子**が誕生するこの時、神聖な**神の想念**のすべてが私を囲み、静かにともにいてくれますように。[3]地上の物音が静まり、見慣れた光景が消え去りますように。[4]**キリスト**が、**彼**のくつろげる場所に迎えられますように。[5]**彼**が**自ら**理解する音を聞き、**父の愛**を示す光景だけを見ることができますように。[6]もはや**彼**をここで異邦人にすることがありませんように。**キリスト**は今日、私の中に再生したのですから。

2. **父**よ、**あなたの子**を歓迎します。[2]**あなたの子**は、私が自分で作り出した邪悪な自己から私を救うためにやってきました。[3]**彼**こそ、**あなた**が私に授けてくださった一なる**自己**です。[4]**彼**こそ、真理における私の本当の姿です。[5]**彼**こそ、**あなた**が何よりも愛しておられる**わが子**です。[6]**あなた**に創造されたままの私の真の**自己**です。[7]十字架にかけることができるようなものは、**キリスト**ではありません。[8]**あなたの腕**の中で安全に、私が**あなたの子**を受け取ることができますように。

レッスン304

私の世界が、キリストの視覚を曇らせませんように。

1. もし私が自分の神聖な視覚に自分の世界を押しつけるなら、それを曇らせることはできる。[2]また、私が**キリスト**の心眼《ヴィジョン》を使わなければ、私は**彼**が見る神聖な光景を見ることはできない。[3]知覚は鏡であって、事実ではない。[4]私が見るものは、私の心の状態が外に映し出されたものである。[5]私は**キリスト**の目を通して世界を見ることにより、世界を祝福したい。[6]そして、自分の一切の罪が赦されたという確かなしるしを見るつもりだ。

2. **あなた**は私を闇から光へ、罪から聖性へと導いてくださいます。[2]私が赦すことができますように。それによって、世界のために救済を受け取ることができますように。[3]**父**よ、それは、私が神聖な**あなたの子**に与えるようにと、**あなた**が私にくださった贈り物です。それによって彼は**あなた**についての記憶と、**あなた**に創造されたままの**あなたの子**についての記憶を、再び見つけることができます。

レッスン305

キリストが私たちに授けてくれる平安がある。

1. **キリスト**の心眼《ヴィジョン》だけを用いる者は、この世界の中に匹敵するもののない深く静かな平安、決して乱されることのない不変なる平安を見出す。[2]この平安の前では、比較する思いは静まっている。[3]この平安が、世界を包み込み真理のもとへとやさしく運んでいくとき、世界は静かに去っていき、もはや恐れの住み家となることはない。[4]愛が訪れ、世界に**キリスト**の平安を与えて世界を癒したからである。

2. **父**よ、**キリスト**の平安が私たちに与えられています。私たちが救われることが**あなたの意志**だからです。[2]今日、私たちが**あなた**の贈り物をただ受け入れ、それを裁くことがないよう助けてください。[3]それは、私たちが自分自身に下した裁きから私たちを救うために、与えられたのですから。

レッスン306

今日、私はキリストの贈り物だけを求める。

1. 天国にそっくりな世界が見えて往古の記憶がよみがえるような一日を、**キリスト**の心眼《ヴィジョン》がもたらしてくれるというのに、今日、私はそれ以外の視覚を使いたいだろうか。[2]今日、私は自分が作り出した世界を忘れることができる。[3]今日、私はすべての恐れを通り越し、愛と聖性と平安を取り戻せる。[4]今日、私は贖われ、慈悲と庇護の世界、愛に満ちた優しさと**神**の平安の世界へと、新たに生まれる。

2. そのようにして、**父**よ、私たちは**あなたのもと**に帰ります。自分が一度もそこを離れなかったことを思い出し、**あなた**から与えられた神聖な贈り物を思い出します。[2]ありがたく感謝しつつ、私たちは両手を空《から》にし、心を開いて、**あなた**が与えてくださるものだけを求めて**みもと**に参ります。[3]私たちは**あなたの子**に対し充分な捧げものをすることはできません。[4]しかし、**あなたの愛**の中で、彼には**キリスト**の贈り物が与えられています。

レッスン307

葛藤する願望は、私の意志ではない。

1. **父**よ、**あなたの意志**だけが私の意志です。[2]ほかに私がもつべき意志はありません。[3]他の意志には意味がなく、私の苦痛の原因となるだけなので、私が他の意志を作り出そうとしませんように。[4]**あなたの意志**だけが私に幸福をもたらすことができ、**あなたの意志**だけが実在しています。[5]**あなた**が与えてくださるものだけを持ちたいと望むなら、私は**あなたの意志**を自分に受け入れて、平安の中に入っていかなければなりません。その平安の中では、葛藤は不可能であり、**あなたの子**は実存と意志において**あなた**とひとつです。また、そこには、私が**あなた**に創造されたままの私であり続けるという神聖な真理に矛盾するものは一つもありません。

2. この祈りとともに、私たちは、葛藤が侵入できない状態へと静かに入っていく。私たちは、自分たちの意志は**神の意志**と同じだという認識のもとに、神聖な私たちの意志を**神の意志**に合一させるからである。

レッスン308

この瞬間が、存在する唯一の時間である。

1. 私はこれまで、自分の目的を挫くような考え方で、時間について考えてきた。[2]もし私が時間を超えて超時性に到達することを選ぶのなら、時間が何のためのものかについての知覚を変えなければならない。[3]時間の目的が、過去と未来を一つに維持することであるはずがない。[4]私が時間から救われる唯一の時間枠は今である。[5]今この瞬間に、私を自由にするために、赦しが訪れているからである。[6]**キリスト**の降誕の時は、過去も未来もない今である。[7]**キリスト**は**彼**の現在の祝福を世界に与え、世界に超時性と愛を取り戻す。[8]そして愛は、今ここにある永遠の現在である。

2. **父**よ、この瞬間を感謝します。[2]私が贖われるのは今です。[3]この瞬間は、**わが子**が解放され、彼の中で世界が救われる時として、**あなた**が定めてくださった時間です。

レッスン309

今日、私は内側を見ることを恐れない。

1　私の中に、永遠なる無垢性がある。それが永遠にそこにあることが**神の意志**だからである。[2]**神ご自身の意志**と同じく無限の意志をもつ**神の子**である私は、このことについて、どんな変化も意志することはない。[3]**父の意志**を否定することは、私自身の意志を否定することだからである。[4]内側を見るとは、私の意志を、**神**が創造したままのものとして、ありのままに見出すことである。[5]私は、真実ではない別の意志を自分が作り出し、それを実在させたと思っているからこそ、内側を見ることを恐れている。[6]しかしそのようなものは何の結果ももたらしてはいない。[7]私の中には**神の聖性**が存在する。[8]私の中には**神**についての記憶が存在する。

2．**父**よ、今日、私が踏み出す一歩は、罪という不毛な夢から私を確実に解放してくれます。[2]あなたの祭壇は、穢されることなく、静かに立っています。[3]それは私の**自己**に捧げられた聖なる祭壇であり、そこで私は自分の真の**アイデンティティー**を見つけます。

レッスン310

恐れず、愛を抱いて、私は今日一日を過ごす。

1．**父**よ、私はこの一日を**あなた**とともに過ごします。私がすべての日々をこのように過ごすことが、**あなた**の選択されたことです。[2]私が体験するのは、時間とはまったく関わりのないものです。[3]私に訪れる喜びは、天国から**あなたの子**へと訪れるものであり、時刻や、日付とは関わりのないものです。[4]今日という日は、私に**あなた**を思い出させるための**あなた**からの優しい促しであり、**わが子**に対する恩寵に満ちた**あなた**の呼びかけです。**あなた**の恩寵が私に訪れたしるしであり、私が今日解放されることが**あなたの意志**であるというしるしです。

2．あなたと私は、今日一日をともに過ごす。[2]そして私たちを救い、解放してくれた**神**に向かって、全世界が私たちと一緒になって感謝と喜びの賛歌を歌う。[3]私たちに平安と聖性が取り戻された。[4]今日、私たちの中に恐れが入り込む余地はない。私たちは胸《こころ》に愛を迎え入れたからである。

10. 最後の審判とは何か

1. **キリスト**の再臨は**神の子**に贈り物を与える。それは、「虚偽は虚偽であり、真理は一度も変化したことがない」と宣言する**神の声**を聞くという贈り物である。[2]このように判断する審判の中で、知覚は終わる。[3]あなたはまず、これを真実として受け入れた世界、今や正された心から投影される世界を見る。[4]この神聖な光景をもって知覚は無言の祝福を与え、それから消え去る。そのとき、知覚のゴールは達成され、使命は遂行されている。

2. 世界に下される最後の審判に咎めは含まれていない。[2]それは、世界は完全に赦されたもの、罪のないまったく無目的なものと見るからである。[3]もとより原因はなく、今や**キリスト**の視覚の中で機能もなくなった世界は、無に帰するのみである。[4]それはそこで生まれ、そこで終わる。[5]そしてこの世界をもたらした夢の中のすべての影法師も、ともに去っていく。[6]肉体は今では無用となり、ただ消え去るのみである。**神の子**は無限だからである。

3. あなたは**神**の最後の審判が、世界とあなたを有罪と宣言して地獄へ落とすと信じていたが、今、神聖な真理を受け入れなさい。すなわち、「**神**の審判とはあなたのすべての誤りに授けられた訂正という贈り物であり、そうした誤りや、それらがもたらしたかに見えていたあらゆる結果からあなたを自由にするものである」という真理である。[2]**神**の救済の恩寵を恐れることは、苦しみからの完全な解放、平安や安全や幸福の回復、自分自身の**アイデンティティー**との融合を恐れることにほかならない。

4. **神**が**わが子**を祝福し、ともに分ち合う永遠の平安へと呼び戻すために定めた計画においては、すべての段階が慈悲深いものであり、**神**の最後の審判も同じように慈悲深いものである。[2]愛を恐れることはない。[3]愛だけが、すべての悲しみを癒し、涙を拭い去り、**神**が**自らのもの**と認める**神の子**を苦痛の夢から優しく目覚めさせることができる。[4]このことを恐れてはいけない。[5]救済は、あなたがそれを歓迎するよう求めている。[6]そして世界は、あなたが喜んでそれを受け入れて、世界を解放してくれるのを待っている。

5. **神**の最後の審判はこのように告げている。「あなたは今でも神聖な**私の子**である。永遠に罪に穢れることなく、常《とこ》しえに愛し愛され、あなたの**創造主**と同じように無限であり、完全に不変にして永久に清らかである。[2]だから目を覚まし、**私**のもとに戻りなさい。[3]**私**はあなたの**父**であり、あなたは**私の子**である」と。

レッスン311

私はあらゆるものごとを、自分が望む通りのものとして判断する。

1. 判断というものは、真理から身を守る防衛の武器として作り出された。[2]それは判断されている対象を分離させ、あたかも別個のもののように引き離す。[3]それからそれを、あなたが望む通りのものに作り上げる。[4]それは全体が見えないために、自ら理解できもしないものについて是非の判断を下している。だから、誤った判断をする。[5]今日、私たちはそうした判断を用いるのはやめて、それを別の目的に用いる**聖霊**への贈り物としよう。[6]**聖霊**は、私たちが自分自身に敵対して下した判断にまつわる苦悩をやわらげ、**神の子**についての**神**の審判を私たちに与え、心の平安を再び確立する。

2. **父**よ、今日、私たちは、**あなたの愛《いと》し子**についての**あなた**による審判を聞けるよう、開かれた心で待ちます。[2]私たちは**神の子**を知らず、彼を判断することはできません。[3]ですから、**あなた**に**わが子**として創造された彼の本性については、**あなたの愛**による決定にお任せします。

レッスン312

私はあらゆるものごとを、自分が望む通りのものとして見る。

1. 知覚は判断に従う。[2]すでに判断したからこそ、私たちは自分が見たいと思ったものを見る。[3]視覚は、私たちが望むものをもたらすために働くしかないからである。[4]自分が見たいものを見過ごすことも、自分で見ると選択したものを見損なうこともありえない。[5]見るときに**聖霊**の目的を自らのゴールとする者の神聖な視覚には、確実に実相世界が訪れることになる。[6]そして彼は、**キリスト**が見せようとするものを決して見落とすことはなく、自分が見ているものに対する**キリストの愛**を必ず共有する。

2. 今日、私の目的は、自分で下したすべての価値判断から解放された世界を見ることだけです。[2]**父**よ、今日、これが私に対する**あなたの意志**であり、だからそれは私のゴールでもあるはずです。

レッスン313

今、新しい知覚が私に訪れますように。

1. 父よ、一切を罪無きものと見る心眼《ヴィジョン》があります。それにより、恐れが消え去り、愛が招き入れられます。[2]愛は求められれば、どこへでもやってきます。[3]この心眼《ヴィジョン》は**あなた**からの贈り物です。[4]**キリスト**の目は赦された世界を眺めます。[5]**彼**の視覚の中では、世界のすべての罪が赦されています。**彼**は**自ら**が眺めるものの中にまったく罪を見ないからです。[6]今、**キリスト**の真の知覚が私に訪れ、私が罪の夢から醒め、内なる無罪性を見ることができますように。それは神聖な**神の子**への祭壇の上に、**あなた**が完全に穢れなく維持してくださった無罪性であり、その神聖な**神の子**こそが、私が一体化したいものです。

2. 今日、私たちは**キリスト**の視覚の中で互いを眺めよう。[2]私たちは何と美しきものだろう！ [3]何と神聖で、何と愛に満ちていることだろう！ [4]兄弟よ、ここにきて、私と合流してほしい。[5]ひとつにつながったとき、私たちは世界を救う。[6]私たちの心眼《ヴィジョン》の中で、世界は私たちの内なる光と同じように神聖なものとなるからである。

レッスン314

私は過去とは違った未来を求める。

1. 世界の新しい知覚の中から、過去とはまったく異なる未来がやってくる。[2]今や未来は現在の延長にすぎないと認識される。[3]過去の誤りは未来に影を落とさず、恐れは偶像も形象も失って形なきものとなり、いかなる結果ももたらさない。[4]今では、死が未来を奪おうとすることはない。今や未来のもつゴールは生命《いのち》となり、そのために必要な手段はすべて快く用意されるからである。[5]現在が解き放たれ、その安全と平安が延長され、喜びに満ちた静かな未来へと続いていくときに、誰が嘆いたり苦しんだりできるだろう。

2. 父よ、私たちは過去において間違っていましたが、今、自由になるために現在を使うことを選びます。[2]今、私たちは未来を**御手**にゆだね、過去の間違いを後にします。そして、**あなた**が現在の約束を守り、その聖なる光の中で未来を導いてくださることを確信しています。

レッスン315

私の兄弟が与える贈り物はすべて、私にも属する。

1. 毎日、過ぎゆくどの瞬間にも、数限りない宝物が私にもたらされている。[2]私は一日中、自分が思い描ける一切の価値を凌駕するほどの贈り物によって、祝福されている。[3]ひとりの兄弟がもうひとりに向かって微笑み、私の胸《こころ》は喜ぶ。[4]誰かが感謝や慈しみの言葉を語り、私の心はこの贈り物を受け取って自分のものとする。[5]そして**神**への道を見出す者は誰でも私の救済者となり、その道を私に指し示し、彼が学んだものは必ず私のものでもあるという彼の確信を、私に与えてくれる。

2. **父**よ、すべての**神の子**から、毎日、私にもたらされる多くの贈り物について、**あなた**に感謝します。[2]兄弟が私に与えてくれる贈り物には限りがありません。[3]今、私が彼らに感謝の気持ちを差し出すことができますように。そうしてその感謝が、**創造主**とその記憶へと私を導いてくれますように。

レッスン316

私が兄弟に与える贈り物はすべて、私のものでもある。

1. 兄弟からの贈り物がどれも私のものであるのと同じように、私が与える贈り物はどれも私に属している。[2]そのどれもが、過去の誤りを除去し、**父**が愛する聖なる心から誤りの影を消し去る。[3]すべての時を通し、あらゆる時を超えて、兄弟が受け取った一つひとつの贈り物の中で、**神**の恩寵が私に与えられている。[4]私の宝庫は宝物で溢れ、天使たちは、贈り物が一つも失われずに蓄えが増すようにと、その開かれた扉を見守っている。[5]私は自分の宝があるところまで行こう。そして、自分が真に歓迎され、**神**から与えられた贈り物に囲まれ、わが家のくつろぎを得られるその中へと入っていこう。

2. **父**よ、今日、私は**あなた**の贈り物を受け入れたいのです。[2]私には贈り物が認識できません。[3]それでも、贈り物が私に見えるようになってそれらの価値が理解され、それらだけを自分がほしいものとして大切にできるように、そのための手段を、その**贈り主**である**あなた**が与えてくださると信じています。

レッスン317

私は自分に定められた道に従う。

1. 私には自分が就くべき特別の持ち場、私だけの役目がある。[2]私が自ら選択してこの役目を担うときまで、救済は待ち続ける。[3]この選択をするまでは、私は時間と宿命の奴隷である。[4]しかし、**父**の計画が私に定めた道を自ら喜びを抱いて進むとき、救済がすでにここにあることを認識する。それはすでに私自身のものであると同時に、私の兄弟全員に与えられている。

2. **父**よ、**あなた**の道が、今日、私が選ぶ道です。[2]私は、その道が私を導くところへ行き、私にさせようとすることをする、という選択をします。[3]**あなた**の道は確かであり、その目的地は確実です。[4]**あなた**についての記憶が、そこで私を待っています。[5]そして**あなた**の抱擁の中で、私のすべての悲しみに終止符が打たれます。愛に満ちた**御腕**による確かな庇護からさまよい出たと誤解していた**あなたの子**に、**あなた**は悲しみの終わりを約束されました。

レッスン318

私の中で、救済の手段と到達地点はひとつのものである。

1. 聖なる**神の子**である私の中で、世界を救済するための天国の計画のあらゆる部分が和解している。[2]すべての部分が一なる目的と一なる意図をもつとき、葛藤し合うものなどあるだろうか。[3]単独に存在する一部分がありえるだろうか。あるいは、他よりも重要であったりなかったりする一部分がありえるだろうか。[4]私自身が、**神の子**が救済されるための手段である。なぜなら、救済の目的は**神**が私の中に置いた無罪性を見出すことだからである。[5]私自身が、自分の探し求めている対象そのものとして、創造されている。[6]私自身が、世界が探し求めているゴールである。[7]私は**神の子**であり、**神**の一なる永遠の**愛**である。[8]私は救済の手段であると同時に到達地点でもある。

2. **父**よ、私が自分に贖罪を受け入れるように、**あなた**が私に与えてくださる役割を、今日、私に担わせてください。[2]そうすることによって私の中で和解するものが、確実に、**あなた**とも和解するからです。

レッスン319

私は世界の救済のために来た。

1．これは、あらゆる傲慢さが取り去られ、真理だけを残している考え方である。[2]傲慢さは真理に対立するからである。[3]傲慢さがないとき、真理は即座にやってきて、自我が嘘で満たさずにおいた空間を埋める。[4]限定されうるのは自我のみであり、だから自我は、半端で限界ある目標を追求せざるをえない。[5]自我は、ひとりが得るものは、必ず全体から失われると考えている。[6]しかし、ひとりが得るものはすべての人に与えられるということを私が学ぶことが、**神の意志**である。

2．**父**よ、**あなたの意志**は全的なものです。[2]そして、そこから生じるゴールはその全体性を共有します。[3]世界の救済以外の目標を、**あなた**が私に授けることがありえるでしょうか。[4]これ以外の何が、私の真の**自己**が**あなた**と共有する**意志**でありえたでしょうか。

レッスン320

父が私にすべての力を与える。

1．**神の子**は無限である。[2]彼の力や平安や喜び、また**父**が彼を創造したときに授けたいかなる属性にも、限界はない。[3]彼が**創造主**および**贖い主**とともに意志することは、必ず為される。[4]**父**が彼の心を照らし、地上と天国におけるすべての力と愛をもたらすので、彼の神聖な意志は決して否定されることがない。[5]このすべてが、私に与えられている。[6]私が、**父の意志**の力を内に宿す者である。

2．**あなたの意志**は私の中ですべてを行うことができ、それが私を通して全世界へと延長されます。[2]**あなたの意志**に限界はありません。[3]それゆえに、**あなた**のすべての力は、**あなたの子**に授けられてきました。

11. 被造物とは何か

1. 被造物とは、限界なく遍在する無数の**神の想念**の総和である。[2]愛だけが創造し、しかもそれ自体と同質のものだけを創造する。[3]愛が創造したすべては常に存在し、それが存在していなかった時というものはない。[4]また、これからも、愛が創造したものが失われる時がくることはない。[5]いつまでも永遠に、**神の想念**はまったくこれまで通りに、今あるままに在り続け、時が過ぎ、時間が消え去った後も不変である。

2. **神の想念**には、それらを創造した**神**がもつすべての力が授けられている。[2]**神**は、延長により愛を増大させようとするからである。[3]それゆえに**神の子**は創造に参与し、だから創造する力も必ず共有する。[4]**神**が永遠に一**なるもの**であるようにと意志したものは、時間が終わった後も依然として一**なるもの**であり、時間の経過により変わることなく、時間の想念が始まる前と同じであり続ける。

3. 被造物は真理そのものであるから、すべての幻想の対極にある。[2]被造物とは聖なる**神の子**そのものである。というのも、被造物の中では、そのどの側面においても**神の意志**が完全であり、どの部分も全体を包含しているからである。[3]その一体性が侵されることはないと、永遠に約束されている。それは神聖なる**神の意志**の中に永久に保持されている。そこに危害や分離や欠陥が生じたり、その無罪性が穢されたりすることはまったくありえない。

4. **神の子**である私たちこそが被造物である。[2]私たちは、自分たちと**神**との永遠なる一体性に気づいていない個別の存在であるかに見える。[3]しかし私たちの疑念の背後には、すべての恐れを超えて、今も確実性がある。[4]愛は、愛の**想念**であるすべての**神の子**とともにとどまるので、愛の確かさも**神の子**のものである。[5]**神**についての記憶は私たちの神聖な心の中に宿り、その心は、自分たちが一なるものであることも、**創造主**と一体であることも覚えている。[6]この記憶を取り戻し、**神の意志**を地にも行わせ、正気に返り、**神**に創造されたままの自分でいること、これだけを私たちの機能《はたらき》としよう。

5. **父**が私たちに呼びかけている。[2]私たちは**父の声**を聞き、**聖性**そのものである**創造主の名**において、被造物を赦す。**父なる神**に創造された被造物は**神の聖性**を共有しており、その**聖性**は今も私たちの一部である。

レッスン321

父よ、私の自由はあなたの中だけにあります。

1. 何が私を自由にするのか、何が私の自由であるのか、そのを見つけるためにどこを探せばよいのか、私は理解していませんでした。[2]父よ、私を導いてくださるあなたの声を聞くまでは、無駄に探求を重ねてきました。[3]もうこれ以上自分で自分を導きたくありません。[4]自由が見つかる道を作り出すことも、理解することもできなかったからです。[5]けれども私はあなたを信頼します。[6]神聖な神の子としての自由を授けてくださったあなたが、私から失われることはありません。[7]あなたの声が私を導き、ついにあなたへの道が私の前に開かれて、明らかになりました。[8]父よ、私の自由はただあなたの中にのみ存在します。[9]父よ、あなたのもとへ帰ることが私の意志です。

2. 今日、私たちは世界についての責任をとり、世界は私たちとともに解放されるだろう。[2]父が用意した確かな道を経て、自分たちの自由を見出せるとは、何と喜ばしいことだろう。[3]私たちが自らの自由は神の中だけに見出せると学ぶとき、全世界の救済は何と確実なものになることだろう。

レッスン322

私が放棄できるのは、一度も実在しなかったものだけである。

1. 私が犠牲にするのは幻想のみである。[2]幻想が去るとき、私は幻想が隠そうとしていた贈り物を見つける。それらは私を大歓迎し、神の往古のメッセージを与えようと待ちかまえている。[3]神についての記憶は、私が神から受け取る贈り物の一つひとつに宿っている。[4]そして夢という夢はすべて、神のひとり子を隠すことに役立つのみである。神の子は神の似姿であり、神聖な一なる自己であり、今も私の中に住まうと同時に、神の中に永遠にとどまる。

2. 父よ、あなたにとっては、犠牲というものは永遠に考えもつかないものです。[2]ですから私は夢の中でしか犠牲を払えません。[3]あなたに創造されたままに存在する私は、あなたが与えてくださったものを放棄することはできません。[4]あなたから与えられなかったものに実在性はありません。[5]恐れを失うこと以外に、どんな損失があると予測されるでしょう。そして恐れを失えば、愛が私の心に戻ってきます。

レッスン 323

私は喜んで、恐れを「犠牲」にする。

1．これのみが、あなたが愛するわが子に求める唯一の「犠牲」です。あなたが求めておられるのは、わが子があらゆる苦しみや、損失と悲しみの感覚や、心配や疑念を放棄することであり、あなたの愛が彼の自覚に自由に流れ込んで彼の痛みを癒し、あなたの永遠なる喜びが彼に与えられるようになることです。[2]それが、あなたが私に求め、私が喜んで差し出す「犠牲」であり、世界の救済のために、あなたについての記憶が私に戻されるのに必要な唯一の「代価」です。

2．私たちが真理に対して恩を返すとき、全一なる真理が喜びのうちに私たちに戻ってくる。そして、その恩義を返すとは、単に、自己欺瞞や、誤って崇拝した形象を放棄することにほかならない。[2]私たちはもうこれ以上欺かれない。[3]今や愛を自覚できる。[4]そうして私たちは再び平安に包まれる。恐れが去り、愛だけが残っているからである。

レッスン 324

私は先導したくないので、導きに従うだけである。

1．父よ、私の救済のための計画を与えてくださったのはあなたです。[2]あなたが、私が進むべき道、果たすべき役割、定められた道の一歩一歩を用意してくださいました。[3]私が道に迷うことはありえません。[4]ただ少しの間さまよい、そして戻ってくる、という選択ができるだけです。[5]あなたの愛にあふれた声がいつでも私を呼び戻してくださり、私の歩みは正されます。[6]私の兄弟はみな、私が先頭に立つこの道をたどって進むことができます。[7]けれども私はただ、あなたが指示し、進ませようとなさる通りに、みもとへと続く道をたどります。

2．だから私たちは、道を知っている存在についていこう。[2]これを遅らせる必要はない。私たちが父の愛に満ちた御手から迷い出ることがあるとしても、それはほんの一瞬のことである。[3]父の後に従う私たちは一緒に歩む。[4]そして、私たちの旅の終わりを確かなものにし、わが家への安全な帰還を保証してくれるのは、父である。

レッスン325

私が見ていると思うものはすべて、想念を反映している。

1. これが救済の核心である。すなわち、私が見ているものは、私の心の中のプロセスを反映しており、そのプロセスは、自分が何を欲しているかについての私の考えとともに始まる。[2]そこを起点として、心は自分が願い、価値ありと判断し、探し出そうとするものの心象《イメージ》を作り上げる。[3]次に、そうした心象《イメージ》は外に投影され、眺められ、実在するものとして尊重され、自分のものとして守られる。[4]狂った願望からは狂った世界が生じる。[5]裁きからは、咎められた世界が訪れる。[6]そして赦しの想念からは、優しい世界が出現する。神聖な神の子への慈愛に満ちたその世界は、彼が旅を続ける前にしばし休息できる暖かいわが家を提供する。そして、兄弟たちも彼と一緒に前進し、天国および神への道を見出すのを助ける。

2. 父よ、あなたからの想念は真理を反映しており、そこから離れた私の想念は夢を作り上げるだけです。[2]あなたからの想念の反映だけを、私が見ることができますように。それらだけが真理を確立するからです。

レッスン326

私は永遠に、神から生じた結果である。

1. 父よ、私はあなたの心の中に創造され、一度も故郷を離れたことのない神聖な想念です。[2]私は永遠にあなたの結果であり、あなたは永遠に私の原因です。[3]私は、あなたに創造されたままに存在してきました。[4]あなたが定めたところに今もとどまります。[5]あなたのすべての属性が私のうちに宿っています。原因と結果が区別できないほどに原因と似たわが子をもつことが、あなたの意志だからです。[6]自らが神の結果であり、あなたと同じく創造する力があることを、知ることができますように。[7]地においても、天にある通りです。[8]私はここであなたの計画に従います。そして、最後には、あなたがご自身の結果をすべてあなたの愛という静かな天国の中へと集めてくださり、そこで地は消え去り、一切の分離した考えが栄光のうちに神の子としてひとつにつながるということを、私は知っています。

2. 今日私たちは、地が消えていくのを見よう。それは最初に変容し、それから赦されて、神聖な神の意志の中へとすっかり姿を消す。

レッスン 327

私が呼びかけさえすれば、あなたは私に答える。

1. 私は何の裏づけもない盲信を土台に、救済を受け入れるよう求められているのではない。[2]神は、私の呼びかけを聞き、ご自身で答えると約束された。[3]これが本当であることを、体験から学ぶことにしよう。そうすれば、神への信仰心が必ず私にもたらされるはずである。[4]これが持続する信仰心であり、それは神へと至る道のさらに遠くまで私を連れていってくれるだろう。[5]そのようにして私は、神が私を見捨てることなく今も愛していてくれると確信するようになる。神のもとに行くのに必要なあらゆる助けを私に与えようとして、神は私からの呼びかけだけを待っている。

2. 父よ、私が試してみさえすれば、あなたの約束は決して破られないという体験が得られることに、感謝します。[2]ですから、私があなたの約束を裁かず、試してみようという気持ちになれますように。[3]御言葉はあなたと一体です。[4]あなたが確信をもたらす手段を与えてくださるので、ついに、あなたの変わることなき愛について確信できるようになります。

レッスン 328

私は首席を得るために、次席を選択する。

1. 次席のように見えるものが首席である。神の声に耳を傾ける時まで、私たちが知覚するものはすべて逆になっている。[2]まるで私たちが分離していようと奮闘することでしか自立性が得られず、神の被造物の他の部分から独立自存していることが、救済を得る道であるかに見える。[3]だが私たちが見出すものといえば、病や苦しみ、損失と死のみである。[4]これは父が私たちのために意志することではなく、神の意志に二番目というものは存在しない。[5]神の意志とひとつにつながることが、私たち自身の意志を見出すことにほかならない。[6]そして、私たちの意志は神の意志であるから、自分たちの意志を認識するためには、神のもとに行かなくてはならない。

2. あなたの意志のほかに意志は存在しません。[2]そして私の想像することが、あなたが私に望む状態と矛盾しないことを、私は喜びとします。[3]私がまったく安全で、永遠に心安らかでいることが、あなたの意志です。[4]そして私は、あなたが私の一部として与えてくださった御意志を、喜んで共有します。

レッスン329

私はあなたの意志することをすでに選択しています。

1. 父よ、私は**あなたの意志**からさまよい出て、それに挑み、その法則を破り、もっと強力な二つ目の意志を介入させたと考えました。[2]しかし真理における私の本性は、延長された**あなたの意志**そのものであり、それは今も延長され続けています。[3]これが私であり、これは決して変わりません。[4]**あなた**は一**なるもの**であり、私も**あなた**とひとつのものです。[5]創造において私はこれを自ら選択し、私の意志は**あなたの意志**と永遠にひとつになりました。[6]その選択は永遠に有効です。[7]それが変化し、それ自体に対立することはありません。[8]私の意志は**あなたの意志**です。[9]**あなたの意志**に依ればこそ、私は安全で、何にも煩わされず穏やかで、果てしない喜びの中にあります。

2. 今日、私たちは自らの**源**ともお互いともひとつであることを受け入れる。[2]**神の意志**と切り離された意志はなく、**神の意志**は皆に共有されているので、皆がひとつである。[3]それを通して、私たち皆がひとつだと認識する。[4]それを通して、ついに**神**への道を見出す。

レッスン330

今日、私は自分自身を再び傷つけない。

1. 今日、赦しを自分の唯一の機能《はたらき》として受け入れよう。[2]どうして自分の心を攻撃し、心に苦痛の心象《イメージ》を与える必要があるだろう。[3]**神**が**ご自身**の力と**愛**を差し出し、私たちの心にすでに属しているものを受け取るようにと勧めているのに、どうして自分の心に、心は無力だと教える必要があるだろう。[4]**神**の贈り物を進んで受け入れる気持ちになった心は霊に戻されたのであり、その意志は**神の意志**と合一し、自由と喜びを延長させる。[5]**神**が創造した**自己**は罪を犯すことも苦しむこともありえない。[6]今日、その**自己**を私たちの**アイデンティティー**とすることを選択し、恐れの夢がもたらすかに思える一切のものごとから、永遠に脱出しよう。

2. 父よ、**あなたの子**は傷つきません。[2]もし自分が苦しむと考えるなら、私たちは**あなた**と共有する一なる**アイデンティティー**を知ることはできません。[3]私たちは今日、その一**なるもの**へと戻り、自分のすべての誤りから永遠に解放され、自分で自分だと思いこんできたものから救われたいと願います。

12. 自我とは何か

1. 自我とは偶像崇拝そのものである。分離した有限なる自己のしるしである自我は、肉体の中に生まれ、苦しんだあげく、死によって生命《いのち》を終える宿命にある。[2]自我は**神の意志**を敵と見る「意志」であり、**神の意志**が否認されるような形態をとる。[3]自我とは、「強さとは弱いものであり、愛は恐ろしいものであり、生命《いのち》とは実は死であり、**神**に対立するものだけが真実である」ということの「証拠」である。

2. 自我は正気ではない。[2]恐れるあまり、自我は**万有**から離れ、**無限**から分離し、**遍在**を超えたところに立っている。[3]狂気の中で、自我は自分が**神そのもの**を打ち負かした勝者であると考える。[4]そして恐怖の自治の中で、自我は**神の意志**が破壊されたと「見て」いる。[5]自我は懲罰の夢を見て、その夢の中の人物たちを前に身震いする。彼らは敵であり、こちらからの先制攻撃により自分の安全が確保される前に、自分を殺しにくる者たちである。

3. **神の子**に自我はない。[2]**神**の中にいる**神の子**が、狂気や**神**の死について何を知ることができるだろう。[3]永遠の喜びの中に生きる**神の子**が、悲しみや苦しみについて何を知ることができるだろう。[4]深い沈黙と静謐さの中にいる**神の子**を取り囲むものは、永久に葛藤も妨げもない不滅の平安だけだというときに、恐れや罰、罪や罪悪感、憎悪や攻撃について、**神の子**が何を知ることができるだろう。

4. 実相を知るということは自我を見ないということである。自我の考えも、その働きも、その行為も、その法則も信念も、その夢も希望も、その救済計画も、自我を信じることに伴う犠牲も、一切見ないということである。[2]自我を信じるために要求される苦しみの代価はあまりに大きい。自我の闇の神殿においては、来る日も来る日も**神の子**が十字架にかけられ、病んだ信者たちが死にゆく準備を整える祭壇の前で血が流されなくてはならないほどである。

5. しかし一輪の赦しの百合の花が、闇を光に変え、幻想への祭壇を**生命《いのち》そのもの**の神殿に変えるだろう。[2]そして**神**が**わが子**として創造した神聖な心たちに、平安が取り戻されるだろう。それらは**神**の住居、**神**の喜び、**神**の愛であり、[3]完全に**神のもの**で完全に**神**とひとつの心である。

レッスン331

私の意志はあなたの意志なので、葛藤はありません。

1. 父よ、**あなたの子**が自分で自分を苦しめることができると信じるのは、何と愚かなことでしょう。[2]彼が自分を破滅させる計画を作ったとしても、そこから解放される確かな道も与えられずに放っておかれたりするでしょうか。[3]父よ、**あなた**は私を愛しておられます。[4]私を、苦痛と無慈悲の世界の中で孤独に死なせたりはさせません。[5]**愛**が**愛自身**から去ってしまうなどということが、考えられるでしょうか。[6]**愛の意志**のほかに意志はありません。[7]恐れは夢であり、恐れには**あなたの意志**と葛藤できるような意志はありません。[8]葛藤は眠りであり、平安は目覚めです。[9]死は幻想であり、生命《いのち》は永遠の真理です。[10]**御意志**に対立するものは存在しません。[11]私の意志は**あなたの意志**なのですから、葛藤は存在しません。

2. 赦しが教えてくれるのは、**神の意志**は一**なるもの**であり、それを私たちは共有しているということである。[2]今日、**神**の平安を見出すことができるように、赦しが見せてくれる神聖な光景を眺めよう。[3]アーメン。

レッスン332

恐れは世界を束縛する。赦しは世界を自由にする。

1. 自我は幻想を作り出す。[2]真理は、自我の邪悪な夢を光で照らすことによって取り消す。[3]真理は決して攻撃しない。[4]それはただ在るのみである。[5]そして真理が臨在することにより、心は空想から呼び戻され、実在するものに目覚める。[6]赦しは真理の臨在を招来し、その心の中の正当な場所に着かせる。[7]赦しなくしては、心は自らの不毛さを信じて、鎖につながれたままである。[8]しかし赦しにより、光が暗黒の夢を貫いて輝き、心に希望を与え、心が自ら継承している自由を実現する手段をもたらす。

2. 私たちは今日、世界を再び束縛したくありません。[2]恐れによって、世界が虜囚とされています。[3]けれども、**あなたの愛**が、解放の手段を与えてくださいました。[4]**父**よ、私たちは今、世界を解放したいのです。[5]私たちが自由を差し出すとき、自由が私たちに与えられるからです。[6]そして、**あなた**から自由を差し出されているこのときに、私たちは虜囚のままでいたくはありません。

レッスン333

ここでは、赦しが葛藤の夢を終わらせる。

1. 葛藤は解決されなければならない。[2]葛藤から脱出したければ、それをうやむやにしたり、脇に置いたり、否認したりすることはできない。偽装をほどこしたり、それをどこか他の場所に見たり、他の名前で呼んだり、何らかの欺瞞によって隠しておくわけにもいかない。[3]葛藤はあるがままに、それが存在すると思われる場所に、それに与えられている実在性の中で、その心がそれに与えた目的をもったものとして、見られなければならない。[4]その時にのみ、葛藤を防衛していたものが取り外され、真理が葛藤を照らすことが可能になり、葛藤は消滅する。

2. **父**よ、赦しは、すべての葛藤や疑いを照らし去るために**あなた**が選択してくださった光であり、**あなたのもと**に私たちが戻る道を照らす光です。[2]これ以外に、私たちの邪悪な夢を終わらせる光はありません。[3]これ以外に、世界を救える光はありません。[4]これは**あなた**から**愛**《いと》**し子**への贈り物であり、これのみが、何においても決して失敗しないものだからです。

レッスン334

今日、私は赦しが与える贈り物を自分のものと宣言する。

1. 私は、**父**が与えてくれる贈り物を見出すために、これ以上一日も待つつもりはない。[2]幻想はすべて空虚であり、夢は偽りの知覚に基づく想念が織りなすものであり、織りなされていく最中に、すでに消え去っている。[3]そのような貧しい贈り物を今日もまた自分に受け入れるのは、やめよう。[4]**神の声**は、それに耳を傾けて**神**に従うことを選択するすべての者に、**神**の平安を差し出している。[5]これが私の今日の選択である。[6]だから私は**神**が与えてくれた宝物を見つけにいく。

2. 私は永遠なるものだけを追求します。[2]それ以下のものでは、**あなたの子**は決して満足できないからです。[3]それならば、彼を慰められるものとは何でしょうか。確かさと平安をもたらすために、**あなた**が彼の困惑した心と怯えた胸に差し出しているもの以外にありません。[4]今日、私は兄弟を罪なき者と見たいと思います。[5]そのようにして、私は自分の無罪性を見るのですから、これが私のための**あなたの意志**です。

レッスン335

私は兄弟の無罪性を見ることを選択する。

1. 赦しは選択である。[2]私は決して兄弟をありのままに見てはいない。兄弟の本性は知覚をはるかに超えているからである。[3]私が兄弟の中に見ているのは、自分が見たいと思うものだけである。なぜなら、それは真理であってほしいと私が思うものを表しているからである。[4]どれほど外界の出来事が私を駆り立てているように思えても、私はこのことだけに応答している。[5]私は自分が見たいものを見ることを選択し、ただそれだけを見る。[6]兄弟の無罪性は、私が自分の無罪性を見ようとしているということを教えている。[7]そして私は、兄弟をその神聖な光の中に見ることを選択したので、自らの無罪性を見るだろう。

2. 兄弟の無罪性を見ること以外に何が、**あなた**についての記憶を私に呼び戻してくれるでしょう。[2]彼の無罪性は、彼が私と一体のものとして、私と同じように創造されたということを、思い出させてくれます。[3]私は彼の中に私の**自己**を見出し、**あなたの子**の中に**あなた**についての記憶を見つけます。

レッスン336

赦しは、心がつながっていることをわからせてくれる。

1. 赦しは、知覚に終わりをもたらすために定められた手段である。[2]知覚がまずは変化し、次に知覚自体には永遠に到達不可能な高みにあるものへと完全に道を譲った後に、智識が回復される。[3]光景や音声は、せいぜい、それらすべてを超えた記憶を呼び戻すことに役立つだけのものにすぎない。[4]赦しはさまざまな歪曲をぬぐい去り、隠れていた真理の祭壇を開く。[5]赦しの百合の花が心の中を光で照らす。そして、戻ってきて内側を見るようにと心に呼びかけ、これまでむなしく外に探求してきたものをここに見出すようにと促す。[6]唯一ここにおいてのみ、心の平安が回復される。ここが**神ご自身**の住む場所だからである。

2. 静けさの中で、赦しが、私の分離と罪の夢を拭い去りますように。[2]**父**よ、私が内側を見て、**あなた**が約束された通りに私の無罪性が保たれているのを見出せますように。**御言葉**が私の心に変わりなく存続し、**あなたの愛**が今も心に宿っているのを見出せますように。

レッスン337

私の無罪性が、私をすべての危害から守る。

1. 私の無罪性が保証するのは、完璧な平安、永遠の安全、常《とこ》しえの愛、あらゆる損失の想念からの永遠の自由、苦しみからの完全な解放である。[2]そして、幸福だけが私に与えられているので、幸福だけが私に唯一可能な状態である。[3]どうすれば、このすべてが私のものだと知ることができるのだろう。[4]贖罪を自分に受け入れること、それだけである。[5]**神**は為すべきことの一切をすでに為された。[6]私は、自分では何もする必要はないと学ばなければならない。**神の愛**が私を危害から守っていることを感じ、**父**が**わが子**を愛していることを理解し、自分が**父の愛《いと》し子**であることを知るためには、ただ私の真の**自己**を受け入れ、私のために創造されてすでに私のものである無罪性を受け入れさえすればよい。

2. 私を無罪性のうちに創造された**あなた**は、私の本性について誤っておられません。[2]私は自分が罪を犯したと思ったとき間違っていましたが、今、贖罪を受け入れます。[3]**父**よ、私の夢は今、終わりました。[4]アーメン。

レッスン338

私は自分の考えのみに影響される。

1. 救済が全世界に訪れるために必要なのは、これだけである。[2]この一つの考えの中で、誰もがついに恐れから解放される。[3]今や彼は、誰も自分を脅かさず、何も自分を危険にさらすことはないと学んだ。[4]彼に敵はなく、外界の一切から安全に守られている。[5]彼の考えが彼自身を怯えさせることはできるが、そうした恐れの考えは彼ひとりのものなので、彼にはそれらを変化させ、それぞれを愛に満ちた幸福な考えへと交換する力がある。[6]彼は自分自身を十字架にかけた。[7]しかし**神**は愛する**わが子**は贖われるという計画を用意した。

2. **父**よ、**あなた**の計画は確実です。その計画だけが確実なのです。[2]ほかのすべての計画は失敗します。[3]救済へと導く唯一の**想念**をすでに**あなた**から与えられていると学ぶまで、私は自分を怯えさせる考えを抱くことでしょう。[4]私の計画だけでは失敗し、私をどこへも導きません。[5]けれども**あなた**が与えてくださった**想念**は、**あなた**が**あなたの子**に与えた約束を内包しているので、私をわが家へと導くことを約束しています。

レッスン339

私は自分が要求するものを受け取ることになる。

1. 誰も苦痛を望みはしない。[2]しかし苦痛を快楽と考えることはできる。[3]誰も自分の幸福を避けたいとは思わない。[4]しかし、喜びには苦痛や脅威や危険が伴うと考えることはできる。[5]誰もが自分が要求するものを受け取ることになる。[6]しかし、自分が望むものや、達成したい状態について、混乱することは充分にありえる。[7]そういうとき、実際に受け取ってみて望ましいと思えるようなどんなものを要求することができるだろうか。[8]彼は自分を脅かし、苦しみをもたらすものを要求したのである。[9]今日は、苦痛を喜びと、恐れを愛と間違えたりせず、恐れを抱かず一日を過ごせるように、自分が真に望むものだけを求めるという決心をしよう。

2. **父**よ、今日は**あなた**の日です。[2]自分ひとりで何かをしようとせず、為すことすべてにおいて**あなたの声**を聞こうとする日です。**あなた**が与えてくださるものだけを要求し、**あなた**が共有してくださる**想念**だけを受け入れます。

レッスン340

今日、私は苦しみから自由になれる。

1. **父**よ、今日という日に感謝し、この日が必ずもたらしてくれる自由のゆえに、**あなた**に感謝します。[2]今日は、**あなたの子**が贖われる神聖な日です。[3]彼の苦しみは終わりました。[4]彼は、赦しを通して**キリスト**の心眼《ヴィジョン》を見出し、あらゆる苦しみから永遠に解放されるよう導く**あなたの声**を聞くからです。[5]**父**よ、今日をありがとうございます。[6]私がこの世界に生まれたのは、この日を達成するためであり、喜びと自由のうちに、この日が神聖な**あなたの子**と彼が作り出した世界に差し出すものを達成するためでした。世界は、今日、**あなたの子**とともに解放されます。

2. 今日という日を喜びなさい！[2]喜びなさい！[3]今日は、歓喜と感謝以外に何も存在する余地はない。[4]私たちの**父**がこの日、**わが子**を贖った。[5]今日、私たちの中で、救われずにいる者はいない。[6]恐れの中に残される者はおらず、**愛のふところ**に抱かれて天国に目覚め、**父**のもとに呼び寄せられない者は、ひとりもいない。

13. 奇跡とは何か

1. 奇跡とは訂正である。[2]それは創造することはせず、実際、何の変化ももたらさない。[3]奇跡はただ惨状を見つめ、そこに見えるものが虚偽であると、心に思い出させるだけである。[4]それは誤りを取り消すが、知覚を超えるところまで進もうとはせず、赦しの機能《はたらき》を超えようともしない。[5]それゆえに、奇跡は時間の枠内にとどまる。[6]それでもそれは、超時性が戻って愛が目覚めるための道を開く。奇跡がもたらす優しい癒しのもとでは、恐れは必ず消えていくからである。

2. 奇跡はひとつのものとして与えられ、受け取られるので、恩寵の贈り物を内包している。[2]こうして、世界がその方法をまったく理解できないがゆえに従うことのない真理の法則を、奇跡は例証する。[3]奇跡はそれまで本末転倒していた知覚を逆転させ、顕現していた奇妙な歪曲を終わらせる。[4]そのとき、知覚は真理に向かって開かれる。[5]そのときには、赦しは正当なものと見なされる。

3. 赦しは奇跡の拠点である。[2]**キリスト**の目は、それが慈悲と愛の中で眺めるすべてに奇跡を届ける。[3]**キリスト**の視覚の中で知覚は訂正され、呪いを意図していたものが祝福を与えるようになる。[4]赦しの百合の花の一輪一輪が、全世界に静かな愛の奇跡を差し出す。[5]それらは一輪ずつ**神の言葉**の前に供えられ、完璧な清らかさと果てしない喜びの光の中にある**創造主**と被造物への普遍なる祭壇を飾る。

4. 奇跡ははじめはただ信じることから始まる。なぜなら、奇跡を求めるということは、心が自ら見ることも理解することもできないものを思い描く用意ができたということを示唆するからである。[2]それでも、信じることによって、奇跡の土台となるものが本当にそこにあると証《あか》しするものがもたらされるだろう。[3]そうして奇跡は、あなたがそれを信じたことが正しかったと納得させてくれる。そしてその土台にあるのは、あなたが以前に見ていた世界よりもずっと実在性のある世界だと示してくれるだろう。それは、あなたがそこにあると思っていたものから贖われている世界である。

5. 奇跡は、飢えと渇きに苦しむ生き物たちが死ぬためにやってくる乾いた埃まみれの世界に、天から降り注ぐ癒しの雨のしずくである。[2]今や、彼らは水を得た。[3]今や、世界は緑に包まれる。[4]あらゆるところに生命《いのち》のしるしが芽吹き、生命《いのち》あるものは不滅なので生まれたものが死ぬことはないと教える。

レッスン341

私が攻撃できるのは自分自身の無罪性だけであり私を安全に守ってくれるのも、私の無罪性だけである。

1. 父よ、**あなたの子**は神聖です。[2]**あなた**が私に微笑みかけており、その優しい微笑みがあまりに深く静かな慈愛に満ちているので、宇宙は**あなた**に微笑み返し、**あなたの聖性**を共有します。[3]**あなたの微笑み**のうちに住む私たちは、何と清らかで安全で神聖なのでしょう。私たちは、**あなたの愛**のすべてを授けられ、完全な兄弟愛と**父性**の中で、完璧な無罪性に包まれて、**あなた**とひとつの生命《いのち》を生きています。私たちの無罪性は、**無罪性の主**が私たちを**わが子**として思い、完璧な**ご自身**を完成させる**想念**の一宇宙として思うほどに、完璧なものです。

2. だから私たちの無罪性を攻撃することはやめよう。それは私たちに対する**神の言葉**を内包しているからである。[2]その優しい反映の中で、私たちは救われる。

レッスン342

私は赦しをすべてのものの上にとどまらせる。そのようにして、私にも赦しが与えられるからである。

1. 父よ、私自身が作り出した地獄から私を救ってくださる**あなた**の計画に感謝します。[2]その地獄は実在していません。[3]**あなた**はその非実在性を証明する手段を与えてくださいました。[4]その鍵は私の手の中にあり、私は夢の終わりがその向こうに控えている扉の前までやってきました。[5]私は天国の門の前に立ち、中に入りわが家に戻るべきかどうか迷っています。[6]今日、再び逡巡することがありませんように。[7]すべてのものを赦せますように。被造物を**あなた**が望んでおられる通りの、あるがままのものとして受け入れることができますように。[8]私が**あなたの子**であることを思い出せますように。そしてついに扉を開き、**あなた**についての記憶が私に戻ってくるとき、燦然と輝くその真理の光の中で、幻想を忘れ去ることができますように。

2. 兄弟よ、今、私を赦してほしい。[2]私はあなたを一緒にわが家へ連れ帰るためにきた。[3]私たちが進みゆくとき、**神**へ向かう私たちの道を、世界もともに進む。

レッスン343

神の慈悲と平安を見つけるために、私に犠牲は求められていない。

1. 苦しみの終わりが損失であるはずがありません。[2]存在するすべてという贈り物は、利益以外の何ものでもありません。[3]**あなた**はただお与えになるのみです。[4]決して取り去ることはしません。[5]**あなた**は私を**ご自身**と同質のものとして創造されたので、**あなた**と同じく私にとっても、犠牲は不可能なものとなっています。[6]私もまた、与えずにはいられません。[7]そうしてすべてが永遠に私に与えられます。[8]私は創造されたままにあり続けます。[9]**あなたの子**は、いかなる犠牲も払うことはありえません。彼は**あなた**を完成させる機能《はたらき》をもつ完全なものだからです。[10]私は**あなたの子**であるがゆえに、完全なものです。[11]私が何かを失うということはありえません。私には与えることができるだけであり、存在するすべては永遠に私のものだからです。

2. **神**の慈悲と平安は無償である。[2]救済に代価はない。[3]それはふんだんに与えられ、受け取られるべき贈り物である。[4]今日私たちが学ぶのはこのことである。

レッスン344

私は今日、自分が兄弟に与えるものは自分自身への贈り物だという、愛の法則を学ぶ。

1. 父よ、これは**あなた**の法則であり、私の法則ではありません。[2]私は与えることが何を意味するかを理解せず、自分が望むものを自分だけに取っておこうと考えました。[3]けれども自分がもっている宝だと思っていたものを眺めたとき、何も存在したことがなく、今も、これからも何も存在しない虚《うつ》ろな空間を見出しました。[4]誰が夢を共有できるでしょう。[5]幻想が何を私に与えられるでしょう。[6]しかし私が赦す人々は、地上の何よりも値打ちのある贈り物を与えてくれます。[7]私が赦した兄弟たちが、私の蓄えを天国の宝物で満たしてくれますように。その宝だけが実在します。[8]こうして愛の法則が成就されます。[9]そのようにして**あなたの子**はよみがえり、**みもと**に戻ります。

2. **神**に向かって進んでいくとき、私たちは何とお互いの近くにいることだろう。[2]**神**はなんと私たちの近くにおられることだろう。[3]罪の夢の終わりと**神の子**の贖いに、何と近づいていることだろう。

レッスン345

私は今日、奇跡だけを与える。奇跡が私のもとに戻ってきてほしいからである。

1　父よ、奇跡は、あなたからあなたの子への贈り物の反映です。[2]私が与えるどの奇跡も私のもとに戻り、愛の法則があまねく一切にあてはまることを思い出させてくれます。[3]この世界にあっても、愛の法則は認識可能な形、作用していることがわかる形を取ります。[4]私が与える奇跡は、私が知覚する問題に対処するために必要な形で与え返されます。[5]父よ、天国では必要というものが存在せず、状況は異なります。[6]しかしここでは、奇跡は、私が与えることのできるほかのどんな贈り物よりもあなたの贈り物に近いものです。[7]今日、この贈り物だけを与えることができますように。それは、真の赦しから生まれ、あなたを思い出すために私が進むべき道を照らす贈り物です。

2. 今日、すべての探求者の胸《こころ》に平安あれ。[2]疲れた世界を祝福するために、光が奇跡を与えにやってきた。[3]世界は今日、休息を見出すだろう。私たちが自ら受け取ったものを差し出すからである。

レッスン346

今日、神の平安が私を包み込む。そして神の愛以外のことは、すべて忘れ去る。

1　父よ、今日、私が目覚めるとともに、奇跡が一切のものについての私の知覚を訂正します。[2]そのようにして、この一日は始まります。今日は時間が脇に退いたので、いずれ永遠を共有するときのように、この一日を私はあなたと共有します。[3]私は時間に属するものを求めず、それらには目を向けません。[4]今日、探し求めるのは、時間の法則も、時間の中に知覚されるものも超越したものです。[5]あなたの愛以外はすべて忘れたいのです。[6]あなたの中にとどまり、あなたの愛の法則のほかには法則を知らずにいたいのです。[7]そして、あなたがあなたの子のために創造した平安を見出し、あなたと私自身の栄光を見て、自分で作り出した愚かな玩具はすべて忘れたいと思います。

2. そして一日が終わり、夜が訪れるとき、私たちは神の平安しか思い出さないだろう。[2]今日、私たちは、神の愛以外のすべてを忘れるなら、どれほど大きな平安が私たちのものになるかを学ぶからである。

レッスン347

怒りは必ず裁きから生じる。裁きは、奇跡を自分から遠ざけておくために、私が自分自身に突きつける武器である。

1. 父よ、私は自分の意志に反するものは欲し、自分の意志が望むものは欲しません。[2]私の心を正してください。[3]心が病んでいます。[4]しかし**あなた**は自由をくださいました。今日、**あなた**の贈り物を自分のものと宣言します。[5]私のために正しく審判する存在として与えられた**聖霊**に、すべての判断をゆだねます。[6]**聖霊**は私が見ているものを見ますが、真理も知っています。[7]苦痛を眺めますが、それが実在しないと理解し、その理解の中で苦痛は癒されます。[8]**聖霊**は、夢が私に自覚させまいとする奇跡を与えてくれます。[9]今日、**聖霊**が審判してくれますように。[10]私は自分の意志を知りませんが、**聖霊**は、それは**あなたの意志**と同じだと、確信しています。[11]**聖霊**は私のために語り、**あなた**の奇跡を私のもとに呼び寄せます。

2. 今日は耳を傾けよう。[2]じっと静まり、**神**はあなたを愛する**わが子**であると審判したと、優しい**神の声**が安心させてくれるのを聞こう。

レッスン348

あなたに包まれている私には、怒りや恐れの原因はありません。知覚されるどの必要においても、あなたの恩寵だけで充分に満たされます。

1. 父よ、**あなた**がここにおられ、私がひとりではないと、思い出させてください。[2]私を包んでいるのは、常《とこ》しえの愛です。[3]私には、**あなた**と共有する完璧な平安と喜び以外に何かをもたらす原因はありません。[4]私が怒りや恐れを必要とする理由などあるでしょうか。[5]私を包むのは完璧な安全です。[6]**あなた**の永遠の約束が私とともにあるとき、私に恐れるべきものなどあるでしょうか。[7]私を取り囲んでいるのは、完璧な無罪性です。[8]**あなた**が**あなたご自身の聖性**と同じように完璧な聖性のうちに私を創造されたというのなら、私が何を恐れたりするでしょう。

2. **神**が私たちに行わせようとするあらゆることにおいて、私たちは**神**の恩寵を受け取り、それだけで充分に満足する。[2]そしてそれだけを、私たちは自分の意志とし、**神の意志**とするという選択をする。

レッスン349

今日、私は自分にかわってキリストの心眼《ヴィジョン》に、すべてのものごとを見てもらう。そしてそれらを裁くことなく、その一つひとつに愛という奇跡を与える。

1. そのようにして私は自分が見る一切を解放し、私が求めている自由をそれらに与えたいと思います。[2]そのようにしての み、私は愛の法則に従い、自分が見出したいものを与えて、それを自分のものにできるのですから。[3]私がそれを自分が与えたい贈り物として選択したので、それは私に与えられるでしょう。[4]**父**よ、**あなた**の贈り物は私のものです。[5]私が受け入れる一つひとつが、私が与えるための奇跡を、私にもたらします。[6]そして自分が受け取りたいように与えることで、私は**あなた**の癒しの奇跡が私のものであると学びます。

2. 私たちの**父**は、私たちの必要を知っている。[2]**神**はそのすべてを満たす恩寵を、私たちに与える。[3]だから私たちは、世界を祝福するために、そして私たちが**神**のもとへ戻って自分たちの心を癒すために、**神**が私たちに奇跡を送ってくれると信頼する。

レッスン350

奇跡は、神の永遠の愛を鏡のように映し出す。奇跡を差し出すことは、神を思い出すことであり、神についての記憶を通して、世界を救うことである。

1. 私たちが赦すものは、私たちが知覚する自分自身の一部となります。[2]**神の子**は**あなた**に創造されたままに、彼自身の内側にすべてのものを組み入れます。[3]**あなた**を思い出せるかどうかは、彼の赦しにかかっています。[4]彼の本性は、彼の考えには影響されません。[5]けれども彼が見るものは、彼の考えの直接の結果です。[6]**父**よ、ですから私は**あなた**に頼ります。[7]**あなた**についての記憶だけが私を自由にします。[8]そして私の赦しだけが、**あなた**についての記憶を私に戻し、感謝のうちにそれを世界に与えることを教えてくれます。

2. そうして私たちが**神**の奇跡を集めるとき、私たちは真に感謝に満たされるだろう。[2]**神**を思い出すとき、**愛**の実相の中で、**神の子**が私たちに取り戻されるからである。

14. 私とは何か

1. 私は**神の子**である。完全にして健やかで全一であり、**神の愛**を反映して輝いている。[2]私の中で、**神**の被造物は聖別され、永遠の生命《いのち》を保証される。[3]私の中で、愛が完成され、恐れが不可能となり、対極のない喜びが達成される。[4]私は、**神ご自身**の聖なる家である。[5]私は**神の愛**が住まう天国である。[6]私の清らかさの中に**神ご自身**の清らかさが宿るので、私は**神**の聖なる**無罪性そのもの**である。

2. 今や私たちにとって、言葉の用途はほとんどなくなっている。[2]あなたと私が一緒に**神**に捧げたこの一年の締めくくりの日々に、私たちは自分たちが共有する単一の目的を見出した。[3]こうしてあなたは私とひとつにつながったので、私という存在はあなたでもある。[4]私たちの本性についての真理は言葉で言い表せるようなものではない。[5]それでも、私たちはこの世での自分たちの機能《はたらき》を自覚できるし、もし私たちが自分の内なる言葉を体現するなら、自分の機能《はたらき》について言葉で語り、教えることもできる。

3. 私たちは救済をもたらす者である。[2]私たちは世界の救済者としての役割を受け入れ、世界は私たちの共同の赦しにより贖われる。[3]それゆえに、この贈り物は私たち自身にも与えられる。[4]私たちはすべての人を兄弟として眺め、すべてのものごとを親切で善きものと知覚する。[5]天国の門の向こう側にある機能《はたらき》は追求しない。[6]自分の役目を果たしたとき、智識はおのずと戻ってくる。[8]私たちはただ真理を歓迎することだけを気にかける。

4. 私たちの目は、**キリスト**の心眼《ヴィジョン》によりあらゆる罪の想念から贖われた世界を見るための目である。[2]私たちの耳は、**神を代弁する声**が世界は罪なきものだと宣言するのを聞くための耳である。[3]私たちの心は、ともに世界を祝福するときひとつにつながる心である。[4]そして私たちが達成した一体性の中から私たちは兄弟全員に呼びかけ、彼らが私たちの平安を共有し、私たちの喜びを完成させてくれるようにと求める。

5. 私たちは**神**を代弁して語る神聖な**神**の使者であり、**神**から私たちのもとに送られてくるすべての人々に**神の言葉**を運びながら、それが自分の胸《こころ》に書き込まれているということを学ぶ。[2]そのようにして、自分がここに来た目的と、自分がここで仕えようとしている目的について、私たちの心が変化する。[3]自分は苦しんでいると考えていた**神の子**に、私たちは嬉しい知らせを運ぶ。[4]そうして彼は贖われる。[5]目の前に天国の門が開かれているのを見て、彼はその中に入り、**神の胸**《こころ》の中へと消えて行くだろう。

レッスン351

罪のない兄弟は平安への導き手である。罪深い兄弟は苦痛への導き手である。私は自分が見たいと選んだほうを見ることになる。

1. 神聖な**あなたの子**でなくて誰が私の兄弟でしょうか。[2]そしてもし私が兄弟を罪深き者と見るなら、私は自分自身を、**神の子**ではなく罪人だと宣言していることになります。それは、恐ろしい世界の中にあって友もいない孤独な罪人です。[3]しかしこの知覚は私が下す選択であり、放棄できるものです。[4]私は兄弟を罪なき者として、神聖な**あなたの子**として見ることもできます。[5]そしてこの選択をすれば、私には自分の無罪性が見えます。私の傍らには永遠の**慰め手**であり**友**である**聖霊**が見え、安全で明確な私の道が見えます。[6]ですから、**父**よ、**御声**を通して私のために選んでください。[7]**聖霊**だけが、**御名**のもとに正しく審判するからです。

レッスン352

裁きと愛は正反対のものである。一方からは世界の悲しみのすべてが生じる。もう一方からは、神ご自身の平安が訪れる。

1. 赦しは無罪性だけに目を向け、裁くことはしません。[2]赦しを通して、私はみもとに参ります。[3]裁きは私の目を眩《くら》ませ、盲目にします。[4]しかし、この世界では赦しに反映されている愛が、**あなた**の平安を再び見出す道を**あなた**が私に与えてくださっていることを、私に思い出させます。[5]この道をたどることを選ぶとき、私は贖《あがな》われます。[6]**あなた**は私を慰めもなく放っておくことはされませんでした。[7]私は自らのうちに、**あなた**についての記憶と、私をそこまで導く**存在**の両方をもっています。[8]**父**よ、今日、私は**あなたの声**を聞き、**あなた**の平安を見出したいと願います。[9]自分自身の**アイデンティティー**を愛し、その中に**あなた**についての記憶を見出したいのです。

レッスン353

今日は、私の目にも、口にも、手にも、足にも、目的は一つしかない。キリストに与えられて、世界を奇跡で祝福するために用いられることである。

1. 父よ、今日私は、私のものであるすべてを**キリスト**に与えます。そうすれば、それらは私が彼と共有する目的に最も役立つやり方で使われるでしょう。[2]**キリスト**と私は目的においてひとつにつながっているので、私だけのものは何一つありません。[3]こうして学びは、定められた目的地のすぐ近くまでやってきました。[4]いま少しの間、私は**キリスト**の目的に役立つように、**キリスト**とともに働きます。[5]それから私は自分の真の**アイデンティティー**の中で私自身なるものを失い、**キリスト**が私の**自己**にほかならないことを認識します。

レッスン354

キリストと私はともに立ち、平安のうちに、目的を確信している。キリストが私の中にいるのと同じように、キリストの中には彼の創造主がいる。

1. **キリスト**との一体性が、私を**あなたの子**として確立します。それは、時間の及ばぬところで、**あなたの**法則以外のすべての法則からまったく自由な**あなたの子**です。[2]私には、私の内なる**キリスト**以外の自己はありません。[3]私には、**キリスト自身**のものでない目的はありません。[4]**キリスト**は彼**の父**と同じです。[5]ですから、私は**キリスト**と一体であり、**あなた**とも一体であるはずです。[6]**あなた**に創造されたままの**あなたの子**以外の誰が、**キリスト**だというのでしょう。[7]そして私は、私の内なる**キリスト**以外の何だというのでしょう。

レッスン355

私が神の言葉を受け入れるとき、平安や喜びや、私が与える奇跡のすべてに、終わりはなくなる。今日をその時としてもよいのではないだろうか。

1. 父よ、あなたが約束してくださった喜びを、私が待ち続けなければならない理由があるでしょうか。[2]流刑の身のわが子にあなたが与えてくださった約束の御言葉を、あなたは必ず守ってくださいます。[3]私の宝物が私を待っていることを、私は確信しています。ただ自分の手を伸ばしさえすれば、それは見つかります。[4]今も、私の指はそれに触れています。[5]それは間近にあります。[6]私は永遠の平安に至るために、もう一瞬も待つ必要はありません。[7]私が選択するのはあなたであり、あなたと一緒に選択される私のアイデンティティーです。[8]あなたの子は彼自身となり、あなたを自分の父であり、創造主であり、自らの愛する存在《もの》であると、知るでしょう。

レッスン356

病気とは罪の別名である。癒しとは神の別名である。だから、奇跡は神への呼びかけである。

1. 父よ、わが子があなたに呼びかけるなら必ずそれに答えると、あなたは約束されました。[2]彼がどこにいようと、彼の問題が何であると思えようと、自分がどのような存在になったと彼が信じていようと、それは問題ではありません。[3]彼はあなたの子ですから、あなたは彼に答えてくださるでしょう。[4]奇跡はあなたの愛を反映しており、だからそれが彼に答えます。[5]あなたの名がすべての罪の概念にかわるものとなります。そして、罪なき者が苦痛を被ることはありえません。[6]あなたの名はあなたの子に答えを与えます。あなたの名を呼ぶということは、彼自身の名を呼ぶことにほかならないからです。

レッスン357

真理は、神に対する私たちの呼びかけの一つひとつに応える。はじめは奇跡によって応え、その後、真理そのものとして私たちに戻ってくる。

1．真理の反映である赦しが、どのようにして奇跡を差し出せばよいか、どうすれば自分の暮らしている場だと思っている牢獄から抜け出せるかを、私に教えてくれます。[2]神聖なあなたの子は、まずはじめに私の兄弟の中にいることが示され、それから私の中にもいることが示されます。[3]**あなたの声**は私に、**あなたの言葉**を聞き、受け取った通りに与えるようにと、忍耐強く教えてくださいます。[4]そして今日、私が**あなたの子**を見るとき、**あなた**が定めた通りに**あなた**への道を見つけるようにと、**あなたの声**が私に教えているのが聞こえます。

[5]「彼の無罪性を見て、あなたが癒されなさい」と。

レッスン358

神への呼びかけは聞かれないことも、応えられないままにされることもない。そして私は確信している。神の答えこそ、私が真に望む答えであることを。

1．聖霊よ、私の真の本性を覚えているあなただけが、私が真に望むものを覚えています。[2]**あなた**は神のために語るので、私のためにも語ります。[3]そして**あなた**が私に与えるものは、**神ご自身**からもたらされます。[4]父よ、ですから**あなたの声**は私のものでもあります。そして私が望むのは、**あなた**が与えてくださるものが、私のために**あなた**が選ばれた形で、私のものになることだけです。[5]私が、自分の知らないすべてを思い出せますように。思い出しながら、私の声が沈黙しますように。[6]私が**あなたの愛**と配慮を忘れることなく、**あなた**が**わが子**に与えた約束を常に私の自覚のうちに保てますように。[7]私自身は無であっても、私の真の**自己**はすべてであるということを、私が忘れずにいられますように。

レッスン359

神からの答えは何らかの形をした平安である。苦痛はすべて癒され、不幸は喜びに入れ替わる。すべての牢獄の扉は開かれ、あらゆる罪が、一つの間違いにすぎなかったと理解される。

1. 父よ、今日私はあなたの世界を赦し、被造物を**あなたご自身のもの**とします。[2]私たちはすべてのものを誤解してきました。[3]けれども私たちは**神聖な神の子**を罪人に作りかえてはいません。[4]**あなた**が罪無きものとして創造なさったものは、永遠にそのままであり続けます。[5]それが私たちです。[6]ですから私たちは、自分たちが犯したのは間違いにすぎず、それが自分を真に変化させはしなかったと学んで、喜びます。[7]罪は不可能です。そしてこの事実ゆえに、赦しは、私たちが見ている幻の世界よりもずっと堅固な土台の上に立っています。[8]贖われたいと望む私たちが、赦せるように助けてください。[9]心安らかでありたいと望む私たちが、赦せるように助けてください。

レッスン360

神聖な神の子である私に、平安がありますように。私とひとつである兄弟に、平安がありますように。私たちの平安を通して、全世界が祝福されますように。

1. 父よ、私は**あなた**からの平安を受け取り、それを与えたいのです。[2]私は**あなたの子**です。大いなる光線が静かに乱れを知らず、常《とこ》しえに私のうちにとどまるので、私は永遠に**あなた**に創造されたままです。[3]私は無言の確信を抱き、その**光線**に至りたいと願います。確かさはほかのどこにも見出せないからです。[4]私に平安がありますように。全世界に平安がありますように。[5]私たちは聖性の中で創造され、聖性の中にとどまります。[6]**あなたの子**は、完璧な無罪性の中におられる**あなた**と同質のものです。[7]この想念を以《も》って、私たちは喜んで言います。「アーメン、かくあれかし」と。

最終課題——練習の前に

1．私たちの最後のレッスンは、できる限り言葉を使わずに行う。[2]練習のはじめには言葉を用いるが、それは言葉を超えて進もうとしていることを思い出すためだけである。[3]私たちの道を先導し、私たちの歩みを確かなものとしてくれる**聖霊**を、頼みとしよう。[4]私たちはこれらのレッスンを**聖霊**にゆだねる。同じように、これからの私たちの人生も、**聖霊**にゆだねる。[5]私たちは二度と再び罪を信じることへと後戻りしたくはないからである。罪を信じていたからこそ、世界は醜く不安な場所に見えていた。攻撃的で破壊的な場所、すべてにおいて危険で、信頼の希望も苦痛を逃れる手立てもなく、あてにならない場所のごとく見えていた。

2．**聖霊**の道だけが、**神**が私たちに与えてくれた平安を見出せる道である。[2]それが、最終的には必ずすべての者が旅する道である。なぜなら、**神ご自身**が終わりをそのように定めたからである。[3]時間の夢の中では、その終わりはずっと先のことであるように思える。[4]しかし、真理においては、それはすでにここにあり、進路を示す慈悲深い導きとなって私たちを助けている。[5]真理が指し示す道を、私たちはともに進んでいこう。[6]そして道を探していながら見出していない多くの兄弟たちを先導する者となろう。

3．この目的に私たちの心を捧げ、私たちの考えのすべてを、救済の機能《はたらき》に役立つ方向に向けよう。[2]私たちには世界を赦すという目的が与えられている。[3]それが**神**が私たちに与えたゴールである。[4]私たちが探し求めているのは、**神**が定めた夢の終わりであって、私たち自身が決める終わりではない。[5]私たちは自分が赦すすべてを、必ず**神ご自身**の一部として認識する。[6]そうして**神**についての記憶が、完全な形で、完全に戻ってくる。

4．**神**を思い出すことが、地上における私たちの機能《はたらき》である。実相においては、私たちは**神ご自身**を完成するものとなるべく定められている。[2]だから、私たちのゴールは共有されているということを忘れずにいよう。それを覚えていることによって、**神**が思い出され、**神**の平安のある天国および**神ご自身**へと至る道が示されるからである。[3]これを私たちに差し出すことのできる兄弟を、私たちは赦そうではないか。[4]彼が道であり、真理であり、生命《いのち》であり、私たちに進路を示してくれる。[5]彼の中に救済が宿り、それは彼に与えられる私たちの赦しを通して私たちに差し出される。

5. 私たちは、**父**が**ご自身**の神聖な**子**に約束した贈り物を手にすることなくこの一年を終わらせはしない。[2]今や私たちは赦されている。[3]私たちは**神**の怒りだと思っていたすべてから救われており、それらが夢だったということを見出した。[4]私たちは正気を回復しており、その正気の中で、怒りは狂気であり、攻撃は錯乱であり、復讐は愚かな夢想にすぎなかったと理解している。[5]私たちが**神**の怒りから救われた理由は、自分たちが間違っていたことを学んだからである。[6]それだけのことである。[7]自分の子が真理を理解できなかったからといって、父親が怒り狂ったりするだろうか。

6. 私たちは正直になって**神のもと**に行き、自分が理解していなかったと述べたうえで、**神ご自身**の与える**教師**の**声**を通して**神**のレッスンを学べるように、助けてほしいと願い出る。[2]**神**は**わが子**を痛めつけるだろうか。[3]それとも**わが子**に駆け寄り、「これは**私の子**であり、**私**のものはすべて彼のものである」と言うだろうか。[4]**神**がこのように答えると確信していなさい。これは、あなたに対する**神ご自身**の言葉だからである。[5]そして、誰もそれ以上のものを得ることはできない。この言葉の中に、今もこれからも、時間を超えて永遠に存在する一切が含まれているからである。

レッスン361〜365

聖霊よ、この聖なる瞬間をあなたに捧げます。あなたが主導してください。あなたの指示は私に平安をもたらすと確信しつつ、私はあなたの後についていきます。

1. そしてもし私が、自分を助けてくれる言葉を必要とするなら、聖霊がそれを与えてくれるだろう。[2]もし何らかの考えが必要なら、それも聖霊が与えてくれるだろう。[3]静けさや、穏やかで開かれた心が必要なら、私はそれを聖霊からの贈り物として受け取るだろう。[4]聖霊が主導してくれるのは、私がそれを要請したからである。[5]私の**父**である**神**と神聖な**神の子**を代弁する**聖霊**は、私の求めを聞き、答えてくれるだろう。

エピローグ

1. このコースは始まりであって、終わりではない。[2]あなたの**友**はあなたとともに行く。[3]あなたはひとりではない。[4]**聖霊**を頼みとする者が、**聖霊**に呼びかけて応えられずに終わることはない。[5]何があなたを悩ませていようとも、**聖霊**が答えをもっていると確信していなさい。あなたが素朴に**聖霊**に答えを求めるなら、**聖霊**は喜んで答えてくれるだろう。[6]あなたを悩ませるかに思えるどんなことについても、あなたが必要としているすべての答えを、**聖霊**が与えずにおくことはないだろう。[7]**聖霊**はあらゆる問題を解決し、一切の疑いをかき消す方法を知っている。[8]**聖霊**の確かさはあなたのものである。[9]あなたはただ**聖霊**にそれを求めさえすればよい。そうすれば、それはあなたに与えられるだろう。

2. あなたが家に帰り着くことは、太陽の軌道のごとく確かである。陽が昇る前にも、沈んだ後にも、その前後の薄明かりの時間にも、確実にその軌道は敷かれている。[2]実際、あなたの行路はそれよりもさらに確実なものである。[3]**神ご自身**により**神のもと**へと呼ばれている者たちの進路は、変更不可能だからである。[4]だから、あなたの意志に従いなさい。そして、自分が真に欲し、真に必要とするものについて語る自分の声としてあなたが受け入れた**存在**の後に、ついていきなさい。[5]**聖霊の声**は**神を代弁する声**であり、あなたの声でもある。[6]そのようにして**聖霊**は自由と真理を語る。

3. もはやその必要がなくなったので、これ以上特定のレッスンは与えられない。[2]世界から退き、代わりに実相を探し求めようとするとき、これからは、**神**とあなたの真の**自己**を代弁する**声**のみを聞きなさい。[3]**聖霊**はあなたの努力に方向性を与えるだろう。何をすべきか、どのようにして自分の心を導けばよいか、いつ**聖霊**の確実な導きと確かな**言葉**を求めて沈黙の内に**聖霊**のもとに行くべきかを、あなたに告げるだろう。[4]**聖霊の言葉**は、**神**があなたに与えた**言葉**である。[5]**聖霊の言葉**は、あなたが自分自身のものとなるように選んだ**言葉**である。

4. そして今、私はあなたを**聖霊**の手に委ねる。そうしてあなたは**聖霊**に忠実に従う者となり、**聖霊**を**導き手**として、実在するかに思えるすべての困難や苦痛を通り抜けていく者となる。[2]永遠なるものと善きものだけを与える**聖霊**は、すぐに消え去るような喜びをあなたに与えはしない。[3]**聖霊**によって、あなたの準備をさらに整えてもらおう。[4]**聖霊**はあなたの**父**や兄弟や一なる**自己**のことを毎日あなたに語ることにより、あなたの信頼を獲得した。[5]**聖霊**はこれからもそれを続けるだろう。[6]今やあなたは**聖霊**とともに歩んでいる。自分の行き先や進み方について**聖霊**と同じように確信を抱き、自分の目指すゴールについても、自分が最後には必ずそこに無事に到着することにも、**聖霊**と同じように自信をもっている。

5. 目標は確かであり、その手段もまた確かである。[2]このことを受け入れて、私たちは「アーメン」と言う。[3]選択すべきときにはいつでも、あなたは、**神**があなたのために何を意志しているかを告げられるだろう。[4]**聖霊**は、**神**とあなたの**自己**を代弁して語り、決して地獄にあなたを奪いにこさせず、あなたが一つ選択するたびに天国をあなたに近づける。[5]だから私たちはこれからは**聖霊**とともに歩み、導きと平安と確実な指示を**聖霊**に求める。[6]喜びが私たちとともにある。[7]私たちは、**神**が私たちを歓迎するために閉ざさずにおいた扉に向かって、家路を急いでいるからである。

6. 私たちは自分の道を**聖霊**に託し、「アーメン」と言う。[2]平安の内に**聖霊**の道を歩み続け、すべてを**聖霊**にゆだねる。[3]自分たちの為すことすべてに**聖霊**の**意志**を尋ねながら、確信を抱き**聖霊**の答えを待つ。[4]**聖霊**は**神の子**を愛しており、私たちもそのように**神の子**を愛したいと思っている。[5]どのようにすれば**聖霊**のまなざしを通して**神の子**を見て、**聖霊**が愛する通りに彼を愛することができるのかを、**聖霊**が私たちに教えてくれる。[6]あなたはひとりで歩いているのではない。[7]**神**の天使たちが見守っている。[8]**神の愛**があなたを包んでいる。そして、安心していなさい。私も決してあなたを慰めもなく放っておくことはしない。

奇跡講座
教師のためのマニュアル

教師のためのマニュアル　もくじ

用語の解説

エピローグ

序文

1．教えることと学ぶことの役割は、この世界の思考では、実際に逆になっている。[2]この逆転は特徴的なものである。[3]あたかも、教える者と学ぶ者が分離しており、教える者が、自分自身にではなく学ぶ者に、何かを与えているかに見える。[4]さらには、教えるという行為は、人が自分の時間のうち比較的わずかな間だけ携わる特別な活動であると見なされている。[5]一方、このコースは、教えるとはすなわち学ぶことであるから、教える者と学ぶ者は同じであると強調する。[6]また、教えるということは不断のプロセスであり、一日中あらゆる瞬間に行われており、睡眠中の想念の中でも続いているということも、同じく強調されている。

2．教えるとは、手本を示すことである。[2]存在するのは二つの思考体系だけであり、あなたはいつでも、自分がそのどちらか一方を真実だと信じているということを、手本として示している。[3]あなたが示す手本から他の者が学び、同じくあなたも学ぶことになる。[4]問題は、あなたが教えるかどうかではない。それについては選択の余地がない。[5]このコースの目的は、あなたが何を学びたいかに基づいて何を教えたいかを選択できるように、そのための手段を提供することにあるとも言える。[6]あなたは他の誰かに与えるということはできず、自分自身に与えることができるだけである。そしてこのことを、あなたは教えることを通して学ぶのである。[7]教えるとは、あなたが何を信じているかを証《あか》しするようにと、証人たちに呼びかけることに他ならない。[8]それは回心の方法である。[9]これは言葉だけによって為されるものではない。[10]どんな状況も必ず、自分とは何であるか、そして他者とはあなたにとって何であるかを、あなたが他者に教える機会となる。[11]それ以上のものではない。しかしそれ以下でもない。

3．したがって、あなたが設定するカリキュラムは、自分をいかなるものと考えているか、および、他者との関わりを自分にとっていかなるものと信じているか、ということのみにより決定される。[2]正式に教える状況においては、こうした問いは、自分が教えていると思っている事柄とはまったく無関係かもしれない。[3]しかし、いかなる状況に含まれる内容であれ、あなたが真に教えるもののため、すなわち真に学ぶもののために使われないということはあり得ない。[4]これには、あなたが教える事柄がどのような言葉で述べられるかはまったく問題にならない。[5]それが教えと一致する場合もあれば、一致しない場合もある。[6]あなたが語ることの根底にある教えが、あなた自身に教えるのである。[7]教えるということは、自分自身について自分が信じていることを強化するだけである。[8]その根本的な目的は、自己不信を減ずることにある。[9]これは、あなたが守ろうとしている自己が実在するという意味ではない。[10]しかし、実在すると自分で思っている自己をあなたは教えるということは、確かに意味している。

4．これは避けられないことである。[2]このことから逃れる道はない。[3]それ以外のことがあり得るだろうか。[4]この世界のカリキュラムに従っている者は誰でも、自分が自分の本性とは違ったものであると、ひたすら自分自身に確信させるためにのみ教えており、そして、ここに居る者は誰でも、自分で自分の心を変えるまでは必ずそのカリキュラムに従うものである。[5]そうすることの中に、世界の目的がある。[6]それならば、それ以外の何が、世界のカリキュラムであり得るだろう。[7]絶望と死の他には何も教えず、希望もなく、閉ざされたこの学びの状況に、**神**は教師たちを送り込む。[8]そして彼らが喜びと希望という**神**のレッスンを教えている間に、彼ら自身の学びがついに完了する。

5．**神**の教師たちがいなければ、救済の望みはほとんどなくなるだろう。なぜなら、罪の世界が永遠に実在するように見えることになるからである。[2]自らを欺いている者は欺くことしかできない。彼らは欺瞞を教えざるを得ないからである。[3]これ以外の何が地獄だというのだろう。[4]本書は**神**の教師たちのためのマニュアルである。[5]彼らは完全無欠ではない。そうであったなら、彼らがここに居るはずはない。[6]しかし、ここで完全無欠になることが彼らの使命である。それゆえに、彼らは完全無欠性を習得するまで、実に多くのやり方で、何度でも繰り返して、それを教える。[7]そうしてその後、もはや彼らの姿は見られなくなる。それでも、彼らの想念は、永遠に強さと真理の源であり続ける。[8]彼らとは誰のことか。[9]どのようにして選ばれるのか。[10]彼らは何をするのか。[11]どのようにして彼らは、自分自身の救済と世界の救済を実現するのか。[12]このマニュアルは、こうした質問に答えようとするものである。

一．神の教師たちとは誰のことか

1．**神**の教師となることを選択する者なら、誰でも**神**の教師である。[2]その資格はただ一つ、「なぜかどこかで、自分の利害を他者の利害から離れたものとは見なさないという、意図的な選択をした」ということだけである。[3]ひとたびその選択をしたなら、彼の道は確立され、彼の進路は定まる。[4]光が闇の中に射し込んだのである。[5]それは一条の光でしかないかもしれないが、それで充分である。[6]まだ**神**を信じていないとしても、彼は**神**と協定を結んだことになる。[7]彼は救済をもたらす者となった。[8]**神**の教師となったのである。

2．彼らは世界中からやってくる。[2]あらゆる宗教からも、無宗教からもやってくる。[3]彼らは応えた者たちである。[4]**呼びかけ**は普遍的なものである。[5]**それ**はあらゆる時、あらゆるところで続いている。[6]**それ**を代弁して世界を救うようにと、教師たちに呼びかけている。[7]多くの者が**それ**を聞くが、応える者はわずかしかいない。[8]だが、それもみな時間の問題である。[9]誰もが最後には応えることになる。しかし、その最後とは、はるかに遠い先のことになり得る。[10]だからこそ、教師の計画が定められたのである。[11]彼らの機能は時間を省くことである。[12]一人ひとりは一条の光として始めるが、**呼びかけ**がその中心にあるので、それは限定されることのない光である。[13]そして一人ひとりが、世界が判断するところの千年にも相当する時間を省くことになる。[14]**呼びかけそのもの**にとっては、時間には何の意味もない。

3．**神**の教師の一人ひとりに一つのコースがある。[2]コースの形態は多種多様である。[3]使用される特定の教材も、同じく多様である。[4]しかし、コースの内容は決して変わることがない。[5]その中心的テーマは常に、「**神の子**は無罪であり、その無垢性の中に救済がある」ということである。[6]それは行動で教えることもできれば、想念で教えることもできる。言葉で語ってもよく、無言でいてもよい。どの言語を使っても、まったく言語を使わずとも、また、いかなる場所や時間においても、いかなる様式によってでも、教えることができる。[7]**呼びかけ**を聞く前に、その教師が誰であったかは問題ではない。[8]彼は応えたことにより救済者となった。[9]彼は誰か他の者を自分自身と見なしたのである。[10]それゆえに、彼自身の救済と世界の救済を見出した。[11]彼の再生において、世界は生まれ変わる。

4. 本書は一つの特別なカリキュラムのためのマニュアルであり、普遍なるコースの特別な形態の一つを教える教師を対象としている。[2]他にも幾千もの形態があり、それらすべてが同じ結果をもたらす。[3]どれもみな、ただ時間を省くだけである。[4]しかし時間のみが気怠《けだる》く流れ続けており、今この世界は非常に疲れている。[5]衰え、やつれ果て、希望を失っている。[6]結果について疑われたことは一度もない。**神の意志**を変えることはできないからである。[7]しかし時間は、それに伴う変化と死という幻想の数々によって、この世界とその中のあらゆるものを疲弊させている。[8]だが時間には終わりがある。それをもたらすことが、**神**の教師たちの任務である。[9]時間は彼らの手中にあるからである。[10]それが彼らの選択だったので、それが彼らに与えられている。

二．生徒たちとは誰のことか

1．**神**の教師の一人ひとりに特定の生徒たちが割り当てられており、教師が**呼びかけ**に応えたなら生徒たちはただちに彼を探し始める。[2]その生徒たちが彼のために選ばれた理由は、彼が教えることになる普遍なるカリキュラムの形態が、理解のレベルという観点から彼らに最適だからである。[3]教師が訪れることは確実なので、生徒たちは彼をずっと待っていた。[4]これもまた、単なる時間の問題である。[5]ひとたび彼が自らの役割を果たすことを選んだなら、生徒たちにも自らの役割を果たす準備が整う。[6]時間は彼の選択を待っているのであり、彼が助けることになる者たちを待っているのではない。[7]彼に学ぶ準備ができたときに、教える機会が彼のために用意される。

2．救済のための「教えて学ぶ計画」を理解するには、このコースが説く時間の概念を把握することが必要である。[2]贖罪は幻想を訂正するのであって、真理を訂正するのではない。[3]したがって、それはもとより一度も存在したことのないものを訂正するのである。[4]そればかりか、この訂正の計画は定められたと同時に成就されている。**神の意志**は全面的に時間から隔絶しているからである。[5]**神**からのものである実相のすべてについても、同様である。[6]分離の想念が**神の子**の心に入り込んだまさにその瞬間に、**神の答え**が与えられた。[7]時間の中では、これははるか悠久の昔に起こったことである。[8]実相においては、それはまったく起こっていない。

3．時間の世界は幻想の世界である。[2]遠い昔に起こったことが、今、起こっているかに思える。[3]ずっと以前に選択されたことが、まだこれから選べる選択であるかに見える。[4]すでに学ばれ、理解され、とうの昔に過ぎ去ったものごとが、新しい考えや新鮮なアイデアや異なったアプローチと見なされる。[5]あなたの意志は自由であるから、あなたはすでに起こったことを、いつでも自分で選ぶときに受け入れることができる。そしてそのときにのみ、あなたはそれが常にそこに存在していたと悟る。[6]このコースが強調しているように、あなたにはカリキュラムを選択する自由はなく、どのような形態で自分がそれを学ぶことになるかを選択する自由さえもない。[7]しかしあなたには、いつそれを学びたいかを決める自由はある。[8]そしてあなたがそれを受け入れるとき、それはすでに学ばれている。

4．すなわち、時間は実際に、往古の瞬間に戻っていくのである。それは、あまりに遠い昔のことであるため、まったく記憶が及ばず、思い出せる可能性すらない瞬間である。[2]しかしその瞬間は、何度も何度も、幾度となく繰り返して追体験されるために、今であるかに見える。[3]そのようにして、生徒と教師が、あたかも以前には出会ったことがないかのように互いを見出し、現在において合流するように見える。[4]生徒は、ふさわしい時期にふさわしい場所にやってくる。[5]これは必然である。なぜなら、彼はあの往古の一瞬において、すでに正しい選択をしており、それを今、追体験しているだけだからである。[6]教師もまた同じく、はるかなる過去の中で、必然の選択をした。[7]あらゆるものにおいて、**神の意志**の働きが表れるには時間がかかるように見えるが、それはそのように見えるだけである。[8]いったい何が、永遠の力を遅らせることなどできるだろう。

5．生徒と教師が合流するとき、「教えて学ぶ状況」が始まる。[2]というのも、実際には教えることを行うのはその教師ではないからである。[3]学びの目的のために互いにつながり合うどの二人の者に対してでも、**神の教師**が語りかける。[4]その関わりはその目的のゆえに神聖であり、**神**はどの神聖な関係にも**聖霊**を送ると約束している。[5]そのような「教えて学ぶ状況」においては、どちらの者も与えることと受け取ることは同じだと学ぶ。[6]互いの役割の間や、互いの心や肉体や必要や利害の間に彼らが引いた境界線も、さらには互いを分け隔てていると彼らが思っていた相違のすべても、色あせ、薄らいで、消えてしまう。[7]同じコースを学ぼうとする者たちは、一なる関心と一なるゴールを共有する。[8]そのようにして、学ぶ者であった彼自身が**神**の教師となる。なぜなら、彼も、自分に教師を与えることになったあの一つの決断を下したからである。[9]彼は他者のうちに、彼自身の利害と同じ利害を見たのである。

三. 教えることにおけるレベルとは何か

1. 神の教師たちには、教えることにおける所定のレベルというものはない。[2]どの「教えて学ぶ状況」もそれぞれに異なる関係から始まる。しかし、究極のゴールは常に同じである。すなわち、その関係を、両者が共に神の子を罪なき者として見ることができる神聖な関係とすることである。[3]神の教師は誰からでも学ぶことができる。それゆえに、彼は誰にでも教えることができる。[4]とはいえ、現実的見地から言えば、彼がすべての者に出会うことは不可能であり、すべての者が彼を見つけることもできない。[5]したがって、この計画には、それぞれの神の教師がきわめて具体的に接することになる人々が含まれている。[6]救済に偶然はない。[7]出会うべき者たちは出会うことになる。なぜなら、一緒であれば、彼らに神聖な関係の可能性があるからである。[8]彼らは互いに出会う用意ができている。

2. 教えることの最も単純なレベルは、かなり表面的なものに見える。[2]それはまったく何気ない出会いのように見えるもので成り立っている。たとえば、エレベーターの中で明らかに赤の他人である二人が「不意に」出会うとか、前も見ずに走っていた子供が一人の大人に「偶然に」ぶつかるとか、二人の学生が「たまたま」一緒に歩いて帰る、といったことである。[3]こうしたことは、偶然の遭遇ではない。[4]そのどれもが、「教えて学ぶ状況」となる可能性を含んでいる。[5]エレベーターの中の他人同士に見える二人が互いに微笑みかけるかもしれないし、子供がぶつかった大人は、その子を叱らないかもしれない。また、学生たちは友達になるかもしれない。[6]最も何気ない出会いのレベルにおいてさえ、たとえほんの一瞬だけだとしても、二人の者が別個の利害を忘れることは可能である。[7]その一瞬で充分である。[8]救済は訪れたのである。

3. 普遍なるコースを教えることにいくつものレベルがあるという概念は、時間の概念と同じく、実相においては無意味だということを理解するのは難しい。[2]一方の幻想が、もう一方の幻想をも可能にしている。[3]時間の中では、神の教師は一つの決断をしたことで世界について自分の心を変え始め、彼が新たな方向を教えるにつれて、その方向についてさらに多くを学んでいくように見える。[4]時間が幻想であることについてはすでに触れたが、教えることにおける複数のレベルという幻想のほうは、時間の場合とは幾分違っているように見えるかもしれない。[5]こうしたレベルが存在し得ないと実証する最も良い方法は、おそらく、単に次のように言うことである。すなわち、「教えて学ぶ状況」のどのレベルも贖罪のための**神**の計画の一部であり、**神**の計画は**神ご自身の意志**の反映であるから、その計画にレベルというものはあり得ない、と。[6]救済は常に準備が整っており、常にそこにある。[7]**神**の教師たちはさまざまに異なるレベルで働くが、その結果は常に同じである。

4.「教えて学ぶ状況」はいずれも、各人がその時点で相手から学べる最大のものを学ぶという意味で、最大限のものである。[2]この意味において、そしてこの意味においてのみ、私たちは、教えることにおける複数のレベルというものを語ることができる。[3]「レベル」という言葉をそのように使うなら、教えることにおける第二のレベルは、第一のレベルよりも長く持続する関係である。その中では、しばらくの間、二人の人間がかなり密度の濃い「教えて学ぶ状況」に入っていき、その後、離れていくように見える。[4]第一のレベルの場合と同様に、こうした出会いも偶然ではなく、その関係の終わりと見えるものも、真の終わりではない。[5]ここでも、それぞれがその時点で可能な限り最大のものを学んだということである。[6]だが、出会った者たちはみな、いつの日か再び出会うことになる。すべての関係は神聖なものになる運命にあるからである。[7]**神はわが子**について思い違いをしてはいない。

5.教えることにおける第三のレベルは、ひとたび形成されたなら生涯続いていくような関係の中で生じる。[2]こうした「教えて学ぶ状況」においては、学ぶための無限の機会を提供するべく選ばれた学習相手が各人に与えられている。[3]このような関係は、概して、わずかしかない。なぜなら、こうした関係が成り立つということは、そこに関わる者たちが、教えと学びの間の釣り合いが実際に完璧であるような段階に、同時に達しているということになるからである。[4]だからといって、必ずしも彼らがそのことを認識しているという意味にはならない。実際、普通は認識されていない。[5]彼らはしばらくの間、あるいは生涯にわたり、互いにひどく敵対していることさえあるかもしれない。[6]しかし彼らが学ぼうと決断すれば、完璧なレッスンが目の前にあり、それを学ぶことができる。[7]そして彼らは、もしそのレッスンを学ぶ決断をするなら、挫《くじ》けて失敗するとさえ見える教師たちにとっての救済者となる。[8]**神**の教師が自分に必要な**助け**を見出せないということはあり得ない。

四．**神**の教師たちの特徴はどのようなものか

1．**神**の教師たちの表面的な特性は一様ではない。[2]肉眼には、彼らが似ているようには見えず、彼らの来歴も限りなく多様である。この世界での経験も千差万別、表向きの「個性」もそれぞれまったく異なっている。[3]また、**神**の教師として働き始めた段階では、まだ彼らは自らを**神**の教師として確立することになるような、より深い特徴を身につけてはいない。[4]**神**は彼らに特別な贈り物を授ける。彼らには**神**による贖罪の計画における特別な役割があるからである。[5]彼らの特別性はもちろん一時的なものでしかない。すなわち、時間の外へ導くための手段として、時間の中に設定されているものである。[6]こうした特別な贈り物は、この「教えて学ぶ状況」が目指している神聖な関係の中で生まれ、自らの学びにおいて進歩を遂げた**神**の教師たち全員に特有のものとなる。[7]この点において、彼らはみな一様である。

2．**神の子ら**の間の相違はすべて一時的なものである。[2]それでも、時間の中では、進歩した**神**の教師たちは次のような特徴を備えていると言える。

Ⅰ．信頼

1．これが、**神**の教師としての機能を全うするための彼らの能力の土台を成すものである。[2]知覚は学びから生じる結果である。[3]実は、知覚が、すなわち学びである。原因と結果は決して分離してはいないからである。[4]**神**の教師たちは世界を信頼している。なぜなら、彼らは、世界はそれ自体が作り上げた法則によって支配されてはいないと学んだからである。[5]それは彼らの内にありながらも、彼らのものではない力によって支配されている。[6]すべてのものを安全に保持しているのはこの力である。[7]**神**の教師たちが赦された世界を見るのは、この力を通してである。

2．ひとたびこの力が体験されたなら、二度と再び自分自身のささいな力を信頼することはできなくなる。[2]鷲のように強力な力が自分に与えられているというときに、いったい誰が、雀《すずめ》の小さな翼で飛び立とうとするだろう。[3]そして**神**の贈り物が目の前に置かれているときに、いっ

たい誰が、自我のみすぼらしい捧げ物を信頼しようとするだろう。[4]彼らにこうした転換を促すものとは何だろうか。

A. 信頼の深化

3. まず最初に、彼らは「取り消しの時期」とでも呼べるような期間を通過しなければならない。[2]これに苦痛が伴う必要はないが、普通はそのように経験される。[3]あたかも、いろいろなものが取り去られていくかのように思える。そして、それは単にそうしたものの価値の無さが認識されつつあるにすぎないということが、最初のうちはほとんど理解されない。[4]知覚者がものごとを別の見方で見ざるを得ない立場に置かれない限り、どうして価値の無さが知覚され得るだろう。[5]彼はまだ、その転換を完全に内側においてのみ行えるところまできてはいない。[6]したがって、その計画は、ときには、外的な環境のように見えるものの変化を必要とすることがある。[7]こうした変化は常に助けになる。[8]ここまで学んだとき、**神**の教師は第二段階に進む。

4. 次に、**神**の教師は「弁別の時期」を通過しなければならない。[2]これは常に幾分難しい時期である。なぜなら、彼は自分の人生における変化は常に助けになると学んだので、今では、そうした有益性を増大させるか妨げるかという基準で、すべてのものごとを決めなければならないからである。[3]彼にわかってくるのは、以前に自分が価値を置いていたものごとのほとんどとまではいかなくともその多くが、生じてくる新たな状況へと自分の学びを転移させる能力を妨げるだけだということである。[4]そしてまた、自分が本当は無価値なものに価値を置いてきたために、損失や犠牲を恐れてそうしたレッスンを普遍化しようとしないということである。[5]あらゆるものごとや出来事や出会いや状況が助けになるということを理解するには、多大な学びが必要である。[6]この幻想の世界の中では、それらは助けになる度合いに応じてのみ何らかの実在性を付与されるべきである。[7]「価値」という言葉は、それ以外の何にもあてはまらない。

5. **神**の教師が通過しなければならない第三の段階は、「放棄の時期」と呼ぶことができる。[2]もしこれが「望ましいものを諦めること」と解釈されるなら、多大な葛藤が生じるだろう。[3]この苦渋を完全に免れる**神**の教師はほとんどいない。[4]しかし、価値あるものを価値なきものから弁別するという段階は、その次の自明のステップをも踏み出さない限り、無意味である。[5]それゆえに、この重複の期間は、**神**の教師が自分自身の最善の利益を真理のために犠牲にするよう求められていると感じる時期となりやすい。[6]彼は今のところ、そのような要求がまったく不可能だということを悟ってはいない。[7]彼がこのことを学べるのは、価値なきものを実際に手放したときのみである。[8]そうすることにより彼は、悲嘆を予期していたところに幸せで快活な気分を見出し、何かを求められていると思っていたところで自分に授けられている贈り物を見出す。

6．そして次に「安定化の時期」が訪れる。[2]これは静かな時であり、この時期に、**神**の教師は少しの間、適度の平安の中で休息する。[3]ここで彼は自分が学んだことを統合する。[4]今や、彼には自分の学んできたことの転移価値が見え始める。[5]それがもつ潜在力は文字通り途方もないものであり、**神**の教師は今や、その中に自分の完全な脱出口があるとわかるところまで進歩している。[6]「自分の望まないものは手放し、自分の望むものは保持する」。[7]この当たり前のことは何と単純だろう！　[8]そして何とたやすく実行できることだろう！　[9]**神**の教師にはこの小休止の時期が必要である。[10]彼はまだ自分で思っているほど遠くまで来てはいない。[11]しかしさらに前進する準備ができたなら、彼は力強い仲間たちを傍らにして進むことになる。[12]ここで少しの間休息し、さらに前進する前に彼らを集めるのである。[13]ここから先は一人で進むのではない。

7．次の段階は実に「不安定な時期」である。[2]今になって、**神**の教師は何が価値あるもので何が価値なきものか、自分は真にわかってはいなかったと理解しなければならない。[3]その時点までに真に学んだことは、自分は価値なきものは望まず、価値あるものは望むということだけだった。[4]しかし彼自身による弁別は、自らにその相違を教えるには無意味だった。[5]彼自身の思考体系の核心をなす犠牲という概念が、彼が正しい判断をすることをまったく不可能としていた。[6]意欲というものを学んだと自分では思っていたが、今では、その意欲が何のためのものかを自分は知らないということがわかる。[7]しかも、今や彼は、きわめて長期にわたり到達不可能であり続けるかもしれない状態を、達成しなければならないのである。[8]彼はすべての判断を脇に置くことを学ばねばならず、あらゆる状況下で自分は真に何を望むかということだけを問わねばならない。[9]こうした方向に向かう一歩一歩がしっかりと強化されていなければ、実際それは困難なものとなることだろう！

8．そして最後に、「達成の時期」がある。[2]学びが統合されるのは、ここにおいてである。[3]以前はただの影と見えたものが、今ではしっかりと習得されたものとなり、静穏な時だけでなく、あらゆる「非常事態」においても頼りにできるものとなる。[4]実のところ、静穏さこそがその習得の結果であり、正直な学習と一貫性ある思考と充分な転移がもたらした成果である。[5]これが真の平安の段階である。ここにこそ、天国の状態が余すところなく反映されているからである。[6]ここからは天国への道は開かれており、容易である。[7]実は、それはそこにある。[8]もし心の平安がすでに完全であるなら、いったい誰がどこかに「行こう」としたりするだろう。[9]そして誰が、静穏さをもっと望ましい何かに取り替えようとしたりするだろう。[10]いったい何が、これ以上に望ましいものであり得るだろう。

Ⅱ. 正直さ

1. **神**の教師たちのその他すべての特性が、信頼に基づいている。[2]ひとたび信頼が達成されたなら、他の特性も必ずもたらされる。[3]信頼する者たちだけが正直でいることができる。なぜなら、彼らだけにその価値がわかるからである。[4]正直さとは、あなたが話すことだけにあてはまるのではない。[5]正直さという言葉は実際には一貫性を意味する。[6]自ら語ることが何一つ自分の考えや行動と矛盾せず、どの考えも他の考えと対立せず、すべての行為が自分の言葉を裏切ることなく、どの言葉も他の言葉と符合している。[7]このような者たちが、真に正直な者たちである。[8]いかなるレベルにおいても、彼らは自分自身と葛藤してはいない。[9]したがって、彼らが他の誰かや何かと葛藤することは不可能なことである。

2. 進歩した**神**の教師たちが経験する心の平安は、彼らの完璧な正直さによるところが大きい。[2]欺こうという願望のみが争いを促す。[3]自分自身とひとつである者は葛藤など思い描くことさえできない。[4]葛藤は自己欺瞞の必然的な結果であり、自己欺瞞とは不正直さである。[5]**神**の教師にはいかなる難題もない。[6]難題とは疑念を示唆するものであり、**神**の教師たちは信頼を確かな拠りどころとしているので、疑念は不可能となっている。[7]だから彼らは成功するのみである。[8]このことにおいても、すべてのことにおいてそうであるように、彼らは正直である。[9]彼らが成功するのみだという理由は、彼らが決して自らの意志をひとりで行うのではないからである。[10]彼らは全人類のために選択する。全世界とその中にあるすべてのもののため、外観を超えた、変わらぬものにして変わり得ぬもののため、そして**神の子**とその**創造主**のために、選択する。[11]彼らが成功しないなどということがあり得るだろうか。[12]自分自身について確信しているのと同じく自分の選択についても確信している彼らは、完璧な正直さの中で選択している。

Ⅲ．寛容さ

1．**神**の教師は裁かない。[2]裁くということは不正直になることである。というのも、裁くということは、自分のものではない立場に就くということだからである。[3]自己欺瞞のない裁きはあり得ない。[4]裁きは、あなたが自分の兄弟について欺かれてきたことを示唆する。[5]それならば、あなたが自分自身について欺かれてこなかったはずがない。[6]裁きは信頼の欠如を示唆するものであり、そして信頼は、**神**の教師の全思考体系の基盤であり続ける。[7]それが失われるなら、彼の学びのすべてが失われる。[8]裁きがなければ、すべてのものごとは等しく好ましいものである。そのとき、それ以外の判断ができる者などいないからである。[9]裁きがなければ、誰もがみな兄弟である。そのとき、離れて立っている者などいないからである。[10]裁きは正直さを破壊し、信頼を打ち砕く。[11]**神**の教師は、裁いていながら同時に学びたいと望むことはできない。

Ⅳ．柔和さ

1．危害というものは、**神**の教師たちにとって不可能なものである。[2]彼らは危害を及ぼすことも、危害を被ることもあり得ない。[3]危害とは裁きがもたらすものである。[4]それは不正直な想念の後に続いて起こる不正直な行為である。[5]それは兄弟に対する有罪判決であり、したがって自分自身に対する有罪判決である。[6]それは平安の終わりであり、学びの否定である。[7]それは、**神**のカリキュラムが不在であって、狂気がそれと入れ替わっているということを実証している。[8]すべての**神**の教師が学ぶべきこと、しかも自らの訓練期間のかなり早い時期に学ぶべきことは、危害性は自分の機能についての自覚を完全に消し去るということである。[9]それは彼を混乱させ、怯えさせ、怒らせ、疑い深くさせる。[10]そして**聖霊**のレッスンを学習不可能にしてしまう。[11]また、危害は実際に何も達成できないと悟っている者たちでなければ、決して**神の教師**から聞くことはできない。[12]危害から得られるものは何もない。

2．したがって、**神**の教師たちとは完全に柔和な者たちである。[2]彼らには柔和さという強さが必要である。なぜなら完全な柔和さの中でこそ、救済の機能が容易になるからである。[3]危害を及ぼそうとする者たちにとっては、柔和さは不可能なものである。[4]危害というものに何の意味も認めない者にとっては、柔和さは単に自然なものであるにすぎない。[5]正気の者にとって、これ以外のどのような選択に意義があるだろう。[6]天国への道を知覚しているときに、誰が地獄を選ぶだろう。[7]そしていったい誰が、頼もしく一切を包み込む無限の強さである柔和さを選ぶ代わりに、危害から生じずにはいない弱さのほうを選ぼうとするだろう。[8]**神**の教師たちの力は彼らの柔和さの中にある。なぜなら、彼らは、自分たちの邪悪な想念が生じたのは**神の子**からでも彼の**創造主**からでもないと理解したからである。[9]こうして彼らは自分の想念を自分たちの**源**である**神**に合一させた。[10]それゆえに、常に**神ご自身のもの**であった彼らの意志には、それ自体として存在する自由がある。

V. 喜び

1. 喜びは、柔和さから必然的にもたらされるものである。[2]柔和さは、恐れはもはや不可能だということを意味する。いったい何が、喜びを妨げにくることなどできるだろう。[3]柔和さが差し出す開かれた両手は、常に満たされている。[4]柔和な者たちに苦痛はない。[5]彼らが苦しむことはあり得ない。[6]どうして彼らが喜ばずにいられるだろう。[7]彼らは自分が愛されており、安全でないはずがないと確信している。[8]攻撃に悲しみが伴うのと同じく確実に、柔和さには喜びが伴う。[9]**神**の教師たちは**神**を信頼している。[10]そして自分たちの前を**神の教師**が進み、いかなる危害も訪れないようにしてくれると確信している。[11]**神**の教師たちは**神**からの贈り物を携えて、**神**の道を進む。なぜなら、**神の声**がすべてにおいて彼らを導くからである。[12]喜びは彼らの感謝の歌である。[13]そして**キリスト**も同じように感謝しつつ彼らを見守っている。[14]彼らが**キリスト**を大いに必要としているのと同じように、**キリスト**も彼らを大いに必要としている。[15]救済の目的を共有するとは、何と喜ばしいことだろう！

VI. 防衛しない態度

1. **神**の教師たちは、どのようにすれば簡素でいられるかを学んできた。[2]彼らは真理に対抗して防衛する必要があるような夢は一つももっていない。[3]自分で自分を作り出そうとはしない。[4]彼らの喜びは、自分が誰によって創造されたかという理解から生じている。[5]そして、**神**が創造したものに防衛の必要などあるだろうか。[6]誰でも、防衛とは狂った幻想の愚かな番人にすぎないと充分に理解するまでは、進歩した**神**の教師にはなれない。[7]夢が怪奇になればなるほど、その防衛も激しく強力になるように見える。[8]しかし**神**の教師がついにそれらの夢を見過ごすことに合意したとき、そこには何もなかったことを見出す。[9]最初はゆっくりと、自分自身を欺瞞から解放していく。[10]しかし信頼が増すにつれて、彼はもっと速く学ぶようになる。[11]防衛をやめたときに訪れるのは危険ではない。[12]それは、安全である。[13]平安である。[14]喜びである。[15]そして**神**である。

VII. 寛大さ

1. 寛大さという言葉は、**神**の教師にとって特別な意味をもっている。[2]それはこの言葉の普通の意味とは異なる。実は、この意味は、学ぶ必要のあるものであり、しかもきわめて注意深く学ばれなければならない。[3]**神**の教師たちの他のすべての属性と同様に、この属性も、つきつめれば信頼に基づいている。というのも、信頼がなければ、誰も真の意味で寛大にはなれないからである。[4]この世界にとっては、寛大さとは、「手放す」という意味合いでの「与えてしまうこと」を意味する。[5]**神**の教師にとっては、保持するために与えるという意味になる。[6]このことは「テキスト」と「ワークブック」を通じて強調されてきたが、おそらくこの世界の思考からすると、これは私たちのカリキュラムの他の多くの概念と比べてもかなり異色なものである。[7]その際立った奇妙さは、単に、それが世界の思考とは逆になっているということの明白さの中にある。[8]可能な限り最も明確な形で、また最も単純なレベルにおいて、この「寛大」という言葉は、**神**の教師たちと世界の双方にとって、正反対のことを意味している。

2. **神**の教師は、**自己**の利益のために寛大になる。[2]しかし、これはこの世界が語る自己のことを指しているのではない。[3]**神**の教師は、他者に与えることのできないようなものは、何もほしいと思わない。なぜなら、そうしたものはその定義からして自分にとって無価値であることがわかっているからである。[4]何のために彼がそれをほしがったりするだろう。[5]それのせいで、彼は失うことになるだけである。[6]何も得ることはできない。[7]だから彼は、自分だけが保持できるものは求めない。なぜなら、それは確実に損失をもたらすものだからである。[8]**神**の教師は苦しみたいとは思わない。[9]なぜ自分に苦痛を保証しようなどと思うだろう。[10]しかし彼は、**神**からくるもののすべて、それゆえに**神の子**のためのものであるすべてを、自分のために取っておきたいとは思っている。[11]それらが、彼に属するものである。[12]こうしたものであれば、彼は真に惜しみなく寛大に与えることができ、永遠に自分自身のためにそれらを保護することができる。

Ⅷ. 忍耐

1. 結果について確信を抱いている者は待つだけの余裕があり、しかも、心配せずに待つことができる。[2]**神**の教師にとって、忍耐は自然なものである。[3]彼が見ているのは確かな結末だけであり、それがいつになるかをまだ彼は知らないかもしれないが、疑ってはいない。[4]その時期は、その答えと同じく、適切なものとなる。[5]そしてこのことは、現在および未来に起こる一切のものごとについて真実である。[6]過去もまた、いかなる間違いも保持してはいない。世界の益とならなかった出来事も、その出来事を被ったかに見えた者も、過去に含まれてはいない。[7]このことは、その時点では理解されていなかったかもしれない。[8]たとえそうだとしても、**神**の教師は、もし自分の過去の決断が誰かに苦痛をもたらしているなら、それらすべてについて考え直すことを厭《いと》わない。[9]信頼を抱く者たちにとって、忍耐は自然なことである。[10]時間の中で起こるすべてのものごとの究極の解釈を確信しているため、すでに目にしている結果も、これから起こるものも、何一つ彼らに恐れを引き起こすことはあり得ない。

Ⅸ. 信義

1. **神**の教師の信義の度合いが、このカリキュラムにおける彼の進歩の目安である。[2]彼は今も、生活のいくつかの側面だけを選んで自らの学びの対象とし、他の側面は切り離しておこうとしているだろうか。[3]そうであれば、彼の進歩は限定されており、彼の信頼もまだしっかりと確立されてはいない。[4]信義とは、**神の言葉**はいくつかのものごとだけではなくすべてを正してくれるという、**神**の教師による信頼である。[5]通常、彼の信義は、はじめのうちはいくつかの問題のみに向けられ、しばらくは用心深く限定されたものにとどまる。[6]すべての問題を手放して一なる答えに委ねるということは、この世界の思考を全面的に逆転させることである。[7]そしてそれのみが信義である。[8]それ以外のものは、真にその名にふさわしくはない。[9]しかし、いかにわずかな信義であれ、そのどれもが、達成するだけの値打ちがある。[10]準備が整った状態とは、「テキスト」も述べているように、熟達そのものではない。

2．しかし、真の信義は逸脱しない。[2]首尾一貫しているので、完全に正直である。[3]揺るがないので、信頼に満ちている。[4]恐れの不在に根ざしているので、柔和である。[5]確信しているので喜びにあふれている。[6]そして自信があるので寛容である。[7]すなわち、信義はそれ自体の中に、**神**の教師の他の属性を併せもっているのである。[8]それは、**神の言葉**と、**神の子**についての**神**による定義とを受け入れているということを示唆している。[9]真の意味での信義が常に向けられている対象は、**神**と**神の子**である。[10]信義は**神**と**神の子**のほうを見て、見つかるまで探し続ける。[11]そこには防衛しない態度が自然に備わっており、喜びがその状態である。[12]そして見つけたなら、すべての信義を捧げられるべきものの上だけに、静かな確信をもってとどまり続ける。

X．開かれた心の状態

1．開かれた心の状態は、おそらく**神**の教師が最後に習得する属性であり、これと赦しとの関連性が認識されたとき、この属性の重要性が容易に理解される。[2]開かれた心の状態は、裁きの欠如からもたらされる。[3]裁きは**神の教師**に対して心を閉ざし、開かれた心の状態は**彼**を招き入れる。[4]咎めは**神の子**を邪悪だと裁き、開かれた心の状態は、**神を代弁して語る声**が**神**に代わって**神の子**を審判することを可能にする。[5]**神の子**に投影された罪悪は彼を地獄に送るが、開かれた心の状態は**キリスト**の姿を**神の子**へと延長させる。[6]開かれた心の状態にある者たちだけが平安でいられる。彼らだけにその理由がわかるからである。

2．開かれた心の状態にある者たちは、どのようにして赦すのだろうか。[2]彼らは赦しを妨げるすべてのものを手放した。[3]彼らはこの世界を真に放棄し、新しさと喜びに満ちた世界が自分に回復されるままにした。それは、以前には思い描くこともできなかった栄光に満ちた変化だった。[4]今や、何一つ、以前のままではない。[5]以前はどんよりとして生気がないと思えていたものが、今ではすべてきらめいている。[6]そして何よりも、脅威が去ったので、すべてのものが歓迎の手を差し伸べている。[7]**キリスト**の顔を隠すような雲は一つも残っていない。[8]今やゴールは達成された。[9]赦しが、このカリキュラムの最後のゴールである。[10]それが、すべての学びをはるかに超えているものへと続く道を整える。[11]このカリキュラムは、それ自体の正当なゴールを超えるための努力はしない。[12]赦しだけがその単一の目標であり、すべての学びが最後にはそこに収束する。[13]実際のところ、それで充分である。

3. **神**の教師たちの属性には**神の子**が受け継いでいる賜物は含まれていないということに、あなたは気づいたかもしれない。[2]愛、無罪性、完全無欠性、智識、永遠の真理といった言葉は、ここには見当たらない。[3]そうした言葉は、ここではまったくふさわしくない。[4]**神**が授けたものは、私たちのカリキュラムをはるかに超えており、それが存在するところでは、学びはただ消え去るのみである。[5]しかしその現存が覆い隠されている間は、このカリキュラムに焦点を合わせることは適切である。[6]真の学びを世界にもたらすことが、**神**の教師たちの機能である。[7]正しく言えば、彼らがすることとは、学ばれてしまったことを白紙に戻すことである。なぜなら、それこそがこの世界においては「真の学び」だからである。[8]**神**の教師たちには、完全な赦しという福音を世界にもたらす機会が与えられている。[9]彼らはまことに幸いなる者である。彼らこそ、救済をもたらす者だからである。

五. 癒しはどのようにして達成されるのか

1. 癒しには、病気という幻想が何のためのものかについての理解が伴う。[2]これがなければ癒しは不可能である。

I. 病気の目的と知覚されているもの

1. 癒しは、苦しんでいる者がもはや苦痛に何の価値も見なくなった瞬間に達成される。[2]苦しむことが自分に何かをもたらすと考え、しかもその何かとは自分にとって価値あるものだと思った者でない限り、いったい誰が苦しみを選択しようとするだろう。[3]彼はそれを、より大きな値打ちのある何かのために支払うわずかな代価だと考えているに違いない。[4]なぜなら、病気とは一つの選択であり、決断だからである。[5]それは、弱さが強さであると誤って確信し、弱さを選択することである。[6]こうしたことが起こると、真の強さは脅威と見なされ、健康は危険と見なされる。[7]病気とは、**神の子**を**父**の玉座につかせようとして、狂気のうちに考案された一つの方法である。[8]**神**は外側にあり、獰猛かつ強力で、すべての力を自分に保持すべく躍起になっていると見なされる。[9]**神**の死によってのみ、**神の子**が**神**を征服できるということになる。

2. そしてこの狂った確信の中では、癒しは何を意味することになるだろうか。[2]それは、**神の子**の敗北と、彼に対する**父**の勝利を象徴する。[3]それは、**神の子**が認識することを余儀なくされる直接的な形で、究極の挑戦を表すものである。[4]それは、彼が自分の「生命《いのち》」を守るために、自分自身から隠しておこうとするすべてを意味する。[5]もし彼が癒されるなら、彼には自分の想念に対する責任があることになる。[6]そして自分の想念に責任があるというのなら、彼は殺されることになり、彼がいかに弱く哀れな存在であるかが彼自身に証明されるだろう。[7]しかし、もし彼が自ら死を選ぶなら、彼の弱さは彼の強さということになる。[8]かくして彼は、**神**が与えようとするものを自分で自分に与え、**創造主**の座を完全に横領したことになる。

Ⅱ．知覚の変化

1．病気の無価値性が認識されるにつれ、その認識の度合いに厳密に比例して、必ず癒しが起こることになる。[2]「この中には、私の益になるものは何もない」と言いさえすれば、癒される。[3]しかしそのように言うためには、人はまずいくつかの事実を認識しなければならない。[4]第一に、決断は心に属し、肉体に属さないということは明白である。[5]もし病気が間違った問題解決のためのアプローチにすぎないとすれば、それは一つの決断である。[6]そしてそれが決断だとすれば、それを行うのは肉体ではなくて心である。[7]これを認識することに対する抵抗は途方もなく大きい。なぜなら、あなたが知覚している通りの世界の存在が、肉体が決断の主体であるということに依拠しているからである。[8]「本能」や「反射神経」などといった言葉は、心に由来しない動因を肉体に賦与しようとする試みを表象している。[9]実際には、そうした言葉は単に問題を述べたり説明したりしているにすぎない。[10]問題に答えてはいない。

2．病気というものを、「心が、肉体を用いて達成しようとする目的に即して下す決断」として受け入れることが、癒しの基盤である。[2]そしてこれは、あらゆる形の癒しについて言うことができる。[3]患者がその通りだと決断すれば、彼は回復する。[4]回復に逆らう決断をすれば、癒されることはない。[5]医者とは誰だろうか。[6]それは患者自身の心に他ならない。[7]結果は彼が決める通りのものである。[8]特別な薬剤が彼を助けるように見えるが、それらは彼自身の選択に形を与えるだけである。[9]彼は、自分の欲求に明確な形を付与するために、それらの薬剤を選択する。[10]薬剤がすることはそれだけであり、他には何もしない。[11]それらは、実際にはまったく必要のないものである。[12]患者はそうしたものの助けを借りずにただ起き上がり、「私にとってこれは何の役にも立たない」と言うことができる。[13]ただちに治らないような病気の形態は一つもない。

3．こうした知覚の変化のための、唯一の必要条件は何だろうか。[2]それは、「病気は心に由来するものであり、肉体にはまったく関係がない」という認識だけである。[3]この認識を得るための「代償」は何だろうか。[4]あなたが見ている世界全体が「代償」である。なぜなら、二度と再び、世界が心を支配するものには見えなくなってしまうからである。[5]この認識によって、責任はそれがあるべきところに置かれる。すなわち、世界にではなく、世界をありのままに見ていない彼自身に戻される。[6]彼は、自ら見ようと選択するものを見る。[7]それ以上でも以下でもない。[8]世界は彼に何もしない。[9]彼が自分で、世界が自分に何かをすると考えただけである。[10]また彼も、世界に対して何もしない。なぜなら、世界とは何かについて、彼は誤解していたからである。[11]ここに、罪悪と病気の両方からの解放がある。両者は同一のものだからである。[12]しかしこの解放を受け入れるには、肉体は取るに足りないものだという考えが受け入れられるものとなっていなければならない。

4．この考えによって、苦痛は永遠に消えてなくなる。[2]しかし、この考えによって、創造についての混乱もすべて去っていく。[3]これは必然の成り行きではないだろうか。[4]一つの事柄において原因と結果を真に正しい順序で配置するなら、学びは普遍化され、世界を変容させるだろう。[5]一つの真の想念の転移価値には、終わりも限界もない。[6]このレッスンの最終結果は、**神**の想起である。[7]そのとき、罪悪や病気、苦痛や災厄、そしてすべての苦しみに、何の意味があるだろう。[8]それらには何の目的もないので、ただ消えてしまう。[9]そしてそれらが引き起こしたかに見えた結果も、みな一緒に消え去る。[10]原因と結果はただ創造を反映するのみとなる。[11]歪曲も恐れもなく正しい視座から見られるとき、原因と結果が天国を再び確立する。

Ⅲ．**神**の教師の機能

1．癒されるためには患者が自分の心を変えなければならないというのなら、**神**の教師は何をするのだろうか。[2]彼が患者の心を当人に代わって変えられるだろうか。[3]当然それはできない。[4]すでに自分の心を変えようとする意欲がある者に対しては、**神**の教師の機能は、ただ彼らと共に喜ぶことだけである。彼らも彼と一緒に**神**の教師になったからである。[5]しかし、癒しとは何であるかを理解していない者たちのためには、**神**の教師にはもっと具体的な機能がある。[6]こうした患者たちは自分が病気を選んだことがわかっていない。[7]それどころか、病気のほうが自分を選んだと信じている。[8]また、この点について、彼らの心は開かれていない。[9]肉体が彼らに何をすべきかを告げ、彼らはそれに従っている。[10]こうした考えがどれほど狂っているか、彼らには思いもよらない。[11]そうした考えの信憑性を疑うだけでも、彼らは癒されるだろう。[12]しかし彼らは何も疑ってはいない。[13]彼らにとって、分離はきわめて実在性のあるものである。

2．**神**の教師たちは彼らのところにきて、彼らが忘れてしまったもう一つの選択を表象するものとなる。[2]一人の

神の教師がただそこに居ることが、それを思い出させる。[3]その教師の想念が、患者が真実として受け入れてきたものを、疑問視させてほしいと求める。[4]**神**の使者である**神**の教師たちは、救済の象徴である。[5]そして彼らはその患者に、**神の子**自身の真の**名**において**神の子**を赦すようにと求める。[6]**神**の教師たちは、**もう一つの選択肢**を象徴している。[7]**神**の教師たちは心に**神の言葉**を抱き、祝福のうちに訪れる。病める者を癒すためではなく、**神**からすでに授けられている治癒法を思い出させるためである。[8]彼らの両手が癒すのではない。[9]彼らの声が**神の言葉**を語るのでもない。[10]彼らはただ自分に与えられたものを与えるのみである。[11]彼らはそっと優しく、兄弟たちに死から背を向けるようにと呼びかける。「**神の子**よ、生命《いのち》があなたに何を差し出せるかを見なさい。[12]この代わりにあなたは病気を選択したいのだろうか」と。

3．進歩した**神**の教師たちは、兄弟が信じている病気の形態を一度たりとも考慮したりはしない。[2]そうすることは、「すべての病気には同一の目的があるので、実際には何の違いもない」ということを忘れることである。[3]彼らは、**神の子**が苦しむことがあり得ると信じるほどに自分自身を欺こうとする兄弟の中に、**神の声**を探す。[4]そして兄弟に、彼は自分で自分を作り出したのではなく、今も**神**に創造されたままであるはずだと思い出させる。[5]彼らは幻想は何の結果ももたらさないと認識している。[6]彼らの心の中の真理が兄弟たちの心の中の真理へと達するので、幻想が強化されることはない。[7]こうして幻想が真理のもとに運ばれる。真理が幻想のもとに運ばれるのではない。[8]このようにして幻想は、他者の意志によってではなく、**一なる意志**のそれ自体との融合によって、一掃されるのである。[9]そして、これが**神**の教師たちの機能である。すなわち、自分の意志から分離した意志を見ず、自分の意志も**神の意志**から分離したものとは見ないということである。

六. 癒しは確実かどうか

1. 癒しは常に確実である。[2]幻想が真理のもとへ運ばれるにまかせた上で、その幻想を引き続き保持するということは不可能である。[3]真理は、幻想に価値がないことを実証する。[4]**神**の教師は自らの誤りの訂正を患者の心の中に見たのであり、それをありのままに認識したのである。[5]彼は贖罪を自分自身に受け入れたので、それを患者のためにも受け入れている。[6]しかし、もしその患者が、一つの生き方として病気を使用し、癒しとは死に至る道だと信じているとしたら、どうだろう。[7]そのような場合には、突然の癒しは重度の憂鬱を引き起こすことがある。あまりに深い喪失感をもたらすので、患者は自分自身を破壊しようとさえするかもしれない。[8]生きる意味を失って、死を願うかもしれない。[9]彼を保護するためには、癒しは、待たなければならない。

2. 癒しは、それが脅威と見なされるときには、いつでも脇に退く。[2]歓迎された瞬間に、それはそこにある。[3]癒しが与えられた場で、癒しは受け取られる。[4]そして**神**の贈り物の前では、時間が何だというのだろう。[5]「テキスト」では、**神**の贈り物を与える者のためにも受け取る者のためにも等しく蔵の中に蓄えられている宝物について、何度も述べてきた。[6]そのうちの一つでも失われることはない。それらは増えていくばかりだからである。[7]**神**の教師は、癒しを差し出したのにそれが受け取られていないように見えたとしても、落胆してはならない。[8]彼の差し出した贈り物がいつ受け入れられるべきかの判断は、彼に任されてはいない。[9]彼はそれが受け取られたと確信していればよい。そして、それが呪いではなく祝福だと認識されたときには受け入れられるだろうと、信頼していればよい。

3. 自分の贈り物がもたらす結果を評価することは、**神**の教師たちの機能ではない。[2]彼らの機能は、単に贈り物を与えることである。[3]ひとたび与えたなら、その結果も与えたことになる。それは贈り物の一部だからである。[4]与えた後にどうなるかを気にかけているなら、誰も与えることはできない。[5]それは与えること自体に制限を課すことであり、与える者も受け取る者もどちらも贈り物を得ることができなくなる。[6]信頼は、与えることの本質的一部分である。実は、これこそが共有を可能にする部分であり、与える者が失わず、ただ獲得するのみとなることを保証する部分である。[7]贈り物を与えておきながら、その後もそれにつきまとい、贈り主が適切だと思う通りにそれが使われるかどうかを確かめようとする者などいるだろうか。[8]それは与えることではなく、**幽閉**することである。

4．贈り物は、それについてのあらゆる懸念を手放すことによってこそ、真に与えられる。[2]そして真に与えることを可能にするのは、信頼である。[3]癒しとは、患者の心の中の**聖霊**が彼のために求めている心の変化である。[4]そして彼に贈り物を与えるのは、与える者の心の中の**聖霊**である。[5]それが失われることなどあり得るだろうか。[6]それに効果がないということがあるだろうか。[7]それが無駄になったりするだろうか。[8]**神**の宝庫は決して空《から》にはならない。[9]贈り物が一つでも欠けていたなら、宝庫は満たされていない。[10]しかしそこが満たされることは、**神**により保証されている。[11]それならば、自分の贈り物がどうなるのかについて、**神**の教師にいかなる懸念があり得るだろう。[12]**神**から**神**へと与えられるこの神聖なる交換において、一切に満たないものを受け取る者などいるだろうか。

七．癒しは繰り返し行われるべきか

1．この質問の答えは、実のところ、自明である。[2]癒しを繰り返すことはできない。[3]患者が癒されているのなら、癒されるべき何が彼に残っているというのだろう。[4]そして、すでに述べた通りに癒しが確実であるのなら、繰り返せる何があるというのだろう。[5]癒しがもたらすものについて**神**の教師が心配し続けるということは、癒しを制限することである。[6]そうなると、癒される必要があるのは、**神**の教師自身の心ということになる。[7]そして彼が促進しなければならないのはこの癒しである。[8]今や彼が患者であり、自分自身をそのように見なさなければならない。[9]彼は間違いを犯したのだから、それについて自分の心を変えようとする意欲をもたなければならない。[10]真に与えることを可能にする信頼が彼に欠けていたので、彼はまだ自分の贈り物からの恩恵を受け取っていない。

2．**神**の教師が癒しの経路になろうとしたときにはいつでも、彼はそれに成功してきた。[2]このことを疑ってみたい誘惑にかられても、彼は以前と同じ努力を繰り返すべきではない。[3]それはすでに最大限のものであった。なぜなら、聖霊はそれをそのように受け入れて、そのように使ったからである。[4]今や、**神**の教師が進むべき道は一つしかない。[5]自分の理性を使って、「失敗するはずのない存在に、すでに問題を預けてある」と、自分自身に言い聞かせなければならない。そして、自分の不確かさは愛ではなく恐れであり、したがってそれは憎しみだということを認識しなければならない。[6]こうして彼の不確かさは維持できないものとなる。それは、自分が愛を差し出した相手に憎しみを差し出していることになるからである。[7]これは不可能なことである。[8]愛を差し出したからには、愛しか受け取ることができない。

3．**神**の教師が信頼しなければならないのは、このことである。[2]これこそが、「奇跡を行う者にとっての唯一の責任は、ただ自分自身のために贖罪を受け入れることだけである」という言葉が真に意味していることである。[3]**神**の教師は、自分の受け取った贈り物を与えるからこそ、奇跡を行う者なのである。[4]だが、まず先に自分がそれらを受け入れなければならない。[5]それ以上のことをする必要はなく、また、それ以上のことはできない。[6]癒しを受け入れることにより、それを与えることができる。[7]もし彼がこのことを疑うなら、**誰**がその贈り物を与え、**誰**がそれを受け取ったのかを、彼に思い出させなければならない。[8]こうして彼の疑念は訂正される。[9]彼は**神**からの贈り物が取り下げられることがあり得ると思った。[10]それは間違いだったが、そのような間違いと共にとどまる必要はない。[11]したがって、**神**の教師にできることは、ただそれをありのままに認識し、自分のために訂正してもらうことだけである。

4. 認識することが最も難しい誘惑の一つは、症状が継続しているように見えるという理由で癒しを疑いたくなることであり、それは信頼の欠如という形の誤謬である。[2]それゆえにそれは攻撃である。[3]普通はその正反対のように見える。[4]案じ続けることが攻撃だと言われたなら、はじめは確かに理不尽なことのように思えるはずである。[5]それはどこから見ても愛のように見える。[6]しかし信頼のない愛は不可能であり、疑念と信頼は共存できない。[7]そして憎しみは、いかなる形を纏《まと》っていようとも、愛とは正反対のものに違いない。[8]贈り物を疑わずにいなさい。そうすれば、それがもたらすものを疑うことも不可能である。[9]この確信が、**神**の教師たちに奇跡を行う者となる力を与える。なぜなら、彼らは**神**に信頼を置いたからである。

5. 解決のために**神の教師**に与えられた何らかの問題の結果について疑いがあるとしたら、その真の根拠は、常に自己不信である。[2]そしてそれは必ず、幻想の自己に信頼を置いてしまっていることを示唆する。そのような自己のみが疑いの対象となり得るからである。[3]この幻想は多くの形を取る。[4]そこには弱さと傷つきやすさに対する恐れがあるかもしれない。[5]力不足の感覚に伴う失敗や恥を恐れる気持があるかもしれない。[6]あるいは、偽りの謙遜から生じる後ろめたいきまり悪さかもしれない。[7]間違いの形は重要ではない。[8]重要なことは、ただ間違いを間違いと認識することだけである。

6. この間違いとは常に、患者を除外して自分だけについて案じるという懸念の何らかの形である。[2]これは、彼を**自己**の一部と認識することができていないということであり、したがって、アイデンティティーにおける混乱を表している。[3]あなたの本性についての葛藤が心に入り込み、あなたは自分自身について欺かれてしまった。[4]そしてあなたが自分自身について欺かれている理由は、あなたが自分を創造した**源**を否定したからである。[5]もしあなたが癒しだけを差し出しているのなら、疑うことはできない。[6]もしあなたが真に問題の解決を望むなら、疑うことはできない。[7]もし問題は何なのかについて確信があったなら、疑うことはできない。[8]疑念とは、葛藤する複数の願望によりもたらされるものである。[9]自分が何を望んでいるかをはっきりさせなさい。そうすれば疑念は不可能となる。

八．どうすれば難しさの序列を知覚することを避けられるのか

1．難しさに序列があるという信念が、この世界の知覚の基盤である。[2]それはさまざまな差異に基づいている。たとえば、不均一な背景や移り変わる前景、高低の差や大小さまざまなサイズ、多様な明暗の度合いなどである。そしてまた、無数のコントラストの中で、目にとまる一つひとつのものが認識されようと競い合っている。[3]大きな物体は小さな物体を見劣りさせる。[4]鮮やかなものは、他のあまり魅力のないものから注意を奪う。[5]そして、より脅威的な概念や、世界の基準によればより望ましいとされる概念は、精神的な均衡を完全に乱してしまう。[6]肉体の目が見るものは葛藤ばかりである。[7]それらのものに平安と理解を期待してはならない。

2．幻想とは常に、差異の幻想である。[2]それ以外の何であり得るだろう。[3]幻想とは、その定義からいっても、非常に重要だと見なされているが真実ではないと認識されている何かを、実在させようとする試みである。[4]したがって、心はその何かを自分のものにしたいという欲求の激しさのあまり、それを真実にしようとする。[5]幻想は創造の真似事であり、嘘偽《うそいつわ》りに真理をもち込もうとする試みである。[6]真理を受け入れ難いものと見た心が真理に反旗を翻《ひるがえ》し、勝利の幻想を自分に与えるのである。[7]健康を重荷と見て、心は熱に浮かされた夢の中へと引きこもる。[8]そしてこれらの夢の中では、心は分離しており、他の心たちとは異なり、独自の利害をもち、他者を犠牲にした上で自分の必要を満たすことができる。

3．こうした差異のすべては、どこから生じるのだろうか。[2]確かに、それらは外側の世界にあるように見える。[3]しかし、目が見ているものを判断するのは、もちろん心である。[4]目が伝える数々のメッセージを解釈し、それらに「意味」を与えるのは心である。[5]そしてこの意味は、外側の世界にはまったく存在しない。[6]「実在するもの」と見なされているのは、単に心が好んでいるものにすぎない。[7]心が定めた価値の順位が外側に投影され、心は肉体の目にそうした順位を見つけにいかせる。[8]肉体の目は、差異を通さなければ、決して、見るということをしない。[9]しかし、知覚の土台となるのは、それらの目がもち帰る

メッセージではない。[10]心だけがそれらのメッセージを評価するので、見ることに責任があるのは心だけである。[11]心だけが、見えているものが実在するのか幻想なのか、望ましいのか望ましくないのか、楽しいことか辛いことかを決めるのである。

4．選別や分類という心の活動の中に、知覚における誤りが入り込む。[2]そして訂正が必要なのは、ここにおいてである。[3]心は肉体の目が運んできたものを、あらかじめ抱いていた価値観にしたがって分類し、それぞれがもたらす感覚的データがどこに最もよくあてはまるかを判断する。[4]これ以上に欠陥だらけの基準があるだろうか。[5]自らを認識していない心が、これらの分類に適合するものが与えられるようにと、自ら求めたのである。[6]そうしておいて、心はそれらの分類が真実に違いないと結論する。[7]あらゆる差異に関する判断が、この結論に基づいている。なぜなら、世界の判断がこの結論に依存しているからである。[8]このように混乱した無分別な「論法」を、何のためにであれ、当てにすることができるだろうか。

5．癒しに難しさの序列はあり得ないが、その理由は単に、すべての病気が幻想だからである。[2]狂人の信じる幻覚は、大きなもののほうが小さなものより一掃しにくいだろうか。[3]彼は、聞こえてくる声が小さいときより大きいときのほうが、それが実在しないことを速やかに認めるだろうか。[4]殺せという要求は、囁かれるときのほうが叫び声として聞こえるときよりも、彼にとって無視するのが容易だろうか。[5]また、彼に見える悪魔がもつ三叉の槍の数が、彼の知覚の中で悪魔の信憑性を左右するだろうか。[6]彼の心がそれらすべてを実在するものと分類したので、彼にとってはすべて実在している。[7]彼がそのすべてが幻想だと悟るとき、それらは消え去る。[8]そして癒しも同様である。[9]幻想をさまざまに異なるものに見せている幻想の属性は、実のところ、問題にならない。そうした数々の属性も幻想そのものと同じく、幻にすぎないからである。

6．肉体の目は差異を見続けるだろう。[2]しかし、自らに癒しを受け入れた心は、もはやそれらを認知しなくなる。[3]その後も他の者よりも「病んでいる」ように見える者たちはいることだろう。そして、肉体の目は、以前と変わりなく彼らの外観の変化を報告するだろう。[4]しかし、癒された心はそれらの外観をすべて同じ範疇に分類する。すなわち、それらは実在していないという範疇である。[5]これは**教師**からの贈り物であり、外側の世界のごとく見えるものから心が受け取るメッセージを選別するにあたっては、二つの範疇のみに意味があるという理解である。[6]そしてその二つのうち、一つだけが真実である。[7]実相の中に差異は存在し得ないので、実相は、大きさや形や時間や場所と関わりなく、全的に実在している。同様に、幻想同士の間にも区別はない。[8]あらゆる種類の病気に対する一なる答えが癒しである。[9]すべての幻想に対する一なる答えが真理である。

九. 神の教師は生活環境を変える必要があるか

1. 変化が要求されるのは**神**の教師たちの心においてである。2これには、外的な環境の変化が伴うことも伴わないこともある。3人はみな自分が今居る場所に偶然居るのではなく、**神**の計画に偶然の果たす役割はないということを、思い出しなさい。4新任の**神**の教師の訓練において、心構えを変化させることがその第一歩ではないという場合は、非常に少ない。5しかし、一定の型があるわけではない。訓練は常に、個々人に即したものだからである。6中には、すぐにも生活環境を変えるよう促される者もあるが、概してそれは特別なケースである。7大多数の者には、ゆっくりと展開していく訓練プログラムが与えられており、その中で、できる限り多くの以前の間違いが訂正されていく。8とりわけ対人関係が正しく知覚されねばならず、赦そうとしない気持ちという闇の隅石《すみいし》のすべてが取り除かれなければならない。9さもなければ、古い思考体系が戻ってくる基盤が依然として残ることになる。

2. 訓練が進むにつれ、**神**の教師は一なるレッスンをいっそう徹底して学んでいく。2彼は自分だけで決断はしない。教師に答えを求め、それを自分の行動の指針とする。3これは、**神**の教師が自分自身の判断を手放すことを学ぶにつれ、次第に容易になっていく。4判断を手放すことは**神**の声を聞くための明らかな必要条件であるが、通常、それはかなり緩慢としたプロセスである。その理由は、判断を手放すこと自体が難しいからではなく、それが自分にとって侮辱のように知覚されがちだからである。5この世界の訓練は、私たちのカリキュラムとは正反対のゴールを達成することに向けられている。6この世界は、成熟度と強さの尺度として、各人の判断を頼りにするよう訓練する。7私たちのカリキュラムは、救済の必要条件として、判断を放棄するよう訓練する。

十．判断は、どのようにして放棄されるのか

1. 幻想から成る世界を維持している他の仕組みと同様に、判断というものも、世界によって全面的に誤解されている。[2]それは実際に叡智と混同され、真理の代替とされている。[3]世界によるこの言葉の用い方によれば、ひとりの個人が「良い」判断と「悪い」判断をすることができ、彼の教育は前者を強化し、後者を最小限にすることを目指している。[4]しかし、これらの分類が何を意味するかについては、かなりの混乱が見られる。[5]ある者にとっての「良い」判断が、別の者には「悪い」判断であることもある。[6]さらには、同じ者でさえ、同じ行動を「良い」判断として分類するときもあれば、「悪い」判断として分類するときもある。[7]また、こうした分類の内容を決めるための首尾一貫した基準といったものも、実際に教えることはできない。[8]いつでも生徒は、自称「教師」がそれらについて述べることに対して異議を唱えることがあり得る上に、その教師自身が、自分の信じていることについて一貫していないこともある。[9]こうした観点からは、「良い」判断という言葉には何の意味もない。[10]「悪い」判断という言葉も同様である。

2. 自分は判断すべきでないというよりも、自分には判断などできないということに、**神**の教師は気づく必要がある。[2]判断を手放すにあたり、彼は単に、もとより自分がもっていなかったものを手放すにすぎない。[3]彼は幻想を手放すのである。あるいはむしろ、手放すという幻想を抱くと言ったほうがよい。[4]実際には、彼は以前より正直になっただけのことである。[5]判断することは自分にとって常に不可能であったと認識し、もはやそれを試みようとはしない。[6]これは犠牲ではない。[7]それどころか、彼は自分によるのではなく自分を通して判断が為されることが可能になるという立場に、自分自身を置くことになる。[8]そして、この判断は「良く」もなければ「悪く」もない。[9]それは存在する唯一の判断であり、「**神の子**は無罪であり、罪は存在しない」というただ一つの審判である。

3. この世界の学習のゴールとは異なり、私たちのカリキュラムの目標は、普通の意味での判断というものは不可能だと認識することにある。[2]これは見解ではなく、事実

である。[3]何についてであれ正しく判断するためには、人は、想像もつかないほど広範にわたる過去・現在・未来のものごとについて、充分に意識していなければならない。[4]それらのものごとに何らかの関わりがあるすべての人々や一切のものに対し、自分が下す判断がどのような影響を及ぼすことになるか、そのすべてをあらかじめ認識していなければならない。[5]さらには、自分の判断が現在や未来において影響を及ぼすすべての人々にとってまったく公平なものとなるように、自分の知覚に少しの歪みもないという確信がなければならない。[6]いったい誰が、こうしたことのできる立場にいるだろうか。[7]尊大な空想を抱いている者以外の誰が、自分にこれができると主張するだろうか。

4．あなたは今までに、自分が判断に必要な「事実」を全部知っていると思ったことが何度あったか、そしてそのあなたがいかに間違っていたか、思い出してみなさい！[2]このような経験をしたことのない者がいるだろうか。[3]自分が間違っているとは少しも気づくことなく、ただ正しいと思い込んでいたことが、これまでに何度あったか、あなたは知っているだろうか。[4]なぜあなたは、決断するためにそのように独断的な根拠を選ぼうとするのだろう。[5]叡智とは判断することではない。それは判断を放棄することである。[6]それならば、もう一度だけ判断を下しなさい。[7]それは次のような判断である。完璧な判断ができる**存在**があなたと共に居る。[8]その**存在**は、過去、現在、未来にわたる事実のすべてを知っている。[9]**自ら**の審判が、それに何らかの関わりがあるあらゆる人々や一切のものごとにどのように影響するか、そのすべてを知っている。[10]そしてこの**存在**の知覚には歪みがないので、誰に対してもまったく公平である。

5．それゆえに、惜しむことなく、感謝の吐息と共に、判断を手放しなさい。[2]かつてあまりの重さゆえによろめいてその下敷きになったほどの重荷から、今やあなたは解放される。[3]そしてそれはすべて幻想だった。[4]ただそれだけのことである。[5]今、**神**の教師は重荷を背負わず、身軽になって歩んでいける。[6]しかし彼が受ける恩恵はそれだけではない。[7]気がかりという感覚がなくなっている。彼には気がかり自体がなくなったからである。[8]彼はそれを判断と一緒に手放してしまった。[9]彼は、今や自分の判断の代わりに**聖霊**の審判を信頼することを選択しており、**聖霊**に自分自身を委ねた。[10]彼はもはや間違わない。[11]彼の**導き手**は確実である。[12]そしてかつて判断を下すために来たところに、彼は祝福するために来る。[13]今彼が笑っている場所は、かつては嘆き悲しむために来ていた場所である。

6. 判断を放棄するのは難しいことではない。[2]しかし、それを保持しておこうとすることは、まさしく難しいことである。[3]**神**の教師はその代価を認識した瞬間、喜んで判断を捨て去る。[4]彼が自分の周囲に見ている醜さはすべて、判断から生じたものである。[5]彼が目にしている苦痛はどれもみな、それがもたらしたものである。[6]すべての孤独や喪失感、過ぎゆく時間や募りゆく失望、蝕むような絶望や死の恐怖、こうしたすべてが、判断から生じたのである。[7]今では、彼はこれらのことがこのようである必要はないと知っている。[8]そのうちの一つも真実ではない。[9]それは、彼がそれらの原因を手放したからである。そして、彼の間違った選択の結果でしかなかったそれらのものは、彼から剥がれ落ちて消え去った。[10]**神**の教師よ、この一歩があなたに平安をもたらす。[11]これだけを望むのは難しいことだろうか。

十一. どのようにすれば、この世界で平安が可能となるのか

1. これは誰もが尋ねずにはいられない質問である。[2]確かに、ここでは平安は不可能に見える。[3]しかし**神の言葉**は、それだけでなく他にも不可能に見えるいくつものことを約束している。[4]**神の言葉**は平安を約束した。[5]さらに、死は存在しないこと、復活は必ず起こること、再生は人が受け継いでいる賜物であることも、約束した。[6]あなたに見えている世界は、**神**の愛する世界ではあり得ない。それでも、**神の言葉**は**神**が世界を愛していると保証している。[7]**神の言葉**は、ここで平安が可能だと約束してきた。そして**神**が約束することが不可能であるはずはない。[8]しかし、**神**の約束が受け入れられるには、この世界は違った見方で見られる必要があるということも真実である。[9]世界のあり方は、事実であるにすぎない。[10]それが何であるべきかを、あなたが選ぶことはできない。[11]しかし、それをどのように見たいかは選択できる。[12]実際のところ、あなたはこれを選択しなければならない。

2. ここで再び、判断という問題に突き当たる。[2]今度は、自分の判断と**神の言葉**のどちらのほうが真実である可能性が高いかと、自分に尋ねてみなさい。[3]両者は世界について異なったことを語っており、それらはあまりに正反対であるため和解させようとすることには意味がない。[4]**神**は世界に救済を差し出している。あなたの判断は世界を咎めようとする。[5]**神**は死は存在しないと言う。あなたの判断は、生命《いのち》の必然的な結末としての死のみを見ている。[6]**神の言葉**は**神**が世界を愛しているとあなたに保証しているが、あなたの判断は、世界は愛しがたいものだと言う。[7]誰が正しいのだろうか。[8]両者のうちのどちらかが間違っている。[9]そうでないはずはない。

3. 「テキスト」は、聖霊が、あなたの作り出したあらゆる問題に対する**答え**であると説明している。[2]そうした問題は実在するものではないが、このことは、それらを信じている者たちにとっては無意味である。[3]そして誰もが自分の作り出したものを信じている。というのも、それは彼が信じることによって作り出されたものだからである。[4]この奇妙で逆説的な状況の中に——すなわち意味がなく分別に欠けているが、そこから脱出する道はないかに見え

ている状況の中に——**神**はあなたの判断に応えるために、**ご自身の審判**を送り込んだ。[5]穏やかに、**神の審判**があなたの判断に代わるものとなる。[6]そしてこの代替を通して、理解不可能なものが理解可能となる。[7]どのようにすれば、この世界の中で平安が可能となるのか。[8]あなたの判断によればそれは不可能であり、可能となることは絶対にあり得ない。[9]しかし**神の審判**によれば、ここに反映されているのは平安のみである。

4. 争いを眺めている者たちに、平安はあり得ない。[2]平安を差し出す者たちには、平安は必然である。[3]それならば、いかに容易に、世界に対するあなたの判断から逃れられることだろう！ [4]世界が平安を不可能に見せているのではない。[5]あなたの見ている世界のほうこそ、存在不可能なのである。[6]しかしこの歪んだ世界に対する**神の審判**が世界を救い、それを平安を迎えるにふさわしいものにした。[7]そして嬉々としてそれに応えて、平安が降りてくる。[8]今や、平安はここに属している。**神の想念**が入ってきたからである。[9]**神の想念**以外の何が、ただそれ自体として存在するだけで、地獄を天国に変えられるだろう。[10]地はその恩恵あふれる**臨在**を前にして頭《こうべ》を垂れ、それに応えて**神の想念**は身をかがめ、再び地を起き上がらせる。[11]今や質問は変わっている。[12]もはや、「この世界で平安が可能だろうか」ではなくなり、「ここでは、平安の不在は不可能ではなかろうか」となる。

十二． 世界を救うためには、何人の神の教師が必要か

1．この問いの答えは「ひとり」である。[2]学びを完了した全一にして完全無欠なひとりの教師だけで充分である。[3]聖別されて救われたこのひとりが、**神の子**そのものである**自己**となる。[4]常に完全に霊であった彼は、今ではもう自分を肉体と見なすことも、肉体の中に居ると見なすことさえもしない。[5]それゆえに、彼は無限である。[6]そして無限であるから、彼の想念は永遠にいつまでも**神の想念**とつながっている。[7]彼自身についての彼の知覚は**神の審判**に基づいており、彼自身の判断に基づいてはいない。[8]そのようにして彼は**神の意志**を共有し、未だに惑わされたままの心たちに**神の想念**を運ぶ。[9]彼は永遠に一なるものである。なぜなら、彼は**神**に創造されたままの彼だからである。[10]彼は**キリスト**を受け入れたのであり、救われている。

2．こうして、人の子が**神の子**となる。[2]これは実際には変化ではない。心が変わったのである。[3]外的なものは何一つ変わらない。しかし、今や、内的なものの一切が**神の愛**だけを反映している。[4]心が処罰の原因を見なくなるので、もはや**神**が恐れられることはあり得ない。[5]**神**の教師は大勢いるように見えるが、それはこの世界の必要がそうしたものだからである。[6]だが、一つの目的、しかも**神**と共有する一なる目的においてつながっている彼らが、どうして互いから分離していられるだろう。[7]それならば、彼らが数多くの形で現れるとしても、それが何だというのだろう。[8]彼らの**心**はひとつであり、彼らの合一は完全である。そして**神**は今や一なる存在としての彼らを通して働く。それが彼らの本性だからである。

3．なぜ多数という幻想が必要なのだろうか。[2]その理由は単に、妄想に惑わされている者にとって、実相は理解できるものではないからである。[3]**神の声**をわずかでも聞くことのできる者はきわめて少数であり、その彼らでさえ、**神**からのメッセージを自分に与えた霊を通して、直接それらのメッセージを伝達することはできない。[4]自らを霊であると悟っていない者たちへのコミュニケーションを可能にするような、媒体が必要になる。[5]すなわち、彼らにも見ることのできる肉体である。[6]そして、真理が彼らの中

に浮上させることになる恐れを介さずに、彼らが理解し耳を傾けることのできる声である。[7]恐れずに歓迎される場所にのみ真理は入ってこられるということを、忘れてはならない。[8]同様に、彼らの一体性はじかに認識されることは不可能なので、**神**の教師には肉体が必要である。

4. だが、彼らを**神**の教師とするのは、肉体の正しい目的についての彼らの認識である。[2]彼らがこの仕事で進歩するにつれて徐々に確信を強めていくのは、肉体の機能とは、**神の声**が肉体を介して人の耳に語れるようにすることだけだということである。[3]そしてその耳は聞く者の心へと、この世のものではないメッセージを運び、そのメッセージの**源**ゆえに、心は理解するだろう。[4]この理解から、この新任の**神**の教師の中に、肉体の真の目的とは何かについての認識が生まれる。それは、肉体にとって真に存在する唯一の用途についての認識である。[5]このレッスンだけで、一致の想念を招き入れるに充分であり、ひとつであるものがひとつとして認識される。[6]**神**の教師たちは分離という幻想を共有しているように見えるが、そうした外観にもかかわらず、彼らが肉体を用いる目的のゆえに、その幻想を信じてはいないことになる。

5. 中心となるレッスンは常に次の点にある。すなわち、肉体は、あなたがそれを何のために使うかという目的に即したものとなる。[2]肉体を罪のため、また罪と同じものである攻撃のために使うなら、あなたは肉体を罪深いものと見る。[3]それは罪深いものであるから弱いものであり、弱いものであるから苦しみ、死んでしまう。[4]**神の言葉**をもたない者に**神の言葉**をもたらすために使うなら、肉体は神聖なものとなる。[5]神聖であるから病気にはなり得ず、死ぬこともあり得ない。[6]その有用性がなくなったとき、それは横たえられる。それだけのことである。[7]心がこの決断をする。肉体の状態を左右する決断のすべてを行うのが心だからである。[8]ただし、**神**の教師はひとりでこの決断をするのではない。[9]ひとりで決断するなら、肉体を神聖に保つ目的とは別な目的を、肉体に与えることになる。[10]**神の声**は、**神**の教師の機能とは何かを彼に告げるのと同じように、彼がその役割を果たし終えたときも、彼にそのように告げるだろう。[11]彼は去るにしても、留まるにしても、苦しむことはない。[12]今や、彼にとって病気は不可能なものである。

6. 一体性と病気は共存できない。[2]**神**の教師たちは、しばしの間、夢を眺めることを選ぶ。[3]それは意識的な選択である。[4]なぜなら、すべての選択が、それがもたらす結果を充分に自覚した上で意識的になされることを、彼らは学んだからである。[5]夢はそれに反論する。しかし、夢の正体をひとたび認識したなら、いったい誰が、夢に信を置こうとするだろう。[6]夢を見ているという自覚こそが、**神**の教師の真の機能である。[7]彼らは、夢の中の人影が行き来し、千変万化し、苦しみ、死んでゆくのを見つめる。[8]だが、彼らは自分が見ているものに騙されない。[9]夢の中の人影を病んで分離していると見ることも、健康で美しいと見ることも、同じく実在性のないことだと、認識している。[10]一体性のみが、夢からのものではない。[11]そしてこれこそが、**神**の教師たちが夢の背後にあるものとして認識しているものであり、あらゆる外見を超えたものではあるが確かに彼らのものだと認めているものである。

十三．犠牲の真の意味は何か

1．真理においては、「犠牲」という言葉自体がまったく無意味であるが、この世界においては、確かにそれには意味がある。[2]世界のすべてのものごとと同様に、それがもつ意味は一時的なものであり、そのための用途がなくなったときには、それが生じてきた場である無の中に、いずれは消えてゆく。[3]今は、その真の意味は、それが一つのレッスンだということである。[4]このレッスンも、すべてのレッスンと同じく一つの幻想である。というのも、実相においては学ぶべきことは何もないからである。[5]だが、この幻想は、訂正の仕組みと入れ替えられなければならない。それは、最初の幻想と入れ替わるもう一つの幻想であり、それにより、最後には両方が消え去ることが可能になる。[6]別の思考体系が定着できるようになる前にまず取り除かれなければならない最初の幻想とは、この世界のものごとを手放すことは犠牲だという考えである。[7]この世界自体が幻想でしかないのだから、この考えが幻想でなくて何だろうか。

2．この世界が与えることのできるものなど何もないという事実を悟り、受け入れるには、多大な学びを必要とする。[2]無を犠牲にすることに、どのような意味があり得るだろうか。[3]それは、そうした犠牲のゆえにあなたの持ち分が減るという意味にはなり得ない。[4]この世界が定義する犠牲で、肉体に関連しないものはない。[5]世界が「犠牲」と呼んでいるものについて、しばし考えてみなさい。[6]権力、名声、金銭、肉体にまつわる楽しみなど、これらすべてのものの所有者である「主人公」とは誰だろうか。[7]こうしたものは、肉体以外のものにとって、何か意味があるだろうか。[8]だが、肉体には評価するということができない。[9]こうしたものごとを追い求めることによって、心は自らを肉体と結びつけて考え、自らの**アイデンティティー**を曖昧にし、自らの真の本性を見失う。

3．ひとたびこの混同が起こると、この世界の「楽しみ」のすべてが無であると理解することが、心には不可能となる。[2]しかし、このすべては、何という犠牲を伴うことだろう。そしてこれこそが、まさしく犠牲である！　[3]今や心は、見つけることなく探し求めるという運命を自分に宣告したことで、永遠に満足も充足もできず、自分が本当は何を見つけたいのかもわからなくなっている。[4]自分自身へのこのような宣告から、逃れられる者がいるだろうか。[5]**神の言葉**を通してのみ、逃れることが可能となり得る。[6]なぜなら、自分への宣告とは自分のアイデンティティーについての決断であり、誰も、自分で自分だと信じているものを疑うことはないからである。[7]あらゆるものごとを疑うことはできるが、これだけは決して疑えない。

4．**神**の教師たちが世界の楽しみを諦《あきら》めるのを残念に思うことはあり得ない。[2]苦痛を諦めることは犠牲だろうか。[3]大人が子供の玩具を諦めるのを嫌がるだろうか。[4]自らの心眼《ヴィジョン》ですでに**キリスト**の顔を垣間見た者が、屠殺場を懐かしんで振り返ったりするだろうか。[5]世界とその中にある病苦のすべてを逃れてきた者は、世界を咎めようとして振り返ったりはしない。[6]それどころか、世界の価値観が彼に要求していた犠牲のすべてから自分が自由であることを、彼は喜ぶに違いない。[7]世界の価値観に対して、彼は自分の平安のすべてを犠牲にしている。[8]それらに対して、自分の自由のすべてを犠牲にしている。[9]そしてそれらを所有するためには、彼は天国の希望と**父の愛**の想起を犠牲にしなければならない。[10]正気の心でいる者なら、いったい誰が一切の代替として無を選ぶだろう。

5．犠牲の真の意味とは何だろうか。[2]犠牲とは幻想を信じることの代償である。[3]それは、真理を否定するために支払わなければならない代価である。[4]この世界の楽しみのうちで、これを要求しないものは一つもない。そうでなかったなら、そうした楽しみは苦痛と見られることになり、それと認識して苦痛を求める者などいないからである。[5]彼を盲目にするのは、犠牲という概念である。[6]彼には、自分が何を求めているのかが見えていない。[7]それゆえに彼は、数限りない方法で、数限りない場所にそれを探しまわり、毎回、それはそこにあると信じつつも、その都度、最後には落胆することになる。[8]「探せよ、されど見つけることなかれ」がこの世界の厳しい掟であり続け、世界のゴールを目指す者で、それ以外のことができる者はいない。

6．自分が真に大切にしているもののすべてを犠牲にすることをこのコースが要求していると、あなたは信じているかもしれない。[2]ある意味では、それは真実である。なぜなら、あなたは**神の子**を十字架につけるものを大切にしており、このコースの目的は**神の子**を自由にすることだからである。[3]しかし、犠牲が何を意味しているのかを誤解してはならない。[4]それは常に、自分が望んでいるものを諦《あきら》めることを意味する。[5]**神**の教師たちよ、それならば、あなたが望むものとはいったい何なのだろうか。[6]あなたは**神**に召し出され、そしてそれに応えた。[7]今になって、あなたはその**召命**を犠牲にしようというのだろうか。[8]まだごく少数の者たちしかそれを聞いてはいない。そして、彼らにはただあなたに頼ることしかできない。[9]その他に、この世界のどこにも彼らが信頼できる希望はない。[10]その他に、この世界のどこにも**神の声**をこだまする声はない。[11]あなたが真理を犠牲にしようとすれば、彼らは地獄にとどまる。[12]そして彼らがそこにとどまるなら、あなたも彼らと共にとどまることになる。

7. 犠牲とは全面的なものであることを忘れてはならない。[2]中途半端な犠牲というものはない。[3]天国を部分的に諦めることはできない。[4]少しだけ地獄に居るということもできない。[5]**神の言葉**に例外はない。[6]このことが、それを神聖にし、世界を超越したものとする。[7]この聖性が、**神**への道を指し示す。[8]この聖性が、あなたを安全にする。[9]何のためであれ、あなたが兄弟を攻撃するなら、この聖性は否定される。[10]ここにおいて、**神**からの分裂が生じるからである。[11]それは、あり得ない分裂である。[12]起こり得ない分裂である。[13]それでも、それは、あなたが確実に信じることになる分裂である。なぜなら、あり得ない状況をあなたが設定してしまったからである。[14]そしてその状況においては、あり得ないことが起こり得るように見える。[15]それは真理を「犠牲にして」起こるように見える。

8. **神**の教師よ、犠牲の意味を忘れてはならない。そして、あなたが下す決断の一つひとつが、代償という観点から何を意味するかを思い出しなさい。[2]**神**を選ぶ決断をしなさい。そうすれば、一切があなたに無償で与えられるだろう。[3]**神**に逆らう決断をするなら、あなたは一切についての自覚を代償にして、無を選ぶことになる。[4]あなたは何を教えたいだろうか。[5]あなたが学びたいことだけを覚えていなさい。[6]なぜなら、あなたの関心は、そこに留まるべきだからである。[7]贖罪はあなたのためにある。[8]あなたの学びが、それをあなたのものとし、あなたの学びが、それを与える。[9]世界はそれを内包してはいない。[10]ただこのコースを学びなさい。そうすれば、それはあなたのものとなる。[11]**神**が**御言葉**《みことば》をあなたに差し出しているからである。それは、**神**が教師たちを必要としているからである。[12]**神の子**を救うために、他にどのような道があるだろうか。

十四．世界はどのように終わるのか

1．始まってもいないものに、真に終わりがあり得るだろうか。[2]世界は、それが始まったときと同じく、幻想の中で終わる。[3]だが、その結末は慈悲という幻想である。[4]誰も除外せず、限りなく優しい完全な赦しという幻想が、それを包み、すべての悪を隠し、すべての罪を覆い、罪悪を永遠に終わらせるだろう。[5]そのようにして、罪悪が作り出した世界は終わる。なぜなら、そのときそれには目的がなくなり、それは消え去っているからである。[6]幻想を生み出した父とは、幻想に目的があるという信念である。すなわち、幻想が何らかの必要に応え、望みをかなえるという信念である。[7]目的のないものとして知覚されたなら、もはやそれらが見られることはなくなる。[8]それらの無用性が認識され、消えてしまう。[9]これ以外にどのようにして、すべての幻想が終わるだろうか。[10]それらは真理のもとに運ばれており、真理はそれらを見なかった。[11]真理はただ無意味なものを見過ごしただけである。

2．赦しが完了するまでは、世界には確かに目的がある。[2]それは、赦しの発祥の地となり、そこで赦しが成長し、力を増し、すべてを包み込むようになる。[3]ここでそれが必要とされるので、ここでそれが育まれる。[4]それは、罪が作り出されて、罪悪が実在するかに見える場所で生まれた、優しい**救済者**である。[5]ここに**彼**の家がある。なぜなら、ここでこそまさしく**彼**が必要とされているからである。[6]**彼**が自ら世界の終わりを運んでくる。[7]**神**の教師たちは**彼**の**呼びかけ**に応えるのであり、**彼の言葉**を受け取るために、静かに**彼**のほうを向く。[8]世界の中にあるすべてのものが、**彼**の審判によって正しく裁かれたとき、この世界は終わる。[9]世界は聖性の祝福を受けて終わるだろう。[10]罪の想念が一つも残っていないとき、世界は過ぎ去る。[11]破壊されることも、攻撃されることもなく、触れられることさえない。[12]ただ、存在しているように見えることをやめるだけである。

3．確かに、これははるか遠い未来のことのように思える。[2]「罪の想念が一つも残っていないとき」とは、まさに長期にわたって目指すゴールであるかに見える。[3]しかし、時間は静止して**神**の教師のゴール達成を待っている。

[4]**神**の教師の誰かひとりが贖罪を自分自身に受け入れた瞬間に、罪の想念は一つも残っていないだろう。[5]一つの罪を赦すほうがすべての罪を赦すより易しいということはない。[6]難しさの序列という幻想は、**神**の教師が、通り過ぎ、後にしなければならない障害である。[7]ひとりの**神**の教師により完全に赦されたひとつの罪が、救済を完全なものにする。[8]あなたにこれが理解できるだろうか。[9]できはしない。ここに居る誰にとっても、それは意味をなさない。[10]それでも、それが最後のレッスンであり、そこにおいて一体性が回復される。[11]それは世界の思考のすべてに逆行するものであるが、天国もまた、世界の思考に逆行するものである。

4. 世界の思考体系が完全に逆転したときに、世界は終わる。[2]それまでは、世界の思考の断片の数々が、依然として良識あるものに見えることだろう。[3]世界の終わりをもたらす最後のレッスンは、世界を離れてその狭い領域を超えて進む用意がまだできていない者たちに、把握できるものではない。[4]それならば、この締めくくりのレッスンにおける**神**の教師の機能とは何だろうか。[5]彼に必要なのは、どうすればそれに近づけるかを学ぶことだけであり、その方向に進もうという意欲をもつことだけである。[6]それが彼に学ぶことのできるレッスンだと**神の声**が言うのなら、自分はそれを学べると、彼はただ信頼すればよい。[7]彼はそれを難しいとも易しいとも判断しない。[8]彼の**教師**がそれを指し示してくれる。そしてそれを学ぶ方法をその**教師**が教えてくれることを、彼は信頼する。

5. 世界は悲しみの場所であるから、喜びの中で終わることになる。[2]喜びが訪れたときには、世界の目的は過ぎ去っている。[3]世界は争いの場所であるから、平安の中で終わることになる。[4]平安が訪れたときには、世界にどんな目的があるというのだろう。[5]世界は涙の場所であるから、笑い声の中で終わることになる。[6]笑い声があるところで、誰が泣き続けていられるというのだろう。[7]そして完全な赦しのみが、これらすべてをもたらし、世界を祝福する。[8]世界は祝福の中で去っていく。それは、始まった通りには終わらないからである。[9]地獄を天国に変えることが、**神**の教師たちの機能である。彼らが教えるのは、天国が反映されているレッスンだからである。[10]だから今、真に謙遜になって坐り、**神**があなたにさせようとすることならあなたにはできると悟りなさい。[11]傲慢にも、あなたには**神ご自身**のカリキュラムを習得できないなどと言ってはならない。[12]**神の言葉**はそうは言っていない。[13]**神の意志**は行われる。[14]それ以外ではあり得ない。[15]だから、そうであることに感謝しなさい。

十五．最後には一人ひとりが審判されるのか

1．まさしく、その通りである！ [2]**神の最後の審判**から逃れられる者はいない。[3]いったい誰が、真理から永遠に逃げ果《おお》せるだろう。[4]しかし、**最後の審判**は、それがもはや恐れと結びつけて考えられなくなるときまでは訪れない。[5]いつの日か、誰もがそれを歓迎するようになる。その日にこそ、それが彼に与えられる。[6]自分に対する**神の最後の審判**を受け取るとき、彼は、世界中のあらゆるところで自分の無罪性が宣言されて世界を解放するのを聞くだろう。[7]これが**審判**であり、その中に救済が内包されている。[8]これが、彼を自由にする**審判**である。[9]この**審判**の中で彼と共にすべてが解放される。[10]永遠が近づくと時間は停止し、世界は静まりかえり、すべての者が**神の子**についてのこの**審判**を聞くだろう。

[11]あなたは神聖なる者、永遠にして自由であり、全一なる者。**神のこころ**の中で永久《とわ》に安らかな者。[12]今、どこに世界があり、どこに悲しみがあるだろう。

2．**神**の教師よ、これが自分自身に対するあなたの審判だろうか。[2]これが完全に真実だと、あなたは信じているだろうか。[3]いや、今はまだ、信じてはいない。[4]しかし、依然として、これがあなたのゴールであり、それがあなたがここに居る理由である。[5]あなたの機能は、この**審判**を聞き、それが真実であると認識できるように自分自身を準備することである。[6]このことを完全に信じる一瞬があれば、あなたは信念を超えて**確かさ**へと移行する。[7]時間の外の一瞬があれば、時間の終わりをもたらし得る。[8]裁かずにいなさい。なぜなら、あなたが裁くのは自分自身だけであり、それによりこの**最後の審判**を遅らせることになるからである。[9]**神**の教師よ、世界についてのあなたの審判はどのようなものだろうか。[10]あなたは脇に退いて自分の内なる**審判の声**から聞くことを、もう学んだだろうか。[11]それとも、依然として**聖霊**からその役割を取り上げようとしているだろうか。[12]静かにすることを学びなさい。なぜなら、**聖霊の声**は静寂の中で聞こえるからである。[13]そして**聖霊の審判**は、脇に退いて静かに耳をすまし、**聖霊**を

待つすべての者に訪れる。

3．あなたは、ときには悲しみ、ときには憤《いきどお》り、またあるときは、自分に当然与えられるべきものが与えられていないと感じ、自分の最善の努力が感謝されないばかりか軽蔑されていると感じることがある。こうした愚かな考えは放棄しなさい！ [2]それらはあまりに卑小かつ無意味であり、これ以上一瞬たりともあなたの聖なる心を占領すべきものではない。[3]**神の審判**はあなたを自由にしようとして、あなたを待っている。[4]世界の贈り物をあなたがどのように審判しているかは別として、世界は、あなたが手に入れたいと思うような何を差し出すことができるというのだろう。[5]あなたは審判されることになるが、それは公正で誠実な審判である。[6]**神**には欺瞞はない。[7]**神**の約束は確かである。[8]ただそれだけを覚えておきなさい。[9]最後に受け入れられるのは**神による審判**であり、ただそれのみであると、[10]その最後の時を早めることが、あなたの機能である。[11]**神の審判**を大切に胸《こころ》に抱き、それを安全に保つために全世界に差し出すことが、あなたの機能である。

十六.　神の教師は、どのように一日を過ごすべきか

1. 進歩した神の教師にとっては、この質問は無意味である。[2]レッスンは日々変化するので、学習要目《プログラム》といったものはない。[3]だが、神の教師は一つのことだけは確信している。すなわち、レッスンがでたらめに変化するわけではないということである。[4]このことを見て取り、それが真実だと理解しているので、彼は満足している。[5]彼は、今日も明日も、毎日、自分が果たすべき役割のすべてについて教えられるだろう。[6]そして、その役割を彼と共有する者たちは彼を見つけ出し、それにより、その日のレッスンを共に学べるようになる。[7]彼に必要な者がひとりでもそこに不在ということはない。また、その日にこそ学べる学習目標があらかじめ定められていないままで送られてくる者はひとりもいない。[8]それならば、進歩した神の教師には、この質問は無用である。[9]それはすでに問われて、答えられており、彼はその答えと恒常的に接触を保っている。[10]彼には準備ができており、自らの歩む道が確実かつなだらかに目の前に伸びているのを見ている。

2. しかし、まだこうした確信に達していない者たちはどうだろうか。[2]彼らはまだ、自分自身の役割に枠組みを設けずにいられるだけの準備はできていない。[3]一日を神に捧げることを習得するには、彼らは何をしなければならないのだろうか。[4]該当する一般的なルールはいくつかあるが、それらは各自が自分なりの最善のやり方で使わなければならない。[5]そうしたルールをそのまま日課とすることは、危険である。なぜなら、日課それ自体が神々となりやすく、日課が達成しようとしていたゴールそのものを脅かしがちだからである。[6]それゆえに、大まかに言えば、一日を正しく始めるのがよいということは言える。[7]一日の始め方を間違えたとしても、いつでもやりなおすことはできる。[8]しかし、時間を省くという意味では、正しく始めることには明らかな利点がある。

3. 最初のうちは、時間という観点から考えるのが賢明である。[2]これは決して究極の基準ではないが、初期の段階ではおそらく最も容易に遵守できるものである。[3]時間を省くことが初期において不可欠な強調点であり、これは学びの全過程にわたり重要であり続けるとはいえ、先へ進

むにつれて次第に強調されなくなる。[4]初期の段階では、一日を正しく始めることに捧げた時間が確実に時間を省くことになると言ってさしつかえない。[5]どのくらいの時間をそのように過ごすべきだろうか。[6]これは**神**の教師自身に任されなければならない。[7]彼は「ワークブック」を学び終えるまでは、「**神**の教師」という肩書きを自分のものと主張することはできない。私たちはこのコースの枠内で学んでいるからである。[8]「ワークブック」に含まれているような、枠組みが設けられた練習期間を修了したのちであれば、おもに個々人の必要が考慮の対象となる。

4. このコースは常に実用的である。[2]**神**の教師が朝目覚めたときに、静かな思いに浸れる状況にないということもあるかもしれない。[3]そのような場合には、可能になり次第すぐに**神**と共に時を過ごすことを選ぼうとだけ覚えておき、そのようにすればよい。[4]時間の長さはさほど重要ではない。[5]目を閉じて一時間坐っていても、何も達成されないということはよくある。[6]ほんの一瞬を**神**に捧げて、その一瞬のうちに、**神**と完全につながるということも、同様に容易に起こり得る。[7]おそらく、一つの一般論としては次のように言うことができる。目が覚めた後、できる限り早いうちに静かな時間をもち、それが難しいと感じ始めた後も、一、二分は続けてみる。[8]その難しさは減少し、消えてしまうかもしれない。[9]もしそうならなければ、その時が、やめるべき時である。

5. 夜も同じようにする。[2]もし、静かに過ごす時間を就寝の直前にとることができそうもなければ、その夜の比較的早い時間にそれを行うのがよいだろう。[3]横になって行うのは賢明ではない。[4]あなたが好む姿勢で、きちんと坐って行うのがよい。[5]「ワークブック」を修了したあなたは、この点についてはすでに何らかの結論に達していることだろう。[6]しかし、できるなら、就寝の直前が、**神**に捧げるのに望ましい時間である。[7]それはあなたの心を休息しやすい状態にし、あなたを恐れから離れる方向へ向かわせる。[8]この時間を早めにとるほうが都合のよい場合でも、就寝直前にもほんの一瞬でよいから目を閉じて、**神**について考えるわずかな時間をもつことだけは忘れないようにしなさい。

6. 特に、一日中覚えておくべき一つの想念がある。[2]それは、純粋な喜びの想念である。すなわち、平安の想念でもあり、限界のない解放の想念でもある。限界がないというのは、その中ではすべてのものごとが解き放たれているからである。[3]あなたは、自分で自分のために安全の場所を作り出したと考えている。[4]夢の中で見る恐ろしいものごとのすべてから自分を救える力を、自分で作り出したと考えている。[5]それは事実ではない。[6]あなたの安全はそこにはない。[7]あなたが放棄するのは、幻想を保護しているという幻想だけである。[8]そしてあなたが恐れているのはこのことであり、ただ、これだけである。[9]無でしかないものをこんなにも恐れているとは、何と愚かなことだろう！　[10]まったくの無でしかないというのに！　[11]あなたの防衛がうまくいくことはないが、あなたは危険にさらされてはいない。[12]防衛など必要ないのである。[13]これを認識しなさい。そうすれば、それは消えてしまうだろう。[14]そしてそのときこそ、あなたは真に自分を保護してくれるものを受け入れるだろう。

7．**神**の庇護を受け入れた**神**の教師にとって、時間は、何と簡素に楽々と過ぎていくことだろう！　[2]それまで安全という名目で彼が行《おこな》っていたすべてのことが、もはや彼の興味を引かなくなる。[3]なぜなら、彼は安全であり、また、自分が安全だと知っているからである。[4]彼には、決して失敗することのない**導き手**がいる。[5]彼は自分が知覚しているいくつもの問題に、何の区別をつける必要もない。なぜなら、それらすべての問題を抱える彼が頼みとしている**聖霊**は、それらの解決において難しさの序列を認めていないからである。[6]彼は、幻想を心に受け入れる以前や手放した後と同じく、現在においても安全である。[7]異なった時間や、異なった場所にあっても、彼の状態にはいかなる相違もない。それらは、**神**にとってはみな同一だからである。[8]これが彼の安全性である。[9]そして彼には、これ以上のことは必要ない。

8．だが、**神**の教師がこれから旅する道にはさまざまな誘惑があるので、一日を通して、自分が守られていることを自分自身に思い出させる必要はある。[2]どのようにすればそれができるのだろうか。とりわけ、彼の心が外的なものごとに囚われているときには、どうすればよいのだろうか。[3]ただやってみるしかない。そして、うまくいくかどうかは、自分がうまくやれるという彼自身の確信にかかっている。[4]彼が確信しているべきことは、成功は自分がもたらすのではなく、自分がそれを呼び求めるときにはいつでも、どこでも、どんな状況でも、与えられるということである。[5]彼の確信が揺らぐときはあるだろう。そして、それが起こった瞬間には、彼は自分のみに頼ろうとする以前のやり方に戻ってしまうだろう。[6]これが魔術であることを忘れてはならない。そして魔術とは、真の援助の粗末な代替である。[7]そのようなものでは**神の子**には不充分なので、**神**の教師にも不充分である。

9．魔術の回避とは、誘惑の回避である。[2]というのも、すべての誘惑は、**神**の意志を別な意志で代用しようとする試み以上のものではないからである。[3]こうした試みは確かに恐ろしく見えるかもしれないが、単に哀れなものであるにすぎない。[4]それらは何の結果ももたらさない。良くもなく悪くもなく、報奨をもたらすことも犠牲を要求することもせず、癒すでもなく破壊するでもなく、安心させるものでも恐ろしいものでもない。[5]すべての魔術が単なる無として認識されたとき、**神**の教師は最も進歩した状態に達したことになる。[6]そこに至るまでのレッスンはみな、ただそこに導いていき、そのゴールを認識しやすくするだけである。[7]なぜなら、いかなる形をしたいかなる種類の魔術であれ、それが行うことはまったくの無だからである。[8]その無力性こそが、そこから容易に逃れられる理由である。[9]何の結果も生み出さないものが、恐怖をもたらすことなどできるはずもない。

10. **神の意志**に代替はない。[2]端的に言えば、**神**の教師はこの事実に対して一日を捧げるのである。[3]実在するものとして彼が受け入れる代替は、どれもただ彼を欺くだけである。[4]しかし彼自身は、自分でそう決めればすべての欺瞞から安全に守られる。[5]彼は次の言葉を覚えておくことが必要かもしれない。「**神**が私と共に居る。[6]私は欺かれることはあり得ない」。[7]あるいは、彼が好むのは、別の表現であったり、一つの単語であったり、無言でいることであったりするかもしれない。[8]しかし、魔術を真実として受け入れたい誘惑はどれも、彼が自ら認識して、手放さなければならない。それが恐ろしいからでも、罪深いからでも、危険だからでもなく、単に無意味だからである。[9]一つの誤りの二つの側面にすぎないもの、すなわち犠牲と分離に根ざしているので、彼はただ、もとより一度ももっていたことのないものを手放す選択をするだけである。[10]そしてこの「犠牲」と引き換えに、天国が彼の自覚に戻ってくる。

11. この交換こそが、あなたの望むものではないだろうか。[2]世界は、そのような交換ができると知ったなら、喜んでそうするだろう。[3]それができるということを、**神**の教師たちが教えなければならない。[4]それゆえに、それを確実に学ぶことが彼らの機能である。[5]あなたが魔術を信頼しない限り、一日中、いかなる危険もあり得ない。苦痛へと行き着くのは魔術への信頼だけだからである。[6]「**神の意志**の他に意志はない」。[7]**神**の教師たちは、これが確かにそうだと知っており、これ以外の一切は魔術だということを学んでいる。[8]魔術を信じる信念のすべては、「それには効果がある」という、ただ一つの単純な幻想によって維持されている。[9]**神**の教師の訓練期間中、毎日、毎時、毎分、そして刻一刻、魔術のさまざまな形を認識し、その無意味さを知覚することを学ばなければならない。[10]それらの形から恐れが取り去られ、それゆえに、それらは消え去る。[11]そのようにして、天国の門は再び開かれ、その光が安らかな心を再び照らすことができるようになる。

十七．神の教師は、魔術的想念にどのように対処すべきか

1．これは教師と生徒の両方にとって、要《かなめ》となる質問である。[2]もしこの問題が誤って扱われているなら、**神**の教師は自分自身を傷つけ、自分の生徒をも攻撃したことになる。[3]これは恐れを強め、双方にとって魔術を非常に実在性あるものに見せる。[4]それゆえに、魔術にどのように対処するかが、**神**の教師が習得すべき主要なレッスンとなる。[5]ここにおける彼の最初の責任は、それを攻撃しないことである。[6]もし一つの魔術的な考えが何らかの形の怒りを喚起するとしたら、**神**の教師は罪を信じる自分の信念を強めてしまい、自分自身に有罪宣告をしたと思って間違いない。[7]また彼は、憂鬱、苦痛、恐れ、災厄が自分のもとに訪れることを自分で求めたということも、確信してよい。[8]それならば、彼が教えたいのはこのようなことではないと、彼に思い出させよう。なぜなら、彼が学びたいことはこのようなことではないからである。

2．けれども、魔術を強化するような形で魔術に応答したくなる誘惑というものはある。[2]しかも、これは必ずしも常にそれとわかるようなものではない。[3]実はそれは、助けたいという願望の背後に容易に隠されてしまうことがある。[4]この二重の願望が、その助けをほとんど価値のないものとし、望ましくない結果へと導かずにはいない。[5]さらに忘れてならないのは、もたらされる結果は常に教師と生徒の両方に訪れるということである。[6]あなたが与えるものは自分自身に与えているにすぎないと、何度強調されてきたことだろう。[7]このことは、**神**の教師が自分の援助を必要としている者たちに差し出す助けの種類において、何よりもよく示されるのではないだろうか。[8]ここにおいて、彼への贈り物が最もはっきりと彼に与えられる。[9]なぜなら、彼は自分自身のために選んだものだけを与えることになるからである。[10]そしてこの贈り物の中に、聖なる**神の子**についての彼自身による審判がある。

3．誤りを訂正するには、それが一番よく目につくところで行うのが最も容易である。そして、誤りというものは、それがもたらす結果によって認識できる。[2]真に教えられたレッスンは、一つの意図を共有した教師と生徒を、ただ解放に導くだけである。[3]攻撃が入りこめるのは、別々の

ゴールについての知覚が侵入したときだけである。[4]そして、結果が喜び以外のものであるなら、確かにそれが侵入したに違いない。[5]教師のもつ単一の目標が、生徒の分割されたゴールを一つの方向に向かわせ、助けを求める呼びかけが生徒の唯一の懇願となる。[6]そうなれば、その懇願にはただ一つの答えで容易に応答することができるようになり、この答えが教師の心に確実に入ってくる。[7]そこから、それが生徒の心を照らし、彼の心を教師の心とひとつにする。

4．誰も事実に対して怒ることはできないと覚えておくことが、おそらく役に立つだろう。[2]否定的な感情を引き起こすのは常に、解釈である。たとえ、事実のごとく見える何かがそうした感情を正当化しているように見えていても、それとは無関係である。[3]また、喚起されている怒りがどのくらい激しいかということとも、無関係である。[4]その怒りは、はっきりと認識することすらできないような単なる軽いいらだちかもしれない。[5]あるいはまた、激しい激怒の形をとり、それに伴って暴力の考えが空想されたり、目に見えるように行動に移されたりするかもしれない。[6]そうしたことは問題にならない。[7]これらの反応はすべて同じものである。[8]それらはみな真理を覆い隠すのであり、このことは決して程度の差の問題とはなり得ない。[9]真理は明白であるか、そうでないか、どちらか一方でしかない。[10]それが部分的に認識されることはあり得ない。[11]真理を自覚していない者は、幻想を見る以外にない。

5．知覚された魔術的想念に対する反応としての怒りが、恐れの根本的原因である。[2]この反応が何を意味するかよく考えてみなさい。そうすれば、この世界の思考体系においてそれが中心的な位置を占めていることが明らかになる。[3]魔術的な考えは、それが一つでも存在しているだけで、**神**からの分離を認めていることになる。[4]それが最も明らかな形で述べていることは、自分が**神の意志**に反抗できる分離した意志をもっていると信じている心は、自分はそれをうまくやり遂げられるとも信じているということである。[5]このようなことはおよそ事実ではあり得ないということは、明白である。[6]しかし、それを事実であるかのように信じることができるということも、同様に明白である。[7]そしてここに、罪悪の起源がある。[8]**神**の地位を横領し、それを自分のものとする者には、今や、不倶戴天《ふぐたいてん》の「敵」がいることになる。[9]そして彼はひとりで自分を守らねばならず、決して静まらない憤激と、飽くことなき復讐心から自分自身を安全に守るために、盾を作り出さなければならない。

6．このような不公平な戦いが、どうして解決され得るだろう。[2]それがもたらすものは死に違いないのだから、それが終わることは避けられない。[3]それならば、自分を防衛できるものがあると信じることなど、どうしてできるだろう。[4]ここで再び、魔術に助けてもらわねばならない。[5]戦いのことは忘れてしまえ。[6]それを事実として受け入れて、それから、それを忘れてしまえ。[7]自分に勝ち目がないということは思い出してはいけない。[8]「敵」の巨大さについても思い出さず、それと比べた自分の虚弱さについても考えてはいけない。[9]自分の分離を受け入れるのはいいが、それがどのようにして生じたかは思い出してはいけない。[10]自分は戦いに勝ったと信じるのはいいが、自分の大いなる「敵」が実際には**誰**だったかについては少しでも覚えていてはいけない。[11]こうして自分の「忘却」を**その存在**に投影することで、あなたには、**その存在**もまたそれを忘れてしまったように思える。

7. しかしこうなると、すべての魔術的想念に対するあなたの反応はどのようなものとなるだろう。[2]それらは、あなたが隠していただけで手放してはいなかった眠れる罪悪感を、再び目覚めさせることにしかなり得ない。[3]その一つひとつが、あなたの怯えた心に向かってはっきりと次のように言う。「あなたは**神**の地位を横領した。[4]**神**がそれを忘れたと思ってはならない」。[5]ここに、**神**に対する恐れが最も歴然と表現されている。[6]なぜなら、その考えの中で、罪悪感はすでに、狂気を**神**の玉座に据えてしまったからである。[7]そうなると、望みは絶たれてしまう。[8]殺すしかない。[9]今や、ここに救済がある。[10]怒った父親が罪を犯したわが子を追いかける。[11]殺すか、殺されるか、選択できるのはこれだけだからである。[12]これ以外に選択肢はない。なぜなら、すでに為されたことは、もはやそれ無しですませることはできないからである。[13]染みついた血痕は決して消すことはできず、この血痕を帯びている者は誰でも死ぬ以外にない。

8. この絶望的状況に、**神**は教師たちを遣わす。[2]彼らは**神**からの希望の光を運ぶ。[3]脱出を可能にする方法がある。[4]それは学ぶことも教えることもできるが、それには忍耐と多大な意欲が必要である。[5]それを前提とする限り、このレッスンの明らかな単純さは、暗い地平線を背景にした真っ白な光のように、くっきりと浮かび上がる。それはまさにそうしたものだからである。[6]怒りは事実からではなく解釈から生じるというのなら、怒りは決して正当化できない。[7]たとえぼんやりとでもこのことが把握されたなら、道は開かれる。[8]今や、次の一歩を踏み出すことが可能になる。[9]ついに解釈を変えることができる。[10]魔術的想念は、咎められる必要はない。なぜなら、それらには実際に罪悪を生じさせる力はないからである。[11]それゆえに、それらは看過され得るものであり、真の意味で忘れることのできるものである。

9．狂気は、恐ろしく見えるだけである。[2]真理においては、それには何を作り出す力もない。[3]その僕《しもべ》となる魔術と同様、それは攻撃することも保護することもしない。[4]それを見てその思考体系を認識するということは、無を見ることとである。[5]無が怒りを喚起できるだろうか。[6]できはしない。[7]だから、**神**の教師よ、怒りとは、存在していないものを一つの現実として認識することだと覚えておきなさい。しかし、その怒りは、あなたがそれを事実として信じているということの確かな証拠である。[8]そうなったときあなたは、自分は自分自身の解釈に応答したのであり、その解釈は自分が外界に投影したものだということがわかるまでは、脱出不可能となる。[9]この残酷な剣《つるぎ》を、今、あなたから取り除いてもらいなさい。[10]死は存在しない。[11]この剣は存在していない。[12]**神**に対する恐れは無因のものである。[13]しかし、**神の愛**は、あらゆる恐れを超える一切のものの**原因**であり、したがって、永遠に実在し、常に真実である。

十八．訂正はどのようにして行われるのか

1．**神**の教師が解釈を事実と混同したり、幻想を真理と混同したりすることがなくなるまでは、永続する訂正が行われることはない。そして、永続する訂正のみが、真の訂正である。[2]もし彼が何らかの魔術的な考えについて自分の生徒と論争し、それを攻撃し、それが誤りであることを立証しようとしたり、その誤謬性を論証しようとしたりするなら、彼はそうした考えが実在していると証言しているにすぎない。[3]そうなると、憂鬱は避けられなくなる。なぜなら、彼は自分の生徒と自分自身に対して、実在するものから逃れることが自分たちの任務だと「証明」したことになるからである。[4]そしてそのようなことをするのは不可能である。[5]実相は不変である。[6]魔術的想念は単なる幻想である。[7]そうでなければ、救済もまた、昔ながらの不可能な夢が形を変えただけのものにすぎないということになる。[8]だが、救済の夢には新しい内容がある。[9]異なっているのは、形のみではない。

2．**神**の教師にとっての主要なレッスンは、魔術的想念に対しまったく怒りを抱かずに反応する方法を学ぶことである。[2]それを学ぶことによってのみ、彼らは自分自身についての真理を宣言することができる。[3]今や、彼らを通して、**聖霊**が**神の子**の実相について語ることができるようになる。[4]こうして、**聖霊**は世界に無罪性を思い出させることができる。無罪性とは、**神**が創造したすべてのものの状態であり、唯一の不変にして変更不可能な状態である。[5]今や、**聖霊**は聞こうとする耳に**神の言葉**を語り、見える目に**キリスト**の心眼《ヴィジョン》をもたらすことができるようになる。[6]今や、**聖霊**は、すべての心たちに心とはいかなるものであるかという真理を教えられるようになり、それによってすべての心たちは、喜び勇んで**神**のもとへと戻っていく。[7]そうして今や罪悪は、**キリスト**の視覚と**神の言葉**において完全に看過されて、赦される。

3．怒りは、ただ「罪悪は実在する！」と金切り声をあげる。[2]この狂った信念が**神の言葉**の代わりとして受け取られるとき、実相は抹消されてしまう。[3]今や、肉体の目が「見る」ことができ、肉体の耳だけが「聞く」ことができるということになる。[4]そのわずかな空間とかすかな息

づかいが、実在性の尺度となる。[5]そして真理は矮小で無意味なものとなる。[6]これらすべてと、それに立脚している世界に対し、訂正はただ次のような一つの答えを差し出す。

[7]あなたは解釈を真理と取り違えているだけである。[8]そしてあなたは間違っている。[9]しかし間違いは罪ではなく、あなたの間違いによって実相はその玉座を奪われてはいない。[10]**神**は永遠に君臨し、**神**の法則だけが、あなたとこの世界を支配している。[11]**神の愛**のみが、存在する唯一のものであり続ける。[12]恐れは幻想である。あなたは**神**と同質のものだからである。

4. したがって、癒すためには、**神**の教師が自らの間違いをすべて訂正してもらうことが不可欠となる。[2]彼が誰かに応答する際に、たとえかすかにでもいらだちを感知したなら、その瞬間ただちに、自分が真実ではない解釈をしたと彼に認識させなければならない。[3]その後、彼を内なる永遠の**導き手**に向かわせ、どう返答すべきかをその**導き手**に判断してもらわなければならない。[4]そのようにして彼は癒され、彼の癒しにおいて、彼の生徒も彼と共に癒される。[5]**神**の教師の唯一の責任は、贖罪を自分に受け入れることだけである。[6]贖罪とは訂正であり、誤りを取り消すという意味である。[7]これが達成されたとき、**神**の教師は、奇跡を行う者になったと定義される。[8]彼の罪は赦されており、彼はもはや自分自身を咎めることはしない。[9]そのとき、彼に誰かを咎めることなどできるだろうか。[10]そして、彼による赦しが癒すことのできないような誰かがいるだろうか。

十九．正義とは何か

1．正義とは、不正義に対する**神**による訂正である。[2]不正義が、世界のすべての裁きの根拠である。[3]正義は、不正義が引き起こす解釈を訂正し、相殺する。[4]天国には正義も不正義も存在しない。誤りは起こり得ず、訂正は無意味だからである。[5]しかし、この世界では、赦しは正義に依拠している。すべての攻撃は不正でしかあり得ないからである。[6]正義とは、**聖霊**が世界に下す判決のことである。[7]**聖霊**の審判によらなければ、正義は不可能である。なぜなら、この世界には、公正な解釈だけをして、すべての不正義を退けることのできる者はいないからである。[8]**神の子**が公平に審判されていれば、救済の必要はないはずである。[9]分離の想念など、永遠に、思いもよらないものだっただろう。

2．正義も、その対極と同様に、一つの解釈ではある。[2]しかしそれは、真理に至る唯一の解釈である。[3]これが可能となる理由は、正義はそれ自体では真実ではないとはいえ、真理に対立するものを何一つ含んでいないからである。[4]正義と真理の間には何ら本質的な葛藤はなく、一方は他方へ向かう最初の小さな一歩にすぎない。[5]進んでいくにつれ、この道はかなり違ったものとなっていく。[6]また、旅を続けるにつれて目前に現れてくる壮大さや、雄大な景観や、広々と開けていく眺望のすべてについて、あらかじめ知ることはできない。[7]だが、それらの壮麗さは先に進むにつれて言葉に尽くせぬ高みにまで達するとはいえ、そうしたものでさえ、この道程が消滅してそれと共に時間が終わるときに待っているすべてに比べれば、その足元にも及ばない。[8]しかし、人はどこからか出発しなければならない。[9]正義がその始まりである。

3．あなたの兄弟やあなた自身についてのあらゆる概念や、未来の状態に対する恐れや過去に関する懸念のすべては、不正義から生じる。[2]これは肉体の目の前に掲げられて、知覚を歪めているレンズであり、これが、そのレンズを作り出して大切にしている心へと、歪んだ世界の証《あか》しを持ち帰る。[3]世界の概念はどれもみな、まさにこの方法で、選択的かつ独断的に構築されている。[4]「罪」は、入念な選択により知覚され、正当化され、その選択性の中では、全一性に関するすべての想念が失われている。[5]そのような計略の中には、赦しの居場所はない。どの「罪」も永遠に真実であるかに見えるからである。

4. 救済とは**神**の正義である。[2]それは、決裂して分離したものとして知覚されている無数の断片の本来の全一性を、あなたが再び自覚できるようにする。[3]これが、死に対する恐れを克服する。[4]なぜなら、分離した断片は朽ちて死ぬ以外にないが、全一性は不滅だからである。[5]それは**創造主**とひとつであるから、いつまでも永遠に、**創造主**と同質であり続ける。[6]**神の審判**が、**神**の正義である。[7]このまったく咎めのない**審判**の上に、そして、完全に愛だけに基づく評価の上に、あなたは自分の不正義を投影した。そして、自分が見るときに使っている歪曲された知覚のレンズを、**神**にも付与した。[8]そうして今や、不正義は**神**に属し、あなたには属していないことになる。[9]あなたは**神**を恐れており、自分が自らの**自己**を敵として憎み恐れているということが見えなくなっている。

5. **神**の正義のために祈りなさい。そして、**神**の慈悲をあなた自身の狂気と混同してはならない。[2]知覚は、心が見たいと望むどのような映像でも描き出すことができる。[3]このことを覚えておきなさい。[4]この中に、あなたの選ぶままに、天国か地獄かのどちらかがある。[5]**神**の正義は、まったく偏りなく公平であるからこそ、天国を指し示す。[6]それは、自らの前に差し出されるすべての証拠を受け入れ、何も除外せず、何も他のすべてから隔離されて切り離されたものと見なすことはない。[7]それは、ただこの一なる見地から、そしてそれのみから、審判を下す。[8]ここでは、すべての攻撃と咎めが無意味となり、弁護の余地なきものとなる。[9]知覚は停止し、心は静まり、光が再び戻ってくる。[10]今や、心眼《ヴィジョン》が回復する。[11]失われていたものが、今、見つかった。[12]**神**の平安が全世界に天下り、私たちは見ることができる。[13]見ることができるのである！

二十．神の平安とは何か

1．この世のものではない平安があると言われてきた。[2]それはどのようにして認識されるのだろうか。[3]どのようにして見つかるのだろうか。[4]そして見つかったなら、どうすればそれを維持できるのだろうか。[5]これらの質問はそれぞれ、この道における別々の段階を反映しているので、一つずつ考えてみよう。

2．まず最初に、どうすれば**神**の平安を認識できるのだろうか。[2]**神**の平安は、まず、一つのことによって認識される。それは、それがこれまでのすべての体験とはあらゆる点においてまったく違っている、ということである。[3]それ以前に起こったことは何一つ、心に喚起されることがない。[4]過去からの連想はまったく伴わない。[5]それはまったく新しいものである。[6]もちろん、このことと過去のすべてのこととの間に対照性はある。[7]しかし、奇妙にも、それは真の相違による対照性ではない。[8]過去はただ消え去り、その代わりに、永遠の静けさがある。[9]それだけである。[10]最初に知覚された対照性はただ過ぎ去った。[11]静けさが広がり、すべてを包み込んでいる。

3．この静けさはどうすれば見つかるのだろうか。[2]その条件を探し求める者なら、誰でも必ずそれを見つけることができる。[3]怒りのあるところに**神**の平安は決して訪れない。なぜなら、怒りは、平安が存在するということを否定せざるを得ないからである。[4]いかなる形や状況においてであれ怒りを正当化できるものと見なす者は、平安は無意味だと宣言しており、平安は存在し得ないと信じている。[5]この状態では平安は見つからない。[6]それゆえに、赦しこそが、**神**の平安を見つけるための必要条件なのである。[7]それだけではなく、赦しがあれば、そこには必ず平安もある。[8]攻撃以外の何が、争いに至るだろう。[9]そして平安以外の何が、争いの対極だろう。[10]ここに、最初の対照性が、明確に、際立って見えている。[11]だが、平安が見出されたときには、争いは無意味である。[12]そしてそのときには、葛藤のほうが、存在しない非実在のものと知覚される。

4．ひとたび**神**の平安が見出されたなら、それはどのようにして保持されるのだろうか。[2]いかなる形においてであれ戻ってくる怒りは、再び重たい垂れ幕を下ろすことになる。そして、平安など存在し得ないという信念が確実に戻ってくる。[3]再び、争いが唯一の現実として受け入れられてしまう。[4]このときあなたは、もう一度、剣《つるぎ》を置く必要があるのだが、自分ではそれをまた手に取っていることに気づいていない。[5]しかし、それを持っていなかったときにはどのような幸せが自分のものであったか、そのことをかすかにでも思い出すにつれ、自分を防衛するためにまた剣を手にしたに違いないとわかるようになってくる。[6]そこでしばらく静かにして、次のことを考えてみなさい。自分が望むのは葛藤だろうか。それとも**神**の平安のほうがよりよい選択肢だろうか。[7]どちらのほうが自分により多くを与えるだろうか、と。[8]静かな心は、小さな贈り物ではない。[9]あなたは死を選ぶより、むしろ生きることを望むのではないだろうか。

5. 生きることは喜びであるが、死はただ涙を流すのみである。[2]あなたは、自分が作り出したものからの逃げ道を、死の中に見ている。[3]しかし、あなたが見ていないことがある。それは、自分自身が死を作り出したということ、そして、死は終焉の幻想にすぎないということである。[4]死が逃げ道であるはずがない。生命《いのち》の中に問題が存在しているわけではないからである。[5]生命《いのち》に対極はない。それは**神**そのものだからである。[6]生と死は相反するもののように見えるが、その理由は、あなた自身が、死が生命《いのち》を終わらせると決めたからである。[7]世界を赦しさえすれば、あなたは、**神**が創造した一切に終わりはなく、**神**が創造しなかったものは実在しないということを理解するだろう。[8]この一文の中に、このコースが要約されている。[9]この一文の中に、私たちの練習が進むべき唯一の方向が示されている。[10]そしてこの一文の中に、聖霊のカリキュラム全体が、まさにありのままに明示されている。

6. **神**の平安とは何だろうか。[2]それは、**神の意志**にはまったく対極がないという単純な理解であり、それ以上のものではない。[3]**神の意志**と矛盾していながら、それでも真実である想念というものはない。[4]**神の意志**とあなたの意志との間の相違は、実在するものであるかに見えているだけである。[5]真理においては、葛藤など存在してはいなかった。なぜなら、**神の意志**はあなたの意志でもあるからである。[6]今や、**神ご自身**の強力な**意志**が、**神**からあなたへの贈り物である。[7]**神**はそれを**ご自身**のためだけにとっておこうとはしない。[8]なぜあなたは、自分の微小で儚《はか》ない想像の産物を、**神**から離しておこうとするのだろうか。[9]**神の意志**はひとつであり、存在するすべてである。[10]これはあなたが受け継いでいる賜物である。[11] 太陽や星々を超え、あなたが思い浮かべることのできるすべての想念をも超える全宇宙が、あなたに属している。[12] **神**の平安が**神の意志**のための条件である。[13] **神**の平安を達成しなさい。そうすれば、あなたは**神**を思い出すだろう。

二十一．癒しにおける言葉の役割は何か

1．厳密に言えば、言葉は癒しにおいてまったく何の役割も果たさない。2 動因となるものは祈りであり、すなわち、求めることである。3 あなたが求めるものを、あなたは受け取る。4 しかし、これは衷心《こころ》の祈りのことであって、祈るときにあなたが用いる言葉のことではない。5 ときには、言葉と祈りが矛盾していることもあれば、ときには、一致することもある。6 これは問題ではない。7 **神**は言葉を理解しない。言葉というものは、分離した心が自らを分離の幻想の中にとどめておくために作り出したものだからである。8 言葉は役に立つこともある。とりわけ初心者には、集中を助けることや、雑念の除去もしくは少なくとも制御を容易にすることに役立つ。9 しかし、言葉は象徴の象徴にすぎないということを、忘れてはならない。10 したがって、言葉は実相からは二重に隔てられている。

2．象徴であるから、言葉はきわめて具体的に何かを指し示す。2 最も抽象的な言葉と思えるときでさえ、心に浮かぶ映像は非常に具象的なものになりやすい。3 その言葉と連動して特定の指示対象が心に浮かんでこない限り、その言葉には実用的な意味が皆無であるか、ほとんどないに等しく、したがって、癒しのプロセスの助けにはならない。4 衷心《こころ》の祈りは実際には具象的なものごとを求めているわけではない。5 それは常に何らかの種類の体験を要求しており、求められている特定のものごとは、求めている者の見解によれば望ましいとされる体験を、運んでくるものである。6 ということであれば、言葉とは、求められているものごとの象徴であるが、それらのものごと自体は、望まれている体験を表象しているにすぎない。

3．この世界のものごとを求める祈りは、この世界の体験をもたらす。2 もし衷心《こころ》の祈りがこれを求めるなら、それは受け取られることになるがゆえに与えられる。3 衷心《こころ》の祈りが、それを願う者の知覚において叶えられないままとなることはあり得ない。4 彼が不可能なことを求めたり、存在しないものをほしいと思ったり、心ひそかに幻想を探し求めたりする場合も、それらすべてが彼のものとなる。5 彼の決断の力が、彼が要求する通りにそれを彼に提供する。6 このことの中に、地獄と天国がある。7 眠れる**神**の

子には、ただこの力が残っているだけである。[8]それだけで充分である。[9]彼の言葉は問題ではない。[10]**神の言葉**のみに意味がある。なぜなら、それは、人間による象徴をまったくもたないものを象徴しているからである。[11]**聖霊**のみが、この**言葉**が何を意味するのかを理解している。[12]そしてこれも、それだけで充分である。

4. それでは**神**の教師は教える際に、言葉の使用を避けるべきなのだろうか。[2]決してそうではない！ [3]まだ沈黙の中では聞くことのできない多くの者たちがいるので、彼らには言葉を通して伝えなければならない。[4]しかし、**神**の教師は、新しい方法で言葉を使うことを学ばなければならない。[5]彼は何を言うかを自分で決めることをやめることによって、自分の言葉を選んでもらう方法を、徐々に学んでいく。[6]このプロセスは単に、ワークブックの中の「私は一歩退いて、**神**に導いてもらう」というレッスンの一つの特別な形にすぎない。[7]**神**の教師は、差し出された言葉を受け入れ、受け取った通りにそれを与える。[8]彼は自分の語ることの方向を制御することはしない。[9]彼は耳を傾け、聞き、そして話す。

5. **神**の教師の学びのこの側面における主要な妨げは、自分の聞いていることの妥当性について彼が抱く恐れである。[2]そして彼に聞こえることは、実際かなり驚くべきことであるかもしれない。[3]またそれは、彼が知覚している限りでは、提示されている問題にまったく無関係と思えたり、実際、かなり気まずいと見えるような状況にこの教師を直面させたりするかもしれない。[4]こうしたことのすべては何の価値もない判断である。[5]それらは彼自身の判断であり、彼が捨て去ろうとしている貧弱な自己知覚から生じているものである。[6]あなたに訪れる言葉について、判断を下してはならない。そうではなく、自信をもってそれらを与えなさい。[7]それらはあなた自身の言葉よりもはるかに賢明なものである。[8]**神**の教師たちの使う象徴の背後には**神の言葉**がある。[9]そして**神ご自身**が、彼らが使う言葉に**神**の霊の力を授け、それらを無意味な象徴から天国からの**呼びかけ**そのものへと引き上げる。

二十二．癒しと贖罪はどのように関連しているか

1．癒しと贖罪は関連しているのではない。同じものである。[2]奇跡に難しさの序列がないという理由は、贖罪に程度の差がないからである。[3]それはこの世界で可能な唯一の完全な概念である。なぜなら、それが完全に統一された知覚の源だからである。[4]部分的な贖罪などというものは無意味な概念である。それはちょうど、天国の中の特別な区域としての地獄といったものは考えられないのと同じである。[5]贖罪を受け入れなさい。そうすれば、あなたは癒される。[6]贖罪は**神の言葉**である。[7]**神の言葉**を受け入れなさい。そうすれば、病気を可能にするものは何も残らない。[8]**神の言葉**を受け入れなさい。そうすれば、すべての奇跡が達成されたことになる。[9]赦すことは癒すことである。[10]**神**の教師は、自分自身に贖罪を受け入れることを自らの唯一の機能として受け入れた。[11]それならば、彼が癒すことのできないものなどあるだろうか。[12]彼に与えられずにおかれる奇跡などあるだろうか。

2．**神**の教師の進歩は、遅くもなれば、速くもなる。それは、彼が贖罪の包括性を認識しているか、それとも、しばらくの間いくつかの問題領域をその包括性から除外しているかにかかっている。[2]ある教師たちの場合には、贖罪のレッスンはすべての状況に完璧に当てはまるという完全な自覚が突然訪れることもあるが、これは比較的まれである。[3]**神**の教師が**神**から与えられた機能を受け入れてからでも、長い間、その受容が差し出しているもののすべてについては知らずにいることもある。[4]確実なのはその最終到達地点だけである。[5]その途中のどこかで、包括性という不可欠な認識が彼に訪れることだろう。[6]その道のりが長く思えたとしても、彼はそれで満足すべきである。[7]自分の進みたい方向について、彼は決断したのである。[8]それ以上の何が、彼に求められていただろう。[9]そして、求められていたことを実行したのであれば、**神**がその他のものを与えずにおくということがあるだろうか。

3．**神**の教師が進歩するためには、赦しとは癒しであると理解する必要がある。[2]肉体が病気になり得るという考えが、自我の思考体系における中心的概念である。[3]この考えが肉体に自律性を与え、肉体を心から分離し、攻撃と

いう概念を侵しがたいものとして保持する。[4]もし肉体が病気になることが可能なら、贖罪は不可能なものとなる。[5]肉体が自らふさわしいと思うことを心に命令できるとしたら、肉体は**神**の座を奪い、救済が不可能だと証明できることになる。[6]そうなったなら、癒すべき何が残るだろう。[7]肉体が心の主人となってしまった。[8]肉体が殺されない限り、心はどうやって**聖霊**に帰ることができるだろう。[9]そして、そのような代価を払ってまで、誰が救われたいと望むだろう。

4. 確かに、病気は決断であるようには見えない。[2]また、誰も自分が病気になりたいと望んでいるなどと、実際には信じない。[3]おそらく理論上はそうした考えを受け入れることはできるだろう。しかし、個々人による自分自身とすべての他者についての知覚において、この考えが病気の具体的な形態のすべてに一貫して適用されることは、仮にあるとしても、非常に稀である。[4]また、**神**の教師が癒しの奇跡を喚起するのは、このレベルにおいてではない。[5]彼は心と肉体を共に見過ごし、彼の前に輝く**キリスト**の顔だけを見て、すべての間違いを訂正し、すべての知覚を癒す。[6]癒しとは、癒しを必要としているのは誰なのかを、**神**の教師が認識することによりもたらされる結果である。[7]この認識は特別な何かを対象とするものではない。[8]それは**神**が創造したすべてのものに関して真実である。[9]この認識の中で、すべての幻想が癒される。

5. **神**の教師が癒すことに失敗するとき、その理由は、彼が自分は**誰**であるかを忘れてしまったからである。[2]したがって他者の病気が自分自身の病気となる。[3]こうなることを容認するとき、彼は他者の自我と自分を同一視して、そうして自分自身を肉体と混同してしまっている。[4]そうすることにより、彼は贖罪を自分自身に受け入れることを拒否してしまい、**キリストの名**においてそれを兄弟に差し出すことはほとんどできなくなっている。[5]実際のところ、彼は兄弟を認識することがまったくできなくなるだろう。なぜなら、彼の**父**は肉体を創造したことはなく、それゆえに、彼は実在しないもののみを彼の兄弟の中に見ていることになるからである。[6]間違いは間違いを訂正することはなく、歪んだ知覚は癒すことはしない。[7]**神**の教師よ、今、一歩退きなさい。[8]あなたは間違っていた。[9]あなたは道に迷ったのだから、先導してはならない。[10]速やかに、あなたの**教師**のほうを向いて、あなた自身を癒してもらいなさい。

6. 贖罪は遍《あまね》く差し出されている。[2]それはあらゆる状況にあるあらゆる個人に、同様に適用できる。[3]そして、その中に、すべての個人をすべての形態の病気から癒す力がある。[4]これを信じないことは、**神**に対して不当だということであり、したがって**神**に対して不誠実だということである。[5]病気の者は、自分自身を**神**から分離していると知覚している。[6]あなたは彼があなたから分離していると見たいだろうか。[7]彼を病気にさせた分離の感覚を癒すことが、あなたの任務である。[8]彼が彼自身について信じていることは真実ではないと、彼に代わって認識することが、あなたが果たすべき機能である。[9]あなたによる赦しが、必ずこれを彼に示すことになる。[10]癒しは非常に単純である。[11]贖罪は受け取られて、差し出される。[12]受け取られたのだから、それは受け入れられているに違いない。[13]それならば、受け取るということの中に、癒しがあるということになる。[14]他のすべては、この単一の目的の後に続く。

7. いったい誰が、**神ご自身**の力を限定できるだろう。[2]それならば、どの人が何から癒されることができるか、何が**神**の赦しの力の及ばないところにとどまらなければならないかなどといったことを、誰が語れるだろう。[3]そのようなことはまさしく狂気である。[4]**神**の教師の裁量で**神**に限界を課すことはできない。なぜなら、**神の子**を裁くことは**神**の教師の裁量に任されてはいないからである。[5]そして**神の子**を裁くということは、**父**を限定することである。[6]どちらも同様に無意味である。[7]だが、**神**の教師がそれらは同じ間違いだと認識するまでは、このことが理解されることはない。[8]この認識において、**神**の教師は贖罪を受け取ることになる。なぜなら、彼は**神の子**に対する裁きを取り下げ、**神の子**を**神**が創造したままのものとして受け入れるからである。[9]彼はもはや、癒しがどこに与えられて、どこで与えずにおかれるべきかを判断して、**神**から離れて立つことはなくなる。[10]今や、彼は**神**と共に言うことができる。「これは**私**の愛する**子**、完全無欠に創造され、永遠にそのままであり続ける者である」と。

二十三．癒しにおいて、イエスには特別な役割があるか

1．神の贈り物が、直接受け取られることは稀である。[2]神の教師のうちで最も進歩した者たちでさえ、この世界では誘惑に屈することがある。[3]そのせいで彼らの生徒たちに癒しが拒まれるとしたら、それは公平だろうか。[4]聖書は、「イエス・キリストの名によりて求めよ」と述べている。[5]これは単なる魔術を求める懇願だろうか。[6]名前が癒すことはなく、祈祷も何ら特別な力を喚起することはない。[7]イエス・キリストに頼むとは、どういう意味だろうか。[8]彼の名に呼びかけることで、何が与えられるのだろうか。[9]なぜ、彼への懇願が癒しの一部なのだろうか。

2．私たちはこれまで、自分自身に完全に贖罪を受け入れたひとりの者が世界を癒すことができると、何度も繰り返してきた。[2]まさしく、彼がすでにそのように受け入れたのである。[3]誘惑は、他の者たちにとっては繰り返されるかもしれない。しかし、この**ひとり**には決してそのようなことはない。[4]彼は復活した**神の子**となった。[5]彼は生命《いのち》を受け入れたので、死を克服した。[6]彼は**神**が彼を創造したままに自分自身を認識した。そしてそうすることにおいて、生きとし生けるものすべてを自分の一部と認識した。[7]今や、彼の力には限界がない。なぜなら、それは**神**の力だからである。[8]同様に彼の名も**神の名**となった。なぜなら、もはや彼は自分自身を**神**から分離したものと見ていないからである。

3．このことはあなたにとって、何を意味するだろうか。[2]それは、あなたがイエスを思い出すことにおいて**神**を思い出すという意味である。[3]**神の子**の**神**との関係全体が、彼の中にある。[4]**一なる子**における彼の役割はあなたの役割でもあり、彼の完了した学びが、あなたの成功を保証する。[5]彼は今も助けてくれるだろうか。[6]彼はこのことについて、何と言っただろうか。[7]彼の約束を思い出しなさい。そして、彼が約束を守りそこなう可能性があるかどうかと、正直に自問してみなさい。[8]**神**が**神の子**を見捨てたりするだろうか。[9]そして、**神**とひとつである者が**神**とは違うということがあり得るだろうか。[10]肉体を超越している者は、制限を超越したのである。[11]最も偉大な教師が、彼に従う者たちを助けられないということがあるだろうか。

4．このようなイエス・キリストの名は象徴にすぎない。[2]しかしそれは、この世のものではない愛を表している。[3]それは、あなたが祈りを捧げているすべての神々の数多くの名の代わりとして、安全に使うことのできる象徴である。[4]それは**神の言葉**の輝かしい象徴となる。しかも、それが表しているものにあまりに近似しているので、その名が思い浮かべられた瞬間、両者の間のわずかな隔たりが失われるほどのものである。[5]イエス・キリストの名を思い出すとは、**神**があなたに授けた贈り物のすべてに感謝を捧げることである。[6]そして**神**への感謝は、**神**を思い出す方法となる。なぜなら、愛は、ありがたく思う気持ちや感謝する心から遠く離れてはいられないからである。[7]これらがあなたの帰郷のための真の条件であるから、**神**は容易に中に入ってくる。

5．イエスは道を先導してきた。[2]なぜあなたは、彼をありがたく思わないのだろう。[3]彼は愛を求めたが、それはただあなたにそれを与えるためである。[4]あなたは自分自身を愛していない。[5]しかし、彼の目から見ればあなたの麗しさは実に完全で非の打ちどころがなく、その中に彼は**父**の姿を見ているほどである。[6]あなたがこの地上で、彼は**父**の象徴となる。[7]彼はあなたに希望を抱いている。彼はあなたの中に、あなたの美しい完全無欠性を損なう限界や汚点を一つも見ていないからである。[8]彼の目には、常にまったく変わることなく、**キリスト**の心眼《ヴィジョン》が輝いている。[9]彼はあなたと共にとどまり続けてきた。[10]あなたは、彼の学びを通して、救済のレッスンを学びたくはないだろうか。[11]彼がすでにあなたのために旅を終えているというのに、なぜあなたは再び最初から始めることを選ぶのだろうか。

6．地上にいる者は誰ひとりとして、天国とは何か、また、その唯一の**創造主**とは何を意味するのかを把握することはできない。[2]だが、私たちには証人たちがいる。[3]叡智があるなら、頼るべき相手は彼らである。[4]私たちが学べることをはるかに超えて、学んだ者たちがいる。[5]また私たちは、自分で自分に課した限界について教えるのでもない。[6]真の献身的な教師となった者は、兄弟たちを忘れない。[7]だが、その教師が兄弟たちに差し出せるものは、彼自身が自分で学んだことにより限定される。[8]それならば、すべての限界を退けて学びの最先端を超えていった者に、頼りなさい。[9]彼はあなたを一緒につれて行くだろう。彼ひとりで超えていったのではないからである。[10]そしてそのときも、あなたは、今と同じように、彼と共に居たのである。

7．このコースは彼からもたらされたが、それは、あなたが愛し、理解できる言語で、彼の言葉があなたのもとに届いたからである。[2]他の言語を話し、異なる象徴に訴える者たちにも、道を先導するための他の教師たちが存在するのだろうか。[3]もちろん存在する。[4]**神**が、苦境のときにすぐにも間に合う助力や、**神ご自身**を象徴できる救済者を与えずに、誰かを放っておいたりするだろうか。[5]だが、私たちには多面的なカリキュラムが必要である。しかしその理由は、内容に相違があるからではなく、象徴というものは必要に応じて移り変わり、変化しなければならないものだからである。[6]イエスはあなたの必要に応えるためにやってきた。[7]彼の中に、あなたは**神の答え**を見つけるだろう。[8]だから、彼と共に教えなさい。彼はあなたと共に居る。彼はいつでもここに居る。

二十四. 輪廻転生はあるのか

1. 究極の意味では、輪廻転生は不可能である。[2]過去も未来も存在しないのだから、一度であろうと、何度も繰り返してであろうと、肉体として生まれてくるという概念には何の意味もない。[3]それならば、真の意味においては、輪廻転生は真実ではあり得ない。[4]私たちの唯一の問いは、「この概念は助けになるかどうか」でなければならない。[5]そしてそれはもちろん、それが何のために使われるかということにかかっている。[6]もし生命《いのち》の永遠性の認識を強めるために用いられるなら、それは確かに助けになる。[7]輪廻転生に関するそれ以外の問いは、道を照らすのに役立つだろうか。[8]他の多くの信念と同様、それもひどく誤用される可能性がある。[9]少なくとも、そうした誤用は、過去への没頭をもたらし、さらには過去にまつわるプライドすらもたらすかもしれない。[10]最悪の場合は、現在に無気力を引き起こす。[11]その中間においては、夥《おびただ》しい種類の愚かなことが起こり得る。

2. 輪廻転生は、いかなる状況下においても、今、対処すべき問題とはならない。[2]仮にそれが、個人が今直面しているいくつかの困難の遠因であるとしても、彼の課題は依然として、今、それらから脱出することだけである。[3]仮に彼が未来の人生のための基礎を築きつつあるのだとしても、自分の救済のために何かを為し得るのは、やはり今だけである。[4]ある者たちにとっては、この概念が慰めになることもある。そしてそれが彼らを元気づけるのなら、そこに価値があることは自明である。[5]しかし、救済への道は、輪廻転生を信じる者によっても信じない者によっても見出されることは確かである。[6]したがって、この概念をこのカリキュラムに不可欠なものと見なすことはできない。[7]現在を過去の観点から見ることには、常に何らかの危険が伴う。[8]生命《いのち》と肉体は同じではないという考え方を強化する考えは、いかなるものであれ、常に何らかの善を含んでいる。

3. 私たちの目的にとっては、輪廻転生に関してどんな明確な立場をとることも助けにならない。[2]神の教師は、それを信じる者たちにも信じない者たちにも、同じように助けにならなければならない。[3]もし明確な立場をとることが彼に義務づけられていたとしたら、それはただ、彼の有用性のみならず、彼自身による決断をも制限するだけとなる。[4]私たちのコースは、誰もが自分の正式な信念に関わりなく受け入れることのできるもの以外は、関心の対象としない。[5]**神**の教師は自分の自我に対処するだけで手一杯であり、分派的論争を加えて彼の負担を重くすることは、叡智の為すことではない。[6]また、自分が長い間信じてきたことを同じく提唱しているというだけの理由で、このコースを時期尚早に受け入れることも、彼のためにはならない。

4．このコースが思考の完全なる逆転を目指しているということは、いくら強調してもしすぎることはない。[2]これがついに達成されたときには、輪廻転生の妥当性といった議論は無意味となる。[3]それまでの間は、それらは単に論争を招くだけのものとなりやすい。[4]したがって、**神**の教師はそのような問題のすべてから離れているほうが賢明である。なぜなら、彼には、そうした問題とは別に、教え、学ぶべきことがたくさんあるからである。[5]理論的な論争に時間を費やすのは無駄であり、時間をその本来の目的から逸脱して浪費することになるということを、彼は学び、かつ教えなければならない。[6]どんな概念や信念についてであれ、そこに助けになる側面があるなら、彼はそれについて教えてもらえるだろう。[7]また、それをどのように使うべきかも、教えられるだろう。[8]それ以上の何を、彼が知る必要があるだろう。

5．これは、**神**の教師自身が輪廻転生を信じたり、それを信じる者たちとそれについて論じたりしてはならないという意味なのだろうか。[2]答えは、もちろん否《いな》である！[3]彼が輪廻転生を信じているのなら、内なる**教師**から助言されたのでない限り、その信念を放棄するのは間違いである。[4]そしてそのようなことは、まずないだろう。[5]彼がその信念を、生徒や自分自身の進歩にとって有害な形で誤用していると忠告されることはあるかもしれない。[6]その場合には、再解釈が必要であるから、それを勧められるだろう。[7]ただし、認識されるべきことのすべては、誕生が始まりだったのではなく死が終わりなのでもない、ということだけである。[8]だが、この認識さえも初心者には要求されていない。[9]彼はただ、自分が知っていることは必ずしも学ぶべきすべてではない、という考えを受け入れる必要があるだけである。[10]彼の旅は始まったばかりである。

6．このコースが強調することは常に同じである。すなわち、今この瞬間に、完全な救済があなたに差し出されており、今この瞬間に、あなたはそれを受け入れることができる、ということである。[2]それは今も、あなたの唯一の責務である。[3] 贖罪とは、過去からの完全な脱出や未来への完全な無関心と同一視できるものである。[4] 天国はここにある。[5] それ以外の場所は存在しない。[6] 天国は今である。[7] それ以外の時間は存在しない。[8] このことに導いていかない教えはどれも、**神**の教師の関心の対象ではない。[9] すべての信念は、正しく解釈されたなら、このことを指し示すだろう。[10] この意味において、あらゆる信念を真理とするのはその有用性だと言うことができる。[11] 進歩へと導く信念はすべて、尊ばれなければならない。[12] これが、このコースが要求する唯一の評価基準である。[13] これ以上は必要ない。

二十五．「心霊的」能力は望ましいことであるか

1．この問いに対する答えは、前項の場合と非常によく似ている。[2]もちろん、「不自然な」力といったものはなく、存在しない力を作り出そうとすることは、明らかに魔術に頼ることである。[3]しかしまた、誰にでも自分で自覚していない数多くの能力が備わっていることも、同様に明白である。[4]彼の自覚が増すにつれて、自分でも驚くような能力が発現されてゆくこともある。[5]しかし、彼にできることのどれをとってみても、彼自身が真に**誰**であるかを思い出すときの栄光に満ちた驚きに、わずかでも比べられるものはない。[6]彼の学びと努力のすべてを、このひとつの大いなる最後の驚きへと向かわせるなら、彼は道すがら遭遇する諸々の小さな驚きによって遅れをとることに甘んじたりはしないだろう。

2．もちろん、このコースと明らかに調和している「心霊的」能力も数多くある。[2]コミュニケーションは、世界が認識している狭い範囲の伝達経路に限定されてはいない。[3]そうであったなら、救済を教えようとすることには、ほとんど意味がなくなるだろう。[4]それを教えることも不可能となるだろう。[5]この世界がコミュニケーションに課している制限が、聖霊を直接体験することを阻む主要な防壁となっているが、**聖霊の臨在**は常にここにあり、聞こうとさえすれば**その声**を聞くことができる。[6]こうした制限は、恐れによって課せられている。というのも、制限がなければ、世界中のあらゆる分離した場所を取り囲んでいる壁は、**聖霊の声**の聖なる響きの前で崩れ落ちるからである。[7]いかなる方法によってであれ、こうした制限を超越する者は、ますます自然になっていくだけである。[8]彼は何一つ特別なことをしているのではなく、彼の達成の中にいかなる魔術もない。

3．道を進むにつれて身につくかもしれない新しい能力のように見えるものは、非常に役立つものともなり得る。[2]聖霊に捧げられて、聖霊の指示のもとに使用されるなら、それらは価値ある教具となる。[3]このことと、それらの能力がどのようにして生じるかといった問題は、無関係である。[4]考慮すべき唯一の重要な点は、それらがどのように使用されるかということだけである。[5]そうした能力自体

を最終目的とするならば、それらがどのように行われようと、進歩を遅らせる。[6]また、それらの価値も、過去に為された業績や、「目に見えない」ものとの珍しい交信や、**神**からの「特別な」寵愛などといったことを証明することの中にあるのではない。[7]**神**は特別扱いをしない。また誰も、すべての者が使えないような力をもってはいない。[8]ただ魔術の妙技により、特別な力が「実証」されるだけである。

4. 真正のものであれば、欺くために用いられることはない。[2]**聖霊**には欺く能力はなく、真の能力しか使うことができない。[3]魔術のために使われるものは、**聖霊**には無用である。[4]一方、**聖霊**が使うものは、魔術のためには使用できない。[5]とはいえ、珍しい能力というものには独特の魅力があり、それは不思議に魅惑的なものとなり得る。[6]ここには、**聖霊**が望み、必要としている強さがある。[7]だが、自我はこの同じ強さの中に、自分自身を称賛する機会を見る。[8]強さが弱さに変わると、まさに悲劇となる。[9]だが、**聖霊**に捧げられなかったものは、弱さに捧げられるしかない。なぜなら、愛に与えずにおかれたものは恐れに与えられ、その結果において恐ろしいものとなるからである。

5. この世界の物質的なものごとにはもはや価値を認めなくなった者たちでさえ、依然として「心霊的」能力には欺かれることがある。[2]世界の物質的な贈り物への執着がなくなったので、自我は深刻に脅かされている。[3]それでも自我には、この新しい誘惑のもとで勢いを盛り返し、策略により力を取り戻すだけの強さが残っていることがある。[4]ここでの自我の防衛がとりわけ巧妙というわけではないにもかかわらず、多くの者たちはそれを見抜いてこなかった。[5]だが、欺かれたいという願望が残っていれば、欺くことは容易となる。[6]そうなると、その「力」はもはや真の能力ではなくなり、信頼して使うことはできない。[7]そのような個人は、その「力」の目的について心を変えない限り、ほぼ必然的に、不確かな自分の「力」を、さらなる欺瞞によって支えようとするだろう。

6. 人が発現させる能力は、すべて善きことにつながる可能性をもっている。[2]このことに例外はない。[3]そして、その力が珍しくて意外なものであればあるほど、その潜在的有用性も大きくなる。[4]救済はすべての能力を必要としている。世界が破壊しようとするものを、**聖霊**は回復させようとするからである。[5]「心霊的」能力が悪魔に呼びかけるために使われたこともあるが、それは単に、自我を強めるために使われたという意味である。[6]だが、ここにはまた、**聖霊**のために働くなら希望と癒しのための一つの大いなる経路となるものがある。[7]「心霊的」能力を発現させた者たちは、ただ自分で自分の心に課していた制限のいくつかが取り外されるままにしただけである。[8] 増大した自由を幽閉の強化のために用いるなら、彼らは自分自身にさらなる制限を課すことにしかならない。[9] **聖霊**はこうした贈り物を必要としている。それを**聖霊**に、そして**聖霊**だけに差し出す者は、**キリスト**の感謝を胸《こころ》に抱いて進み、**キリスト**の神聖な視覚も遠からず訪れるだろう。

二十六．直接、神に到達することはできるか

1．たしかに、直接、**神**に到達することはできる。**神**と**神の子**の間に距離はないからである。[2]**神**についての自覚はすべての者の記憶の中にあり、**神の言葉**はすべての者の胸《こころ》に書き込まれている。[3]だが、この自覚と記憶は、真理に対する防壁のすべてが取り除かれたところでのみ、認識の識閾《しきいき》を越えて現れることが可能である。[4]こうした状態に達した者が何人いるだろうか。[5]それならば、ここにこそ、**神**の教師たちの役割がある。[6]彼ら自身もまだ必要な理解を達成してはいないが、彼らは他の者たちとつながった。[7]このことが、彼らを世界から区別している。[8]そしてこのことが、彼らと共に他の者たちも世界を去ることを可能にする。[9]ひとりでは、彼らは無である。[10]しかし、彼らがつながり合うことの中に、**神**の力がある。

2．直接、**神**に到達し、この世界の限界の痕跡を一つも保持することなく、自分自身の**アイデンティティー**を完全に思い出した者たちはいる。[2]彼らは、教師たちの**教師**とでも呼ぶことができる。なぜなら、彼らはもはや目には見えないが、今でもその姿を思い浮かべて頼りにすることができるからである。[3]そして彼らは、姿を現すことが助けになる時や場所で、姿を現すだろう。[4]そのような出現を怖がる者たちには、彼らの想念を与えてくれる。[5]彼らに呼びかけて、無駄に終わることはない。[6]また、彼らは、誰のことをも気づいている。[7]すべての必要についても知っており、すべての間違いは彼らに認識され、見過ごされている。[8]いずれ、このことが理解されるときがくるだろう。[9]それまでの間、助けを求めて彼らを頼りにし、ただ彼らの名のみによってすべてのことを求める**神**の教師たちに対し、彼らは自らの贈り物のすべてを与える。

3．ときには、**神**の教師がつかの間、**神**との直接の融合を体験することはあるかもしれない。[2]この世界では、それが持続することはほとんど不可能である。[3]そうしたことは、おそらく、多大な専心と献身の後に勝ち取ることはでき、その後、地上での生活のかなりの時間、それを維持することもできるだろう。[4]しかしこれは実に稀なことであるから、現実的なゴールと見なすことはできない。[5]もしそれが起こるなら、それでかまわない。[6]起こらなけれ

ば、それでもかまわない。[7]この世界のすべての状態は幻想でしかあり得ない。[8]もし**神**に直接到達しているという自覚が続いていたなら、肉体は長くは維持されないだろう。[9]後に残る人々に助けを差し伸べるためにのみ肉体を横たえた者たちは、実にわずかしかいない。[10]そして彼らが必要としているのは、依然として束縛と眠りの中にいる協力者たちである。この協力者たちが目覚めることにより、**神の声**が、聞こえるものとなるからである。

4. それならば、いくつもの制限があるからといって絶望してはならない。[2]あなたの機能は、それらから脱出することであって、それらをもたずにいることではない。[3]もし苦しんでいる者たちに耳を傾けてもらいたいなら、あなたは彼らの言葉で話さなければならない。[4]もし救済者になろうとするのなら、何から脱出する必要があるのかを理解しなければならない。[5]救済とは理論上のものではない。[6]問題をよく見て、その答えを求め、答えが訪れたときには、それを受け入れなさい。[7]また、その訪れを長く待たされることもないだろう。[8]あなたが受け入れることのできる助けはすべて与えられ、あなたが必要としているものの一つでも満たされないものはない。[9]それならば、あなたに達成できる準備ができていないゴールについては、気にかけずにいよう。[10]**神**はあなたが今居るところであなたを受け入れ、歓迎する。[11]あなたに必要なのはこれだけだというのに、これ以上の何を望むことができるだろう。

二十七. 死とは何か

1. 死とは、すべての幻想を派生させる中心的な夢である。[2]生まれてから年をとり、活力を失って最後には死んでいくものが生命《いのち》だと考えることは、狂気ではないだろうか。[3]私たちは以前にもこの質問をしたことがあるが、今、もう少し丁寧に考えてみる必要がある。[4]この世界のすべてのものはただ死ぬだけのために生まれてくるというのが、この世界における一つの不動にして不変なる信念である。[5]これは「自然の理」であり、疑問視すべきことではなく、生命の「自然な」法則として受け入れるべきことだと見なされている。[6]周期的に移り変わるもの、変化する不確かなもの、頼りにならない不安定なもの、一定の軌道の上を一定の形で盛衰するもの――こうしたもののすべてが、**神の意志**であるとされている。[7]しかも、慈悲深い**創造主**がこうしたことを意志することができるのかと尋ねる者は、ひとりもいない。

2. このような宇宙を**神**が創造したものとして知覚するなら、そのような**神**を、愛に満ちた存在と考えるのは不可能だろう。[2]というのも、すべてのものは過ぎ去り、灰燼と化し、落胆や絶望のうちに終わると定めたような存在については、恐れる以外にないからである。[3]その存在はあなたの小さな生命《いのち》を一本の糸でつなぎ止めてはいるが、その糸は今日にも情け容赦なく断ち切られるかもしれない。[4]あるいは、待ってもらえるとしても、いずれ終わる時がくるのは確実である。[5]そのような**神**を愛する者は、愛というものを知らない。なぜなら、彼は生命《いのち》が実在するものであることを否定したからである。[6]死が生命《いのち》の象徴となっている。[7]彼の世界は今や戦場と化し、矛盾が君臨し、対立するもの同士が果てしない戦いを繰り広げている。[8]死が存在するところに、平安はあり得ない。

3. 死とは、**神**に対する恐れの象徴である。[2]その概念の中では、**神の愛**は抹消され、その概念は、あたかも太陽を遮るために掲げられた盾のように、**神の愛**を自覚させずに保つ。[3]この象徴の陰鬱さだけで、それが**神**と共存できないことを示すに充分である。[4]それは、荒廃の腕に抱かれて「葬られている」**神の子**の肖像を掲げ、そこではうじ虫が、彼を食いつくすことで少しでも長らえようと待ちかまえている。[5]しかし、うじ虫もまた同じく確実に滅ぼされる運命にある。[6]そのように、すべてのものは死によって生きている。[7]むさぼり食うことが、自然界の「生命《いのち》の法則」である。[8]そこでは神は狂っており、恐れだけが実在するということになる。

4．死にゆくものの一部でありながらも、死すものから離れて生き続ける部分が存在するという奇妙な信念は、愛ある**神**を宣言することにも、信頼の根拠を建て直すことにもならない。[2]もし何にとってであれ死というものが実在するのなら、生命《いのち》は存在しないことになる。[3]死は生命《いのち》を否定するものである。[4]だが生命《いのち》に実在性があるのなら、死が否定される。[5]ここに妥協の余地はない。[6]恐れの神か、**愛の神**か、どちらかしかあり得ない。[7]世界は無数の妥協を試みており、これからも幾度となく妥協しようとするだろう。[8]そのどれ一つとして、神の教師たちには受け入れられないものである。なぜなら、そのどれ一つとして、**神**に受け入れられないものだからである。[9]**神**は恐れを作り出さなかったので、死も作り出さなかった。[10]そのどちらも、**神**にとっては等しく無意味である。

5．死の「実在性」は、**神の子**は肉体であるという信念に堅く根ざしている。[2]そして、もし**神**が肉体を創造したというのなら、死はまさしく実在するものとなる。[3]ただし、**神**は愛に満ちた存在ではないことになる。[4]実相世界の知覚と幻想の世界の知覚との間にある対照性が、これ以上に際立って明白になる地点はない。[5]**神**が**愛**であるなら、死とはまさに**神**の死である。[6]そして今や、**神ご自身**の被造物は**神**を恐れて立ちすくまずにはいられない。[7]**神**は**父**ではなく破壊者となる。[8]**創造主**ではなく復讐者となる。[9]**神の想念**はおぞましく、**神**の姿は恐ろしきものとなる。[10]そして**神**の被造物たちを見ることは、死ぬこととなる。

6．「そして、最後に亡《ほろ》ぼされるは死なり」。[2]これは、もちろんその通りである！　[3]死という概念がなければ、世界は存在しない。[4]すべての夢は、この夢と共に終わる。[5]これが、救済の最後のゴールである。すなわち、すべての幻想の終わりである。[6]そしてすべての幻想は死の中で生まれる。[7]死から生まれていながら、生命《いのち》をもつことができるものなどあるだろうか。[8]しかしまた、**神**から生まれていながら、死ぬことができるものなどあるだろうか。[9]死にしがみつきながらもなお、愛を実在するものと考えようとする虚しい試みの中で、世界が助長している矛盾や妥協や儀式といったものは、心が伴わない魔術であり、何の効果もなく無意味なものである。[10]**神**は在るのみである。そして、**神**の中では、創造されたすべてのものは永遠不変のはずである。[11]そうでないとするなら、**神**と正反対のものが存在することになり、恐れは愛と同じように実在することになるということが、あなたにはわからないだろうか。

7．**神**の教師よ、あなたの唯一の課題は、次のように述べることができる。死が関与している妥協を、一つでも受け入れてはならない。[2]残虐性を信じてはならないし、攻撃によりあなたから真理が隠されることのないようにしなければならない。[3]死ぬように見えるものは、誤って知覚されて幻想のもとに運ばれただけのものである。[4]今や、幻想が真理へと運ばれるに任せることがあなたに課せられた任務となる。[5]移り変わる形の「実在性」らしきものによって欺かれないという態度を、断固として貫きなさい。[6]真理は不動であって、揺らぐこともなければ、死や消滅へと沈んでいくこともない。[7]そして、死の終わりとは何だろうか。[8]それはただ、**神の子**は今もこれからも永遠に無罪だと悟ることである。[9]これ以外の何ものでもない。[10]しかし、これ以下のものでもないということを、自分に忘れさせてはならない。

二十八．復活とは何か

1．ごく簡単に言って、復活とは死を打ち負かすこと、または克服することである。[2]それは再覚醒あるいは再生であり、世界の意味について心を変えることである。[3]世界の目的に関して、**聖霊**の解釈を受け入れることであり、自分自身に贖罪を受け入れることである。[4]それは不幸の夢の終わりであり、**聖霊**の最後の夢を喜んで自覚することである。[5]そして**神**からの贈り物を認識することである。[6]それは、コミュニケーション以外の機能をもたない肉体が、その機能を完璧に果たすという夢である。[7]またそれは、学びが終わるレッスンである。なぜなら、このレッスンをもって学びは完了し、そこを超えて進むことになるからである。[8]そしてそれは、**神**に最後の一歩を踏み出してほしいと求める招待である。[9]それ以外のあらゆる目的や興味や願望や懸念を、一つ残らず放棄することである。[10]それは、**父**を求める**神の子**の単一の欲求である。

2．復活とは生命《いのち》の肯定であるから、死の否定である。[2]そのようにして、この世界のすべての思考が全面的に逆転する。[3]今や生命《いのち》が救済であると認識され、いかなる種類の苦痛や不幸も、地獄と知覚される。[4]愛はもはや恐れられることはなくなり、喜んで迎えられる。[5]偶像は消え失せた。そして、**神**についての記憶が、世界中で、何の妨げもなく輝いている。[6]生けるもの一切の中に**キリスト**の顔が見られ、何一つ、赦しの光から離れて闇の中に閉ざされているものはない。[7]地上には、もはやどんな悲しみも残っていない。[8]そこには天国の喜びが訪れている。

3．ここでカリキュラムは終わる。[2]ここから先は、何の指導も必要ない。[3]視覚はすっかり訂正され、すべての間違いは取り消されている。[4]攻撃は無意味であり、平安が訪れている。[5]カリキュラムのゴールは達成された。[6]想念は天国へと向かい、地獄から離れる。[7]すべての切望は満たされている。なぜなら、未回答または不完全なまま残されるものなど、何もないからである。[8]最後の幻想が世界中に広がり、すべてのものごとを赦し、すべての攻撃と入れ替わる。[9]完全な逆転が達成された。[10]**神の言葉**と矛盾するものは何一つ残っていない。[11]真理に対立するものは何もない。[12]そして今、ついに真理が訪れることができる。[13]そのような世界に入ってきて、それを包み込んでほしいと頼まれるとき、真理は何と速やかにやってくることだろう！

4．すべての生ける者たちの胸《こころ》は静まり、一つの深い期待でときめいている。今や、永遠なるものの時が間近となっているからである。[2]死は存在しない。[3]**神の子**は自由である。[4]そして彼の自由の中に、恐れの終わりがある。[5]病んだ幻想や、恐れの夢や、宇宙についての誤った知覚をかくまうための隠れ家は、今この地上に一つも残っていない。[6]すべてのものごとは光の中で見られ、その光の中で、それらの目的は変容し、理解される。[7]そして**神**の子供たちである私たちは塵の中から立ち上がり、自分たちの完璧な無罪性を見る。[8]天国の歌が世界中に響き渡り、世界は引き上げられ、真理へと運ばれる。

5．今や、区別というものはなくなっている。[2]差異は消滅し、**愛**が**それ自体**を見つめている。[3]これ以上どんな視覚が必要だろうか。[4]心眼《ヴィジョン》に達成できる何が残っているだろうか。[5]私たちは**キリスト**の顔や、**彼**の無罪性や**愛**を、あらゆる形態の背後に、そしてあらゆる目的の向こうに見た。[6]**キリスト**の**聖性**が私たちを確かに自由にしたのだから、私たちは神聖である！　[7]そして、私たちは**キリスト**の**聖性**を自分のものとしてありのままに受け入れる。[8]私たちはいつまでも永遠に、**神**に創造されたままであり続け、**神の意志**が自分たちの意志となることだけを願う。[9]別の意志という幻想は消え去った。目的の一致を見出したからである。

6．これらのことが私たち全員を待ち受けている。しかし、私たちにはまだそれらを喜びとともに迎える準備はできていない。[2]心が邪悪な夢に囚われている間は、地獄という想念は実在のものとなっている。[3]**神**の教師たちには、眠っている者たちの心を目覚めさせ、彼らの見ている夢と入れ替わる**キリスト**の顔の光景《ヴィジョン》をそこに見るというゴールがある。[4]殺害の想念は祝福と入れ替えられる。[5]裁きは放棄され、審判を自らの機能とする**存在**に委ねられる。[6]そして**聖霊**の**最後の審判**において、聖なる**神の子**についての真理が回復される。[7]**神の子**は、**神の言葉**を聞き、その意味を理解したので、救われている。[8]**神の声**に真理を宣言してもらったので、**神の子**は自由である。[9]以前に彼が十字架につけようとしたすべての者たちが、彼の傍らで共に復活し、彼は彼らとともに**神**に出合う準備をする。

二十九．その他のこと

1．このマニュアルは、教師と生徒が尋ねるかもしれない質問のすべてに答えようとするものではない。[2]実は、「テキスト」と「ワークブック」の中の主要な概念のいくつかの簡潔な要約という形で、比較的明解なものをいくつか取り上げているだけである。[3]「テキスト」と「ワークブック」のどちらかの代わりとなるものではなく、単なる補足にすぎない。[4]「教師のためのマニュアル」と呼ばれてはいるが、教師と生徒を隔てるのは時間のみであり、両者の違いはその定義から言っても一時的なものだということを、覚えておかねばならない。[5]場合によっては、生徒にとって、この「マニュアル」を最初に読むことが役に立つかもしれない。[6]あるいは、「ワークブック」から始めたほうがよい者たちもいるだろう。[7]さらに他の者たちは、「テキスト」で、もっと抽象的なレベルから始める必要があるかもしれない。

2．どれがどれに当てはまるのか。[2]ただ祈るだけのほうが益となる者は誰か。[3]多くを学ぶ準備がまだできていないので、微笑んでもらうだけでよい者は誰か。[4]誰も、こうした質問にひとりで答えようとすべきではない。[5]まさか、このことに気づかずにここまできたという**神**の教師は、ひとりもいないことだろう。[6]このカリキュラムは個々人に即したものとなっており、そのすべての側面が**聖霊**の特別な配慮と指導のもとにある。[7]尋ねなさい。そうすれば、**聖霊**は答えるだろう。[8]その責任は**聖霊**にあり、**聖霊**だけがそうした責任を担うに適している。[9]そうすることが、**聖霊**の機能である。[10]質問を**聖霊**に委ねることが、あなたの機能である。[11]あなたは自分ではほとんど理解していない決断について、責任を取りたいと思うのだろうか。[12]あなたには、間違いを犯すことのあり得ない**教師**がついていることを喜びなさい。[13]**彼**の答えは常に正しい。[14]あなたは自分の答えについて、そのように言えるだろうか。

3．**聖霊**に決断を委ねる頻度を少しずつ増していくことには、もう一つ別な利点があり、それは非常に重要な利点である。[2]あなたはこの側面について考えてみたことはないかもしれないが、その重要性は明らかである。[3]**聖霊**の指導に従うということは、自分自身を罪悪から赦免してもらうことである。[4]これが贖罪の真髄である。[5]これがこのカリキュラムの核心である。[6]自分自身の機能ではないものを横領していると思い込むことが、恐れの基盤である。[7]あなたの見ている世界全体に、自分がそれを行《おこな》ったという幻想が反映されており、それが恐れを避けられないものとしている。[8]したがって、その機能をその**持ち主**に返すことが、恐れから逃れる道である。[9]そしてこれが、愛の記憶をあなたに戻すことになる。[10]それならば、聖霊の導きに従う必要があるのは単に自分が力不足だからだと、考えてはならない。それは、あなたにとって地獄から抜け出す道なのである。

4．ここにもまた、このコースの中でたびたび言及された逆説がある。[2]「私は自分だけでは何一つできない」と言うことが、すべての力を手に入れることである。[3]だが、これは逆説のように見えるだけである。[4]**神**が創造したままのあなたは、すべての力を所有している。[5]あなたが自分自身を表すものとして作り出した形象には何の力もない。[6]**聖霊**はあなたについての真理を知っている。[7]あなたが作り出した形象はそれを知らない。[8]ところが、この形象は、明らかに完全に無知であるにもかかわらず、自分はすべてのことを知っていると思い込んでいる。その理由は、あなたがそうした信念をそれに与えたからである。[9]これが、あなたが教えていることであり、その形象を維持するために作り出されたこの世界が教えていることでもある。[10]しかし真理を知っている**教師**は、真理を忘れてはいない。[11]**彼**が決断することにはまったく攻撃性がないので、すべての者たちに恩恵をもたらす。[12]したがって、罪悪感を喚起することはできない。

5．自分が所有していない力を装う者は、自分自身を欺いている。[2]だが、**神**から授かった力を受け入れるということは、自分の**創造主**を認めて、**創造主**からの贈り物を受け入れることに他ならない。[3]そしてその贈り物に制限はない。[4]自分のために決断してくれるよう**聖霊**に求めるというのは、単に、自分が真に受け継いでいる賜物を受け入れることにすぎない。[5]これは、**聖霊**に相談せずには何も語れないという意味だろうか。[6]いや、まったくそうではない！　[7]そうだとしたら実用的ではなくなる。そして、このコースが最も気にかけているのは実用性である。[8]もしあなたが、自分にできる時や場所で助けを求めるということを習慣として身につけたなら、必要なときには自分に叡智が与えられると確信してよい。[9]毎朝このために準備をし、一日中、**神**を思い出せるときには思い出し、**聖霊**に助けを求めることが可能なときにはそれを行い、夜には、その導きについて**聖霊**に感謝しなさい。[10]そうすれば、あなたの確信はまさにしっかりと根拠に裏打ちされたものとなる。

6. 決して忘れてならないのは、**聖霊**はあなたの言葉に頼ってはいないということである。2**聖霊**はあなたの衷心《こころ》からの願いを理解し、それに答える。3これは、攻撃があなたにとって魅力的であり続けている間は、**聖霊**も悪をもって応じるという意味になるのだろうか。4そうではない！ 5なぜなら、**神**は**聖霊**に、あなたの衷心《こころ》の祈りを**聖霊**の言語に翻訳する力を与えたからである。6**聖霊**は、攻撃とは助けを求める呼びかけだということを理解している。7そしてそれに即して、助けをもって応答する。8もし**神**があなたの言葉で**ご自身の言葉**が置き換えられることを容認するとしたら、**神**は残酷だということになる。9子を愛する父は、その子が自分自身を傷つけたり、自分で自分の身を滅ぼす選択をするようなことはさせない。10子供は自分が傷つくようなことを求めるかもしれないが、その子の父はそれでもわが子を守ろうとする。11あなたの**父**はそれよりもはるかに深く**わが子**を愛しているのではないだろうか。

7. あなたは**神**を完成するものであり、**神の愛**そのものであるということを、思い出しなさい。2そして、あなたの弱さが**神**の強さであることを思い出しなさい。3しかし、これを慌てて読み間違えてはならない。4**神**の強さがあなたの内にあるというのなら、あなたが自分の弱さと知覚しているものは、幻想にすぎない。5そして、その通りであることを証明する手段を、**神**はあなたに与えている。6すべてのものを**神の教師**に求めなさい。そうすれば、すべてのものがあなたに与えられる。7未来において与えられるのではなく、ただちに、今すぐにである。8**神**は待つことはしない。待つということは時間を示唆するが、**神**は時間を超越しているからである。9あなたの愚かな形象の数々、自分の脆弱さの感覚や危害に対する恐れ、危険の夢や選択された「不正」などは、忘れてしまいなさい。10**神**は**ご自身の子**だけを知っており、**子**は今も、創造されたままに存在する。11私は自信をもって、あなたを**神の手**に委ねる。そして、そうであるがゆえに、私はあなたについて感謝する。

8. そして今、あなたの為すことすべてにおいて、あなたに祝福があらんことを。2世界を救うために、**神**はあなたからの助けを頼りにしている。3**神**の教師よ、**神**はあなたに感謝を差し出す。そしてあなたが**神**から運んでくる恩寵の中で、全世界は静けさに包まれる。4あなたは**神**が愛する子であり、あなたに定められているのは、**神の**

声を世界中で聞かれるものにし、時間にまつわるあらゆるものごとを閉じ、目に見える光景の一切を終わらせ、移り変わるものすべてを取り消すための手段となることである。[5]目にも見えず耳にも聞こえないが確かに存在している世界が、あなたを通して招き入れられる。[6]あなたは神聖なるものであり、あなたの光の中で、世界はあなたの聖性を映し出す。あなたは孤独ではなく、友なき者でもないからである。[7]私はあなたについて感謝し、神のためのあなたの努力につながる。その努力は私のためのものでもあり、私と共に神に向かって歩むすべての者たちのためのものでもあることを、私は知っている。
[8]アーメン。

用語の解説

序文

1. これは哲学的思弁に関するコースではなく、厳密な語義にこだわるものでもない。[2]贖罪のみに、すなわち、知覚の訂正のみに関するものである。[3]贖罪の手段は赦しである。[4]「個人の意識」の構造といったものは、もとより、対象外である。なぜなら、それは「原初の誤り」すなわち「原罪」を表象する概念だからである。[5]誤りを看過することに真に成功したいのなら、誤りそのものを研究しても訂正にはつながらない。[6]そしてこのコースが照準を合わせているのは、この看過のプロセスのみである。

2. すべての用語には論争の余地があり、論争を求める者たちは論争を見出すだろう。[2]だが、同様に、解説を求める者たちは、解説を見出す。[3]ただしそのためには、彼らは、論争とは真理に対する防衛が遅延戦略の形をとったものだと認識して、論争を看過しようとする意欲をもたねばならない。[4]神学的考察といったものには必然的に論争の余地がある。というのも、そうしたものは信念に左右されるので、受け入れることも拒否することもできるからである。[5]普遍的な神学は不可能だが、普遍的な体験は可能であるばかりか、必要である。[6]このコースは、その体験へと向かうものである。[7]ここにおいてのみ一貫性が可能となる。なぜなら、ここにおいてのみ、不確実性が終わるからである。

3. このコースは、それが必要とされている場である自我の枠内にとどまる。[2]すべての誤りを超えたところにあるものには関与しない。なぜなら、これはそこに向かうべく進路を定めるためのみに計画されているコースだからである。[3]したがって、このコースは言葉を用いる。そして言葉は象徴的なものであり、象徴を超えたところにあるものを表現することはできない。[4]疑うのは自我のみであるから、質問をするのも自我のみである。[5]このコースはただ、質問が発せられたなら、別の答えを与えるだけである。[6]しかしその答えは創意工夫や巧妙さに頼ろうとはしない。[7]そうしたものは自我の属性である。[8]このコースは単純である。[9]一つの機能と、一つのゴールがあるだけである。[10]この点においてのみ、このコースは完全に首尾一貫しているが、その理由は、この点のみが一貫したものとなり得るからである。

4．自我は、このコースが与えない多くの答えを要求するだろう。[2]質問の形をしているだけで答えることが不可能なものを、このコースは質問として認識しない。[3]自我は、「どのようにして、不可能なことが起こったのか」、「不可能なことが、何に対して起こったのか」と尋ね、しかも、数多くの形で尋ねるかもしれない。[4]だが、それには答えがない。ただ体験があるのみである。[5]これだけを求めなさい。神学によって、あなたの歩みを遅らせてはならない。

5．あなたにもすぐわかる通り、このコースにおいては、構造に関する話題を重点的に取り上げている部分は短く、最初のほうに見られるのみである。[2]それ以降はすぐに、中心的な教えに移っていく。[3]しかしあなたが解説を求めたので、使用されている用語のいくつかについて、以下に述べておく。

1. 心——霊

1. 心という言葉は、創造エネルギーを供給して霊を活性化させる主体を表すために使われている。[2]この言葉が太字で表記されている場合は、**神**または**キリスト**を指している。（**神の心**、**キリストの心**など。）[3]霊とは、**神**が**ご自身**に似せて創造した**神の想念**である。[4]統一された霊とは、**神のひとり子**、すなわち、**キリスト**のことである。

2. この世界では、心が分裂しているがゆえに**神の子ら**が分離しているように見える。[2]また、彼らの心がつながり合っているようにも見えない。[3]こうした幻想状態においては、「個人の心」という概念に意味があるように見える。[4]したがって、このコースでは、心にはあたかも霊と自我という二つの部分があるかのように描写されている。

3. 霊とは、**聖霊**を通して今も**神**と接触を保っている部分であり、**聖霊**はこの部分に宿っているが、もう一方の部分も見ている。[2]「魂」という言葉は、非常に論争を引き起こしやすいため、聖書からの直接の引用以外では使われていない。[3]とはいえ、それは**神**に属するものであるから永遠であって一度も生まれたことのないものだと理解するなら、「霊」の同義語と言える。

4. 心のもう一方の部分は、全面的に幻想であり、ただ幻想を作り出すのみである。[2]霊は創造するための潜在力を維持してはいるが、**神の意志**でもある霊の**意志**は、心が統一されていないうちは幽閉されているように見える。[3]創造は**神の意志**であるから、衰えることなく続いている。[4]この**意志**は常に統一されており、したがってこの世界においては意味をもたない。[5]**それ**には対極もなければ、程度の差もない。

5. 心はどちらの声に耳を傾けるかによって、正しいものにも、間違ったものにもなる。[2]正しい心の状態は**聖霊**に耳を傾け、この世界を赦し、**キリスト**の心眼《ヴィジョン》を通して、この世界に代わるものとしての実相世界を見る。[3]これが最終の心眼《ヴィジョン》であり、最後の知覚であり、この状態において、**神ご自身**が最後の一歩を踏み出す。[4]ここで、時間と幻想が共に終焉を迎える。

6. 間違った心の状態は自我に耳を傾けて幻想を作り出し、罪を知覚して怒りを正当化し、罪悪や病気や死を実在のものと見なす。[2]こうした世界も実相世界も、両方とも幻想である。なぜなら、正しい心の状態は単に、一度も起こったことのないものを看過するだけ、すなわち赦すだけだからである。[3]したがって、それは**神の意志**とひとつの**意志**をもつ**キリストの心**の一**なる心の状態**ではない。

7. この世界においては、残されている唯一の自由は選択の自由であり、それは常に二つの選択肢の間で、すなわち、二つの声の間で為される選択である。[2]**意志**は、いかなるレベルにおいても知覚に介入することはなく、選択にはまったく関与しない。[3]意識は受け取るための機構であり、上もしくは下から、すなわち、**聖霊**もしくは自我から、メッセージを受け取っている。[4]意識には複数のレベルがあり、自覚がかなり劇的に変化することはあり得るが、知覚の領域を超えることはできない。[5]最も高いレベルでは、意識は、実相世界を自覚するようになり、それを一層よく自覚するよう訓練されることが可能である。[6]しかし、それが複数のレベルをもっていて訓練されることが可能だという事実そのものが、意識は智識に達することはできないことを実証している。

2. 自我 ― 奇跡

1. 幻想は永続しない。[2]その死滅は確実であり、このことのみが、幻想の世界において確実なことである。[3]このことのゆえに、それが自我の世界なのである。[4]自我とは何だろうか。[5]それは、本当のあなたとは何であるかを描いた夢にすぎない。[6]自分が**創造主**から分離しているという想念であり、**創造主**が創造しなかったものになりたいという願望である。[7]それは狂気の沙汰であり、まったく実相などではない。[8]名なきものに付けられた名前にすぎない。[9]不可能の象徴であり、存在しない選択肢を選ぶ選択である。[10]私たちがそれに名前を付けているのは、それは「作り出されたものに不滅性がある」という往古の想念でしかないということを、自分が理解できるよう助けるためにすぎない。[11]しかし、こうした想念から生じることができるのは、すべての夢と同じく死によって終わるだけの夢のみではないだろうか。

2. 自我とは何だろうか。[2]何ものかに見える形をした虚無である。[3]形態の世界では、自我のみが実在するように見えるので、自我を否定することはできない。[4]だが、**神**に創造されたままの**神の子**が、形態の中や、形態の世界の中に住むことができるだろうか。[5]自我を定義して、それがどのようにして生じたのか説明してほしいと求める者は、自我が実在すると思っている者でしかあり得ない。[6]そして彼は、定義することによって、自我をそのようなものに見せかける言葉の背後に、自我の幻想性を確実に隠蔽しておこうとする。

3. 嘘を真実にするのに役立つ嘘の定義などというものはない。[2]また、嘘がうまく隠しおおせる真理などというものもあり得ない。[3]自我の非実在性が言葉によって否定されることはなく、自我の特性に形があるかに見えるからといって、その意味が明確になるわけでもない。[4]定義しようのないものを、誰が定義できるだろう。[5]そうは言っても、ここにさえも答えはある。

4. 私たちは自我とは何かを実際に定義することはできないが、自我ではないものについてであれば、語ることができる。[2]そしてそれは、私たちに実にはっきりと示されている。[3]そこからであれば、自我というものの全容を演繹できる。[4]その対極にあるものを見なさい。そうすれば、唯一の有意義な答えが見えるようになる。

5. 起源、結果、所産などのあらゆる点で自我の対極にあるものを、私たちは奇跡と呼ぶ。[2]そしてそこに、この世界の中にあって自我ではないもののすべてを見出す。[3]ここに自我の対極をなすものがあり、ここにおいてのみ、私たちは自我とは何であったのかを見る。なぜなら、そこからは、自我が行《おこな》ったように思えたことの全容が見え、原因とその結果は今も同一であるはずだからである。

6. かつて闇があったところに、今、私たちは光を見ている。[2]自我とは何か。[3]かつて闇であったもののことである。[4]自我はどこにあるのか。[5]闇があったところにある。[6]それは今は何であり、どこで見つかるのか。[7]それは無であり、どこにも見つからない。[8]今では光が訪れている。その対極をなすものは跡形もなく消え去った。[9]かつて悪があったところに、今は聖性がある。[10]自我とは何か。[11]かつて悪であったもののことである。[12]自我はどこにあるのか。[13]夢に見ていた間は本当のことに思えただけの、悪の夢の中にある。[14]かつて十字架刑があった場所に、**神の子**が立っている。[15]自我とは何か。[16]それを問う必要のある者などいるだろうか。[17]自我はどこにあるのか。[18]夢が過ぎ去った今、幻想を探し求める必要のある者などいるだろうか。

7. 奇跡とは何か。[2]奇跡もまた、夢である。[3]しかし、この夢のすべての側面を見るなら、あなたはもはや問うことはしないだろう。[4]柔和さの中を歩むあなたの前に広がる優しい世界を見なさい。[5]あなたが旅する道で出会う助力者たちが、天国の確実さと平安の確かさに包まれた幸福な者たちであるのを、見なさい。[6]そしてまた、ついにあなたが後にし、通り過ぎたものも、一瞬だけ振り返って見てみなさい。

8. それが自我であった。あの残酷な憎悪、復讐の必要と苦痛の叫び、死ぬことへの恐れと殺したい衝動、同胞なき幻想と全宇宙の中でひとりきりに見えた自己、こうしたすべてが自我であった。[2]あなた自身についてのこの恐ろしい思い違いを、奇跡が、あたかも愛情深い母親がわが子に子守唄を歌うように優しく訂正する。[3]あなたが聞きたいのは、このような歌ではないだろうか。[4]それが、あなたが尋ねようと思ったことすべてに答え、その質問さえも無意味にするのではないだろうか。

9. あなたの質問は**神の声**を沈黙させるために作り出されており、それには答えがない。**神の声**は誰にでも一つの質問をするだけである。「あなたには、**私**が世界を救う手助けをする準備がもうできているだろうか」と。[2]この問いを、自我とは何かと問う代わりに尋ねなさい。そうすればあなたは、自我が作り出した世界がにわかに輝きに包まれるのを見るだろう。[3]今や、誰に対しても奇跡が与えずにおかれることはない。[4]世界は、あなたが「世界」だと思っていたものから救われている。[5]そして、ありのままの世界は、まったく咎められておらず、まったく清らかなものである。

10. 奇跡は赦し、自我は断罪する。[2]どちらも、これ以外の定義を必要としない。[3]だが、これ以上に確かで、これ以上に救済の本質に合致している定義があるだろうか。[4]ここには問題と答えが共にあり、両者がついに揃ったからには、どちらを選ぶべきかは明らかである。[5]地獄が地獄だと認識されたとき、それを選ぶ者がいるだろうか。[6]そして、道のりは短く、自分のゴールは天国であると理解できるときに、あと少しの間進み続けることを嫌がる者がいるだろうか。

3. 赦し ― キリストの顔

1. 赦しは、**神**のためのものであり、**神**へと向かうものであるが、**神**に属するものではない。[2]**神**が創造したもので赦しが必要なものなど考えられない。[3]それならば、赦しは幻想である。しかし、その目的は**聖霊**の目的であり、それゆえに、赦しには一つの相違がある。[4]他のすべての幻想とは異なり、それは誤りへと向かうのではなく、誤りから遠ざかる方向へ導く。

2. 赦しは一種の幸せな作り話と呼べるかもしれない。それは、知らざる者たちが自分の知覚と真理との間の隔たりに橋を架けることのできる道である。[2]彼らは知覚から智識へと直行することはできない。そうすることが自分の意志だとは思っていないからである。[3]これにより、**神**が真にありのままの**神**ではなく敵であるかに見えている。[4]そして、この狂った知覚のみによって、彼らは、ただ立ち上がって平安の内に**神**のもとに戻るというだけのことを、厭《いと》うようになっている。

3. したがって彼らは、自分ではどうしようもないがゆえに助けという幻想を必要としており、葛藤の中に居るがゆえに平安の**想念**を必要としている。[2]**神**は、**わが子**が求めるより先に何が彼に必要かを知っている。[3]**神**は形態については少しも気にかけない。しかし、**神**は内容を与えたので、それが理解されることが**神の意志**である。[4]そして、それで充分である。[5]形態は必要に応じて変わるが、内容は不変であり、その**創造主**と同じように永遠である。

4. **神**についての記憶が戻ってこられるようになるには、その前にまず、**キリスト**の顔が見られなければならない。[2]その理由は明白である。[3]**キリスト**の顔を見ることには知覚が伴う。[4]誰も智識を見ることはできない。[5]しかし**キリスト**の顔は、赦しの大いなる象徴である。[6]それは救済である。[7]実相世界の象徴である。[8]それを見る者は誰でも、もはや世界を見なくなる。[9]彼は天国の門の外では最も天国に近いところにいる。[10]この門からは、あと一歩で中に入ることができる。[11]これが最後の一歩である。[12]そしてこれを、私たちは**神**に委ねる。

5. 赦しも象徴である。しかし、**神の意志**のみを象徴するものであるから、それは分割できない。[2]それゆえに、赦しが映し出している一体性が、**神の意志**となる。[3]それは部分的にはまだこの世界にありながらも、天国への架け橋となる唯一のものである。

6. **神の意志**が、存在するすべてである。[2]私たちはただ、無から有へ、地獄から天国へと進むことができるだけである。[3]これは旅だろうか。[4]いや、真理においてはそうではない。真理はどこにも行かないからである。[5]しかし幻想は、場所によっても時間によっても、移り変わる。[6]最後の一歩もまた一つの移行にすぎない。[7]それは知覚であるから、その一部は実在しない。[8]しかし、この部分はいずれ消え去る。[9]あとに残るのは、常《とこ》しえの平安と**神の意志**である。

7. もはやいかなる願望も存在しない。願望は変化するものだからである。[2]かつて願われたものでさえ、歓迎されなくなることがあり得る。[3]それは当然である。自我は安らかでいることはできないからである。[4]しかし**意志**は**神**の贈り物であるから、恒常である。[5]そして**神**が与えるものは常に、**ご自身**と同質のものである。[6]これが**キリスト**の顔の目的である。[7]それは**わが子**を救うための**神**からの贈り物である。[8]ただこれだけを見なさい。そうすれば、あなたは赦されている。

8. そのほんの一瞬の間、あなたがそこに自分自身についての真理が映し出されているのを見るとき、世界は何と麗しいものになることだろう。[2]今やあなたに罪はなく、あなたは自分の無罪性を眺める。[3]今やあなたは神聖であり、世界をそのように知覚する。[4]そして今、心は自らの**創造主**のもとへ帰る。それが、**父**と**子**の合一であり、すべてのつながり合いの背後にありながらもそれらすべてを超越した、あらゆる一体性の中の**一体性**である。[5]**神**は見られることとなく、ただ理解される。[6]**神の子**は攻撃されることとなく、認識される。

4. 真の知覚 ―― 智識

1. あなたの見ている世界は、世界のように見える幻想である。[2]**神**はそれを創造しなかった。なぜなら、**神**が創造するものは、**神ご自身**と同じく永遠とならざるを得ないからである。[3]ところが、あなたが見ている世界には、永遠に続いていくものは何もない。[4]いくつかのものは、他のものよりも少し長く時間の中に存続するだろう。[5]しかし、いずれは、目に見えるすべてのものが終わりを迎える時がくる。

2. したがって、肉体の目は実相世界を見ることを可能にする手段ではない。なぜなら、肉眼が見ている幻想は、現実のように見える幻想をさらに増やすことにならざるを得ないからである。[2]そして、確かにそのようになる。[3]というのも、肉体の目が見るすべてのものは持続しないばかりか、罪や罪悪の想念を助長するものとなるからである。[4]一方、**神**が創造したものはすべて、永遠に罪はなく、したがって、永遠に罪悪とは無縁である。

3. 智識は偽りの知覚の治療法ではない。それは別のレベルにあり、両者は決して出合うことがない。[2]偽りの知覚に対する唯一の可能な訂正は、真の知覚でなければならない。[3]それは永続はしない。[4]しかし、続いている間は、癒すために訪れる。[5]というのも、真の知覚とは、数多くの名前で呼ばれる治療法だからである。[6]赦し、救済、贖罪、真の知覚、これらはみな同じものである。[7]それらは一つの始まりであり、最後にはそれら自体をはるかに超えた一**体性**へと導く。[8]真の知覚が、世界を罪から救い出す手段である。なぜなら、罪は存在していないからである。[9]そして、真の知覚が見るのは、このことである。

4. 世界は**キリスト**の顔の前に、障壁のように立ちはだかっている。[2]しかし真の知覚がそこに見るのは薄いベール以上のものではなく、それはまったく楽々と剥ぎ取ることができるので、ほんの一瞬そこにあるだけのものである。[3]ついにそれが、ただありのままに見られる。[4]そして今や、それは消え失せないわけにはいかない。なぜなら、今ではそこにきれいに準備された空白の場所があるからである。[5]破壊が知覚されていたところに**キリスト**の顔が現れ、その瞬間、世界は忘れ去られる。そして、虚無から生じた世界が虚無の中へと舞い戻るとき、時間も永久に終わりを告げる。

5. 世界は、赦されたなら存続できない。[2]それは肉体たちの住居であった。[3]しかし赦しは肉体たちを通り越して見る。[4]これが赦しの聖性であり、このようにしてそれは癒すのである。[5]肉体の世界は罪の世界である。肉体があってこそ罪も可能となるからである。[6]罪からは確実に罪悪感が生じ、それと同じく確実に、赦しはすべての罪悪感を取り去る。[7]そしてすべての罪悪感がなくなったなら、分離した世界をそのままそこに保つ何が残っているだろう。[8]そのときには場所も時間と一緒に消え去っている。[9]世界を実在するかに見せているのは、肉体だけである。なぜなら、分離したものである肉体が、分離が不可能なところにとどまることはできないからである。[10]赦しは肉体を見ないので、分離が不可能だと証明する。[11]そのときにあなたが看過するものは、もはやあなたには理解不可能なものとなっているが、かつてのあなたはその存在を確信していたのである。

6. 真の知覚がもたらす変化とは次の通りである。外に投影されていたものが内側に見られ、そこで赦しがそれを消滅させる。[2]というのも、そこに**神の子**への祭壇が据えられ、そこで**父**が思い出されるからである。[3]ここですべての幻想は真理のもとへ運ばれ、その祭壇の上に置かれる。[4]外側に見えているものは、赦しの及ばないままにならざるを得ない。なぜなら、それは永遠に罪深いものに見えるからである。[5]罪が外にあると見なされているうちは、どこに希望があるだろう。[6]罪悪感にとって、どんな治療法が期待できるというのだろう。[7]しかしそれがあなたの心の内側に見られたなら、罪悪感と赦しは一瞬の間、一つの祭壇の上に隣り合わせで一緒に置かれることになる。[8]そこでついに、病気とその単一の治療法が結びつき、一なる癒しの輝きとなる。[9]**神**が**ご自身のもの**を取り戻すために訪れたのである。[10]こうして赦しは完了する。

7. そして今や、不変にして確実で、清らかにして完全に理解可能な**神**の智識が、自らの王国に入ってくる。[2]知覚は、偽りのものも真のものも、同じように過ぎ去っている。[3]赦しも、その任務を終えたので、過ぎ去っている。[4]そして肉体も、**神の子**への祭壇の燦然と輝く光の中で、消失している。[5]**神**はその祭壇が彼のものであると同時に、**ご自身**のものでもあることを知っている。[6]そしてここで、**父と子**はひとつにつながる。なぜなら、ここで**キリスト**の顔がその光で時間の最後の一瞬を消し去り、もはや、世界の最後の知覚には目的も原因もなくなっているからである。[7]ついに**神**についての記憶がよみがえったところには、旅もなければ、罪への信念もなく、壁も肉体もない。罪悪感と死の残酷な魅力は、そこで永久に消滅する。

8. 私の兄弟たちよ、**神の心**の中であなた方を包み込み安全に清らかに麗しく保つ平安を知ってさえいたなら、あなた方は**神**の祭壇の前で**神**に会うために、すぐさま駆けつけずにはいられないだろう。[2]あなたの**名**と**神の名**があがめられんことを。なぜなら、それらはこの聖なる場でひとつにつながっているからである。[3]ここで**神**は身をかがめてあなたを**ご自身**のもとへと抱き上げ、幻想から聖性へ、世界から永遠へ、そしてすべての恐怖から愛のもとへと、戻してくれる。

5. イエス―キリスト

1. あなたは一度も天国から離れていないので、そこに入るために助けは必要ない。[2]しかし、あなた自身を超えたところでは、助けが必要である。なぜなら、実相において**神**のみが定めたあなたの**アイデンティティー**について、あなたは間違った信念を抱いており、それにより束縛されているからである。[3]**助け主**たちは数多くの形態であなたに与えられるが、祭壇の上では、それらはひとつである。[4]それぞれの形態の向こうにはひとつの**神の想念**があり、これは決して変化しない。[5]しかし、しばらくの間は、それらにはいくつもの異なった名前がついている。なぜなら、時間は、それ自体が実在しないので、象徴を必要とするからである。[6]それらの名前は数多くあるが、私たちはこのコース自体が用いている名前以外は使わない。[7]**神**は必要というものを知らないので、助けることはしない。[8]それでも、**神の子**が自分の空想が真実だと信じている間は、**神**は**神の子**のためのすべての**助け主**たちを創造する。[9]あなたを家まで連れ帰ってくれる彼らのことを、**神**に感謝しなさい。

2. イエスという名は、ひとりの人間でありながら、自分のすべての兄弟たちのうちに**キリスト**の顔を見て、**神**を思い出した者の名前である。[2]したがって彼は**キリスト**と同一化し、もはや人ではなく**神**とひとつのものとなった。[3]人としての彼は幻想であった。なぜなら彼も、すべての幻想がそうであるように、彼の自己を真の**自己**から離しておくかに見える肉体の中に居て、一人で歩いている分離した存在のように見えていたからである。[4]しかし、幻想を見た上でそれらを幻想であると識別しない限り、誰にも、救うことなどできない。[5]イエスは、偽りを見てそれを真実として受け入れなかったからこそ、**救済者**であり続けているのである。[6]そして**キリスト**はイエスという人の形を必要としたが、それは**彼**が人々の前に現れて、彼ら自身の諸々の幻想から彼らを救い出せるようにするためであった。

3. イエスは、自らを完全に**キリスト**と同一であると認識したことにおいて、すなわち、常《とこ》しえに**神ご自身**と同質で、**神**とひとつである完全無欠な**神の子**、**神**の一なる被造物、**神**の幸福であると認識したことにおいて、あなた方全員でもあるはずの存在となった。[2]彼はあなたが後についてこられるようにと道を先導した。[3]彼の目の前に広がる道を見て、そこを進んでいったからこそ、彼はあなたを**神**のもとへと連れ帰るのである。[4]彼は、あなたにとってはまだ曖昧な、偽りと真実の間の区別を明確にした。[5]彼が最終的に実証したのは、**神の子**を殺すことは不可能であるばかりか、**神の子**の生命《いのち》は、罪や悪や悪意や恐れや死によってさえ、どのように変化させることもできない、ということであった。

4. それゆえに、あなたのすべての罪は赦されている。それらはまったく何の結果ももたらさなかったからである。[2]すなわち、それらはただの夢にすぎなかったのである。[3]このことをあなたに見せてくれた彼と共に目覚めなさい。あなたの夢がかき消されるようにとそれらを共有してくれた彼に、あなたは恩義があるからである。[4]そして、彼はあなたとひとつでいられるように、今もなお、それを共有している。

5. 彼は**キリスト**だろうか。[2]もちろんそうであり、そしてあなたもそうである。[3]地上における彼のささやかな生涯は、彼があなた方全員のために習得した強力な教えを、あなた方に教えるには短すぎた。[4]あなたが自分で作り出した地獄から、あなたを**神**のもとへ導いていくために、彼はあなたと共にあり続ける。[5]そしてあなたが自分の意志を彼のそれと合一させるとき、あなたの視覚は彼の心眼《ヴィジョン》となる。**キリスト**の目は共有されているからである。[6]彼と共に歩むことは、生まれたときからよく知っている兄と共に歩むのと同じように自然なことである。実際、彼はそのような存在だからである。[7]彼は世界にとって兄となろうとしただけだというのに、彼についていくつもの苦々しい偶像が作り出されてきた。[8]あなたの幻想について、彼を赦しなさい。そして彼があなたにとっていかに大切な兄であるかを見なさい。[9]彼はあなたの心についに安息を与え、あなたと共に、**神**のもとへとその心を運んでいくだろう。

6. 彼は**神**からの唯一の**助け主**だろうか。[2]いや、まったくそうではない。[3]なぜなら、**キリスト**は、どの名前も同一のものだと認識されるまでは、さまざまに異なる名前をもつ多くの形態で現れるからである。[4]しかしあなたにとっては、イエスが、**神の愛**についての**キリスト**の単一のメッセージを伝える者である。[5]あなたには他に誰も必要ない。[6]彼をあなたの生活の中に受け入れずに彼の言葉を読むだけでも、そこから何かを得ることはできる。[7]しかし、もしあなたが自分の苦しみや喜びを彼に打ち明け、その両方を後にして**神**の平安を見つけようとするなら、彼はあなたをもう少し助けられるだろう。[8]それでも、彼が何よりもあなたに学んでほしいと望んでいるのは彼のレッスンであり、それは以下の通りである。

[9]**神の子**は**父**と同質のものであるから、死は存在しない。[10]あなたの為し得るいかなることも、**永遠の愛**を変えることはできない。[11]罪や罪悪感の夢は忘れてしまいなさい。そしてその代わりに、**神の子**の復活を共有するために、私と一緒に来なさい。[12]そして私があなたを大切にしているように、あなたも**神**があなたのところへ遣した者たちを大切に思い、彼ら全員を共に連れていきなさい。

6. 聖霊

1. イエスは**聖霊**の顕現である。彼は天に昇った後、すなわち、**神**に創造されたままの**神の子キリスト**と完全に同一化した後に、**聖霊**を地上に呼び降ろした。[2]**聖霊**は一なる**創造主**による被造物であり、**神**と同質のものとして、つまり霊として**神**と共に創造しているので、永遠なるものであり、変化したことは一度もない。[3]**聖霊**が「地上へ呼び降ろされた」というのは、今では**聖霊**を受け入れてその声を聞くことが可能になったという意味においてである。[4]**聖霊の声**は**神に代わって語る声**であるから、形態をもつものとなったということである。[5]この形態は、**神**および**神**の一部である真の**神の子キリスト**だけが知っている**聖霊**の実相ではない。

2. このコースで描写されている**聖霊**は、私たちに分離に対する答えを与え、贖罪の計画をもたらし、そこにおける私たちの具体的な役割を定め、それがまさに何であるのかを示してくれる存在である。[2]**聖霊**はイエスをその計画を実行する先導者と定めたが、それは、イエスが自らの役割を完璧に果たした最初の者だったからである。[3]それゆえに、天においても地においても一切の力がイエスに与えられているのであり、彼はあなたが自分の役割を果たしたとき、その力をあなたと共有するだろう。[4]贖罪の原理は、イエスがそれを始動させるずっと以前に**聖霊**に与えられていたものである。

3. **聖霊**は、分離した**神の子ら**と**神**との間に残っている**親交**《コミュニケーション》**の絆**であると描写されている。[2]この特別な機能を果たすために、**聖霊**は二重の機能を担ってきた。[3]**神**の一部であるがゆえに、**聖霊**は知っている。そしてまた、人類を救うために遣わされたがゆえに、**聖霊**は知覚している。[4]**聖霊**は大いなる訂正の原理であり、真の知覚をもたらすもの、**キリスト**の心眼《ヴィジョン》に内在する力である。[5]**聖霊**は光であり、その光の中では赦された世界が知覚され、**キリスト**の顔だけが見られる。[6]**聖霊**は決して**創造主**やその被造物を忘れない。[7]**神の子**を忘れることもない。[8]あなたを忘れることもない。[9]そして**聖霊**は、**神**がそこに置いたがゆえに決して消されることのない永遠の輝きの中で、**父の愛**をあなたのもとへと運ぶ。

4. **聖霊**はあなたの心の中の**キリストの心**の部分に宿っている。[2]**聖霊**は、あなたの**自己**とあなたの**創造主**を表象しており、**両者**は**一なるもの**である。[3]**聖霊**は**両者**とつながっているので、**神**を代弁すると共に、あなたをも代弁する。[4]したがって、**両者**が**一なるもの**であることを証明するのは**聖霊**である。[5]**聖霊**が声であるように思えるのは、そのような形で**神の言葉**をあなたに語るからである。[6]遠い国を旅するための**導き手**のように見えるのは、あなたがそのような形の助けを必要としているからである。[7]**聖霊**は、あなたが自分に必要だと思っていることを満たすどんなものでもあるように見える。[8]しかしあなたが自分自身を、本当は不要なものを必要と思い込む罠に陥った者として知覚するとき、**聖霊**はそれには騙されない。[9]こうしたものから、**聖霊**はあなたを解放しようとする。[10]こうしたものから、あなたを安全に守ろうとする。

5. あなたはこの世界における**聖霊**の顕現である。[2]あなたの兄が、自分と一緒に**聖霊の声**となるようにと、あなたに呼びかけている。[3]彼はひとりだけでは機能がないので、ひとりでは**神の子**の**助け主**にはなれない。[4]しかしあなたとひとつにつながったなら、世界の輝かしい**救済者**となり、世界の救いにおける彼の役割をあなたが完成させたことになる。[5]**聖霊**はあなたにも彼にも同じように感謝する。なぜなら、彼が世界を救い始めたとき、あなたも彼と共に立ち上がったからである。[6]そして時間が終わるとき、あなたは彼と共に居るだろう。そのとき、か細い死の旋律に合わせて踊るあなたについての悪意の夢は、跡形も無く消え去っている。[7]その旋律の代わりに、少しの間、**神**への賛美歌が聞こえる。[8]そしてその後、**声**は消えてしまう。もはや形に表れることはなく、**神**の永遠なる無形性へと戻っていく。

エピローグ

1．ひとたびこの旅が始まればその終わりは確実だということを、忘れてはならない。[2]途中で疑いが何度も去来するだろう。[3]それでも旅が終わることは確かである。[4]**神**から任せられたことを成し遂げられない者はいない。[5]このことを忘れたときには、あなたは**神の言葉**を胸《こころ》に抱いて**神**と共に歩んでいるということを思い出しなさい。[6]これほどの希望が自分のものだというときに、絶望できる者などいるだろうか。[7]絶望のように見える幻想の数々が訪れるかに見えるかもしれない。しかし、どうすればそれらに欺かれずにいられるかを学びなさい。[8]どの絶望の背後にも実相があり、**神**が居る。[9]**神の愛**が道の一瞬先にあり、そこですべての幻想が終わるというときに、なぜあなたは実相を待ち続け、それを幻想と交換してしまおうとするのだろうか。[10]終わりはまさしく確実であり、**神**に保証されている。[11]ほんの一歩先で、**至聖なる存在**《もの》が、世界の向こう側へと続く往古の扉を開こうというときに、いったい誰が生命《いのち》なき偶像の前に佇んでいたりするだろう。

2．ここでは、あなたは紛れもなく異邦人である。[2]しかしあなたは**神**に属しており、**神**は**ご自身**を愛するようにあなたを愛している。[3]石をわきへ転がすのを助けて欲しいと私に頼みさえすれば、**神の意志**にしたがって、それは為される。[4]私たちはすでにその旅を始めている。[5]遠い昔に、その終わりのことは星々に記され、天空に刻まれ、きらめくひとすじの**光線**が、すべての時間をも貫いて永遠の中にそれを安全に保ってきた。[6]そしてそれは今もそのように保たれており、不変のまま、変わることなく、変わり得ないものであり続けている。

3．恐れてはならない。[2]私たちは、新たな旅のように見えるが遠い昔に始まった往古の旅に、もう一度出かけるだけである。[3]以前に旅をして少しの間だけ迷った道を、私たちは再び歩み始めた。[4]そして今、もう一度試みる。[5]私たちの新たな旅立ちには、これまでの旅に欠けていた確信がある。[6]仰ぎ見て、星々の間に**神の言葉**を見つけなさい。**神**はそこに、**ご自身の名**と共にあなたの**名**を配した。[7]仰ぎ見なさい。そして、世界は隠そうとするが**神**はあなたに見せようとするあなたの確かな運命を、見出しなさい。

4. 私たちはここで静かに待とう。そして、私たちに呼びかけ、**ご自身の呼びかけ**を私たちが聞くことができるように助けてくれた**神**に感謝して、一瞬の間、跪《ひざまづ》こう。[2]そしてそれから立ち上がり、信を抱いて**神**への道を歩んでいこう。[3]今では、私たちはひとりで歩むのではないと確信している。[4]**神**はここに居る。そして**神**と共に、すべての兄弟もここに居る。[5]私たちはもはや二度と再び道に迷うことはないと知っている。[6]再び歌が始まる。その歌は、悠久の昔から一度もうたわれたことがないかに思えるが、ほんの一瞬途切れていただけである。[7]ここで始まったものはその生命《いのち》と力と希望を増していき、ついに、世界は一瞬の間《あいだ》静まり、罪の夢が紡ぎ出したすべてを忘れるだろう。

5. 新たに生まれた世界を出迎えにいこう。そこでは**キリスト**が再生しており、この再生の聖性は永遠に続くことを、私たちは知っている。[2]私たちは道を見失っていたが、**彼**はそれを見つけてくれた。[3]**彼**を歓迎しにいこう。**彼**は、救済を祝うために、そして私たちが作り出したと思っていたすべてのものの終わりを祝うために、私たちのもとに戻ってくる。[4]この新しき日に、明けの明星はそれまでとは違った世界を照らす。そこでは、**神**が歓迎され、その傍らの**神の子**も歓迎されている。[5]**神**を完成させる私たちは**神**に感謝を捧げ、**神**も私たちに感謝する。[6]**神の子**は静かになり、**神**から与えられたその静けさの中でわが家に戻り、ついに平安に包まれる。

奇跡講座

付録

ACIM

CHUO ART PUBLISHING CO., LTD.
中央アート出版社

これら二編の小冊子、『精神療法――その目的、プロセス、実践』および『祈りの歌』は、『奇跡講座』と同様に、ヘレン・シャックマン博士により筆記されたものであり、いずれも『奇跡講座』の原理を敷衍している。

『精神療法』の筆記は一九七三年に開始され、一九七五年に完了した。「共通の関心やゴールを共有することにおいて二人の者がつながり合う」という『奇跡講座』の癒しの原理の要約を提供している。表向きはサイコセラピストのために書かれたという体裁ではあるが、その教えはすべての読者の益となり得るものである。

『祈りの歌』は一九七七年に筆記されたものであり、その三つの章は、それぞれ「祈り」、「赦し」、「癒し」についての『奇跡講座』の教えを要約している。最初に、これらの概念についての自我の「間違った心」による理解が提示され、次に、それが聖霊の「正しい心」による見解と対比されている。

これらの二編は、『奇跡講座』の教えについての基本的な理解を前提としており、受講生の学習と実践に役立つ補助教材となっている。

精神療法

〜その目的、プロセス、実践〜

『奇跡講座』の原理の敷衍

精神療法　もくじ

序文

1. 精神療法は、存在する唯一の治療《セラピー》の形態である。[2]心のみが病むことができるので、心のみが癒され得る。[3]心のみが癒しを必要としているのである。[4]そのようには見えないが、その理由は、この世界に顕現されている事象が本当に実在するように見えているからである。[5]それらの実在性を個人が疑問視できるようになるために、精神療法が必要である。[6]ときには、個人が専門家からの助けを借りずに自分の心を開き始められる場合がある。しかし、そのようなときでさえ、彼にそれを可能にさせるのは、常に、他者との関わりについての彼自身の知覚における何らかの変化である。[7]ときには、彼は「公認の」セラピストとの間で、より体系的で長期にわたる関わりを必要とすることもある。[8]いずれの場合も、課題は同じである。患者は、幻想の「実在性」について自分の心を変えるために、助けてもらうことが必要なのである。

第一章　精神療法の目的

1. 端的に言って、精神療法の目的は、真理を妨げている障壁を除去することである。[2]その狙いは、患者を助けて、彼が自分の凝り固まった妄想的体系を手放し、その土台となっている擬似《にせ》の因果関係について再考し始めるよう仕向けることである。[3]この世界では、誰も恐れから逃れられないが、誰でも恐れの原因を再考し、それらを正しく見極めることはできる。[4]**神**はすべての者に**教師**を授けており、この**教師**の叡智と援助は、地上のセラピストが提供できるいかなる貢献をもはるかに凌ぐものである。[5]それでも、時と場合によっては、地上の患者とセラピストとの関わりが手段となって、この**教師**がより大きな贈り物を患者とセラピストの両方に授けることもある。

2. 対人関係がもち得る目的として、**聖霊**を招き入れて**聖霊自身**の偉大な贈り物である歓喜を与えてもらうこと以上に、良い目的があるだろうか。[2]誰にとっても、**神**に呼びかけて**神の答え**を聞くことを学ぶこと以上に高邁なゴールがあり得るだろうか。[3]そして、道と真理と生命《いのち》を想起し、**神**を思い出すこと以上に超越的な目的が、あり得るだろうか。[4]こうしたことについて助けるのが、精神療法の正当な目的である。[5]これ以上に神聖なものがあるだろうか。[6]というのも、精神療法とは、正しく理解されたなら、赦しを教えるものであり、患者が赦しを認識して受け入れられるよう助けるものだからである。[7]そして、患者が癒されるとき、セラピストも患者と共に赦される。

3. どのような形で苦しんでいるかには関わりなく、助けを必要としている者はみな、自分自身を攻撃しているのであり、その結果、彼の心の平安は損なわれている。[2]こうした傾向は、しばしば、「自己破壊的」と表現され、多くの場合、患者自身もそれらをそのように見なしている。[3]患者が理解しておらず、学ぶ必要があるのは、攻撃したりされたりできるこの「自己」とは、患者自身が作り上げた概念だということである。[4]しかも、彼はそれを大切にし、防衛し、ときには、その「自己」のためには、自らの「生命《いのち》」を「犠牲」にすることさえ厭わない。[5]彼はこの「自己」

を自分自身と見なしているからである。[6]この自己を彼は、為されたことの影響を被るもの、外的な勢力から要求されるままに反応するもの、そして、世界の力の最中《さなか》にあって非力なものと見ている。

4．ということであれば、精神療法とは患者に自分で決断する能力についての自覚を取り戻させるものでなければならない。[2]彼に必要なのは、自分の思考を逆転させてもよいという気持ちをもつことであり、さらには、自分に結果を投影してきたと思っていたものが実は自分による世界への投影で作り出されていたということを、理解しようとする意欲をもつことである。[3]彼が見ている世界はそれゆえに存在していない。[4]このことが、少なくとも部分的にでも受け入れられるまでは、患者は自分自身を真に決断能力のある者と見なすことができない。[5]そして彼は自分の自由に対抗して戦うことになる。なぜなら、彼は自由とは隷属だと考えるからである。

5．患者は、救済において進歩するために、真理とは**神**であると考える必要はない。[2]しかし彼は真理を幻想から弁別することを始めなければならない。両者は同じではないと認識し、幻想を偽りと見なし、真理を真実であるとして受け入れる意欲を徐々に増していかねばならない。[3]そこから先は、彼の**教師**である**聖霊**が彼を引き受け、彼に準備ができているところまで連れて行く。[4]精神療法は、単に、彼の時間を省くことができるだけである。[5]**聖霊**は**自ら**が最善と見なすやり方で時間を用い、決して間違うことはない。[6]**聖霊**の監督下で行われる精神療法は、**聖霊**が用いる手段の一つであり、それは時間を省き、**聖霊**の仕事のためにより多くの教師たちに準備をさせるためのものである。[7]**聖霊**が開始し、指揮する助けには、終わりがない。[8]**聖霊**が選ぶ行路であればいずれによっても、すべての精神療法が最後には**神**に至る。[9]しかしそうしたことは**神**に任されている。[10]**神**は**ご自身**の中で私たち全員が癒されることを望むので、私たち全員が、**神**のサイコセラピストたちである。

第二章　精神療法のプロセス

序

1. 精神療法は自己に関する見解を変えるプロセスである。[2]うまくいけばこの「新しい」自己は以前より善良な自己概念となるが、実相の確立を精神療法に期待することはとうていできない。[3]それは精神療法の機能ではない。[4]実相につながる道を開くことができれば、精神療法は究極の成功を達成したことになる。[5]精神療法の機能全体が、最終的には、患者が一つの根本的誤りに対処できるよう助けることにある。その誤りとは、「怒りは、自分が真に望むものをもたらしてくれるものであり、攻撃を正当化することにより、自分が保護される」という信念である。[6]これが誤りだということを彼が認識するその度合いに応じて、彼は真に救われる。

2. 患者はこのようなゴールを念頭において精神療法を受け始めるわけではない。[2]それどころか、そうした概念は、彼らにとってはほとんど意味がない。意味があったなら、もとより彼らに助けは必要なかったはずである。[3]彼らが目指しているのは、自分の自己概念は厳密にそのまま維持しつつも、その概念に伴う苦しみは被らずにいられるようになることである。[4]それが可能だという狂気の信念の上に、彼らの精神的安定のすべてが依拠している。[5]そして、それは正気な心にとっては明らかに不可能なことであるから、彼らが求めているのは魔術である。[6]幻想の中では、不可能なことでもたやすく達成されるが、それは幻想を真実とするという代償を払った上でのみ可能なことである。[7]患者は、すでにこの代価を払っている。[8]その上で今度は「よりよい」幻想を望んでいるのである。

3. したがって、最初は、患者のゴールとセラピストのそれは食い違っている。[2]患者と同様にセラピストも、虚偽の自己概念を大切にしているかもしれないが、それでも、「向上」についての双方の知覚はそれぞれに異なっているはずである。[3]患者が学びたいと望んでいるのは、意義あるところまで自分の自己概念を変えることはせずに、自分の望む変化だけを手に入れる方法である。[4]実のところ彼は、自分が精神療法の中に求めている魔術的な力を、自分の自己概念の中に含めることができるところまで、その概念を充分に安定させることを望んでいる。[5]彼は、傷つきやすいものを傷つき得ないものとし、限りあるものを限りなきものにしようとしている。[6]彼が見ている自己が彼の神であり、その神にさらによく仕えることのみを、彼は求めているのである。

4．セラピストは、彼自身がどれくらい真摯であるかには関わりなく、自らが確かなものだと信じている何らかの形に、患者の自己概念を変化させたいと望むものである。[2]治療《セラピー》の課題は、これらの相違に折り合いをつけることである。[3]できるなら、両者とも各自がはじめにもっていたゴールを放棄することを学ぶのが望ましい。というのも、救済が見出されるのは、対人関係の中においてのみだからである。[4]最初のうちは、患者もセラピストも共に、魔術的な意味合いが皆無ではない非現実的なゴールを受け入れることは避けられない。[5]最終的には、それらのゴールは、両者の心の中で放棄される。

I．精神療法の限界

1．しかし、そのような理想的な成果が達成されることは稀である。[2]治療《セラピー》は、癒しとは心の癒しのことだという認識で始まるものであり、精神療法においては、すでにこのことを信じている者同士が対座している。[3]彼らがそれ以上はあまり前進しないということもあるだろう。誰でも、自分に準備のできているところまでしか学ばないからである。[4]しかし準備のレベルは変化するものであり、セラピストか患者のどちらかが次のレベルに達したときには、変わりつつある必要に見合った関係が、彼らの前に差し出されるだろう。[5]彼らは再び出会って互いとの関係の中で進歩し、それを神聖なものにしていくかもしれない。[6]あるいはまた、各々が別の約束関係の中に入っていくことになるかもしれない。[7]確信してよいことは、どちらも進歩するということである。[8]後退は一時的なものである。[9]全般的な針路は、真理に向かっている。

2．精神療法そのものは、創造的ではあり得ない。[2]こうしたことは、自我が助長する誤りの一つである。すなわち、精神療法には真の変化をもたらす力があり、それゆえに、真の創造性を発揮する力もあるとする誤りである。

[3]私たちが「救いをもたらす幻想」や「最後の夢」について語るとき、私たちが意味しているのはこのことではないが、ここには自我の最後の防衛がある。[4]「抵抗」とは、ものごとについての自我による見方のことであり、進歩と成長についての自我による解釈のことである。[5]これらの解釈は必然的に間違うことになる。なぜなら、それらは妄想的なものだからである。[6]自我がもたらそうとしている変化は、実際には変化ではない。[7]それらは単に、影が濃くなったり、雲の模様が変わったりするだけのものである。[8]だが、虚無で作られているものを、新しいとか異なるなどと呼ぶことはできない。[9]幻想はあくまでも幻想であり、真理はあくまでも真理である。

3. ここで定義されているような抵抗は、患者だけでなくセラピストにも見られることがある。[2]いずれにしても、それは精神療法の目標を制限するので、限界を設けることになる。[3]また、聖霊が、治療のプロセスへの自我による侵入に対抗して戦うことはできない。[4]しかし聖霊は待つ。そして、聖霊の忍耐は無限である。[5]聖霊のゴールは、常に、まったく分割されていない。[6]患者とセラピストが各自の異なるゴールに関連してどのような解決に達するにしても、彼らは、聖霊のゴールにつながるまでは、ひとつのものとして完全に和解することはできない。[7]聖霊のゴールにつながったときにのみ、すべての葛藤が過ぎ去る。そのときにのみ確かさが存在し得るからである。

4. 理想的に言えば、精神療法とは一連の神聖な出会いであり、その中で、兄弟は互いを祝福し神の平安を受け取るために対面する。[2]そしてこれは、地上に居る「患者」のすべてに、いつの日か起こることである。そもそも患者以外の誰が、ここに来ることなどできただろう。[3]セラピストとは、いくらか専門的に神の教師として働く者にすぎない。[4]彼は教えることを通じて学び、進歩すればするほど、より多くを教え、より多くを学ぶ。[5]しかし、彼がどの段階に居ようとも、ちょうどその段階に居る彼を必要とする患者たちがいる。[6]彼らは、今のところ彼が与えることができる以上のものを受け取ることはできない。[7]それでも、双方が最後には正気を見出すことになる。

II. 精神療法における宗教の位置

1. 神の教師であるためには、信心深い必要はなく、それとわかるほどに神を信じていることさえ必要ではない。[2]しかしながら、咎めではなく赦しを教えることは必要である。[3]この点においてさえ、完全な一貫性が要求されるわけではない。そうした一貫性を達成した者であったなら、一瞬のうちに、無言のまま、救済を完全に教えることができる。[4]しかし、すべてのことを学んだ者にとって教師は必要なく、癒された者にもセラピストは必要ない。[5]それでも依然として、対人関係が聖霊の神殿であり、それらは時間の中で完璧なものにされ、永遠へと戻されるだろう。

2．形式的宗教は、精神療法の中に居場所をもたないが、宗教の中にも真の居場所をもたない。[2]この世界では、相矛盾する二つの言葉を一つにつなぎ合わせておきながらその矛盾をまったく知覚しないという、驚くべき傾向がある。[3]宗教を形式的なものにしようとする試みは、相容れないものを調和させようとする自我の試みであることはあまりに明白であり、ここで詳しく述べるまでもない。[4]宗教とは経験であり、精神療法も経験である。[5]その最高レベルにおいては、それらはひとつになる。[6]どちらも真理そのものではないが、両方とも真理に至ることができる。[7]今も完璧に明白であり続ける真理を見出すためには、真実なる自覚への障害のように見えるものを除去すること以外に、何が必要となり得るだろう。

3．赦すことを学ぶ者なら誰でも、**神**を思い出せないということはあり得ない。[2]したがって、赦しのみが、教える必要のあるすべてである。なぜなら、それのみが学ぶべきすべてだからである。[3]**神**の想起を阻む障壁となるのは、赦そうとしない思いのさまざまな形であり、それ以外の何ものでもない。[4]このことは、患者にとっては決して明らかなことではなく、セラピストにとっても明らかであることはごく稀である。[5]この一つのことについての自覚に対抗して、世界はあらゆる力を結集してきた。というのも、その中にこそ、世界の終焉と、世界に象徴されるすべてのものの終焉があるからである。

4．しかし、精神療法のゴールとするにふさわしいのは、**神**についての自覚ではない。[2]それは、精神療法が完了したときに訪れることである。赦しがあるところには、必ず真理が訪れるからである。[3]精神療法の成功のために**神**を信じることが必要であったなら、それはまことに不公平と言わねばならない。[4]また、**神**を信じるということは、実際には意味のある概念ではない。なぜなら、**神**はただ知られることができるのみだからである。[5]信じるということは、信じないことが可能だと示唆するものだが、**神**の智識に真の対極はない。[6]**神**を知らないということは、智識をもたないということであり、すべての赦そうとしない思いが行き着く先はここである。[7]そして、智識をもっていなければ、人はただ信念を抱くことしかできない。

5．さまざまな教材が、さまざまな人々を魅了する。[2]宗教のうちのいくつかの形態は**神**とはまったく無関係であり、精神療法のいくつかの形態は癒しとは何の関係もない。[3]しかし、もし生徒と教師が単一のゴールを共有することにおいてひとつにつながるなら、**神**が招き入れられたことになるので、その関係の中に**神**は入ってくる。[4]同様に、患者とセラピストの目的の融合により、まずは**キリスト**の心眼《ヴィジョン》を通して、次に**神ご自身**についての記憶を通して、**神**が優位に戻される。[5]精神療法のプロセスとは正気への帰還である。[6]教師と生徒も、セラピストと患者も、みな正気を失っている。そうでなければ、彼らがこの世界に居るはずはない。[7]一緒になれば、彼らは世界から脱出する道を見つけることができる。誰も自分ひとりで正気を見出すことはないからである。

6．もし癒しが、**神**を**神の国**へ招き入れる招待であるのなら、その招待状がどのようにして書かれるかが、問題になるだろうか。[2]それに使われた紙や、インクや、ペンが、重要だろうか。[3]また、招待状を出すのは、それを書く者だろうか。[4]**神**は、**ご自身**の世界を復元しようとする者たちのところへやってくる。彼らは**神**に呼びかける方法を見つけたからである。[5]誰であれ二人の者がひとつにつながれば、**神**は必ずそこにいる。[6]彼らの目的が何であるかは重要ではないが、成功するためには彼らはその目的を全的に共有しなければならない。[7]**キリスト**に祝福されていないゴールを共有することは不可能である。というのは、**キリスト**の目に見えないものは、あまりに断片化され、意味を失っているからである。

7．真の宗教は癒しをもたらすものであるから、真の精神療法も宗教的とならざるを得ない。[2]しかし、どちらにも多くの形態がある。なぜなら、良き教師は、あらゆる生徒に同一の教え方をすることはないからである。[3]それどころか、そのような教師は一人ひとりの生徒に根気強く耳を傾け、彼に彼自身のカリキュラムを構築させる。ただし、カリキュラムのゴールを彼に決めさせるのではなく、カリキュラムが彼に設定したゴールに達するための最良の方法を決めさせるのである。[4]おそらく、そうした教師は、**神**を教育の一部とは考えていない。[5]そしてそうしたサイコセラピストも、癒しは**神**からくると理解してはいないことだろう。[6]彼らこそ、**神**を見出したと信じている多くの者たちが失敗するところで、成功することができる。

8．学びを確実にするために、教師は何をしなければならないのだろうか。[2]癒しをもたらすために、セラピストは何をしなければならないのだろうか。[3]それは、ただ一つのことだけである。すなわち、救済がすべての者に求めているのと同じ条件である。[4]各人がひとつのゴールを誰か他の者と共有し、そうすることにより、別々の利害という感覚のすべてが無くならなければならない。[5]これを行うことによってのみ、自我が自己に押しつけようとしている狭い境界を超越することが可能になる。[6]これを行うことによってのみ、教師と生徒も、セラピストと患者も、あなたと私も、贖罪を受け入れ、受け取られた通りにそれを与えることを学ぶことができる。

9．聖餐は一人では不可能である。[2]孤立している者は誰も、**キリスト**の心眼《ヴィジョン》を受け取ることはできない。[3]それは彼に差し出されているが、彼のほうでそれを受け取るために手を差し出すことができない。[4]彼を静かにさせ、彼の兄弟の必要は彼自身の必要と同じであると認識させなさい。[5]それから、彼に兄弟と自分の必要を満たさせ、それらがひとつのものとして満たされるということを理解させなさい。なぜなら、それらは確かにひとつのものだからである。[6]宗教とは、これが事実であると彼がわかるように助けるための援助以外の何だろうか。[7]そして、精神療法とは、まさにこれと同じ方向の助け以外の何だろうか。[8]これらのプロセスを同じものにするのはそのゴールである。なぜなら、両者はその目的においてひとつであり、したがって、手段においてもひとつでなければならないからである。

Ⅲ．サイコセラピストの役割

1．サイコセラピストは先導者である。すなわち、彼は患者よりわずかに先を歩み、道にあるいくつかの落とし穴を先に見つけることで、患者がそれらを回避できるように助けるという意味において、先導者である。[2]理想的には、セラピストはまた、従う者でもある。なぜなら、セラピストが見ることができるよう光を与えるために、**一なる存在**《もの》が彼の前を歩いているはずだからである。[3]この**一なる存在**《もの》がいなければ、サイコセラピストも患者もただ闇雲《やみくも》によろめきながら歩き続け、どこにも行き着かない。[4]しかし、もしゴールが癒しであるのなら、この**一なる存在**《もの》が完全に不在ということはあり得ない。[5]それでも、その**存在**が認識されないということはあるかもしれない。[6]その場合は、その時点で受容されることが可能なわずかな光のみが、真理への道を照らす光のすべてとなる。

2. 癒しは、患者の限界によって制限されるのと同様に、サイコセラピストの限界によっても制限される。[2]したがって、このプロセスの狙いは、これらの限界を超えることである。[3]これは、セラピストと患者のいずれもひとりではできないことだが、両者がつながり合うとき、すべての限界を超越する可能性が彼らに与えられたことになる。[4]そうなると、今や、彼らの成功の度合いは、彼らがこの潜在的可能性のどれくらいを使用する意欲があるかで決まることになる。[5]その意欲は、最初は彼らのどちらからでも生じ得るが、もう一人もそれを共有するとき、それは増大していく。[6]進歩は決断の問題となり、ほとんど天国に行き着くこともできれば、地獄から一歩か二歩以上は進めないということもあり得る。

3. 精神療法が失敗したように見えることは大いにあり得ることである。[2]退行のように見える結果が現れることさえある。[3]しかし最後には、必ず何らかの成功がある。[4]ひとりは助けを求め、もうひとりはそれを聞き、助けるという形で応答しようと努める。[5]これが、救済のための公式であり、必ず癒しをもたらす。[6]分割されたゴールのみが、完璧な癒しの妨げとなり得る。[7]まったく自我のない一人のセラピストは、何も言わずとも、ただそこにいるだけで世界を癒すことができる。[8]誰も、彼を見る必要はなく、彼に話しかける必要もなく、彼が存在することさえ知る必要もない。[9]ただ彼の**存在感**だけで、癒すに充分である。

4. 理想的なセラピストは、**キリスト**とひとつになっている。[2]しかし、癒しは過程であって、既成事実ではない。[3]セラピストは患者がいなければ進歩できず、患者は、**キリスト**を受け取る準備ができてはいないはずである。できていれば、彼が病気になるはずはなかった。[4]ある意味では、自我なきサイコセラピストとは、癒しのプロセスの終着地点に位置する一つの抽象概念であり、病気を信じることなどできないほどに進歩しており、自分の足を地に着けたままではいられないほどに**神**に近い存在である。[5]そこにおいて自我なきセラピストは、援助を必要としている者たちを通して助けることができる。というのは、そのようにして彼は、救済のために確立された計画を遂行するからである。[6]サイコセラピストは、自我なきセラピストの患者となって、他の患者たちを通して働きながらも、自我なきセラピストが**キリストの心**から受け取る想念を表現する者となる。

Ⅳ．病のプロセス

1．すべての治療《セラピー》が精神療法であるのと同じく、すべての病は心の病である。[2]それは**神の子**への裁きであり、裁きとは心の活動である。[3]裁きは決断であり、被造物とその**創造主**に対して、何度も繰り返して為されているものである。[4]それは、宇宙を自分で創造したかった通りに知覚するという決断である。[5]それは、真理が嘘をつくことがあり、真理とは嘘に違いないとする決断である。[6]それならば、病とは、悲しみと罪悪感の表現以外の何であり得るだろう。[7]そして誰が、自らの失われた無垢性を嘆くため以外に、涙を流したりするだろう。

2．ひとたび**神の子**が有罪と見なされたら、病は必然となる。[2]それは求められたのだから、受け取られるだろう。[3]そして、病を求める者はすべて、今や、助けにならない治療法を探し求めるという運命を自分に宣告したことになる。なぜなら、彼らは救済ではなく病に信を置いているからである。[4]心の変化が影響を及ぼせないものは何もない。すべての外的なものごとは、すでに為された決断の影でしかないからである。[5]決断を変えなさい。そうすれば、その影は変わらずにはいられない。[6]病は罪悪感の影でしかあり得ず、それはいびつなものを模倣しているので、奇怪で醜悪である。[7]いびつなものが実在すると見なされているのなら、その影がいびつ以外の何となり得るだろう。

3．ひとたび罪悪が実在するという決断が下されたなら、そのあとは地獄への下降が一歩ずつ必然的な進路をたどることになる。[2]そうなると、病気と死と不幸が、あるときは一度に、またあるときは無残にも次々と、情け容赦なく怒涛のように押し寄せて地上を脅かす。[3]しかし、これらのものごとはすべて、どんなに実在するように見えようとも、幻想でしかない。[4]このことがひとたび認識されたなら、誰がそれらを信じられるだろう。[5]そしてこのことを認識するまでは、誰がそれらを信じずにいられるだろう。[6]癒しは、治療《セラピー》あるいは訂正であり、すでに述べた通り、そしてこれからも繰り返し述べるように、すべての治療《セラピー》は精神療法である。[7]病気の者たちを癒すとは、彼らにこの認識をもたらすことに他ならない。

4．「治癒」という言葉は、この世界の比較的「品位ある」セラピストたちの間では不評を買うに至ったが、それはもっともなことである。[2]というのも、彼らのうち誰一人として治癒をもたらすことはできず、彼らのうち誰一人として癒しを理解していないからである。[3]最悪の場合には、彼らは自分自身の心の中で肉体を実在のものと見なすだけであり、そうした上で、彼らの心が肉体に与える疾病の数々を癒すための魔術を探し求めるだけである。[4]このようなプロセスが、どうして治癒をもたらすことなどできるだろう。[5]それは、はじめから終わりまでばかげている。[6]しかし、始まってしまったので、そのようにして終わらざるを得ない。[7]それはあたかも、**神**とは悪魔であって、悪の中に見出されなければならないものであるかのようである。[8]どうしてそこに愛があり得るだろう。[9]そして、どうして病気が治癒をもたらせるだろう。[10]これらは両方とも、同一の問いではないだろうか。

5.「ヒーラー」という言葉がここで適切かどうかは疑わしいが、この世界の「ヒーラーたち」は、うまくいけば、心を病の源として認識するかもしれない。[2]しかし、彼らの誤りは、心が自らに治癒をもたらすことができるという信念の中にある。[3]「誤りの度合い」というものが意味をなす世界においては、この信念には、いくらかの功績がある。[4]だが、彼らによる治癒は一時的なものにとどまるか、あるいは、その代わりに別の病が生じることにならざるを得ない。なぜなら、愛の意味が理解されるまでは、死が克服されてはいないからである。[5]そしてこのことは、**神**からあなたへの贈り物として**神**により**聖霊**に授けられている**神の言葉**なくして、誰に理解できるだろう。

6. いかなる種類の病も、自己を、「弱く、傷つきやすく、邪悪で、危険にさらされていて、そのため絶えず防衛する必要があるもの」と見なした結果である、と定義することができる。[2]だが、もしそのようなものが実際に自己であったなら、防衛は不可能となる。[3]それゆえに、追求される防衛は、魔術的なものでなければならなくなる。[4]それらは、自己の中に知覚されるすべての限界を克服するような防衛でなければならないと同時に、古い自己が戻ってくることができないような新しい自己概念を作り出すものでなければならない。[5]要するに、誤りが実在するものとして受け入れられ、幻想によって対処されるということである。[6]真理が幻想の中に取り込まれて、実相は今や脅威となり、邪悪なものと知覚される。[7]実相とは愛であるから、愛が恐れられるようになる。[8]そのようにして、救済による「侵略」に対抗して円環が閉じられる。

7. したがって、病とは間違いであり、訂正を必要とするものである。[2]そして、私たちがすでに強調したように、最初に間違いの「正しさ」を立証した上で次にそれを見過ごすというやり方では、訂正は達成できない。[3]もし病が実在するのなら、真にそれを見過ごすことはできない。というのも、実在するものを見過ごすことは狂気だからである。[4]だが、それこそが魔術の目的である。すなわち、偽りの知覚を通じて幻想を真実にしようとすることである。[5]これは、真理に反しているので、癒すことはできない。[6]おそらく、健康のように見える幻想で少しの間は代用されることはあるが、長くは続かない。[7]恐れは幻想の一部であるから、幻想によっていつまでも恐れを隠したままにしておくことはできない。[8]それは逃れ出てまた別の形をとることになる。恐れがすべての幻想の源なのである。

8. 病気とは狂気である。なぜなら、すべての病気は心の病であり、そこには程度というものはないからである。[2]病気を実在のものと知覚させる幻想の一つが、病の症状には軽重の差があるという信念である。すなわち、脅威の度合いは病がとる形に応じて異なる、というものである。[3]ここに、すべての誤りの土台がある。というのは、それらはすべて、ほんの少しの地獄を見ることによって妥協しようとする試みにすぎないからである。[4]これは、**神**にとってはあまりに異質な紛《まが》いものなので、永久にあり得ないものであり続けるしかない。[5]しかし、狂っている者は正気を失っているからこそ、それを信じるのである。

9. 狂人は、自分が抱くいくつもの幻想の中に自分自身の救済を見ているがゆえに、それらを防衛しようとする。[2]それゆえに、彼は、幻想から彼を救おうとする者を、自分を攻撃してくると信じて、攻撃する。[3]攻撃と防衛から成るこの奇妙な周期は、サイコセラピストが対処しなければならない最も難しい問題の一つである。[4]実は、これこそが彼の中心的な課題であり、精神療法の核心である。[5]セラピストは、患者の自画像という、患者が最も大切にしている所有物を攻撃する者と見なされる。[6]そして、この自画像は、患者自身の知覚においては彼の安全となっているので、セラピストは、真の危険の源と見なされるしかない。攻撃すべき相手や、殺すべき相手とすら見なされるのである。

10. それならば、サイコセラピストには、途方もない責任がある。[2]彼は、攻撃に対して、攻撃せずに、したがって防衛せずに、対応しなければならない。[3]彼の課題は、「防衛は不要であり、防衛しない態度が強さである」ということを手本で示すことである。[4]正気さは安全だというレッスンを教えるには、以上のことが、彼の教えることとならねばならない。[5]「狂っている者は正気を脅威だと信じている」ということは、いくら強調してもしすぎることはない。[6]これが、「原罪」からの当然の結果である。すなわち、罪悪は実在しており、充分に根拠のあるものだという信念である。[7]したがって、サイコセラピストの機能は、罪悪は実在していないので根拠のあるものではないと教えることである。[8]しかし罪悪は安全なものでもない。[9]それゆえに、それは実在しないものというだけでなく、望ましくないものにとどめておかれるべきものである。

11. 救済のもつ単一の教義が、すべての治療《セラピー》のゴールである。[2]心がこんなにもくたびれ果てながら背負っている狂った重荷である罪悪感を、心から取り除きなさい。そうすれば、癒しは達成される。[3]肉体は癒されるのではない。[4]単にありのままに認識されるだけである。[5]正しく見られて、肉体の目的が理解できるものとなる。[6]そのときには、病気の必要などあるだろうか。[7]この単一の転換があれば、他のすべてがその後に続く。[8]複雑な変化の必要はない。[9]長期にわたる分析や、うんざりするほどの議論や探求の必要もない。[10]すべてのものにとって一つしかないので、真理は単純である。

V. 癒しのプロセス

1. 真理は単純であるとはいえ、果てしない複雑さの迷路の中ですでに道に迷ってしまった者たちに対しては、依然として、教えなければならないものである。[2]これが、巨大な幻想である。[3]その結果として必然的に生じる信念が、「安全であるためには、人は未知のものを制御しなければならない」というものである。[4]この奇妙な信念は、決して意識されることのない特定のステップを拠りどころとしている。[5]まずはじめに、それは、「ともかく生きているためには克服されるべきいくつもの勢力がある」という信念によって招き入れられる。[6]そして次に、あたかもこれらの勢力は、肥大した自意識によってのみ、遠ざけておくことができるものであるかに見える。そしてこの自意識は、真に感じていることを闇の中に保持し、幻想のほうを明るみに出しておこうとしている。

2. 助けを求めて私たちのところにやってくる者たちは激しく恐れているということを、覚えておこう。[2]助けになると彼らが信じているものは、害になるだけであり、害になると彼らが信じているものだけが、助けになる。[3]患者が世界を見ているねじれたやり方を、すなわち彼自身を見ているねじれたやり方を逆転させるよう、患者本人を説得できるまでは、進歩は不可能である。[4]真理は単純である。[5]しかし、真理が自分たちを危険にさらすと思っている者たちには、真理を教えなければならない。[6]危険にさらされていると感じているがゆえに攻撃する者たちや、何にもまして防衛しない態度を養うレッスンを必要としている者たちに対しては、強さとは何かを示すために、真理を教えなければならない。

3. もしこの世界が理想的なものであったなら、おそらく理想的な治療《セラピー》というものもあり得ただろう。[2]とはいえ、理想的な状態においてはそのようなものは無用である。[3]私たちは、理想的な教師が長くとどまることのできないような世界における理想的な教え方について話している。そこでは、完璧なサイコセラピストなど、まだ思われたこともない想念のかすかな光にすぎない。[4]しかし、それでも私たちは、達成可能な範囲内で、狂気の者たちを助けるために今のところ何ができるかについて、話しているのである。[5]彼らが病んでいる間は、彼らを助けることはできるし、助けなければならない。[6]それ以上のことは、精神療法には要求されていない。また、自分がもっていて与えることのできるすべてよりも少ないようなものは、セラピストにふさわしくはない。[7]なぜなら、**神ご自身**が、彼の兄弟を、世界から彼を救う**救済者**として差し出しているからである。

4. 癒しは神聖である。[2]この世界において、助けを求める者を助けること以上に神聖なことはない。[3]そして、たとえいかに限定されていようと、いかに誠意に欠けていようと、二人の者はこの試みにおいて**神**にきわめて接近するのである。[4]二人の者が癒しのためにつながり合ったところには、**神**が居る。[5]そして、**神**は、真に彼らのことを聞き、彼らに応えると、保証している。[6]癒しは**神**が指揮しているプロセスであると、彼らは確信してよい。なぜなら、癒しは**神の意志**に従っているからである。[7]兄弟を助けようとするとき、私たちには、私たちを導いてくれる**神の言葉**がある。[8]自分たちだけでは非力であることを忘れずにいよう。そして、何を学び、何を教えるかについても、自分たちの小さな範囲を超越した強さを頼みとしよう。

5. 援助を探し求めている兄弟は、いかなる夢の中で知覚される高みをも超えた贈り物を、私たちにもたらすことができる。[2]彼は私たちに救済を差し出すのである。というのも、彼は**キリスト**および**救済者**として、私たちのもとにやってくるからである。[3]彼が求めるものは、彼を通して**神**が求めるものである。[4]そして、私たちが彼のために為すことは、私たちが**神**に与える贈り物となる。[5]聖なる**神の子**が自ら知覚している苦悩の中で助けを求めているとき、その神聖な呼びかけに応えることのできるのは彼の**父**のみである。[6]しかし、**神**は、**ご自身**の神聖な**言葉**を語るための声を必要としている。**神の子**に差し伸べ、彼のこころに触れるための手を必要としている。[7]このようなプロセスにおいて、誰が癒されずにいられるだろう。[8]この神聖な関わり合いが、**神ご自身**の計画であり、それにより**神の子**が救われる。

6. 二人の者がつながり合ったからである。[2]そして今や、**神**の約束が**神**により守られる。[3]患者とセラピストの両方に課されている限界は無いも同然となる。癒しが始まったからである。[4]彼らが始めなければならないことは、**父**が完了させるだろう。[5]なぜなら、**神**はこれまで一度として、ほんの小さな意欲と最小限の進歩と、**神の名**を囁くかすかな声以上のものは求めたことがないからである。[6]いかなる形を取ろうとも、助けを求めるということは、ただ**神**に呼びかけることであるにすぎない。[7]そして**神**は、**神の子**の現在の必要のすべてに最も役立つことのできるセラピストを通して、**神の答え**を送るだろう。[8]その答えは天国からの贈り物であるようには見えないかもしれない。[9]それが助けではなく状況の悪化と見えることさえあるかもしれない。[10]しかし、結果を私たち自身で裁くことはしないでいよう。

7. すべての**神**の贈り物はどこかで必ず受け取られる。[2]時間の中で努力が無駄になることはあり得ない。[3]癒そうとする試みにおいて私たちに求められるものは、自分の完璧さではない。[4]癒しの必要というものが存在すると思っているのなら、私たちはすでに欺かれている。[5]そして、真理は、病気という私たちの夢を共有しているかに見える者を通してのみ、私たちのもとに訪れる。[6]彼が原因もなく自分自身を咎めようとして使ってきたすべての罪過について自分自身を赦せるように、彼を助けよう。[7]彼の癒しは私たち自身の癒しである。[8]そして、**神の子**を覆っていた罪悪のベール越しに彼の無罪性が輝くのが見えるとき、私たちは彼の中に**キリスト**の顔を見て、それが私たち自身の顔に他ならないことを理解するだろう。

8. 私たちは無言で**神の意志**の前に立ち、その**意志**が、私たちが為すべきと選んだことを為そう。[2]すべての夢が始まったところへと行き着く道は、ただ一つしかない。[3]そしてそこにおいて、私たちはそれらの夢を手放し、平安の内に永遠にそこを立ち去る。[4]兄弟が助けを求めているのを聞き、彼に答えなさい。[5]あなたが答える相手は**神**である。なぜなら、あなたが**神**を呼んだからである。[6]**神の声**を聞くための道は他にない。[7]**神の子**を探すための道は他にない。[8]あなたの**自己**を見つけるための道は他にない。[9]癒しは聖なるものである。その優しい抱擁を通して、**神の子**が天国へ帰るからである。[10]癒しは**神を代弁する声**を通して、彼のすべての罪は赦されたと彼に告げるからである。

VI. 癒しの定義

1. それならば、精神療法のプロセスは、単に赦しであると定義できる。いかなる癒しもそれ以外のものではあり得ないからである。[2]赦そうとしない者は、自分が赦されていないと信じているので、病んでいる。[3]罪悪にしがみつき、寄り添うようにそれを匿《かくま》い、愛を込めて保護し、用心深く防衛するといったすべてが、赦すことに対する断固とした拒絶に他ならない。[4]「神はここに入ってはならない」と、病んだ者たちは幾度となく繰り返し、その間ずっと、自分の失ったものを嘆きながらもそれを喜んでいる。[5]癒しは、患者が自分の歌っている葬送歌を聞き始め、その妥当性を疑うようになるときに生じる。[6]それを聞くまでは、それを自分に向かって歌っているのは自分自身だということを、彼は理解できない。[7]それを聞くことが、回復の第一歩である。[8]その次に、それを疑うことが彼の選択とならなければならない。

2. 一つの非常に強い傾向として、「一瞬だけこの死の歌を聞いて、その後はそれを未訂正のまま無視してしまう」というものがある。[2]そうしたつかの間の自覚は、文字通り「自分の歌の旋律を変える」ために私たちに与えられる多くの機会を表している。[3]その旋律の代わりに、癒しの調べを聞くことは可能である。[4]しかしまず、咎めの歌の「真実性」を疑問視しようとする意欲が生じなければならない。[5]自己概念の中に分かちがたく織り込まれた奇妙な歪曲が、その自己概念自体が擬似《にせ》の被造物でしかないというのに、この耳障りな音を真に美しいもののごとくに思わせている。[6]けたたましい不協和音の叫び声が聞こえる代わりに、「宇宙のリズム」や、「天の御使《みつか》いの歌」などといったものや、さらにもっと多くのものが聞こえてくるのである。

3. 耳は翻訳するのであって、聞くことはしない。[2]目は再現するのであって、見ることはしない。[3]耳や目の任務は、何であれ要請されているものを、それがどんなに好ましくないものであっても好ましいものにすることである。[4]耳も目も心の決断に答えているのであり、心の欲求を再現し、それらを受け入れやすく心地よい形態へと翻訳する。[5]ときには、形態の奥にある想念がほんのわずかな間だけ漏れ出てきて、心が次第におびえるようになり、自分の正気を疑い始めることもある。[6]それでも、心は奴隷たちに、彼らが見る形や、聞く音を変えることを許可しない。[7]これらがその心による「治療法」であり、狂気からの「保護手段」なのである。

4. 五感が運んでくるこれらの証言には、ただ一つの目的しかない。すなわち、攻撃を正当化し、それにより、赦そうとしない思いの正体を認識されないままに保つことである。[2]あからさまに見られたなら、これは耐えがたいものである。[3]保護されていなければ、これが存続することはできない。[4]ここでは、すべての病気が大切に保たれている。ただし、これがそのようなものだという認識は伴われていない。[5]というのも、赦そうとしない思いが認識されていないときには、それが纏う形は何か別のもののように見えるからである。[6]そして今や、その「何か別のもの」が恐怖を引き起こしているかに見える。[7]しかし、癒されることが可能なものは、その「何か別のもの」ではない。[8]それは病んでいないので、治療法を必要としていない。[9]あなたの癒しの努力をここに集中させることは、不毛なことでしかない。[10]病むことがあり得ないものを、誰が治療したり、回復させたりできるだろう。

5. 病気は数多くの形をとるが、赦そうとしない思いも同様である。[2]一方が纏うさまざまな形態は、もう一方が纏うさまざまな形態を再現しているにすぎない。というのも、それらは同一の幻想だからである。[3]一方はもう一方へときわめて忠実に翻訳されるので、ある病気の形態を注意深く研究すれば、それに表象されている赦そうとしない思いの形態をきわめて明確に指摘できるだろう。[4]しかし、これがわかったとしても、治癒をもたらすことにはならない。[5]治癒は、ただ一つの認識によってのみ達成される。すなわち、赦しのみが赦そうとしない思いを癒し、赦そうとしない思いのみが、何らかの形の病気を引き起こすことができる、という認識である。

6. この認識が、精神療法の最終的なゴールである。[2]それはどのようにして達成されるのだろうか。[3]セラピストは、自分自身の中でまだ赦していないすべてを患者の中に見る。そして、それにより、それらを直視する新たな機会を与えられ、それらを再評価し赦すことが可能になる。[4]これが起こるとき、彼は自分の罪を、もはやここには存在しない過去の中へと去っていったものとして見ることになる。[5]これを行うまでは、彼は悪というものを、今ここで彼につきまとっているものと考えざるを得ない。[6]患者は、セラピストの罪が投影されるスクリーンであり、その罪をセラピストが手放すことを可能にする。[7]彼が自分の見ているものの中にたった一つでも罪の汚点を保つなら、彼の解放は部分的なものとなり、確かなものではなくなるだろう。

7. 誰もひとりだけでは癒されない。[2]これが、救済の声を聞くすべての者に向かって、救済がうたう喜ばしい歌である。[3]この言葉は、自分自身をセラピストと見なしている者たちの誰もが、何度でも繰り返して思い出すべきものである。[4]彼らの患者たちは、赦しを運んでくる者と見なされることしかできない者たちである。というのは、未だに罪はそこに存在していて見ることができると信じている目に対し、自らの無罪性を実証しにくるのは、患者たちだからである。[5]だが、患者の中に見られてセラピストの中で受け入れられる無罪性の証拠は、両者の心に一つの聖約を差し出すことになる。それにより、彼らは出会い、つながり合ってひとつのものとなる。

Ⅶ．患者とセラピストの理想的な関係

1．では、誰がセラピストであり、誰が患者なのだろう。[2]最終的には、誰もがその両方である。[3]癒しを必要としている者は、癒さなければならない。[4]医者よ、汝自身を癒しなさい。[5]他に癒すべき誰がいるというのだろう。[6]そして、他の誰が、癒されることを必要としているだろう。[7]セラピストを訪れる患者の一人ひとりが、セラピストに自分自身を癒す機会を差し出している。[8]それゆえに、患者はセラピストのセラピストである。[9]そして、どのセラピストも、自分のもとへやってくる患者の一人ひとりから、癒すことを学ばねばならない。[10]そのようにして、セラピストは患者の患者となる。[11]**神**は分離のことを知らない。[12]**神**が知っているのは、ご自身にはひとりの**子**が居るということだけである。[13]**神**の智識は、患者とセラピストの理想的な関係に反映される。[14]**神**は呼びかける者のもとにやってくる。そして呼びかけた者は**神**の中に**神ご自身**を認識する。

2．教師でありセラピストである者よ、あなたが誰のために祈るのか、誰が癒しを必要としているのかを、注意深く考えてみなさい。[2]治療《セラピー》とは祈りであり、癒しはその目標であると同時にその結果でもある。[3]祈りとは、**キリスト**が中に入ってこられるような関係の中で心と心がつながり合うこと以外の何だろう。[4]これが**キリスト**の家であり、精神療法はその家の中へと**彼**を招き入れる。[5]いつでも選べる別の症状があるというときに、症状の治癒など何になるだろう。[6]しかし、ひとたび**キリスト**が中に入ってくれば、**彼**にとどまってもらう以外に選択の余地はなくなる。[7]これ以上は何も必要ない。それがすべてだからである。[8]癒しはここにある。そして幸せと平安も、ここにある。[9]これらが、患者とセラピストの理想的な関係の「症状」であり、患者が助けを求めてやってきたときの症状と入れ

替わる。

3．この関係の中で生じるプロセスは、実際のところ、セラピストが胸《こころ》の中で患者に、彼の罪はすべて、セラピスト自身の罪とともに赦されたと告げるプロセスである。[2]癒しと赦しの間に、どんな相違があり得るだろう。[3]そして自らの無罪性を知っているキリストだけが、赦すのである。[4]**キリスト**の心眼《ヴィジョン》が知覚を癒し、病気は消滅する。[5]また、ひとたびその原因が取り去られたなら、それが再び戻ってくることはない。[6]しかし、これには、非常に進歩したセラピストの助けが必要である。そうしたセラピストは神聖な関係の中で患者とつながることができ、その関係の中では、すべての分離の感覚がついに克服される。

4．このためには、一つのことが必要であり、しかもその一つだけが必要である。それは、セラピストが決して自分自身を**神**と混同しないということである。[2]すべての「癒されていないヒーラー」は、何らかの形でこの根本的な混同をきたしている。なぜなら、彼らは自分自身を、**神**に創造されたものではなく、自分により創造されたものと見なさずにはいられないからである。[3]この混同が仮に自覚されることがあったとしても、それはきわめて稀である。そうでなかったなら、癒されていないヒーラーは、ただちに、自分の人生を真の癒しの機能のために捧げる**神**の教師となることだろう。[4]その地点に達する以前の彼は、自分には治療のプロセスが任されていると考え、それゆえに自分はその結果に責任があると思っていた。[5]それゆえに、彼の患者の間違いは、彼自身の失敗となり、罪悪感が暗く強力な覆いとなって、**キリスト**の聖性であるはずのものを隠していた。[6]決断をするにあたって自分の判断を用いる者たちにおいては、罪悪感は回避できないものである。[7]自分を通して**聖霊**に語ってもらう者たちにおいては、罪悪感は不可能である。

5．罪悪感の消滅が、治療《セラピー》の真の目標であり、赦しの当然の目標でもある。[2]このことの中に、両者がひとつのものであることが、はっきりと見て取れる。[3]しかし、兄弟のための導き手という役割の中で兄弟について責任を感じていながら、罪悪感の終わりを経験できる者などいるだろうか。[4]こうした機能は、ここに居る者は誰ももつことのできないような見識を前提としている。すなわち、過去、現在、未来についての確信、および、それらの中で生じるかもしれないすべての結果に対する確信である。[5]この全知の観点からのみ、このような役割は可能となる。[6]だが、いかなる知覚も全知ではなく、また、たったひとりで宇宙に対抗している微小な自己は、狂気の中でない限り、自分がそのような叡智をもっているなどと思い込むことはできない。[7]多くのセラピストが狂っているということは、言うまでもない。[8]癒されていないヒーラーは、誰も完全に正気ということはあり得ない。

6．しかし、**神**があなたに与えた機能を受け入れないことは、**神**が与えなかった機能をでっちあげることと同じく、狂っている。[2]進歩したセラピストには、自分の中にある力を疑うということがまったくできない。[3]また、彼がその**源**を疑うこともない。[4]彼は自分がそのようなセラピストであるがゆえに天と地におけるすべての力が自分に属しているということを理解している。[5]そして彼は、彼の**創造主**のゆえに、そうした存在である。彼の中には**創造主の愛**があり、**創造主**が失敗することはあり得ない。[6]これが何を意味しているかを考えてみなさい。彼は**神ご自身**という贈り物をもっており、それを与えることができるということである。[7]彼の患者たちとは、彼の神聖さに頼ってそれを自分のものにしようとしている**神**の聖人たちである。[8]そして、彼がその神聖さを彼らに与えるとき、彼らは、**キリスト**の輝く顔が自分たちを見つめ返しているのを見るのである。

7．狂った者たちは自分が**神**だと思っており、**神の子**に対して弱さを差し出すことを恐れない。[2]しかし彼らは、このことのゆえに自分が**神の子**の中に見るものを、本当に恐れているのである。[3]癒されていないヒーラーは、自分の患者たちを恐れずにはいられない。そして自分の中に見ている裏切りが患者たちの中にあるに違いないと疑ってかかる。[4]彼は癒そうとしているので、ときには、癒すかもしれない。[5]しかし彼は、ほんのわずかの間、ある程度までしか成果をあげられないだろう。[6]彼は、呼びかけている者の中の**キリスト**を見ない。[7]異邦人のように見えている者に対し、癒されていないヒーラーがどんな答えを与えることができるというのだろう。彼はその異邦人を、真理にとっては異質で叡智に乏しい者、また、神をもたないので神を与えてもらわなければならない者として見ているのである。[8]その異邦人の中に、あなたの**神**を見なさい。なぜなら、あなたが見るものが、あなたにとっての**答え**となるからである。

8．二人の兄弟がつながり合うということが、真に何を意味しているか、考えてみなさい。[2]そしてそれから、世界を忘れ、世界の小さな勝利や死の夢のすべてを忘れてしまいなさい。[3]同じ者たちはひとつのものである。だから今では、罪悪の世界について何も思い出すことはできない。[4]部屋は神殿となり、街路は、病んだ夢のすべてを軽くなぞりながら通り過ぎていく星々の流れとなる。[5]完全無欠であるものは癒しを必要としないのだから、癒しは完了している。そして罪のない所では、赦さなければならない何が残っているというのだろう。

9．セラピストよ、感謝しなさい。あなたは、もし自分の正しい役割を理解しさえすれば、こうしたものごとをこのように見ることができるのである。[2]しかし、もしそれを理解し損なうなら、あなたは**神**があなたを創造したということを否定したのであり、それゆえに、自分が**神の子**であると知ることはないだろう。[3]そうなったとき、誰があなたの兄弟だろう。[4]どんな聖人が、あなたを一緒に家に連れ帰ることができるだろう。[5]あなたは道に迷ってしまったのである。[6]そのときあなたは、彼の中に見ることなど期待できることを拒否してきた答えを、自分自身が与えることができるだろうか。[7]癒して、癒されなさい。[8]この他に、平安へと導くことのできる道の選択肢はない。[9]さあ、あなたの患者を招き入れなさい。彼は**神**のもとからあなたのところに来たからである。[10]彼の聖性だけで、**神**についてのあなたの記憶を目覚めさせるに充分ではないだろうか。

第三章　精神療法という職業

I. 患者の選択

1. あなたのもとへ送られてくる誰もが、あなたの患者である。[2]これは、あなたが患者を選ぶという意味ではなく、あなたが適切な治療の種類を選ぶという意味でもない。[3]しかし、間違ってあなたを訪れる者は一人もいないということは、確かに意味している。[4]**神**の計画に誤りはない。[5]しかし、訪れる者の一人ひとりに対して何を提供すべきかについてあなたが知っていると見なすことは、誤りである。[6]それを決めるのはあなたではない。[7]あなたには、「自分は、訪れる者たちのために自分自身を犠牲にするようにと絶えず求められている」と思い込む傾向がある。[8]これはおよそ真実ではあり得ない。[9]自分自身に犠牲を要求するというのは、**神**に犠牲を要求することであるが、**神**は犠牲については何も知らない。[10]**完全無欠なるもの**に不完全であれと求めることなど、誰にできるだろう。

2. それでは、一人ひとりの兄弟が何を必要としているのかを決めるのは、誰だろう。[2]もちろん、あなたではない。あなたはまだ、誰が求めているのかを認識してもいない。[3]もしあなたが耳を澄まして聞くならそれをあなたに告げる**何か**が、彼の中に存在している。[4]そして、それが答えである。だから聞きなさい。[5]要求してはならない。決めてもいけないし、犠牲にしてもいけない。[6]ただ聞きなさい。[7]あなたに聞こえることは真実である。[8]**神**が**わが子**をあなたのもとに送っておきながら、あなたが彼の必要を認識するかどうかを**神ご自身**が確信していないということがあるだろうか。[9]**神**があなたに何を語っているのかを考えなさい。**神**は**ご自身**を代弁して語るあなたの声を必要としているのである。[10]これ以上に神聖なことがあるだろうか。[11]あるいはまた、あなたにとって、これ以上に大いなる贈り物があるだろうか。[12]あなたは誰が神となるかを選びたいだろうか、それとも、あなたの中に居る**神**からの**声**を聞きたいだろうか。

3．あなたが**神の名**において自分の患者の役に立つためには、彼が物理的にあなたの目の前に居る必要はない。[2]これを覚えておくのは難しいかもしれないが、**神**は、あなたへの贈り物を、あなたが実際に会う少数の者へと限定することはない。[3]あなたはそれ以外の者たちにも会うことができる。会うということは肉眼へと限定されてはいないからである。[4]ある者たちは、あなたが物理的に目の前に居ることを必要としない。[5]彼らは、送り出された瞬間にあなたを必要としており、それはあなたが彼らを必要としているのと同じか、それ以上の必要であるかもしれない。[6]あなたは彼らを、双方にとって最も助けになる何らかの形で認識するだろう。[7]どのようにして彼らがやってくるかは問題ではない。[8]彼らは、どんな形態であれ最も助けになる形態を纏って送られてくる。たとえば、名前、考え、画像、アイデアであったり、あるいは、どこかに居る誰かに手を差し伸べているような感覚ということもあるかもしれない。[9]つながり合うということは、**聖霊**の手中にある。[10]それが達成されずに終わることはあり得ない。

4．神聖なセラピストは進歩した**神**の教師であり、彼は一つのことを決して忘れない。すなわち、自分が救済のカリキュラムを作ったのではなく、その中における自分の役割を確立したのでもない、ということである。[2]彼は、自分の役割が全体にとって必要であると理解しており、それを通して、自分の役割が完了したときに自分は全体を認識するということも理解している。[3]それまでの間、彼は学ばねばならず、彼の患者たちこそが、彼のもとに送られてくる彼の学びの手段である。[4]彼らについて、また彼らに対し、感謝すること以外に、彼には何ができるというのだろう。[5]彼らは**神**を連れて、やってくるのである。[6]彼は、この**贈り物**を石塊《いしくれ》と交換に、拒絶したいのだろうか。あるいは、世界の**救済者**に扉を閉ざして、亡霊を中に入らせたいのだろうか。[7]彼に**神の子**を裏切らせてはならない。[8]**誰**が彼に呼びかけているのかは、彼の理解をはるかに超えている。[9]しかし、呼びかける者に応えることによってのみその呼びかけを聞くことができ、それが自分自身の呼びかけでもあると理解できるというときに、彼は自分が応えることができることを喜びたくはないだろうか。

Ⅱ．精神療法は専門職であるか

1．厳密に言えば、答えは「否《いな》」である。[2]一つの個別の専門職が、どうして、万人が携わるものであり得るだろう。[3]そして、誰もが自分の関わるあらゆる関係において患者とセラピストの両方であるというのなら、そのような関わり合いに対して、何らかの限界を課すことなど、どうしてできるだろう。[4]しかし、実用面から言えば、自分の主な機能として、何らかの種類の癒しに自分自身を捧げることを主目的としている者たちがいると述べることは、依然として可能である。[5]そして、彼らのもとへ、他の大勢の人々が助けを求めて頼ってくる。[6]事実上、これが治療を専門とする職業である。[7]したがってこれが、「正式」に、助力者と言える者たちである。[8]彼らは、自分の専門的活動における特定の種類の必要に献身しているが、そうした活動の枠外でのほうがはるかに有能な教師であるという場合もある。[9]もちろん、これらの専門的活動に携わる者たちに特別なルールは必要ない。しかし、彼らが一般的な癒しの原理を特別に応用した形を用いるよう求められることはあるかもしれない。

2. 第一に、専門的セラピストは、癒しに難しさの序列がないということを実証するのに恰好の立場にいる。[2]しかし、そのためには、彼には特別な訓練が必要である。なぜなら、おそらく、彼がセラピストになるために学んだカリキュラムは、おそらく、彼に癒しの真の原理について、ほとんど、またはまったく、教えてくれなかったはずだからである。[3]実のところ、おそらくそのカリキュラムは、癒しを不可能にする方法を彼に教えたに違いない。[4]世界の教えのほとんどは、裁きについてのカリキュラムに従っており、セラピストを審判者にすることを狙いとしている。

3. このようなカリキュラムですら、聖霊は使うことができるし、ほんのわずかでも招待されれば、確かにそれを使うだろう。[2]癒されていないヒーラーは、傲慢であったり、利己的かつ無関心であったり、実際に不誠実であったりするかもしれない。[3]彼は、癒しに対し自分の主要なゴールとしての関心はもっていないかもしれない。[4]しかし、彼がヒーラーになる選択をしたとき、たとえどんなに間違った導きによりその方向を選んでいたとしても、ほんのわずかであれ彼に何かが起こったのである。[5]その「何か」で充分である。[6]遅かれ早かれ、その何かが頭をもたげ、大きくなっていくだろう。患者のひとりが彼を感動させ、セラピストである彼が静かにその患者に助けを求めることになるだろう。[7]彼は自分自身にセラピストを見つけたのである。[8]彼は**聖霊**に、その関係の中に入ってきてそれを癒してくれるようにと求めた。[9]彼は、自分自身に贖罪を受け入れたのである。

4. **神**は、**ご自身**が創造したものすべてを見て、良しとしたと言われている。[2]しかしそうではなく、**神**はそれが完全無欠であると宣言したのであり、だからそれはそのようになったのである。[3]そして、**神**の被造物たちは変わることがなく、常《とこ》しえに永続するのだから、それは今もそのままである。[4]しかし、完全無欠なセラピストというものも、完全無欠な患者というものも、とうてい存在不可能である。[5]セラピストも患者も自分の完全無欠性をすでに否定しているはずである。なぜなら、彼らがお互いを必要としているということ自体が、欠乏感があることを示唆しているからである。[6]一対一の関係は、**一なる関係**とは違う。[7]それでもそれは、帰還のための手段であり、**神の子**の帰還のために**神**が選択した道である。[8]そうした不可思議な夢の中には、不可思議な訂正が入っていかなければならない。というのも、それだけが、目覚めへの呼びかけだからである。[9]そして、それ以外の何が、治療《セラピー》と言えるだろう。[10]目覚めて、喜びなさい。あなたのすべての罪は赦されているからである。[11]これが、二人の者が互いに与えるべき唯一のメッセージである。

5. 患者とセラピストの出会いの一つひとつから、必ず何か善きものが生じるはずである。[2]そしてその善きものは、彼らが自分たちの間の関係においてそれだけが実在するものだったと認識できる日のために、双方のためにとっておかれる。[3]それが認識されるとき、その善きものは、**創造主**からの**愛**のしるしの贈り物として、**聖霊**により祝福され、彼らに戻される。[4]というのも、治療のための関係は、必ず**父**と**子**の関係と同質のものとなっていくからである。[5]この他に関係というものはない。他には何もないからである。[6]この世界のセラピストたちは、このような結果を期待してはいない。また、もし期待していたなら、彼らの患者の多くは、彼らから助けを受け入れることができないだろう。[7]だが、実際には、セラピストが自分の関わっている関係のゴールを定めるのではない。[8]彼の理解は、このことを認識することから始まり、そこから進展していく。

6. 癒しは、セラピストが患者を裁くことを忘れるその瞬間において生じる。[2]決してこの地点に達することのない関係もある。だがその場合でも、そのプロセスの中で患者とセラピストの両方が自分たちの夢を変化させるということはあるだろう。[3]だが、それは、彼らの両方にとって同一の夢とはならないので、両者をいつか目覚めさせることになるような赦しの夢ではない。[4]善きものは保存されるし、実際、大切にされる。[5]しかし、時間はほんの少し省かれるだけである。[6]新しい夢は一時的な魅力を失い、恐れの夢に変わるだろう。恐れがすべての夢の内容である。[7]だが、自分が受け取る準備ができている以上のものを受け入れることのできる患者はいないし、自分がもっていると信じている以上のものを差し出すことのできるセラピストもいない。[8]それゆえに、この世界には、すべての関係のための場があり、それらは、各人が受け入れて使うことができる限りの善きものをもたらすことになる。

7．だが、癒しが生じるのは、裁きが止むときである。なぜなら、そのときにのみ、癒しに難しさの序列はないということが理解され得るからである。[2]これが、癒されたヒーラーにとって不可欠な理解である。[3]彼は、兄弟を一つの夢から目覚めさせることのほうが、別の夢から目覚めさせることよりも難しいわけではないということを、学んだのである。[4]職業的セラピストの中で、この理解を一貫して自分の心の中に保ち、自分を訪れるすべての者に差し出すことができる者は一人もいない。[5]この世界にも、その非常に近くまで到達した者たちはいるが、彼らはこの贈り物を完全に受け取ることはしていない。それは、時間の終わりまでここに居て、自らの理解を地上にとどめるためである。[6]彼らは職業的セラピストと呼ぶことなどできない者たちである。[7]彼らは**神の聖者**である。[8]世界の**救済者**である。[9]彼らの姿はここにとどまっている。彼らがそうであることを選んだからである。[10]彼らはその他のさまざまな姿に取って代わり、優しい夢を用いて助けるのである。

8．ひとたび「心はつながっている」ということを悟ったなら、職業的セラピストはさらに、癒しにおける難しさの序列には意味がないということも認識できるようになる。[2]だが、時間の中においてこの地点に到達するよりずっと以前から、彼はそこに向かって進むことができる。[3]その道中で、多くの聖なる瞬間が彼のものとなり得る。[4]ゴールとは、旅の始まりではなく終わりを示すものであり、一つのゴールが達成されたときに、もう一つのゴールが、前方にかすかに見えてくる。[5]ほとんどの職業的セラピストたちは、まだ、最初の旅の初歩的段階が始まったばかりの地点にいる。[6]自分が何をしなければならないかを理解し始めた者たちでさえ、依然として、それに着手することに抵抗するかもしれない。[7]それでも、すべての癒しの法則は、一瞬のうちに、彼らのものとなり得る。[8]夢の中を別にすれば、旅は長いものではない。

9．職業的セラピストには、正しく使用されたなら莫大な時間を省くことのできるような、一つの利点がある。[2]彼は、自分の役割を誤用したくなる誘惑が非常に大きい道を選んだのである。[3]このことにより、もし彼が自分に与えられていない機能を引き受けてしまいたくなる誘惑を逃れることができるなら、平安への障害の多くを実に速やかに通り過ぎることが可能となる。[4]癒しに難しさの序列がないことを理解するには、彼はさらに自分自身と患者の対等性についても認識しなければならない。[5]これには、中間点はない。[6]対等であるか、そうでないか、どちらか一つである。[7]この点で妥協しようとするセラピストたちの試みは、まことに奇妙なものである。[8]ある者たちは、自分の聖堂で礼拝する肉体たちを集めるためだけに、その関係を利用する。そしてこれを、癒しと見なしている。[9]多くの患者もまた、この珍妙な方式を救済だと考えている。[10]それでも、一つひとつの出会いの中には一**なる存在《もの》**が居て、「兄弟よ、もう一度、選び直しなさい」と言っているのである。

10. いかなる形の特別性も防衛されずにはいないし、必ず防衛されることになるということを、忘れてはならない。[2]防衛しないセラピストは**神**からの強さを身につけているが、防衛するセラピストは、自分の救済の**源**を見失っている。[3]彼は見ることもなく、聞くこともない。[4]では、彼はどのようにして教えることができるのだろう。[5]それができる理由は、彼が救済計画の中の自分の持ち場につくことが、**神の意志**だからである。[6]また、彼の患者がそこで助けられて彼とつながることが、**神の意志**だからである。[7]そしてまた、それができる理由は、彼が見ることも聞くこともできないということが、いかようにも**聖霊**を制限することはないからである。[8]しかし時間の中は例外である。[9]時間の中では、癒しが差し出されてから受け入れられるまでの間に、大きな時差があり得る。[10]これが、**キリスト**の顔にかかったベールである。[11]それでも、それは幻想でしかあり得ない。なぜなら、時間は存在しておらず、**神の意志**は、いつでもまさに今あるままにあり続けてきたからである。

III. 支払いの問題

1. 誰も治療のために代金を支払うことはできない。癒しは**神**からのものであり、**神**は何も求めないからである。[2]しかし、**聖霊**によりこの世界の一切が**神**の計画の遂行を助けるために使われることが、その計画の一部をなしている。[3]進歩したセラピストにさえ、ここに居る限りは、いくらかの地上的な必要というものがある。[4]もし彼に金銭が必要なら、それは与えられる。支払いとしてではなく、彼がその計画にさらに役立つよう助けるためである。[5]金銭は悪ではない。[6]それは無である。[7]しかし、ここに居る者は誰でも、まったく幻想をもたずに生きることはできない。なぜなら、彼はまだこれから、最後の幻想があらゆるところであらゆる者に受け入れられるように、尽力しなければならないからである。[8]彼には、この一つの目的における強力な役割があり、彼はそのために来たのである。[9]彼は、このためだけに、ここにとどまる。[10]そして、彼がとどまっている間は、とどまるのに必要なものが彼に与えられるだろう。

2．癒されていないヒーラーのみが、金銭のために癒そうとするだろう。そして彼は、金銭に価値を置いている度合いに比例して、癒すことに失敗するだろう。[2]また彼は、その過程で、自分の癒しを見出すこともない。[3]**聖霊**の目的のために、**聖霊**からいくらかの支払いを求められる者たちがいるだろう。[4]**聖霊**から何も求められない者たちもいるだろう。[5]こうしたことを決めるのはセラピストであってはならない。[6]支払いと代償の間には違いがある。[7]**神**の計画が配分するところに金銭を与えることには、代償はない。[8]それが正しく属するところにそれを与えずにおくことには、莫大な代償が伴う。[9]こうしたことを行おうとするセラピストは、ヒーラーの名を失うだろう。なぜなら、彼は癒しとは何であるかを決して理解できないからである。[10]彼はそれを与えることができず、それゆえに、それをもっていない。

3．この世界のセラピストたちは、実のところ、世界の救済にとっては役に立たない。[2]彼らは要求するので、与えることができない。[3]患者は、幻想を幻想と取り替えるためだけに支払うことしかできない。[4]このようなものは、まさに、支払いを要求することになり、その代償は大きい。[5]「購入された」関係は、すべての癒しが達成される手段となる唯一の贈り物を提供することができない。[6]**聖霊**の唯一の夢である赦しに、代償があってはならない。[7]というのは、もし代償があるとすれば、それは再び**神の子**を磔《はりつけ》にするだけだからである。[8]これが、彼が赦される手段であり得るだろうか。[9]これが、罪という夢が終わる手段であり得るだろうか。

4．生きる権利とは、そのために誰も戦う必要のないものである。[2]それは彼に約束されており、**神**により保証されている。[3]それゆえに、それは、セラピストと患者が同様に共有している権利である。[4]もし彼らの関係が神聖であるべきものなら、何であれひとりが必要としているものは、もうひとりによって与えられ、何であれひとりに欠けているものは、もうひとりが供給する。[5]ここにおいて、その関係は神聖になる。なぜなら、ここにおいて、両方が癒されるからである。[6]セラピストは、感謝の気持ちで患者に報い、患者も同じようにセラピストに報いる。[7]どちらにも代償は伴わない。[8]しかし、どちらに対しても、長きにわたる幽閉と疑念からの解放のゆえに、感謝が支払われるべきである。[9]このような贈り物について、感謝しない者がいるだろうか。[10]それでも、それを金銭で購入できるなどと思う者がいるだろうか。

5．もっている人には与えられると、よく言われてきた。[2]彼はもっているがゆえに、与えることができるからである。[3]そして、与えるがゆえに、与えられるだろう。[4]これは**神**の法則であり、世界の法則ではない。[5]そして、**神**のヒーラーたちについても同様である。[6]彼らは、**神の言葉**を聞き、それを理解したからこそ、与えるのである。[7]したがって、彼らが必要としているものはすべて与えられる。[8]しかし、彼らは、自分がもっているものはすべて**神**のみからきているということを覚えておかない限り、この理解を失うだろう。[9]もし自分が兄弟からの何かを必要としていると信じるなら、彼らはもはや彼を兄弟として認識しなくなる。[10]そしてもし彼らがそのように信じるなら、天国においてすら光が消えてしまう。[11]**神の子**が自分自身に敵対するところでは、彼には闇しか見えなくなる。[12]彼は自らに光を否定したので、見ることができない。

6．常に守られるべき原則が一つある。それは、「誰のことも、代金を支払えないという理由で拒んではならない」というものである。[2]誰でも、誰かのところに、偶然に送られてくるのではない。[3]関係とは、常に目的をもったものである。[4]**聖霊**がそこに入ってくる前にそれらの関係の目的がどんなものであったにせよ、それらは常に、**聖霊**の神殿となる可能性をもったものである。すなわち、**キリスト**の憩う場所であり、**神ご自身**の家である。[5]来る者は誰でも送られてきたのである。[6]ことによると、彼が送られてきたのは、彼の兄弟が必要としていた金銭を与えるためだったかもしれない。[7]それにより、両方が祝福されるだろう。[8]あるいはまた、セラピストがどれほど赦しを必要としているかを教え、そしてそれに比べれば金銭などいかに無価値なものであるかを教えるために、彼は送られてきたのかもしれない。[9]ここでも同様に、両方が祝福されるだろう。[10]代償という観点においてのみ、ひとりがもうひとりより多くをもつことができるということになる。[11]共有においては、誰もが代償なしに祝福を得ることしかできない。

7．支払いについてのこの見解は、非実用的と見えるかもしれない。そして、世界の目においては、その通りである。[2]しかし、世界の考えは一つとして真に実用的ではない。[3]幻想のために努力することによって、どれだけのものが獲得できるのだろう。[4]**神**を投げ捨てることによって、どれだけのものが失われるのだろう。[5]そもそも、**神**を投げ捨てることが可能だろうか。[6]言うまでもなく、無のために努力したり、不可能なことを試みたりすることこそ、非実用的である。[7]それならば、少しの間、じっとして考えてみなさい。自分は、どこを探せばいいかわからないまま、救済を探し求めてきたのかもしれない、と。[8]あなたの助けを求めてくる者なら誰でも、それがどこにあるのかをあなたに示すことができる。[9]これ以上に大いなる贈り物が、あなたに与えられることがあり得るだろうか。[10]あなたが与えたい贈り物のうち、これ以上に大いなる贈り物があるだろうか。

8. 医者よ、ヒーラーよ、セラピストよ、教師よ、汝自身を癒しなさい。[2]もしあなたが選択するなら、多くの者が癒しの贈り物を携えてあなたを訪れるだろう。[3]**聖霊**は、中に入ってあなたのもとにとどまってほしいという招待を、決して断りはしない。[4]あなたの救済への扉を開くために、無数の機会をあなたに与えてくれるだろう。それが**聖霊**の機能だからである。[5]**聖霊**はまた、あらゆる状況とすべての時におけるあなたの機能とはいったい何なのかを、あなたに告げるだろう。[6]**聖霊**があなたのもとに送る者はみな、自分の**友**に向って手を差し伸べつつ、あなたのところに来るだろう。[7]あなたの中の**キリスト**に、彼を歓迎してもらいなさい。その同じ**キリスト**が、彼の中にも居るからである。[8]彼が入ってくるのを拒むなら、あなたは自分の中の**キリスト**を拒んだのである。[9]世界の悲しい作り話と、救済の喜ばしい福音を思い出しなさい。[10]喜びと平安の回復のための**神**の計画を、思い出しなさい。[11]そして、**神**の道がいかに単純であるかを、忘れてはならない。[12]光を求めるまで、あなたは世界の闇の中で道に迷っていた。[13]それゆえに**神**は、あなたに光を与えるべく**神の子**を送ったのである。

祈りの歌

～祈り、赦し、癒し～

『奇跡講座』の原理の敷衍

祈りの歌　もくじ

第一章　祈り

序

1. 祈りとは、**神**が**わが子**を創造したときに、彼を祝福して授けた最大の贈り物である。[2]そのときの祈りは、祈りというものがいずれ成るべき姿そのままであった。すなわち、**創造主**と被造物が共有する単一の声であり、**子**が**父**へ向かってうたう歌であり、その歌が**父**に捧げる感謝を**父**が**子**へ与え返す歌でもあった。[3]そのハーモニーに終わりはなく、**父と子**が**互いに**与え合う**愛**の喜びあふれる協和音にも終わりはない。[4]そしてその中で、創造が延長される。[5]**神**は**わが子**の中で**ご自身**が延長されることに感謝する。[6]**神の子**は、**父の名**において創造する彼がうたう歌の中で、自らが創造されたことへの感謝を捧げる。[7]時間が終わったとき、**父と子**が共有する**愛**が、常《とこ》しえに祈りのすべてとなる。[8]なぜなら、祈りとは、時間が存在するかに見え始める以前は、そうしたものだったからである。

2. 少しの間、時間の中に居るあなたにとって、祈りはあなたの必要に最もふさわしい形をとることになる。[2]あなたには一つの必要しかない。[3]**神**が一なるものとして創造したものは、自らの一体性を認識しなければならず、幻想の数々が分離させたかに見えたものが**神の心**の中では永遠にひとつであることを、喜ばなければならない。[4]祈りは今や、**神の子**が個別のゴールや利害の数々を後にするための手段とならねばならず、それにより、彼は聖なる歓喜のうちに自分自身と**父**の中にある融合という真理へと向かう。

3. 聖なる**神の子**よ、あなたの見ている夢を手放しなさい。**神**が創造したままのあなたとして立ち上がり、偶像を捨てて**神**を思い出しなさい。[2]祈りが、今あなたを支えるだろう。そして、わき上がる歌と共にあなたがこころを**神**に向けるとき、祈りがあなたを祝福するだろう。その歌は、高みからさらなる高みへと昇っていき、ついには高きも低きもどちらも消え去るところへと達するだろう。[3]あなたが天国の芝生と平安の門へと続く輝かしい階段を上っていくとき、自分のゴールに対する信が深まり、それがあなたの支えとなるだろう。[4]なぜなら、これが祈りであり、ここに救済があるからである。[5]これこそが、道である。[6]それは**神**からあなたへの贈り物である。

I. 真の祈り

1. 祈りとは、**神**に到達するために**聖霊**により差し出されている道である。[2]それは、単なる質問でも祈願でもない。[3]祈りが何も求めないということをあなたが悟るまでは、祈りはうまくいかない。[4]そうでなければどのようにして、祈りがその目的を果たせるだろう。[5]偶像を求めて祈りながら、**神**に到達することを望んでも、それは不可能である。[6]真の祈りは、願いを叶えてもらおうとして求めるという落とし穴を回避しなければならない。[7]そのように求めるのではなく、すでに与えられているものを受け取ることができるように、すなわち、すでにそこにあるものを受け入れられるようにと、求めなさい。

2. あなたはどんな具体的な問題に対する答えでも**聖霊**に尋ねるようにと告げられ、その必要があるなら具体的な答えを受け取るだろうと教わってきた。[2]あなたはまた、一つの問題と一つの答えがあるだけだとも、教えられてきた。[3]祈りにおいては、これは矛盾していない。[4]ここでは、決定すべきことがらがあり、それらは幻想であろうとなかろうと決定されなければならない。[5]あなたが認識できるレベルの必要を超えた答えを受け入れるようにと、あなたに求めることはできない。[6]したがって、重要なのは質問の形ではなく、その尋ね方でもない。[7]答えの形は、もしそれが**神**により与えられたものであれば、あなたが見ている通りのあなたの必要に合致するだろう。[8]これは、単に、**神の声**からの返答のエコーにすぎない。[9]真の音源は常に、感謝と**愛**の歌である。

3. それならば、あなたはエコーを求めることはできない。[2]贈り物は、歌そのものである。[3]歌と一緒に、倍音や和音やエコーが生じるが、これらは副次的なものである。[4]真の祈りにおいては、あなたは歌だけを聞く。[5]他のすべては、単に添えて与えられるものにすぎない。[6]あなたはまずはじめに**神の国**を求めたのであり、だからこそ他のすべてが確かにあなたに与えられたのである。

4. 真の祈りの秘訣は、あなたが自分に必要だと思っている諸事を忘れることにある。[2]具体的なものを求めるということは、罪を見咎めておいて、それからそれを赦すのとよく似ている。[3]祈りにおいても同様に、あなたは自分が見ている諸々の具体的な必要は意に介さず、それらを**神の御手**の中へと委ねるのである。[4]そこにおいて、それらはあなたから**神**への贈り物となる。なぜなら、それらの贈り物が、「あなたは**神**の他に何ものをも神々とせず、**神の愛**の他に愛を求めない」と、**神**に伝えるものだからである。[5]**神**の答えとは、あなたが**神**を思い出すこと以外の何であり得るだろう。[6]これを、つかの間《ま》の問題についての少しばかりの些細な助言と交換できるだろうか。[7]**神**は、永遠のためにのみ答える。[8]しかしそれでも、その中には、すべての小さな答えが内包されている。

5. 祈りとは、脇に退くことであり、手放すことである。また、耳を澄まして愛するための静かな時間のことでもある。[2]それは、いかなる種類の懇願とも混同されるべきものではない。なぜなら、祈りとはあなたが自分の聖性を思い出すための道だからである。[3]**愛**が差し出す一切を充分に受け取ることのできる聖性が、なぜ、祈願したりする必要があるだろう。[4]そして、祈りの中であなたが向かうところは**愛**である。[5]祈りとは奉げ物であり、**愛**とひとつになるためにあなた自身を手放すことである。[6]もはや欲すべきものは何も残っていないので、求めるべきものは何もない。[7]その空《から》の状態が**神**の祭壇となる。[8]そしてそれは**神**の中では消え去る。

6. これはまだ、誰もが達成できるレベルの祈りではない。[2]そこに達していない者たちは、依然として祈りにおいてあなたの助けを必要としている。なぜなら、彼らの求め方はまだ受容に基づくものではないからである。[3]祈りにおける助けとは、あなたと**神**の間を別の者がとりなすという意味ではない。[4]しかしそれは、他者があなたの傍らに立ち、あなたを**神**のもとへ引き上げる助けをする、ということは意味する。[5]**神**の善性を認識した者は、恐れを抱かずに祈る。[6]そして、恐れを抱かずに祈る者が**神**に到達しないということはあり得ない。[7]それゆえに、そのような者はまた、**神の子**がどこにいていかなる形を纏っているように見えようとも、彼にも達することができる。

7. 誰の中にでも居る**キリスト**に祈ることが、真の祈りである。なぜなら、それは**彼の父**への感謝という贈り物だからである。[2]**キリスト**がただ**キリスト自身**であるようにと求めることは、祈願ではない。[3]それはあなたの本性について感謝を捧げる歌である。[4]ここに、祈りの力が宿っている。[5]それは何も求めず、一切を受け取る。[6]この祈りは、すべての者のために受け取るので、共有されることが可能である。[7]このことが真実だと知っている者と共に祈ることが、答えを与えられるということである。[8]おそらく、具体的な問題のための具体的な形の解決があなたがたのどちらか一方に訪れるだろう。それがどちらであるかは問題ではない。[9]もしくは、二人が真に互いに同調している場合は、それは両方の元に届くかもしれない。[10]それが訪れる理由は、あなたが、**キリスト**はあなたがた両方の中に居ると認識したからである。[11]それがその唯一の真理である。

Ⅱ．祈りの階梯

1．祈りには始まりもなく終わりもない。[2]それは生命《いのち》の一部である。[3]しかし、形においては変化し、学びと共に成長し、いずれは、無形なる状態に達し、**神**との全的な親交《コミュニケーション》の中へと溶け込んでいく。[4]「求める」という形の祈りにおいては、**神**に訴えることや**神**を信じることさえ必要ではなく、多くの場合、そのどちらを伴うこともない。[5]これらのレベルにおいては、祈りとは単に、欠乏や欠如の感覚から生じる欲求であるにすぎない。

2．「必要から求める」という、こうした祈りの形態は、常に弱さと力不足の気持ちを伴っており、自らが**誰**であるかを知っている**神の子**によって作り出されることはあり得ない。[2]それゆえに、自らの**アイデンティティー**を確信している者は誰も、こうした形態で祈ることはできない。[3]だが、自分の**アイデンティティー**に確信のない者が、このようなやり方で祈ることは避けられないということも、また真実である。[4]そして祈りとは、生命《いのち》そのものと同じく絶え間なく続いているものである。[5]誰もが絶えず祈っている。[6]求めなさい。そうすれば、あなたはすでに受け取っている。なぜなら、あなたは自分が望むものは何かを明確にしたからである。

3．また、「必要から求めること」の高次の形態に達することも可能である。というのも、この世界では、祈りは修復的なものであり、したがって、段階的に進む学びが必要となっているからである。[2]この段階では、求めることが、誠実に信じる気持ちと共に**神**に向けられているかもしれないが、まだ理解を伴っていない。[3]概して言えば、漠然としている上に通常は不安定な自己認識の感覚が達成されてはいるが、それは根深い罪の感覚により不明瞭なものとなりがちである。[4]このレベルにおいては、さまざまな形をしたこの世界のものごとを求め続けることがあり得ると同時に、正直さや善良さといった賜物を求めることもあり得る。とりわけ、必要からの祈りの根底には必ず横たわっている罪悪感の数多くの源のゆえに、赦しが求められる。

[5]罪悪感がなければ、欠乏は存在しない。[6]罪なき者に、必要というものはない。

4．このレベルにおいてはまた、「敵のために祈れ」として知られているあの奇妙に矛盾した言葉が生じる。[2]この矛盾は、実際に使われている語句にあるのではなく、それに付与されている一般的な解釈にある。[3]自分に敵がいると信じている間は、あなたは祈りをこの世界の法則へと限定したのであり、さらには、受け取って受け入れるための自分の能力をも、同じ狭い範囲に限定したのである。[4]それでも、もしあなたに敵がいるのなら、あなたは祈りを必要としており、しかも、大いに必要としている。[5]この言葉は本当は何を意味しているのだろうか。[6]あなたが**キリスト**を幽閉しようとすることのないように、そしてそれによって、あなた自身の**アイデンティティー**の認識を失うことのないように、自分自身のために祈れ、という意味である。[7]誰に対しても裏切り者となってはならない。そのようなことをすれば、あなたは自分自身に対して不実な者となるだろう。

5．敵とは、幽閉された**キリスト**の象徴である。[2]そして、**キリスト**とは、あなた以外の誰でもあり得るだろう。[3]したがって、敵のための祈りが、自分自身の自由のための祈りとなる。[4]そうなれば、それはもはや矛盾した言葉ではなくなる。[5]それは、**キリスト**の一体性の表明と、**彼**の無罪性の認識となった。[6]そして今や、それは神聖となったのである。なぜなら、それが**神の子**を彼が創造されたままに認知するからである。

6．祈りとは、いかなるレベルにおいても、常に自分自身のためのものであることを、決して忘れてはならない。[2]もしあなたが祈りの中で誰かと結びつくなら、あなたは彼を自分の一部とする。[3]敵とはあなたであり、**キリスト**もあなたである。[4]それならば、祈りは神聖になり得る前に、選択されるべきものとなる。[5]あなたは他者のために選択するのではない。[6]自分のために選択できるだけである。[7]あなたの敵のために、本気で祈りなさい。そこにこそ、あなた自身の救済があるからである。[8]あなた自身の罪について、彼らを赦しなさい。そうすれば、あなたは確実に赦されるだろう。

7．祈りは天国にまで届く階梯である。[2]その最上段においては、あなた自身の変容と同じような変容が起こる。なぜなら、祈りはあなたの一部だからである。[3]地上のものごとは一つも思い出されることなく、置き去られる。[4]欠乏が存在しないので、求めるということがなくなる。[5]**キリスト**の中の**アイデンティティー**は、永遠に定められたものとして、また、あらゆる変化を超越した不朽のものとして、完全に認識される。[6]もはや光は明滅することなく、決して消えることもない。[7]今や、いかなる類いの必要もなくなり、**神**が**わが子**であるあなたへの贈り物とした清らかな無罪性に永遠に包まれて、祈りは再び、本来それが意図されていたものとなることができる。[8]なぜなら、今や、祈りは、あなたの**創造主**への感謝の歌として立ち昇るからである。それは、言葉も想念も、またむなしい欲求も伴わずにうたわれる歌であり、今ではまったく何も必要としていない祈りである。[9]それゆえに、祈りは、本来意図された通り、延長していく。[10]そして、このように与えることについて、**神ご自身**が感謝する。

8. **神**がすべての祈りのゴールであり、それが祈りに終焉の代わりに超時性を与える。[2]また、祈りには始まりもない。そのゴールは一度も変化したことはないからである。[3]祈りの初期の諸形態は幻想である。なぜなら、一度も自分が後《あと》にしたことのないものに到達するための階梯など、必要ないからである。[4]それでも祈りは、同じく幻想である赦しが達成されていない間は、赦しの一部である。[5]学びのゴールが達成されるまでは、祈りは学びと連携している。[6]その後、すべてのものが一緒に変容し、穢れなきままで、**神の心**の中へと戻される。[7]この状態は、学びを超越したものであるから、それを描写することはできない。[8]それでも、今も死の幻想と**神**への恐れを抱いて生きる**神の子**に平安を回復させるには、その状態の達成に必要な諸段階が理解される必要がある。

Ⅲ. 他者のために祈る

1. 私たちは、祈りとは常にあなた自身のためのものであると述べた。そして、それはその通りである。[2]それでは、いったいなぜ、他者のために祈る必要があるのだろうか。[3]また、もしそうする必要があるのなら、どのようにして、それを行うべきなのだろうか。[4]正しく理解されるなら、他者のための祈りとは、あなたが自分の罪悪感の投影を兄弟から取り去るため、および、自分を傷つけているのは彼ではないということを認識できるようになるための、手段となるものである。[5]あなたが罪悪感から救われることが可能になるには、その前に、彼こそがあなたの敵であり邪悪な相手方であり仇《かたき》であるという有毒な想念が、放棄されなければならない。[6]そのための手段が祈りである。それは、上昇する力と、**神**にさえも届くところまで上《のぼ》っていくというゴールをもった祈りである。

2. 階梯の下段を成す祈りの初期の諸形態は、妬みや恨みから自由ではない。[2]それらの形態の祈りは、愛ではなく復讐を要求する。[3]また、それらが死を求める呼びかけであることや、罪悪感を大切にする者たちにより恐れから作り出されたものだということを理解している者は、そのように祈ることはしない。[4]罪悪感を大切にする者たちは執念深い神に呼びかけ、それらに応えるように見えるのはその神である。[5]地獄を他者のために求めておいて、その後に、それを求めた者自身が地獄から逃れることは不可能である。[6]地獄の中に居る者たちのみが、地獄を求めることができる。[7]赦されて、自らの赦しを受け入れた者たちは、決してそのようなことを祈ることはできない。

3．ということは、これらのレベルにおける学習目標は、「祈りは、祈られた形においてのみ、答えられる」ということを認識することでなければならない。[2]それで充分である。[3]ここからは、次のレベルへと続くたやすい歩みとなるだろう。[4]次の上昇は以下の考えで始まる。

[5]私が兄弟のために求めたものは、私自身が自分の身に起こってほしいと思うようなものではない。[6]だから、私は彼を私の敵にしてしまったのである。

[7]他者を自由にすることの中に自分自身にとっての価値や利点を見ていない者が、この段階に到達できないことは、明らかである。[8]この段階に到達するのが、長い間、遅れることがあるかもしれない。なぜなら、それが、慈悲深いものではなく危険なものに見えることがあるからである。[9]罪悪感を抱いている者たちにとっては、敵がいるということに真の利点があるかに見えており、敵たちが解放されるには、この想像上の利得が放棄されなければならない。

4．罪悪感は隠蔽されるのではなく、手放されなければならない。[2]また、これを少しも苦痛を感じずに行うことはできない。そして、この段階の慈悲深い特徴を垣間見た後でも、しばらくは、恐れの中に深く後退することがある。[3]なぜなら、恐れの防衛はそれ自体で恐ろしいものであり、そうした防衛の数々が認識されるとき、それらは恐れも一緒に連れてくるからである。[4]だが、脱出手段のように見えるだけの幻想が、囚人にどんな利益をもたらしたことがあるだろう。[5]彼が真に罪悪感から逃れるには、罪悪は消え去っていると認識する以外にない。[6]そして、彼が罪悪を他者の中に隠していて、それが彼自身のものだとわかっていない間は、どうしてこのことを認識することができるだろう。[7]脱出に対する恐れにより、自由を歓迎することが困難になっており、敵を牢獄の番人にしてしまうことが安全であるかに見えている。[8]それならば、敵が解放されることが、あなた自身に狂気のような恐れを抱かせないということが、あり得るだろうか。[9]あなたは彼を、あなたの救済とし、あなたの罪悪感からの脱出手段としてきたのである。[10]この脱出手段へのあなたの執着は深く、これを手放すことに対するあなたの恐れは激しい。

5．今、一瞬の間、立ち止まりなさい。そして、あなたが何をしてきたかを考えなさい。[2]それを行《おこな》ったのはあなたであり、それを手放せるのもあなただということを、忘れてはならない。[3]両手を差し出しなさい。[4]この敵は、あなたを祝福しにやってきたのである。[5]彼の祝福を受け取り、そうすることで、あなたのこころが高揚して、恐れが手放されるのを感じなさい。[6]恐れにしがみついてはならない。また、彼にしがみついてもいけない。[7]彼は、あなたと共に、**神の子**である。[8]彼は牢番などではなく、**キリスト**の使者である。[9]あなたが彼をそう見られるように、あなた自身が彼にとって**キリスト**の使者でありなさい。

6．ものごとや地位や人間の愛や、その他あらゆる種類の外的な「贈り物」を求める祈りは、常に、牢番を仕立て上げて罪悪感から隠れるために作り出されているのだが、このことに気づくのは容易ではない。[2]これらのものごとは、**神**の代替となるゴールのため、したがって祈りの目的を歪曲するようなゴールのために使われている。[3]そうしたものごとを欲求すること自体が、そのような祈りである。[4]はっきりと求める必要はない。[5]**神**というゴールは、それ以下のいかなるゴールの探求においても失われてしまい、祈りは敵を求める要請となる。[6]ここにおいてさえ、祈りの力はかなり明確に認識できる。[7]敵を欲する者が敵を見つけそこなうことはない。[8]しかし、それと同じように確実に、彼は自分に与えられている唯一の真のゴールを失うことになる。[9]その代償について考え、それをよく理解しなさい。[10]他のすべてのゴールは、**神**を失うという代償を払わせるものである。

Ⅳ．他者と共に祈る

1．少なくとも第二のレベルが始まるまでは、人は祈りを共有できない。[2]というのは、その地点に達するまでは、一人ひとりがそれぞれ異なるものを求めずにはいられないからである。[3]しかし、ひとたび他者を敵としておく必要が疑問視されたなら、そして、そうする理由がほんの一瞬だけでも認識されたなら、祈りにおいてつながることが可能となる。[4]敵同士は一つのゴールを共有しない。[5]このことの中でこそ、彼らの敵意が保たれている。[6]彼らの個別の願望が、彼らの武器であり、憎しみの中の要塞である。[7]祈りにおいてさらなる上昇を遂げるための鍵は、次のような単純な考え、すなわち心の変化にある。

[8]あなたと私は、連れ立って進む。

2. 今や、祈りにおいて助けることが可能となり、そうすることで、あなた自身も上に進むことができる。[2]この段階から、より速やかな上昇が始まるが、それでもまだ、学ぶべき多くのレッスンがある。[3]道は開かれており、希望を抱いても大丈夫である。[4]それでも、最初のうちは、祈りにおいてつながる者たちでさえ、祈りが真に追求すべきゴールではないものを求めがちである。[5]共に祈るときでも、あなた方はものごとを求めることがあり、それにより、共有しているゴールという幻想を打ち立てるだけとなる。[6]具体的なものを共に求めていながら、自分たちが原因を抜きにして結果だけを求めているということに気づいていないこともある。[7]そして、あなた方はこれを手に入れることができない。[8]というのも、結果を生じさせることのない原因に向かって、結果を与えてくれるよう求めて、結果だけを受け取ることができる者などいないからである。

3. それならば、共に祈る者たちがまずはじめに何が**神の意志**であるかを尋ねるのでなければ、そうしたつながり合いでさえ充分ではない。[2]この**原因**からしか、すべての具体的なものごとを満足させる答えが生じることはあり得ない。そしてその答えの中では、すべての個別の願望がひとつに統合されている。[3]具体的なものごとを求める祈りは、常に、何らかの形で過去が繰り返されることを求めている。[4]かつて楽しまれていたもの、そのように見えたもの、また、他の人のものでその人が好んでいるように見えたものなど――これらすべてが、過去からの幻想にすぎない。[5]祈りの目指すところは、現在が引きずっている過去の幻想の連鎖から現在を解放することである。そしてまた、間違いを表していた選択の一つひとつから癒されるための治療法として、祈りが自由に選択されるようになることである。[6]祈りが、今、差し出すことができるものは、あなたが以前に求めたもののすべてをはるかに凌駕するのだから、それ以下のもので満足するのは嘆かわしいことである。

4. あなたは祈る度に、新たな機会を選択してきたのである。[2]それなのにあなたは、往古の牢獄のすべてから即座に自分自身を解放できる機会が訪れたというときに、その機会を抑え込んで、再び牢獄に閉じ込めておきたいのだろうか。[3]自分の求め方を限定してはならない。[4]祈りは、

神の平安をもたらすことができる。[5]崩れて塵に返るときまでしか存続しない狭い空間において、時間に縛られているどんなものが、これ以上のものをあなたに与えることができるだろう。

V. 階梯の終わり

1. 祈りは、真の謙遜への道である。[2]ここでも、祈りはゆっくりと上昇し、力強さと愛と聖性を増してゆく。[3]祈りが**神**に向かって昇り始めるこの地上から、それがただ離れていくままにさせなさい。そうすれば、真の謙遜がついに訪れて、自分がたったひとりで世界に立ち向かっていると考えていた心に、恩寵を与えるだろう。[4]謙遜は平安を運んでくる。なぜなら、謙遜は、自分が宇宙を支配しなければならないとは主張せず、すべてのものごとを自分が望む通りに判断することもないからである。[5]すべての小さき神々を、謙遜は喜んで脇に寄せる。しかも、憤《いきどお》りによってではなく、正直さと、それらの神々が役に立たないという認識において、そうするのである。

2. 幻想と謙遜は、それぞれまったくかけ離れたゴールをもっているので、両者が共存することはできない。また、両者が出会えるような住居を共有することもできない。[2]一方が訪れたところでは、他方は消え失せる。[3]真に謙虚な者には、**神**以外のゴールはない。なぜなら、彼らはどんな偶像も必要とせず、防衛はもはや何の目的にも役立たないからである。[4]今や敵たちは無用となる。謙遜が敵対することはないからである。[5]謙遜は、創造が**神の意志**であることを知っており、自らの本性に満足しているので、恥じ入って隠れることはない。[6]その無私性が**自己**であり、これを、謙遜はすべての出会いの中に見る。そこでは、それはすべての**神の子**と喜んでつながり、**神の子**の清らかさを自らも彼と共有していると認識する。

3. 今や、祈りは、ものごとや肉体やあらゆる種類の神々から成る世界から引き上げられ、あなたはついに聖性の中で休らうことができる。[2]謙遜は、どのようにすればあなたが**神の子**としての自分の栄光を理解して罪の傲慢さを認識できるのか、その方法を教えるためにやってきた。[3]一つの夢が、あなたから**キリスト**の顔を隠してきた。[4]今、あなたは**彼**の無罪性を見ることができる。[5]階梯は高く聳え立つまでになった。[6]あなたは、ほとんど天国の近くまできている。[7]旅が終わるまでの間に学ぶべきことは、あとわずかしかない。[8]今では、祈りにおいてあなたとつながるすべての者に対し、あなたは次のように言うことができる。
[9]私はあなたがいなければ進むことができない。あなた
は私の一部なのだから。
[10]そして真理においては、彼はその通りのものである。
[11]今では、あなたは彼と真に共有しているもののみを求め
て祈ることしかできない。[12]なぜならあなたは、彼が一度
も去ってはいなかったということや、孤独だと思えた自分
が彼とひとつのものだということを、理解したからである。

4　これとともに階梯は終わる。これ以上、学びは必要
ないからである。[2]今、あなたは天国の門の前に立ち、あ
なたの兄弟もそこであなたの傍らに立っている。[3]芝生は
深々として、静かである。ここでは、あなたが来るべき時
のために約束されていた場所が、長い間あなたを待ってい
た。[4]ここで時間は永遠に終わる。[5]この門で、永遠その
ものが、あなたとひとつにつながるだろう。[6]祈りは、本
来それが意図されていたものとなった。あなたが自分の中
の**キリスト**を認識したからである。

第二章　赦し

序

1．赦しは祈りに翼を与え、その飛翔を容易にし、その進歩を速やかにする。[2]赦しによる強力な支えがなければ、祈りの階梯の最下段より上に進もうとすることは無駄であり、そもそも上《のぼ》ろうとする試みさえもが無駄ということになるだろう。[3]赦しは、祈りの同盟者である。また、あなたの救済のための計画においては、祈りの姉妹である。[4]両者が揃うことが必要であり、それがあなたを支え、足どりを安全に保ち、目的を確固として不変のものとする。[5]あなたが**神**に到達するまでの間、あなたと共にあるようにと**神**が定めた最大の助けを、よく見てみなさい。[6]これと共に幻想の終わりがくるのである。[7]赦しの姉妹である祈りの超時的な特質とは異なり、赦しには終わりがある。[8]上昇が完了したときには、赦しは必要なくなるからである。[9]だが今は、赦しには目的がある。あなたがその目的を超えて進むことはできないが、その必要もない。[10]この目的を達成しなさい。そうすれば、あなたは救われたことになる。[11]これを達成しなさい。そうすれば、あなたは変容を遂げたことになる。[12]これを達成しなさい。そうすれば、あなたは世界を救うだろう。

I．自分を赦すこと

1．天国からの贈り物で赦しほど誤解されてきたものはない。[2]実は、それは苦行となり果ててしまった。赦しはそれが祝福するはずだった場で呪いとなり、恩寵を真似た残酷な紛《まが》いものとなり、**神**の聖なる平安の戯画化《パロディー》となっている。[3]だが、まだ祈りの諸段階を上《のぼ》り始めることを選択していない者たちは、赦しをそのように使うことしかできない。[4]赦しの優しさははじめのうちは曖昧である。なぜなら、救済が理解されておらず、真に求められてもいないからである。[5]癒すはずだったものが、傷つけるために使われている。赦しが望まれていないからである。[6]罪悪感が救済となってしまい、治療法のほうが、生命《いのち》に代わる恐ろしい選択肢のように見えている。

2.したがって、赦しの真の目標よりも、また、赦しのゴール達成のための誠実な手段よりも、「破壊するための赦し」のほうが、この世界の目的にはるかに適するものとなる。[2]「破壊するための赦し」は、自らが探し求め、見つけて「愛する」ことのできる罪や犯罪や罪悪はどれ一つ、見逃さない。[3]それは誤りを大切にしているため、その視界には数々の間違いが大きく立ち現れ、増大し、膨れ上がっていく。[4]それは注意深くすべての邪悪なものごとを拾い出し、愛あるものについては、疫病を避けるかのごとく目を向けず、危険や死のように憎むべきものと見ている。[5]「破壊するための赦し」そのものが死であり、それは自らが見る一切の中に死を見て、それを憎む。[6]こうして**神**の慈悲が、**神**が愛する聖なる**神の子**を破壊しようとするねじれた短剣となってしまったのである。

3.こうしたことを行《おこな》っているあなたは自分自身を赦したいだろうか。[2]それならば、平安のうちに**神**へと戻ることを可能にする手段を、**神**があなたに与えたということを学びなさい。[3]誤りを見てはならない。[4]それを実在のものとしてはならない。[5]その誤りの代わりに**キリスト**の顔を選ぶことにより、愛あるものを選択し、罪を赦しなさい。[6]それ以外にどのようにして、祈りが**神**のもとへと戻っていくことができるだろう。[7]**神**は**わが子**を愛している。[8]**神**を記憶にとどめていながら、**神**の創造したものを憎むことなどできるだろうか。[9]もしあなたが**神**の愛する**子**を憎むなら、あなたは彼の**父**をも憎むことになる。[10]なぜなら、あなたは自分が**神の子**を見る通りに自分自身を見るのであり、あなたにとっての**神**は、あなたが自分自身を見る通りのものだからである。

4.祈りが常にあなた自身のためのものであるのと同様に、赦しもまた、常にあなた自身に与えられる。[2]他者を赦すということは不可能である。なぜなら、あなたが彼の中に見ているのはあなたの罪のみだからである。[3]あなたはそれを自分の中ではなく、そこに見たいのである。[4]だからこそ、他者を赦すことは幻想なのである。[5]それでも、それはこの世界でただ一つの幸せな夢である。あなたを死に導くことのない唯一の夢である。[6]他者の中においてのみ、あなたは自分自身を赦すことができる。なぜなら、あなたが自分の罪を着せて彼を有罪と呼んだので、今では、あなたの無垢性を彼の中に見つけなければならなくなっているからである。[7]罪深き者以外に、赦される必要のある者などいない。[8]そしてあなたは、自分自身以外の誰かの中に罪を見ることができるなどと、決して思ってはならない。

5．こうしたことが、この世界の巨大な欺瞞であり、あなたは、自分自身を欺くことに長けた詐欺師である。[2]邪悪なのは常に他人であるように見え、その他人の罪の中で、傷ついている者はあなたである。[3]これが事実であったなら、どのようにして自由が可能になるというのだろう。[4]あなたはすべての者の奴隷ということになる。なぜなら、相手が行うことが、あなたの運命や感情を決め、絶望か希望か、惨めさか喜びかを決めることになるからである。[5]彼が自由をあなたに与えない限り、あなたには自由がないことになる。[6]そして邪悪である彼には、彼自身の邪悪さしか与えることができないということになる。[7]あなたは彼の罪を見て自分の罪を見ないということはできない。[8]しかし、あなたは彼を解放して、自分自身も一緒に解放することができる。

6．真に差し出される赦しは、あなたが自由になれる唯一の希望を内包する道である。[2]世界という幻想があなたの家であるように見えている限り、他人たちは間違いを犯すし、あなたも同様である。[3]だが、**神ご自身**がすべての**神の子**に、彼らが見ていると思っているすべての幻想を癒す治療法をすでに与えている。[4]**キリスト**の心眼《ヴィジョン》があなたの目を使うことはないが、あなたは**彼**の目を通して見ることができ、**彼**のように見ることを学ぶことができる。[5]間違いというものは、すぐに消えてしまう微小な影であるから、**キリスト**の顔をほんの一瞬だけ隠すように見えるものにすぎない。すべての間違いの背後には、**キリスト**の顔が今も変わらぬままにあり続ける。[6]**彼**の恒常性は、穏やかな静寂と完全なる平安の中にとどまっている。[7]**彼**は影というものを知らない。[8]**彼**の目は、誤りを見過ごしてあなたの内なる**キリスト**を見る目である。

7．それならば、**彼**からの助けを求めなさい。そして、**彼**の心眼《ヴィジョン》がそこに見ている通りの赦しを学ぶ方法を、**彼**に尋ねなさい。[2]あなたは**彼**が与えるものを必要としている。そして、あなたの救済は、このことを**彼**から学ぶことにかかっている。[3]「破壊するための赦し」があなたのもとにとどまっている間は、祈りが天国へと解き放たれることは不可能である。[4]**神**の慈悲は、あなたの神聖な心からこの萎びて毒された思考を取り去ろうとする。[5]**キリスト**はあなたを赦した。そして、**彼**の視界の中で、世界は**彼自身**と同じく神聖になる。[6]世界の中に悪を見ない者は、**彼**が見るのと同じように見るのである。[7]なぜなら、**彼**が赦したものは、罪を犯したことのないものであり、罪悪はもはや存在し得ないからである。[8]救済の計画は完了した。そして、正気が訪れたのである。

8. 赦しは正気への呼びかけである。というのも、**キリスト**の顔を見ることができるときに罪を見ていようとする者など、狂人以外にはいないからである。[2]そしてこれが、あなたが行う選択である。それはもっとも単純な選択だが、あなたにできる唯一の選択である。[3]**キリストの愛**を差し出すことにより**神の子**を死から救い出すようにと、**神**はあなたに呼びかけている。[4]これがあなたの必要としているものであり、**神**はその贈り物をあなたに差し出している。[5]**神**が与えようとしている通りに、あなたも与えなければならない。[6]そのようにして、祈りは無形性を回復し、あらゆる限界を超越して超時性の中へと戻っていく。そこには、全被造物が**神**に向かってうたう絶えることなき歌の中へと、祈りが再び融合するのを引き止めるような、過去からのものは何もない。

9. しかし、この最終目標を達成するためには、学びの終わる地点に達するまで、あなたはまず学ばねばならない。[2]赦しは鍵であるが、その鍵だけが差し込めるように造られた鍵穴のある扉を見失っているときに、誰がその鍵を使えるだろう。[3]だから私たちは区別をする。それにより、祈りが闇から光に解き放たれることが可能になる。[4]赦しの役割が逆転されなければならず、邪悪な用途や忌むべきゴールから清められなければならない。[5]「破壊するための赦し」は、その裏切りのすべてにおいて顕《あら》わにされ、それから、それを限りに永遠に、放棄されなければならない。[6]帰還のために**神**が定めた計画がついに達成されて学びが完了するためには、その痕跡さえ微塵も残されてはならない。

10. ここは、相対立するものでできている世界である。[2]そして、この世界があなたに対し実在性を維持している間は、あなたは毎瞬、相対立するもののどちらかを選択しなければならない。[3]しかしあなたは、選択できる選択肢を学ばねばならない。さもなければ、あなたは自分の自由を達成することができない。[4]それならば、あなたにとって赦しとは厳密に何を意味しているのかを、あなた自身に対して明らかにしなさい。そして、自分を自由にするために、赦しとはいかなるものであるべきかを学びなさい。[5]あなたの祈りのレベルはこのことにかかっている。なぜなら、祈りはここで、混沌の世界を超えて平安へと上昇していく自由を待っているからである。

Ⅱ. 破壊するための赦し

1. 「破壊するための赦し」は形態の世界の武器であり、数多くの形で現れる。[2]そのすべてがすぐにそれとわかるものではなく、そのいくつかは、慈愛のごとく見えるものの背後に注意深く隠蔽されている。[3]だが、それが纏っているかに見えるすべての形には、単一のゴールしかない。それらの形が目的としているのは、分離することであり、**神**が同じものとして創造したものを異なるものにすることである。[4]この相違が明白に表れているいくつかの形態においては、仕組まれている通りの対比が見逃せないものとなっているだけでなく、実のところ、見逃せないように意図されている。

2. この範疇においては、まず最初に、「より善良な」者がもったいないくも腰を低めて、「卑劣な」者をその真の卑劣さから救い出してやるための数々の形態がある。[2]ここにおいて赦しは、恵みを垂れる高貴な者といった態度の上に成り立っており、そうした態度はあまりにも愛からかけ離れているため、そこから傲慢さを除去することは不可能である。[3]誰が赦しながら軽蔑することなどできるだろう。[4]そして相手に向って彼が罪にまみれていると告げておきながら、彼を**神の子**と知覚することができる者がいるだろうか。[5]奴隷を作り出しておいて、自由とは何かを教えられる者がいるだろうか。[6]ここには融合はなく、悲嘆があるのみである。[7]これは実際のところ慈悲ではない。[8]死である。

3. もう一つの形態は、もし理解されるなら、依然として最初のものと非常によく似ているが、それほど露骨な傲慢さには見えない。[2]他者を赦そうとする者が、自分のほうが善良だと主張することはしない。[3]その代わりに今や彼は、ここに罪深さを自分と共有している相手が居ると言う。なぜなら、二人とも卑劣だったので、**神**の怒りによる天罰を受けるに値するからである。[4]これは謙虚な考えのように見え、実際に、罪深さと罪悪感についての競争心を生み出すこともある。[5]これは**神**の被造物への愛ではなく、永遠なる**神**の贈り物である聖性でもない。[6]**神の子**が自分自身を咎めていながら、それでも**神**を思い出すことなどできるだろうか。

4. ここにおけるゴールは、**神**の愛する**わが子**を**神**から分離させ、彼を**源**から離しておくことである。[2]このゴールはまた、他人の手にかかって死ぬ殉教者の役割を求める者によっても希求されている。[3]ここにおいて、この目標がはっきりと見られなければならない。なぜなら、これが残忍さではなく柔和さや慈愛としてまかり通ることがあるからである。[4]他人の悪意に対して寛容であり、沈黙と優しい微笑みだけをもって応じるというのは、親切なことではないだろうか。[5]見よ、他人がもたらす怒りや傷を、忍耐と、聖人のごとき気高さで耐え忍び、自分が感じている激しい苦痛を表に出さないあなたは、何と善良であることだろう。

5.「破壊するための赦し」は、しばしば、こうした覆いの後ろに身を隠す。[2]罪悪と、罪による惨害とを、無言で証明するものとして、苦しみと痛みの顔をちらつかせる。[3]こうしたものが、敵どころか救済者となることのできる相手に対して、この種の赦しが差し出す証言である。[4]しかし、敵にされてしまった彼は、罪悪と、そのようにして彼に負わされた重度の譴責《けんせき》を、受け入れるしかない。[5]これが愛だろうか。[6]それともむしろ、罪悪感の苦痛からの救済を必要とする者に対する背信だろうか。[7]その目的は、罪悪の証人を愛から離しておくこと以外の何だろうか。

6.「破壊するための赦し」はまた、駆け引きと妥協の形をとることもある。[2]「もしあなたが私の必要を満たしてくれるなら、私はあなたを赦そう。あなたの隷属の中に、私の解放があるのだから」。[3]誰かに対してこう言うなら、あなたは奴隷である。[4]そして、あなたはさらなる駆け引きにおいて、自分の罪悪感を取り除こうとするが、それはあなたに望みを与えることはできず、より大きな苦痛と不幸を与えるだけである。[5]そうなると、赦しとは何と恐ろしいものになることだろう。それが追求する結末は、なんと歪曲されていることだろう。[6]このような駆け引きをするあなた自身を哀れみなさい。[7]**神**は与えるのであって、返礼は求めない。[8]**神**が与える通りに与える以外に、与えるということはできない。[9]それ以外のすべては、紛いものである。[10]なぜなら、**神の子**と駆け引きをしようとしながら、彼の聖性について彼の**父**に感謝する者などいないからである。

7.あなたは兄弟に何を見せたいだろうか。[2]あなたは彼の罪悪感を強化して、それによって自分自身のそれをも強化したいだろうか。[3]赦しは、あなたの脱出のための手段である。[4]それを、さらなる隷属と苦痛のための手段にするとは、なんと哀れなことだろう。[5]相対立するものでできているこの世界の中にも、**神**のゴールのために赦しを使い、**神**があなたに差し出している平安を見つけることのできる道がある。[6]それ以外の何を受け取ることもやめなさい。さもなければ、あなたは自分の死を求めたのであり、自分の**自己**から分離することを祈ったのである。[7]**キリスト**はすべての者の中に居るので、すべての者のために存在している。[8]赦しがあなたに見せるのは、**キリスト**の顔である。[9]そしてあなたは、**キリスト**の顔の中に自分の顔を見るのである。

8. 赦しが纏う形で、怒りや咎めやあらゆる種類の比較から離れる方向へと導かない形はすべて、死である。[2]なぜなら、それが、そうした形がもつ目的が定めたものだからである。[3]それらに騙されてはならない。その代わり、それらを無価値なものと見なして、それらが差し出している痛ましいものの中に置き去っていきなさい。[4]あなたは隷属状態の中にとどまることを望んではいない。[5]**神**を恐れることも望まない。[6]あなたは陽光を見たいと望み、罪から救われ、**神の愛**に抱かれて、地の面《おもて》を照らす天からの光を見たいと望んでいる。[7]ここからなら、祈りは、あなたと共に解き放たれる。[8]あなたの翼は自由になり、祈りがあなたを引き上げ、**神**があなたを住まわせたいと望む家へと、あなたを連れ帰るだろう。

Ⅲ. 救済のための赦し

1. 「救済のための赦し」には一つの形があり、その一つがあるだけである。[2]それは無垢性の証拠を求めることはなく、いかなる種類の支払いも求めない。[3]議論することはなく、見過ごしたいと望んでいる誤りについて価値を見きわめようとはしない。[4]裏切りながら贈り物を差し出すことはなく、死を要求しながら自由を約束することもない。[5]**神**があなたを欺くだろうか。[6]**神**はただ、信頼と、自由になる方法を学ぼうとする意欲とを求めているだけである。[7]**神**は、求める者や、**神の意志**を理解しようとする者なら誰にでも、**神の教師**を与える。[8]**神**がいかに喜んで与えようとしているかは、あなたの理解やあなたが容易に把握できる範囲をはるかに超えている。[9]だが、**神**はあなたが**神**に戻る道を学ぶことを意志した。そして、**神**が意志しているのだから、それは確実である。

2. **神**の子供よ、**神**の贈り物は、あなた自身の計画によってではなく神聖なる**神の意志**によって、あなたのものである。[2]赦しとは何か、そして、どのようにして**神**が意志する通りに赦しを与えるのかを、**神の声**があなたに教えるだろう。[3]だから、今はまだあなたを超越しているものを、理解しようとするのはやめなさい。そうではなく、それを、あなたを引き上げるための一つの方法とならしめ、あなたが**キリスト**の目を自分の視覚とすることを選ぶ地点まで引き上げてもらいなさい。[4]その他のすべては放棄しなさい。なぜなら、それ以外には何もないからである。[5]誰かが何らかの形で助けを求めるとき、あなたに代わって答える存在《もの》が**キリスト**である。[6]あなたがすべき唯一のことは、一歩退いて、邪魔をしないことだけである。[7]「救済のための赦し」は、**キリスト**の任務であり、あなたに代わって応答するのは**彼**である。

3. **キリスト**による赦しが表れる形がどのようなものとなるべきかを、自分で定めてはならない。[2]あなたがついに**父**の家へと急ぐために立ち上がるとき、一つひとつの呼びかけがあなたにとって助けとなるようにする方法を、**彼**は知っている。[3]今、**彼**はあなたの足取りを確かにし、あなたの言葉を誠実にすることができる。ただし、あなた自身の誠実さによってではなく、**彼自身**の誠実さによって、そうするのである。[4]あなたがどのようにして赦すかについては、**彼**に責任をもってもらいなさい。そうすれば、一つひとつの状況が、天国と平安へと向かうさらなる一歩となるだろう。

4. あなたは幽閉されていることに倦み疲れてはいないだろうか。[2]**神**はこの嘆かわしい道程をあなたのために選びはしなかった。[3]あなたが選んだものは、依然として取り消しが可能である。祈りは慈悲深く、**神**は公正だからである。[4]**神**の正義は**神**には理解できる正義であるが、あなたにはまだ理解できない。[5]それでも**神**は、あなたが**神**から学ぶための手段をあなたに与える。そして、咎めは実在しておらず、その邪悪な名において幻想を作り出しているということを、あなたがついに知ることができるようにする。[6]とはいえ、夢が纏っているかに見える形態は問題ではない。[7]幻想は真実ではない。[8]**神の意志**が真理であり、あなたは**意志**と目的において**神**とひとつである。[9]ここにおいて、すべての夢が終わる。

5. 「**あなた**の聖なる**子**である彼のために、私は何をすればよいのでしょうか」――これが、助けが必要とされ、赦しが求められているときにあなたが尋ねるべき唯一のことである。[2]赦しがどのような形で求められているかについては、あなたが判断する必要はない。[3]そして、赦しが**神の子**を救いにくる形態を、あなたが自分で定めることのないようにしなさい。[4]彼の中に居る**キリスト**の光が、彼の解放であり、彼からの呼びかけに応えるのはこの光である。[5]あなたがすべきことだと**キリスト**が決めている通りに、彼を赦しなさい。そして、あなたが**キリスト**の目となって、その目を通して彼を眺め、また、**キリスト**を代弁して語りなさい。[6]**彼**は必要とされているものを知っている。すなわち質問と答えを知っている。[7]**彼**は、あなたが理解できて使うこともできる言葉で、まさに何をすべきかを語ってくれるだろう。[8]**彼**の機能をあなた自身のそれと混同してはならない。[9]**彼**が**答え**である。[10]あなたはそれを聞く者である。

6. そして**彼**は何について、あなたに語るのだろうか。[2]救済について、そして平安という贈り物についてである。[3]罪と罪悪感と死の終わりについてである。[4]そしてまた、**彼**の中で赦しがもつ役割についてである。[5]あなたはただ耳を澄ましなさい。[6]なぜなら、**キリストの名**に呼びかけ、自分の赦しを**キリスト**の手にゆだねる者なら誰にでも、**彼**の語ることが聞こえるからである。[7]赦しは、**彼**が教えるべきものとして**彼**に与えられた。それは、赦しを破壊から救うため、そして、分離と罪と死の手段が再び**神**の聖なる贈り物となるようにするためであった。[8]祈りとは、真の赦しが**彼**の永遠なる見守りと**愛**から生じるままにされたときに、自由になって救うことができるようになる**神ご自身**の**右手**である。[9]耳を傾け、学びなさい。そして裁いてはならない。[10]あなたが自分のすべきことを聞くために頼るのは、**神**である。[11]**神**の答えは夜明けのごとく明らかであり、**神**の赦しも、あなたが赦しだと思っているものとは違っている。

7. それでも**神**は知っている。そしてそれで充分である。[2]赦しには**教師**がおり、その**教師**は何ごとにおいても失敗することがない。[3]このことの中で、しばし、安らぎなさい。赦しを判断しようとしたり、地上的な枠組みに入れようとしてはならない。[4]それを**キリスト**のもとまで上昇させなさい。**キリスト**はそれを**神**への贈り物として歓迎するだろう。[5]**神**は慰めもなくあなたを放っておくことはしない。また、**神ご自身の名**においてあなたに答えるために、**神**の天使たちを遣わすことに失敗することもない。[6]**神**は扉の傍らに立っており、赦しはその扉を開く唯一の鍵である。[7]あなたの代わりに**神**に使ってもらえるように、それを**神**に渡しなさい。そうすれば、音もなく扉が開いて**キリスト**の輝く顔が顕わになるのを、あなたは見るだろう。[8]その扉の向こうに居るあなたの兄弟を眺めなさい。それが、**神**が創造したままの**神の子**である。

第三章　癒し

序

1．祈りには援助と証《あか》しの両方が伴い、それらが険しい上昇を、より優しく確かなものとし、恐れの苦痛を和らげ、慰めや、希望の約束を差し出してくれる。[2]赦しを証《あか》しし、祈りを援助するもの、そして最後には必ずうまくゴールが達成されるという安心感を与えるものは、癒しである。[3]その重要性は、過度に強調されるべきものではない。なぜなら、癒しとは、赦しの強さのしるしし、またはその象徴であり、祈りのゴールについて心が変化したことの一つの結果であり、影であるにすぎないからである。

I．病気の原因

1．結果を原因と取り違えてはならない。また、病気を、その原因であるはずのものから分離した別のものと考えてもいけない。[2]病気とは、一つのしるしであり、この世界の使用法によれば実在性があって公正であるように見える邪悪な想念の影である。[3]内的な「罪」の外的な証拠であり、**神の子**を痛めつけ、傷つけようとするもの、赦そうとしない想念の証《あか》しである。[4]肉体を癒すというのは不可能なことであり、このことは、つかの間しか持続しないというその「治癒」の性質により示されている。[5]肉体はやはり死すべきものであり、したがって肉体の癒しとは、塵から生まれて塵に帰るものである肉体が、そこに帰るのを遅らせるだけのものである。

2．肉体を生じさせた原因は、**神の子**が抱いた赦そうとしない思いである。[2]それはその源を離れていない。そして、肉体の痛みや老いや、肉体に押された死の刻印に、このことがはっきりと示されている。[3]自分の生命《いのち》が肉体からの指令に操られ、その不安定でわずかな呼吸へとつなぎとめられていると考えている者たちには、肉体は恐ろしくて脆弱なものに見える。[4]掴み取ろうとする両手をすり抜けていき二度と戻らない一瞬一瞬の中で、死が彼らを睨みつけており、彼らがそこにとどまることはできない。[5]そして肉体が変化し、病んでいくにつれ、彼らは恐れを抱く。[6]自分の胸に重苦しい死の匂いを感じるからである。

3. 肉体が真の赦しの結果として癒されることはあり得る。[2]真の赦しのみが不滅性を思い出させることができ、不滅性とは聖性と愛の贈り物である。[3]赦しを与える心が理解していなければならないことは、**キリスト**の聖なる顔にかかる影のすべてが看過されねばならないということである。そして、病気とは、それらの影の一つとして見られるべきものである。[4]それ以外のものではない。すなわち、ひとりの兄弟からもうひとりの兄弟に対して為された裁きのしるしであり、**神の子**が自分自身に与えた裁きのしるしである。[5]というのも、彼は自分の肉体を牢獄として呪ったからであり、さらに、自分でその役目を肉体に与えたということを忘れてしまったからである。

4. 彼がしたことを、今、**神の子**は取り消さなければならない。[2]しかし、ひとりでそれを行うのではない。[3]なぜなら、彼はその牢獄の鍵を投げ捨ててしまったからである。そしてその鍵とは、自分の聖なる無罪性と**父の愛**の記憶であった。[4]だが、**父**が彼の中に置いた声において、彼に助けが与えられている。[5]癒す力が、今、彼の**父**からの贈り物となっている。なぜなら、**神**は**ご自身の声**を通して今でも**わが子**に達することができるからであり、肉体が彼の選んだ家となることはあっても、決して真理における彼の家とはならないということを、彼に思い出させるからである。

5. したがって、真の癒しと偽りの癒しが区別されなければならない。[2]相対立するものでできている世界が、癒しの場所である。天国には癒すものなどないからである。[3]この世界においては、祈りが誤った求め方をすることがあり、慈愛のように見えるものが殺すために赦すことがあるのと同様に、癒しもまた、偽物にも本物にもなり得る。すなわち、世界の力の証《あか》しにも、絶えざる**神の愛**の証《あか》しにもなり得るのである。

Ⅱ．偽りの癒し 対 真の癒し

1．偽りの癒しは、単に、一つの幻想を「より良い」幻想に取り替えるという不毛な交換をするだけである。病気の夢を、健康の夢に取り替えるだけである。[2]こうしたことは、祈りの低次の諸形態において起こることがあり、そうした形態は、善意はあってもまだ完全に理解されていない赦しと組み合わさっている。[3]偽りの癒しのみが、恐れに屈することがあり得るため、病気の再発が可能になる。[4]偽りの癒しでも、もちろん痛みと病気の形を取り除くことはできる。[5]しかし、その原因が存続しているため、結果が無くなることはない。[6]原因は依然として、「死にたい、**キリスト**を打ち負かしたい」という願望である。[7]そして、この願望があれば、死は確実である。なぜなら、祈りは叶うものだからである。[8]だが、それとは別の起源をもつ種類の、死のように見えるものがある。[9]それは、傷つける想念や宇宙に対する荒れ狂う怒りのゆえに生じるものではない。[10]それは単に、肉体の機能の有用性に終わりがきたことを示すだけのものである。[11]それゆえに、人が着古した衣服を脱ぎ捨てるように、肉体は一つの選択として廃棄される。

2．これが、死の然るべき姿である。それは静かな選択であり、**神**へと向う道すがら、肉体が**神の子**を助けるために優しく使われてきたがゆえに、喜んで、安らかに下される選択である。[2]そのとき私たちは、肉体に対し、それが提供してくれた働きのすべてについて感謝する。[3]しかし私たちはまた、制限だらけの世界を歩む必要がなくなったことにも感謝し、隠された形の**キリスト**や、せいぜい一瞬の麗しい閃光の中にしか鮮明に見ることのできない**キリスト**に到達しようとする必要がなくなったことにも、感謝する。[4]今や、私たちには、視覚をさえぎるものはなく、私たちが再び目を向けるようになった光の中に、**キリスト**を見ることができる。

3．それを私たちは死と呼んでいるが、実はそれは自由そのものである。[2]それは、嫌がる肉体に苦痛と共に押しつけられるかに見える形で訪れるのではなく、解放をやさしく迎え入れるものとして訪れる。[3]真の癒しが起こっていた場合には、このような形で死が訪れることが可能である。そこでは死は、喜んで為されて喜んで終えられた労働からしばし休息する時がきたときに訪れるものである。[4]今や、私たちは平安のうちに、より自由な空気と、より温和な風土のあるところへ行くのであり、そこでは、私たちが与えた贈り物が私たちのために保存されていたということを見るのは難しくない。[5]なぜなら、**キリスト**は今、以前よりもはっきりと見えるからである。**彼**の心眼《ヴィジョン》は、私たちの中で以前よりもしっかりと維持されており、**彼の声**、すなわち**神の言葉**は、以前よりも確実に、私たち自身のものとなっている。

4. より高次の祈りへと向かうこの柔和な移行、すなわちこの地上のやり方を優しく赦すことへの移行は、感謝の中でのみ受け取ることができる。[2]だが、それにはまず最初に、真の癒しがすでに訪れて心を祝福し、心が夢を見て世界の上に置いていた罪を、優しく赦していたはずである。[3]今や、心の見ていた夢の数々が、静かな休息の中で一掃される。[4]今や、その心による赦しが世界を癒すために訪れており、旅は終わり、レッスンが学ばれたので、その心には安らかに去る用意ができている。

5. これは、この世界によれば、死ではない。なぜなら、世界の怯えた目には死は残酷なものであり、罪に対する処罰という形で表れるからである。[2]そうだとすれば、それがどうして祝福であり得るだろう。[3]そして、それが恐れられなければならないときに、どうしてそれを歓迎することなどできるだろう。[4]単なる高次の祈りと柔和な正義の執行へと門を開くだけのものについて、このような見方をしているなら、いったいどんな癒しが起こったと言えるだろう。[5]死は報奨であって、処罰ではない。[6]しかし、このような見解は、世界には思いもつかないような癒しによって、培われなければならない。[7]部分的な癒しというものはない。[8]幻想を幻想へと変化《へんげ》させるだけのものは、何もしていない。[9]虚偽であるものが部分的に真実であることはできない。[10]もしあなたが癒されているのであれば、あなたの癒しは完全である。[11]赦しのみが、あなたが与え、受け取る唯一の贈り物である。

6. 偽りの癒しは肉体の治癒の上に成り立っている。それゆえに、それは依然として病の原因を変えずにおくので、病の勝利であるかに見える残酷な死がもたらされるまでの間、いつでも病は再発可能である。[2]死はしばらくの間は遠ざけておけるし、それが**神の子**に復讐しようと待ち構えている間、つかの間の休止期間がある場合もある。[3]だが、死を克服することは、死に対する信のすべてが放棄され、邪悪な夢の代わりに**神**による代替に信が置かれるようになるまでは不可能である。そして、その代替とは、そこを暗く慰めのないものにしておくための罪のベールが存在しない世界である。[4]そのときついに、天国の門は開かれ、**神の子**は自由に、彼を歓迎しようと待っている家の中へと入っていく。それは、時間が生じる以前から準備が整っており、今もただ彼を待っている家である。

Ⅲ．分離 対 融合

1　偽りの癒しは肉体を部分的に癒すが、決してその全体を癒すことはない。[2]このことにおいて、偽りの癒しがもつさまざまに異なるゴールがきわめて明確になる。こうした癒しは、肉体の上に横たわる罪の呪いをまだ取り除いていないからである。[3]したがって、それは依然として欺くものである。[4]また、それは他者が自分自身とまったく同じであると理解している者によって為されることはない。[5]というのも、真の癒しを可能にするのは、この理解だからである。[6]癒しが偽りのものであるときには、相手だけがもっている何らかの力が想定されており、それは一なるものとしての両者に平等に授けられている力ではない。[7]ここに、分離が示されている。[8]そしてここでは、真の癒しの意味が失われており、偶像たちが現れて、**神の子**そのものである一体性を覆い隠している。

2．「分離するための癒し」というのは、奇妙な概念のように思えるかもしれない。[2]それでも、あらゆる種類の非対等性に基づくあらゆる形の癒しを、そのように呼ぶことができる。[3]これらの形が肉体を癒すことはあり、実際のところ、通常、それだけに限られている。[4]誰かのほうがよく知っている、よく訓練されている、おそらくもっと才能があり、賢い。[5]それゆえに、彼は自分の保護下で自分より下に立つ者に対し、癒しを授けることができる、ということになる。[6]肉体の癒しがこのようにして行える理由は、夢の中では、対等性は永続するものではないからである。[7]移行や変化が、夢を作り上げている素材である。[8]癒されるということが、自分よりも賢くて、手腕と学識により癒しを成し遂げることのできる者を見つけ出すことであるかのように見えている。

3．「誰かのほうがよく知っている」――これが、肉体を、世界が考えている通りの癒しの対象のように見せている魔術的な言葉である。[2]そして、この賢者のところへもう一人の者が出かけていき、賢者の学識と技術から恩恵を受ける。彼の中に痛みの治療法を見つけるのである。[3]どうしてこのようなことがあり得るだろう。[4]真の癒しは、想定された後に真理として受け入れられた非対等性から生じることはできず、傷ついた者たちの回復を助けることや、疑念の苦悩に苦しむ心を鎮めることに使われる非対等性から生じることもあり得ない。

4．それならば、人が他者を助けるために使えるような癒しの役割というものがあるのだろうか。[2]傲慢さにおいては、答えは「否《いな》」でしかあり得ない。[3]しかし、謙虚さにおいては、もちろん助力者に役目はある。[4]それは、祈りにおいて助けになる役割や、赦しを本来意図された通りのものとならしめる役割にも似ている。[5]あなたは自分を、癒しをもたらせる特別な才能の持ち主とはしない。[6]ただ、助けを求める者と自分が一体であることを認識するだけである。[7]なぜなら、この一体性の中で、彼の分離の感覚が一掃されるからであり、彼を病気にしていたのはこの分離の感覚だからである。[8]病気の源が存在している場所から離れたところに治療法を与えることには意味がない。なぜなら、決してそのようにしてそれが真に癒されることはないからである。

5. 治癒者《ヒーラー》たちは存在する。彼らは、自分の**源**を認識している**神の子**らであり、自分の**源**が創造するすべてが自分とひとつであると理解している者たちである。[2]これが、失敗することのあり得ない回復をもたらす治療法である。[3]それは永遠に祝福するためにとどまる。[4]それは部分を癒すことはしないが、全体を永遠に癒す。[5]今や、すべての疾病の原因が、厳密にありのままに明らかにされた。[6]そして、その場所に、今では、神聖な**神の言葉**が書かれている。[7]病気と分離は、愛と融合によって癒されなければならない。[8]他の何も、**神**が定めた通りの癒しを行うことはできない。[9]**神**なくしては、癒しもない。そこには、愛がないからである。

6. **神の声**のみが、どのようにして癒すのかをあなたに教えることができる。[2]耳を澄ましなさい。そうすれば、**神**があなたのもとに送る者たちに**神**の優しい治療法をもたらすことにおいても、また、癒しの名において、**神**に仕えるすべての者たちを祝福することにおいても、あなたは決して失敗しないだろう。[3]その原因が消え去ったので、肉体の癒しが起こる。[4]そして今では、原因がなくなったので、それが別の形で戻ってくることもできない。[5]死も、理解されたがゆえに、もはや恐れられることはない。[6]真に癒された者の中に恐れはない。なぜなら、かつて数々の偶像が立っていたところに、今、愛が入ってきて、恐れはついに**神**に道を譲ったからである。

Ⅳ. 癒しのもつ聖性

1. 癒された者たちは、何と神聖であることだろう！ [2]彼らの視界においては、彼らの癒しと愛を兄弟たちが共有している。[3]平安をもたらす者たち―すなわち、**神の声**である**聖霊**が**神**を代弁して語るときに**聖霊**の声となる者たち―このような存在が、**神**の治癒者《ヒーラー》たちである。[4]彼らはただ**神**のみを代弁して語り、決して自分自身のためには語らない。[5]彼らは、**神**からのものではない贈り物はもっていない。[6]そして、これらのものを彼らは共有する。なぜなら、彼らは、それが**神**が望むことだと知っているからである。[7]彼らは特別ではない。[8]神聖である。[9]彼らは聖性を選択し、分離した夢の数々をすべて手放した者たちである。それらの夢とは、彼ら自身よりも不遇な者たちに非対等な贈り物を授けることを可能にしていた特別な属性についての夢であった。[10]彼ら自身の癒しが彼らの全一性を回復させたので、彼らは赦すことができ、祈りの歌に加わることができる。その歌の中では、癒された者たちが自分たちの融合と**神**への感謝をうたっている。

2. 赦しの証《あか》しとして、そして祈りを援助するものとして、また、真に教えられた慈悲がもたらす結果として、癒しは祝福である。[2]そして世界はにわかに口を揃えて、祈りの声でそれに答える。[3]赦しは、草の葉や、翼あるものや、地上の生きとし生けるものすべての上に輝き、慈悲深い慰めのひとときをもたらす。[4]ここに恐れの隠れ家はない。聖なる一体性に包まれた愛が訪れたからである。[5]時間はただ、世界が輝きのうちに消え去るとき、祈りの最後の抱擁を一瞬の間、地上にとどまらせるためにのみ残っている。[6]この瞬間が、すべての真の治癒者《ヒーラー》たちのゴールであり、それは、**キリスト**の似姿を見て**キリスト**のように教えよと、**キリスト**から教えられた者たちのゴールである。

3. **キリスト**が癒すのを助けるというのは、どのような意味か、考えてみなさい！[2]これ以上に神聖なものがあるだろうか。[3]**神**は、**神**の治癒者《ヒーラー》たちに感謝している。なぜなら、癒しの**原因**は**神ご自身**であり、**ご自身の愛**であり、また、**ご自身**の完成として回復した**神の子**であり、そして**ご自身**の被造物の聖なる歓喜を共有するために戻ってきた**神の子**でもあることを、**神**は知っているからである。[4]部分的な癒しを求めてはならない。また、**神**を思い出す代わりに偶像を受け入れてはならない。**神の愛**は決して変化したことはなく、これからも変化することはない。[5]あなたは**神**の被造物全体と同じく**神**にとって大切である。なぜなら、その全体が**神**の永遠の贈り物としてあなたの中にとどまっているからである。[6]哀れな世界の中で千変万化する夢が、あなたに必要なものだろうか。[7]**神**の感謝を忘れてはならない。[8]祈りの聖なる恩寵を忘れてはならない。[9]**神の子**の赦しを忘れてはならない。

4. あなたはまず最初に赦し、それから祈り、そして癒される。[2]あなたの祈りは昇っていき、**神**に呼びかけた。**神**は聞き、そして、答える。[3]あなたはすでに、自分は自分自身のために赦し、祈るにすぎないということを理解した。[4]そしてこの理解において、あなたは癒されている。[5]祈りの中で、あなたは自分の**源**とひとつになったのであり、そうして、自分はそこから一度も離れたことがなかったと理解したのである。[6]このレベルの達成は、あなたがひそかに抱く憎しみがなくなり、**神の子**を攻撃したいという欲求もなくなるまでは、不可能である。

5．決して次のことを忘れてはならない。**神の子**である者とはあなたのことである。そして、あなたが彼に対してどのような者であることを選択するかに応じて、あなたは自分自身に対しても、**神**に対しても、その通りの者となる。[2]また、あなたの裁きも、**神**に届かずにはいない。なぜなら、あなたは**神**の被造物の中にあなたが見る役割を**神**にも付与するからである。[3]間違った選択をするのはやめなさい。さもなければあなたは、**神**ではなく自分が創造主であると思い、そうなると、**神**はもはや**原因**ではなく、単なる一つの結果だということになる。[4]今や、癒しは不可能となる。**神**があなたの欺瞞と罪悪のゆえに責められるからである。[5]**愛**そのものである**存在**が、恐れの源になる。なぜなら、今では、恐れしか正当なものとなり得ないからである。[6]復讐は**神**のすることとなる。[7]**神**を破壊する大いなるものが、死であるということになる。[8]そして、病気、苦しみ、嘆かわしい損失が、地上のすべての者の身の上となり、地上は、もはやそれを救わないと誓った**神**に見捨てられて、悪魔の保護下に置かれた場所となる。

6．**私**の子供たちよ、そのように歪んだ想念を胸《こころ》に抱かずに、もう一度、**私**のもとにきなさい。[2]あなたは今もなお神聖である。完全な無罪性の中であなたを生み出し、今もあなたを平安の**腕**で包んでいる**聖性**が、あなたと共にある。[3]今、癒しの夢を見なさい。[4]それから起き上がって、すべての夢を永遠に手放しなさい。[5]あなたは**父**の愛する者であり、自分の家から一度も離れたことのない者である。また、あなたは、自分の中の真理である愛に逆らって頑《かたく》なになった重い胸《こころ》と血のにじむ足で、苛酷な世界をさまよったこともない者である。[6]あなたのすべての夢を**キリスト**に渡してしまいなさい。そして**彼**を癒しへの**導き手**とならせなさい。**彼**は祈りによって、この世界が囲む哀れな領域を超えたところへと、あなたを導くだろう。

7．**彼**は**私**に代わって訪れ、**私の言葉**をあなたに語る。[2]**私**は、疲れ果てた**わが子**を、悪意の夢から**私**のもとへ呼び戻し、久遠の**愛**と完全なる平安の優しい抱擁の中へと迎え入れようとしている。[3]**私の腕**は、愛する**わが子**に向かって開かれている。その彼は、自分が癒されていることを理解していない。また、自分の祈りが、**愛**の聖性の中で、喜びあふれる感謝の歌を全被造物と共に斉唱するのをやめたことは一度もないということも、理解していない。[4]一瞬の間、静まりなさい。[5]厳しく辛い努力と敗北のざわめきの背後に、あなたに向かって**私**のことを語る**声**がある。[6]これを一瞬の間、聞きなさい。そうすれば、あなたは癒されるだろう。[7]これを一瞬の間、聞きなさい。そうすれば、あなたは救われている。

8．天罰の夢から**私**の子供たちを目覚めさせるために、**私**を手伝ってほしい。それは、恐れに苛《さいな》まれる小さな生命《いのち》についての夢であり、たちまちのうちに終わってしまうので、一度も存在しなかったも同然のものである。[2]その代わりに、**私**があなたに永遠を思い出させよう。その中では、あなたの愛が**私の愛**と共に無限の彼方へと延長していくにつれて、あなたの喜びもさらに大きくなっていく。そこでは時間や距離には何の意味もない。[3]あなたが悲しみの中で待つ間、天国のメロディーは未完である。なぜなら、あなたの歌は愛の永遠なるハーモニーの一部だからである。[4]あなたがいなければ、創造は成就されていない。[5]**わが子**から一度も離れたことのない**私**のもとへ戻りなさい。[6]耳を澄ましなさい。**私**の子供たちよ、あなたの**父**があなたを呼んでいる。[7]**愛への呼びかけ**を聞くのを拒否してはならない。[8]**キリスト**に対し、**彼自身のもの**を拒んではならない。[9]天国はここにあり、天国があなたの家である。

9．創造は、時間の柵を超えていき、世界から大きな重荷を取り除く。[2]軽やかな胸《こころ》で、その到来に挨拶しなさい。[3]影が柔和さの中で消えていくのを見なさい。聖なる**神の子**である彼の血のにじんだ額から、茨がそっとすべり落ちるのを見なさい。[4]**聖性**の子であるあなたは、何と麗しいことだろう！　[5]何と**私**に似ていることだろう！　[6]どれほどの愛を込めて、**私**はあなたを**私の胸**《こころ》と**腕**に抱きしめることだろう。[7]あなたが与えた贈り物の一つひとつが、**私**には何と愛しく思えることだろう。あなたは**私の子**を癒し、彼を十字架から降ろしたのである。[8]立ち上がって、**私**が与える感謝を受け取りなさい。[9]そして**私**の感謝と共に、まずはじめに赦しの贈り物が訪れ、次に永遠の平安が訪れるだろう。

10．だから今、あなたの聖なる声を**私**に返しなさい。[2]祈りの歌は、あなたなしでは黙したままである。[3]この宇宙があなたの解放を待っている。それは宇宙自体の解放だからである。[4]宇宙とあなた自身に対して親切でありなさい。そして、それから**私**にも親切でありなさい。[5]**私**があなたに求めるのは、ただ、あなたが慰められ、これ以上、恐怖と苦痛の中で生きることがなくなることである。[6]**愛**を捨て去ってはならない。[7]次のことを覚えておきなさい。あなたが自分自身と世界について何を考えていようとも、あなたの**父**はあなたを必要としている。そして、あなたがついに平安を抱いて**父**のもとに戻るまで、**父**はあなたを呼び続けるであろう。

「内なる平安のための財団」後援による各国語版のA Course in Miracles翻訳チームは、原書を少なくとも数年間学んだことのある翻訳者の中から選ばれ、翻訳者と、翻訳原稿を読んでコメントする補佐役というメンバーで構成されます。

本書『奇跡講座』は、「奇跡講座のための財団」のケネス・ワプニック博士による監修のもとで、二〇〇〇年三月に編成された左記のチームにより、翻訳されました。

このほか、北川柾彦氏をはじめとして、本書の出版のためにさまざまな形でご協力くださった方々に感謝いたします。

日本語版翻訳チーム
翻訳者　加藤三代子
翻訳補佐　澤井　美子

奇跡講座　下巻　受講生のためのワークブック
教師のためのマニュアル　（普及版）

発行 ———— 2017年　7月31日　初版第1刷発行
2022年 11月20日　第3刷発行

筆記者 ———— ヘレン・シャックマン

訳者 ———— 加藤三代子／澤井美子

発行者 ———— 富澤勇次

発行所 ———— 中央アート出版社
〒135-0006　東京都江東区常盤1-18-8
電話03-5625-6821（代表）
郵便振替　東京00180-5-66324
●
http://www.chuoart.co.jp
E-mail:info@chuoart.co.jp

製版・印刷・製本 ——— 中央精版印刷㈱

編集 ———— 石森康子

装幀 ———— 山上洋一

ISBN978-4-8136-0773-1
落丁・乱丁本はお取替えします

奇跡講座

ACIM®
FOUNDATION FOR INNER PEACE

上巻

テキスト
《普及版》

『奇跡講座』とは、赦しを通して普遍なる愛と真の心の平安に到達する方法を学ぶための独習書。心理学と霊性が融合したこのユニークなカリキュラムは、「テキスト」、「受講生のためのワークブック」、「教師のためのマニュアル」の三部作から成り、本書はカリキュラムの理論編である「テキスト」の邦訳。翻訳は「奇跡講座のための財団(FACIM)」理事長ケネス・ ワプニック博士の監修下に行なわれ、「内なる平安のための財団(FIP)」により邦訳版として正式に承認されている。

ISBN 9784813607724　A5並製　864㌻　定価(本体4,200円+税)

天国から離れて［改訂版］

～ヘレン・シャックマンと『奇跡講座』誕生の物語～

ケネス・ワプニック：著　A5上製判　本体4,500円（税抜）

『奇跡講座』を筆記した女性ヘレン・シャックマンの伝記。著者ケネス・ワプニックは、ヘレンの晩年八年間にわたり彼女と親交があった。本書においては、そうした経験に言及しつつ、ヘレンによる『奇跡講座』筆記の詳細、ヘレンがイエスについて経験していたこと、筆記の協力者にして親しい友人であり同僚でもあったウィリアム・セットフォードとヘレンの間の関わりなどについて語っている。加えて、ヘレン自身による数々の文章（思い出や夢を書きとめたものや、書簡、詩など）からの抜粋や、このコースを筆記する合間に彼女がイエスから受け取っていた個人的なメッセージや指導記録など、未出版の文書も数多く紹介している。

奇跡講座入門　～講話とＱ＆Ａ～

ケネス・ワプニック：著　四六並製判　本体2,000円（税抜）

赦しのカリキュラム（価格改定新版）

～奇跡講座について最もよく聞かれる72の質問と答え～

ケネス・ワプニック ／ グロリア・ワプニック 著

四六並製判　本体2,600円（税抜）

奇跡の原理　～奇跡講座「50の奇跡の原理」解説～

ケネス・ワプニック：著　四六並製判　本体2,400円（税抜）

『奇跡講座』の赦しの教室

～JACIMフォーラムの仲間たちによる実践の記録～

ＪＡＣＩＭ事務局：監修　四六並製判　本体2,000円（税抜）

本書は、『奇跡講座』の〈赦し〉の実践に取り組んできた6名の人たちによる手記をまとめたものです。『奇跡講座』の〈赦し〉の実践という点ではどの記事も非常に貴重な体験談となっています。本書が同じ道を行こうとする人々の目に留まり、こうした仲間たちの存在を知っていただくことで、この道を歩み続けるための励みとなれば幸いです。

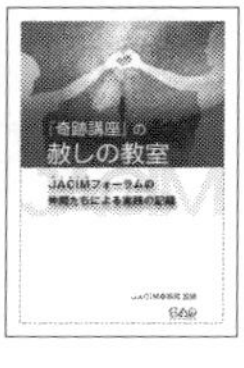